임진-한탄강 유역 구석기 연구

임진-한탄강 유역 구석기 연구

초판 1쇄 발행 2023년 11월 23일

지은이 유용욱

펴낸곳 서울대학교출판문화원
주소 08826 서울 관악구 관악로 1
도서주문 02-889-4424, 02-880-7995
홈페이지 www.snupress.com
페이스북 @snupress1947
인스타그램 @snupress
이메일 snubook@snu.ac.kr
출판등록 제15-3호

ISBN 978-89-521-3226-0 93910

이 연구는 한국학중앙연구원 창의연구지원 시범사업(과제번호: AKS-2014-ORS-1120008)
의 지원을 받아 수행되었음.

임진-한탄강 유역 구석기 연구

臨津-漢灘江 流域 舊石器 研究

유용욱 지음

서울대학교출판문화원

머리말

"그래, 박물관에서 백제토기 좀 만져 봉깨 우떻노?"

"(인상을 찡그리며 입을 중얼거린다.)"

"몽촌토성에서 고구려토기도 나왔고 백제토기도 나왔으니, 마! 이만한 자료도 읎제. 앞으루 고고학 할라문 이런 기회도 읎슬끼다."

"맨날 다리 세 개 달린 토기 쪼가리나 만지는 거 별로 재미없는데요."

"……."

"깨져서 뭔지도 모르는 토기들을 뭐하려고 실측하고 계측하고 그래프 그려 보는지 모르겠는데요. 토기나 계속 만지작거리는 게 고고학이라면 저는 별로 생각 없는데요."

"(은하수 담배에 불을 붙이며)……마, 토기 읎는 시대도 있다 카든디……."

1989년 2월경에 어떤 선배와 주고받은 대화를 적절한 수준에서 복기復碁해서 써봤다. 당시 서울대학교박물관에서는 나를 포함해 다양한 연배年輩의 고고학도考古學徒들이 1988년에 수습된 올림픽공원 내 몽촌토성夢村土城 출토 유물들을 정리하는 보고서 작업이 진행되고 있었다. 솔직히 저 대화가 어떻게 종료終了되었는지는 기억나지 않는다. 어쨌든 당시에 백제 삼족기三足器나 만지작거리면서 별 볼 일 없는 미래와 진로를 고민조차 하지 않던, 무개념無概念과 답 없음으로 점철點綴된 학부 1학년짜리 꼬꼬마는 지금 토기 없는 시대에 대해 장황張皇하게 쓴 이 책의 머리말을 쓰고 있다.

'少年易老學難成'이라고, 위의 철없던 대학 1학년생이던 내가 그간 이룬 업적業績이라고는 늙어 버린 것밖에 없다. 그래도 운이 좋아 주제넘게 남을 가르치는 위치에 올랐고, 이런 책을 낼 기회도 주어졌다. 토기 만지작거리는 게 싫어서 아무 생각없이 택한 토기 없는 시대의 고고학은 이제 전공 분야이자 연구 주제로 자리 잡아 나의 호구지책糊口之策이 되었다. 그리고 여전히 때로는 나를 윤택潤澤하게 하고, 때로는 나를 고달프게 한다. 그럼에도 아직까지 이를 지속적持續的으로 지탱支撑해 나가는 데에 토기가 없다는 사실이 무슨 마성魔性의 매력魅力으로 작용한 것은 결코 아니다. 그냥 아무 생각 없이 호불호好不好를 논하지 않고 닥치는 대로 시도試圖하고, 숙고熟考하고 반추反芻하면서 결코 후회後悔는 남기지 말자는 우격다짐의 자세로 해왔다. 멋들어지고 세련된 글을 남길 재주는 없지만 글을 쓸 '재료'는 꾸준히 수습收拾해 온 것 같다. 그 결과가 지금에야 나오게 되었다.

구석기고고학이 이 책의 주제이지만 나는 여전히 34년 전과 마찬가지로 구석기시대를 토기가 없을 정도로 단순하고 본능本能에 충실하던 시기로 생각한다. 따라서 이 책에서 시종일관始終一貫 유지하는 관점觀点은, 당시 구석기시대 사람을 '진화생태학進化生態學'적 원칙을 준수하는, 네 발 달린 동물보다는 약간 더 영특英慝한 생태물生態物로 받아들이는 것이다. 돌멩이로 석기를 만들어 사용하는 것 빼고는 할 줄 아는 것도 별로 없고 딱히 복잡한 것에 관심을 가지지 않고 살던, 간신히 짐승을 벗어난 수준의 생태물들이 남긴 흔적에서 뭔가 탐구할 만한 것들을 쥐어짜 내는 것은 정교精巧하고 엄격嚴格한 의미부여意味附與 작업이 있지 않고서는 쉽지 않다. 그런 의미에서 사실 선사고고학, 특히 구석기고고학은 무척 진솔眞率하고 직관直觀적인 분야다. 자료의 의미를 비비 꼬아서 간취看取하려고 노력할 필요도 없고, 말도 안 되는 궤변詭辯이나 황설荒說은 시도도 불가능할 정도로 자료가 단순單純하기 때문이다. 나는 이렇게 단순한 자료를 자료 그 자체로 파악하고, 이에 과도한 의미意味를 부여하기보다는 사실事實 그 자체와 함께 자료의 구체적 발견 여건與件과 배경背景을 최대한 관찰觀察하고 분석分析하려고 했다.

가만 생각해 보니 지금까지 구석기고고학을 하는 데 있어서 내가 가진 것과 알고 있는 것에 비해 참으로 학운學運이 좋았다는 생각이 든다. 나는 적어도 실물實物 고고자료가 부족했던 적은 없었다. 고고학적으로 뭔가 새로운 전기轉機를 마련해야 할 때면 항상 지표조사나 발굴의 기회가 주어졌다. 그래서 이 책에서 전면적全面的으로 다루는 다양한 고고자료에 수월하게 접근接近할 수 있었고, 여건이 되는 한 얼마든지 이런 자료들에 대해 글로 남길 수 있었다. 이론理論이랍시고 자료도 없이 어설픈 모델링만으로 윤색潤色된 유사과학類似科學을 할 필요도 없었고, 자료도 제대로 안 보면서 마음속에 담고 있던 착각錯覺과 환상幻想으로 창작創作을 해야 하는 부담負擔도 없었다. 그런 학운은 이 책을 써가는 과정에서도 꾸준히 작용해 왔다. 전국에 산재散在한 각종 임진-한탄강 유역의 주먹도끼와 주요 석기들을 다시 한번 관찰하면서 제대로 형식설정型式設定을 할 수 있었고, 나만의 실측도實測圖와 석기 도면을 손수 작성할 수 있었다. 그래서 이 책이 재미는 없을지 몰라도 적어도 고고학적 가치價値가 없지는 않다는 자위自慰를 할 수 있게 되었다. 나의 이런 자위自慰가 자만自慢인지 자괴自愧가 될 것인지는 이 책을 읽어 주시는 독자분들이 판단할 문제인 것 같다.

나의 또 다른 학운은 이런 책을 낼 수 있도록 끊임없이 이끌어 주고 후원後援해 주고 믿어 주고 자극刺戟을 준 주변인들이 많다는 것이다. 인덕人德이 충만充滿할 만큼 내 자신의 인격人格에서 향기香氣가 나는 건 결코 아니지만, 그럼에도 내 주변에는 나를 능가凌駕하는 많은 분들이 함께해 주셨다. 이런 분에 넘치는 복福과 운運은 결코 좌시坐視할 수 없다. 그래서 이번 기회에 그분들께 제대로 된 감사를 드려 본다. 여기서 직접 고마움을 드리는 분들 이외에도, 나의 무지無知함 때문에 기억하지 못하거나 지면상紙面上의 제약制約으로 언급하지 못한 분들이 허다許多하다는 것을 먼저 밝혀 둔다.

고고학이라는 학문을 하면서 여러 분들께 도움을 받아 왔지만 그래도 나를 가르쳐 주시고 지도指導해 주신 선생님들에 대한 고마움이 우선해야 될 것 같다. 서울대학교 고고미술사학과의 임효재, 안휘준, 최몽룡 선생님은 철없고 게으른 내가 학문으로서의 고고학 및 미술사의 길을 선택할 수 있도록 여러 가지 지도를 베풀어 주셨다. 또한 캐나다 McGill University에서 공부할 때는 지도교수인 Fumiko Ikawa-Smith 선생님께서 실제 이 책의 내용 대부분을 차지하는 박사학위논문을 완성하도록 이끌어 주셨다. 그 외에 같은 학교의 Michael S. Bisson, James M. Savelle 및 논문 작성에 귀중한 조언을 해준 Vanier College의 A. Martin Byers, University of Victoria의 Nicholas Rolland 교수들께 국적을 초월한 진지하면서도 진심 어린 가르침에 다시 한번 감사를 드린다.

앞서 말한 선배와의 대화가 끝나고, 1989년 3월에 최초로 전곡리를 방문했다. 전혀 본 적 없는 시커먼 용암대지鎔巖臺地와 당시 싸구려 중국 무협 영화의 배경으로 자주 등장하던 한탄강 변의 기괴奇怪한 풍광風光은 신기한 경험이었다. 그 후 전곡리와 인근의 임진-한탄강 유역을 자의건 타의건 매년 한 번 이상 방문하면서 스스로 이 지역의 구석기 고인류古人類들에게 심상心想을 이입移入할 수 있는 기회가 지금까지 주어져 왔다. 1989년부터 지금까지 전곡리에서 나를 가르쳐 주신 배기동 선생님께 이 자리를 빌려 제대로 고마움을 드리고 싶다. 철없는 2학년짜리 풋내기를 믿고 가르쳐 주셨고, 그 녀석이 성장하며 매번 좌충우돌左衝右突할 때마다 인내忍耐하시며 좋은 말씀만 해주시던 도량度量에 존경尊敬을 표한다. 이 책에서 제시한 여러 견해見解가 배기동 선생님의 그것과는 다소 다를 수밖에 없는 게 안타깝지만 선생님은 항상 너그럽게 승인承認해 주시거나 묵인默認해 주셨다. 이 책을 보시고도 마찬가지 감회感懷이시기를 바랄 뿐이다.

지금은 함께할 수 없지만 고 권학수 선생님은 이론이나 방법론보다는 자료에 더 몰입沒入하라는 평범한 진리眞理를 가르쳐 주셨다. 한국 고고학에서 현재 탐닉耽溺에 가까운 수준으로 와전訛傳되고 남용濫用되는 계량분석 기법의 한계限界와 폐단弊端을 알려 주신 가르침이 아직도 기억에 선하다. 또한 임진-한탄강 유역의 현상이 결코 고고학만으로는 풀어 나갈 수 없는 복잡한 것임을 알게 되었을 때 여러 가지 지질학·지형학적 배움의 기회를 주신 이용일, 김종욱, 허우긍, 유근배 선생님께도 감사를 드린다. 특히 이용일 선생님과 부산대학교의 임현수 교수는 본서에서 다루는 각종 지질자료를 직접 수집蒐集 및 해석解釋해 주셨고, 이 지역의 유적 형성 과정에 대한 결정적인 교시敎示를 주셨다.

학문적 스승이자 큰 선배인 이선복 선생님의 가르침은 특별히 언급言及하고 싶다. 앞서 언급한 토기 없는 시대를 이선복 선생님께서 담당하고 계신 줄을 1989년 당시에는 몰랐었다. 만약 알았다면 과연 어떤 선택을 했을지는 상상에 맡기겠다. 어쨌든 선생님 없는 고고학보다는 토기 없는 고고학이 더 참을 만했던 것 같다. 항상 새로운 것을 찾기보다는 치밀하게 현상적現像的인 것을 관찰하는 것이 중요하다고 강조하셨고, 결코 방자放恣하거나 조급早急하지 않아야 함을 때로는 역설力說로 설파說破해 주셨고, 이따금씩은 반면교사反面敎師로 보여 주시기까지 하셨다. 선생님과 함께했던 1989년 이래의 추억追憶은 이 책에 오묘奧妙한 방식으로 스며들어 있다. 그렇기 때문에 이 책에서 사용된 여러 용어 및 표현들도 선생님의 선작先作을 일부 빙자憑藉할 수밖에 없다.

구석기고고학을 하게 된 지 20년 후부터 지금까지 충남대학교에서 여전히 같은 분야에 종사함은 물론, 더욱 큰 분야로 지평地坪을 확대擴大할 수 있었던 것은 크나큰 복이다. 충남대학교에 와서 여러 선학先學·후학後學의 도움과 관심이 있었지만, 무엇보다도 같은 학과의 박순발, 박양진, 우재병 선생님께 재차再次 감사드린다. 특히 박순발 선생님은 1989년 2월 당시 서울대학교박물관의 몽촌토성 보고서 작업을 직접 책임 지휘하셨다. 그런 점에서 이 책은 박순발 선생님이 아니었다면 존재할 수 없었을지도 모른다. 같은 학과는 아니지만 함께 고민하고 논의하면서, 덤벙거리고 사고나 치는 무뢰한無賴漢 후배 교수에게 여러 가르침을 주신 양해림, 박윤덕, 허종, 송양섭, 이정란 선생님들께도 이번 기회에 제대로 고마움을 전해 드린다. 또한 내 주변에서 항상 신경 쓰고 관심 가지고 조언을 베풀어 주시는 윤형원 관장님, 주경미 선생님, 김경택 선생님께도 이번 기회에 지면을 빌려 감사드려야 할 것 같다. 앞서 '은하수 담배'에 불을 붙이며 토기 없는 시대가 있다는 소중한(?) 정보를 알려 주었던 선배가 바로 윤형원 관장이라는 것을 이제는 말할 수 있다.

이 책이 실제로 의도意圖되고 집필執筆되는 과정에서 도움을 받은 분들께도 감사를 드린다. 이 책을 위한 연구는 한국학중앙연구원 창의연구지원 시범사업(과제번호: AKS-2014-ORS-1120008)의 지원을 받아 수행되었다. 원래는 진작에 완간完刊되었어야 했지만 내 자신의 게으름과 무능함 및 핑계에 불과한 우여곡절迂餘曲折 등으로 이제서야 빛을 보게 되었다. 끝까지 믿고 기다려 준 한국학중앙연구원의 김도형 선생님 이하 모든 분들께 진심으로 미안함과 고마움을 전한다. 긴 시간 동안 전곡에 머무르면서 편안하게 집필執筆에만 열중할 수 있도록 물심양면物心兩面으로 지원을 해준 전곡선사박물관의 이한용 관장님과 이형기 연구원의 배려配慮에 특별히 감사한다. 연구의 후반 작업 및 자료의 보충補充에는 한국연구재단 중견연구 지원사업(과제번호: 2020S1A5A2A01046581)의 도움이 있었다.

도처到處에 분리分離 소장所藏되고, 보고도 제대로 안 된 임진-한탄강 유역의 구석기를 다시 관찰觀察해야만 하는 각종 실측實測 및 도면圖面 작업은 여러 관련 인사의 후원後援과 배려配慮를 통해서 이루어졌다. 서울대학교박물관의 이정은 학예사는 초창기 전곡리 발굴 및 2008-2009년 전곡리 중2-5호선 발굴의 수습품을 관찰·실측할 수 있도록 공간과 유물을 대여貸與해 주었다. 연천군청 선사사업팀의 강상식 학예사는 사업소에 소장된 각처各處의 수습품을 제공해 주었고, LH 토지주택박물관의 심광주 전 관장님과 정나리 현 관장님, 구자진 선생님은 호로고루와 횡산리 유물들을 실견實見할 수 있도록 협조해 주셨다. 그리고 동아시아고고학연구소의 김영현 선생도 바쁜 와중에 연천군 일대의 주먹도끼와 아프리카 이시밀라 주먹도끼를 실견하는 데 큰 도움을 주셨다. 이 자리를 빌려 감사드린다.

산만散漫하고 쉽게 읽히지 않는 졸필拙筆의 문장文章을 이해하기 쉽도록 가독성可讀性을 높이는 작업은 충남대학교 고고학실험실 소속원들의 도움으로 이루어졌다. 충남대학교 박물관 조교를 역임한 현 경기문화재단 학예사 김형준, 충남대학교 고고학과 대학원의 김민수, 김진울은 본문을 검토해 주었고 학부생 이진우는 석기 계측표를 작성해 주었다. 독자층이 넓지 않은 책의 출판을 선뜻 결정해 주고 최종 출간 및 편집

작업을 진행해 준 서울대학교출판문화원의 환대歡待에도, 갑작스러운 와병臥病으로 생사生死를 운운云云하던 와중에 여전한 골육지정骨肉之情을 보여 준 가형家兄께도 애틋함과 고마움을 표한다.

1989년 이래 '토기 없는 시대'의 학문에 천착穿鑿하는 동안 작고作故하신 세 분께 이 책을 헌정獻呈하는 글로 마무리를 하고 싶다. 삼불三佛 김원용 선생님은 전곡리를 발굴하시고 이 지역 구석기 연구가 지금의 위치에 다다를 수 있도록 생전生前이건 망후亡後건 항상 이끌어 주셨다. 1992년 전곡리에서 뵙고, 1년 후 선생님의 유해를 그 자리에서 군인軍人 신분으로 산골散骨하던 때의 감회感懷는 서거逝去 30주년周年인 올해까지도 지속持續되고 있다. 아무쪼록 이 책이 선생님의 유지遺旨에 누累가 되지 않기를 바란다.

장래가 불안전한 분야에서 동분서주東奔西走하던 차남次男을 항상 염려念慮하고 격려激勵해 주셨지만 결코 그 결과물結果物을 볼 수 없으셨던 선친先親께도 이제는 조금이나마 생전의 빚을 갚는다는 느낌이 든다. 돌아가신 지 20년이 되어서야 이런 졸서拙書를 영전靈前에 놓는 것이 부끄러우면서도 다행스러울 뿐이다.

마지막으로, 박사학위 논문을 쓰는 동안 갑자기 세상을 떠나 심사審査에 참여하시지도 못하고 최종 논문을 보여 드리지도 못한 Bruce G. Trigger 선생님께 보다 성숙成熟한 결과물을 보여 드릴 수 있어서 감개무량感慨無量하다는 말을 남기고 싶다. 외환 위기로 여러 가지가 착잡錯雜하고 곤란困難하던 시절에 결코 포기抛棄하지 않고 지금까지 매진邁進할 수 있도록 용기勇氣를 준 것은 트리거 선생님의 따뜻한 배려配慮와, 그분이 보여 주신 학문적 신중愼重함과 겸허謙虛함이었을 것이다. 매번 성급性急하고 경솔輕率해서 낭패狼狽를 겪을 때마다 트리거 선생님의 인자仁慈한 스코틀랜드 억양의 격려激勵와 온유溫柔한 지성知性을 떠올린다. 그간 트리거 선생님께 받은 학은學恩을 조금이라도 갚지 못했던 것이 맘에 걸렸지만, 이 책의 시작과 끝을 모두 트리거 선생님의 글을 인용하면서 수미쌍관首尾雙關할 수 있었던 것은 선생님이 이 책에 내려 주신 끝나지 않은 사은師恩이라고 생각한다. 위 세 분의 명복冥福을 다시금 빌어 마지 않는다.

2023. 11. 14

麗澤齋에서 彩羽 유용욱

| 차례 |

• 머리말 04

제1부
서론: 문제의 인식과 그 해결의 모색

I. 역동성과 다양성 그리고 변동성 19
1. 행동주의적 관점의 한계 19
2. 전통적 연구성향들과 그 극복을 위한 노력 21

II. 연구 대상으로서의 임진-한탄강 유역 구석기 24
1. 동아시아의 주먹도끼 연구와 임진-한탄강 유역 구석기의 위상 24
2. 본서의 구성과 체제 27

제2부
동아시아의 갱신세 자연환경과 한반도의 구석기

I. 서언: 갱신세 환경과 그 의미 33

II. 중기갱신세 후반 이후 동아시아 환경 변화의 개요 36
1. 후기갱신세 이전의 환경상과 그 영향 36
2. 후기갱신세의 환경상과 인구상 개관 39
3. 환경이 고인류의 기술에 미치는 영향 48

III. 한반도의 갱신세 환경 개요 54
1. 한반도의 갱신세 환경과 구석기 유적의 입지 조건 54
2. 갱신세 기간 동안의 단구면 형성 56
3. 한반도의 기후상과 갱신세의 생태계 60
4. 고인골 화석자료와 고고자료의 의미 65

IV. 요약: 한반도 갱신세 자료의 성격 76

제3부

임진-한탄강 유역의 제4기 지질학적 특성과 그 연구사

I. 서언: 구석기시대 임진-한탄강 유역의 메타서사 81

II. 임진-한탄강 유역의 자연 경관 83

1. 임진-한탄강 유역의 지리적 위치와 개관 83
2. 추가령구조곡의 경관과 화산 활동 84
3. 화산 분출 이후 추가령구조곡 내의 지형 변화 87

III. 임진-한탄강 유역의 제4기 지형 연구사: 중요 논지들과 관련 증거들 90

1. 형성기(1979-1989): 기초 지식 부재의 시대 90
2. 경쟁기(1990-2000): 질풍노도의 시기 93
3. 통합기(2001-2010): 장기지속의 인식과 국제화 96
4. 소위 '중기갱신세설'의 비판적 검토 101

IV. 임진-한탄강 유역 구석기 유적의 새로운 연대 측정 109

1. 연대 측정 작업의 기본적 배경 109
2. 피션트랙 연대 측정법을 통한 용암류의 유입 연대 결정 110
3. 현무암의 K-Ar 연대치와 그 해석 114
4. 현무암 상부 퇴적층의 형성 과정과 그 연대 119

V. 최근의 새로운 논의 및 주먹도끼의 분포 위치 125

1. 전곡현무암과 차탄현무암의 연대와 그 의미 125
2. 황갈색 사질층 내에서 발견되는 주먹도끼의 의미 128

VI. 소결: 중기갱신세설의 파기 130

제4부

임진-한탄강 유역 구석기 유적의 현황

I. 서언: 임진-한탄강 유역 구석기 유적의 조사 개관 135

II. 파주시 문산읍 장산리 유적: 가장 오래된 고인류의 점거 증거 139

1. 유적의 입지와 주변 지형상 139
2. 장산리 유적의 발굴조사 및 유적의 형성 연대 142
3. 장산리 석기군의 구성과 제작 기술의 일반적 특징 146

III. 파주시 적성면 주월리/가월리 유적: 다양한 주먹도끼와 소형도구의 공존 151

1. 유적의 위치와 지질상 및 유물상 151
2. 2003년 조사의 과정 및 결과 155
3. 발견된 석기들의 특징 160

IV. 연천군 전곡읍 전곡리 유적: 장기간에 걸친 석기 제작 기술의 변화 164

1. 유적의 위치와 석기군의 주요 특성 164
2. 퇴적상의 특징 및 유적의 형성 과정 168
3. 석기군의 특징과 그 형식의 구성 174

V. 기타 임진-한탄강 유역 구석기 유적 181

1. 연천군 중면 횡산리 유적 181
2. 연천군 군남면 남계리 유적 183
3. 연천군 장남면 원당리 유적 185
4. 파주시 파평면 금파리 유적 187
5. 연천군 군남면 삼거리 유적 191
6. 철원군 철원읍 산명리/유정리 유적 195
7. 철원군 동송읍 장흥리 유적 197

VI. 임진-한탄강 유역에서 최근에 발견된 후기구석기 유적들 201
1. 철원군 갈말읍 상사리 유적 201
2. 포천시 관인면 중리 늘거리 유적 203
3. 포천시 관인면 중리 용수재울 유적 204
4. 포천시 영북면 대회산리 은골 유적 205
5. 포천시 창수면 운산리 뒷골 유적 205
6. 포천시 군내면 용정리 유적 206
7. 포천시 일동면 화대리 쉼터 유적 207
8. 연천군 연천읍 통현리 유적 209

VII. 소결: MIS 4-2기에 집중되는 고인류의 점거 흔적들 211

제5부
임진-한탄강 유역 구석기의 기술적 특징

I. 서언: 임진-한탄강 유역 구석기의 기술조직 215

II. 임진-한탄강 유역 구석기의 형식분류 문제 217
1. 구석기 형식분류의 의미와 그 역할 217
2. 임진-한탄강 유역 구석기 형식분류의 전제 조건 218

III. 각종 부산물의 제작 기법과 그 형식 224
1. 석핵의 형식과 박편 획득 기술 224
2. 석핵 이외 부산물의 종류와 그 속성 228

IV. 도구석기의 형식과 제작 방식 234
1. 대형도구 석기 235
2. 소형도구 석기 246

V. 임진-한탄강 유역 구석기 기술조직의 특징 255

1. 임진-한탄강 유역 석재의 종류와 활용 255

2. 가공 수준 및 날 각도와 석기 기능의 관계 260

3. 석기의 크기를 선택하는 과정으로서의 삭감과정 267

4. 늦은 시기에 발생한 임진-한탄강 유역 주먹도끼의 수수께끼 272

VI. 소결: 기술조직의 진화 281

제6부

임진-한탄강 유역 구석기의 계량분석과 그 다양성의 설명

I. 서언: 계량적 속성으로 밝히는 석기군의 변이 287

II. 방법론적 배경과 자료의 구조 289

1. 연구 단위로서의 기술조직 289

2. 구석기 기술조직 변화에 대한 가설 291

3. 분석 대상 자료의 구성과 몇 가지 고려 사항 297

III. 석재의 활용에서 보이는 변화 299

1. 석재의 질적 구분 299

2. 유적별 석재 구성비의 변이 300

3. 석재의 질적 변이와 그에 따른 유적별 활용 양상 303

IV. 구석기 유물군의 분석과 그 결과 307

1. 분석을 위한 기본적 지수와 변수들의 설정 307

2. 석기의 크기 분포에서 나타나는 변이 316

3. 원석 활용 및 소형도구의 제작 양상 326

4. 잔손질과 원석의 형태가 변화하는 방식 332

V. 임진-한탄강 유역 구석기 기술조직의 진화 342
1. 석재 선택 전략의 변화 342
2. 도구석기 제작 전략의 변화 347

VI. 소결: 고인류 집단의 태도와 행위 양상의 변동 351

제7부
결론: 임진-한탄강 유역 구석기의 장기적 변동상

I. 갱신세 동안의 임진-한탄강 유역 인간사 359
1. 시간의 규모와 하계망의 진화 359
2. 6단계의 지질 형성 과정과 그에 따른 서사 370

II. 차후 임진-한탄강 유역 구석기 연구의 담론들 384
1. 동아시아 구석기에서 임진-한탄강 유역의 의미 384
2. 동아시아에서 중기구석기 단계의 설정 문제 387
3. 구석기시대 세계관의 확장을 위한 이론적 고려 392

부록
분석 대상 자료 일람

I. 장산리 석기군 400
1. 가공 및 사용된 석기들 400
2. 유적 내 반입된 자갈들 401

II. 2004년 조사 주월리/가월리 석기군 403
1. 주월리 지점 석기군 403
2. 가월리 지점 석기군 404

III. 2004년 조사 전곡리 농협 부지 발견 석기군 411

IV. 장흥리 발굴갱 W80S10 출토 석기군 416

• 참고문헌 419
• 찾아보기 446

| 제1부 |

서론:
문제의 인식과
그 해결의 모색

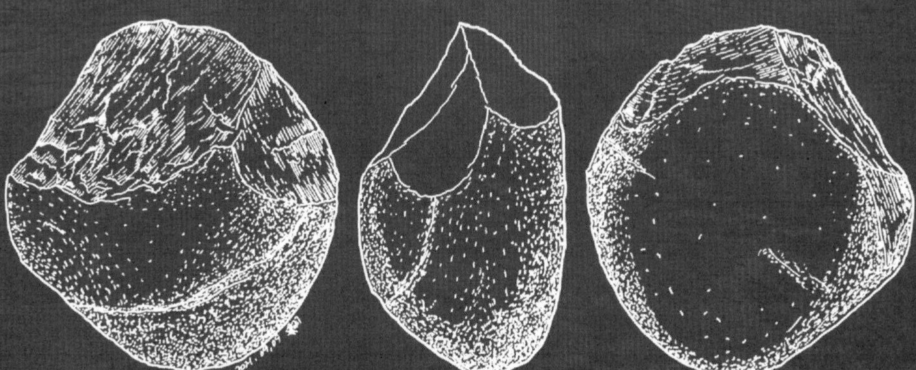

• 1979년 전곡리 출토 양면찍개(서울대학교박물관 소장)

I 역동성과 다양성 그리고 변동성

1. 행동주의적 관점의 한계

... (the processual archaeologists) They believe that a positivist approach provides the key to good archeology because it is appropriate for all realms of scientific investigation. I would argue, on the contrary, that what archeologists need is a more complete understanding not of how they know but of what there is to know, which in this case means about the nature of human behavior ... Because of this, they also believed that there would be marked cross-cultural uniformity in human behavior and that any aspects of such behavior that could not be accounted for in this manner were particularities of no scientific importance(Trigger 1991: 553).

… 과정고고학자들은 실증적 접근이 모든 과학 연구에 적합하다는 근거만으로, 그것이 훌륭한 고고학을 하는 데도 중요하다고 믿는다. 나는 그와 반대로 고고학자에게는 '어떻게 알 수 있는가?'보다는 '알 수 있는 게 도대체 무엇인가?'를 제대로 파악하는 것이 필요하다고 주장하고 싶다. 그 '알 수 있는 것'은 바로 인간 행위의 본질을 의미한다. … 이 때문에 과정고고학자들 역시 인간의 행위에는 모든 문화에 걸쳐 존재하는 뚜렷한 일관성이 있다고 믿었으며, 이런 방식으로 납득할 수 없는 행위의 몇몇 측면은 과학적으로 중요하지 않은 독특함으로 여겼다.

위 글은 지금으로부터 30년 전에 미국 인류학회에서 이루어진 특별 강연 내용의 일부다. 이 강연은 강연 시점으로부터 30년 전, 즉 60년 전부터 30년 전까지 영어권 중심의 고고학 이론들이 어떤 과정을 거쳐 왔는지 평가했다. 30년이 또다시 흐른 지금에 이 문구를 소환하는 이유는 한국 고고학과 영미권 고고학 사이에 이론 분야에서 30년의 시간차를 가질 정도로 수준 차이가 있음을 느꼈기 때문만은 아니다. 다만 영미 고고학계에서는 이미 30년 전에 충분히 논의와 검토를 거친 주제들이 한국에서는 바야흐로 거론되고 소개된다는 사실이 그 어느 때보다 절박함을 느끼게 해주며, 적절한 탄력momentum의 기회를 마련해서 현 상황을 돌파breakthrough하려는 학계의 의지가 절실하다는 주장이 구체적으로 등장할 필요가 있기 때문이다.

그런 주장은 막연히 한국 고고학계에 아직 제대로 착근着根하지 않은 이론과 방법론을 적극적으로 실험하고 도입하고 활용하자는 의지의 표출만으로는 만족스럽지 않다. 자료의 빈곤함으로 인한 방법론의 부재는 한국 고고학만이 겪는 제약은 아니다. 위의 인용문에서 제시한 대로 인식론의 차원에서만 이론과 방법론을 거론할 단계는 아니라고 본다. 양적·질적으로 일천한 자료에서 과연 어떤 정보를 취득할 수 있으며, 그런 정보는 도대체 어떤 수준의 해상도resolution로 우리에게 다가오는지 반드시 사전 검토를 거쳐야 한다. 자료의 일천함은 발견 지역의 열악한 보존 상태만을 반영하는 게 아니라 그 자료의 일천한 구조를 자아낸 과거인들의 행위와 생활 방식도 그만큼 간단하고 단순한 일상에 불과함을 보여 준다. 특히 지금과는 전혀 다른 인물들이 전혀 다른 배경하에서 생존해 온 선사시대, 그중에서도 구석기시대에 그들이 겪은 사건과 취한 행동은 동적dynamic이라 표현할 만큼 복잡하고 변화무쌍하지는 않았을 것이다.

정적인static 고고자료에 반영되는 과거인의 행위는, 과정고고학에서 주장하는 것처럼 동적인 것으로만(Binford 1983) 치부될 필요는 없다. 움직임이 있고 에너지 흐름이 결부된다는 점에서 과거 행위를 무조건 동적인 것으로만 파악하던 행동주의behaviorism적 사고 방식은 이제 새로운 시각으로 재고할 필요가 있다. 아득히 오래된 과거에 살았고, 현재 우리들과는 신체적·정신적으로 전혀 달랐던 고인류hominin의 행위에는 실험이나 민족지 관찰로는 파악할 수 없는 독특함particularity 혹은 고유함uniqueness이 내재하는 것이 분명하다. 그런 의미에서 앞서 인용한 문구는, 이러한 독특함을 단지 비과학적으로 보인다는 이유로 중요하지 않다고 선험적으로 파악하곤 하는 과정고고학의 한계를 적절하게 지적한 셈이다. 신진대사 방식이 비슷하다는 이유로 고인류를 동물행태학적인 측면으로도 이해할 수 있다는 낙관적 가치관이 바로 '행위'를 강조하는 기존 구석기 연구의 한계일 것이다. 이런 연구들의 결과는, 인간이 동물계의 한 종에 속하고 그 종은 직립보행을 통해 도구를 제작하고 언어를 구사함으로써 생계 정보의 생성·유포·전수를 행하였다는 자명한 독특함의 지적에서 별로 진전을 보이지 않을 것이다. 따라서 고고자료에 적극 반영될 수 있는 행위는 물론, 결코 반영될 수 없는 더욱 은밀한 수준의 행위까지 드러내 주는 방법론이 과감하게 구상되고 도입될 필요가 있다.

한반도같이 적절한 설명력을 갖춘 구석기 고고자료가 거의 없는 지역은 자료의 보존 환경이 열악한 것이 사실이다. 그러나 양적·질적으로 빈약한 자료를 보다 해상도 높은 과거를 추론함에 있어 필연적으로 감수할 수밖에 없는 본질적 제약으로 인정하는 것은 안일한 근거 설정이다. 보존 상태의 열악함 때문에 구석기 연구에서 고인류의 행위를 읽어 낼 수 없고, 더 나아가 그 행위의 근거를 추론할 수 없다고 단정해 버리는 것은 물질 자료에 좀처럼 반영되지 않는 과거의 진정한 동적 면모를 너무 쉽게 포기하는 것이다. "증거의 부재는 부재의 증거가 된다the absence of evidence becomes evidence of absence"라는 유명한 논리는 일찍이 구석기고고학의 초창기부터 인식해 오던 제약을 극복해 준 근거다(White 2022: 13). 고인류에 대해 상정想定, suppose하던 정보의 증거가 없는 것은, 단지 그 증거가 오랜 매몰 과정에서 사라지거나 변형된 것이 아니라 상정하던 정보를 뒷받침해 주는 증거가 애초에 존재하지 않았던 것으로도 볼 수 있다. 즉 상정한 내용 자체가 잘못되었다는 것을 말해 주는 것이다. 따라서 정적인 고고자료를 만들어 낸 고인류의 행위를 동적으로 설정하고, 그 동적인 면모를 애써 부각하려고 노력할 필요는 없다. 오히려 진정 동적인 것은 무엇이고, 고인류의 행위가 반드시 동적인 것으로만 파악될 필요가 있을지에 대한 고민이 선행해야 한다.

2. 전통적 연구성향들과 그 극복을 위한 노력

구석기고고학은 지극히 한정된 자료에 의존해서 가장 오래된 인류의 과거를 탐구하며, 여기서 도출된 결론도 초기 인류의 생활사에만 치중하는 경향이 있다. 따라서 다른 시기를 다루는 고고학에 비해 더 많은 정보를 자료에서 도출하기 위한 방법론과 인식론적 시행착오를 거쳐 왔다. 그리고 그만큼 정교한 사고방식을 연구에 반영하려는 노력이 지금도 계속되고 있다. 전통적인 구석기 연구는 유물군assemblage의 시·공간적 분포상과 이를 반영하는 유물군 고유의 특성을 적절하게 대응시키는 방식으로 이루어졌다(Kuhn 2020: 5). 따라서 특정 지역, 특정 시기의 연구자들은 그들이 교육받고 지식을 연마해 온 학사적 배경에 따라 스스로 구축해 놓은 연구성향research trend을 전적으로 신뢰한다. 또한 그들이 접하거나 착안하는 새로운 연구 주제들도 이에 전적으로 의존하는 경향이 있다. 이러한 전통적인 연구성향의 대표적인 사례로 유럽 전기·중기구석기 유물군에 적용되는 보르드François Bordes의 형식분류 체계(Bordes 1961; Debenath and Dibble 1994), 유라시아 전기구석기의 지역 구분에 적용되는 모비우스Hallam L. Movius 가설(Movius 1944) 그리고 중국에서 채택되는 자란포賈兰坡의 문화전통론(Jia and Huang

1985) 등을 지적할 수 있다.

각기 다른 연구성향들이 패러다임 같은 관습paradigmatic practice으로서(Clark and Lindly 1991: 577-579) 학계에 공헌한 바가 있다면, 그것은 고인류의 생존 및 적응이 가진 '다양성diversity'을 인식하려는 노력이다. 그리고 이 다양성이 등장하는 배경을 적절한 방식으로 설명하려는 시도가 고고학의 궁극적 목적일 것이다. 하지만 구석기고고학에는 이러한 연구성향들이 아직까지 추구하지 못한 본질적 문제들이 여전히 남아 있다. 이 문제들에 대해 기존의 연구성향들은 주어진 틀에 고고자료가 얼마나 부합하고 얼마나 동떨어져 있는지를 측정하고 기술description하는 문제만을 답보踏步해 왔다. 전통적 연구성향을 통해 제기된 문제는 상기한 기술들을 큰 틀에서 요약해 주는 초보적 설명explanation에 의존할 수밖에 없었다. 그 결과 단순한 설명만을 답변으로 추구하는 한계를 스스로 규정해 왔다. 이 과정에서 더욱 복잡하고 정교한 문제들은 해결 불가능한 수준의 논지로 격상되거나 부수적이고 비과학적인 주제로 간주되면서, 현 자료만으로는 설명 불가능한 분야로 인식되었다. 맨 앞의 인용문에서 과정고고학자들이 과학적으로 중요하지 않다고 치부하던 독특함들이 바로 그런 사례일 것이다.

이런 독특함 중에서 가장 대표적인 것은 바로 구석기시대를 살던 고인류들이 생존을 위해 채택한 '기술적 행위의 다양성'이다. 이 다양성은 개개인 혹은 집단이 공통적으로 보유하던 행위가 반복되면서 유물군의 형성에 결부된다. 그리고 적절한 기술 및 분석적 방법론을 통해 발견되고, 뚜렷하게 부각된다. 다양성은 유물군에서 측정 가능한 수준으로 반영되는 물질적 특성인 '변이變異, variation'를 통해 구체화된다. 이렇게 유물군의 고유한 특성을 드러내는 변이를 이끌어 내는 고인류의 여러 가지 선택 과정을 우리는 '변동성變動性, variability'이라고 부를 수 있다. 다양성과 변동성의 차이는, 유물군의 변이를 이끌어 내는 고유한 행위의 차이가 다양성이라면, 행위의 다양성을 이끌어 내는 고인류의 여러 가지 동기motivation, 선택selection, 의도intention 그리고 신체 외적 정황extrasomatic context 등을 변동성이라고 말할 수 있다(Binford and Binford 1966; Bordes and Sonneville-Bordes 1970; G. A. Clark 1992; Machin 2009; McPherron 2003; Nowell et al. 2003). 즉 다양성이 행위에서 나타나는 질적 특성이라면 변동성은 이런 행위의 다양성을 유발하는 각종 인적 요소와 환경적 기반을 의미한다(Machin 2009; Nowell et al. 2003; Yi 2011). 따라서 단지 행위의 수준에서만 고고자료를 논하던 기존의 연구성향에서 더 나아가, 그러한 행위를 이끌어 낸 궁극적인 요인과 배경을 탐구하는 것이 변동성의 이해가 될 것이다.

유물군의 변이를 설명해 주는 다양성의 측정 단위는 전적으로 행위의 종류kind

와 가짓수numbers로만 이루어져 왔다. 즉 서로 다른 유물군은 서로 다른 행위의 조합으로 설명할 수 있다는 것이 기존의 과정고고학 연구성향에서 천착穿鑿하던 원칙이었다. 그 결과 최근까지 구석기 연구의 주요 관심사는 유물군의 변이를 적절하게 설명해 주는 다양한 행위들을 요약해 주는 모델을 만드는 것이었다(Bisson 2001; Dibble 1984, 1987, 1995; Hayden et al. 1996; Jelinek 1994; Kuhn 1995; Nelson 1991). 이런 연구성향의 주제들이 고고학에서 궁극적으로 추구하는 가장 중요한 분야인 것은 부인할 수 없지만, 그 방법론의 정밀도는 그다지 높지 않았다. 그 이유는 구석기 고고자료가 지금과는 전혀 다른 고인류들의 초보적 행위만을 파악할 수 있게 할 뿐, 장기간에 걸친 인간 행위의 다양성을 충실하고 선명하게 반영할 수는 없었기 때문이다. 따라서 가장 오래된 고고자료를 다루는 구석기 연구는 다양성과 변동성을 극도로 낮은 해상도로 관측할 수밖에 없었다(Barsky et al. 2018).

II 연구 대상으로서의 임진-한탄강 유역 구석기

1. 동아시아의 주먹도끼 연구와 임진-한탄강 유역 구석기의 위상

본서는 인간 행위가 직접 반영된 구석기시대의 타제석기를 유적별로 검토하고 개별 석기의 기술을 넘어, 전체 유물군의 변이를 몇 가지 양상pattern으로 구분해서 그러한 양상들을 이끌어 낸 고인류 행위의 다양성을 구체적으로 구분해 내고자 한다(Delagnes and Meignen 2005; Kelly 1995). 그리고 이렇게 구체적으로 구분될 정도로 행위의 다양성을 보이는 유물군 양상들의 내면에 숨겨져 있는 변동성의 여러 요인을 명료하게 제시하는 데 궁극적인 목적이 있다. 변동성을 명료화elucidation하는 것은 여러 가지로 유형화된 행위들의 인과관계를 탐구하는 작업이다. 그리고 이렇게 구체적인 인과관계를 밝히는 작업이 바로 커다란 설명을 시도하는 과정이다. 유물군을 탐구하고 그 본질에 대해 단순한 기술을 넘어 정교한 설명의 단계로 진입하는 것은 결코 간단한 문제가 아니다. 그 이유는 기존의 기술적 틀이나 연구자들 간의 의사소통 도구에 대한 한계점이 넓은 수준으로 공유되어야 하기 때문이다. 전술한 몇몇 전통적인 연구성향들의 방법론적 적절함과 타당성에 대한 문제 제기는 그간 꾸준히 이루어져 왔다(예: Bisson 2001; Clark and Lindly 1991; Kuhn 2020; Yi 2011). 그리고 본서 역시 이런 연구성향들의 대안적 접근 중 하나를 시도하는 것이기도 하다. 본서가 그 목적을 위해 선택한 연구 대상은 한반도 중부 임진-한탄강 유역의 구석기 유적 및 여기서 발견된 유물군이다.

임진-한탄강 유역의 구석기는 1978년 전곡리 구석기 유적이 발견된 이래 주먹도끼 및 아슐리안Acheulian 공작 같은 서구 구석기 연구의 개념을 통해 주로 이해되어 왔다. 따라서 비교적 최근까지도 주먹도끼라는 두드러지게 현시적現示的인 기종器種으로 인해 아슐리안의 지역적 변이로 이해되었으며, 그러한 연구성향은 서양의 연구자들을 중심으로 여전히 진행되고 있다(예: Dennell 2009; Gamble and Marshall 2001; White 2022). 최근에는 중국 대륙에서도 이와 유사한 다수의 주먹도끼 공작이 확인되고 있으며(예: Kuman et al. 2014; Li et al. 2018a, 2018b; Pei et al. 2010; Sun et al. 2017; Wang et al. 2012) 한반도에서도 임진-한탄강 이외의 지역에서 산발적이지만 빈번히 확인되고 있다(예: 김상태 2012; Lee 2001, 2016; Yoo and Lee 2022).

자료 면에서 볼 때 지난 세기의 문화사적 이분법, 즉 주먹도끼와 비주먹도끼 지역으로 구대륙의 전기구석기를 이해하는 것의(Movius 1944, 1949) 근거는 이제 더 이상 존재하지 않는다고 봐도 과언이 아니다. 또한 이런 완고한 이분법의 논지를 희석하기 위해 다소 느슨한 의미로만 이해하자는 최근의 주장도(Lycett and Bae 2010; Norton and Bae 2008, 2009; Petraglia and Shipton 2008), 문제와 한계점만 여실히 드러낸 지난 세대의 연구성향을 극복할 근거가 부족하다(Bae and Bae 2012; Dennell 2015; Rolland 1999; Yi and Clark 1983; Yoo 2008). 이런 온건한 주장은 대안이 없고 정교한 설명을 할 수 없기 때문에 막연한 자기만족에서 비롯한 현실안주現實安住에 불과할 뿐이다. 이미 오류에 가깝다는 낙인烙印이 찍혀 용도폐기用度廢棄되었던 과거의 연구성향이, 대안적 설명이나 혁파革罷의 근거가 부족하다는 이유만으로 여전히 설명력을 가질 수 있다고 믿는 현실은 결국 현행 연구자들의 나태懶怠를 말해 주는 셈이다.

임진-한탄강 유역 구석기의 본질적 특성을 논하는 과정에서 드러나는 한계는, 국내 연구자건 해외 연구자건 공통적으로 유물군의 특징을 보편성普遍性의 수준에서만 논의하고 말았다는 점이다. '보편성'이란 지극히 당연하고 자명한 결론으로서, 구체적인 실증 절차를 거칠 필요 없이 단순한 사변적思辨的 논지만으로도 충분한 타당성이 제시될 수 있는 특성을 의미한다. 일단 한반도 임진-한탄강 유역에서는 아슐리안 공작과 동일한 기법으로 제작된 주먹도끼가 다수 발견되었다. 여기서 한 걸음 더 나가면 분석이나 실증은 도외시되고 일반화하기 쉬운 순진한 주장이 개진된다. 따라서 임진-한탄강 유역 주먹도끼는 아프리카나 유럽의 아슐리안 주먹도끼와 형태나 제작 기법 면에서 일치한다는 믿음이 만들어지고, 전기구석기의 아슐리안 기법이 한반도에서도 일찌감치 시작되었다는 선험적 지식이 구축된다. 따라서 20세기 초반의 모비우스가 제시한 동아시아 전기구석기의 주먹도끼 부재론不在論이 잘못되었다는 것은 아시아 동쪽 끝에서 발견된 임진-한탄강 유역의 주먹도끼로 명쾌하게 반증된다. 그리고 이로써 그가 제시한 인종주의적인 아시아 열등설劣等說도 자동적으로 극복하게 된다는 레토릭rhetoric이 작용한다. 물론 여기에는 엄격한 논증과는 거리가 먼 확대해석의 과정도 일부 반영된다.

이런 수준의 형식논리에 기반하다 보니 어느새 임진-한탄강 유역의 주먹도끼는 모비우스 이론의 반박 자료, 아슐리안 주먹도끼의 대표적 사례이자 동아시아 전기구석기의 지역군이라는 당연하고 자명한 결론에 머무를 수밖에 없게 되었다. 물론 임

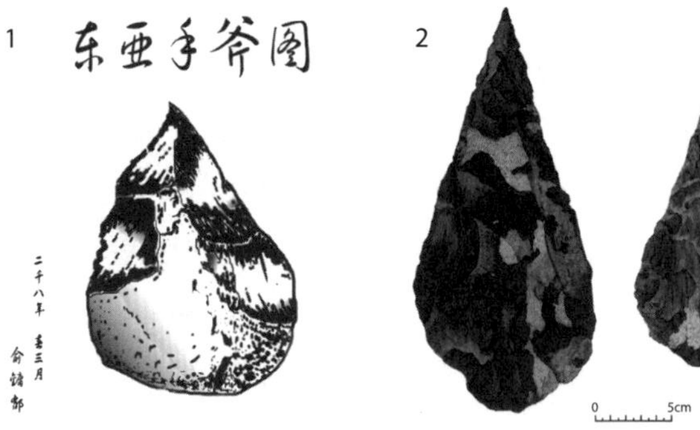

[그림 1.1] 동양과 서양의 주먹도끼에 대한 인식 차이를 예시하는 시각적 묘사

1: 동양화풍으로 그린 동아시아 주먹도끼의 상상도(저자 그림), 2: 1797년 영국 혹슨 유적에서 존 프레어가 최초로 발견한 주먹도끼의 스케치(White 2022: 7)

진-한탄강 유역 주먹도끼의 본질적 특성이 보편성의 수준에서 논의되는 것은 우선적으로 필요한 작업이다. 그리고 보편적 지식의 확보를 기반으로 보다 미시적인 분석과 검증의 과정을 거쳐 특수성을 논할 수 있다. 하지만 한국 구석기고고학의 방법론적 발전이라는 궤적 내에서 임진-한탄강 유역 구석기가 차지하는 역할이 막대했다는 점을 감안한다면, 유물군의 보편적 특성만 논의하는 것에 안주하고 그러한 작업에 필요 이상의 가치가 부여되었다는 점은 결코 의도했던 연구 성과가 아닐 것이다. 21세기 현재 세계 구석기고고학은 다양성에 대한 설명이 더욱 절실하다. 그리고 다양성을 설명하는 데 궁극적으로 기여하는 본질은 바로 보편성보다는 특수성일 것이다. 그런 의미에서 임진-한탄강 유역 구석기의 보편성은 지금까지 충분히 논의되었다고 간주해도 성급한 판단은 아닐 것이며, 이제는 보편성보다 특수성을 명료화하는 작업이 절실하다고 볼 수 있다.

본서는 모비우스가 제시한 지난 세대의 인종주의적 편견을 반영하는 문화사적 결론을 비판하는 것에만 머무르지 않는다. 1940년대의 기준에서 구대륙의 '구석기시대 문화'는 그 시·공간적 분포상이 뚜렷하지 않았고(White 2022), 같은 유물이라도 이를 바라보는 동양과 서양의 시각에는 분명 차이가 있었다그림 1.1. 따라서 모비우스의 주장은 그 당시 연구성향 및 자료의 수준에서 충분히 수용할 수 있는 작업가설 정도로만 이해해도 충분하다. 문제는 이런 초보적 인식론이 21세기의 작금昨今에도 지속되면서 사고의 전환 없이 더욱 확대 재생산될 위험이 있다는 것이다. 그렇기 때문에 본서는 이러한 위험을 예방하는 차원에서, 현존하는 자료를 통해 동아시아 주먹도끼 및 아슐리안 공작의 본질에 대한 생산적 논지를 이끌어 내고자 한다. 이를 위해 한국의 임진-한탄강 유역에 분포하는 다수의 구석기 유적이 모두 획일적인 기술 전통의 산물이라는 기본 가정을 배제하고, 유물군을 더욱 구체적으로 분석함으로써 동아시아라는 넓은 지역에서 당시의 고인류들이 어떠한 방식으로 다양성을 구체화했는지 살필 것이다. 그리고 이 다양성을 이끌어 낸 변동성은 과연 어떠한 특수성을 가지는지 밝히고자 한다.

2. 본서의 구성과 체제

임진-한탄강 유역에서는 전술한 전곡리를 필두로 2023년 현재까지 다수의 유적과 유물군이 확인되었다. 그리고 보다 다각화된 야외조사의 산물로서 각종 지질자료와 그 분석 결과 및 절대 연대치들도 꾸준히 누적되어 왔다. 본서는 이 중 비교적 최근에 조사된 유적들의 자료를 구체적인 분석 대상으로 삼아 이 지역 구석기 공작이 가지는 특성을 밝히는 데 주력한다. 따라서 이러한 의도를 가지고 다음과 같은 순서로 논지를 진행하고자 한다.

제2부는 임진-한탄강 유역의 구체적인 고고자료를 논하기 앞서, 한반도를 포함한 동아시아 갱신세의 환경적 특성을 조망한다. 특정 주제와 관련된 문제 해결을 도모할 때 가장 선행되어야 하는 작업은 바로 해당 자료의 시·공간적 경계를 설정하고 그 경계 내에서 대상 자료가 가지는 맥락의 전반적 특성을 제시하는 것이다. 따라서 제2부에서는 한반도 및 동아시아 말단까지 고인류가 파급되기 시작하는 중기갱신세 Middle Pleistocene 후반인 약 0.4mya 이후의 환경상을 논하겠다. 동아시아의 제4기 환경상에 대해 정리된 입장은 아직 구체적으로 제시된 바 없다. 본서는 최근까지 연구된 다양한 지질자료와 환경자료를 참조해서 중기갱신세 이후 고인류들이 한반도를 포함한 동아시아 일대를 점거하는 대략적인 과정 및 양상을 복원할 것이다. 그리고 제2부의 후반부는 시각을 한반도로 좁혀서, 현재까지 축적된 환경자료와 고인류 화석자료를 개관하며 임진-한탄강 유역의 구석기를 만들어 낸 인구집단의 성격을 구체적으로 거론하겠다.

제2부가 임진-한탄강 유역의 공간적 맥락의 특성을 거시적으로 조망하는 과정이라면, 제3부는 그 시간적 경계를 살피는 단계다. 여기서는 그동안 이 지역 구석기 연구에서 가장 큰 비중을 차지해 온 전곡리 유적의 연대 및 이 지역 주먹도끼의 실연대

를 규명하는 작업이 주가 된다. 결론부터 얘기하면, 임진-한탄강 유역의 구석기 유적들은 기존의 견해와는 달리 어떤 특정 시점에 일괄적으로 형성된 결과물, 즉 동시성同時性, synchronicity을 가지는 고고자료라고 결코 볼 수 없다. 그리고 순진한 선험적 가정에 불과한 기존의 연대관인 소위 '중기갱신세설'의(예: 檀原徹 외 2002; 배기동 2021; 松藤和人 외 2005; Bae 1988; Naruse et al. 2003; Norton et al. 2006) 여러 가지 문제점을 지적하고 새롭게 밝혀진 각 층서 단위의 절대 연대치들을 근거로 이 지역 구석기 유적들의 유물층이 어떤 연대 구간에 속하는지 밝힐 것이다. 현재까지 전곡리를 포함한 이 지역 유적들에서 실제 고고자료들의 시간적 위치를 파악하고 연대치의 수치 이상 의미를 해석하는 작업은 구체적으로 이루어진 바 없다. 따라서 제3부는 그동안 확보된 다양한 연대치와 기존 연대관들을 재검토하는 데 주력할 것이다. 이를 통해 지금까지 이 지역 구석기 연구에서 커다란 선입견 혹은 메타서사meta narrative였던 구대륙 아슐리안 공작과의 문화적 연관 및 상호 공시성共時性, coevality에 대한 선험적 가정을 극복할 수 있을 것으로 보인다.

제4부는 임진-한탄강 유역에서 지금까지 조사된 구석기 유적과 유물군을 나열하고, 본서의 집필을 위해 수행된 야외조사 작업의 과정과 결과를 소개한다. 이를 위해서 2000년대부터 이루어진 경기도 파주시 장산리 유적, 파주시 주월리/가월리 유적, 연천군 전곡리 유적 발굴조사의 결과와 발견된 석기들이 구체적으로 거론될 것이며, 기존에 조사되었던 고고자료들의 검토도 함께 이루어질 예정이다. 또한 최근 들어 집중적으로 발견되고 있는 한탄강 상류역 및 포천시와 철원군 일대의 신발견 구석기 유적들도 본서에서 새롭게 소개되었다. 최근에 발견된 유적들은 주먹도끼를 표식 유물로 하는 기존의 구석기 유적과는 달리 대부분 후기구석기 유물군을 포함하는 특징을 가진다. 따라서 차후 이 지역에서 보다 시기가 늦은 후기구석기 기술과 관련된 문제 및 중기-후기 구석기 전이Middle-Upper Palaeolithic Transition 같은 비교적 넓은 범위의 논의를(Bad and Bae 2012; Clark and Lindly 1989; Gilman 1984; Hovers and Belfer-Cohen 2005; Lee 2016; Riel-Salvatore 2010) 이끌어 내는 참조의 틀을 마련하기 위해 가능한 한 많은 유적과 유물을 포괄했다.

제5부에서는 임진-한탄강 유역 구석기 유물군의 기술적 특징을 검토한다. 전술한 다양성과 변동성을 고찰하게 해주는 연구단위research unit로서 '기술조직技術組織, technological organization'이라는 개념을 채택한다(Barton 1991a; Binford 1972, 1980; Nelson 1991; Ricklis and Cox 1993). 당시 임진-한탄강 유역에 거주하던 고인류들이 시·공간적으로 고유한 실재 인구 집단이라면 집단 내에서 공유되던 석기의 제작 및 활용을 포괄하는

그들만의 기술적 특징을 설정할 수 있을 것이다. 이 특징을 관찰할 수 있게 해주는 기술description 및 분석analysis의 단위가 바로 기술조직이다. 기술조직의 기본적 특징은 고고학의 고유 방법론인 형식분류typology를 통해 파악된다. 이를 위해 기존의 임진-한탄강 유역 석기군의 기술에서 널리 채택되었던 클라크-클라인디엔스트 분류 체계의(Clark and Kleindienst 1974) 문제점과 한계를 검토한다. 그리고 아슐리안과 흡사하다는 선입견으로 인해 그간 본격적으로 논의된 바 없는 이 지역 소형도구 석기들에 대한 고찰을 새롭게 시도한다. 소형도구의 형식분류는 사실 클라크-클라인디엔스트 분류 체계로는 구체적인 기술이 쉽지 않기 때문에 본서에서는 석기의 날과 사용 시의 구체적인 동작 등을 반영하는 새로운 분류 기준을 마련하겠다. 이러한 기준을 근거로 임진-한탄강 유역 전체 석기군은 적어도 기종 수준에서의 명확한 분류가 가능할 것으로 보인다. 형식분류를 통한 다양한 기종 설정이 완료되면, 최종 석기군의 형성에 기여한 석재의 질적 특성과 고인류의 선택 과정들이 더욱 명료하게 제시될 수 있을 것이다. 이 부분은 제5부의 후반부에서 보다 구체적으로 거론될 예정이다.

제5부가 유물군의 특징을 기술하는 단계였다면 제6부는 본격적인 분석 단계다. 여기서는 임진-한탄강 유역 석기군들의 다양성을 드러내기 위해 계량적 속성을 분석한다. 그리고 유적별로 다양한 행위적 면모를 고찰하기 위해 새로운 방법론을 적용한다. 우선 석기의 고유한 '크기size'와 연차적 가공을 통해 지속적으로 변하는 '세장도elongatedness'라는 형태적 속성을 관측·연산해서 다양한 서열배치곡선Rank Sequence Curve들을 그려 내고(유용욱 1997, 2014b; 유용욱 외 2022), 이러한 서열배치곡선들의 형태 및 상호 교차 방식을 분류해 각 유적에서 누적적으로 반영된 고인류들의 행위 양상behavioral pattern을 연역적으로 파악한다. 유적별 석기군은 해당 유적에 거주하던 고인류 집단의 고유하면서도 두드러진 석기 관련 행위를 반영한다는 전제하에, 임진-한탄강 유역 구석기 유적들에서 개별적으로 이루어진 다양한 행위들을 복원하고자 한다. 그리고 이렇게 다양한 행위를 이끌어 낸 제반 여건들의 변동성도 설명할 수 있을 것이다. 이런 과정을 통해 당시의 환경상, 석재 같은 물리적 여건이 부여하던 각종 제약, 이 제약들을 극복하기 위한 고인류의 선택적인 생계 전략을 논할 수 있다.

제7부는 본서의 마무리 및 정리 단계로, 전 단계에서 이루어진 고고자료의 기술과 분석 결과를 통합하는 커다란 해석이 이루어진다. 이를 위해 서사敍事, narrative의 기법을 채택함으로써 유물군의 기술과 편년에만 치중하던 기존 구석기 연구에서 좀처럼 이루어지지 못했던 고인류의 행위에 대한 맥락적 접근을 더욱 그럴듯하게 드러낼 수 있을 것이다. 이 서사는 차후 새로운 자료의 등장과 그 해석을 통해 더욱 적절한

서사로 대체되기 전까지 잠정적으로 이 지역 구석기 공작에 대한 메타서사로 자리 잡을 수 있을 것이다. 그리고 결론부에서는 더 넓은 공간적 배경인 한반도 및 동아시아 구석기에서 임진-한탄강 유역의 구석기 공작이 차지하는 의미를 논했다. 그 작업의 일환으로서 배기동(1992)이 제시한 '전곡니안Chongoknian'이라는 용어의 효용성 및 동아시아에서 뚜렷하게 제시될 수 없는 현상적인 중기구석기의 특징을 간략하게 다루어 보았다. 마지막으로는 서론에서 지적한 일천한 자료의 한계를 극복할 수 있는 방법론을 고안하고, 이를 통해 인간 행위의 진면목을 드러낼 수 있는 이론적 시각의 필요성을 제시함으로써 차후 연구를 도모했다.

| 제2부 |

동아시아의 갱신세 자연환경과 한반도의 구석기

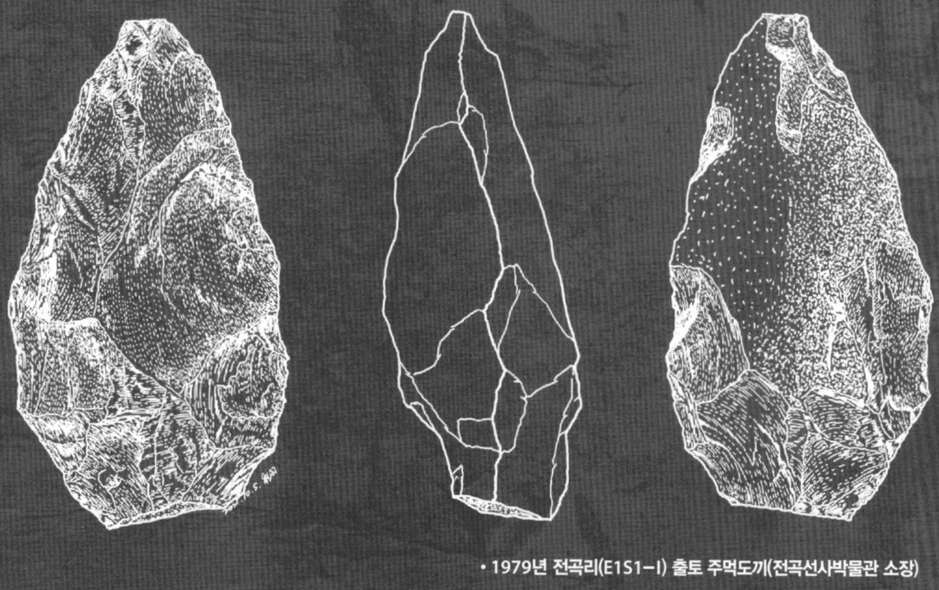

• 1979년 전곡리(E1S1-I) 출토 주먹도끼(전곡선사박물관 소장)

I 서언: 갱신세 환경과 그 의미

고인류의 생존에 영향을 미치는 요인 중 하나는 당시의 환경 변화다. 구석기시대의 물질 자료는 고인류의 선택과 가공을 거친 고고자료를 제외하면 식물자료와 동물자료 및 지질자료로 구성되어 있다. 이들은 고인류가 생존하는 '생물권biosphere'의 주요 요소다. 생물권은 시공간 틀에서 고인류가 적응하며 고유한 '문화culture' 요소인 석기군의 변화를 이끌어 내는 데 직간접적으로 영향을 미친 요인들의 총합으로 볼 수 있다. 자원 이용 방식의 변화는 고인류의 생계 전략 수립에 영향을 미쳤으며, 생계 전략의 변화는 타율적으로 이루어지는 것이 일반적이므로 환경상의 변화는 고인류의 삶에 작용하는 커다란 제약constraint의 성격이 강하다(Jelinek 1994). 그리고 이러한 제약은 급격한 적응 방식의 변화를 야기한다. 특히 후기갱신세약 128-10kya는 전 지구적으로 자원 이용의 계절적 변화가 뚜렷해지는 시기다. 따라서 구석기시대 수렵-채집인들의 식량 획득 및 소비에서 폭넓은 지역성과 계절성이 관찰된다(Kelly 1995).

제2부에서는 임진-한탄강 유역이 위치하는 동아시아 갱신세의 지형 및 환경의 변화를 관찰한다. 그 시간 폭은 약 40만 년 전부터 1만 년 전에 해당하는, 중기갱신세 후반부터 후기갱신세 말엽까지다. 이 기간은 아프리카에서 이동하기 시작한 다양한 고인류들이 유라시아 동쪽 끝인 극동 지역까지 진출하는 시점이다. 따라서 고인류가 동아시아 전역에 파급되는 시점의 고환경 자료들을 소개하고, 이러한 환경적 배경에서 만들어진 구석기 자료의 보편적 성격을 살핀다.

제2부의 후반에서는 한반도 갱신세 자료의 특징을 살핀다. 먼저 한반도 제4기 단구 지형의 형성 과정 및 그 시점에 대한 도식적 접근의 한계를 지적한다. 그리고 한반도 갱신세의 식물상과 동물상 및 고인류 화석의 연구 결과를 소개한다. 이 부분은 임진-한탄강 유역 구석기를 연구함에 있어 가장 중요한 주제이지만 남북한 공통으로 자료의 획득 방법 및 분석 절차에서 본질적인 한계가 드러나기 때문에 일반적 수준에서 접근할 수밖에 없다. 그런 의미에서 제2부의 마지막에서는 한반도 갱신세 및 구석기 연구에서 고인골 자료의 해석과 관련된 여러 문제와 그에 대한 비판적 검토도 함께

이루어질 것이다.

지질 시기의 용어에 대해 최근 국제 지질학계의 새로운 구분 기준과 용어들을 간략하게 제시할 필요가 있다. 2010년부터 기존의 제3기 선신세鮮新世, Pliocene에 해당하던 겔라시언Gelasian기期가(Rio et al. 1998) 전기갱신세 구간에 새롭게 포함되었다. 그 결과 갱신세의 시초 연대는 2.58mya로 소급되었다(Gibbard et al. 2010). 2012년에는 INQUAInternational Union for Quaternary Research에 의해 기존의 전기갱신세가 칼라브리언Calabrian기라는 용어로 수정·명명되었다(Cita et al. 2012). 따라서 258만 년 전부터 시작되는 전기갱신세는 공식적으로 겔라시언과 칼라브리언이라는 두 시기/단계로 나뉜다.

중기갱신세는 2020년부터 치바니언Chibanian기라는 이름으로 새롭게 명명되었고 그 연대도 0.77-0.126mya로 확정되었다. 치바니언기는 일본 지바현千葉縣의 이치하라市原시에 분포하는 해성층을 기준으로 하며, MISMarine Isotope Stage 19기790-761kya부터 5e기130-123kya 직전까지 해당한다. 치바니언기 동안의 고인류 분포는 중국 베이징 저우커우뎬周口店의 호모 에렉투스와 스페인 아타푸에르카Atapuerca의 호모 하이델베르겐시스로 대별된다. 이 시기의 구석기 편년 단계로 유럽과 서아시아에는 아슐리안과 무스테리안 공작이 있고, 아시아는 전기구석기Early Palaeolithic로 통칭한다.

치바니언기의 후반부터 유라시아 서쪽의 네안데르탈인Neanderthals, 동쪽의 데니소바인Denisovans 및 중국 학계에서 고형신인古型新人, archaic *H. sapiens*으로 부르는 초창기 현생인류 혹은 말기의 고인류들이 곳곳에 등장한다. 치바니언기 말엽인 MIS 6기의 연대는 최초의 현생인류, 즉 호모 사피엔스라 볼 수 있는 에티오피아 아파르Afar 지역 헤르토Herto인의 연대와 부분 일치한다(White et al. 2003). 이 즈음에는 남아프리카 삼림 지역에서 상고안Sangoan 공작이 발생한다. 따라서 중기갱신세, 즉 치바니언기 동안 구대륙에서는 현생인류 이전의 고인류가 다양한 종적 변이를 보이며 공존했음을 알 수 있다. 그리고 전기구석기에서 중기구석기 공작으로의 기술적 전이가 지역별로 다양한 방식으로 이루어졌다. 그러나 동아시아 구석기는 르발루아 같은 뚜렷한 표식 유물이나 기법이 부족하기 때문에 중기구석기의 설정이 쉽지 않다(Ikawa-Smith 1978; Gao and Norton 2001). 이 견해에 대해서는 본서의 마지막인 제7부에서 자세히 논하겠다.

참고로 제2부에서는 지금까지 서술한 새로운 지질 용어를 소개하되 구체적으로 활용하지는 않을 것임을 먼저 밝혀 둔다. 그 이유는, 아직까지 국내는 물론 국제 학계에서도 이 새로운 공식 용어가 생소하게 인식되고 있기 때문이다. 따라서 이 공식 용어들이 학계에서 널리 회자膾炙되기 전까지는 기존 용어들을 잠정적으로 고수固守한다는 것을 분명히 해둔다. 그리고 본서에서 '현생인류'는 형질적·문화적으로 완전한 호모 사피엔스anatomically modern sapiens, AMS를 의미하며, 그 이전 단계의, 종적 구분이 불확실한 고형archaic종은 모두 '고인류pre-sapiens'로 칭하기로 한다. 따라서 넓은 의미에서의 고인류는 종적 판별이 불분명한 구석기시대의 모든 인류를 의미한다.

II 중기갱신세 후반 이후 동아시아 환경 변화의 개요

1. 후기갱신세 이전의 환경상과 그 영향

1) 동아시아 중기갱신세 기후의 일반적 특징

신생대 후기부터 동아시아 지형은 활발한 지각 구조의 변동을 겪으며 지금과 같은 지모를 이루었다. 특히 아시아 서부의 조산 운동으로 인해 칭하이-티베트青海-西藏 고원이 만들어졌고, 대규모 지형 상승은 계절풍monsoon이 우세한 동아시아 환경을 낳았다(Gallagher et al. 2018; Tong and Shao 1991). 계절풍이 꾸준하게 대륙 내에 유입하며 빙하 규모가 축소되었고, 사계절이 뚜렷해질 정도로 연교차가 커졌다(Gallagher et al. 2018). 빙하 규모의 축소와 뚜렷한 계절성이라는 특성이 마련되면서, 다른 유라시아 지역과 비교할 때 동아시아의 신생대 제4기 기후는 상대적으로 온난하고 기후 변화 폭도 완만하게 되었다. 몇몇 자료에서 드러나듯이(예: Kukla et al. 2002; Qi 1991), 후기갱신세 이전 동아시아 기후는 유럽 및 북미와 달리 짧은 기간 동안 지역 내 생물상을 급격하게 변화시킬 정도로 그 변동 폭이 크지는 않았다. 이는 상대적으로 미약한 대륙빙하의 발달과 기온의 변동 폭을 지속적으로 상쇄해 주는 계절풍이 함께 작용한 것을 주요인으로 들 수 있다.

중기갱신세 후반약 0.4mya 이후부터 마지막 간빙기약 125kya, MIS 5e까지 동아시아 지역의 기후는 여전히 온화하고 습윤했다. 이를 뒷받침하는 자료로 저우커우뎬 1지점의 8-5층에서 나타나는 낙엽-활엽수 계통의 화분 분포대와 동물화석자료들을 들 수 있다. 인도 지역에서 발견되는 옛코끼리直牙古象, *Paleoloxdon namadicus* 및 남중국에 분포하는 판다속熊猫屬, *Ailuropoda*의 화석들이 북중국의 중기갱신세 층에서 발견되었는데(Shi 1991), 이 동물상은 중국 둥베이東北 지방의 랴오닝성遼寧省 진뉴산金牛山 유적에서도 확인되었다(吴汝康 1988). 아열대성 동물상이 둥베이 지방까지 분포하는 것은 중기갱신세 당시 계절풍 우세의 온화한 환경을 잘 설명해 준다. 그 밖에 현생 수마트라 코뿔소와 유사

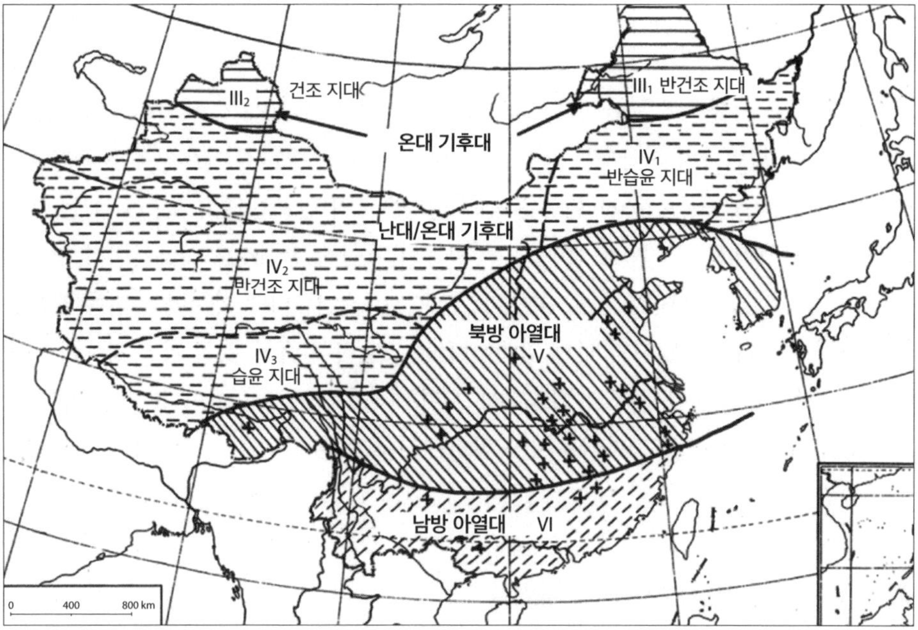

[그림 2.1] 중기갱신세 후반부(0.4-0.2mya) 동아시아 대륙의 기후대 추정 분포도(Tong and Shao 1991: 59에서 밑그림 취함)

한 절멸종인 쌍코뿔소*Stephanorhinus kirchbergensis*의 화석이 중국 산시성陝西省 뤄난洛南 분지의 룽야둥龙牙洞, 북한의 검은모루와 남한의 두루봉 동굴에서 발견되기도 했다(손보기 1990). 한편 중국에서 홍토紅土라고 불리는 아열대 토양인 라테라이트laterite가 중기갱신세에는 장강揚子江 유역을 넘어 화베이華北 지역 일부까지 분포하기도 했다(Pu 1991).

[그림 2.1]은 고인류가 아프리카를 벗어나 구대륙의 말단까지 파급되기 시작하는 중기갱신세 후반부의 기후대 모식도다. 각종 지질자료 및 동물화석 분포상을 감안할 때 한반도 동북 지역을 제외한 대륙 동쪽은 지금보다 온도와 습도가 높은 아열대성 기후에 속하는 것을 알 수 있다. 그러나 이와 대조적으로 아시아 서쪽인 북중국 서부와 중앙아시아 일대는 상대적으로 춥고 건조했다. 이는 칭하이-티베트 고원이 3,000m 이상 융기하며 남서부 지역에서 올라오는 계절풍을 차단하는 자연 방벽 역할을 했기 때문이다. 지형으로 인한 계절풍의 순환 장애 때문에 중앙아시아 및 북중국 서부의 강수량이 중기갱신세 이후 급격히 줄어들어 지금의 사막 및 초원 지형이 만들어졌다. 이런 사막과 초원 지역은 지속적인 풍화 과정을 겪으며 황토고원黃土高原, loess plateau으로 바뀌었다. 또한 중국 서북부 톈산天山 및 서남부 카라코람喀喇崑崙산맥 일

대의 고도가 올라가며 설선雪線이 낮아지고 영구동토의 면적도 확장되었다(Kukla et al. 2002; Qi 1991).

이렇게 중기갱신세 동안 현저해진 아시아 동쪽과 서쪽의 기후 차이는 현생인류가 동아시아 말단까지 파급되는 동기로 작용한 듯하다. 상대적으로 건조하고 황폐한 중앙아시아 및 북중국 서쪽의 환경은 동쪽 방향으로의 인구압을 유발했다. 이는 유럽 및 남아시아에서 유입하는 또 다른 인구 이동의 자연적 장애로도 작용하면서 고인류 확산의 병목bottleneck 현상을 만들어 냈다. 그 결과, 고인류의 동아시아 점거는 장기간 원활하게 이루어지지 않다가 어느 임계 시점에 도달하며 마치 '봇물'이 터지듯이 비교적 짧은 시기에 아시아 동쪽의 최말단까지 이루어졌을 가능성이 높다. 그 점을 고려한다면, 고인류의 한반도 및 극동지역 점거는 후기갱신세에 들어 신속하게 대규모로 이루어진 것으로 보인다.

2) MIS 6기부터 점차 시작되는 악천후

한반도 대부분 및 동아시아 대륙 일대의 온화한 기후는 MIS 6기를 기점으로 점차 기온이 하강했으며, 지형의 영향 및 국지적인 미기후대의 확장으로 생물총량biomass도 감소한다. 중국에서는 이러한 생태적 쇠락을 MIS 6기의 가장 뚜렷한 특징으로 본다(Tong and Shao 1991). 이 시기 들어 대륙 곳곳에서 풍성 퇴적층인 뢰스loess, 즉 황토黃土 층군 L2이 발달했다. 황토 층군의 상부층을 리스離石층으로 부르는데(Ding 1991), 이러한 리스층의 구체적인 연대는 아직까지 명확하지 않은 것이 사실이다(이선복 1989; Zhang and Wang 1991).

MIS 6기 동안 구대륙 북부에서 고인류의 분포 영역은 뚜렷하게 줄어들기 시작한다. 이렇게 생태계가 축소되고 자원이 경감하며 생계 활동에 큰 변화가 생기는 과정에서 새로운 종인 현생인류가 구대륙 서쪽에서 발생한다. 이 시기는 보편적으로 중기구석기 단계에 해당하는데, 아프리카에서 기원한 현생인류는 기존 호모 하이델베르겐시스의 파생종인 네안데르탈인 및 데니소바인들과 공존하며 점차 그들을 대체해 나가기 시작한다(Chen et al. 2019; Reich et al. 2010). MIS 6기는 방사성 탄소C14 연대 측정법이 안정적으로 적용될 수 있는 범위를 넘어서기 때문에, 포타슘-아르곤K-Ar 및 피션트랙Fission-Track, FT 측정법같이 큰 오차를 가지는 연대 측정이 적용될 수밖에 없다. 따라서 MIS 6기 동안의 고인류 분포 및 고고학적 사실을 탐구하는 작업에서는 아직 대략적인 수준의 시간 폭만 설정되고 있다.

MIS 6기 말엽부터는 소위 단스가드-외슈거 순환Dansgaard-Oeschger Event이라 불리는 기후의 급격한 오르내림이 일정 주기를 가지고 반복되기 시작했다. 그린란드의 빙산 천공穿孔, ice core 자료에 의하면 이 주기는 약 1,470년으로 계산되고, 이렇게 일정한 주기의 급격한 기후 순환은 동아시아에서도 나타난다(Barker et al. 2011; Rousseau et al. 2020). 이는 해수의 온도에서 그 원인을 찾을 수 있는데(Barker et al. 2011), MIS 6기 동안 전 지구적으로 확대된 빙하가 따뜻한 MIS 5e기 동안 녹으며 해수로 유입되어 수온이 하강했기 때문이다. 해수의 온도가 어느 수준까지 내려가면 북대서양 해류가 급격히 바뀌어 후기갱신세 전 기간 동안 꾸준하게 진행된 기온 하강을 이끌어 낸다.

임진-한탄강 유역 구석기 유적인 전곡리의 E55S20-IV 발굴갱 주변에서 시추한 퇴적층 자료를 대체자료proxy data로 삼아 한반도 MIS 6기의 기후상을 파악한 연구 결과가 있다(Kim et al. 2012). 전곡리 유적의 퇴적층은 대부분 하상층이지만, 윗부분에는 한랭·건조한 기후의 풍성 퇴적물이 섞여 있다(신재봉 외 2004; Kim et al. 2012: 264-265). 이 풍성 퇴적물의 TT-OSL 연대 측정치200±16kya에 따르면 이는 상대적으로 추운 시기인 MIS 6기부터 퇴적된 것으로 보이고(Kim et al. 2012: 262), 그 최초 흔적은 전곡리 유물층보다 약 2.5m 정도 아래에서 확인된다. 따라서 전곡리에서 고인류의 점거 및 주먹도끼 제작은 MIS 6기에서 일정 시간이 흐른 후 이루어진 것으로 볼 수 있다. 이 문제는 뒤의 제3부와 제4부에서 실제 지질자료를 통해 상술하겠다.

2. 후기갱신세의 환경상과 인구상 개관

1) 후기갱신세의 기후 변동

MIS 6기를 기점으로 기후상이 전반적으로 쇠락하고 이에 따라 생물총량도 감소하기 시작하며 후기갱신세Late Pleistocene로 접어든다. 전술한 중기갱신세를 치바니언기로 부르는 것이 공식화된 것처럼 후기갱신세도 타란티언Tarantian기라는 용어로 대체하자는 주장이 최근에 제기되었지만 아직 공식화되지는 않았다(Cohen et al. 2013). 타란티언기의 공식 연대는 129-11.7kya로서, 마지막 간빙기the Last Interglacial로 불리는 MIS 5e기를 기점으로 한다. 유럽에서 에미언Eemian기라고 부르는 MIS 5e기는 동아시아 지역으로 한정하면 현재보다 더 따뜻하거나 비슷한 기후를 보이던 시기다. 동아시아 마지막 간빙기의 따뜻한 기후는 산호초의 우라늄-토륨U-Th 연대를 통해 약 130kya에 시작되어

116kya에 끝난 것으로 밝혀지기도 했다(Kukla et al. 2002).

MIS 5기에 약 1만 5천 년 정도 지속된 온난한 간빙기가 끝나고 동아시아 기후는 다시 추워지고 건조해지면서 전술한 단스가드-외슈거 순환을 본격적으로 반복하기 시작한다. 이 시기 동안 간헐적으로 온난했던 기후 구간이 몇 개나 있었는지는 구체적으로 확인되지 않는다. 확실한 것은, 중기갱신세보다 훨씬 더 심각한 환경의 압박이 가해지며 당시 고인류의 삶에 극적인 변화를 이끌어 낸 흔적이 다수 발견되고 있다는 점이다. 중기갱신세에 아열대성 기후를 보이던 동아시아의 전체 지역은 후기갱신세 들어 한랭하고 건조한 기후로 두드러지게 바뀌어 갔다. 따라서 동물상 및 식물상에 커다란 변화가 나타났고, 고인류의 원활한 적응방산adaptive radiation은 장애障碍를 겪기 시작했다.

MIS 4기에 들어서면 이전보다 더욱 두드러진 기후적 제한을 극복하기 위해서 고인류는 자체적으로 다양한 기술적·문화적 기재機材를 마련하며 주어진 생물계에서 생존경쟁을 이어 나간다. 그 결과, 동아시아에서 이전보다 더욱 활발한 유적의 형성 및 고인류의 점거가 이루어졌고 MIS 4기부터 중기갱신세보다 훨씬 많은 구석기 유적이 폭발적으로 생겨났다. 이는 생존경쟁에서 궁극적으로 승리한 고인류 집단의 증가 및 서식 영역 확장에 따른 결과로 볼 수 있다. 이 기간은 아프리카에서 시작된 현생인류의 지속적인 확산과도 시기적으로 중첩한다. 그리고 후기갱신세 들어 동아시아 최말단인 한반도와 일본열도까지 인구 점거가 빠르게 이루어지면서 지역별로 다양한 구석기 공작이 발생했다. 본서에서 다루는 임진-한탄강 유역 구석기 유적들도 이러한 과정하에 만들어진 고고자료들이다.

2) 3단계에 걸친 후기갱신세 환경의 변화

지금까지 제시한 동아시아 후기갱신세의 환경 변화는 크게 3단계로 분류할 수 있는데(Tong and Shao 1991), 이를 요약하면 다음과 같다.

① 1단계129-90kya, MIS 5e-MIS 5b기

후기갱신세에서 가장 온화하고 습윤했던 기간이다. 기온은 현재보다 섭씨 2-3도 정도 높았고, 서해의 해수면은 지금보다 5-7m 정도 높았다. 동아시아 저위도 지역에서는 홍토인 라테라이트성 토양이 여전히 만들어졌지만 일부 산악 지역에서는 뢰스 성분의 풍성 황토가 퇴적되기 시작했다. 동중국과 한반도 해안 지역은 바다에 잠

겨 있었다. 중기갱신세 동안의 아열대성 기후대는 점차 침엽수림으로 바뀌어 갔고 고위도 지역은 소나무*Pinus* 계통이 우점종으로 번성해 나가기 시작했다. 고인류의 점거가 아시아 대륙 말단부까지 이루어졌지만, 서해가 완전한 육지 상태가 아니었기 때문에 한반도 및 일본열도로의 인구 유입은 활발하지 않았다. 소규모의 인구 집단이 랴오둥遼東 반도와 한반도 북부를 거쳐 유입했으며, 일본열도로의 유입은 지극히 제한적이었던 것으로 보인다. 실제 일본열도에서 이 시기에 해당하는 유적은 아직까지 뚜렷하게 나타나지 않는다. 이와테岩手현의 두 유적인 가네도리金取와 가시야마다테柏山館의 맨 아래 문화층이 이 시기에 해당될 가능성이 있지만 아직까지는 불확실하다(Sato 2016).

② **2단계**90-50kya, MIS 5a-MIS 3기 전반

온화했던 기후는 MIS 5a기를 거쳐 MIS 4기인 70-53kya 사이에 점차 춥고 건조한 기후로 전환된다. 당시 온도는 현재보다 섭씨 10도 정도 낮았고 시베리아 대륙풍의 영향이 저위도까지 파급되었다. 중국 둥베이 지역과 한반도 북부 지역은 툰드라와 스텝지역으로 변했다. 서해의 해수면은 현재보다 약 50-60m 정도 내려가서 한반도 및 일본열도가 중국과 연륙連陸, land-bridged했고 다수의 고인류 및 현생인류가 동아시아 끝부분까지 진출했다(Tong and Shao 1991).

이러한 기후 변동의 요인 중 하나로 들 수 있는 사건이 바로 초거대 화산 폭발인 일본 규슈 지역 아소산阿蘇山의 네 번째 화산 분출Aso-4, 89-87kya이다(Takarada and Hoshizumi 2020: 15). 이는 아소산의 마지막 분출인데, 화산재 부피가 930-1,860km^{3}로서 기존의 폭발보다 최대 3배나 더 큰 규모였다. 또한 74kya에는 인도네시아 수마트라섬의 토바 화산이 폭발하면서Toba Super-Eruption 더욱 심각한 기후 변화가 야기되었다(Ambrose 1998; Westgate et al. 1991). 토바 화산의 폭발은 화산폭발지수volcanic eruption index, VEI가 최고점인 8이었으며, 화산재 부피가 아소산 폭발의 10배에 달하는 13,200km^{3}이었기 때문에(Costa et al. 2014: 3) 소위 '화산재 겨울volcanic winter'이라 불리는 전 지구적 냉각이 약 10년 가까이 지속되었다(Clarkson et al. 2020; Rampino and Self 1993). 그리고 폭발 후 약 1,000년 동안 낮은 기온 상태가 유지되었다(Doughty et al. 2021). 이렇게 2만 년 정도의 시간 간격을 두고 이루어진 두 차례 화산 폭발의 영향으로, 동아시아 일대는 이전에 겪지 못한 심각한 기온 하락을 겪은 것이 분명하다. 이는 고인류의 생계 및 분포에 적잖은 영향을 미쳤다.

[그림 2.2] 후기갱신세 최말기의 최후빙하극성기(LGM) 당시 동아시아 대륙의 환경대 및 토양 발달 모식도(이선복 1989: 111에서 밑그림 취함)

③ 3단계50-10kya, MIS 3기 후반-MIS 2기

2단계부터 하강하기 시작한 기온이 최저점에 달하면서 가장 춥고 건조한 기후가 유지되었다. 기온은 적어도 현재보다 연평균 섭씨 12-15도 정도 낮았다. 중국 둥베이 지역과 한반도 지역의 절반은 침엽수림과 동토 초원 지역으로 덮여 있었다. 특히 23kya에는 툰드라와 사막이 매우 광대한 지역에 걸쳐 발달했다. 대륙 북부 지역 대부분의 퇴적층에서 빙하 쐐기glacier wedge가 발달했고 해수면은 현재보다 최소한 150m 하강했다. 그러다가 갱신세가 끝나갈 무렵인 약 15kya부터 기온이 다시 오르기 시작하면서 현신세Holocene로 진입했다.

기온이 하강하며 대륙빙하 및 동토의 분포 면적도 심각하게 확장되었다(Pu 1991). 3단계 동안 중국 북부의 영구 동토층은 남쪽과 동쪽으로 꾸준히 확산되었고 그 최대 범위는 한반도 북부 지역까지 도달했다. 아시아 서쪽으로도 몽골과 중국의 닝샤 후이족 자치구寧夏回族自治區와 산시성陝西省의 접경까지 확산되었다. 중국 남부에서는 히말라야에서 기원한 고지성 산간빙하가 후기갱신세 전반기에 걸쳐 꾸준히 확장되었고 MIS 2기에는 최대에 달했다. 이는 전술한 토바 화산 대폭발과도 밀접한 관련이 있는 듯하다. 그 결과 히말라야의 산록에서 기원한 만년설 및 다수의 계곡빙하가 광시 좡족 자치구廣西藏族自治區의 티베트 고원 일대에서 남동쪽으로 약 100-200km에 걸쳐 발달했다그림 2.2(Shi 1991).

3) 후기갱신세의 기후 변화와 관련된 증거들

후기갱신세 동안의 빙기혹은 소빙기, stadial와 빙간기interstadial의 기후는 몇백 년에서 수천 년 사이의 간격을 두고 급격하게 변했다. 이는 중국 제4기 호소 퇴적층의 천공lake core 자료와 일본 간토關東 지역 풍성층 자료의 대비를 통해 잘 드러난다(Yoshinaga 1996). 동해 일대에서 이루어진 심해 천공marine core 자료는 약 100kya부터 온난-한랭의 순환상이 뚜렷하게 나타난다그림2.3(Tada 1999). [그림 2.3]의 흑색 띠 부분은 규조류diatom가 다량 포함되어 있는 상태를 말하며, 상대적으로 낮은 기온을 시사한다. 또한 Org-C는 퇴적물에 포함된 유기물 탄소의 총량으로, 낮을수록 건조한 기후를 반영한다. 이러한 층위 상관을 통해서 볼 때, 동해안 일대는 후기갱신세 이후 MIS 4기와 MIS 2기라는 두 차례의 뚜렷한 한랭기를 직접 겪었음을 알 수 있다. 이 두 한랭기는 대륙에서 일본 열도까지 뢰스성 풍성토가 활발하게 퇴적된 시기이기도 하다(Naruse 1998).

마지막 빙하기 중에서도 생물총량이 최소로 떨어진 시기는 최후빙하극성기Last Glacial Maximum, LGM로 불리는 약 29-14kya의 시기다(Watanabe and Sakagami 1999). 이 시기는 보통 MIS 2기 전체에 해당하는데, 여름 동안의 만년설이 지표의 8%를 덮으며 현재보다 섭씨 약 15도 정도 연평균 기온이 하락했다. 그러나 급격하게 하락한 기후와 증가한 적설량에도 불구하고 동아시아는 고산 지대를 제외하고 대규모 빙하의 흔적이 뚜렷하게 드러나지 않는다(Bae et al. 2018; Barker et al. 2011; Hyun et al. 2015; Yu et al. 2002). 이는 아시아의 북부를 제외한 대부분의 지역은 계절풍의 영향이 지속적으로 유지되는 고기성古期性 저지대에 해당하기 때문이다. 하지만 중국 동부 내륙의 호수에는 최후빙하극성기 동안 여름 계절풍의 영향이 눈에 띄게 줄면서 수면이 매우 낮아진 흔

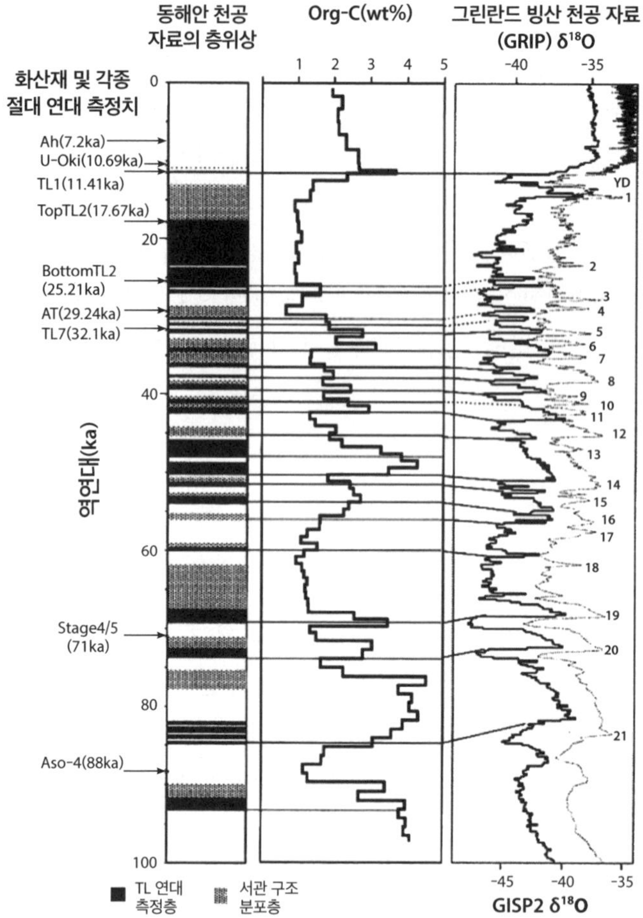

[그림 2.3] 동해안의 천공(C-3) 해저 퇴적물 자료와 그린란드 빙산 천공 자료(Tada 1999)
천공 자료(GISP2)와의 대비. 오른쪽은 단스가드-외슈거 주기 번호, 왼쪽은 보정된 역연대

적이 뚜렷하게 나타난다(Yu et al. 2002). 이 시기는 몽골 고비사막에서 다량의 뢰스가 유입되며 일정 수준의 풍성층이 동아시아에 균일하게 누적된 시점이기도 하다(Zhang and Wang 1991).

유라시아 대륙 북부의 갱신세 최말기 퇴적층 연구에 따르면(Rutter et al. 2003) 중국 고토양/황토의 퇴적 순환 과정에서는 유럽이나 시베리아 같은 뚜렷한 대자율의 변동이 드러나지 않는다그림2.4. 동유럽, 시베리아, 아시아 각 지점의 퇴적층 대비를 보면 중국의 MIS 3기는 풍성토인 황토와 고토양이 반복해서 나타나고 있는데, 이는 MIS 3기 동안 한랭하고 온난한 기간들이 짧게, 여러 차례 반복되었음을 말해 준다. 그러나

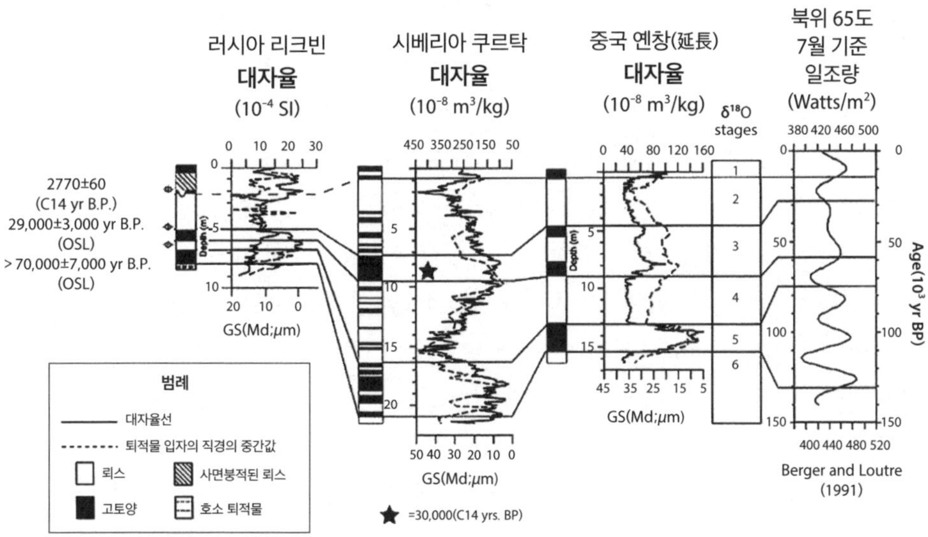

[그림 2.4] 유럽 러시아 지역인 리크빈(Likhvin)과 시베리아 지역인 쿠르탁(Kurtak), 북중국 산시성의 옌창(延長, Yanchang) 지역에서 추출한 토양 퇴적물의 MIS 6기 이후 천공 자료 대비(Rutter et al. 2003)

MIS 2기는 유럽, 시베리아와는 달리 대부분 황토층만 퇴적되어 있다. 이를 통해 동아시아의 후기갱신세 기후는 따뜻했던 시기보다는 추운 시기에 더 획일적이고 일관된 환경상을 유지했다는 것을 알 수 있다. 따라서 동아시아 고기후 자료를 MIS 각 시기의 액면적 특징인 '짝수-추운 시기, 홀수-따뜻한 시기'와 직접 연결하는 고정 관념을 경계할 필요가 있다. 지역별로 각 MIS 기의 세부적 기후상 및 대체자료의 해상도는 각기 다르다. 따라서 온난-한랭 기후의 구분이 뚜렷하고 MIS 기의 세분도 비교적 명료하게 이루어지는 유럽 알프스 및 북미 지역의 기후 편년을 동아시아에 직접 대입하는 것은 주의할 필요가 있다.

4) 한반도 후기갱신세 기후 변화의 증거들

한반도 후기갱신세 환경상의 연구는 비교적 최근에 이루어졌다. 북한 측은 대부분 동물화석 및 고인골 등을 중심으로 한 화석자료를 이용하고 있으며, 남한 측은 화석자료보다는 다양한 대체자료를 통한 환경 복원을 시도하고 있다. 평양시 상원군 룡곡 1호 동굴의 9층2문화층에서는 50-44kya의 U-Th 연대치가 나왔고 황해남도 태탄군 과산리 랭정 동굴 10층2문화층의 U-Th 연대치는 46kya, TL 연대치는 43kya, ESR 연대치는

52kya로 나왔다. 공통적으로 MIS 3기에 해당하는 룡곡 1호 동굴의 9층과 랭정 동굴 10층에서는 아열대성 기후대의 동물보다는 온대 혹은 스텝성 동물의 화석이 주로 나타나고 있다(한창균 2008: 10). 두 문화층 모두에서 고인류 화석과 석기 및 식육류 동물들의 화석이 함께 발견되었는데, 이는 상대적으로 건조하고 서늘해진 MIS 3기 온대의 초원-산림 환경에서 형성된 결과로 볼 수 있다.

한반도 남부 지역에서는 충청남도 아산시 풍기동 지점에서 두 개의 화분대가 확인되었다(한창균 2008). 아래층의 I 화분대는 43kya 이전의 C14 연대를 가지며, 참나무속이나 느릅나무, 버드나무같이 온대 낙엽 활엽수림의 특징을 보이는 교목喬木류가 우세하다. 시기가 더 늦은 II 화분대에서는43-38kya 한랭기 산악 구릉지에 분포하는 소나무와 자작나무, 가문비나무 같은 침엽수림의 흔적이 우세하다. 따라서 대략 45kya의 한반도에서는 남북 공통적으로 온난한 기후에서 한랭한 기후로의 전이가 이루어진 것으로 보인다. 이는 하인리히 사건Heinrich Event이라 불리는, 마지막 빙하기 동안 몇 차례 갑자기 추워지는 환경상의 급변화가 일어났던 것을 반영하는 것으로 보인다. 45kya를 기점으로 동식물상이 한랭종으로 바뀌는 것은 다섯 번째 하인리히 사건인 MIS 3기의 H5와 밀접한 관련이 있을 것이다(한창균 2008; Cronin 2010; Vidal et al. 1999).

그러나 최근 이와 다른 의견이 제시된 바 있다(Shin et al. 2021). MIS 4기에 기후상이 본격적으로 쇠락해 MIS 2기까지 지속적인 기후 쇠락을 겪었다기보다는 동아시아 여름 계절풍East Asian summer monsoon의 영향으로 따뜻하고 습윤한 MIS 3기가 뚜렷이 존재했으며(Gallagher et al. 2018), 바로 이 시기에 대부분의 한반도 구석기 유적이 점거되었다는 주장이다. 이 주장에 따르면, MIS 4기와 2기에는 쐐기형 땅갈라짐 현상이 나타나고, 사질 성분이 거의 포함되지 않은 하성 퇴적층이 대부분 형성된다. MIS 3기에 속하는 대부분의 구석기 퇴적층은 산화가 뚜렷하게 진척된 범람성 퇴적물로서, 전술한 두 매의 MIS 4기와 2기의 땅갈라짐 층준들 사이에 존재한다. 그렇기 때문에 이 시기에 형성된 고토양paleosol의 성격은 적갈색의 점토성 입자가 대부분이다.

원주 송호동 구석기 유적의 퇴적층에서 측정된 유기물 탄소 총량total organic carbon, TOC 값을 통해 건조 지대에서 번성하는 C_4 계열의 식물상 천이遷移, succession가 복원되기도 했다. 이러한 식물 천이상을 동아시아 일대의 다양한 대체자료들과 대비한 결과 그림 2.5, MIS 4기에는 습도가 감소하며 C_4 계열의 식물이 상대적으로 증가한 것이 뚜렷하게 드러났다. 그러다가 MIS 3기에는 훨씬 온난하고 습윤한 기후가 되면서 C_4 계열 식물은 감소하고 C_3 식물이 상대적으로 번성했다. 그리고 이 시기에 고인류의 점거 활동도 보다 활발해지면서 유적의 수효가 증가했다. 상대적으로 온난·습윤한 MIS

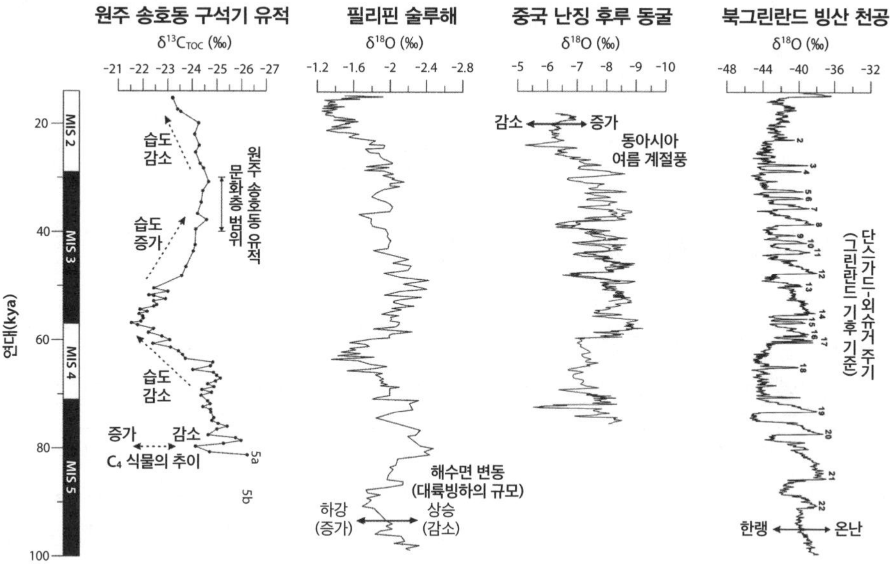

[그림 2.5] 원주 송호동 구석기 유적의 퇴적층과 필리핀 술루(Sulu)해, 중국 후루 동굴(葫芦洞), 북그린란드 빙산 천공(NGRIP) 자료의 대비(Shin et al. 2021: 12)

3기의 기후상 특징은 필리핀 술루Sulu해 일대의 심해 천공 자료에 반영된 해수면 변동과 중국 난징南京 부근의 후루 동굴葫芦洞 퇴적물에서 나타나는 동아시아 여름 계절풍의 세기 및 북그린란드 빙산 천공 자료North Greenland Ice Core Project, NGRIP에서 드러나는 단스가드-외슈거 주기와도 잘 들어맞는다그림 2.5.

지금까지의 자료로 볼 때, 동아시아는 MIS 4기부터 기후상이 지속적으로 쇠락한 것이 분명하지만, MIS 3기의 약 3만 년에 걸쳐 한반도 중부에 C_3 식물대가 번성한 것과 같이 국지적으로 온난한 시기가 뚜렷하게 존재한 사례도 있다는 것을 알 수 있다. 이런 온난한 시기는 한반도 남부 유적층에서 잘 나타나는 두 매 이상의 쐐기형 땅갈라짐 사이의 유물층에 반영되며, 아래 쐐기, 적갈색 점토/실트층, 위 쐐기는 각각 MIS 4기-3기-2기의 기후 변동을 반영하는 것으로 보인다. 따라서 송호동 유적을 비롯한 한반도 중부의 구석기 유적은 MIS 3기에 집중적으로 형성되었다. 그리고 이 시기 동안 일정 규모 이상의 고인류 인구 집단이 한반도를 점거하면서 이룩한 구석기의 기술적 진척을 통해(Bae and Bae 2012; Lee 2016) 차후 MIS 2기의 극심한 환경 압박을 견뎌낼 수 있는 인구 부양 능력을 갖춘 것으로 보인다. 후술하겠지만 임진-한탄강 유역을 포함해 한반도 구석기 유적들의 절대 연대치가 대부분 MIS 3기에 집중하는 것도 이와 무관하지 않은 것으로 보인다(김상태 2012; 유용욱 2009; 이용일·이선복 2002; 전일권·김광남 2009).

3. 환경이 고인류의 기술에 미치는 영향

1) 동아시아에 거주하던 고인류 집단의 성격

동아시아는 중기갱신세 후반인 약 0.4mya부터 후기갱신세 개시기까지 상대적으로 온난한 기후를 겪었지만, 해수면 상승으로 인해 고인류 집단 대부분은 대륙 내부 깊숙한 곳을 점거하고 있었다. 이 기간 동안 중국 및 중앙아시아의 오래된 전기구석기 유적이 형성된 것으로 보인다. 한반도는 중기갱신세 유적이 그다지 많지 않은데, 당시까지 서해가 바다로 유지되었기 때문에 고인류가 중국 둥베이 지방을 통과하는 단일 경로로 이동할 수밖에 없어서 인구 유입이 수월하지 않았던 결과로 보인다. 더군다나 한반도 북부 및 만주 지역은 온난한 중기갱신세 후반에도 비교적 한랭한 지역이었다. 이러한 동토 지대 및 한반도 북부의 험준한 산악 지대를 대규모 인구 집단이 반복 점거하거나 통과하기는 쉽지 않았을 것이다. 따라서 중기갱신세의 연대를 가지는 랴오닝성의 진뉴산金牛山, 0.26mya이나 먀오허우산庙后山, 약 0.4mya 유적 같은 중국 둥베이 지방 고인골 자료들은 당시 기준에 상당히 드문 사례인 북위 40도 이상의 중기갱신세 전기구석기 단계 고인류 화석들로 볼 수 있다(Dong 2016).

MIS 6기가 시작되며 기온이 눈에 띄게 낮아지자 뢰스로 이루어진 풍성 황토층이 동아시아 곳곳에 발달했다. 이전 시기에 비해 기후 조건은 황폐해지고 대륙빙하 및 동토 지대는 확장되어 고인류의 점거가 지형 및 식생의 불규칙한 분포를 따라 듬성듬성patched 이루어졌다. 이 시기의 고인골 자료 중 주목할 만한 사례로는 간쑤성甘肅省 샤허夏河시의 바이스야 동굴白石崖洞에서 발견된 턱뼈mandible를 들 수 있다(Chen et al. 2019). 이 화석은 일찍이 1980년에 칭하이-티베트 고원 주변의 해발 3,280m에 위치하는 다리자산达力加山 속에서 발견되었다. 턱뼈에 붙어 있는 탄산칼슘의 U-Th 연대 측정 결과, MIS 6기 후반약 160kya으로 밝혀졌다. 화석에서 DNA는 검출되지 않았지만 고생물 단백체proteom의 상호 친연성 분석 결과, 2008년 러시아 데니소바 동굴에서 발견된 데니소바인과 상당히 유사한 결과가 나왔다(Reich et al. 2010).

그 외에 동남아시아 내륙에서 또 다른 데니소바인의 화석이 발견되었다. 2018년에 라오스의 탐 응우 하오Tam Ngu Hao 2호 동굴에서 발견된 어금니 화석 한 개는 퇴적

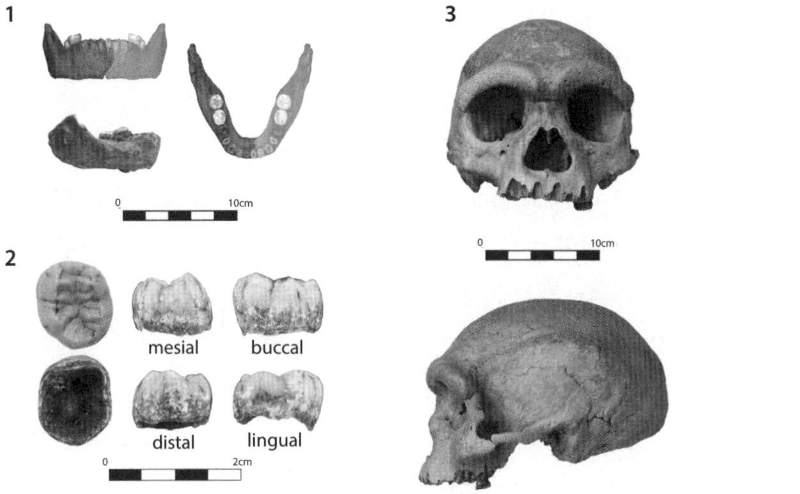

[그림 2.6] MIS 6기 무렵의 동아시아 고인골 화석들(Chen et al. 2019; Demeter et al. 2022; Ji et al. 2021)
1: 중국 간쑤성의 샤허인 턱뼈, 2: 라오스 탐 응우 하오 동굴의 어금니, 3: 중국 헤이룽장성의 호모 롱기 두개골

층 및 함께 발견된 동물화석의 U-series 연대치와 OSL 연대치를 종합한 결과 164-131kya의 연대가 나왔다(Demeter et al. 2022). 치아 내 고생물단백체 분석 결과, 전술한 중국 샤허 출토 턱뼈와 밀접한 친연성을 보였다. 샤허와 탐 응우 하오의 분석 결과는 그간 러시아에서만 독점적으로 발견되던 데니소바인의 화석자료들이 남쪽의 티베트 고산 지대와 동남아시아에서까지 확인된다는 점에서 중요하다. 그리고 데니소바인의 시·공간적 분포가 중기갱신세 후반부터 후기갱신세 후반까지, 아시아 대륙 동쪽의 거의 전 지역으로 나타난다는 것을 잘 드러낸다. 이 사실로 볼 때 중기갱신세 동안 아시아 지역 어딘가에서 고유한 유전자를 가지고 발생한 고인류 집단 일부는 MIS 6기부터 남쪽의 동남아시아나 티베트 일대의 고산 지대로 이동한 것으로 보인다. 그리고 그런 집단 중에는 일찍이 네안데르탈인과 분화된 데니소바인도 섞여 있었던 것이 분명하다.

최근에는 과거에 중국 헤이룽장성黑龍江省 하얼빈哈爾賓시에서 발견되었던 고인골 화석이 새로운 종명으로 발표되기도 했다(Ji et al. 2021; Ni et al. 2021). 만주국 건국 직전인 1933년에 쑹화강松花江 변 건설 현장에서 두개골 한 개체가 매머드, 털코뿔소 *Coelodonta antiquitatis*, 큰사슴巨鹿, *Sinomegaceros ordosianus* 및 갈색곰 화석들과 함께 발견되었다. 하지만 발견 이후 줄곧 우물 속에 보관되어 오다가, '호모 롱기*Homo Longi*'라는 새로운 종명으로 학계에 최근 발표되었다. 고인골 화석과 함께 발견된 동물화석을 U-Th 연대 측정한 결과 최소 146kya보다 오래된 연대치를 가지는 것이 밝혀졌다. 이는 상대적으로 한랭한 MIS 6기에 해당하며, 스텝성 기후대를 반영하는 동물화석들과도 잘 부합한다. 호모 롱기는 이전에 샤허, 진뉴산, 산시성의 다리大荔, 안후이성安徽省의 화룽 동굴華龍洞에서(同号文 외 2018) 발견된 중기갱신세의 고인골 화석東至人, 412-150kya과도 형태상 일맥상통한다(Dong 2016). 그러나 이런 MIS 6기의 동아시아 화석들이 아직 기준표본holotype이 지정되지 않은 데니소바인과 같은 종인지 아니면 별도로 공존하던, 넓은 의미의 호모 에렉투스 진화형인지는 불분명하다.

확실한 것은, MIS 6기부터 진행되는 환경상의 쇠락과 함께 데니소바인 및 기존의 호모 에렉투스 혹은 넓은 의미의 초기 호모 사피엔스古型新人, archaic *H. sapiens* 같은 고인류들이 적절하게 생존할 수 있는 서식처를 지속적으로 변경해 나갔다는 것이다. 이러한 경향은 마지막 간빙기인 MIS 5e기를 맞이해 가속화되었으며, 이미 구대륙의 서쪽부터 진출해 오던 현생인류와의 접촉 및 유전자 교류도 더욱 빈번하게 이루어지기 시작했다(Massilani et al. 2020). 전술한 대로 후기갱신세에 들어서면 온난-한랭 기후 전환의 빈도는 급격하게 증가하지만, 이런 변동과 별도로 전반적인 기온은 꾸준히 하강했다(Pu 1991; Shi 1991). 기온이 지속적으로 하강하고 환경이 점차 황폐해지면서 고인류 서식지의 대부분은 생존이 원활하지 않은 지역으로 변해 갔다. 그 결과 MIS 2기의 동북아시아에서는 인구가 극도로 감소했다는 견해가 제시되기도 했다(예: Buvit et al. 2022).

최적의 여건은 아니었지만, 동아시아의 북위 40도 이하 지역은 고인류가 비교적 원만하게 적응할 수 있는 환경이었던 것으로 보인다(이선복 1989: 112). 기존에는 북만주 및 칭하이-티베트 고원같이 극심한 추위가 나타나는 지역에는 고인류가 쉽게 진출하지 못했을 것으로 짐작되었다. 그러나 전술한 하얼빈의 호모 롱기 및 티베트 지역의 샤허에서 발견된 데니소바인의 화석, 호모 에렉투스의 흔적을 강하게 보이는 몽골 살킷Salkhit의 현생인류 화석약 40kya으로 볼 때(Massilani et al. 2020) 후기갱신세에도 아시아의 극단적 주변부까지 인구 점거가 꾸준히 이루어졌음은 분명하다.

물론 고인류 집단이 후기갱신세 동안 아시아 지역을 점거하던 수준은 그다지 높지 않았으며, 상상하는 것 이상으로 초보적인 수준에 불과했을 것이다. 고인류 집단의 생존 방책은 단순한 생물학적 형질대체character displacement만으로 쉽게 설명될 수 없다. 이런 상황에서 고인류 생존책의 물질적 체화體化, embodiment를 가장 잘 드러내 주는 자료는 바로 구석기로 대표되는 도구 제작 기술이다. 여기서는 동아시아 구석기의 보편적 특징을 환경상과 연관 지어 살펴보도록 하겠다.

2) 석기 제작과 환경적 제약의 상호 관계

고인류가 생존 과정에서 돌을 가공해 생계 목적에 부합하는 도구를 제작하는 것은 환경 변화와는 별도의 중요한 의미를 가진다. 고고자료로 남는 구석기 유물 대부분은 석기이기 때문에 당시 고인류가 돌로 만든 도구에만 전적으로 생계를 의존했는지는 입증할 수 없다. 하지만 전술한 대로 환경상이 열악해져 가는 MIS 6기 이후부터 1) 고인류 집단의 대규모 이동과 교류가 빈번해지며, 2) 이용 가능한 식물자원의 양적 수준도 현저히 감소하기 때문에, 자연스럽게 3) 목재나 기타 다른 유기물을 보완하거나 대체하는 재질의 도구에 대한 의존도가 증가하게 마련이다.

더군다나 4) 식량으로서 식물자원의 이용 가능성도 함께 감소하므로 동물자원에 대한 의존도가 증가할 수밖에 없다. 따라서 본격적인 생존경쟁 과정은 지역 내 또 다른 동물종으로 서식하던 고인류의 적소구축適所構築, niche-construction 행위라는 측면에서 이해할 필요가 있다(Kendal et al. 2011; Laland et al. 2016; Odling-Smee et al. 2003; Riel-Salvatore 2010). 고인류가 적대적으로 바뀌어 가는 후기갱신세의 환경상에서 취할 수 있는 적극적 생존책은 여러 가지가 있다. 그중 가장 대표적인 것은 5) 동물자원 활용 빈도를 늘림으로써 식량자원의 스펙트럼을 확장하는 것이다(Stiner 2001; Stiner et al. 1999). 그리고 이의 필요조건은 6) 적절한 내구성durability과 효율성efficacy을 가진 석기를 이전보다 더욱 집중적이고 체계적으로 제작하는 것이다. 이런 여섯 가지 요인을 고려하면 동아시아 후기갱신세 구석기 유물의 제작 및 활용 맥락을 보다 입체적이고 포괄적으로 이해할 수 있다.

석기 제작의 동기 부여와 관련해 여전히 풀리지 않는 의문으로, 동아시아의 후기구석기 이전 석기 제작 기술의 발전 과정에서 '과연 뚜렷한 분기를 설정할 수 있는지'의 문제가 있다. 이것은 전술한 대로 동아시아에서는 전기와 중기구석기의 구분이 쉽지 않다는 문제와 밀접한 관련이 있다(Gao and Norton 2001; Ikawa-Smith 1978). 이에 관해 배기동은(Bae 1988: 421) 중기갱신세 동안 동아시아에서 상대적으로 뚜렷한 계절 변화에 따라 이용 가능한 식량 자원이 수시로 변동했다는 가설을 세웠다. 이 가설의 핵심은, 중기갱신세의 고인류들이 과일, 견과류, 구근류같이 상대적으로 채집이 수월한 식물들을 주 식량자원으로 이용했으며, 고인류의 이동생활은 식물자원을 안정적으로 채집하기 위해 이루어졌다는 점이다. 따라서 상대적으로 온화한 중기갱신세 동아시아 지역의 구석기는 바로 이런 식물자원 채집의 능률을 올리는 수준으로만 제작 기술이 발전했다고 보았다.

배기동의 가설에 따르면(Bae 1988), 동아시아 고인류의 석기 의존도는 상대적으로 높지 않았다. 이는 환경 적응 방식에서 석기 제작 기술의 혁신에 대한 동기 부여가 상당히 미흡했음을 의미한다. 적어도 후기구석기 이전까지, 동아시아의 석기 제작 기술 체계는 시간적·지역적 변이가 뚜렷하지 않다. 이는 석기에 대한 낮은 의존도 때문에 기술적 혁신의 수요도 낮았으며, 주먹도끼나 르발루아 기법 같은 표식 유물이나 기법이 등장할 여건이 부족했다는 것을 말한다.

석기를 집중적으로 활용하지 않고도 채집과 가공이 가능한 식물자원 위주로 식단이 구성되면, 석기 제작 기술이 두드러지게 발달할 동기 부여는 미약해진다. 따라서 동아시아 중기갱신세의 고인류들은 환경압과는 무관하게 정형성이 별로 없는 석기를 무작위로 생산했다. 그 결과, MIS 5기 이후 두드러지는 환경상의 쇠락에 즉각 대응해 자원을 활용할 수 있을 정도로 석기 공작이 신속하고 현저하게 발전하지는 못했다. 그리고 지역별로 뚜렷한 변이가 나타날 정도로 기술 전통이 지역 집단 내에서 고착화되지도 못했다. 같은 시기에 유라시아 대륙 반대편에 살았던 호모 하이델베르겐시스나 네안데르탈인과는(Jelinek 1994; Stringer 1989; Stringer and Gamble 1993) 대조적으로, 단조롭고monotonous 환경 변화에 둔감하며dull 외견상 보수적conservative인 석기군의 면모와 변화상의 이력履歷, trajectory을 갖출 수밖에 없었던 것이다(Ikawa-Smith 1978; Movius 1944).

MIS 6기 이후 동아시아의 고인류들과데니소바인과 호모 롱기 및 말기 호모 에렉투스 등 서반구의 네안데르탈인을 나란히 놓고(예: Keats 1997; Pope 1997; Wu and Wu 1985) 그들의 점유 양상과 석기 제작 및 활용의 기술적 특징들을 살펴보자. 형질적 차이를 제외하면, 두 고인류 집단이 남긴 고고자료의 몇몇 부분에서 명백하게 대조적인 기술 진화적 특징이 관찰된다. 가혹한 대륙빙하와 산간빙하의 영향을 직접 겪은 네안데르탈인은 일찍이 동물자원의 활용에 특화된 생계 경제를 보유했다. 그들이 추구한 기술 진화는 생존 역량을 최대로 이끌어 내기 위한 효율성efficacy에 천착하는 면모가 뚜렷하다. 그렇기 때문에 서식처habitat 내의 환경상 및 이용 가능한 석재의 수급 조건에 따라 석기군의 극심한 변이가 시공간상에서 다양하게 도출되었다(Gamble 1986, 1993, 1998; Mellars 1996; Stringer and Gamble 1993). 이것이 바로 서반구 중기구석기 고고자료의 특징이다(Binford 1973; Débenath and Dibble 1994; Kuhn 1991, 1995).

이와 대조적으로 동아시아의 고인류들은 서반구와 비교할 때 확실히 단조로운 석기군을 보유했고, 아주 평범한 수준의 느린 변화상을 겪은 것이 사실이다. 석재의 종류를 제외하면 지역적 변이도 뚜렷하지 않다. 아마도 그들은 환경상의 변화에 즉각 대응해야만 하는 강박관념에서 비교적 자유로웠던 것으로 보인다. 중기갱신세 말기

MIS 6기에 들어 점차 심화되는 환경 압박하에서도, 여전히 영향력 있는 아시아 계절풍으로 인해 그들은 자유롭게 서식처를 이동할 수 있었다. 구대륙의 서쪽에 비해 상대적으로 넓은 생활 터전을 보유하고, 알프스나 피레네 같은 '장벽'과 지중해 같은 '웅덩이'가 없는 아시아 대륙 내 이동은 상대적으로 수월했다. 또한 적은 인구밀도로 인해 식육류와 같은 맹수 및 서로 다른 종의 고인류들끼리 같은 장소에 서식하는 동소성同所性, sympatry의 부담이 네안데르탈인보다는 분명히 낮았을 것이다. 따라서 이전의 생존 방식과는 다른 행태behavior적인 측면의 형질대치를 뚜렷하게 이룰 근거와 명분이 미약했다. 이는 기술적으로 효율적인 석기를 고안하고 반복 제작하며, 그 기술을 꾸준히 지속 및 발전시켜야 하는 신체 외적extrasomatic 적응의 압박이 별로 높지 않았다는 것을 말해 준다. 같은 시기 네안데르탈인의 무스테리안Mousterian 공작과 비교할 때, 동아시아 고인류의 석기 제작 기술은 잔손질된 비율이 낮고 개별 유물군들 간의 변이나 다양성도 뚜렷하지 않다. 그리고 석재의 선택 및 채취도 초보적 수준에 머무른다. 이것이 바로 외견상 인식되는 동아시아 구석기의 단조로움, 즉 후기구석기 공작 이전의 장기간 '평형 상태homeostasis'다.

그러나 MIS 5e기의 마지막 간빙기가 끝나고 그들의 삶에 환경압이 더욱 심각하게 부과되면서 바야흐로 본격적인 석기 공작의 변화가 이루어지기 시작했다. 동아시아 지역 내에 산재하던 후기갱신세의 고인류 집단들은 각 집단마다 개별적 석기 공작을 독자적으로 고안하고 개발하며 뚜렷하게 전통화된 기술상technological phase을 보유하게 되었다. 지역별로 다양한 기술상은 집단의 멸종을 겪으며 소멸되기도 하고, 생존경쟁을 위한 형질대체의 산물로 꾸준히 존속하면서 MIS 2기의 극심한 환경상까지도 궁극적으로 극복하게 해주는 물적토대를 제공하기도 했다. 본서에서 다루는 '임진-한탄강 유역의 구석기'도 바로 이러한 개별적 기술상, 즉 동아시아 후기구석기 이전 단계의 지역적인 공작industry의 사례 중 하나다. 따라서, 제2부의 후반부는 임진-한탄강 유역이 속하는 한반도 구석기시대의 전반적인 특징에 대해 논하고자 한다.

III 한반도의 갱신세 환경 개요

1. 한반도의 갱신세 환경과 구석기 유적의 입지 조건

1) 한반도 구조 지형의 발달과 그 특징

한국은 3면이 바다인 반도 국가로, 아시아 대륙과 연결된 북부 지역은 현재 북한이 점유하고 있기 때문에 지리적 연속상을 관찰하기가 쉽지 않다. 특히 본서의 연구 대상인 임진-한탄강 유역은 남북한 각각 가장 많은 구석기 유적이 분포하는 한강 유역과 대동강 유역의 중간에 위치하며, 임진강 상류역도 북한의 비무장지대 너머에 있기 때문에 온전한 지역 하계망을 종합적으로 고찰하는 것은 현재 불가능하다.

한반도는 북위 33° 06′에서 43° 01′ 사이, 동경 124° 11′에서 131° 52′ 사이에 위치한다. 전체 면적은 도서 지역까지 포함해서 약 221,000km²이다. 한반도는 인접한 일본열도에 비해 지형적으로 대단히 안정적이지만 환태평양 조산대의 주변에 위치해서 여전히 조산운동의 영향권에 있기도 하다. 한반도 지형은 대부분 쥐라기 초기와 백악기 사이의 대보조산운동大寶造山運動, 약 1억 8천만-1억 2천만 년 전을 통해 형성되었다. 대보조산운동에 의해 무수한 습곡과 단층 활동이 이루어졌고, 이로 인해 한반도 전체에 높은 산들이 만들어졌다. 특히 한반도 중부와 남부 지역에서는 북동-남서 방향으로 횡단하는 옥천지향사그림 2.7 1번 도면의 I를 중심으로 대규모의 관입 화강암이 확인되고 있다.

한반도는 산지가 많기 때문에 굴곡이 많은 지형의 특징을 보이지만 대부분 낮은 산지로, 해발고도 1,000m 이상의 고지대는 5%에 불과하다. 그러나 낮은 산지라도 가파른 경사를 보이는 경우가 많은데, 이는 굴곡성 지형이 상대적으로 일찍이 이루어진 고기성 지형이라 침식도가 높기 때문이다(Bartz 1972). 동고서저의 지형으로 인해 대부분의 하계망은 서해로 흘러든다. 한반도의 기저 지형이라 볼 수 있는 백두대간은 한반도를 종단하는 북쪽의 낭림산맥과 남쪽의 태백산맥을 말한다. 이 두 산맥으로부터 나온 여러 갈래의 줄기 산맥들은 중국 방향으로 뻗어 나가면서 분포한다그림 2.7의 2번 도

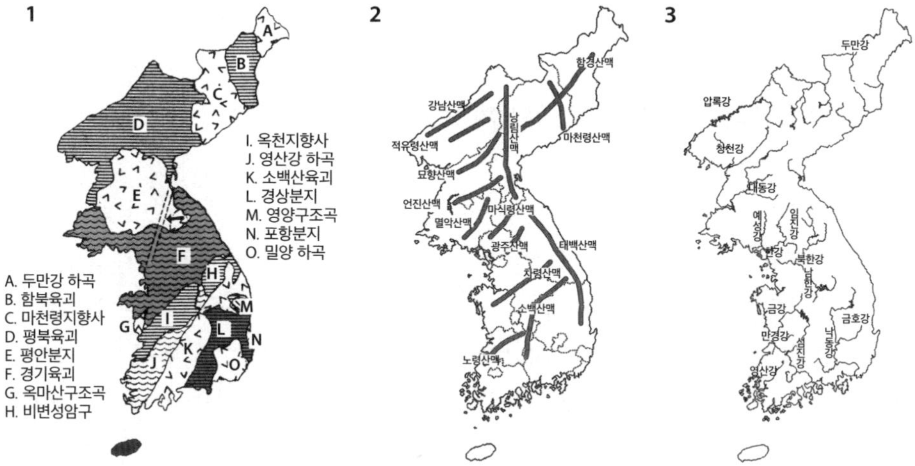

[그림 2.7] 한반도의 기본적인 지질 및 지형 요소들의 분포

1. 한반도의 지질 분포, 2. 한반도의 대표적 산맥들, 3. 한반도의 주요 하계망

면. 산악 지형의 영향으로 구석기 유적은 한반도의 중서부 및 남서부 지역에 집중하며, 고지성 유적의 경우 최근에 확인된 경남 밀양의 영남 알프스에 위치하는 사자평獅子坪 유적을 제외하고는 뚜렷하지 않다.

한반도의 구석기 고고자료들은 산발적이지만, 여러 갈래의 산맥 틈새에서 발견되기 때문에 상대적으로 높은 밀집도를 보인다. 이것은 당시 한반도를 점거하던 고인류의 생활 범위 및 분포 방식과도 관련이 있다. 대부분 구석기 유적들은 한반도 서쪽의 해발고도 20-70m 범위에 분포한다. 그 밖에는 함경산맥 남부와 태백산맥 동쪽 해안 지역을 따라 좁은 선상으로 동해안 해안단구에 구석기 유적들이 일부 분포한다(김상태 2012). 동해안 일대의 유적들은 영남 지역의 낙동강 하류 부산 지역까지 이어진다. 한반도 구석기 유적의 분포 범위는 현재의 주거 지역과 대부분 일치하며, 산록 완사면의 끝자락에 몰려 있다. 따라서 퇴적층은 사면붕적토 계통의 분급分級, sorting이 좋지 않은 입자 분포를 가진다(유용욱 2014a, 2015, 2021; Lee and Yoo 2022; Yoo and Lee 2022). 일부 유적들은 동굴과 바위그늘에서 발견되기도 하는데, 옥천지구대와 평안분지그림 2.7 1번 도면의 E 같은 석회암 지대는 단층애 및 동굴과 암음巖陰, rock shelter이 발달했기 때문에 고인류와 동물들의 서식처로 일찍이 활용되었다. 이러한 석회암 지대의 구석기 유적은 알칼리성의 탄산칼슘이 우세해 다수의 화석이 남겨지므로 환경 복원 및 연대 측정이 비교적 수월하다. 그러나 한반도 구석기 유적은 강한 산성화 작용을 거친 토양이 대부분이기 때문에 유기물들이 보전되는 경우는 거의 없다. 따라서 석기 일색의 고고자료만 발견되는 것이 한반도 구석기고고학 연구의 아쉬운 점이자 한계이기도 하다.

2) 하계망 발달의 특성과 구석기 유적의 분포

한반도 최북단에는 백두산중국명은 창바이산에서 발원하는 압록강과 두만강이 있으며, 이들은 한반도와 중국 만주 지역의 경계이기도 하다. 압록강과 두만강 아래로는 매우 많은 하천이 동에서 서로 흐르는데그림 2.7의 3번 도면, 이 하천들은 여러 갈래의 산맥과 평행을 이룬다. 한반도 하천은 온대 지역에서 집중적으로 나타나는 계곡 하천의 특징을 보이며, 인근 산간 지형에서 유래한 다수의 소규모 하천과 합류하면서 복잡한 하계망을 만든다.

전술한 동굴 및 바위그늘 유적을 제외한 구석기 유적들은 이러한 강 또는 이보다 작은 지류에 인접해 분포하는 경우가 대부분이다. 이는 구석기시대 고인류 및 그들과 상호작용하며 생태계를 공유한 각종 동·식물자원들이 하천 부근에 서식했기 때문이다. 따라서 대부분의 구석기 유적들은 크고 작은 하천 주변의 자연 제방이나 단구면상에 분포한다. 한반도에서 최초로 확인된 구석기 유적인 함경북도 웅기군 굴포리와 충청남도 공주시 석장리 유적이 모두 강변에서 발견되었던 것은 우연이 아닐 것이다.

2. 갱신세 기간 동안의 단구면 형성

1) 갱신세 해안단구 형성과 한반도의 단구 형성 모델

전술한 대로 한반도에서는 다수의 구석기 유적이 단구면에서 발견되고 있다. 이 단구들은 갱신세 동안의 침식과 퇴적 과정으로 형성되었으며 주로 하천의 양안兩岸에 발달한다. 한국의 제4기 지질학계에서는 최근까지도 이러한 하안단구의 지형학적 특징에 관해, 그 발달 과정을 도식적인 편년 및 단순한 퇴적 과정만으로 다루어 왔다. 일찍이 이동영(1987)은 동해안의 해안단구를 크게 5개 단위로 구분한 바 있다. 이 모델은 소위 '이동영 모델'이라고 불리면서 여러 차례의 인용과 토론이 이루어져 왔다(김주용 외 1990, 1998; 이선복 2000).

이동영을 포함한 한국의 제4기 지질학자들은 한반도의 단구가 기본적으로 5단으로 이루어져 있다고 이해한다그림 2.8, 표 2.1. 그리고 한반도 내 대부분 하안단구와 5단의 해안단구는 서로 그 형성 과정 및 시기가 어느 정도 상응한다고 주장한다. 갱신세 기간 동안 해안단구와 하안단구가 5단으로 발달했다는 모델은 최근까지도 꾸준히 거론되어 왔는데(예: 김주용 외 1990), 이런 주장은 단순하면서도 직관적 관찰에만 의존하기 때문에 그 적합도는 확대 재생산된 감이 없지 않다. '이동영 모델'이 주장하는 해안 및 하안단구의 퇴적 과정 및 지형 발달 과정을 요약하면 다음과 같다.

- 전기갱신세 퇴적층은 뚜렷하지는 않지만, 동해안 지역의 해안단구 4층 및 이와 평행하는 하안단구일 가능성이 높다.
- 중기갱신세 퇴적 활동은 지금으로부터 약 80만 년 전에 시작했으며, 이 기간 동안 해안단구 3층월성 단구이 형성되었을 것이다. 그리고 이와 유사한 방식으로

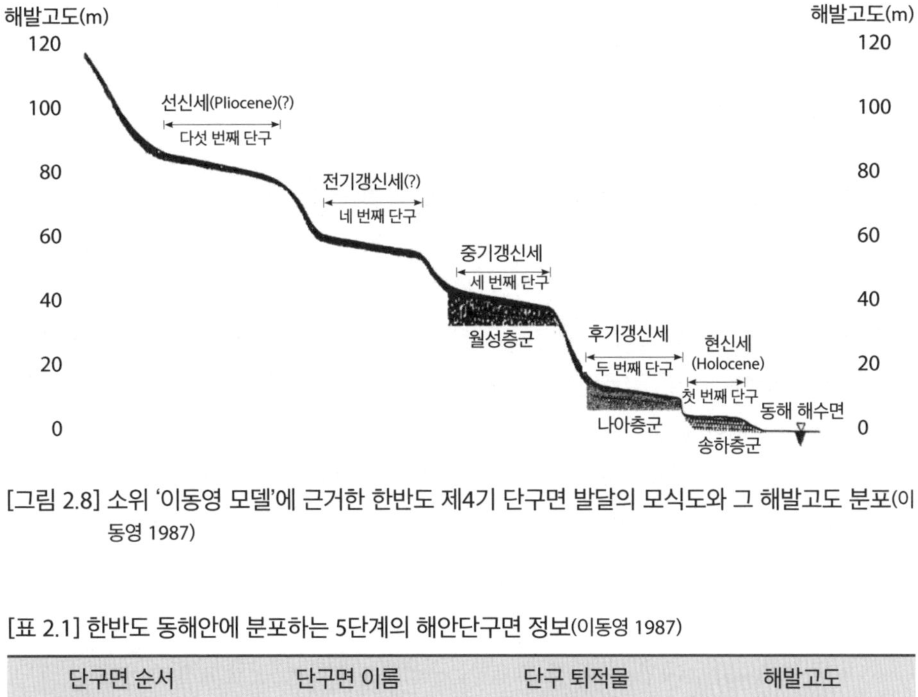

[그림 2.8] 소위 '이동영 모델'에 근거한 한반도 제4기 단구면 발달의 모식도와 그 해발고도 분포(이동영 1987)

[표 2.1] 한반도 동해안에 분포하는 5단계의 해안단구면 정보(이동영 1987)

단구면 순서	단구면 이름	단구 퇴적물	해발고도
첫 번째 단구면	송하 단구	송하층군	3-5m
두 번째 단구면	나아 단구	나아층군	10-15m
세 번째 단구면	월성 단구	월성층군	32-40m
네 번째 단구면	읍천 단구	미확인	50-60m
다섯 번째 단구면	봉화제 단구	미확인	80-90m

내륙의 하천 상류에서도 하안단구가 관찰되고 있다.

- 후기갱신세 퇴적은 12만 5천 년 전에 시작되었다. 이 시기에 해안단구 2층나아 단구이 형성된 것으로 보인다. 나아 단구는 최후빙하기 동안 활발한 침식 작용을 받아 뚜렷한 해안 및 하안 퇴적층이 발달하지 못했다. 그러나 산악 지역에서는 침식 작용에 의한 사면퇴적층붕적토이 형성되었는데, 이러한 붕적토는 대부분 후기갱신세 기간에 퇴적된 것들이다.
- 후기갱신세 기간에 한반도 거의 전 지역의 퇴적층에서 토양 쐐기층이 관찰된다. 이는 극심한 추위와 건조한 기후의 흔적으로 여겨진다. 이러한 쐐기는 적어도 2개 층에서 확인되는데, 이는 최후빙하극성기 동안 두 번에 걸친 극심한 기후 변동이 있었음을 말해 준다.

이러한 진술은 한반도 제4기 퇴적층에 대한 대서사를 작성했다는 점에서 충분한 의미가 있다. 하지만 과연 '이동영 모델'이 지금 한국 구석기고고학 및 제4기 지질학에 진정한 과학적인 가치를 부여하고 있는지는 별개의 문제다.

2) 내륙의 하안단구 연대에서 드러나는 '이동영 모델'의 한계

동해안 지역 해안단구와 내륙 지역 하안단구를 연관시켜 그 형성 과정을 재구축한 '이동영 모델'은 여전히 한국 구석기고고학자들(예: 한창균 2003, 2008) 사이에서 폭넓게 받아들여지고 있다. 그리고 그 근거는 바로 이 모델이 제시하는 간단명료함과 자체적 완결성이다. 동해안에 한반도 제4기의 대부분, 즉 전기, 중기, 후기갱신세는 물론 그 이전의 선신세Pliocene와 이후의 현신세Holocene에 걸쳐 뚜렷한 단구면 5개가 일목요연하게 존재하는 것은 그 자체적으로 매력적인 설정이기도 하다. 그러나 '이동영 모델'은 본질적으로 두 가지 한계를 가지고 있다. 그리고 그중 한 가지는 여전히 뚜렷한 해결책이나 대안이 제시되지 않은 상황이다.

가장 큰 문제는, 과연 '이동영 모델'이 구석기고고학에 원활하게 적용될 수 있는지, 즉 신뢰성의 문제다. 이동영(1987)의 해안단구 형성 과정 및 편년 설정은 매우 초보적인 접근을 통해 이루어졌다. 구체적인 절대 연대 측정법이 적용되기 이전, 학계에서 통용되던 한반도 갱신세 고고학 자료의 표준 연대를 적용해서 단순하게 환원한 결과에 근거한다. 그의 모델을 따르면 한반도에도 중국 대륙이나 아프리카와 같이 전기갱신세까지 소급하는 오래된 지질학적 층준이 뚜렷하게 잔존해야 한다. 하지만 수

백만 년 정도로 오래된 퇴적층이 실제 한반도에 남아 있는 경우는 극히 드물다(이선복 1989, 2000). 그리고 지극히 오래된 고인류 집단이 유라시아의 동쪽 끝인 한반도까지 일찍이 진출해서 고고자료를 남겼을 가능성도 거의 없다(정영화 2002: 17).

'이동영 모델'이 한반도 제4기 지질학 및 구석기고고학의 편년 작업에서 보편적 메타서사로 간주되는 것에 대해 이선복(2000)은 심각한 단순화라며 비판한 바 있다. 그에 따르면 '이동영 모델'은 거대한 시간 폭에서 뚜렷한 변화상이 존재하고 그 변화상이 타당하다고 입증될 때만 고고학에 적용할 수 있다. '이동영 모델'을 고고자료가 분포하는 내륙의 하안단구 퇴적층까지 적용하는 것은 갱신세 동안 고인류들이 예외 없이 하천 주변의 단구면만을 주요 거점지로 삼았다는 것을 전제로 한다. 그러나 사실상 이동성 수렵-채집인인 구석기시대 고인류들이 하안단구 주변에서만 항구적으로 거주했다는 전제는 성립할 수 없다. 더구나 내륙 지역의 하안단구 형성에는 다양한 지모 및 지역 내 하계망의 진화가 복잡하게 작용했음이 분명하다(Brown 1997; Burroughs 2005). 그런 의미에서 '이동영 모델'이 기본 전제로 삼은 해안단구와 하안단구의 상호 공시성coevality과 층서 상관correlation은 결코 성립할 수 없다.

'이동영 모델'에 근거한 지질학·고고학적 해석은 막연하게 추정된 연대를 그 나름의 '과학적'인 근거를 가지는 수치라 믿고 퇴적층의 연대로 채택하는 경우가 보통이다. 이러한 추정 연대는 어디까지나 고고학적으로 '그럴듯한' 상정想定의 산물이지 객관적 측정치가 절대 아니다. 실제 지질학자들이 고고학자들의 추정 연대를 기반 연대로 삼는 경우는 최근까지도 등장하고 있다(예: Hyun et al. 2015: 6). 과학적 근거를 마련하기 위한 노력이 비과학적 추정값의 수용으로 이어지고, 여기서 도출된 결론을 고고학자들이 다시 받아들이는 순환논리는 한반도 제4기 지질학과 구석기고고학에서 여전히 이루어지고 있다는 점에서 각별한 주의가 필요하다.

최근에는 TL과 OSL 연대 측정법으로 동해안 단구면의 신뢰할 수 있는 연대치가 확보되었다. MIS 4기 말에 해당하는 약 73±6kya-48±8kya의 OSL 연대치를 통해(최정헌 외 2004a, 2004b) 두 번째 단구면인 나아 단구의 형성 연대를 새롭게 비정할 수 있는데, 정영화(2002)가 지적한 대로 몇십만 년 단위의 퇴적층이 한반도에서 존재하기가 쉽지 않다는 점을 고려하면 세 번째 단구면도 MIS 5e기를 대략적인 상한 연대로 설정할 수 있다. 이 두 단구면의 추정 연대는 '이동영 모델'과 비교할 때 매우 늦은 값이다. 최정헌 외(2004b)는 MIS 4-3기인 7만-5만 년 전에 전 세계 해수면은 40m 이상 높았고, 두 번째 단구면은 이렇게 상승한 해수면의 침식 과정을 통해 형성된 것으로 보았다. 이러한 해수면 상승은 파푸아 뉴기니의 후온 반도Huon Peninsula에 분포하는 산호

단구coral terrace의 연대를 통해서도 잘 드러나고 있다(Chappell and Shackleton 1986). 따라서 동해안 지역에서 관찰되는 다섯 개의 단구면은 전 지구적 수준의 해수면 높낮이를 일부 반영하는 수준으로만 받아들일 수 있다. 그리고 이러한 수정주의적 관점은 갱신세 동안의 퇴적 요인을 오직 하나만 제시하던 기존의 주장에서 진일보한 관점이기도 하다.

3. 한반도의 기후상과 갱신세의 생태계

1) 한반도 기후상의 특징

한반도 기후의 연중 강우량과 온도를 살펴보면 넓은 지역에 걸쳐 대륙성·해양성 기후가 섞여 있는 것을 알 수 있다. 이는 현재까지 한반도가 아시아 계절풍의 영향하에 있음을 시사한다. 쾨펜Wladimir Peter Köppen의 기후 구분에 따르면, 한반도는 겨울철 한랭·건조한Dw 곳과 여름철 온난·습윤한Cfa 곳, 겨울철 온난·건조한Cw 곳으로 나눌 수 있다. 그 밖에 추가로 해발고도가 높은H, 영동지방 일대 지역의 고산 기후와 아열대Afa, 남해안 일부와 제주도 기후가 나타나는 곳도 일부 포함되어 있다(권혁재 1987).

겨울 동안 한반도는 시베리아 기단의 영향을 받아 북부 지역은 극심한 추위에 노출된다. 이 기간에 대륙 북서쪽에서 불어오는 춥고 건조한 바람은 간간히 폭설을 몰고 온다. 여름 동안에는 습하고 뜨거운 열대 남동 계절풍으로 인해 온도가 급상승하고 공기 중 습도가 급격하게 높아진다. 이로 인해 6-8월의 강우량은 연간 최고조에 이른다. 건조하고 습한 기후가 급격하게 반복되는 것은 태양의 열에너지와 밀접한 관련이 있지만 작은 규모의 국지적 지형 및 이로 인한 바람의 차이에 의해 한반도의 지역별 기후가 영향을 받기도 한다. 따라서 위도가 같아도 각 지역의 온도와 강수량의 차이가 큰 경우가 존재한다(권혁재 1987). 대표적인 경우가 태백산맥을 경계로 한 영동과 영서 지역의 기후 차이다.

임진-한탄강 유역은 추가령구조곡이라는 좁은 협곡을 흐르는 하천 지역이기 때문에 여름에는 홍수에 의한 범람, 겨울에는 폭설로 인한 적설의 수준 격차가 다른 평원 지대에 비해 크다. 그리고 상류역인 계곡 지형과 하류역인 분지 지형에서 보이는 일교차 및 식생의 차이도 심각하기 때문에 같은 시기에 지역 내 거주하던 고인류 집단이 모두 동일한 기후상을 겪었다고 볼 수도 없다. 따라서 이 지역 내 고인류 집단은 더 윤택한 생활 공간을 찾아서 지속적으로 이동한 것으로 볼 수 있으며, 이는 중요한 생계 방책이었을 것이다.

2) 식생의 분포와 대표적인 식물종

온대와 냉대가 교차하는 한반도에는 매우 다양한 식물종이 분포한다. 한반도에 분포하는 다양한 식물들의 종적 구분은 아직 뚜렷하게 이루어지지 않았으므로 대부분 속명 단계까지만 동정된 상태다. 한반도는 특정 지역 내 우점종이 뚜렷하지 않고 소규모 군집의 모자이크 같은 식물대가 혼재한다. 이는 연평균 기온이 지형 차에 의해 확실하게 구분되고 몇몇 지역은 동고서저 지형의 고도차를 반영하기 때문이다그림 2.9.

한반도 갱신세의 식물들은 대부분 현재 분포하는 현생종과 큰 차이를 보이지 않는다. 이런 식물들 중에서 고인류가 적극적으로 식용하거나 쉽게 가공할 수 있었던 수목류는 매우 드물다. 일반적으로 식용할 수 있는 식물종들은 현신세까지 거의 등장하지 않다가 약 2,300 BP경이 되어야 보편화된다고 알려져 있다. 이것은 아마도 한반도에서 농경의 시작과 밀접한 관련이 있을 것이다(윤순옥 외 2005). 한반도 최남단의 아열대 지역과 최북단의 극한 지역을 제외하면, 상당수의 수목종이 전역에 걸쳐 혼합림으로 분포하고 있다. 그중 냉대 기후를 선호하는 소나무*Pinus densiflora*, 잣나무*Pinus koraiensis*, 전나무*Abies holophylla* 같은 침엽수의 수효가 가장 많다. 그 밖에 몇몇 낙엽수도 이러한 침엽수와 혼재하는데, 이들 중 단풍나무*Acer palmatum*, 물푸레나무*Fraxinus rhynchophylla Hance*, 은행나무*Ginkgo biloba*는 한반도 전역에서 찾아볼 수 있다. 하지만 이런 낙엽수들은 특정 기후대를 시사하는 종이 아니며, 갱신세 때도 지금과 마찬가지로 꾸준히 서식해 왔다.

초본식물도 매우 다양하게 분포한다. 주로 분포하는 종류로는 쐐기풀과*Urtica*, 명아줏과*Chenopodiaceae*, 가는범꼬리*Bistorta alopecuroides*, 볏과*Gramineae*, 마름속*Trapa*, 국화과*Compositae*, 산형과*Umbelliferae* 등이 있다. 초본식물도 여타의 수목류들과 마찬가지로 소규모 군집을 이루면서 한반도 전역에 분포한다. 식물은 아니지만 균류菌類, *fungus*의 분포도 한반도 고인류의 생태를 파악하는 데 필요하다. 균류 생물들은 종속영양 생물이기 때문에 식물 분포대 내에서 대부분 공생 혹은 기생한다. 가장 대표적인 균류인 버섯은 일부 식용이 가능하며, 가열하면 독성이 제거되는 종류도 있기 때문에 당시 고인류가 수월하게 섭취했을 가능성이 높다(Bae 1988). 그러나 균류의 분포 및 섭취 여부는 식물과 달리 고고자료로 남는 경우가 극히 드물기 때문에, 갱신세 고인류들의 환경과 식생활을 복원하는 데 있어 아직까지는 가능성 수준의 가설로만 남아 있다.

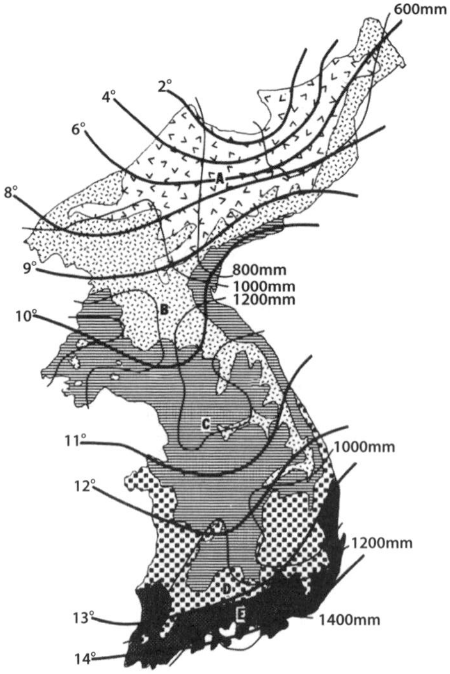

A. 침엽수림대
B. 잣나무-전나무대
C. 혼합림대(한랭성 기후형)
D. 혼합림대(온난성 기후형)
E. 동백나무대

[그림 2.9] 한반도의 식생 분포와 연평균 강우량(이선복 1989에서 재인용)

3) 한반도 동물상의 특징

한반도 갱신세 동물상의 분포는 크게 두 지역으로 구분할 수 있다(Bae 1988). 북동부 지역에는 붉은사슴*Cervus elaphus*, 노루*Capreolus capreolus*, 시베리아 호랑이*Panthera tigris altaica*, 산양*Naemorhedus goral raddeanus*, 담비*Martes flavigula koreana*, 대륙사슴*Cervus Nippon hortulorum* 같은 종들이 분포하고 있다. 이 동물들은 북만주 일대 및 일본 도호쿠東北 지역에서도 나타나기 때문에 추운 기후를 대표하는 보편종으로 볼 수 있다. 한반도 및 그 주변 지역에서 흔히 나타나는 동물종은 두더지*Talpa micrura coreana*, 토끼*Lepus sinensis coreanus*, 늑대*Canis lupus*, 한국여우*Vulpes vulpes peculiosa*, 반달가슴곰*Selenarotos thibetanus ussuricus*, 오소리*Meles meles melanogenys*, 들고양이*Felis silvestris* 등이 있다. 이 동물들은 북중국 및 일본에서도 흔히 발견

되고 몇몇 종은 장거리 이동이 가능하다. 대부분 동물들은 지금도 한반도 및 주변에 분포하고 있다.

한반도 내 구석기 유적에 동물화석들이 잔존하는 경우는 극히 드물다. 때때로 동굴, 바위그늘 아니면 호소 퇴적층 같은 침수 환경에서 발견되는데, 그러한 상황도 시기가 한참 늦은 현신세의 패총이나 저습지가 대부분이다. 절멸 동물들이 일부 발견되기도 하는데, 상원말*Equus sangwonensis*, 코끼리*Elephantidae sp.*, 들소*Bos primigenius* 및 북중국에

[표 2.2] 갱신세 기간 동안 한반도에 서식한 대표적인 동물의 화석(Norton 2000: 74에서 편집)

목(目, Order)	종(種, Species)	일반 명칭	중기 갱신세	중·후기 갱신세	후기 갱신세
영장류(靈長類, Primates)	*Homo sapiens*	현생인류		*	*
	Macaca sp.	마카카 원숭이	*		
식육류(食肉類, Carnivora)	*Nyctereutes procynoides*	너구리		*	*
	Vulpes vulpes	붉은여우		*	*
	Ursus spelaeus	동굴곰	*	*	*
	Ursus arctos	갈색곰	*	*	*
	Lutra lutra	수달		*	*
	Meles meles	유럽오소리	*		
	Mustela sibrica	족제비		*	
	Hyaena sp.	하이에나		*	*
	Crocuta ultima	동굴 점박이 하이에나			
	Panthera tigris	호랑이	*	*	*
	Panthera pardus	표범		*	*
	Panthera spelaea	동굴사자		*	
장비류(長鼻類, Proboscidea)	*Elephantidae sp.*	코끼리	*	*	*
기제류(奇蹄類, Perissodactyla)	*Dicerorhinus kirchbergensis*	쌍코뿔소	*	*	
	Coelodonta antiquitatis	털코뿔소		*	*
	Equus sp.	말		*	*
	Equus sangwonensis	상원말	*		
	Equus caballus	덕천말		*	*

[표 2.2] 갱신세 기간 동안 한반도에 서식한 대표적인 동물의 화석(계속)

목(目, Order)	종(種, Species)	일반 명칭	중기 갱신세	중·후기 갱신세	후기 갱신세
우제류(偶蹄類, Artiodactyla)	*Sus scrofa*	멧돼지	*	*	
	Megaloceros sp.	큰뿔사슴(巨鹿)		*	
	Megaloceros sangwonensis	상원큰뿔사슴	*		
	Pseudaxis gray	큰꽃사슴	*		*
	Cervus sp.	사슴			*
	Cervus elephus	붉은사슴	*	*	*
	Cervus nippon	일본사슴		*	
	Capreolus capreolus	유럽노루		*	*
	Ovis Ammon	산양		*	*
	Bos primigenius	들소	*	*	*
	Bison priscus	큰들소		*	*
	Bubalus sp.	물소	*	*	

서식하는 큰뿔사슴巨鹿, *Megaloceros flabelatus Teihard et Pei*, 동굴사자*Panthera spelaea* 같은 종들이 대표적이다. 이 절멸종들은 대부분 한반도 북부 동굴 유적의 중기갱신세 층준에서 발견된다.

후기갱신세의 동물화석은 한반도 북부와 남한강 일대의 석회암 지대에서 주로 발견된다. 대표종은 보야누스 들소*Bos primigenius Bojanus*, 블룸바흐 매머드*Mammuthus primigenius Blumbach*, 늑대*Canis lupus*, 멧돼지*Sus scrofa*, 살쾡이*Felis lynx*다(손보기 1990; Bae 1988). 후기갱신세의 동물상에도 일부 절멸종이 포함되어 있지만 대부분 현생종과 큰 차이가 없다. 동물화석이 동굴이나 바위그늘에서 발견되는 것은 당시 동물들이 고인류와 함께 반복적으로 동굴을 공유하며 서식했음으로만 받아들일 수 있을 뿐, 고인류가 반드시 동물을 사냥·섭취한 것으로 보기는 힘들다. 실제 고인류들이 능동적으로 동물자원을 활용한 증거는 한반도에서 매우 희박하다(권학수 1998). 몇몇 동굴 유적에서 발견된 동물뼈에 변형이 가해진 것을 근거로, 이것이 뼈도구 및 예술품으로 주장되는 경우도 있다(손보기 1990). 이는 화석형성taphonomy 과정을 확실하게 복원할 수 있어야만 입증될 수 있을 것으로 보인다(배기동 1992; 유용욱 1997; J. D Clark 1982; Norton 2000).

4. 고인골 화석자료와 고고자료의 의미

1) 한반도 고인골 화석의 발견 사례

한반도 구석기시대에서 고인류 점거의 가장 직접적인 증거는, 유적지 내에서 발견된 고인골 자료다. 고인골 자료는 주로 다른 동물화석들과 함께 발견되는데, 현재까지 약 10개의 동굴 유적과 1개의 바위그늘 유적, 1개의 야외 유적에서 고인골 화석이 발견되었다. 10개 동굴 유적 중 력포리, 승리산, 룡곡동, 만달리, 금천, 청파대, 랭정 동굴 7개와 1개의 야외 유적인 화대는 북한에 있고, 남한 측에서는 점말, 구낭굴, 두루봉-흥수굴과 상시 바위그늘에서 현생인류의 화석이 발견되었다. 이 중 흥수굴에서 발견된 화석은 고인류가 아닌 중세시대의 인골이라는 주장이 있기 때문에(de Lumley et al. 2011) 본서에서는 구체적으로 다루지 않겠다.

북한의 야외 유적인 화대에서 나온 고인골은 오래된 현생인류archaeic *H. sapiens*라는 주장과 완전한 현생인류AMS라는 주장이 교차하고 있다. 룡곡 동굴에서는 두 개체의 두개골과 후두골occipital이 발견되었다. 룡곡 동굴의 고인골은 맨 처음에 호모 에렉투스라는 주장이 있었지만 최근에 두개골의 크기 및 형태를 볼 때 거의 이견 없이 현생인류의 특징을 보이는 것으로 밝혀졌다(박선주·이은경 2003; 정영화 1996; 한창균 1990b). 역포리 동굴에서 나온 3개의 두개골 파편은 현생인류보다 더 오래된 형태를 보이기 때문에 고형의 현생인류일 가능성이 제기되기도 했다(Norton 2000: 818). 전술한 대로 중기 갱신세 당시의 고인류 점거 증거가 한반도에서 흔하지 않기 때문에 초창기 현생인류 혹은 더 오래된 호모 에렉투스 같은 종이 한반도에 일찍이 유입했는지 여부는 차후 새로운 자료들이 발견되어야 밝혀질 것으로 보인다.

고인골 자료가 고고자료와 함께 발견되는 경우는 극히 드물다. 평양 만달리 유적 및 최근에 발견된 황해도 청파대 동굴과 랭정 동굴이 고인골 화석과 석기가 공반共伴된 대표적인 사례다(김신규 외 1985; 한창균 1990a, 2011). 만달리 유적의 대표 석기는 13개로, 석영과 흑요석으로 만들어졌다. 대부분 잔돌날석핵細石核, microcore들이며, 갱신세 최말기의 구석기 단계에 해당한다그림 2.10. 홈이 파인 사슴뿔 모양의 도구 같은 것도 발견되었는데, 이는 돌을 쪼는 데 사용되었을 것으로 보인다. 그러나 이런 석기 및 유기물 유물들이 인골 자료와 같은 시기에 해당한다고 확실하게 입증할 수는 없다.

비교적 최근에 발견된 황해도 태탄군의 랭정 동굴과 황주군의 청파대 동굴은 한반도 남쪽에서 전혀 확인된 바 없는 석기 유물들과 뚜렷한 공반 사례가 여럿 확인되

[표 2.3] 한반도에서 발견된 고인골 화석들(박선주·이은경 2003; 한창균 2011; Norton 2000: 74)

발견 장소	추정 연대	확인된 부위	종(種, species)
력포리 동굴	중·후기갱신세	두개골(calvaria) 일부	호모 에렉투스(추정)
승리산 동굴	중·후기갱신세	어금니 2개, 견갑골(scapula), 하악골(下顎骨, mandible)	고형 호모 사피엔스
룡곡동 동굴	제9층 (U-Series로 약 48-46kya)	두개골 1개체(7호), 하악골 3개체(1호, 2호, 6호)	현대형 호모 사피엔스 (추정)
룡곡동 동굴	제10층	두개골 1개체(3호), 하악골 2개체(4호, 6호), 대퇴골	현대형 호모 사피엔스 (추정)
룡곡동 동굴	제11층	두개골 일부, 상완골(上腕骨, humerus) 3개체, 척추뼈 8개, 측골반(側骨盤, innom-inate) 3개, 대퇴골(大腿骨, femur) 2개	현대형 호모 사피엔스
룡곡동 동굴	제12층	상악골(上顎骨) 1개체(8호)	현대형 호모 사피엔스
만달리 동굴*	후기갱신세	두개골, 하악골, 상완골, 대퇴골, 측골반	현대형 호모 사피엔스
금천 유적	30kya	하악골, 앞니(incisor), 척추 앞부분(axial) 일부	현대형 호모 사피엔스
화대	0.3mya(추정)	미상 부위 일부	고형 호모 사피엔스(추정)
청파대*	제8층 (TL로 61, 67, 69kya, U-series로 61.5±9.8kya)	상악골 1개체(1호)	고형 호모 사피엔스(추정)
청파대*	제12층 (C14로 cal 24,980-21,340 BP)	하악골 1개체(9호)	현대형 호모 사피엔스
청파대*	제13층 (C14로 cal 34,770-27,340 BP)	하악골, 후두골(occipital), 요골 1개체(2호), 상악골 1개체(6호), 하악골 1개체(7호)	현대형 호모 사피엔스
랭정 동굴*	제10층 (TL로 43kya, ESR로 52kya, U-Series로 46±1kya)	하악골, 전두골 일부	현대형 호모 사피엔스
점말 동굴	60-40kya	지절골(指節骨, phalanx), 중족골(中足骨, metatarsal)	현대형 호모 사피엔스
상시	30kya	왼쪽 측두골(parietal), 앞쪽 후두골, 요골(橈骨, radius), 오른쪽 견갑골, 오른쪽 상완골, 치아들	현대형 호모 사피엔스
구낭 동굴	후기갱신세	거골(距骨, talus), 중족골, 지절골	현대형 호모 사피엔스
두루봉 흥수 동굴	50-40kya(추정)	어린아이의 거의 완전한 골격이지만 연대 및 동정에 논란이 많음	현대형 호모 사피엔스

주: '*'는 인골화석과 고고자료가 함께 발견된 사례다.

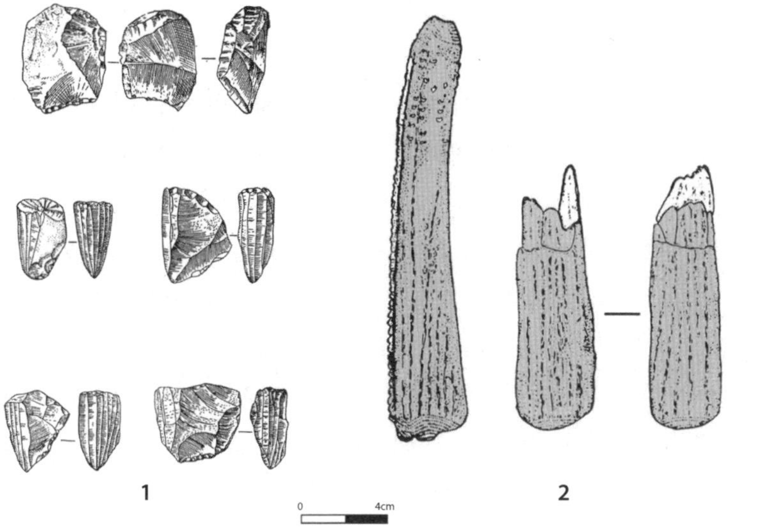

[그림 2.10] 평양직할시 만달리 동굴에서 확인된 잔돌날석핵과 뿔로 만든 도구들(한창균 1990a)

었기 때문에 지극히 중요한 자료다. 랭정 동굴과 청파대 동굴 모두 김일성대학의 인류진화발전사연구실에서 조사한 유적으로, 다양한 절대 연대 측정치와 함께 뚜렷한 층위상을 보이는 동굴 퇴적층에서 고인골 화석 여러 개가 발견되었다. 랭정 동굴은 표토 포함 총 13층의 층준으로 이루어졌다. 그중 위에서 4번째 층인 10층에서 동물화석 및 석기들과 함께 현생인류의 두개골 파편이 발견되었다. 고인골 화석의 연대는 약 50-40kya에 해당하며표 2.3, 10층보다 한참 아래인 3층부터 석기가 발견되기 때문에 현생인류 이전 단계의 고인류도 랭정 동굴을 점거한 것으로 받아들일 수 있다. 다만 석기의 제작 기법이나 석재의 선택에서 정형성이 드러나지 않으며, 북측의 석기 분석 결과도 객관적으로 뚜렷한 신빙성이 보이지 않으므로 랭정 동굴의 고인류 점거 증거는 아직 신중하게 받아들일 필요가 있다.

황해도 청파대의 고인골 화석은 최근에 연속적으로 국제 학계에 보고되고 있으며(예: Choe et al. 2020; U et al. 2022), 한반도 후기갱신세의 표준 층위로 받아들일 수 있을 정도로 다양한 생물상, 문화상이 확인되었다. 따라서 별도의 지면을 통해 구체적으로 살펴보겠다.

2) 청파대 동굴의 화석자료와 고고자료

청파대 동굴은 황해북도 황주군의 황주천 변에 위치하며 1988년부터 2004년까지 발굴조사되었다. 아마 한반도에서 발견된 구석기 유적 중 자료 면에서는 가장 풍부한 양상을 보이는 사례일 것이다. 총 10,844점NISP의 동물화석이 수습되었고(Choe et al. 2020: 43), 석기 2038점(한창균 2011: 227), 주먹도끼 30점, 고인골 화석 7점도 보고되었다(리재남·김정호 2016: 73). 절대 연대는 TL, U-series, 피션트랙fission-track, FT, 고지자기paleomagnetism, PM 측정법 같은 다양한 방법으로 측정되었다. 맨 밑층인 3층의 PM 연대는 0.125-0.117mya, 그 위 8층의 FT 연대는 74.2±10.8kya, 11층의 PM 연대는 60-40kya로 측정되었다. 현생인류의 화석이 발견된 12층의 C14 연대는 cal 34,770-27,800 BP, 13층은 cal 24,980-21,340 BP가 나왔다그림2.11.

청파대 동굴에서는 거대동물megafauna인 갈색곰*Ursus arctos*, 쌍코뿔소*Dicerorhinus kirchbergensis*, 큰사슴巨鹿, *genus Megaloceros* 등이 6층 이후 점차 사라지며 보다 수월하게 사냥할 수 있는 각종 설치류가 증가한다. 멧돼지와 사슴은 꾸준히 발견되며, 이전 층에는 없던 표범*Panthera pardus*, 호랑이*Panthera tigris*, 동굴사자*Panthera spelaea*, 늑대*Canis lupus* 같은 식육류가 6층 이후부터 등장한다. 8층에서 발견되는 동물상과 유물상은 임진-한탄강 유역을 포함한 한반도 MIS 4기의 환경과 고인류 생활상의 대체자료로 받아들일 수 있을 것이다. 8층에서는 3가지 방법을 통해 총 5개의 연대치가 산출되었다. 전술한 FT 연대와 더불어 동물뼈를 시료로 측정한 U-series 연대는 61.5±9.8kya, 동굴의 석순을 시료로 한 3개의 TL 연대는 69-61kya의 범위를 가지는 것으로 측정되었다(한창균 2011: 224). 8층은 형태상 고형의 현생인류로 보고된 위턱뼈maxilla 화석이 동물화석과 공반되어 있고, 주먹도끼와 찍개 및 긁개, 밀개 등의 소형도구가 함께 발견되었다는 점에서 한반도 구석기시대 물질문화를 총망라하고 있다. 그리고 그 연대는 본격적으로 환경상이 열악해지는 MIS 4기의 문화상 및 기술상을 시사한다.

8층에서는 설치류와 노루, 사슴류, 멧돼지, 큰곰 및 호랑이와 표범까지 총 16종의 포유동물 화석이 확인되었다. 일단 이러한 동물들이 모두 고인류의 사냥감은 아니었을 것이다. 식육류곰, 호랑이, 표범 등, 우제류멧돼지, 사슴, 노루 등와 설치류 및 고인류가 모두 호굴성好窟性, troglophiles 동물도 아니다. 그리고 현재의 황주천은 동굴 입구보다 약 8m 정도 낮고 3km 동쪽에 위치한다. 동굴 천장이 13.7m에 달할 정도로 개방되어 있고, 8층이 형성되던 MIS 4기가 한랭·건조한 기후였다는 점을 반영하면 황주천의 범람으로 동물상이 대규모 격변 궤멸catastrophic mortality을 겪지는 않았을 것으로 보이며 그로 인한 무분별한 화석화 및 재퇴적의 가능성도 높지 않다. 따라서 8층의 동물상은 MIS 4기 동안의 청파대 동굴 및 황주천 주변 생태계의 먹이사슬과 '서식처 공유'를 잘 반영한다고 볼 수 있다. 그리고 고인류도 사냥의 주체 혹은 피식자로서 이러한 서식처 공유에서 일정 역할을 담당한 것이 분명하다.

8층 위의 9층부터는 약간의 하천 퇴적물이 확인될 뿐 전형적인 석회암 퇴적물이 분포한다(리재남·김정호 2016; Choe et al. 2020). 8층 이후의 퇴적상에서는 급격한 범람이나 동굴 천장의 붕괴로 인한 낙반석의 흔적이 뚜렷하지 않다. 이처럼 안정적인 퇴적상을 보인 점과 약 4m 두께의 퇴적층에서 2,038점에 달하는 석기가 발견된 점, 7층에서 4기에 불을 땐 자리가 확인된 점을 감안한다면, 청파대 동굴은 일찍이 고인류에 의해 반복적으로 빈번하게 점거되던 곳이 틀림없다. 또한 고인류 이외의 여러 동물들도 청파대 동굴을 방문하고 공유한 것이 자명하다. 이러한 고인류와 동물들의 서식처 공유는 현생인류의 화석이 발견된 12층과 13층의 퇴적 연대인 갱신세 최말기의 MIS 2기까지 지속되었음을 확인할 수 있다.

그렇다면 청파대 동굴이 후기갱신세 동안 고인류의 항구적 상주지常住址, homebase였을지 생각해 볼 필요가 있다. 8층에는 호랑이, 표범 등 맹수류의 화석도 포함되어 있는데, 이런 동물까지 고인류의 사냥 및 도살 행위의 증거로 받아들이기에는 무리가 있다. 그렇다고 고인류가 이런 맹수들에게 예외 없이 피식되었다고 단정할 수도 없다. 다만 고인류와 식육류가 경쟁적으로 공진화를 해온 것은 분명하다(Brantingham 1998a; Stiner and Kuhn 2006). 8층 이후에도 고인류와 식육류 화석들이 여러 차례 공반되고 다수의 석기가 꾸준히 발견되는 것으로 볼 때, 두 '육식동물'들의 경쟁적 점거는 꽤 오랜 기간 이루어진 것이 분명하다.

MIS 5기의 종료를 기점으로 쇠락해 온 기후상 및 이에 따른 거대동물군의 양적 감소는 식육류 동물의 식단에 적잖은 변화를 야기했을 것이다. 그 결과, 단백질 회수율return rate이 적은 소형동물을 집중 포획하는 방식으로 먹이사슬이 새롭게 조성되었을 가능성이 충분하다(Stiner 2001; Stiner et al. 1999). 이러한 먹이사슬에 고인류도 적극적으로 개입했다는 것은 어렵지 않게 예측 가능하다. 하지만 한반도에서 사냥 및 도살 행위가 직접 반영된 사례는 희소하기 때문에 고인류의 동물자원 활용 양상을 밝히는 것은 쉬운 일이 아니다. 동물자원을 식량이나 생활자원으로 변환하는 행위는 석기의 미세흔 분석이나 동물뼈의 파쇄 형태를 통해 알 수 있지만, 살아 있는 동물을 당장 이용 가능한 자원으로 변환하는 대표적 살상 행위인 사냥의 직접적 증거는 한반도 내에 거의 존재하지 않는 것이 사실이다(예: 권학수 1998, 1999 참조).

[표 2.4] 황해도 청파대 동굴의 동물화석 분포(U et al. 2022에서 편집)

목(目, Order)	종(種, Species)	기준 층서												동정 가능수 (NISP)	최소 개체수 (MNI)
		3층	5층	6층	7층	8층	9층	10층	11층	12층	13층	14층	15층		
설치류	시궁쥐(*Rattus norvegicus*)					*	*				*			6	4
	등줄쥐(*Apodemus agagius*)					*	*							4	2
	대륙밭쥐(*Clethrionomys rufocanus*)					*								1	1
	비단털쥐(*Cricetulus barabensis*)					*	*				*			18	10
	외코노무스 들쥐(*Microtus oeconomus*)					*	*				*			39	21
	브란트 들쥐(*Microtus brantoides*)					*	*				*			54	29
중치류	피시러스 두더지(*Myospalax psilurus*)						*							2	1
	땅쥐(*Myospalax epsilanus*)					*	*							12	9
	유럽비버(*Castor fiber*)							*		*				3	2
	쥐토끼(*Ochotona alpina*)											*	*	21	13
	고슴도치(*Erinaceus sp.*)											*		1	1
식육류	호랑이(*Panthera tigris*)			*		*		*	*	*				21	5
	표범(*Panthera pardus*)				*	*								2	2
	동굴사자(*Panthera spelaea*)									*				6	1
	들개류(*Canis var.*)			*	*			*						11	5
	너구리(*Nyctereutes procyonoides*)											*		1	1
	갈색곰(*Ursus arctos*)					*		*	*	*				28	6
	시베리아 족제비(*Mustela sibirica*)					*								1	1
	오소리(*Meles meles*)				*					*	*			10	6
기제류	초원말(*Equus przewalskii*)			*	*			*		*	*			135	8
	당나귀(*Equus hemionus*)										*	*		59	5
	쌍코뿔소(*Dicerorhinus kirchbergensis*)	*	*	*					*					68	7
	털코뿔소(*Coelodonta antiquitatis*)							*						2	1

[표 2.4] 황해도 청파대 동굴의 동물화석 분포(계속)

목(目, Order)	종(種, Species)	기준 층서												동정 가능수 (NISP)	최소 개체수 (MNI)
		3층	5층	6층	7층	8층	9층	10층	11층	12층	13층	14층	15층		
우제류	멧돼지(*Sus scrofa*)				*	*		*	*	*	*			40	10
	고라니(*Hydropotes inermis*)					*		*		*	*			17	5
	노루(*Capreolus capreolus*)				*	*		*	*	*	*			102	14
	일본사슴(*Cervus nippon*)			*	*	*	*	*	*	*	*			309	42
	붉은사슴(*Cervus elaphus*)				*	*	*	*	*	*	*			105	18
	큰사슴(*Sinomegaceros sp.*)		*	*	*	*		*		*	*			200	20
	산양(*Naemorhedus goral raddeanus*)								*	*				3	2
	초원가젤(*Gazella przewalskii*)			*						*				2	2
	들소(*Bison sp.*)							*		*				24	3
영장류	히말라야 원숭이(*Macaca mulatta*)						*			*				5	3
	층별 종수 합계	**1**	**2**	**7**	**9**	**17**	**10**	**13**	**8**	**16**	**13**	**4**	**1**		
	동물화석 총계													**1312**	**260**

석기군은 대부분 현생인류 화석이 발견된 12층과 13층에 집중 분포하는데, 여기서 19개의 주먹도끼와 32개의 양면찍개 그리고 수백 점의 소형석기가 함께 발견되었다(U et al. 2022). 주먹도끼그림 2.12가 갱신세 최말기까지 다양한 석재를 활용해 제작되었다는 점이 주목할 만하다. 북측의 도구석기 형식분류안을 전적으로 신뢰할 수 없고, 실제 석기들을 관찰하지는 못했지만 청파대 동굴의 퇴적상 및 고고자료의 양상은 적어도 후기갱신세 최말기까지 주먹도끼로 대표되는 대형도구와 기타 소형도구가 함께 제작·사용되었다는 것을 시사해 준다. 이 도구석기들은 환경상이 열악해지는 MIS 4기의 8층 이후부터 동물자원을 적극 활용하면서 집중적으로 제작·사용되지 않았나 짐작할 수 있다(제5부 참조). 그리고 상대적으로 높은 제작 비용을 가진 주먹도끼 같은 도구 형식은 석기의 제작 및 사용빈도가 이전보다 한층 증가한 정황에서 만들어진 것으로 볼 수 있는데, 그런 정황은 아마도 동물자원 가공과 밀접한 관련이 있을 것이다.

청파대 동굴의 고고자료들은 차후 본서에서 다루게 될 임진-한탄강 유역 구석기

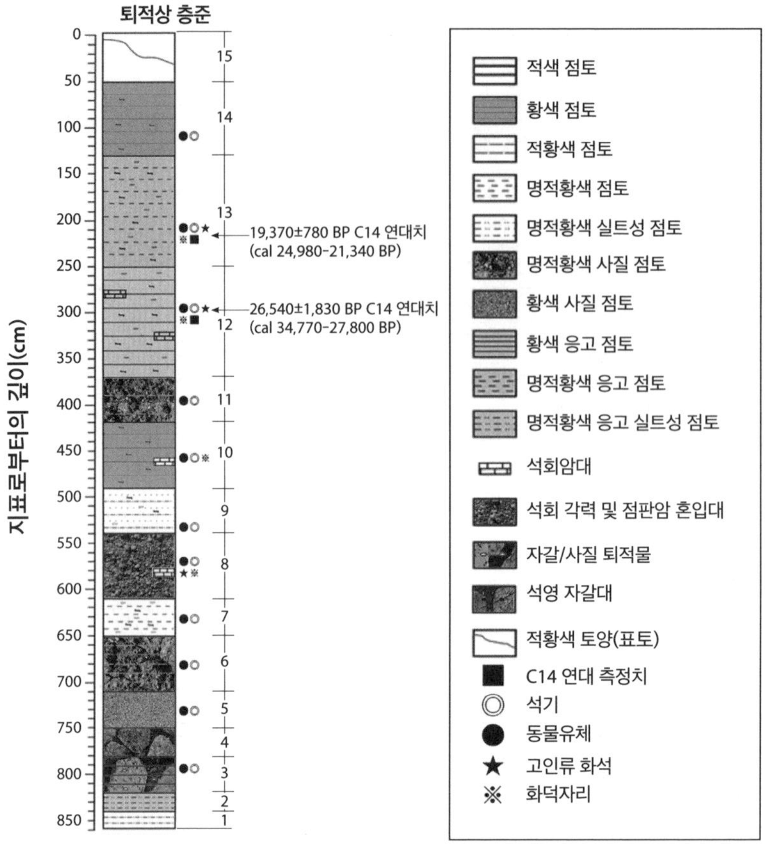

[그림 2.11] 황해도 황주군 청파대 동굴의 층위상과 확인된 고고자료의 분포상(U et al. 2022)

에 대해 많은 점을 시사한다. 임진-한탄강 유역의 대표 유적인 전곡리와 청파대 동굴 사이의 직선 거리는 대략 120km 정도다. 이 거리는 심각한 환경적·생태적 차이를 이끌어 내는 공간상 이격離隔으로 볼 수 없는 수준이다. 임진-한탄강 유역에는 청파대같이 장기간 점거된 동굴이나 바위그늘이 거의 없다. 동물화석이 발견된 사례도 아직까지는 전혀 없다. 따라서 청파대 동굴의 후기갱신세 동물상을 임진-한탄강 유역의 생태계 및 동물상을 추정하게 해주는 대체자료로 받아들일 수 있으며, 이 지역에서 발견된 주먹도끼의 층위 맥락 및 연대치도 임진-한탄강 유역의 구석기 기술을 이해하도록 해주는 참조의 틀로 적극 수용할 수 있을 것이다.

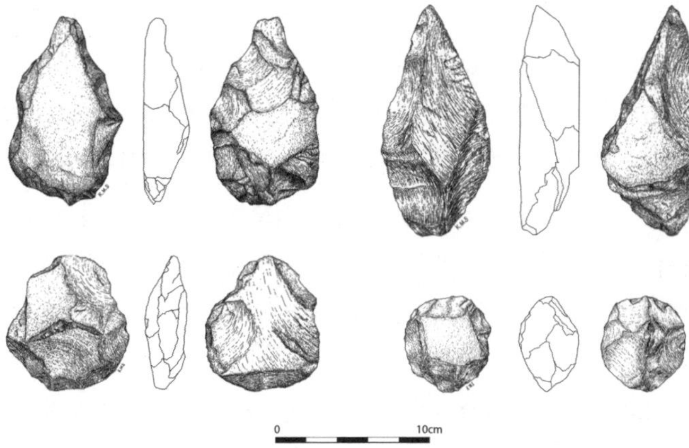

[그림 2.12] 청파대 동굴 12·13층에서 현생인류 화석과 함께 발견된 주먹도끼들(U et al. 2022에서 밑그림 취함)

3) 한반도 구석기시대 고인골 연구의 현황과 문제점

지금까지 제시한 한반도 구석기시대의 고인골 연구는 자료의 양적·질적 수준이 일천한 탓에 아직 초보적인 수준에 머무르고 있다. 따라서 발견된 고인골들의 해부학적 특징과 고고자료들을 연계한, 여러 과제에 대한 시험적 문제 제기만 이루어지고 있다. 1980년대 중반까지 남측과 북측은 동굴과 바위그늘 유적을 중심으로 한 고고학 및 지질학 연구를 독자적으로 수행해 왔다. 그러나 당시의 세계 질서는 냉전 치하의 이데올로기가 학문 제분야에 점철되던 환경이었기 때문에(Trigger 1989, 1995; Yoo 2017), 양측의 정치적 갈등 및 국가 간 경쟁이 심화되며 각 측의 지향과 학문적 가치관이 철저하게 반영될 수밖에 없었다.

그럼에도 불구하고 두 나라에서 공통적으로 꾸준히 장려되어 온 주제어들이 있었는데, 그건 바로 자국의 '영역'에서 우리 '민족'의 '조상'들이 하나의 '혈통'으로 아주 오래전부터 이어져 왔다는 것이다. 1960년대부터 1980년대에 이르기까지 남측과 북측은 서로를 주권 국가로 인정하지 않았으며, 그 반대 급부로 자신의 정부가 정통성 있는 주권을 보유한다는 것을 역사적으로 입증하려고 노력해 왔다. 그러한 입증을 위해 고고자료 및 고인골 자료가 상대 측보다 오래된 연대를 가진다는 것이 공공연히 부각되어 왔고, 남북 공통으로 이렇게 오래된 자료는 우리 '민족' 혹은 '겨레'의 고유한 문화적 산물에서 비롯한 자주적 가치관을 반영한다고 믿었다. 따라서 양측 고인류학의 최종 목표는 우리 민족의 역사가 아주 오래되었고 자주적으로 형성되었다는 것을 증명하는 것이었으며, 이에는 발견된 고인골 자료가 필연적으로 우리 겨레의 '조상'에 해당한다는 막연한 혈연적 가족주의가 반영되었다(손보기 1967, 1972; 이융조 1976, 1978, 1984). 이러한 가치관은 이념적·학술적으로 환영받으며 양측 대중의 기대치를 충족해 주는 역할을 하기도 했고, 동시에 그들을 계도해 주는 이데올로기로 작동하기도 했다. 특히 북측의 경우, 정부 수립 초창기부터 애국주의와 반제국주의라는 실천적 이데올로기를 수립하는 데 고고학이 막대한 영향을 미치기도 했다(김경택·유용욱 2022; Lee 2013; Trigger 1995).

최근까지 남북 양측은 자신들이 속한 정치적 진영의 입장에 따른 갈등을 스스로 심화해 오며 감정적 대립수준까지 흘러가기도 했다. 그 결과, 같은 민족사를 공유함에도 양측은 더 이상 공통된 사관을 갖추기 힘들 정도의 입장 차이를 갖게 되었다. 특히 북측은 1960년대부터 '주체사상'을 통치 이데올로기로 채택하면서 '아득한 과거부터 한반도에서는 고유한 우리 조선민족이 독자적인 문명을 이룩하면서 지금까지 줄곧 거주해 왔다'는 명제를 기정 사실로 받아들이게 되었다. 이유야 어떻든, 남·북측 모두에 고인류학 및 구석기고고학에 대한 냉정하고 과학적인 접근은 기대하기 힘들어졌고(Pai 1994 참조), 주관적 가치 부여를 거친 각종 개념들에 대한 사소한 논쟁들이 소모적으로 지속되었다.

최근 이러한 연구의 장애를 극복하려는 새로운 시도가 이루어지고 있으며, 몇몇 포괄적이고 비판적인 고인골 자료 연구의 성과가 등장하는 것은 주목할 만하다(예: 박선주·이은경 2003; 정영화 1996; Norton 2000). 전술한 청파대 동굴 및 룡곡 동굴 인골에 대한 분석 결과도 이러한 경향을 일부 반영한다는 면에서 고무적이다(예: Choe et al. 2020, 2021; U et al. 2022). 한반도 고인류의 사회적 행위에 대한 연구 사례로, 박선주·이은경(2003)은 남한강의 상시 유적과 룡곡 동굴에서 발견된 고인류의 견갑골 및 대퇴골을 통해 그들이 생존 시 받은 신체 하중에 따른 스트레스를 계산했다. 이는 현존하는 민족지 집단들의 관찰을 통해 각 집단이 필연적으로 부담해야 했던 노동 강도 및 이에 따른 후천적인 신체적 특징을 분석하는 방법이다(Collier 1989). 이 방법을 통해 두 유적의 고인골 자료를 측정한 결과, 이들은 현대 오스트레일리아 수렵-채집인과 비슷한 수준의 강건한 신체 골격 구조를 보유했던 것으로 나타났다. 그리고 상시와 룡곡 동굴의 고인류들을 직접 먹거리를 찾아 지속적으로 배회하는 수식자搜食者, forager(Binford 1980) 집단으로 분류할 수 있다고 제시했다.

하지만 여전히 의문스러운 점이 있는데, 상시 유적이나 룡곡 동굴 고인류와 유사한 노동 강도를 보여 주는 현재의 오스트레일리아 수렵-채집인들은 수식자들의 특징인 "높은 주거지 이동성, 낮은 저장성, 정기적인 식량 획득 전략"과(Binford 1980: 11) 거리가 먼 생계를 유지하고 있다는 것이다. 사실 Collier(1989)가 분석한 신체적 강건함은 단순히 팔다리 장골長骨, long bones들의 세장비에 근거한 것이며, 현재 절멸한 6개 수렵-채집인 집단의 경험적 통계치에 불과하다. 더군다나 오스트레일리아 수렵-채집인들은 이 6개 집단 중에서도 육체 노동에 대한 가치 부여가 매우 낮은 생활 방식을 영위하고 있다. 단순히 팔다리뼈의 유사성을 통해 육체 활동에 따른 스트레스를 직접 결정할 수는 없으며, 고인골 자료에 반영된 당시의 영양 섭취 수준이 충분히 고려되어야 할 것이다. 그런 의미에서 아직까지 한반도에서 발견된 고인골 자료는 그 종적 구분이 모호함은 물론 고인류나 현생인류의 사회적·행위적 특징의 복원도 거의 이루어지지 않았다고 보는 게 적절할 것이다.

IV 요약: 한반도 갱신세 자료의 성격

지금까지 동아시아 갱신세의 전반적 환경 변화를 제시하고, 같은 맥락에서 한반도 갱신세의 다양한 환경 자료와 고인골 자료들을 개괄해 보았다. 결론만 얘기하면, 한국의 제4기 연구에는 그 분석의 해상도나 접근 방식의 객관성을 고려할 때 여전히 풀어야 할 문제가 산적해 있다. 그렇기 때문에 제2부에서 제시한 여러 견해는 차후 이루어질 임진-한탄강 유역 구석기 연구의 배경 지식을 구축하는 데 있어 신중하게 받아들여질 필요가 있다. 제2부의 내용을 간략하게 요약하면 다음과 같다.

- 중기갱신세 후반인 약 0.4mya 이후부터 후기갱신세 이전까지 동아시아에서는 전반적으로 온화하고 습윤한 기후가 유지되었고 아열대성 식물상과 동물상이 현재 만주 일대의 중국 둥베이 지방까지 분포해 있었다.
- MIS 6기부터 점차 춥고 건조해지기 시작해, 후기갱신세에 들어서면 기후가 일정한 주기를 가지면서 급격하게 변동하기 시작했다. 임진-한탄강 유역의 전곡리에서도 MIS 6기부터 한랭·건조한 기후를 반영하는 풍성 퇴적물의 흔적이 나타나기 시작한다.
- MIS 6기의 연대를 가지는 데니소바인이나 호모 롱기 같은 고인류는 기존의 호모 에렉투스 및 고형 호모 사피엔스 등과 더불어 점차 동아시아 말단부까지 확산되기 시작했다.
- 동아시아의 고인류는 후기구석기 단계 이전까지 효율적인 기술 진척을 이룰 근거가 부족한 환경에서 생존했으며, 이러한 경향이 석기군의 미약한 변이와 뚜렷하지 않은 중기구석기 공작에 반영되어 있다.
- 후기갱신세에 들어 동아시아 전역에서 활발한 유적 형성 및 고인류의 점거가 이루어졌으며, 임진-한탄강 유역을 포함한 한반도의 구석기 유적들도 대부분 이 시기에 형성된 사례들이다.
- 유럽 및 북미와 비교할 때, 동아시아 후기갱신세는 추운 시기에 비교적 획일적

이고 항구적인 환경상을 유지한 것으로 보이는데, 대규모 빙하의 흔적이 뚜렷하지 않고 아시아 계절풍의 영향으로 인해 MIS 3기에는 온난한 기후대가 유지되었다. 그리고 한반도에서는 이러한 MIS 3기 동안 구석기 유적이 집중 형성된 것으로 보인다.

- 기존에는 한반도 단구면 발달에 관해 도식적이고 천편일률적인 층서 대비에 근거한 견해가 대부분이었지만, 최근의 연대 측정 결과에 따르면 두 번째와 세 번째 단구면은 적어도 후기갱신세에 형성된 것으로 추정된다.
- 임진-한탄강 유역은 연교차가 큰 한반도의 일반적 기후상보다 더욱 큰 격차를 보이는 지형성 기후를 반영하기 때문에 당시 거주하던 고인류 집단은 보다 원활한 생존을 위해 지속적으로 지역 내 이동을 겪은 것으로 보인다.
- 한반도 갱신세 동물상은 화석자료가 미비해서 그 변화상을 높은 해상도로 관찰하기가 쉽지 않다. 황해도 청파대 동굴의 동물상 천이로 볼 때 MIS 4기 들어 환경상이 열악해지면서 점차 소형 설치류가 증가하고, 고인류는 식육류 동물들과 함께 이러한 동물들을 경쟁적으로 활용한 것으로 보인다.
- 한반도에서 발견된 고인골 화석은 대부분 호모 사피엔스 종에 해당하지만 평양 역포리 동굴의 두개골은 그 형태로 보아 호모 에렉투스일 가능성이 있다. 한반도로의 인구 유입은 중기갱신세 후반까지 간헐적으로 진행되다가 후기갱신세에 집중적으로 이루어진 것으로 보인다.
- 한반도의 고인류 연구는 남북한 공통적으로 통치 이데올로기의 영향을 받아 감정적 요소가 필요 이상 부각된 감이 없지 않다. 따라서 차후의 고인류 연구에서는 더욱 객관적이고 가치중립적인 연구 자세가 절실하다.

동아시아 갱신세 환경 자료는 지금도 꾸준히 확보되고 있으며, 더욱 정교한 분석 절차도 새롭게 개발되고 있다. 제2부에서 제시한 동아시아와 한반도 갱신세의 환경상에 대한 정보는 차후 변동될 가능성을 열어 둘 필요가 있다. 한 가지 분명한 것은, 임진-한탄강 유역을 포함한 한반도 구석기시대의 고고자료 및 고인골 자료는 대부분 후기갱신세 기간 동안에 형성된 것으로, 형질적 특성에서는 대부분 현생인류에 해당하는 호모 사피엔스의 흔적이 뚜렷하다는 것이다. 그러나 청파대 동굴 및 랭정 동굴 같은 몇 가지 희소한 사례를 제외하면 고고자료와 고인골 자료가 상호 공반된 경우는 거의 없다. 따라서 본서의 주요 연구 지역인 임진-한탄강 유역 구석기시대의 활동 주체가 과연 고인류인지 현생인류인지 밝히는 작업은 차후의 연구 성과에 기댈 수밖에 없다. 다음의 제3부에서는 본서의 주요 연구 지역인 임진-한탄강 유역의 제4기 지질학적 특성을 관찰하고, 유적들이 분포하는 퇴적층의 형성 과정과 시간 폭을 설정하도록 하겠다.

| 제3부 |

임진-한탄강 유역의 제4기 지질학적 특성과 그 연구사

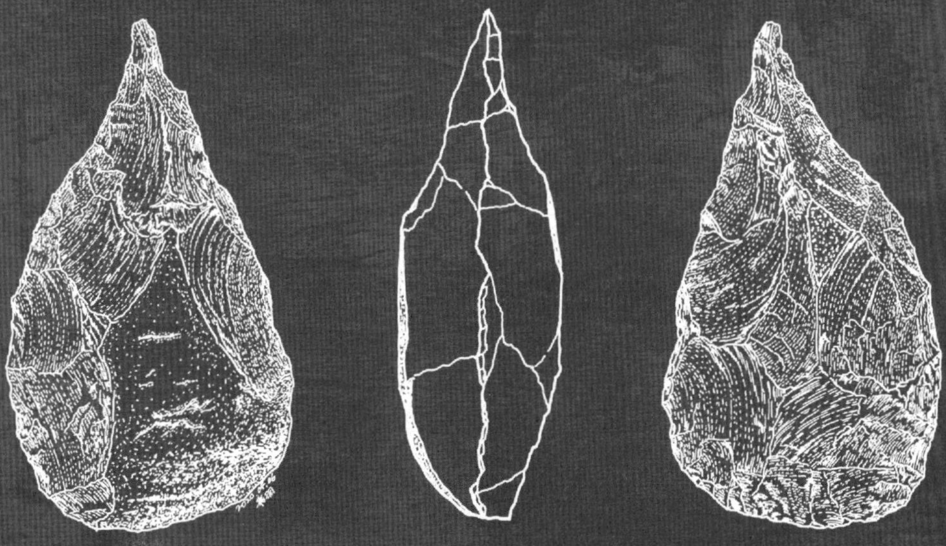

• 1988년 가월리 지표수습 주먹도끼(서울대학교박물관 소장)

I 서언: 구석기시대 임진-한탄강 유역의 메타서사

1970년대 후반 전곡리를 비롯한 구석기 유적이 확인되면서 임진-한탄강 유역의 지질학적 특징에 관한 연구가 진행되었으며 이와 함께 다수의 연대 측정치가 발표되었다. 그러나 지금까지 이러한 연대치에 기반한 편년 및 석기군의 형성 과정을 적절하게 설명해 주는 전반적인 지형 형성 과정의 탐구는 자료의 규모에 어울리는 수준에 도달하지 못했다. 이 지역은 남북으로 분단되어 있는 한반도의 정치적 상황과 맞물려 있기 때문에 세밀한 답보 및 확인이 전적으로 불가능하다. 따라서 현지조사를 통해 취득할 수 있는 자료는 관점에 따라 얼마든지 확대해석이 가능하다. 이 지역의 제4기 지질사는 한반도는 물론 전 세계적으로 화산 활동과 하천 운동의 중요한 사례연구 주제에 해당한다. 그러나 전술한 여러 한계로 인해 관련 연구자들 간에 활발한 논쟁이 진행되고 있다. 이러한 논쟁들 중에는 불필요한 것도 있고, 과학적 접근과 거리가 먼 사변적인 주장들도 존재하는 게 사실이다.

현재까지의 임진-한탄강 유역 제4기 지질사 연구는 주로 지형 해석의 근거가 되는 자료의 설명력 검토에 집중했다. 이러한 검토는 한국 고고학의 패러다임이 변할 때마다 연구자 각각의 독자적인 자료를 통해 개별적으로 진행되었다. 따라서 제3부에서는 개별적으로 진행된 연구자들의 입장을 종합적으로 파악하고, 이를 기반으로 임진-한탄강 유역의 지형 형성 과정 및 각 층서 단위의 형성 요인과 그 시간적 지표에 대한 기본적인 틀을 세우고자 한다. 그 첫 번째 작업으로, 우선 이 지역의 자연 경관 및 지모地貌를 개관하겠다. 구체적인 접근법은, 1978년 전곡리 유적 발견 이후 이 지역에서 진행되어 온 지난 40년 동안의 지질학·고고학 연구 관련 논쟁들을 심도 있게 살펴보고 그 논쟁의 가치 및 의미를 평가하는 것이다. 그러한 평가 작업은 구대륙 서쪽에서 발견되는 전기구석기 공작인 아슐리안과 시간적·기술적으로 동등한 공작이 동아시아 말단에도 과연 존재했는지의 여부와 밀접한 관련이 있다. 즉 한반도를 포함한 동아시아의 구석기 공작이 유럽 및 아프리카와 평행한parallel 기술적 전통을 보유한다는 메타서사meta-narrative의 유효함과 적절함을 검증하는 작업인 셈이다.

[그림 3.1] 임진-한탄강 유역의 위치와 지리적 범위(배기동 2002)

그러한 메타서사의 성립 여부는 임진-한탄강 유역 구석기 유적의 연대 및 석기군의 성격에 달려 있다. 이와 관련해서는 제7부에서 상세히 다룰 예정이다. 제3부에서는 이 지역 구석기 유적의 연대를 설정하는 과정에서 드러난 몇 가지 논리적 취약점과 아직까지 해결되지 않은 지질학적·수문학적 작용의 개시 연대를 집중적으로 살피고자 한다. 그리고 이를 통해 기존의 연구 결과 및 논쟁 과정에서 타산지석으로 삼을 수 있는 것들을 밝혀내서 차후 보다 적절한 연구 설계가 이루어질 수 있는 기반을 마련할 것이다.

임진-한탄강 유역의 지형은 화산 활동으로 인한 용암대지의 형성과 그 후 재개된 임진강과 한탄강의 하천 침식·퇴적 작용에 의한 것으로 요약할 수 있다. 이렇게 커다란 요약만으로 이 지역 내 지형 발달 모델을 도식화할 수는 있지만, 각 퇴적 과정에서 만들어지는 구석기 유적들의 총체적 형성 과정을 이해하려면 각 지점마다 상이하게 드러나는 개별 층준의 특성을 충분히 고려해야 한다. 이 부분은 제4부에서 개별 유적 혹은 유물 산포 지점을 구체적으로 관찰하면서 보완할 예정이다.

II 임진-한탄강 유역의 자연 경관

1. 임진-한탄강 유역의 지리적 위치와 개관

임진-한탄강 유역은 한반도 중서부의그림 3.1 북위 37° 35′-38° 15′, 동경 126° 30′-127° 20′에 위치한다. 이 지역은 지질학적으로 경기육괴에 속하며그림 2.7 1번 도면의 F 침식활동이 우세한 갱신세를 거치면서 점진적으로 낮아진 지표면을 특징으로 한다. 임진-한탄강은 남북한의 경계인 비무장지대DMZ에 걸쳐 있다. 한탄강은 경기도 동두천시, 포천시, 연천군에 위치하지만 동쪽의 상류역 및 지류 일부는 강원도 철원군에 속한다. 임진강은 현재 북한 지역인 강원도 법동군 두류산에서 발원하는 것으로 알려져 있으며, 비무장지대를 통과해서 남한의 연천군, 파주시를 지나 경기도 김포시 부근에서 한강과 합류해 서해로 유입한다.

임진강은 한강의 가장 큰 지류로, 북한 최남단의 마식령과 아호비령을 거치며 남진해 연천군 남계리에서 한탄강과 합류한다. 한탄강은 임진강의 가장 큰 지류로, 하계망 북동쪽에 위치한 철원군 중앙부 근처에서 발원한다그림 3.2. 이 두 하천에 속한 몇몇 지류는 주변의 구릉에서 기원했는데, 영평천은 남동쪽의 포천시에서, 차탄천은 북쪽의 연천군에서, 신천은 남동쪽 양주시에서 발원했다.

일찍이 한반도의 지형을 독자적으로 연구한 Bartz(1972: 22-24)는 지형 윤회설과 경관의 종류에 따라 한반도를 크게 14개 구역으로 나누었다. 이 구분에서 한반도의 지모는 전반적으로 고생대부터 형성된 고기 지형의 특성을 띤다. 그러나 임진-한탄강 유역이 포함된 중서부의 임진분지Imjin Basin에서는 고기 지형의 특징이 상당히 제한적으로 나타난다. 이 지역은 다른 지역과 달리 침식 위주의 성인으로 구성되었고, 매우 가파른 단층 사이에 지표가 기울어진 상태로 존재한다. 이런 특성은 바로 추가령구조곡이라 불리는 단층대가 이 지역에 존재하기 때문이다. 이 단층대는 여러 개의 화산체로 구성되어 있으며 아직까지도 한반도에서 잠정적으로 화산 활동이 가능한 곳이다. 현재까지 이곳의 마지막 화산 분출은 중기 혹은 후기갱신세 도중에 이루어진 것

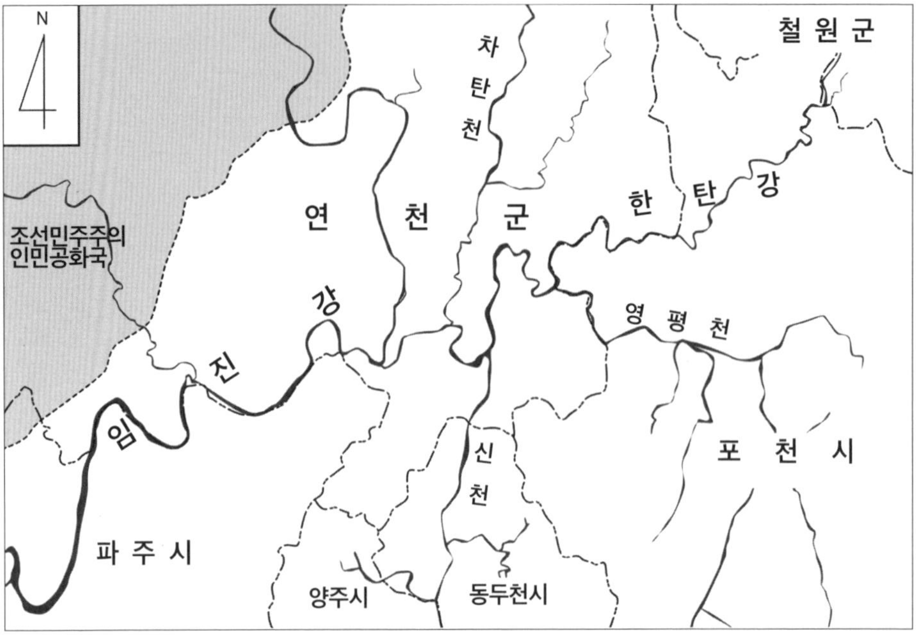

[그림 3.2] 임진-한탄강 유역의 주요 하계망과 인근 행정구역 분포

으로 파악된다.

추가령구조곡은 이름 그대로 구조지형, 즉 단층fault으로 만들어진 좁은 통로의 협곡이라 볼 수 있다. 이 협곡은 현재 남한의 북서쪽인 서울부터 동해안의 강원도 원산까지 통과하며, 일제강점기 시절에 개설된 경원선 철도의 일부가 이곳을 지나고 있다.

2. 추가령구조곡의 경관과 화산 활동

추가령구조곡은 중앙에서 북동쪽으로 약 15°가량 기울어져 있으며(위수민 1996: 171), 폭은 5-6km다(김광호·송무영 1995). 20세기 초 일본의 관제 지리학자 고토 분지로小藤文次郎의 야외조사 이후(Koto 1903) 추가령구조곡에 대한 포괄적인 조사는 거의 이루어지지 못했다. 이 지역이 남북한에 걸쳐 있으며, 대부분 지역은 현재 비무장지대 및 한국전쟁의 격전지에 해당해 구체적인 현지조사가 불가능하기 때문이다. 일부 남쪽 지역의 관찰에 의하면 추가령구조곡은 제2부에서 언급한 중생대 쥐라기의 대보조산운동에 의해 형성된 것으로 주장된다(위수민 1996; 이기화 외 1987; 이대성 외 1983). 대보조산

[그림 3.3] 항공사진으로 본 임진-한탄강과 추가령구조곡의 모습(Google Earth에서 취해 편집)

운동은 한반도 지질사에서 가장 급격했던 조산운동 중 하나로서, 한반도 중부 지역에 널리 분포하는 화강암의 관입이 이 운동을 통해 이루어졌다.

추가령구조곡의 최하층은 약 10억 년 전에 생성된 선캄브리아기 편마암으로 구성되어 있고 일부 반려암이 혼입된 상태인 것으로 밝혀졌다(김규한·이현주 1994). 선캄브리아기의 기반암 위에는 역암층과 사암층이 존재하는데, 이는 하천의 운반 작용에 의해 만들어진 것으로 보이며, 한탄강 중류역에서는 흔히 백의리층으로 불린다그림 3.4. 백의리층은 규암, 편마암, 화강암으로 구성되어 있는데, 이는 바로 아래 선캄브리아기의 기반암에서 기원한 것이다(Bae 1988). 백의리층은 입자 크기와 성분으로 볼 때 한탄강 중류역의 높은 하천 에너지에 의한 침식작용의 결과물로 보인다. 이러한 백의리층은 교결작용膠結作用, cementation을 거치지 않아서 암석 층군으로 남아 있지는 않으며 임진-한탄강 유역의 계곡에 일관되게 분포하지도 않는다. 어쨌든 백의리층은 추가령구조곡 내에서 용암 분출 이전부터 불규칙한 지모를 따라 하천 침식 작용이 활발히 이루어졌다는 증거로 볼 수 있다.

추가령구조곡이 만들어 낸 커다란 계곡에는 백악기 후기에서 중기갱신세 후반까지 용암류가 흐른 흔적이 있다(이대성 외 1983). 이 용암류는 두터운 현무암층을 형성했는데, 현재 전곡현무암이라고 불리는그림 3.4 연천군 전곡읍 일대의 현무암층이 전술한 백의리층을 일부 덮고 있다. 전곡현무암의 두께는 약 10-20m로, 한탄강 중류역에서 하계망의 침식작용으로 인해 가파른 현무암 절벽 및 주상절리를 자연스럽게 형성했다. 주상절리는 육각형 기둥의 모양을 특징으로 하는데, 용암이 식으며 내부의 수증기가 급격히 유출되어 만들어진 것이다. 현무암층의 일부는 풍화되면서 다수의 공극을 가진 구조로 발달하는데, 이러한 공극 구조를 가지는 소괴燒塊, clinker층에는 이후 하천 운동이 재개되며 쇄설성 퇴적물이 혼입된다(Bae 1988). 이 소괴층을 통해 서로 다른 용암류를 육안으로 구분할 수 있는데, 전곡읍 일대에는 최소 3개, 많게는 11개까지의 용암류가 중첩하고 있다(이대성 외 1983).

이 지역 내 대부분의 화산 분출구는 추가령구조곡의 단층 경계를 따라 분포한다(이민부·이광률 2016). 그중 오리산鴨山, N38° 23′ 25″, E127° 16′ 01″은 강원도 평강군에서 남쪽으로 약 3km 지점에 위치하며(원종관 외 1990), 다른 화산들은 강원도 북부 세포군洗浦郡의 검불랑劍拂浪역 근처에 있다. 이들은 전곡현무암의 직접적인 기원으로 추정된다(이대성 외 1983: 30). 이는 현무암에 포함된 알칼리성 감람석alkali olivine이 유사하기 때문이다. 중요한 것은 용암류가 과거 추가령구조곡 및 인근에 발달한 언덕 계곡의 유역을 따라 흐르던 고한탄강 및 임진강의 흐름 방향과 거의 같은 맥락을 유지하면서 기존 하계망을 잠식한 것으로 볼 수 있다는 점이다. 용암류 흔적은 대부분 추가령구조곡의 좁은 통로를 따라 분포하는데, 현재 이 계곡 내에는 예외 없이 하천이 위치한다. 따라서 이 하계망은 과거 한 차례 혹은 수차례 이상 용암류에 잠식되면서 유로를 바꾸거나, 유량 및 유속이 꾸준히 변동해 온 최종 결과로 볼 수 있다(이민부 외 2004).

추가령구조곡의 용암류들은 임진강의 하류와 최상류 지역까지는 영향을 미치지 못했다. 임진강 최상류역은 현재 북한 지역 내에 위치하기 때문에 구체적인 관찰이 불가능하지만 하류역의 경우 계단상의 하안단구가 일찍이 높은 고도에서 형성되어 용암류의 흐름이 미치지 않은 지역에 해당한다(이선복 1996). 예를 들어 임진강 하류에 위치한 장산리단구의 경우(이선복 2004), 용암대지가 임진강 중류역과 한탄강 변에 형

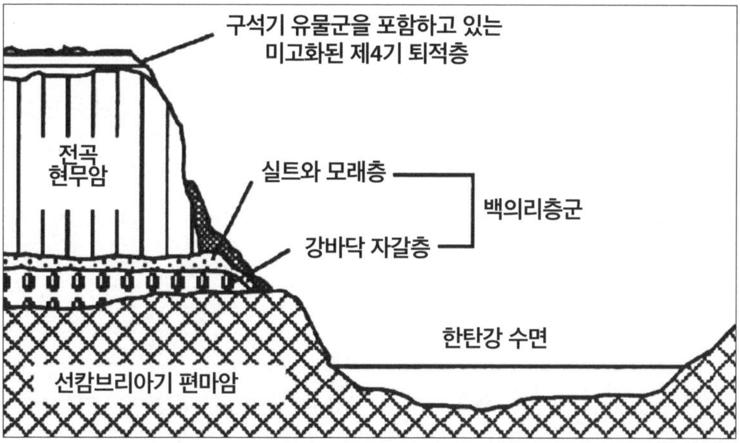

[그림 3.4] 전곡리 일대에서 나타나는 추가령구조곡의 대표적인 층서 단위(Bae 1988에서 밑그림 취함)

성되기 전에 이미 높은 고도의 단구면이 만들어진 상태이기 때문에 그 연대치는 용암류의 연대보다 상당히 오래된 것으로 볼 수 있다(이선복 1996, 2004; 이선복 외 2004).

3. 화산 분출 이후 추가령구조곡 내의 지형 변화

화산 분출이 완료되면 용암류는 급격히 식으며 용암대지로 발전한다. 과거 자갈과 모래 위주의 침식 우세 지형을 반영하면서 울퉁불퉁한 표면을 가지게 된 용암대지는 기존의 하계망을 차단해 잠정적 호수를 형성한다. 그 결과, 불규칙한 용암대지 표면을 일정한 유로 없이 흐르는 세류細流, rill flow가 일시적으로 만들어지기도 하며, 현무암 기반암이 용암댐으로 작용해 미세한 점토가 안정적으로 퇴적되어 만들어지는 호소 퇴적층을 이루기도 한다(이민부 외 2001b; 이선복 1989). 이러한 호소층들은 용암류가 하계망을 완전히 틀어막았을 것으로 보이는 소규모 지류역에서 주로 관찰된다. 차탄천과(이민부 외 2001c, 2007) 영평천 같은(이선복 1989) 한탄강의 지류역에 분포하는 국지성 점토층들은 이 과정을 잘 반영하는 좋은 사례들로 볼 수 있다그림 3.5.

이와 달리 임진-한탄강 본류 같은 대형의 주 하천들은 용암류의 작용으로 하상면이 높아지며, 여러 지류로 갈라진다. 그리고 하천 에너지가 급격히 상승해 활발한 측방침식과 하방침식을 겪으면서 현재 관찰되는 기본적인 하계망의 면모를 갖추게 된다. 침식을 겪은 용암대지는 하천 측면에 현무암 절벽을 남기는데, 침식이 진행되면서

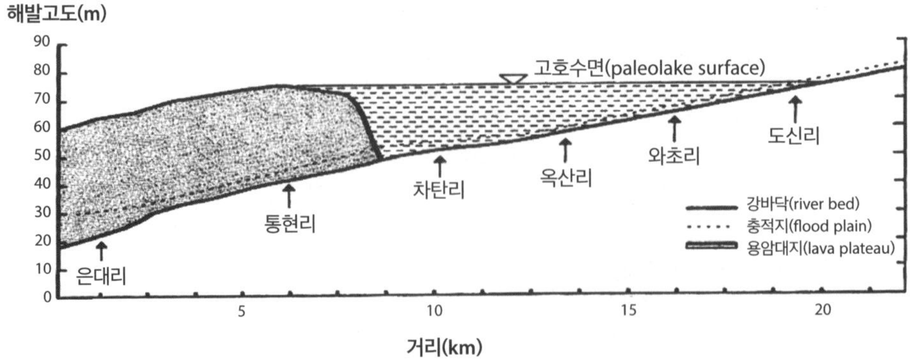

[그림 3.5] 한탄강 일대에 주로 분포했을 것으로 추정되는 용암댐과 이로 인한 고호수(古湖水, paleo-lake) 형성의 모식도(이민부 외 2007에서 밑그림 취함)

상승했던 하천 에너지는 안정적으로 낮아지고, 여러 갈래로 갈라진 지류들은 지금의 하계망으로 최종 합류해서 화산 분출 시점과 거의 동등한 수준의 평형 상태를 이룬다.

구석기 유물들은 대부분 용암대지현무암 기반암 위의 실트/점토층에 분포한다. 이 층은 주로 화산 활동 이후 재개된 임진-한탄강 하계망의 하천 에너지 회복 과정에서 퇴적된 것들로 이루어져 있다. 하천 퇴적물alluvium 외에 소규모의 풍성 퇴적물eolian이나 주변의 지모에 따라 각기 다른 영력을 거쳐 퇴적된 사면붕적층colluvium도 용암대지 주변에 분포한다. 하천의 흐름이 화산 분출 이전 상태로 회복하는 과정은 용암대지로 높아진 하상층을 하방침식과 측방침식으로 활발하게 깎아 나가는 동시에 상대적으로 안정적인 점토성 퇴적물을 침식 기준면 주변에 쌓으면서 이루어진다. 이렇게 침식과 퇴적이 지속되면서 하천 가장자리에는 다소 높은 범람원이 형성된다. 고인류에게 이런 범람원은 안정적인 정착과 생존에 유리한, 이상적인 지점이었을 것으로 보인다.

임진-한탄강 유역 구석기 유물층은 기반암인 현무암 상부의 약 4-7m 두께에 달하는 범람성 퇴적물 안에 주로 분포하며, 이는 적갈색 점토층으로 대표된다. 따라서 석기군의 연대를 정확하게 구하기 위해서는 적갈색 점토층의 퇴적 개시 연대를 밝히는 것이 필요하다. 지금은 퇴적층의 연대를 다양한 측정법으로 어렵지 않게 구할 수 있고, 보다 높은 신뢰도 수준으로 측정치를 보정하는 방법이 개발되어 있지만, 임진-한탄강 유역의 조사에서 이렇게 퇴적층의 연대를 직접 측정하는 방법은 비교적 최근에 보편화되었다. 기존의 연대치는 어디까지나 막연한 추정에 근거한 수준이었으며, 이러한 추정의 판단 기준은 맨 밑에 있는 현무암 기반암 층의 연대에만 전적으로 의존했다.

기반암의 하한 연대를 표준 연대로 삼아 그 위의 퇴적층 연대를 추정하고, 퇴적층의 추정 연대를 근거로 유물층의 연대를 결정하는 작업은 여러 가지 논리적 비약이나 절차상의 문제를 야기할 수밖에 없는 탐색 과정이다. 그리고 이런 접근법의 본질적 한계로 인해 지금까지 이 지역 구석기 유적들의 형성 과정에 대한 다양한 논쟁이 이루어져 왔다. 전곡리 유적의 발견 이후 국내 연구자는 물론 관련 외국 학자들까지 임진-한탄강 유역에 대한 연구 및 토론에 활발히 참여해 왔다. 다양한 배경을 가진 전문가들이 참여하면서 궁극적으로 임진-한탄강 유역 구석기 유적의 연대 및 형성 과정에 대한 긍정적인 결과를 이끌어 낸 것은 부인할 수 없다. 하지만 여기서 파생한 몇몇 논쟁은 감정적인 설파로 흐르거나 실제 고고학적 사실과는 거리가 먼 허위 정보의 남용 및 방법론적 오류에 영향을 받은 것이 사실이다. 제3부의 나머지 부분에서는 지금까지 개괄한 임진-한탄강 유역의 제4기 지질사와 관련된 다양한 견해를 제시한다. 그리고 이런 견해들이 등장하는 과정에서 발표된 구석기 유적들의 연대 문제에 대한 다양한 의견의 역정歷程을 살펴볼 예정이다.

III 임진-한탄강 유역의 제4기 지형 연구사: 중요 논지들과 관련 증거들

임진-한탄강 유역의 연구사는 주요 이슈와 연구 경향 또는 기술적인 방법론에 따라 크게 형성기, 경쟁기, 통합기라는 세 시기로 나눌 수 있다. 그 연구사의 시작점은 1979년의 전곡리 유적 1차 발굴이라 할 수 있다.

1. 형성기(1979-1989): 기초 지식 부재의 시대

전곡리 유적 발견 이후 한반도에도 몇십만 년 가까이 거슬러 올라가는 유적이 존재할 가능성이 대두되며 구석기 유적에 대한 대중의 관심이 급격히 증가했다. 전곡리 발견 전에도 한국의 구석기문화를 복원하려는 시도는 있었지만, '문화'라는 개념을 곧이곧대로 쓰기에는 관련 자료를 적절하게 서술할 수 없었다. '고고학문화'는 과거인들의 생산과 사용을 통해 남겨진 물질 자료들에서 특정 시기와 장소에 반복적으로 드러나는 정형성을 말한다. 그리고 이런 고고학문화는 해당 물질 자료를 남긴 집단의 고유한 족속성을 드러내 준다(유용욱 2011; Trigger 1989). 당시 기준에 구석기문화라는 개념은 고인류의 활동이 반영된 고고학 증거물을 통칭하는 치환어로 활용되었으며, 보다 수준 높고 문명화된 한반도 고대인의 과거를 함의하는 가치 부여적 단어로 격상되었다. 그런 배경 덕분에 한반도의 고대인들이 그 나름의 수준 높은 생활을 영위했을 것이라는 대중의 기대를 충족하는 방식으로 구석기 유물 서술이 이루어졌다.

전곡리 유적에서 주먹도끼가 발견되면서 이렇게 대중의 기대에 부응하는 연구 성향은 급속도로 강해졌다. 제2부에서 언급한 대로, 한국 고고학자들 사이에서 사변적이면서도 '슬기로운 우리 겨레의 조상들이 오랜 세월 걸쳐 이룩해 온 문화 행위'를 강변하는 애국주의적 스토리텔링이 유행했고, 학계 전반에 이런 연구 성향이 필연적인 당위명제로 자리 잡으면서(예: 손보기 1967, 1973; 이융조 1978, 1983), 감정에 호소하는 낭만적 방식으로 구석기 자료를 해석하는 경우가 보통이었다. 그리고 그것이 학자가 취해야 할 바람직한 연구 자세로 인지되곤 했다. 이렇게 감정이 개입한 한국의 초창기 구석기고고학에는 "상식적으로 납득이 안 되는 해석들이 범람"했으며(Trigger 1995: 266), 몇몇 유물에는 마치 공상소설의 플롯 같은 불필요한 영웅담이나 비현실적인 의미 부여가 이루어지기도 했다. 즉 한국의 구석기고고학에서는 전곡리 조사가 시작된 1979년 당시까지 객관적이고 국경을 초월하는 글로벌한 인식이 거의 이루어지지 않았다. 그런 의미에서 전곡리를 필두로 한 임진-한탄강 유역의 연구는 한국 구석기고고학에 여타 학문과의 교류나 과학적 방법론에 기반한 배경 지식의 확보가 절실하다는 것을 인정하는 계기를 마련했다. 따라서 임진-한탄강 유역 연구사의 첫 번째 시기는 바로 '기초 지식 부재의 시대'로 볼 수 있다.

전곡리 유적은 1979년 1차 조사 이후 1982년까지 5차례 추가 발굴이 이루어졌다(배기동 2002). 첫 번째 발굴에서 발견된 아슐리안과 유사한 주먹도끼는 매우 큰 이슈가 되었고 모비우스 이론을(Movius 1944) 반박하는 결정적인 증거로 받아들여졌다. 이에 따라 당연히 유적도 아슐리안 공작의 전기구석기 연대인 약 30만 년 전에 만들어진 것으로 주장되었다(김원용·정영화 1979). 다만 현장을 방문한 J. D. Clark(1982)는 전곡리의 주먹도끼를 아프리카의 상고안Sangoan 공작과 유사한 지역적 변이로 간주했다. 그리고 퇴적층이 심하게 교란되어 있는 것을 감안할 때 연대가 그다지 올라가지 않을 것이라는 의견을 제시하기도 했다.

1983년에는 6차 발굴까지의 결과를 정리한 첫 보고서가 나왔으며(김원용·배기동 1983), 유적의 지질 분석(박동원 1983), 화분 분석(장남기 1983) 및 해당 지역의 인접 유적 조사자료까지 포함되었다. 보고서에서는 전곡리 유적 최초의 연대치가 제시되었는데 0.27mya 이하, 이는 현무암 기반암을 시료로 한 K-Ar 연대치인 0.108±0.158mya에 근거했다(高柳昌弘 1983: 587). 또한 이즈음 해서 이선복은 미국의 G. A. Clark와 함께 아시아 전기구석기 자료를 개관하는 논문을 발표했다(Yi and Clark 1983). 여기서 그는, 동아시아에 주먹도끼가 뚜렷하게 나타나지 않는 이유를 고인류의 고유한 문화적 지체遲滯 culturally retardedness로 파악한 모비우스의(Movius 1949: 411) 고전적 견해를 비판했다. 그리고 이 논문을 통해 바야흐로 전곡리가 국제적으로 유명세를 타는 계기가 마련되었다.

그 후 이선복(1989; Yi 1986)은 그의 애리조나 주립대학 박사학위논문을 통해 전곡리를 포함한 임진-한탄강 유역 구석기 유적들이 전형적인 전기구석기 공작이라는 기존의 주장을 재고하고, 이들의 제작 시기가 거의 후기구석기 단계까지 소급하는 새로운 연대관을 제시했다. 여기서 그는 당시까지만 해도 접근이 쉽지 않던 중국의 제4기 지질학 관련 정보를 섭렵하고, 이를 기반으로 동북아시아 지역 갱신세의 시기 구분안 및 관련 구석기 유적들의 유물상과 고인류 화석들의 출토상을 개괄했다. 그리고 아시아 지역 갱신세 층서 연대의 틀을 임진-한탄강 유역의 퇴적 환경과 지형 형성 과정에 적용했다.

그의 주장에 따르면(이선복 1989: 143-158), 전곡리를 포함한 임진-한탄강 유역 구석기 유적은 용암 분출로 인해 형성된 용암댐이 한탄강을 막으면서 두터운 호소 퇴적층lacustrine deposit이 쌓이다가, 어느 시점에 이 댐이 범람하고 한탄강의 흐름이 바야흐로 재개되면서 현재의 유물층이 형성된 결과로 볼 수 있다. 이렇게 한탄강이 용암댐으로 차단되는 시간 폭은 상당히 길기 때문에, 유물층은 약 40kya부터 본격적으로 퇴적되기 시작한다. 한탄강 유역의 영평천 근방에서 채취한 암회색의 두터운 호소 퇴적층을 시료로 한 TL 연대 측정 결과, 45.4±5kya의(이선복 1989: 148) 연대치가 나왔으며 이선복은 이를 근거로 전곡리 유적이 후기갱신세 MIS 3기 동안 형성되었다고 주장했다. 따라서 이선복의 주장을 받아들이면 임진-한탄강 유역의 고인류들은 후기갱신세에 들어서야 비로소 이 지역을 점거했으며, 전곡리 주먹도끼의 연대는 세계 구석기고고학계에서 널리 받아들여지는 아슐리안 공작의 연대보다 심각하게 늦다는 것을 인정하는 셈이다. 즉 임진-한탄강 유역의 주먹도끼는 구대륙 서반부의 전형적인 아슐리안과는 무관한 구석기 공작의 산물이라는 주장이 만들어지는 것이다. 이와 관련해서는 후에 상술하겠다.

이선복이 전곡리 주먹도끼의 연대를 후기갱신세 후반부로 비정하던 당시에 배기동은 캘리포니아 버클리 대학에서 J. D. Clark의 지도로 박사학위논문을 작성했다(Bae 1988). 여기서 그는 실제 전곡리 발굴을 통해 얻은 경험적 자료를 기반으로 유물층의 위치 및 유물층이 분포하는 점토층의 형성 과정을 탐구했다. 그는(Bae 1988) 이선복과 달리 한탄강의 흐름이 용암댐에 의해 단절되었던 단계는 거의 없다고 보았고, 호소 퇴적층은 대규모의 용암댐이 아니라 지류 부근에서 미약하게 형성된 것으로 보았다. 그리고 전곡리 유물층이 포함된 적갈색 점토층은 화산 분출이 멈추고 얼마 후에 다시 재개된 임진강과 한탄강 주 하계망의 퇴적작용으로 형성되었다고 주장했다. 이 주장에 따르면 전곡리 구석기 문화층의 연대는 기반암인 용암대지현무암의 연대와 큰 차이가 없으며, 퇴적층 내에 다수 존재하는 쐐기 모양의 땅갈라짐 현상은 춥고 건조한 기후대가 중기갱신세 이래로 최소한 두 번 이상 있었다는 것을 시사한다.

배기동에 따르면 전곡리의 적갈색 점토층은 중기갱신세의 상대적으로 습윤하고 온난한 시기에 형성되었다(Bae 1988). 이는 일본열도의 중부에 위치한 비와琵琶호 표준편년자료 중 따뜻했던 이른 중기갱신세의 연대치와도 일부 일치한다(Bae 1988: 146). 또한 그는 과거 1983년 보고서에서 제시된 연대치에 더해, 버클리 지질연대 센터Berkeley Geochronology Center에서 새롭게 측정한 K-Ar 연대 측정값인 0.623±0.18mya를(Bae 1988: 459) 바탕으로 구석기 문화층의 연대를 0.30-0.21mya로 보았다(Bae 1988: 147).

2. 경쟁기(1990-2000): 질풍노도의 시기

지금까지 제시한 이선복과 배기동의 연대관은 공통적으로 당시 임진-한탄강 유역 구석기 연구 초창기에 새롭게 얻어지는 자료를 전면 수용했으며, 둘의 차이는 자료의 형성 요인에 대해 각자 나름의 근거를 제시하는 시각 차이를 반영하는 것이다. 이렇게 상호 경쟁하는 두 시각은 필연적으로 상대방 시각에 대해 회의적이면서도 비판적인 입장을 꾸준히 유지할 수밖에 없었다. 그리고 그 결과는 부정적이기보다는 긍정적으로 차후 연구들에 영향을 미쳤다. 이선복과 배기동의 경쟁적인 관점은 전곡리 및 임진-한탄강 유역 구석기 유적의 형성 과정에 대한 논쟁을 가속화했으며, 이 논쟁은 곧 한국 구석기고고학의 연구사에서 중요한 목표를 만들어 나갔다.

양측의 입장은 임진-한탄강 유역 주먹도끼의 등장 시기뿐 아니라 그 문화적 특성이 과연 어떠한지에 대해서도 팽팽하게 대립했다. 예를 들면 임진-한탄강 유역의 석기군이 계통적으로 아슐리안 공작의 산물인지 아니면 동아시아에서 자체적으로 발생한 독자적 지역 변이인지에 대한 논쟁도 등장했다. 논쟁의 시작은 이전 시기의 순진한 접근법과, 측정 연대가 '과학적' 절차를 거쳤기 때문에 안심하고 수용할 수 있을 것이라는 안일한 기대감이 작용한 결과이기는 하다. 이선복과 배기동의 논쟁이 본격적으로 심화되는 두 번째 단계에서는 연대치 및 배경 지식과 고환경 자료를 경쟁적으로 확보하려는 노력이 임진-한탄강 유역의 조사에서 확연하게 드러나기 시작하고, 그 시기는 1990년대를 관통한다.

1990년대 임진-한탄강 유역의 조사는 크게 세 가지 경향을 가진다. 1) 지역 단위의 활발한 현지조사, 2) 다양한 전공 분야를 가진 전문가들의 참여, 3) 다수의 고고학 또는 지질학 문헌과 배경 자료의 축적 및 배포가 이에 해당한다. 이 시기에는 임진-한탄강 유역을 더 정확히 이해하기 위한 여러 접근법이 활용되었지만, 여전히 시행착오를 겪기도 했다. 쇄도하는 야외조사의 기회 및 기하급수적으로 축적되는 유물과 분석 결과들에 비해 전반적인 입장들은 여전히 감정적이면서도 새로운 자료에 일희일비하곤 했다. 굳이 비유하자면 마치 질풍노도같이 충동적으로 시행착오를 겪던 임진-한탄강 유역 연구사의 사춘기라고 볼 수 있을 것이다. 이는 전술한 두 가지 관점이 각각의 시각과 입장에 따라, 자신의 관점을 뒷받침해 줄 연대 측정 자료와 유물들을 경쟁적으로 확보하고 제시하던 시기이기도 하다.

이 시기에 주목해야 할 것은 현저하게 증가한 현지조사 자료들이다. 당시 이 지역에서는 공식/비공식적으로 30여 편에 달하는 조사 보고서가 출간되었다. 현재 기준에서 그 수적 규모는 미약하지만 1980년대에 고작 7회의 전곡리 소규모 발굴조사가 이루어졌던 것에 비하면 괄목할 만한 성장인 셈이다. 파주시 금파리(배기동 외 1999), 주월리/가월리(이선복·이교동 1993), 연천군 남계리(최무장 1991, 1994), 원당리(최무장 1997) 유적 등이 최초로 정식 발굴조사되었고, 전곡리도 현재 전곡읍 일대의 한탄강 변을 따라 총 4회의 발굴이 추가로 이루어졌다(배기동 1989a; 배기동·고재원 1993; 배기동·최재호 1994; 배기동 외 1996). 그리고 새로운 자료들에 기반한 다양한 논지와 관점들이 활발하게 학계에 등장했다(예: 배기동 1992, 1994, 1995a, 1995b, 1997; 유용욱 1997; 이선복 1996; 정영화 1994).

1980년대에 이선복과 배기동으로부터 시작된 임진-한탄강 유역 구석기 유적의 형성 과정 논쟁에서는 1990년대 들어 새로운 방법론들이 개발되고 다수의 연대 측정치가 확보되면서 고고학 문화층의 형성 및 변형에 대한 탐구가 중요한 연구 주제로 자리 잡았다. 배기동은(Bae 1988) 퇴적층 내에 형성된 토양 쐐기층에 최초로 주목했다. 그는 이런 쐐기들이 전반적으로 춥고 건조한 기후에서 보편적으로 발달하는 것에 주목해 이들을 빙하기 혹은 주빙하 지형의 영향 아래 형성된 동토쐐기ice wedge로 보았다. 특히 그는 전곡리에서 두 개 이상의 동토쐐기 현상이 적갈색 점토층의 내부에 존재하는 것에 주목했으며, 이를 갱신세의 기후변동과 연계해 기준 편년으로 사용하자고 주장했다(배기동 1989a, 1989b; Bae 1988: 184).

하지만 이선복·이교동(1993)은 배기동의 견해에 대해 조금 다른 입장을 가졌다. 임진-한탄강 유역은 물론 한반도 남부에서 널리 나타나는 쐐기층은 빙하기나 주빙하 지형같이 오랜 기간 동안 한랭한 기후대에서 형성된 것이 아니라 상당히 짧은 기간 동안 일시적으로 형성되는 건열乾裂, dry crack의 사례로 볼 수 있으며, 그 형성 시기는 분명히 상대적으로 춥고 건조한 환경인 것이 분명하지만 유물이 포함된 실트/점토층대에는 이미 충분한 수분이 포함되어 있기 때문에 지표면에 일시적인 균열이 생기는 수준에 불과할 뿐 그 자체로 빙하기나 추운 시기를 시사하는 지질 지표로 활용되기에는 무리가 있다는 것이었다.

배기동 외(1996)는 전곡리 제10차 발굴 기간 중 확인된 석기군을 최소한 상층과

[표 3.1] 임진-한탄강 유역의 다양한 지점에서 측정한 초창기 OSL 연대치 자료(이선복 1996: 153)

번호	채취 지점	측정 연대(kya)	비고
1	파주 장파리 실트/모래층 맨 윗부분	73.8±14	파주 금파리 구석기 유적에서 가까운 지점
2	파주 가월리 실트/모래층 맨 윗부분	측정 실패	시료가 일광에 노출되어 오염된 것으로 보임
3	가월리 구석기 유적 A시굴갱 바닥면 (이선복·이교동 1993)	120±24	
4	가월리 노출면의 위쪽 땅갈라짐(crack) 부분	235±16	부분 발산(bleaching)으로 인한 과도 연대 측정의 결과
5	주월리 구석기 유적 A시굴갱 바닥면 (이선복·이교동 1993)	116±7.3	
6	연천 전곡리 지표에서 노출된 유물층 아래의 황색 실트층 부분	측정 실패	시료가 일광에 노출되어 오염된 것으로 보임
7	**전곡리 노출면의 위쪽 땅갈라짐(crack) 부분**	**29.4±1.9**	**AT 화산재가 함께 발견 (이선복 외 1999 참조)**
8	연천 백의리 노출면의 실트/모래 퇴적층	측정 실패	시료가 일광에 노출되어 오염된 것으로 보임
9	포천 양문리 호소 퇴적층의 가장 위쪽 층	72.5±6.2	이전의 TL 연대 측정치는 약 45kya였음(이선복 1989)

주: 볼드체는 퇴적층 내에서 발견된 AT 화산재의 연대와 일치하는 OSL 연대치다.

하층이라는 두 개의 층으로 나눌 수 있다고 주장했다. 여기서 상층과 하층의 고도 차이는 약 2m 정도지만(배기동 외 1996: 83) 과연 이 고도 차이가 심각한 시간 차이를 두고 발생한 고인류의 서로 다른 행위를 반영하는지는 확실하지 않다. 이와 관련해서 이선복(1996)은 임진-한탄강 유역 제4기 지형의 형성 과정에 대해 단순하면서도 도식적인 커다란 모델에 기반해 접근하는 것을 경계했다. 임진-한탄강 유역은 매우 드물게도 고인류의 생활면이 노출된 상태에서 하천 퇴적이 이루어졌기 때문에(이선복 1996: 142) 제한적인 연대 측정법만으로 획득한 연대치가 고인류의 점거 기간을 그대로 말해 줄 것이라고 믿는 것은 적절하지 않다는 것이다. 그는 이렇게 복잡한 임진-한탄강 유역의 퇴적 환경은 각 지점마다 상이하고 예측 불가능한 수준에서 퇴적상의 변이를 가지기 때문에 극단적으로 다른 연대치들이 나올 수밖에 없는 상황이라고 보았다(이선복 1996: 142). 따라서 이렇게 제한적인 신뢰도를 가지는 연대치의 한계를 극복하려면 보다 광역적인 수준에서 유적의 형성 과정을 보는 시야를 가져야 한다고 주장했다. 그리고 임진-한탄강 유역 구석기 문화층의 연대는 어떤 특정 시점의 연대를 밝히려 하기보다는 장기간의 지형 변화상을 고찰함으로써 그 유적의 연대 폭을 점차 좁혀 나가는 방식으로 접근하는 것이 더 적절하다는 의견을 제시했다.

이선복(1996)은 임진-한탄강 유역의 여러 지점에서 당시 기준 새로운 측정법을 활용해 OSL 연대치를 획득했다표 3.1. OSL 연대 측정법은 퇴적층의 석영 광물이 매몰된 직후부터 축적한 방사선의 양을 측정하고 고유한 연간선량으로 나누면 매몰 시점 이후의 연대를 구할 수 있다는 원리에 기반한다. 이 방법은 C14과 K-Ar 연대 측정 가능 범위의 사이에 해당하는 연대를 유기물이 없어도 토양 시료를 그대로 활용해 측정할 수 있기 때문에 현재 대부분 구석기 유적의 연대 측정법으로 활용되고 있다. 이선복이 측정한 연대는 전곡리에서 유물이 발견되는 적갈색 점토층과 그 밑에 있는 황갈색 실트/사질층 상부의 시료를 통해 얻어졌다. 이 초창기 OSL 연대치들은 그 기술적 한계로 인해 현재는 거의 수용하지 않지만(Stokes 1992; Stokes et al. 2001) 1, 3, 5, 9번 시료의 연대치는 어느 정도 의미가 있는 것으로 보인다. 그리고 대부분의 유물이 포함된 적갈색 점토층은 후기갱신세 전반부에 퇴적되었음을 알 수 있다.

OSL 연대치와 더불어 중요한 연대 측정의 대체자료proxy data로는 바로 적갈색 점토층 최상부의 쐐기층에서 발견된 아이라-탄자와始郎-丹沢, Aira-Tanzawa, AT 화산재를 들 수 있다. 이 AT 화산재는 일본 규슈에서 기원한 것으로, 당시 이 화산의 분출 연대는 약 24kya로 알려져 있었다(이선복 1996), AT 화산재는 그 파급 범위가 한반도 중부까지 미치기 때문에 화산재가 발견된 퇴적층은 MIS 2기에 해당한다는 상당히 안정적인 연대 비정이 가능하다. 전곡리 유적의 유물층은 AT 화산재가 발견된 쐐기층의 바로 밑까지 확인되기 때문에 AT 화산재의 연대인 MIS 2기를 이 지역 구석기 유적의 하한 연대로 받아들일 수 있다. 특히 화산재가 발견되는 쐐기층의 충전充塡물들은 춥고 건조한 기후의 환원성 환경하에서 주로 형성되는 밝은 황회색 점질토가 우세한 풍성 퇴적물이기 때문에 AT 화산재의 연대가 시사하는 MIS 2기의 퇴적 환경과도 잘 대응한다(이선복 2000).

3. 통합기(2001-2010): 장기지속의 인식과 국제화

1990년대의 임진-한탄강 유역 조사는 1980년대에 비해 과연 어느 시점까지 유적이 형성되었는지 알아낼 수 있었다는 점에서 진일보한 성과를 보였다. 그 후 다양한 연대치가 추가로 확보되고, 광범위한 시굴조사가 가능해지면서 전곡리를 포함한 이 지역 구석기 유적의 연대 및 형성 과정에 대해 정리된 입장을 마련하려는 움직임이 보다 가시적으로 드러나기 시작했다. 이런 분위기는 2000년에 터진 후지무라 신이치藤村新一의 일본 전기구석기 날조 사건과도 관련이 있다. 날조 사건의 결과, 일본의 오래된 구석기 유적의 신뢰도가 국제적으로 백지화되었으며 일본 구석기 및 제4기학 전문가들이 인접국인 한국의 구석기 조사에 적극 참여하게 되는 파급 효과가 발생했다. 이렇게 일본 측 전문가들이 이 시기의 연구에 큰 역할을 한 것은 주목할 만한 성과이기도 하다(예: 檀原徹 2003; 檀原徹 외 2002; Nagatomo et al. 2005; Naruse et al. 2003).

2000년 이후 임진-한탄강 구석기 연구에서는 연구 대상의 시간적 범위가 확대되었다는 것이 주목할 만하다. 이 시기의 연구 성향을 요약하면, '장기지속'이라는 개념을 비로소 인식한 것으로 볼 수 있다. 장기지속은 프랑스의 사학자인 페르낭 브로델Fernand Braudel이 제시한 개념으로(페르낭 브로델 2012), 액면상으로는 커다란 변화가 없는 장기간의 단조로운 변화상도 그 이면에는 복잡하게 중첩된 다양한 요인들, 특히 환경의 영향과 생계경제 및 기술적 요인들이 끊임없이 영향을 미치고 있음을 의미한다. 따라서 이 지역의 고인류 점거는 장기간에 걸친 환경 적응과 그에 수반하는 진화의 배경으로 볼 수 있으며, 시기적으로 중기 및 후기갱신세의 긴 시간 동안 지속된 한반도 중부의 대표적인 구석기시대 생활사인 셈이다(Clark and Lindly 1991; Jelinek 1994; Kuhn 1995). 이 개념은 본서의 제7부에 다시 등장해 임진-한탄강 유역의 고인류 점거 서사를 구축하는 데 보다 구체적으로 활용될 것이다.

시간적 범위의 확장에서 가장 중요한 자료는 임진강 하류의 장산리 유적이다(이선복 2004, 2005). 이 유적은 임진분지 왼쪽 끝자락의 용암대지 범위 바깥에 위치한다. 유물이 발견되는 고도는 임진강 중상류의 현무암반보다 상당히 높다. 따라서 장산리 유적은 임진-한탄강 유역에서 용암대지가 형성되기 이전의 유적으로 볼 수 있다. 반대로 한탄강 최상류 지역에서 발견된 장흥리 유적은 전형적인 후기구석기 문화상에 해당하는 유적이다(최복규 외 2001). 장흥리 유적은 이 지역 구석기 유물군이 주먹도끼 및 석영계 석기 위주의 공작만으로 구성된 것이 아니라 MIS 3기 후반부터 본격적으로 등장하는 후기구석기 공작의 최초 발견 사례라는 점에서 의미가 있다. 2000년대 이후 주로 한탄강 중상류와 그 지류역에서 다양한 후기구석기 유물군이 확인되고 있는데, 장흥리 석기군은 후기구석기 공작을 구성하는 도구 형식 및 석재의 다양함을 잘 드러내 준다. 장흥리 유적은 제6부의 석기군 분석에서 구체적으로 다루겠다.

2000년대 임진-한탄강 유역의 연구에서는 연대 측정법 또한 다양해지고 신뢰도가 높아졌다. 기존의 OSL 연대 측정법과 더불어 더욱 정밀한 TL 측정법인 IRSLInfra-

Red Stimulated Luminescence(Balescu et al. 2001) 기법이 주월리/가월리 및 금파리와 전곡리의 연대 측정에 적용되었다. 이선복이 처음으로 OSL 연대를 측정하던 1990년대 당시, 이 기법의 기술적 신뢰도는 낮았고 그 연대치는 잠정적인 것이었다. 그러다가 2000년대 들어 좀 더 향상된 SAR Single-Aliquot Regenerative-dose 같은 고해상도의 측정법이 널리 적용되기 시작했다(예: Bailey et al. 1997; Murray and Wintle 2000; Stokes et al. 2001). SAR 방식을 이용한 OSL은 AMS에 비해 측정 가능한 시간대가 넓고, 유기물 시료가 아니어도 신뢰할 만한 연대치를 제공하기 때문에 전 세계 구석기 유적에서 가장 널리 활용되는 연대 측정법으로 자리매김했다(Murray and Wintle 2000).

AMS 측정법에 기반해 새롭게 상향 조정된 AT의 공식 연대도 약 29-26kya로 발표되었다(Machida and Arai 2003). 몇몇 AT가 집중적으로 나오는 지역에서는 31kya 정도의 더 오래된 연대치가 나오기도 한다 GISP2 core 측정으로 MIS 2기와 MIS 3기 사이(Machida and Arai 2003). 일부 연구자들은 이렇게 오래된 연대치를 적극 수용하지만(예: Chun et al. 2004; Okuno 2002) 대부분 평균 28kya를 표준 연대로 사용한다(예: Hyodo 1999; Ikawa-Smith 2004). 사실 아직까지 AT의 연대가 30kya 이상으로 확정되는 것은 조금 유보적이기는 한데(Machida and Arai 2003: 67), 2020년 현재 일본에서도 AT의 연대는 대략 30-25kya로 보고 있다.

이렇게 높은 해상도와 신뢰도를 가진 연대 측정법으로 인해 새로 발견된 유적들의 연대는 신뢰할 만한 수준에서 정식 수용될 수 있었다. 그 결과 현재 이 지역 구석기 유적에서 측정된 절대 연대는 큰 논란 없이 받아들여지고 있다. 예를 들면 장산리 약 0.23-0.22mya의 IRSL 연대치와(이선복 2004) 장흥리 AMS 측정법으로 약 24,200 BP(최복규 외 2001) 유적의 연대는 이 지역 전체 구석기 유적들의 상한 연대와 하한 연대로 볼 수 있으며, 대부분 새로 발견되는 임진-한탄강 유역 유적들의 연대도 거의 예외 없이 이 두 연대치 사이에 포함되고 있다. 임진강 하류의 장산리와 한탄강 최상류의 장흥리로 대표되는 이 지역 구석기 공작의 상한 연대와 하한 연대는 액면상으로 볼 때 임진-한탄강 유역이 적어도 전기구석기 어느 시점부터는 고인류에 의해 점거되었고, 그 고인류 집단이 모종의 과정을 거쳐 후기구석기 최말기까지 지속적으로 이 지역에 존속했다는 증거를 제시해 준다. 이 사실은 이 지역 고인류 점거를 장기지속의 전형적 사례로 파악하는 데 중요한 근거를 마련해 준다.

2000년대 들어서는 금파리 4차 발굴에 이어(배기동 외 1999) 추가 보고서가 출간되었다(배기동 외 2006a). 또한 횡산리 유적과(배기동 외 2006b) 다른 인접 지역의 유적들은 임진강 상류역 구석기 유적의 성격을 연구하기에 좋은 자료로 자리매김했다. 무엇보다 중요한 것으로, 전곡리 유적의 사적 지정과 관련해서 이 지역에서 종합 시굴조사가 실시되었다는 점을 들 수 있다. 이 조사를 통해 본격적으로 전곡리 유적의 연대 및 형성 과정을 체계적으로 논할 기회가 마련되었는데(배기동 외 2001), 통상 '전곡리 11차 조사' 혹은 '전곡리 종합 시굴조사'로 불리는 이 야외조사는 기존의 연구에서 드러난 한계들에 대해 체계적인 문제의식을 갖고 다각도에서 접근하며, 전곡리 유적의 형성 과정 및 연대 문제를 궁극적으로 해결하려 한 노력이었다(배기동 2002).

전곡리 유적의 가장 오래된 퇴적 시점을 구하고자 우선 피션트랙FT 연대 측정을 통해 현무암의 연대치0.51±0.07mya를 구했다(檀原徹 외 2002: 287). 그 위 퇴적층에서는 OSL 연대가 여러 차례 측정되었고, 기카이 도주라하라鬼界-葛原, Kikai-Tozurahara, K-Tz; 약 95-90kya(檀原徹 2003) 화산재도 새롭게 발견되었다. 이러한 조사 및 분석 결과는 2002년과 2003년 두 차례에 걸친 종합 국제학술대회를 통해 공론화되었다. 그리고 이 두 학술대회를 통해 더 넓은 시각으로 기존의 쟁점들을 재검토하고, 전곡리 일대의 고지형 형성 과정에 대한 새로운 해석과 견해가 마련될 수 있었다(예: 檀原徹 2003; 檀原徹 외 2002; 배기동 2002; 이선복 2004; Naruse et al. 2003).

여기서 확보된 다양한 연대는 [표 3.2]에 정리되어 있다. 그리고 이 연대치들을 대체자료로 활용해 전곡리 유적 석기군의 연대를 대략 0.3mya로 비정하는 주장이 궁극적으로 제기되었다그림 3.6(檀原徹 외 2002). 이는 현무암 기반암과 유물을 포함하는 최하층 사이의 시간 폭이 퇴적층의 두께와 직접 비례한다는 주장에 근거해 계산된 추정치다. 이 추정치를 뒷받침해 주는 또 다른 근거는 바로 두 번째 토양 쐐기층에서 발견된 K-Tz 화산재와 상부의 퇴적층에서 고토양과 풍성 퇴적층이 반복적으로 누적된 것이 MIS 각 시기에 대응한다는 논리다(신재봉 외 2004; Naruse et al. 2003).

이 연대관은 전곡리로 대표되는 임진-한탄강 유역 퇴적층을 표본으로 삼아 이 지역 구석기 유적의 전반적인 시간적 틀을 제시하려는 노력으로 받아들일 수 있다. 특히 전곡리 제3지구 내에 마련된 표준단면인 E55S20-IV 발굴갱의 남벽을 대상으로 이 지역의 지질상을 일목요연하게 제시했고그림 3.6, 유물층의 수평 고도와 현무암 기반암까지 연속상으로 검토했다는 점에서 그 학술적 가치는 진일보한 것으로 볼 수 있다. 그러나 이 연대관과 자료의 해석은 그간 논의되어 왔던 이 지역 구석기 공작이 '여전히' 혹은 '어쨌든' 중기갱신세의 전기구석기 단계에 해당한다는 1970년대의 주장과 다를 바 없는 결과를 제시할 뿐이다. 여기서는 지금까지 언급된 중기갱신세의 주장을 '중기갱신세설'로 칭하고, 이 주장이 과연 과학적으로 타당한지 집중 검토하겠다.

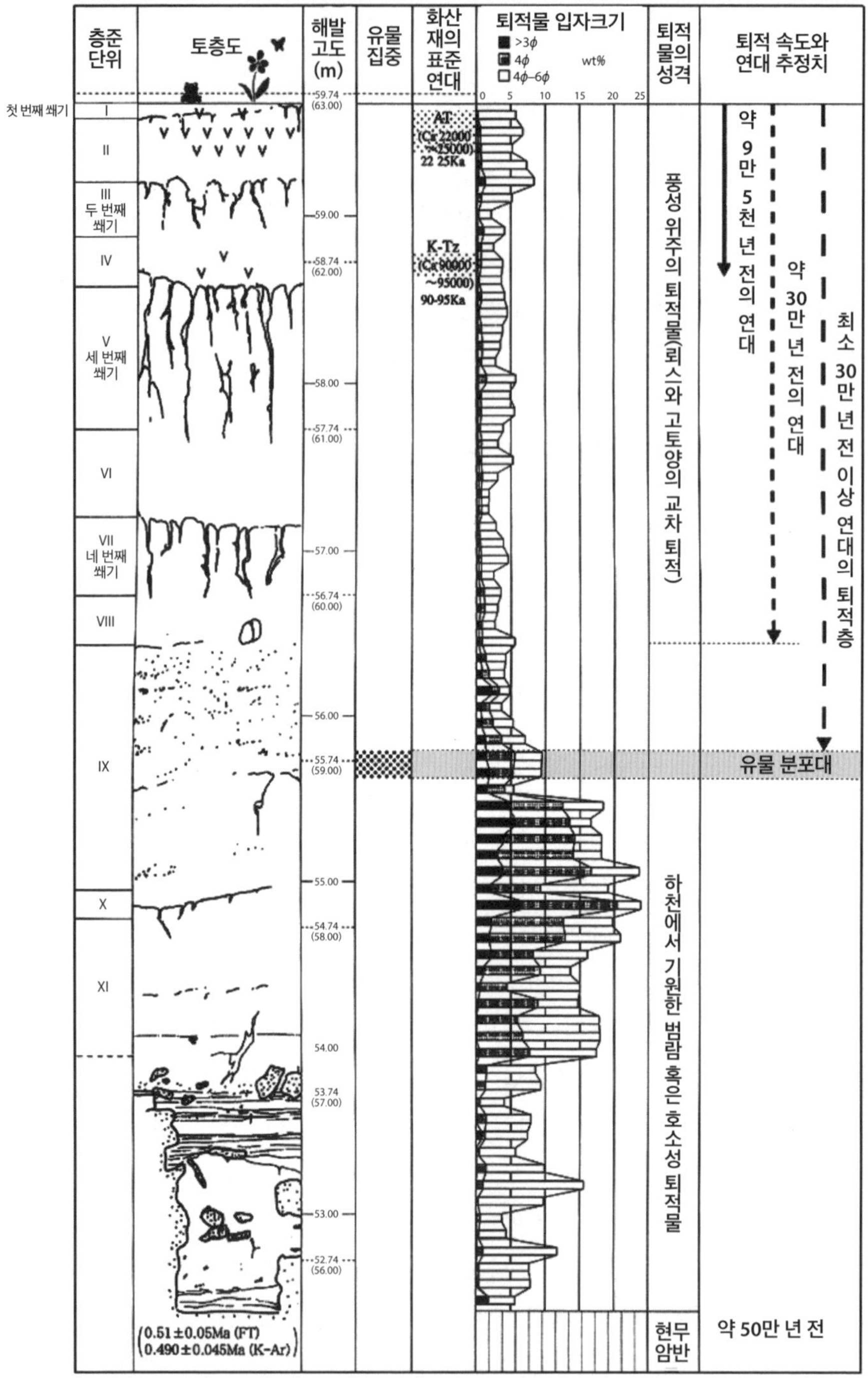

[그림 3.6] 전곡리 E55S20-IV 발굴갱의 다양한 연대 측정치를 통한 통합 편년도(檀原徹 외 2002: 106)
가운데의 유물 분포대는 '주먹도끼가 발견되었다고 주장되는' 최하층임.

[표 3.2] 2001년에 측정한 임진-한탄강 유역의 K-Ar과 FT 연대 측정치(일본 京都 피션트랙사에서 측정; 檀原徹 외 2002)

번호	시료 기호	채취 지점	성분	층군	측정법	측정 연대 (mya)	비고
1	2001032592	전곡리/A1	실트	백의리	피션트랙(FT) 연대 측정법(EDI 방식)	0.51±0.07	가중치 적용한 평균 연대
2	2001061802-1	전곡리/A1	실트	백의리		0.51±0.07	가중치 적용한 평균 연대
3	2001061802-2	전곡리/A1	실트	백의리		47.8±4.0	과도 측정 결과
4	2001061802-3	전곡리/A1	실트	백의리		94.3±8.1	과도 측정 결과
5	2001061801	전곡리/A3	충전물	백의리		21.6±1.8	과도 측정 결과
6	2001032501	전곡리/A4	현무암	전곡현무암 맨 윗부분		N/A	지르콘 결정 검출 불가능
7	2001061701	은대리/B1	자갈	백의리층군		104.3±9.0	과도 측정 결과
8	2001061702	은대리/B1	충전물	백의리층군		90.3±7.0	과도 측정 결과
9	2001061704	은대리/B2	점토	백의리층군		99.0±14.0	과도 측정 결과
10	2001032401	궁평리/C	불탄 토양	백의리층군		96.0±14.0	과다 측정 결과
11	2001032402	궁평리/C	현무암	전곡현무암		1.05±15.2	과다 측정 결과
12	S37-822	전곡리/A2	현무암	전곡현무암	포타슘-아르곤(K-Ar) 연대 측정법	0.49±0.05	고도로 자성을 띠는 (highly magnetic) 광물을 제외한 사장석(plagioclase)으로 측정
13	S37-825	은대리/B1	현무암	전곡현무암		0.50±0.03	
14	S37-823	은대리/B2	현무암	전곡현무암		0.16±0.25	
15	S37-827	전곡리/A2	현무암	전곡현무암		0.85±0.03	고도로 자성을 띠는 (highly magnetic) 광물을 제외한 전체 암석으로 측정
16	S37-824	은대리/B1	현무암	전곡현무암		0.57±0.03	
17	S37-826	은대리/B2	현무암	전곡현무암		0.18±0.02	

4. 소위 '중기갱신세설'의 비판적 검토

중기갱신세설의 기본 근거는(檀原徹 외 2002) AT 화산재가 발견되는 상부 토양 쐐기층 아래까지 적갈색 점토층의 풍성 퇴적층과 고토양층을 12개의 하위 단위로 분류하고 MIS 9기부터 3기까지의 시간 폭에 대응시키는 것으로 마련된다그림 3.6. 그리고 4개의 새로운 OSL 연대치와 현무암반 및 현무암반과 접촉한 자갈층의 K-Ar, FT 연대 측정을 통해 구해진 유물층의 구체적인 연대 폭이 그 결과다(檀原徹 외 2002). 이런 분석 결과들을 종합해 일본에서 '중기갱신세설'의 종합 성과가 별도로 발표되기도 했다(松藤和人 외 2005). 중기갱신세설의 연구 결과가 표면적으로나마 임진-한탄강 유역 구석기 유적의 형성 과정 논쟁을 종식시키려는 의도를 갖고 포괄적 접근을 시도한 노력은 높이 살 수 있다. 허나 이 연대관의 기본적 전제 및 해석은 여전히 심각한 오류와 순진한 기대에 근거하는 것이 사실이며, 지금 시점에서는 거의 받아들이기 힘든 주장에 불과하다. 여기서는 중기갱신세설의 세부적인 내용 및 몇 가지 기본 전제의 문제점과 한계를 살펴보겠다.

중기갱신세설은 기존 전곡리 보고서에서 제시된 견해와 현무암의 K-Ar 연대에 기반한 추정 연대를 적극적으로 신뢰한다(김원용·배기동 1983; 배기동 1989a, 1994, 1995a). 반면에 이선복이 제시한 TL 연대치에 대해서는 측정 방법의 불완전성으로 인한 회의적인 입장을 취한다. 사실 어떤 연대치든 간에 적절한 방법으로 시료를 채취하고 전처리해서 기계에 투입하기만 하면 무조건 값이 나오는 공통적인 측정 절차를 거친다. 그래서 어떤 연대치가 '원하는 값이 아니면' 별 주목을 받지 않고 폐기되는 경우도 허다하다. 실제로 본서에서 논하는 연대 이외의 연대치도 얼마든지 있으며, 무의미하게 측정만 되었을 뿐 곧장 폐기되는 연대치의 양산은 앞으로도 반복될 것이 분명하다.

상대적으로 오래된 연대치에 기반한 임진-한탄강 유역 주먹도끼의 중기갱신세설은 다음과 같은 다섯 가지의 논리적 전제를 기반으로 한다.

- 이 지역의 현무암 기반암은 중기갱신세>125kya 혹은 그보다 한참 일찍 분출한 용암대지에서 비롯했다(檀原徹 외 2002).
- 용암대지가 형성된 이후 다시 임진강과 한탄강이 현재와 같은 하계망을 회복하는 데는 그다지 오랜 시간이 걸리지 않았다(檀原徹 외 2002; Bae 1988).
- 주먹도끼는 용암대지 바로 위 혹은 얼마 떨어지지 않은 고도에서 발견되었다(김원용·배기동 1983: 43; Norton and Bae 2008: 1151).
- 하계망이 회복되고 축적되는 퇴적층은 풍성eolian 퇴적층의 성격이 강하다(Naruse et al. 2003; 신재봉 외 2004).
- 퇴적층 내에서는 AT약 30kya 화산재뿐만 아니라 보다 하부에서 K-Tz약 90kya 화산재도 발견되었다(檀原徹 외 2002).

이제 이러한 다섯 가지의 기본 전제를 하나씩 검토해 보도록 하자.

1) 중기갱신세 혹은 그보다 한참 오래된 시점에 형성된 용암대지의 연대

이 전제는 현재까지 확보된 용암대지의 절대 연대치를 고려한다면 충분히 수긍할 수 있다. 현재까지 여러 차례 측정된 K-Ar 연대치는 보통 0.6-0.5mya의 값을 가지며, 비교적 연대가 늦은 측정치도 후기갱신세보다 오래된 약 0.15mya의 값을 가진다(박계헌 외 1995). 전술한 바와 같이 절대 연대 측정치는 어떤 경우이든지 신뢰할 수 없다면 굳이 측정할 필요가 없다. 이것은 다른 말로, 측정을 했다면 일단은 신뢰하는 것이 원칙이고, 각기 다른 값이 상호 병존한다면 이것에 대해서는 측정 오차의 한계 범위 내에서 인정을 하거나 시료 채취의 오류로 간주할 필요가 있다. 현재까지 파악된 K-Ar 연대 측정치는 거의 대부분 0.5mya를 상회하고, 일부 연대가 늦은 측정치는 0.15mya에 몰려 있다. 이것은 차후에 논의하게 될, 두 매 이상의 용암대지가 이 지역에 분포하고 있다는 주장과 관련이 있다(유용욱 2019).

2) 용암대지의 연대와 퇴적 개시 시점 연대의 얼마 안 되는 격차

중기갱신세설의 핵심 주장은 용암대지가 형성된 시점과 그 위에 퇴적층이 쌓인 시점은 큰 차이가 없다는 전제다. 그리고 현무암 기반암 위에 분포하는 퇴적층은 시간의 경과에 따라 일정한 속도로 퇴적된 결과로 보고 있다. 전곡리 일대의 퇴적 환경을 고려할 때 이러한 견해는 쉽게 받아들이기 힘들다. 용암대지 형성 후 임진-한탄강의 하계망이 지금 같은 면모를 갖추는 데는 용암대지의 표면 형태와 용암대지에 의해 차단된 하천의 에너지가 가장 큰 영향을 미쳤다. 하계망이 용암대지를 침식하는 수직 영력과 집수역을 확보하려는 수평 영력은 상승한 위치 에너지 및 빨라진 유속, 줄어든 유량에 의해 결정된다. 만약 구석기 문화층의 편년이 일정한 퇴적 속도를 가진다는 것을 전제로 한다면, 퇴적물의 횡단면 형태는 심해 퇴적물같이 균일하고 고운 입자로 구성되어야 할 것이다. 하지만 전곡리를 포함한 임진-한탄강 유역은 결코 그런 퇴적 환경이 아니다. 또한 전곡리 일대의 퇴적층이 풍성 퇴적층과 고토양층의 퇴적 과정을 반복적으로 거쳤다는 관찰 역시(Naruse et al. 2003, 그림 3.8) 퇴적 속도가 안정적이고 시간의 흐름에 탄력적으로 비례한다는 전제와 전적으로 상충하는 모순이다.

3) 퇴적층 내 주먹도끼의 위치와 현무암반의 격차

전곡리 퇴적층 내에서 발견된 주먹도끼의 사례는 2차와 3차 조사에서 각각 하나씩 있지만 자세한 출토 맥락을 온전히 갖춘 최초의 주먹도끼는 E1S1-I 발굴갱에서 발견되었다(김원용·배기동 1983: 44). 이 주먹도끼는 적갈색 점토층III층 바닥에서 기타 석기들 및 현무암괴와 함께 발견되었다. 그러나 이 주먹도끼는 현무암괴와 함께 발견되었다는 연유로 현무암반 바로 위에서 발견된 주먹도끼라고 잘못 인식되기 시작했다. 따라서 전곡리 주먹도끼의 연대는 곧 현무암반의 연대를 통해 구할 수 있다는 잘못된 선험적 직관도 여기서 만들어졌다(유용욱 외 2022).

2000년에 실시된 전곡리 종합 시굴조사에서도 퇴적층 내에서 주먹도끼들이 확인되기는 했다. 이때 연대 측정 및 각종 분석 작업을 위한 표준 발굴갱인 E55S20-IV에서는 주먹도끼가 한 점도 발견되지 않았지만, 무슨 연유에서인지 본 발굴갱의 유물 포함층에서 주먹도끼가 발견되었다는 허위 정보가 만들어졌다(예: Norton et al. 2006: 531). 2000년 전곡리 종합 시굴조사 당시 퇴적층에서 출토된 주먹도끼는 총 4점이다(배기동 외 2001). 이 4점은 4개 지구로 나눠진 전곡리에서 산발적으로 발견된 것들로, E55S20-IV 발굴갱이 위치하는 3지구를 제외하고 1, 2, 4지구에서 최소 한 점 이상씩 발견되었다. 따라서 여태까지 고고학적으로 확인된 사례에 한해 '전곡리 유적 현무암반 바로 위에서 주먹도끼가 발견된' 사실은 전혀 없고, 전곡리 유적의 표준 층위로 활용되는 E55S20-IV 발굴갱에서는 주먹도끼가 한 점도 발견되지 않았다.

4) K-Tz 화산재의 진위 여부

E55S20-IV 발굴갱의 해발고도 62m 지점에서 K-Tz 화산재가 발견되었다는 주장은(檀原徹 외 2002) 완전히 신뢰하기 힘들다. Machida and Arai(2003: 74-75)의 주장에 따르면 K-Tz의 화학적 구성성분은 AT와 매우 유사하지만 석영 입자의 굴절지수에서 약간 차이가 난다. 게다가 한반도는 K-Tz가 가장 멀리 분포할 수 있는 범위에서 떨어져 있는데그림 3.7, 그 최대 분포 범위는 규슈, 간토 일대의 남부 지역이다. 물론 K-Tz 화산재가 [그림 3.7]의 최대 분포 범위 바깥에서 발견될 수 있다는 사실은 중국 산둥 반도의 사례에서도 입증된 바 있다(Eden et al. 1996). 그러나 이 지역에서 발견된 미세한 화산 유리 파편만으로 이것이 곧 K-Tz의 발견 사례라고 단정하는 것은 무리가 있다. 왜냐하면 산둥 지역에서 발견된 화산 유리 파편은 일본 규슈 이외의 다른 지역, 예를 들

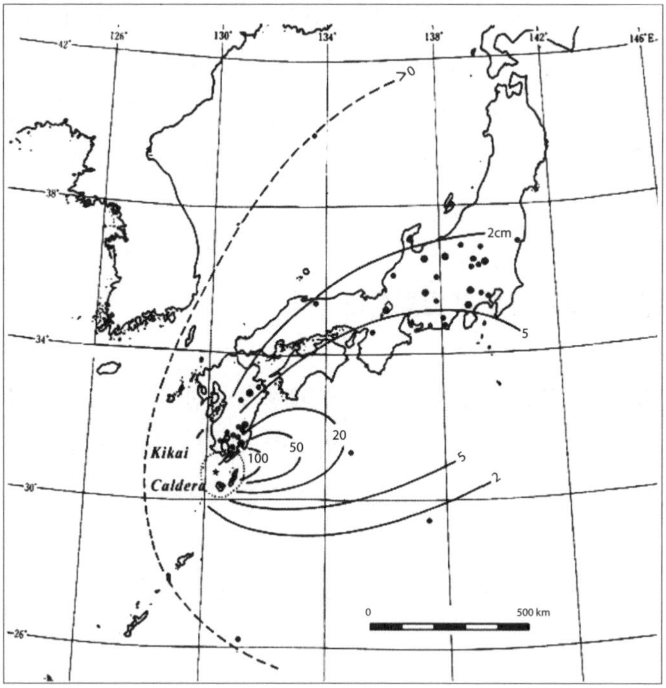

[그림 3.7] K-Tz 화산재의 분포와 확산 가능 면적(Machida and Arai 2003: 75)

면 러시아의 캄차카 반도나 필리핀 지역에서 불어온 또 다른 화산재의 산물일 수도 있기 때문이다(Eden et al. 1996).

전곡리에서는 하부의 토양 쐐기층에서 K-Tz 화산재 입자가 단 2점만 발견되었다. 이 화산재의 굴절지수는 1500에 근접하며, 이는 상부의 토양 쐐기층에서 발견된 AT 입자와 매우 유사한 값이다. K-Tz와 AT를 구별해 주는 광물은 β-석영 입자뿐이다. β-석영은 상온에서 존재하는 α-석영과 달리 573℃ 이상까지 가열될 때 형성된다. 그리고 K-Tz 화산재의 고유한 광물 성분 중 하나다. 문제는 β-석영이 K-Tz에서 기원한 것이 아니라 기존 AT에서 기원한 석영 입자가 완전히 수화水化, hydration된 결과일 수도 있다는 점이다(임현수 외 2006). 실제 임진-한탄강 유역은 K-Tz 화산재의 기원지인 일본의 기카이鬼界 분화구에서 너무 멀리 떨어져 있고, K-Tz 화산재가 이 지역에 유입된 것이 아니라 AT 화산재가 퇴적층 내에서 풍화되며 하부 토양 쐐기층으로 유입되었을 가능성이 오히려 높다. 황소희(2003)는 E55S20-IV 발굴갱의 다른 구간에서 β-석영을 추가로 발견했다. 그러나 β-석영만으로 전곡리 유적 내 K-Tz 화산재의 존재 여부를 결정지을 수는 없다. 대체자료에 불과한 β-석영 대신 진정한 K-Tz 화산재가 발견된 사례는 한반도에서 뚜렷하게 나타나지 않는다. 오히려 비슷한 연대를 가지는 북규슈의 ASO-4약 85-80kya 화산재가 발견될 가능성이 훨씬 높은데, 어쩌면 두 화산재의 분출 연대인 약 90-80kya에 해당하는 구석기 유적의 퇴적층이 임진-한탄강 유역을 포함한 한반도에 뚜렷하게 존재하지 않거나 아직 정식으로 발견되지 않은 것으로 볼 수도 있을 것이다.

5) 풍성 퇴적과 고토양 층준의 반복적인 누적

중기갱신세설의 본격적인 유물 포함층 형성 과정에 대한 견해는, 이 지역에서 상대적으로 춥고 건조한 시기에는 풍성 퇴적물이 집중 형성되었고, 온난한 기후에는 기존 퇴적층이 풍화되면서 고토양paleosol으로 발전했다는 것이다(신재봉 외 2004; Naruse et al. 2003).

이렇게 풍성 퇴적층과 고토양층을 순차적으로 MIS 분기와 연결시키는 과정에서

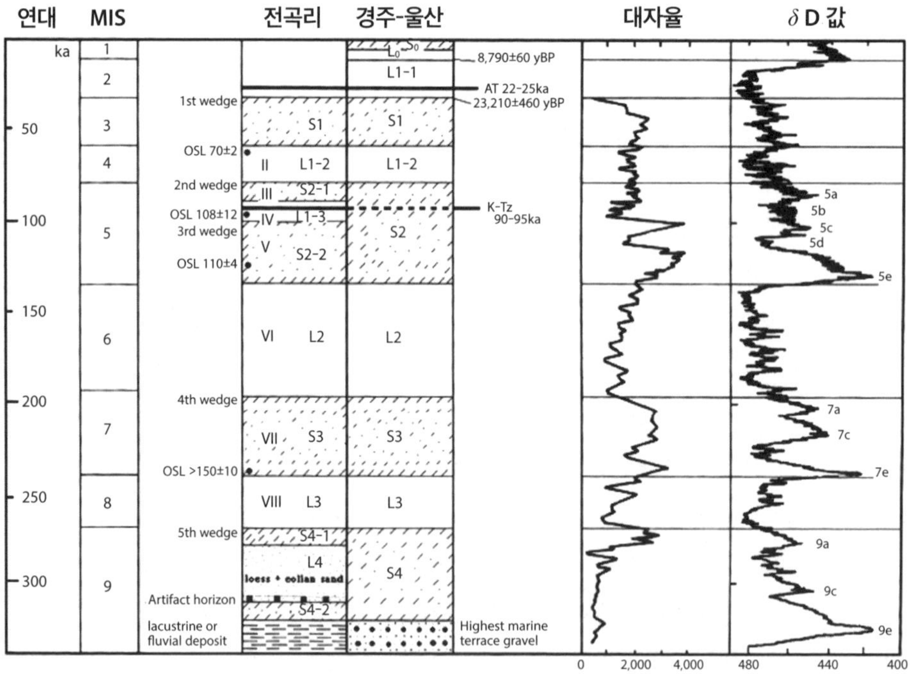

[그림 3.8] 전곡리 E55S20-IV 발굴갱의 시료로 측정된 뢰스 및 고토양의 반복상과 OSL 연대치 및 대자율 측정값의 배치(Naruse et al. 2003: 153)

논리적 허술함이 드러난다. Naruse et al.(2003)은 E55S20-IV 퇴적층의 연대를 비정하는 데 경주-울산 지역의 해안단구 자료를 활용하고 있다그림 3.8. 널리 알려진 바와 같이 한반도 남동부 해안은 뚜렷한 계단상의 단구면이 존재한다제2장 참조. 맨 아래의 고토양층은 MIS 9기로 비정되는데, 이는 MIS 9기로 볼 수 있는 경주-울산 단구면 최상부의 S4 고토양층과 직관적으로 유사성을 띤다는 것을 근거로 한다(Naruse et al. 2003: 152). 하지만 제2부에서 한반도 해안단구의 층위 문제에 대해 언급한 바 있듯이, S4 고토양층의 형성 시기 문제는 이렇게 단순하게 설명될 수준이 결코 아니다.

유적의 입지에 대해서도 고려할 필요가 있다. Naruse et al.(2003)의 가설에 의하면 중국 본토에서 날아온 풍성 퇴적물들은 MIS 9기부터 전곡리 지역에 지속적으로 축적되어 왔다. 하지만 유적지에 인접한 한탄강 유역은 지금도 수시로 범람하는 곳이다. 여기서 주로 발견되는 퇴적상은 하천의 범람에 의해 형성된 결과물이며, 당연히 석기군의 형성에도 영향을 미쳤다. 더군다나 용암대지가 형성된 후 임진-한탄강 유역이 비교적 심각하고 급격한 하계망 변동을 거쳤다는 것을 볼 때 MIS 9기에서 MIS 2기까지의 긴 기간 동안 풍성 퇴적층과 고토양층이 규칙적으로 번갈아 가며 발달했다는 가정은 이 지역의 퇴적층 형성을 너무 단순하고 순진하게 바라보는 시각이다. 탄성파의 굴절을 이용한 원격탐사 분석에 의하면, 전곡리의 퇴적층은 현무암 기반암 위에 한탄강 범람원이 만들어지는 과정을 거쳐 형성된 것이 분명하다(최광희 외 2005). 여기서 P파의 진입 속도는 전곡리 퇴적층과 한탄강 근처 범람원에서 동일하지만약 1800m/s, 이는 전형적인 풍성 퇴적층에서의 속도300-600m/s와는 확연히 다른 게 분명하다.

중기갱신세설의 또 다른 방법론적 오류는 유물군의 형성 과정에 대한 고려가 결여되어 있으며, 실제 발견 고도보다 낮은 지점에 유물군의 위치를 설정했다는 것이다. E55S20-IV 발굴갱의 '구석기 문화층'은 정식 보고서에 의하면(배기동 외 2001) 해발고도 약 55.7m의 IX층황갈색 실트/사질층 상부에서 발견되었다. 하지만 Naruse et al.(2003)이 파악한 유물층은 이보다 약 1.5m 낮은 층에 위치한다. 이는 황갈색 실트/사질층에서 발견된 유물층은 하천 퇴적에 의한 수직 이동을 거친 것이라는 기존 견해와 모순되는 논지다(배기동 외 1996: 83, 2001: 233). 이러한 점에서 볼 때, 중기갱신세설의 기본 토대는 실제 정보 및 그러한 정보를 분석하고 해석하는 절차상에 분명한 오류가 있다는 점을 알 수 있다. 즉 중기갱신세설은 자료의 성격을 잘못 파악한 상태에서 각종 계측치와 분석 자료를 원하는 결과에 '끼워 맞추는' 식으로 논지를 구성했다고 볼 수밖에 없다. 이 작업은 어떤 경우이든지 실연대보다 한참 오래된 연대가 나올 수밖에 없다는 본질적 한계가 있다. 이것이 과연 연대를 막무가내로 올려 보기 위한 의도적인 노력인지 단순한 착오인지는 별개의 문제다(유용욱 2009, 2019; 유용욱 외 2022).

상기한 중기갱신세설의 다섯 가지 전제 중 적어도 네 가지는 논리적으로 적절하지 않고, 기본적인 자료의 성격도 임진-한탄강 유역 구석기 유적의 연대를 밝히는 데 기여하지 못하는 것을 알 수 있다. 그러나 2000년대 전반기에 제기된 중기갱신세설의 다양한 결과는 커다란 문제 의식 없이 각종 해외 저널에 널리 발표·인용되고 있다(예: 松藤和人 외 2005; Norton and Bae 2008; Norton et al. 2006; Petraglia and Shipton 2008). 이 문제에 대해서는 제3부의 말미에서 따로 언급하도록 하겠다. 이제부터는 지금까지 인지한 중기갱신세설의 문제를 극복하는 수준에서 이 지역 구석기 유적의 연대를 새롭게 탐구하는 작업을 진행하겠다.

IV 임진-한탄강 유역 구석기 유적의 새로운 연대 측정

1. 연대 측정 작업의 기본적 배경

지금까지 살펴본 바와 같이 전곡리를 중심으로 하는 이 지역 구석기 유적의 연대는 어떤 특정한 단일 시점으로 연대를 결정하기 쉽지 않고, 장기지속의 개념에서 보다 적절한 연대치들로 구성된 연대 구간을 파악하는 것이 적절하다. 현재까지 연대 문제에 대해 논란이 많은 이유는 바로 한탄강 중류에서 드러나는 이 지역의 고유한 지질 과정 및 퇴적물 생성 과정이 대단히 복잡하고, 지점마다 각기 다른 변동상을 보이기 때문이다. 본서에서는 이러한 점을 감안해 임진-한탄강 유역에서 각 지역 단위의 지표조사를 통해 관련 시료를 채취했고, 이 시료를 통해 새로운 연대를 측정했다. 제3부의 초반부에서 상술한 대로, 이 지역의 지형 변동상을 고려해 고인류 점거 당시 임진-

[그림 3.9] 전곡리 동쪽 한탄강 변의 현무암 절벽에서 관찰되는 3단계 지질 형성 과정의 연속상

한탄강 유역의 지질 형성 과정은 다음의 3단계로 나눌 수 있다그림 3.9.

- 화산 활동 이전 단계: 화산 분출 이전에 추가령구조곡은 지각구조의 변화로 단층이 형성되었고, 임진-한탄강의 유수 퇴적으로 인해 백의리층과 같이 자갈을 다수 포함하는 사질층이 형성되었다(이민부·이광률 2013). 이 기간 동안의 인류 점거 관련 자료로는 임진강 하류역의 장산리 유적을 들 수 있다.
- 화산 활동 진행 단계: 군사분계선 이북에서 용암이 분출하며 추가령구조곡에 지속적으로 흘러들었다. 용암이 주요 하천의 유로를 막으면서 하상면이 상승하고 높은 위치 에너지를 갖추면서 침식력이 증가했다. 몇몇 작은 하천들은 용암댐에 막혀 일시적으로 늪지대가 형성되었다(이민부 외 2001a, 2007). 아직까지 이 시기에 해당하는 유적은 뚜렷하게 확인되지 않고 있다.
- 화산 활동 이후 단계: 화산 활동이 끝나고 하천이 침식과 퇴적 작용을 거치는 과정에서 이전 수준의 에너지를 회복하고 현재의 임진-한탄강 하계망이 형성되는 과정이다. 용암대지를 침식하며 현무암 절벽과 주상절리가 만들어지고, 용암대지 위의 범람원을 주요 활동 무대로 삼은 고인류의 점거 흔적이 임진-한탄강 유역 전 범위에 걸쳐 나타난다.

[그림 3.9]는 이러한 3단계를 잘 드러내 주는 전곡리 동쪽 한탄강 변의 절벽 면이다. 제3부에서는 이 3단계를 임진-한탄강 유역 층위 연대의 기본적인 시기 구분 틀로 설정하고, 각 시기의 대표적인 연대를 결정하는 방식으로 이 지역의 갱신세 지질사와 고인류의 점거 시점을 복원하겠다. 이와 관련해서 야외조사 및 연대 측정을 위한 시료 채취 작업이 2003년부터 2004년까지 임진-한탄강 유역의 발굴조사와 함께 진행되었다. 이 조사들의 구체적 일정은 제4부에서 다루도록 하고 여기서는 연대 측정과 관련된 작업의 결과만을 언급하겠다.

2. 피션트랙 연대 측정법을 통한 용암류의 유입 연대 결정

이 지역에 널리 분포하는 용암류의 최초 분출 및 유입 시점을 파악하기 위해서는 현무암과 직접 접촉하는 퇴적층의 연대를 우선 측정할 필요가 있다. 화산 활동 이전의 추가령구조곡은 주로 자갈과 모래로 구성된 하성 퇴적층이 대부분이었다. 이 중 가장

[그림 3.10] 전곡리 동쪽 한탄강 변의 현무암 절벽 바로 아래에서 채취한 피션트랙(FT) 연대 측정용 시료(자갈/모래층)

잘 알려진 층준은 백의리층으로서, 한탄강 중류의 연천군 백의리, 신답리 및 전곡리 동쪽 일대에서 잘 드러난다(이민부 외 2001b). 이 백의리층 형성의 확실한 연대는 드러나지 않았지만 용암류와 접촉하는 부분의 연대를 측정해 한탄강 중류에 최초로 용암대지가 만들어진 시점을 추정할 수 있다. 이를 위해 전곡읍의 동쪽 강변, 한탄강이 전곡리 유적을 휘감는 부분에 널리 분포하는 용암류의 바닥 부분에서 자갈과 모래층이 현무암의 바닥과 맞닿는 지점을 확인하고, 총 18개의 피션트랙 연대 측정 시료를 채취했다.

피션트랙FT 혹은 핵분열 비적 연대 측정법은 규산염SiO_2 퇴적층에 포함된 인회석apatite과 지르콘$ZrSiO_4$ 광물의 성분인 ^{232}Th, ^{235}U, ^{238}U 같은 동위원소들이 자연적으로 핵분열fission을 하며 만들어 낸 비적飛迹, track의 거리를 이용해 연대를 측정한다(Westgate et al. 1997 참조). 따라서 FT 연대 측정법으로 퇴적층의 연대를 구하기 위해서는 광물들이 충분한 열을 받아서 이전의 원소들이 만들어 놓은 비적들이 모두 제거되어야 하는데, 이런 조건을 '초기화reset' 혹은 '완전히 달궈졌다annealed'고 말한다(Fleischer et al. 1975).

[표 3.3] 새롭게 채취된 시료의 위치와 성격 및 최종 측정된 피션트랙(FT) 연대치(이선복 외 2005a)

번호	시료 기호	시료 성격	채취 지점 (GPS)	측정 연대 (mya)	비고
1	031128-3	자갈	N38° 01′ 06″, E127° 04′ 43″	측정 불가	별도로 측정된 IRSL 연대치(154kya)와 ESR 연대치(200kya)가 있음(이선복 외 2005a; Nagatomo et al. 2005)
2	031128-4	자갈		측정 불가	
3	031128-5	모래		측정 불가	
4	031224-1A	모래	N38° 01′ 28″, E127° 04′ 43″	0.40±0.10	현 전곡읍 동북 방면의 한탄강 유입 지점에서 현무암 절벽 아래에 분포하는 황색의 모래/자갈 퇴적층에서 시료 채취(그림 3.10)
5	031224-1B	모래		측정 불가	
6	031224-1C	모래		측정 불가	
7	031224-2A	모래	N38° 01′ 21″, E127° 04′ 36″	0.43±0.11	
8	031224-2B	모래		측정 불가	
9	031224-2C	모래		측정 불가	
10	031224-3A	모래	N38° 01′ 21″, E127° 04′ 36″	0.41±0.11	
11	031224-3B	모래		측정 불가	
12	031224-3C	모래		측정 불가	
13	040115-2	자갈	N38° 01′ 21″, E127° 00′ 26″	측정 불가	임진강 상류역의 삼곶리 지점에서 시료 채취
14	040115-3	토양		측정 불가	
15	040129-1	자갈	N38° 06′ 00″, E127° 01′ 18″	측정 불가	임진강 상류역의 선곡리 지점에서 시료 채취
16	040129-3	자갈	N38° 01′ 08″, E127° 08′ 25″	0.42±0.17	한탄강 중류역 백의리의 자갈층의 노두 맨 윗부분에서 시료 채취
17	040225-1	자갈	N38° 02′ 32″, E127° 03′ 36″	측정 불가	檀原徹 외(2002)가 채취한 K-Ar 시료(S37-823, 0.16±0.25)의 채취 지점과 동일한 장소(표 3.2)
18	Y-13	자갈	N38° 02′ 42″, E127° 03′ 29″	측정 불가	17번 시료에서 남쪽으로 30m 지점에서 추가 채취

광물이 완전히 달궈지려면 인회석은 보통 100℃, 지르콘은 약 240℃의 온도가 요구된다. 일반적으로 용암류의 분출 당시 온도는 거의 1000℃ 이상에 달하기 때문에 퇴적층에서 용암류와 직접 접촉한 자갈이나 모래 등의 광물은 이전의 비적들이 모두 제거될 정도로 완전히 달궈진다. 이렇게 완전히 초기화된 다음 다시 누적되는 핵분열 비적들을 측정함으로써 개개 광물 입자의 달궈진 시점 이후의 연대를 측정할 수 있다(이선복 외 2005a).

그러나 FT 연대 측정법의 경우 대상 광물이 극미량이기 때문에 비적의 판독이 완벽히 이루어지는 경우는 별로 없다. 본서를 위해 2003년과 2004년에 걸쳐 임진-한탄강 유역에서 채취한 18개의 시료 중 오직 6개의 시료에서만 지르콘 광물이 측정 가능할 정도로 충분히 포함되어 있었다표 3.3, 4, 7, 10, 16, 17, 18번 시료. 15번 시료는 연천군 북부 임진강 변의 선곡리에서 자갈층과 정연하게 접하며 노출된 현무암에서 채집한 것이다. 선곡리 주변은 임진강 유역을 따라 별도의 용암류가 유입된 흔적으로 볼 수 있는데, 이는 전곡리 일대에서 흔히 보이는 용암류와는 시기나 유입 경로가 다른 현무암으로 생각된다. 아마도 이 현무암은 임진강을 따라서 유입한 용암류가 도달한 최남단으로 보인다(이선복 외 2004). 16번과 17번 시료는 2001년에 檀原徹 외(2002)가 FT와 K-Ar 연대 측정 시료를 채취했던 곳과 동일한 장소다.

FT 연대치는 퇴적층 시료를 화학적으로 전처리 한 후 Nikon Optiphot-II 편광현미경을 통해 비적의 밀집도를 측정하는 방식으로 계산되었다(이선복 외 2005a). 측정 가능한 6개 시료 중 17번과 18번 시료는 비정상적으로 높은 연대치를 보이는데20mya 이전, 이는 용암류가 자갈층을 미약한 수준으로만 덮어서 달궈지지 않은 결과로 볼 수 있다. 따라서 충분한 열량이 시료에 가해지더라도 실제 완전히 달궈지는 비율은 퇴적물의 밀도 및 결합 정도에 영향을 받는다는 것을 알 수 있다. 보통 상대적으로 고운 모래 크기의 입자는 자갈이나 조약돌 같은 암석 쇄설물보다 훨씬 더 쉽게 달궈지며 초기화가 잘 이루어지는 특성이 있다.

[표 3.3]의 연대치들을 액면 그대로 받아들이면, 전곡리 유적의 동쪽 부근에서 채집한 시료들은4, 7, 10번 상당히 신뢰할 만한 수준의 연대 폭을 가진다. 이 세 개의 연대치는 백의리층의 연대치와 유사하며16번 시료, 95%의 신뢰도 내에서 상호 동일한 연대로 파악할 수 있다. 이렇게 동일한 연대를 가지는 4개의 FT 연대치는 추가령구조곡 내부를 흐르던 고古한탄강 하계망에 용암류가 엄습하면서 계곡 내의 자갈/모래층과 접촉한 연대로 볼 수 있다. 즉 하상층 위의 현무암 기반암은 약 0.4mya에 만들어졌다는 것을 뚜렷하게 시사하고 있다. 그런 의미에서 [표 3.2]에 나오는 기존의 K-Ar 연대 측정치 일부는 과도하게 오래된 연대를 계산한 것으로 보인다표 3.2의 12, 13, 15, 16번 시료 참조. 이는 반감기를 10억 년 이상 가지는 K-Ar 연대 측정법의 본질적인 한계에서 기인한다. 또는 한탄강 변에서 쉽게 풍화될 수 있는 현무암의 물리적 성격을 반영하는 것으로도 볼 수 있을 것이다(Walter 1997).

통계적으로 의미 있는 수준에서 인접한 값이 나온 4개의 FT 연대치도 용암류가 언제 최초로 추가령구조곡에 유입했는지에 대해 명확한 답을 던져 주지는 못한다. FT

연대 측정법의 한계상, 단일 지르콘 입자에 포함된 자연 핵분열 비적은 아주 저밀도이기 때문에 비적의 크기를 광학적으로 관찰하는 것은 어디까지나 추정치에 불과하다(Westgate et al. 1997). 또한 실제로 확실하게 연대를 가지는 시료들도 예외적으로 매우 많은 비적의 수효를 보여 주는 경우가 있기 때문에 실연대는 1만 년 이상이나 과도하게 측정되기도 한다(이선복 외 2005a).

이 FT 연대치를 다른 연대치와 비교하는 것도 가능하다. 최정헌 외(2004a)는 [표 3.3]에서 제시한 FT 연대 시료와 같은 위치인 용암류 아래 퇴적층에서 MIS 6기 말의 TL 연대치를 얻어낸 바 있다138±9kya, 보정 연대는 148±10kya. 이 TL 연대치를 받아들이면 FT 연대는 용암류와 하상층의 접촉 시점을 실제보다 오래된 연대로 측정한 것이 된다. 이는 결국 시료가 충분히 달궈졌는지 아니면 불충분하게 초기화되었는지, 즉 용암 분출 당시의 물리적 환경 조건과도 밀접한 관계가 있다. 또한 용암류 접촉 이후 한참 뒤에 시료가 다시 한번 가열되며 기존에 누적된 TL 에너지를 다시 완전히 초기화totally bleaching했을 가능성도 있다. 이것은 이 지역의 화산 활동이 한두 번의 단속적인 수준이 아니라 꾸준히 이루어진 것이었음을 말해 주기도 한다(원종관 외 1990). 따라서 자갈/모래 퇴적층 위에 분포하는 용암류, 즉 현무암의 연대를 직접 측정하는 작업도 역시 필요하다.

3. 현무암의 K-Ar 연대치와 그 해석

자갈/모래 퇴적층의 FT 연대 측정에 따르면 전곡리를 중심으로 하는 한탄강 중류역 용암대지의 최초 유입 연대는 약 0.4mya 이후라는 것을 알 수 있다. 그러나 용암류가 어느 정도 긴 시간 동안 누적되어 지금의 현무암반이 만들어졌는지는 파악하기 쉽지 않다. 현무암이 몇 매의 용암류로 구성되어 있는지 불확실하고, 용암류들이 상호 뚜렷한 연대 차이를 보이는 부정합unconformity을 이룬다는 증거가 없기 때문이다. 육안으로 관찰되는 용암류는 전곡 지역에서는 크게 3개 이상이지만 실제 용암류 개수는 한탄강 유역의 각 지점마다 상이하다그림 3.11.

한탄강 상류역에서는 용암류 사이에 약간의 얇은 소괴燒塊, clinker 덩어리 띠가 관찰되기도 한다(이선복 2004). 이는 하상면에 있던 쇄설물들이 용암류에 연소되며 축적된 것으로, 여러 용암류들의 시차를 반영한다. 임진-한탄강 유역에서는 현무암이 얇은 판상으로 분포하는 경우가 많기 때문에 대규모의 용암류가 단 한 차례 하계망 구

[그림 3.11] 임진-한탄강 유역의 여러 지점에서 확인되는 현무암반과 육안으로 확인 가능한 용암류의 개수(로마 숫자로 표기)

1. 철원군 동송읍 오덕리 일대, 2. 포천시 자일3리 화적연의 원화강암 지형, 3. 자일3리 화적연 주변의 용암대지, 4. 연천군 연천읍 차탄천 일대

역을 침범했다고 보기는 힘들다. 그렇기 때문에 현재 육안으로 관찰되는 현무암 절벽은 크고 작은 용암류가 불규칙적으로 추가령구조곡을 메꾼 흔적의 일부로 볼 수 있다.

연천군 전곡리와 신답리에서 각각 3개의 시료들을 채집해, 총 6개의 K-Ar 연대 측정 시료를 확보했다. 이들 지역에서는 비교적 현무암이 신선한 상태로 잘 보전되어 있기 때문에 K-Ar 연대 측정의 기본 전제인, 풍화되지 않은 용암류를 온전한 상태로 채집할 수 있었다. 실제 연대 측정을 하는 데 있어, 각 시료는 동위원소 희석법isotope dilution과 최빈치 비교법peak comparison이라는 서로 다른 두 가지의 측정법을 통해 연대치를 계산했다.

동위원소 희석법은 ^{38}Ar 같은 증폭 가스를 사용해 동위원소의 비율을 측정하는 방법이다. 이 방법은 외부 요인에 의한 영향이 거의 없기 때문에 어느 정도 정밀한 측정이 가능하지만 1백만 년 이하의 연대를 가지는 시료는 ^{40}Ar의 양이 극히 적기 때문에 실제보다 더 오래된 연대로 나오는 경향이 있다(Nagao et al. 1996). 그 밖에 최빈치 비교법은 종래의 일반적인 K-Ar 측정법으로서, 핵분열을 거친 ^{40}Ar 동위원소의 양을

[그림 3.12] 전곡읍 동쪽 한탄강 변(현 고탄교 부근)에서 채취한 포타슘-아르곤(K-Ar) 연대 측정용 현무암 시료

직접 측정하는 방법이다.

이러한 측정 결과는 [표 3.4]에 정리되어 있다. 이전 결과와 마찬가지로(高柳昌弘 1983; 檀原徹 외 2002; Bae 1988) K-Ar 연대 측정치는 반감기가 10억 년이 넘는다는 본질적 성격으로 인해 실제 연대치는 그 차이가 1mya를 넘을 정도로 혼란스럽다. 우선 3, 4번 시료는 1, 2번 시료보다 1m 위에서 채취한 것이지만 연대는 오히려 1mya 이상의 오래된 값이 나왔다. 이것은 3, 4번 시료의 풍화도 문제 또는 측정 오류의 결과로 볼 수 있다. 이와 별도로 각각 다른 두 가지 방법으로 구한 연대치가 눈에 띌 정도의 차이를 보인다는 문제도 있다. 그 나름대로 K-Ar 연대 측정 기법으로는 정확하다고 널리 알려져 있는 동위원소 희석법의 경우도, 실연대가 1mya가 되지 않는 늦은 갱신세의 시료는 그 정확도를 담보할 수 없는 연대 측정 결과가 나올 수밖에 없다. 즉 중기갱신세 혹은 후기갱신세 정도의 연대로 생각되는 임진-한탄강 유역 구석기의 연대를 결정하는 데 있어, K-Ar 연대 측정법은 그다지 신뢰할 수 없는 기술적·본질적 한계를 가지고 있다는 걸 인정해야 한다. 그리고 이런 한계는 이 지역뿐만 아니라 상대적으로 연대가 늦은 한반도 포함 동아시아 구석기 유적들에도 마찬가지로 적용될 수 있다.

[표 3.4] 새로운 시료로 측정한 전곡리 일대의 포타슘-아르곤(K-Ar) 연대치(이선복 외 2005a)

번호	시료 기호	측정법	측정 연대(mya)	비고
1	CHB1-A	동위원소 희석법	0.939±0.020	檀原徹 외(2002)가 2001년에 채취한 K-Ar 시료(S37-822, 0.49±0.05) 채취 지점과 동일한 장소(표 3.2)
2	CHB1-B	최빈치 비교법	0.534	
3	CHB2-A	동위원소 희석법	1.785±0.037	1, 2번 시료 위치의 약 1m 위에서 채취
4	CHB2-B	최빈치 비교법	1.963	
5	SHB-A	동위원소 희석법	0.373±0.012	檀原徹 외(2002)가 2001년에 채취한, 궁평리의 불탄 토양에서 채취된 FT 시료(2001032401, 96.0±14.0kya)와 동일한 지점(표 3.2)
6	SHB-B	최빈치 비교법	0.158	

도대체 왜 대부분의 K-Ar 연대치는 신뢰성이 떨어질 수밖에 없을까? 그리고 상대적으로 늦은 제4기 지질활동의 연대를 측정함에 있어 K-Ar 방법에는 과연 어느 정도의 정확도를 기대할 수 있을까? 임진-한탄강 유역만으로 한정하면, 추가령구조곡에 용암류가 진입하는 과정은 하상층, 늪 그리고 하계망 주변 지역을 완전히 엄습하는 방식으로 이루어졌다. 이 과정에서 다량의 수증기가 발생하고 각종 유기물이 연소된다. 이는 대기 내 $^{40}K/^{40}Ar$의 비율에 심각한 영향을 미친다. 하계망 주변에서 고열에 의한 증발 및 연소 과정을 겪으면 다양한 동위원소들이 ^{39}Ar이나 ^{40}Ar으로 전환되는 빈도가 증가한다. 이 상태에서 냉각되는 현무암은 균질한 영향하에 서서히 냉각되는 현무암과는 달리 불안정하거나 편향적인 연대 측정 결과를 가질 수밖에 없다. 그리고 같은 용암류라도 시료 채취의 위치와 부위에 따라 전혀 다른 연대치가 나올 수 있다. 형성 과정 및 주변의 환경상을 볼 때 임진-한탄강 유역의 용암대지가 균등하게 식고 굳었다는 가정은 거의 하기 힘들다. 특정 현무암 시료 채취 장소의 과거 하계망 영향력은 확률적인 수준으로만 어림짐작할 수 있을 뿐이다. 따라서 K-Ar 연대 측정법으로 임진-한탄강 유역 구석기 문화층의 연대를 의미 있는 수준에서 구하는 것은 현 시점에서는 거의 불가능에 가깝다.

K-Ar 연대 측정법은 현무암의 연대를 안정적으로 측정할 수는 없지만 적어도 유기물을 시료로 삼는 C14 연대 측정법AMS보다는 이론상 더 오래된 연대를 구할 수 있다. 그렇기 때문에 최근에 발생한 지질학적 사건이라도 통계적으로 충분히 허용할 수 있는 오차 수준의 ^{40}Ar 양은 존재하고 그 연대의 측정도 가능하다(Walter 1997). 그러나 허용할 수 있는 오차의 수준은 수천만 년에 달하며, 고고학같이 탐구 대상 연대 폭이 수십만 년 정도인 분야에서는 이러한 오차를 감안한 해석이 쉽지 않다. 앞으로 더욱

정밀한 기법이 개발되면 이러한 한계를 극복할 수 있겠지만 적어도 K-Ar 연대 측정법의 전제인 '반감기 10억 년 이상'이라는 원칙은 바뀌지 않는다. 따라서 임진-한탄강 유역에서 측정된 현무암의 K-Ar 연대치를 신뢰할 수 있는 연대로 파악하는 데는 주의가 필요하다. 오직 잠정적 연대치로서, 방증을 위한 대체자료로 사용할 수 있을 뿐이다.

전술한 FT 연대 측정법을 통해 현무암 바로 아래 자갈/모래층의 연대를 0.4mya로 추정한 바 있다표 3.3. 이 연대는 이론적으로 용암류가 기존의 한탄강 하계망을 최초로 잠식한 연대, 즉 용암대지의 최고 연대치maximum age라고 볼 수 있다. 후술하겠지만, 임진강 하류역의 장산리 유적이 위치하는 최상부의 단구면 고도는 용암대지보다 높다. 이를 통해 용암류는 장산리 일대의 임진강 하류역까지 도달하지 않았음을 확인할 수 있다(이선복 1996; 이용일 2004). 그렇다면 장산리단구의 퇴적 연대도 용암대지보다 선행하는 연대를 가지는 게 분명하다. 이 장산리단구의 연대에 대해서는 제4부에서 더욱 자세하게 살펴보겠지만(이선복 2004; 이선복 외 2004), 적어도 이 지역 현무암의 상한 연대를 비정할 수 있는 두 가지 연대치는 확보한 것이 분명하다.

현재까지 측정된 임진-한탄강 유역 현무암의 K-Ar 연대치를 살펴보면 몇 가지 흥미로운 사실을 발견할 수 있다. 중기는 물론 전기갱신세>0.78mya까지 소급하는 대단히 오래된 연대치는 K-Ar 연대 측정법의 원리상 당연한 결과라 볼 수 있다. 그럼에도 상대적으로 늦은 연대가 반복적으로 산출되는 것은 주목할 만한 사실이다. 0.16±0.25mya와 0.18±0.02mya표 3.2의 14, 17번 시료(檀原徹 외 2002), 0.1384±0.0057mya와 0.1365±0.0054mya(박계헌 외 1995), 그리고 [표 3.4]의 6번 시료 같은 신답리 현무암 시료의 연대치0.158mya가 그 사례들이다. 이 연대치들은 기존의 檀原徹 외(2002)와 Bae(1988) 및 초창기 전곡리 보고서에 기재된 연대치<0.27mya보다도(高柳昌弘 1983) 늦은 연대다. 이렇게 늦은 K-Ar 연대치는 이전에 언급한 현무암 아래 자갈층의 TL 연대치인 148±10kya와도(최정헌 외 2004a) 잘 부합한다. 극도로 산만한 연대치들 중 이렇게 상호 부합하는 연대치들이 반복되는 것은 다수의 측정 과정에서 발생하는 우연의 일치는 아닐 것이다. 이는 현무암 기반암이 이 지역에서 한참 늦게 형성되었고, 다양한 매수의 용암류들이 각기 다른 시기에 산발적으로 확산되어 분포한 결과를 반영한다고 볼 수 있다.

따라서 현무암층의 적절한 연대를 산출하려면 상대적으로 늦은 K-Ar 연대 및 이와 연관된 자료를 보다 신중하게 검토할 필요가 있다. 새로 측정한 K-Ar 연대치 중 [표 3.4]의 6번 시료와 기존의 檀原徹 외(2002)에서 발표된 일부 연대치표 3.2의 14, 17번 시료는 MIS 6기의 연대를 가진다. FT 연대치가 약 0.4mya인 것을 고려할 때 임진-한탄강 유역 용암대지의 형성은 약 0.4-0.13myaMIS 10-6기의 넓은 연대 폭을 가진다고 볼 수 있다. 이렇게 넓은 연대 범위를 가지는 주요 원인은 1) 용암류의 연대가 그 아래에 있는 모래/자갈층의 FT 연대치 및 TL 연대치보다는 선행할 수 없고, 2) 임진강 하류역의 장산리단구의 연대보다도 늦어야 하기 때문이다. 후술하겠지만 장산리단구면은 상당히 오래된 퇴적층으로 인식되며, 그 상한은 중기갱신세를 상회할 수 있지만(이선복 2004), 실제 IRSL 연대치는 약 0.23mya로 측정되었다표 4.1(이선복 2004; Nagatomo et al. 2005). 따라서 K-Ar 연대 측정 결과는 비록 산만하고 그 격차도 크지만, 일부 늦은 K-Ar 연대치를 적극적으로 해석한다면 용암대지의 형성 연대는 대략 중기갱신세 후반부 혹은 MIS 6기 정도로 볼 수 있다. 이 연대는 지금까지 다양하게 측정된 여러 지점의 절대 연대치를 반영하는 잠정적 연대치로 받아들일 수 있을 것이다.

4. 현무암 상부 퇴적층의 형성 과정과 그 연대

임진-한탄강 유역에 용암대지가 형성된 이후 퇴적물들은 지속적으로 쌓여 왔다. 기반암인 현무암의 연대는 전술한 대로 중기갱신세 후반이라고 잠정적으로 볼 수 있다. 현무암 위의 퇴적층은 임진-한탄강의 유수활동이 회복되는 과정에서 복잡한 퇴적 과정을 거쳐 만들어졌다. 전곡리 유적 일대를 예로 들면, 현무암 위로 약 2-10m의 두터운 퇴적층이 분포한다. 이 퇴적층은 여러 층준으로 나눌 수 있는데, 그 구분 기준은 기본적으로 입자 크기와 색깔이다. 따라서 현무암과 유물층 사이의 퇴적물 연대는 용암대지 형성 이후 하천 활동이 재개되는 기간을 반영한다(이민부 외 2001c). 본서에서는 2004년에 두 차례에 걸쳐 측정한 전곡리 유적의 OSL 연대치를 통해 이 퇴적층의 연대를 살펴보겠다.

2004년에 발굴조사된 전곡리 지구는 현재 농협 하나로마트가 위치한 곳으로, 과거 '포마당'이라 불리던 군사 훈련지의 중심부였다. 구제발굴의 성격을 띠는 이 조사는 다양한 석기들과 함께 현무암 상부의 퇴적층을 전면 노출시키는 성과를 거두었으며, 현 37번 국도와 3번 국도가 교차하는 지점에 조사 지역이 있기 때문에 다양한 지점에서 각기 다른 퇴적상이 이루어졌다는 것을 증명할 수 있었다. 그중 서쪽 끝에 위치한 표준단면 트렌치MTR, 그림 3.13와 동쪽 끝의 N8E16 발굴갱그림 4.31 참조에서는 약 7m 정도의 하강 작업을 진행해 다수의 연대 측정 시료를 확보했다. 또한 주먹도끼 한 점

[그림 3.13] 2004년 전곡 농협 부지 조사 당시 OSL 연대 측정용 시료가 채취된 표준단면 트렌치

1. OSL 시료 채취, 2. 현무암반과 위의 호소 퇴적층 경계면, 3. 표준단면 트렌치 서벽의 실제 층위도와 주요 퇴적 단위

이 AT 화산재 바로 아래에서 발견되어 전곡리 주먹도끼 수평상horizon의 구체적 위치를 확보할 수 있었다. 표준단면 트렌치에서 확인된 층준들을 아래에서 위 방향으로 열거하면 다음과 같다그림 3.13, 보다 자세한 실측도는 제4부의 그림 4.30 참조.

- 현무암반: 전곡리에서 흔히 보이는 기반암으로, 용암류가 굳으며 형성되었다. 현재는 지하수면 아래에 위치해서 항상 잠수 상태이기 때문에 K-Ar 연대 측정이 불가능하다.
- 회청색 호소 퇴적층: 두께 30-50cm의 고운 점토/실트 계통의 퇴적층이다. 임진-한탄강 유역에서 자주 관찰되지는 않지만 1991년 발굴조사에서(배기동·최재호 1994) 최초로 확인된 층준이다. 현무암의 굴곡을 따라 부분적으로 형성된 소규모의 소택지沼澤地성 퇴적층으로 볼 수 있다. 종종 밝은 황갈색과 짙은 암청색 띠가 번갈아 나타나기도 한다.
- 사층리가 있는 거친 사질층: 오직 강 주변에서만 관찰되는 과거 유수의 흐름 흔적이다. 두께는 3m 이상이며, 현재 한탄강의 흐름 방향과 일치하는동에서 서

사층리斜層理, crossbedding가 뚜렷하게 나타난다. 상부에는 얇은 띠 형태의 수평 퇴적상이 관찰되고, 망간이 함유된 굵은 모래가 그 위를 덮고 있다. 이는 곡류사주point bar의 전형적인 특징으로, 보통 빠른 유속의 하천 퇴적층에서 흔히 나타난다.

- 적황색 사질층: 전곡리 지역에서 가끔씩 드러나는 층준으로, 그 두께는 1m 정도다. 입자 크기는 아래 있는 사층리보다는 작지만 분급이 좋지 않고 적색과 황색의 띠가 번갈아 나타난다. 보통 급류의 주류主流, mainstream 주변부에서 나타나는 침식 위주의 혼탁성 퇴적물로 보인다.
- 황갈색 실트층: 황색의 실트가 우세한 층준이다. 하천의 유속이 감소하며 침식에서 퇴적 환경으로 전이되는 중간 단계를 드러낸다. 이 층에서 일부 유물이 발견되기는 하지만 범람원적 성격을 띤다는 점에서 후퇴적 과정의 결과, 즉 상부 층위 혹은 하천 변에서 좀 더 멀리 떨어진 유물들이 후대에 홍수나 각종 교란 작용에 의해 재퇴적된 것으로 볼 수 있다.
- 적갈색 점토층: 적갈색을 띠지만 노란 색조의 퇴적물이 섞여 있기도 하다. 주로 점토와 실트로 구성되어 있으며 입자 크기는 아래의 황갈색 실트층보다 훨씬 미세하다. 토양 입자 크기는 점이적으로 바뀌지만 색조는 상당히 급격하게 바뀐다. 상부에는 2회 이상의 땅갈라짐 현상이 드러나며, 이 층에서 과거 설치류楔齒類, rodents가 판 땅굴을 재충전한 서관鼠管, burrow 구조의 흔적 화석이 발견되기도 한다. 최상부의 첫 번째 쐐기층에서는 AT 화산재가 발견되었다.

위에서 언급한 여러 층준의 연대 구간을 확보하기 위해 총 두 차례에 걸쳐 OSL 연대치를 측정했다. OSL 연대 측정법은 퇴적층 연대를 직접 측정하는 주요 방법 중 하나로 최근에는 기술이 개선되며 퇴적층에 포함된 미량의 석영만으로도 신뢰할 수 있는 연대 측정이 가능하다(최정헌 외 2004b; Richter and Wagner 2015). 그러나 여타 연대 측정법이 그렇듯이(Walter 1997) 이 방법도 통제되지 못하거나 급작스러운 오류로 인해 신뢰도가 떨어지는 경우가 있다. 그러므로 시료를 채취하기 전이나 실험실에서 특별한 전처리 절차를 거칠 필요가 있다.

모든 시료는 지표 1m 아래부터 적갈색 점토층 및 그 아래의 각종 실트와 사질층까지 일정 간격을 두고 채취되었다. 실연대 측정은 한국기초과학지원연구원KBSI 지질연대연구소에서 보유한 TL/OSL-DA-15 측정기덴마크 Risø연구소에서 개발를 통해 이루어졌다제4부의 그림 4.30 참조. 그러나 최종 측정치는 자못 혼란스러운 결과가 나왔다표 3.5. 일단

[표 3.5] 한국기초과학지원연구원(KBSI)에서 측정한 전곡리 유적의 1차 OSL 연대치(이선복 외 2006)

번호	시료 기호	기본 측정 연대(kya)	포화 수분의 양을 고려한 보정 연대(kya)	비고
1	JG HT-1	54.0±2.9	57.8±3.1	
2	JG HT-3	40.4±3.1	49.8±3.8	하천의 영향으로 형성된 사층리의 중간 부분
3	JG HT-4	46.6±3.5	49.9±3.7	
4	JB HB-1	38.8±5.0	42.4±5.5	
5	JB HB-3	56.2±3.0	67.5±3.6	사층리와 수평 사질층의 경계 부위
6	JB HB-4	60.4±4.0	69.1±4.5	
7	JG C-1	51.9±3.0	57.4±3.3	
8	JG C-2	34.0±2.8	38.2±3.2	
9	JG C-3	54.2±3.0	64.1±3.6	
10	JG A-1	56.4±4.8	60.9±5.1	
11	JG A-2	34.0±2.8	38.2±3.2	사층리가 나타나는 비스듬한 방향을 따라서 시료 채취
12	JG A-3	52.3±2.9	56.7±3.2	
13	JG A-4	34.9±3.6	36.9±3.8	
14	JG A-5	42.3±4.5	43.6±4.7	
15	JG A-6	48.7±3.5	51.5±3.7	
16	JG A-7	51.0±3.1	58.0±3.5	

채취된 시료의 위치에 따라 연대치가 뚜렷한 패턴을 보이지 않는다. 적황색 사질층 바로 아래의 사질 사층리 퇴적층은 현재 지하수면과 접촉해 있으므로 OSL 시료는 침수된 상태의 퇴적층에서 유래한 것이다. 각 층준의 구조와 입자 크기를 볼 때, 용암류와 구석기 유물층이 포함된 적갈색 점토층 사이에는 적어도 3-4회의 지형 발달 사건event이 존재한 것이 분명하다. OSL 연대치만으로 볼 때, 이 지형 발달 과정은 뚜렷하게 순차적이지 않다. 그리고 역전된 연대치를 감안한다면 유물층이 형성되는 시점까지 다양한 후퇴적 교란과정을 겪었을 수도 있다.

OSL 연대 측정치에서 심각한 역전 현상이 나오는 것은 두 가지 요인으로 설명할 수 있다. 우선 1) 측정 시료 일부가 루미네선스 에너지를 완전히 발산bleaching하거나 도중에 재발산re-bleaching했을 가능성이 있다(Aitken 1997). 퇴적물을 주로 측정하는 OSL 연대 측정법은, 퇴적물의 형성 방식에 따라 각기 다른 에너지의 발산 및 재발산의 여

[표 3.6] (재)충청문화재연구원 소속 고환경연구소에서 측정한 2차 OSL 연대치(이선복 외 2006)

번호	시료 기호	시료의 입자	측정 연대(kya)	비고
1	CK8	고운 모래/실트	측정 불가	불완전한 발산(bleaching)
2	CK7	고운 모래/실트	**60±10**	
3	CK6	중간 크기 모래	**65±10**	
4	CK5	중간 크기 모래	**72±9**	
5	CK4	중간 크기 모래	**83±13**	
6	CK3	중간 크기 모래	측정 불가	불완전한 발산(bleaching)
7	CK2	중간 크기 모래	**92±8**	
8	CK1	굵은 모래	120±6	역전된 연대
9	CHA	굵은 모래	**104±8**	
10	CHB	굵은 모래	127±6	역전된 연대
11	CHC	굵은 모래	**113±3**	

주: 볼드체는 유효한 연대로 받아들일 수 있는 측정치를 의미한다.

지가 있다. 예를 들면 중국 황사 퇴적층과 비교할 때 하천 충적층은 루미네선스 에너지가 꾸준하게 증가하지 않고, 중간에 여러 요인으로 인해 루미네선스 에너지가 일부 발산하는 경우가 많다(Berger 1990; Murray et al. 1995; Rhodes and Bailey 1997; Zhang et al. 2003). 이는 최근까지 빛에 노출된 바 있는 오래된 석영 입자의 루미네선스 누적률을 계산할 수 없기 때문이기도 하다(이선복 외 2005a).

다음으로는, 2) 지하수면의 영향을 받아 물에 의한 루미네선스 에너지의 감소가 이루어졌을 가능성도 있다. 2004년의 전곡리 유적 시료 채취 당시, 장마에 의한 폭우를 한번 겪은 상태였다. 따라서 사질층의 사층리 아래로 다량의 지하수가 유입되었으며, 이는 잠정적인 시료 채취 지점의 루미네선스 에너지 포함량에 매우 치명적인 영향을 미쳤을 가능성이 높다(최정헌 외 2004b). 이렇게 물먹은 시료는 보통 늦은 연대치가 나오는 경향이 있는데, 그 이유는 연간선량과는 별도로 시료 내에 누적된 루미네선스 에너지가 물에 쓸려 내려갔을 가능성이 높기 때문이다.

적어도 이런 두 가지 요인들을 가정한다면, 위의 OSL 연대 측정 작업은 여러 가지 한계를 가지는 시행착오로 받아들일 수 있다. 따라서 연대가 잘못 측정될 수 있는 요인을 최소화한 상태에서 새로운 OSL 연대 측정 작업이 이루어졌다. 우선 장마로 인한 우천의 영향이 완전히 배제된 상태에서 고출력의 전동 펌프로 지하수를 완전히 제거했다. 그리고 층서 단면 중 비나 빛에 노출된 표면을 다시 한번 완전하게 깎아 내는 작업이 이루어졌다. 시료 채취는 대기 중에 습도가 높지 않은 청명한 날을 선택해 이루어졌다. 이러한 사전 정리 작업을 거친 후 측정된 두 번째 OSL 연대치들은표 3.6 첫 번째 측정 결과와 달리 층위상으로 의미 있는 연속상을 드러내 주었다. 일부 불완전하게 초기화된 두 개 시료1번, 6번 및 교란이 심한 사층리 부분의 두 개8번, 10번 연대치를 제외하면 상당히 신뢰도가 높은 OSL 연대치 배열이 확보되었다. 맨 밑에서 채취한 시료CHC의 연대는 이전에 알려진 현무암 기반암의 연대 중 가장 늦은 K-Ar 연대치와도 예: 표 3.2의 14, 17번 시료; 표 3.4의 6번 시료 비교적 잘 부합한다.

전곡리에서 측정된 퇴적층의 OSL 연대는 이전에 측정된 현무암반 및 그 밑에 분포하는 자갈/모래층의 FT 연대와 함께 임진-한탄강 유역 구석기 유적의 형성 과정을 적절하게 복원하도록 해준다. 약 0.4-0.13myaMIS 10-6기의 비교적 긴 시간 동안 다양한 방식으로 이 지역에 분출·유입된 용암류는 전곡리 일대의 현무암 K-Ar 연대를 기준으로 할 때 약 180-115kya, 즉 MIS 6-5e기의 연대를 가진다(Shackleton et al. 2002: 14). 화산 활동이 종료된 후, 시간이 얼마 지나지 않은 상태에서 높아진 고도의 용암대지 위를 흐르는 유수의 활동이 전곡리 퇴적층에 굵은 모래 위주의 사층리를 남긴다. 황갈색 실트층 상부에서 나온 2차 측정 OSL 연대치시료 기호 CK6, CK7를 참고하면 하천 충적층은 약 6만 년경에 형성된 것으로 보인다. 이는 MIS 4기74kya-59kya가 끝날 무렵으로서(Rutter et al. 2003) 대부분 유물층이 포함되는 적갈색 점토층의 퇴적이 시작되는 시점이기도 하다.

이선복(2000)의 주장에 의하면 적갈색 점토층 내부의 유물층은 1개 혹은 2개로 나눌 수 있으며, 이는 AT층MIS 2기 아래에 위치한다. 상부 유물층은 MIS 3기 동안 형성된 것이고 하부 유물층은 아마도 MIS 5a기 종료부터 MIS 3기 전반부 동안에 형성된 것으로 볼 수 있다(이선복 2000: 14). 따라서 두 차례에 걸친 OSL 연대 측정을 통해 전곡리 지역을 대표로 하는 이 지역 지질사를 복원할 수 있다. 구석기 문화층이 포함된 하천 퇴적층은 MIS 5a기부터 형성되어 MIS 4기약 7만 년 전 이후에 완성되었고, 고인류 점거의 증거인 석기군은 MIS 4기부터 3기 초반 사이에 형성된 것으로 볼 수 있다. 이 유적 형성 시점은 임진-한탄강 유역의 중하류역에서 커다란 시간차를 나타내지는 않는 것으로 보인다. 따라서 전곡리(이선복 외 2006), 남계리(최무장 1991, 1994), 삼화리(이선복 1988, 2005) 등의 구석기 발견 지점은 유적 간 유물층의 연대 차이가 그다지 크지 않을 것으로 보인다.

V 최근의 새로운 논의 및 주먹도끼의 분포 위치

1. 전곡현무암과 차탄현무암의 연대와 그 의미

지금까지 진행된 임진-한탄강 중류역의 야외조사 및 연대 측정을 통해 볼 때 기존의 일부 학자들이 주장한 대로(高柳昌弘 1983; 檀原徹 외 2002; 배기동 1994; 松藤和人 외 2005; Bae 1988; Naruse et al., 2003) 이 지역 구석기 유적들이 약 30만 년 정도 되는 중기갱신세 시기에 형성되었을 가능성은 거의 없는 듯하다. 제3부에서 다룬 전곡리 지역의 사례만으로 볼 때 주먹도끼를 포함하는 석기군은 적어도 약 70-30kya, 즉 MIS 4기부터 3기 초반까지 집중적으로 형성된 것으로 보인다.

최근에는 국제 저널을 중심으로 임진-한탄강 유역의 주먹도끼가 아슐리안 공작의 지역적 사례에 해당한다는 주장과, 모비우스의 과거 주장은 '어느 정도*sensu lato*' 받아들일 수 있다는 입장이 제시되면서 관련 연구자들의 관심을 끌기도 했다(Norton and Bae 2009; Norton et al. 2006). 그리고 전곡리를 중심으로 분포하던 기존의 전곡현무암과는 별도로, 차탄현무암이라는 더 늦은 연대를 가지는 새로운 용암류가 임진-한탄강 상류역에 분포한다는 주장도 등장했다. 따라서 임진-한탄강 유역에서는 적어도 두 개 이상의 차별적이고 시간차가 뚜렷한 용암류가 현재 이 지역의 용암대지를 형성하는 데 기여했다는 입장도 제시되었다(Nagaoka 2006; Ryu et al. 2011; Sakuyama et al. 2014).

2010년 이후에는 새로운 발굴 자료가 대규모로 증가했고, 이에 따라 새로운 연대치도 다양하게 등장했다. 전곡리의 E55S20-IV 발굴갱에서는 기존의 가장 오래된 유물 포함층에서 TT-OSL 연대치(182±15kya)가 새롭게 측정되었다(Kim et al. 2010). 그리고 전곡리 유적전시관에 전시된 현무암 속에 갇힌 올벚나무(*Prudnus pedula for. ascendens*)의 탄화된 고목 시료를 AMS 측정한 결과, 보정 가능한 수준에서 약 40kya의 연대치를 얻었다(이선복 2009, 2010). 마찬가지로 전곡리 및 궁평리 용암대지 하부의 유기물 포함 토양대에서도 비슷한 AMS 연대치를 얻을 수 있었다. 이러한 AMS 연대치에 대해서는 방법론의 한계를 지적할 수 있지만(배기동·김기룡 2018), 이 연대치를 액면 그대로 받아들이면 임진-한탄강 유역에서는 갱신세 최말기까지 적어도 두 차례(김기룡 2017a; 배기동·김기룡 2018; Nagaoka 2006) 이상의 화산 활동이 있었던 것으로 받아들일 수 있다.

두 개의 용암대지 중 시기가 더 이른 하나는 전곡현무암약 0.5mya, 다른 하나는 차탄현무암약 0.15mya으로 명명된 바 있다(배기동·김기룡 2018; Nagaoka 2006; Ryu et al. 2011; Sakuyama et al. 2014). 차탄현무암의 연대는 전술한 FT와 K-Ar의 늦은 연대치와 잘 부합한다. 그러나 두 개의 현무암이 존재한다는 사실이 임진-한탄강 유역 구석기 문화층이 중기갱신세에 해당한다는 주장을 논리적으로 뒷받침하지는 못한다. 이 지역 지질사가 상당히 복잡하고 다양한 지질 작용을 거쳤다는 것을 의미하기는 하지만, 그렇게 단순한 일반론은 1980년대부터 관련 연구자들 사이에서 인식되어 왔던 보편적 지식에 불과하다.

전곡현무암으로 불리는 용암대지는 임진강 하류까지 널리 분포하고 있고, 차탄현무암은 상대적으로 좁은 공간인 임진-한탄강 상류에서 주로 확인된다. 두 가지 다른 연대의 현무암의 분포가 각각 해당 지역에 분포하는 구석기 연대의 차이를 증명하는 것은 아니다. 즉 임진강과 한탄강의 합류부전곡리 포함가 위치하는 중하류역의 현무암이 상류역에 비해 상대적으로 높은 연대치를 가진다는 이유 하나만으로 두 지역의 구석기 유적에 연대 차이가 있다는(배기동·김기룡 2018: 11) 가정은 타당하지 않다. 기반암의 연대 차이가 그 위 퇴적층 내 유적의 연대 차이까지 결정해 주지는 않기 때문이다. 만약 그게 가능하다면 지질 분포도와 기반암의 형성 연대를 밝히는 것만으로도 전 세계 구석기 유적의 상대 편년이 가능할지도 모른다. 전곡과 차탄으로 대표되는 두 현무암이 이 지역 주먹도끼 연대를 결정하는 자료로서 논리적인 기여를 하려면, 두 현무암 사이에 명확한 퇴적층이 존재해야 한다. 그리고 이 퇴적층은 적어도 주먹도끼가 나오는 퇴적 환경과 유사한 맥락 및 토양상을 보여야 한다. 만일 이 퇴적층 내에서 분명하게 주먹도끼가 발견된다면 이는 더할 나위 없이 이상적인 경우로, 마치 '임진-한탄강 유역의 폼페이'같이 중기갱신세설을 확연히 지지하는 사례가 될 것이다.

그러나 두 현무암이 중첩하는 지역에 부분적으로 퇴적층이 남아 있다는 보고는 있지만(배기동·김기룡 2018: 11) 여기서 유물이 발견되었다는 보고는 없다. 전곡이든 차탄이든 주먹도끼가 출토된 유적이든 시기가 훨씬 늦은 후기구석기 유적이든(이정우·심선미 2014; 최복규 외 2001; 홍성수 외 2014) 모두 현무암반보다 한참 위에서 유물층이 확인될 뿐이다. 따라서 맨 밑바닥의 현무암이 두 매건 그 이상이건, 연대가 0.5mya건 0.15mya건 위의 유물 포함 퇴적층 연대에 관해서는 어떤 시사도 해주지 않는다. 오직 퇴적층 내에 포함된 구석기 연대의 가장 오래된 상한만 제시해 줄 뿐이다.

[그림 3.14] 임진-한탄강 유역에서 관찰되는 다양한 용암류의 사례

1. 전곡 2지구 부근에서 확인되는 전곡현무암, 2. 전곡읍 동쪽 은대리 부근에서 확인되는 차탄현무암, 3. 포천시 중면 대회산리 부근에서 확인되는 4매의 각기 다른 용암류

각 현무암반이 뚜렷한 연대를 가진 채 두 매로 구분된다는 것은 그동안 누적된 FT와 K-Ar 연대치들의 분포상이 두 개로 군집화clustering된 결과일 수도 있다. 단 두 번의 화산 분출과(Ryu et al. 2011: 7) 두 매의 용암류만이 동일 지역을 잠식했다고 보기에는 더 상세한 증거가 필요하다. 실제로 이 지역의 용암류는 대규모 화산폭발central eruption보다는 간헐적 용출spouting 및 열하분출裂罅噴出, fissure eruption로 용암대지를 형성했을 가능성이 높다(길영우·정우철 2018; 원종관 외 1990). 그런 이유로 상당히 유사한 성분을 가진 용암류가 어느 지역에서는 두 매 혹은 그 이상의 개수로 파악되는 경우가 보통이다그림 3.14의 3번 도면. 이렇게 두 매 이상의 용암류가 복수로 중첩했다는 사실은 최근의 ^{40}Ar-^{39}Ar 연대 측정을 통해서도 밝혀졌다(김정민 외 2014). 즉 전곡 지역의 용암류들은 시기가 명확히 구분되는 두 현무암으로 구성된 것이 아니며, 0.54-0.12mya 사이에 0.54±0.007, 0.48±0.01, 0.43±0.04, 0.12±0.01mya 반복적 화산 활동이 있었음을 의미한다.

2. 황갈색 사질층 내에서 발견되는 주먹도끼의 의미

전곡리 및 여타 구석기 유적의 연대를 파악하는 데 있어 주먹도끼의 연대를 밝히는 것이 가장 중요하고, 그러기 위해서는 주먹도끼 발견의 온전한 맥락에 대한 실증적 정보를 파악하는 것이 필요하다. 임진-한탄강 유역 구석기 유적의 퇴적층 내에서 최초로 발견된 주먹도끼는 전곡리 2차 조사의 2지구 E1N9-III 발굴갱에서 발견한 원시형 주먹도끼proto-handaxe이고(김원용·배기동 1983: 18), 보다 확실한 출토 맥락를 갖춘 사례는 E1S1-I 발굴갱에서 발견된 개체라고 앞서 언급한 바 있다. 이 주먹도끼는 3차 조사가 종료되는 시점에 III층인 적갈색 점토층이 끝나고 IV층인 황갈색 실트층이 노출되면서 현무암 덩어리와 함께 발견되었다(김원용·배기동 1983: 41-44). 4차 조사 때는 E1S1-I 발굴갱을 추가로 하강 작업을 진행했다. 그 과정에서 이 주먹도끼는 현무암반 바로 위에서 발견된 사례로 잘못 인식되기 시작했다. 따라서 전곡리 주먹도끼의 연대는 곧 현무암반의 연대를 통해 자동으로 구할 수 있다는 근거 없는 믿음이 형성되었다.

그 후 퇴적층 내에서 주먹도끼는 별로 발견되지 않다가, 2000년의 전곡리 종합 시굴조사 당시 총 4점의 주먹도끼가 퇴적층 내에서 발견되었다. 그중 한 점은 2지구 황갈색 실트층 상부에서 확인되었다. 이 주먹도끼들 중 전곡리의 표준 층위 단면이 위치하는 E55S20-IV 발굴갱에서 발견된 것은 하나도 없다. 전술한 대로 2001년과 2002년에 걸친 대대적인 연대 측정을 통해(檀原徹 2003; 檀原徹 외 2002; 松藤和人 외 2005; Naruse et al. 2003) 전곡리 유적의 연대는 약 0.30mya로 주장되었고, 그러한 연대의 측정 기준면은 해당 발굴갱의 가장 아랫부분인 XI층명갈색 미세사질 점토층(배기동 외 2001: 138)에서 발견된 석기 몇 점의 수평상이다. 또한 주먹도끼를 보유하지도 않은 황갈색 사질층 포함 석기군을 근거로 최대치의 연대가 계산되어, 전곡리 주먹도끼는 자동적으로 0.35-0.30mya라는 연대가 결정되었고, 이 연대치는 국제적으로 다수의 경로를 통해 발표되고 인용되었다(예: Bae et al. 2012; Norton and Bae 2008, 2009; Norton et al. 2006; Petraglia and Shipton 2008).

전곡리 유적의 소위 '황갈색 사질층' 내에서 발견되는 석기나 주먹도끼는 어떻게 해석해야 할까? 일단 전술한 3차 조사의 E1S1-I 발굴갱에서 현무암괴와 출토된 주먹도끼를 통해 고인류가 강변에서 거주했으며, 석재의 35%가 강자갈 및 자연천석인 것이 그 증거라고 주장된 바 있다(김원용·배기동 1983: 57). 이것은 주먹도끼를 제작한 고인류들의 입지 조건과 별도로, 그들이 만든 석기는 심각한 후퇴적 과정을 겪었음을 말해 준다. 이에 대한 증거는 주먹도끼와 함께 발견된 다수의 현무암괴만으로도 충분하다. 거칠고 굵은 입자를 가지는 밝은 황색조의 실트성 사질 토양은 유수의 직접적인 영향을 그대로 드러내 준다. 그리고 물에 의한 가수분해로 토양 내의 철분 성분이 빠져나가며 탈색이 진행된 것이 분명하다. 그렇기 때문에 황갈색 실트층에서 발견된 석기는 연대 및 층위 맥락을 온전하게 보전하지 못한 후퇴적성 잔존물로 볼 수밖에 없다.

문제는 실제 주먹도끼가 현무암반 바로 위에서 발견되었다는 허위 사실을 주장하거나 간접적으로 순진하게 믿을 수 있는 위험이다. 실제로 몇몇 주장은(예: Norton and Bae 2008; Norton et al. 2006; Petraglia and Shipton 2008) 전술한 E1S1-I 출토 주먹도끼가 현무암반 바로 위에서 발견되었다는 허위 사실을 근거로 하며(Bae et al. 2012: Fig. 6), 유적이나 유물에 대한 1차적 정보도 없이 "복수의 주먹도끼를 포함하는 석기군이 전곡리 E55S20-IV 발굴갱의 IX층에서 나온다고since some of the artifacts, including handaxes, from Chongokni are derived from level IX(Norton et al. 2006: 531)" 착각하기도 한다(배기동 2021: 244). 이러한 잘못된 지식의 파급은 중기갱신세설이 가진 치명적인 오류를 무마하기 위한, 의도가 불순한 작업에 불과하다. 그렇기 때문에 기존에 해외에 알려진 전곡리 주먹도끼의 연대 및 관련 정보를 전면적으로 재검토할 필요가 있다.

제4부에서 구체적으로 다루겠지만 임진-한탄강 유역의 주먹도끼가 발견된 대표적인 유물층은 적갈색 점토층(유용욱 2009) 혹은 진한 갈색의 점토 성분이 우세한 상부의 퇴적층이다. 그 아래의 하천 퇴적층인 황갈색 혹은 명갈색 사질층에서 발견된 예는 드물게 존재한다. 그렇지만 이런 드문 사례가 전곡리 표준 층위인 E55S20-IV 발굴갱에서 확인된 경우는 전혀 존재하지 않는다. 그리고 당연히 전곡리 주먹도끼나 다른 석기군의 연대와도 맞지 않는다. 다시 한번 밝히는 바, 여태까지 고고학적으로 확인된 사례만으로 볼 때 '전곡리의 현무암반 바로 위에서 주먹도끼가 발견된 경우'는 없다. 있지도 않은 사실을 근거로 잘못된 연대를 계산하고, 그것을 또 국제적으로 검증도 없이 발표하는 것은 중기갱신세설의 논리적인 오류이기 전에 학문적 진실성의 과오가 분명하다.

VI 소결: 중기갱신세설의 파기

자료의 다양함과 기존 연구 결과를 종합하는 태도의 입장에서 볼 때 중기갱신세설이 꾸준하게 새로운 자료를 탐구하고, 기존 자료를 충실하게 활용한 것은 사실이다. 그리고 그 해석에서 과학적 시각이 개입한 것은 분명하다. 하지만 몇 가지 논리적 비약과 전혀 그럴듯하지 않은 유사과학적 접근이 시종일관 작동하고 있다. 그리고 여전히 오류의 인정과 수정보다는 다소 감정적인 수준의 맹목적 설파가 유지되고 있다(배기동 2021: 247). 실제로 본고에서 지적하는 중기갱신세설의 문제점은 전혀 새로운 것이 아니고 지금까지 다양한 방식으로 지적되어 왔다(예: 유용욱 2009; 이선복 2005, 2009; Yi 2011; Yoo 2008, 2009). 하지만 중기갱신세설은 엄밀하고 신중한 탐구와 재고보다는 허술하고 불완전한 논지를 여러 나라의 언어로 번역해서 대서특필하는 데만 몰두해 왔다(예: 松和藤人 외 2005; Bae et al. 2012; Norton et al. 2006). 즉 과정과 절차는 무시하거나 등한시하고, 적절한 무관심과 자료에 직접 노출되지 않은 연구자들의 무지를 등에 업고 표리부동의 자료와 근거 부재의 결과만 현재까지 국제적으로 유포해 온 것이다.

본서는 차후 더욱 발전적이고 선진적인 임진-한탄강 유역 구석기 연구를 위해 중기갱신세설의 파기를 공식적으로 선언한다. 전곡리가 최초로 발견된 지 45년이 되어가는 시점에서 이 지역의 구석기 공작이 서반구의 아슐리안과 유사하다는 이유 하나만으로, 근거 없는 정보와 과학을 표방한 억지에 힘입어 중기갱신세설의 유통기한을 연장할 필요는 더 이상 없다고 본다. 본서에서는 중기갱신세설을 전면 재검토하고 그 논리적 공허함을 공론화했다. 그리고 그에 대한 대안으로 새로운 현지조사 자료를 확보했다. 이러한 대안 자료도 언젠가 더 발달된 기법에 근거한 새로운 자료가 등장할 때까지의 유통기한을 가질 것이 분명하다. 하지만 그렇다고 해서 본서에서 제시한 대안이 중기갱신세설과 같이 근거 불충분한 논지와 감정적 억지로 점철된 것은 아닌 듯 싶다.

중기갱신세설에서 가장 치명적인 요소는 주먹도끼가 발견된 수직적 위치에 대한 과대 평가 혹은 허위 정보다. 이것은 이 지역 구석기 유물군의 연대를 얼마든지 '올려

칠 수' 있게 만드는 위험한 배경 지식이다. 그리고 이 지역의 유물 출토상에 대한 구체적이고 세세한 정보로부터 차단되어 있는 외국 학자들이나 앞으로 이 지역에서 꾸준히 연구를 지속할 후학들에게 잘못된 정보를 전달할 여지가 매우 크다. 적어도 이 지역에서 발견된 주먹도끼의 연대를 얻고자 하는 의도가 순수하고 절박하다면, 중기갱신세설을 하나의 학술적 시행착오로 보고 적극적으로 폐기함으로써, 이를 반복하지 않는 것이 바람직할 것이다.

사실 지난 45년 동안 중기갱신세설이 이렇게 무의미하게 지속될 수 있을 것이라 생각해 본 적은 없다. 그리고 여러 학자들이 이렇게 학술적 권위에 잠식당해, 자료의 한계를 재고하지 못할 것으로 예상하지도 못했다. 하지만 바로 그러한 것들이 중기갱신세설 주창자들의 의도일 수도 있다. 비록 45년이라는 세월이 흘렀지만 중기갱신세설의 한계를 명확하게 인식하고 용도 폐기를 주장하는 것은 한국 구석기고고학의 진전을 위해 진정 필요한 일이다. 물론 이러한 주장에도 불구하고 아무 일도 없었던 것처럼, 지금까지 늘 그래왔던 것처럼 중기갱신세설은 다수의 국제 학술대회나 국제 저널, 더 큰 관점에서 임진-한탄강 유역 구석기를 다루는 문헌 및 한국 고고학 개설서와 일반 대중을 대상으로 하는 교양 고고학 콘텐츠에서 여전히 등장할 것이다. 하지만 이제는 적어도 중기갱신세설의 오류를 바로잡을 다수의 감시자와, 학문적 진실성으로 권위와 국가주의적 병폐를 거부할 움직임도 그만큼 분명하게 자리 잡을 것이다.

제3부에서는 임진-한탄강 유역의 기본적인 지형 양상과 추가령구조곡으로 대표되는 이 지역의 제4기 지형에 대한 개괄적인 정보를 제시했다. 그 과정에서 현재까지 누적되어 온 임진-한탄강 유역 구석기 유적들의 다양한 연대치를 소개했다. 그리고 이 측정치들에 근거한 유적 형성 과정의 이해 및 이러한 연구가 자아낸 다양한 견해들을 정리해 보았다. 임진-한탄강 유역 연구사에서 드러난 사실은, 구석기 문화층 아래에 위치하는 층서 단위들의 형성 연대를 결정하는 것은 무척이나 까다롭고, 또 안정적인 작업이 아니라는 것이다. 사실 현무암 기반암의 형성 시기는 K-Ar 연대 측정법을 통해 중기갱신세 후반으로 설정되었지만(예: 高柳昌弘 1983; 檀原徹 외 2002; 박계헌 외 1995; Bae 1988), 이것 또한 통계학적으로 그다지 뚜렷한 신뢰도를 확보한 상태는 아니다. 이 지역의 퇴적층 대부분이 신뢰할 만한 수준의 연대 측정법인 AMS의 적용 범위를 벗어나 있고, ESR 또는 U-series 방법 등과 같이 유기물을 시료로 사용하는 방법도 적용할 수 없다. 임진-한탄강 유역 구석기의 연대 측정이 다양한 측정치들을 상호 절충해서 적절한 추정값만을 취할 수밖에 없는 것은 결코 과장된 현실이 아니다.

따라서 임진-한탄강의 '구석기 문화층' 형성 시기에 대한 탐구는 매우 어려운 질문이기도 하다. 그럼에도 제3부에서는 이 지역 갱신세의 지형 발달 과정을 크게 세 단계로 나누고, 각 단계를 대표할 수 있는 절대 연대를 새롭게 제시했다. 그 결과 첫 번째 단계인 용암대지 형성 이전 시점에는 임진강 하류 장산리단구의 형성 연대 및 FT 연대치를 통해 약 MIS 10기부터 MIS 6기까지의 시간 폭을 설정할 수 있었다. 두 번째 단계인 용암대지 형성 단계는 K-Ar 연대 측정법의 본질적 한계로 그 구체적인 연대 폭을 명쾌하게 설정하기는 쉽지 않다. 이 지역에서는 용암류가 여러 차례 꾸준히 유입되어 왔고, 그 수평적 파급 범위나 수직적 순서는 각 지점마다 차이를 보이고 있다. 적어도 의미 있는 수준의 절대 연대를 기준으로 할 경우, 이 지역 화산 활동은 MIS 5e기에 종료된 것으로 볼 수 있다.

화산 활동이 종료되며 만들어지는 유물 포함층인 하천 퇴적층은, 전곡리의 OSL 연대치로 볼 때 MIS 5a기부터 MIS 3기 말 혹은 MIS 2기까지 퇴적된 것으로 보인다. 이 기간 동안 개별 유물 포함층이 형성되는 과정은 유적마다 상이했음이 분명한데, 고고학적으로는 고인류가 특정 지점을 분명히 점거하고 물질적 증거인 석기를 확실하게 남긴 맥락이 존재할 때만 의미가 있다. 다음 제4부에서는 이 지역 구석기 유적들을 개별적으로 고찰하면서 다양한 임진-한탄강 유역 고인류 점거의 증거를 살피도록 하겠다. 그리고 2000년대 초반에 집중적으로 이루어진 구석기 유적들의 발굴조사 자료를 소개하고, 이 지역 구석기 공작의 보편성과 특수성을 함께 논하고자 한다.

| 제4부 |

임진-한탄강 유역 구석기 유적의 현황

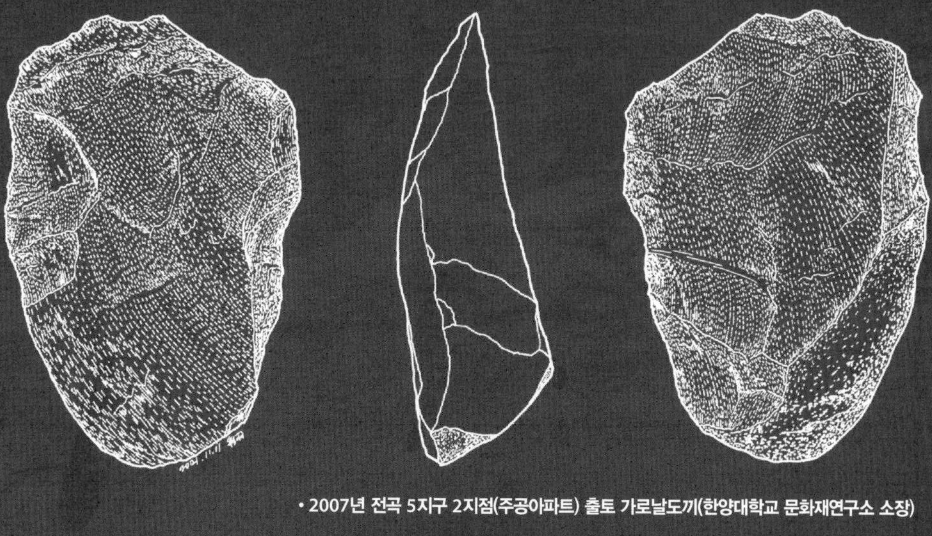

• 2007년 전곡 5지구 2지점(주공아파트) 출토 가로날도끼(한양대학교 문화재연구소 소장)

I 서언: 임진-한탄강 유역 구석기 유적의 조사 개관

제4부에서는 임진-한탄강 유역 구석기 유적의 지질상 및 대표 유물들을 지점별로 확인한다. 임진-한탄강 유역은 경기도 북부와 강원도 서북부 일부를 포함하는 군사분계선 인근이기 때문에 상대적으로 개발이 더디고 원지형이 잘 보전되어 있다. 따라서 한반도의 다른 하계망 지역에 비해 구석기 유적의 수효가 월등하며 그 보전상도 양호한 편이다. 여기에서는 야외조사를 통해 수집된 자료 및 기존에 이루어진 조사들의 내용을 중심으로 서술한다.

제4부에서 다루는 유적 및 유물들은 발견 당시의 상황 및 발견 당사자의 시각에 따른 여러 관점을 통해 기존에 발표된 사례들이다. 이러한 관점들은 본서에서 제시하는 관점과 다른 입장일 수도 있다. 따라서 핵심적인 야외조사의 결과를 우선적으로 심층 기술하고, 그 외의 유적 및 유물들은 관련 문헌 및 실견 표본들을 검토하고 평가하는 데 중점을 둔다. 여기서 제시하는 각 유적들의 문화상은 2020년을 기준으로 한다. 따라서 본서의 집필 시점 이후에 조사 및 보고된 유적들은 차후의 연구 결과를 통해 별도로 제시될 것이다.

임진-한탄강 유역에서 본서 집필 목적의 야외조사가 이루어진 최초의 기간은 1999년 9월에서 2000년 6월까지다. 이 기간 동안은 주로 임진-한탄강 유역 주요 대상 지점의 지질/지형학적 배경에 대한 이해를 도모하고자 했다. 그 작업의 일부로서 현무암의 새로운 K-Ar 연대를 밝혀내기 위한 시료 추출 작업이 전곡리와 신답리 일대의 노두에서 이루어졌다. 이 결과를 기반으로 한 임진-한탄강 유역 구석기 유적의 전반적인 지질상과 유적 형성 과정 관련 논의는 제3부에서 이미 다룬 바 있다. 그 후 2003년 2월부터 5월까지는 임진강 중류역의 주월리/가월리 유적에서 시굴 및 발굴조사가 이루어졌다. 본 조사는 동년 3월부터 6월까지 서울대학교 고고미술사학과와 한양대학교 문화재연구소의 공동 작업으로 이루어진 파주시 주월리/가월리 2차 발굴 작업의 일부다(배기동 외 2005). 당시 조사의 주목적은 자유로 종착 부근에서 파주시 적성면에 이르는 37번 지방 국도의 확장 건설에 따른 유적 훼손 방지 및 구체적인 유물상 확인이었다. 도로 공사에 따른 구제발굴 조사였기 때문에, 조사 범위는 도로의 형태를 반영하는 기다란 선상으로 구획되었다. 이 조사에서는 임진강이 주월리 일대에서 크게 곡류하는 지점의 현무암 분포 범위를 인식하고, 온전한 층위에서 발견되는 석기군의 성격을 파악하는 작업이 주를 이루었다.

주월리/가월리 유적의 조사와는 별도로, 임진강 하류역의 파주시 문산읍에 위치하는 장산리 유적의 지표조사를 통해 추가 유물들이 확보되었다. 그리고 기존의 지표조사 및 발굴을 통해 얻은 유물의 분석도 이와 함께 이루어졌다. 장산리 유적은 서울대학교박물관에 의해 2002년 10월부터 12월까지 시굴조사되었다. 비교적 작은 규모의 시굴조사였기 때문에 유물의 양은 일천하지만, 이때 수습된 구석기 유물들은 현재까지 이 지역에서 가장 오래된 퇴적층 내의 문화층에서 기인한 것으로 볼 수 있다. 그렇기 때문에 용암대지 형성 이전의 고인류 점거에 대한 정보 및 임진-한탄강 유역 주먹도끼 발생 이전 단계의 기술상에 대한 정보를 제공한다.

2003년 10월부터는 임진-한탄강 유역의 지질 조사 및 관련 퇴적층 관찰과 추가 연대 측정 작업이 이루어졌다. 서울대학교 고고미술사학과 구석기실험실과 동교 지구환경시스템학부의 퇴적시스템실험실 연구팀이 합동으로 수행한 본 조사는 제3부에서 그 내용을 이미 자세히 다루었다. 본 야외조사를 통해 연천군의 강내리, 삼곶리, 횡산리 같은 임진강 상류 일대의 유적을 확인할 수 있었다. 그리고 기존 K-Ar 연대치의 방증 자료로서, 전곡리 동쪽 한탄강 변 현무암 하부에 인접하는 모래/자갈층에서 FT 연대 측정 시료를 채취할 수 있었다. 이 시료는 고한탄강 변의 범람층으로서, 용암이 쇄도하며 열에 의해 광물의 이온 결합이 붕괴되고 연대 측정에 충분한 양의 우라늄 비적이 형성되었다는 것을 전제로 하고 있다제3부 참조.

2004년 4월부터 7월까지는 전곡리 사적 지구 바깥에서 발굴이 이루어졌다. 전곡 농협 지점과 하나로마트가 위치하는 이 지점에서는 2012년에 추가로 농협 주유소 부지의 발굴이 이루어지기도 했으며, 2008년부터 2009년까지 발굴이 진행된 전곡 중 2-5호선 구역의 바로 북쪽에 위치한다(이선복 외 2011). 조사 구역은 한탄강이 크게 굽이치는 지점의 북쪽으로, 통상 '전곡 농협 부지'라고 불리는 이 지점의 발굴조사는 전곡읍 일대 퇴적층 탐구에 있어 획기적인 관찰이 이루어진 사례다. 이 조사를 통해 전곡리 주먹도끼가 후기갱신세 후반부인 MIS 3기까지 제작되었다는 것을 알 수 있었다. 또한 퇴적 속도 및 층서 단위 퇴적의 연대를 밝히기 위해 전곡리 퇴적층을 시료로 삼아 OSL 연대 측정이 이루어졌다. 지금은 유적층에서 OSL 연대 측정법을 실시하는 것이 보편적이지만 당시까지 토양층에 포함된 석영 입자의 루미네선스 연간선량을 측

● 지표조사 지점 ★ 발굴조사 지점

1. 장흥리
2. 군탄리(바위그늘)
3. 지포리
4. 상사리
5. 산명리/유정리
6. 사정리(화적연)
7. 운천
8. 중리(아랫심재)
9. 중리(늘거리)
10. 중리(문배뜰)
11. 대회산리
12. 신장리
13. 양문리
14. 선동리
15. 화대리
16. 용정리
17. 고문리
18. 통현리
19. 전곡리
20. 남계리
21. 진상리
22. 삼거리
23. 선곡리
24. 삼곶리
25. 강내리
26. 횡산리
27. 강서리
28. 동이리
29. 마전리
30. 삼화리
31. 어유지리
32. 구미리
33. 학곡리
34. 율포리
35. 가월리
36. 주월리
37. 원당리
38. 장파리
39. 금파리
40. 동파리
41. 장산리
42. 도라산리

[그림 4.1] 임진-한탄강 유역의 구석기 유적 분포도

정하는 것은 초보적이고 시험적인 수준이었다. 하지만 동식물 화석 같은 유기물이 전무한 임진-한탄강 유역에서 구체적인 층준의 연대치를 획득하는 방법은 OSL 측정같이 퇴적층의 입자를 시료로 사용하는 방법밖에 없다. 총 2회에 걸친 OSL 연대 측정은 한국기초과학지원연구원KBSI의 지질연대연구소와(이선복 외 2005a) (재)충청문화재연구원의 고환경연구소를 통해(김명진 2005) 이루어졌다. 이에 대한 구체적인 내용도 이미 제3부에서 다루었다.

2008년 10월부터 2009년 12월까지는 2004년 발굴 지점의 바로 남쪽에 위치하는 전곡읍 사적지 외부에서 추가 발굴이 이루어졌다. 3번 국도와 37번 국도를 연결하는 지방도로중2-5호선 건설에 따른 구제발굴의 성격을 띤 본 조사에서는 현재까지의 임진-한탄강 유역 연구에서 단위 면적당 가장 많은 구석기 유물이 확인되었다. 그리고 기존에 불확실하게 인식되었던 주먹도끼 및 기타 대형 석기군의 수평상이 뚜렷하게 드러났다. 이러한 성과들을 통해 이 지역의 대표적인 구석기 지점인 전곡리 유적의 층위상 발달 및 석기군의 분포에 대한 시·공간적 입장을 명확하게 드러낼 수 있었다. 본서에서는 발굴 보고서에서(이선복 외 2011) 다룬 바 있는 간략한 유물상 소개 및 주먹도끼의 성격에 대한 부분만 언급할 것이며, 보다 구체적인 분석 결과 및 이를 통한 전곡리 유적의 종합적 고찰은 차후 별도의 지면을 통해 이루어질 예정이다.

II 파주시 문산읍 장산리 유적: 가장 오래된 고인류의 점거 증거

1. 유적의 입지와 주변 지형상

장산리長山里 유적은그림 4.1의 41 파주시 문산읍에서 임진각 방향의 북쪽 언덕에 위치한다N37° 54′, E126° 47′. 이 지역은 비무장지대와 가까워 지도 제작이 여의치 않고, 곳곳에 군사 시설이 산재하기 때문에 구체적인 지형 탐구가 쉽지 않다. 본 유적은 1994년 서울대학교박물관이 지표조사를 하면서 발견되었다(이선복 1996). 지표에서 발견된 몇몇 석기들은 현재의 임진강 수면보다 약 30m 높은 곳에서 수습되었다. 발굴작업은 2002년 10월부터 12월까지 서울대학교박물관에 의해 이루어졌다. 하안단구 위에 분포하는 입지 때문에 해발고도가 가장 높은 지점을 굴착해 전반적 층위상과 유물의 분포 지점을 확인하는 시굴작업을 중심으로 진행되었다.

장산리 유적은 임진강 북부의 초평도草坪島와 접하고 있다. 초평도는 임진강이 곡류하면서 자연스럽게 이루어진 하방 침식의 결과로 생성되었을 것으로 보인다그림 4.2. 초평도 부근에서도 상당히 많은 석기가 발견될 것으로 기대되지만 현재 다수의 지뢰가 매설되어 있기 때문에 구체적인 답사가 불가능하다. 장산리 유적이 형성되던 시점 및 그 이후에 초평도가 임진강의 하방 침식으로 만들어졌을 가능성을 생각하면 이 지역은 차후 정식 절차를 거쳐 본격적인 고고학 조사가 이루어질 필요가 있다.

장산리 유적에서 시굴조사된 지역은 해발고도 35-40m에 달하는 강변의 둔덕이다. 현재 이 지역은 군부대의 감시 초소로 쓰이고 있다. 지표 및 표토층에서는 일부 경작 행위로 인한 교란의 흔적이 나타나지만, 바로 밑에서는 조선시대인 15-19세기까지도 사용된 방어시설의 흔적이 발견되고 소규모의 주거 흔적이 조선시대 유물과 함께 나타나기도 한다.

장산리 유적의 지형은 임진강 하류역에 남아 있는 고단구면으로 볼 수 있다. 임진강이 현 파주시의 서쪽으로 유입하면 하폭이 현저하게 증가하고 유속은 눈에 띄게 느려진다. 따라서 운반할 수 있는 퇴적물의 입자 크기가 줄어들어 자갈과 조약돌 같

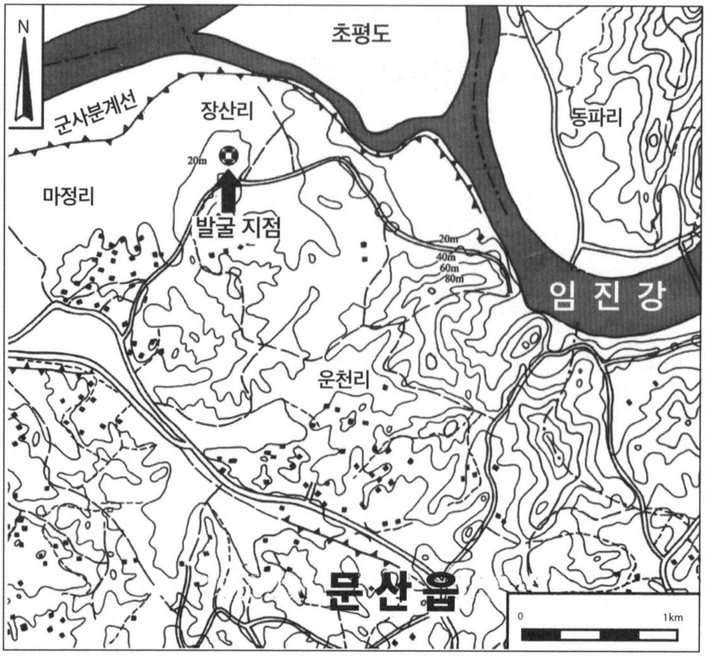

[그림 4.2] 장산리 일대의 지형과 발굴 지점의 위치

은 둥글고 매끈한 돌이 강바닥이나 주변 범람 지역에 퇴적된다. 장산리 유적의 층위도 이런 지질학적 특징을 잘 보여 준다. 임진강의 최하류에 위치하기 때문에 연천 지역에서 하곡을 따라 흘러든 용암류의 파급 범위에서 벗어나 있다. 따라서 임진강 중상류 및 한탄강 일대에 널리 분포하는 용암대지는 나타나지 않고, 용암 분출 이전부터 존재하던 고임진강의 하안단구면이 비교적 온전하게 보존되어 있다. 용암 분출 이전 단계의 단구면은 장산리에서 자갈 위주의 사력층으로 나타나며, 하안단구의 전형적인 퇴적상을 잘 보여 준다.

이선복(1996)은 이러한 하안단구 중 유물이 분포하고 있는 단구면을 '장산리단구'로 이름지었다. 장산리단구 최상부해발고도 약 45m에서 발견된 석기는 현재까지 임진-한탄강 유역에서 발견된 가장 오래된 석기로 볼 수 있을 것이다. 유물층의 연대를 적절하게 측정할 수 있는 시료가 없기 때문에 석기의 구체적인 연대는 아직 불명확하다. 장산리단구 최상부가 임진-한탄강 상류와 중류의 용암 분출 시기보다 더 오래됐다는 것은 단구면의 고도가 현무암 대지보다 평균 20-30m 정도 높다는 것을 근거로 한다 그림 4.4. 그리고 퇴적층 내의 자갈 풍화도 및 원마도圓磨度를 볼 때, 장산리단구가 적어

[그림 4.3] 발굴 이전 장산리의 원래 지형 모습(2002년 당시)

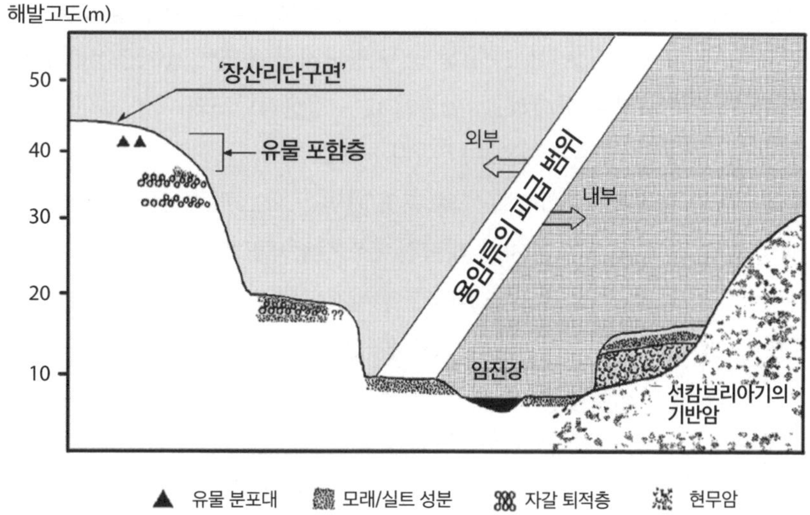

[그림 4.4] 장산리와 임진-한탄강 일대 용암류의 상대 고도를 나타내는 모식도(이선복 1996)

도 중기갱신세 전반 혹은 전기갱신세의 연대에 해당할 수도 있다는 판단이 가능하다(이선복 1996). 그러나 현재 확보된 자료만으로 이렇게 오래된 유적의 연대를 구체적으로 입증하는 데는 무리가 있다. 후술하겠지만, IRSL 연대치를 볼 때, 장산리단구의 연대는 중기갱신세 후반으로 비정된다.

2. 장산리 유적의 발굴조사 및 유적의 형성 연대

2002년 장산리 발굴조사는 장산리단구 내에 존재하는 구석기 유물층이 임진-한탄강 유역에서 가장 오래된 유적일 가능성을 입증하는 데 목적이 있었다. 그리고 이 유물층의 연대를 구체적으로 측정하기 위한 적절한 시료를 확보하는 것도 또 다른 목적이었다.

장산리 유적 퇴적층의 상부는 현재도 사용 중인 군사 방어시설 때문에 일부 퇴적 부위가 상당한 깊이까지 함몰되어 있으며 본격적 조사가 불가능한 곳도 지점 내에 존재한다. 따라서 실제 조사는 일부 지점을 시굴testing하는 방식으로 이루어졌다. 가장 고도가 높은 부위에서는 암반이나 이에 상응하는 가장 오래된 자연층이 발견될 때까지 하강하는 것을 원칙으로 했다.

가장 높은 고도를 보이는 일부 지점은 퇴적학적으로 의미 있는 층위들이 상당히 잘 보존되어 있다. 발굴갱 A, B, D, E는 군사 방어시설 주변에 농기구 비치용으로 우묵하게 깎아 놓은 지점에 위치하고, 발굴갱 C는 장산리단구의 가장 높은 곳을 넘어 임진강 변을 바라보는 북쪽에 따로 위치한다그림 4.5.

발굴갱 A의 북벽에서는 5m 두께의 층위 단면을 확보할 수 있었다그림 4.6. 퇴적층은 열악한 분급 상태를 보여 주지만 대략적으로 상향세립화上向細粒化, fining-upward가 나타난다. 퇴적층 하부에는 크고 둥근 자갈층이 밀집되어 있는데, 높은 풍화도와 원마도 수준으로 볼 때 전형적인 하천 바닥층으로 볼 수 있다. 이 자갈층 사이에는 밝은 색조의 굵은 사질층이 분포하고 있다. 자갈층 상부는 위로 갈수록 모래가 점차 줄어들고 밝은 노란색의 실트층이 나타난다. 상향세립화가 뚜렷한 이런 퇴적층에도 모래 및 실트로 구성된 소규모 수평상의 띠band가 여러 매 포함되어 있다. 이는 아마도 하천이 곡류하는 주변에 단속적으로 발달한 곡류사주曲流砂洲, point-bar가 누적된 결과로 볼 수 있을 것이다(이선복 2004).

전체 층위의 상부와 하부 사이에는 암흑색의 광물질로 구성된 띠가 뚜렷하게 반복된다그림 4.7. 이 검은 띠는 사질/실트층 위에 서식하던 초목들이 부패하며 남긴 흔적으로, 식물 유체 속에 남아 있던 광물질이 지표 바로 아래에서 토양화되며 쌓인 침전물로 볼 수 있다. 장산리에서는 임진-한탄강 유역의 다른 유적들과 달리 땅갈라짐

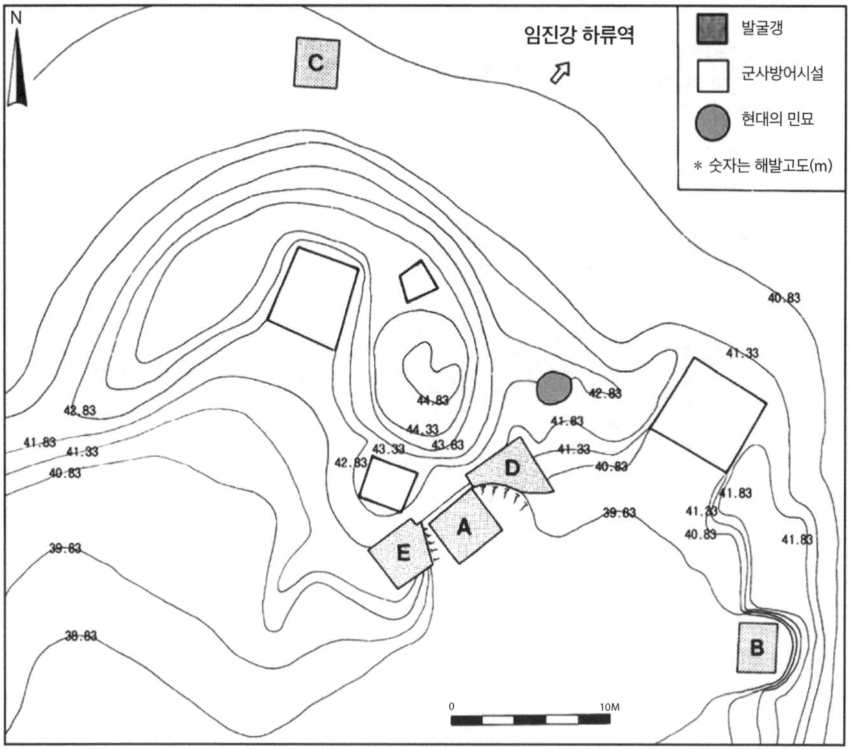

[그림 4.5] 장산리 유적의 발굴갱 배치도 및 인근 지형의 해발고도

[그림 4.6] 장산리 발굴갱의 작업 광경

1: 발굴갱 A, D, E의 작업 광경, 2: 노출된 발굴갱 A의 퇴적층

현상이 관찰되지 않는다. 그리고 기원이 확실하지 않은 암갈색 점토 성분의 충전물grouting이 군데군데 분포한다. 퇴적층의 토양 분석 결과(이용일 2004), 하부 층위는 비교적 안정적이고 장기간에 걸쳐 점진적으로 퇴적된 양상을 보이지만 상부에서는 어느

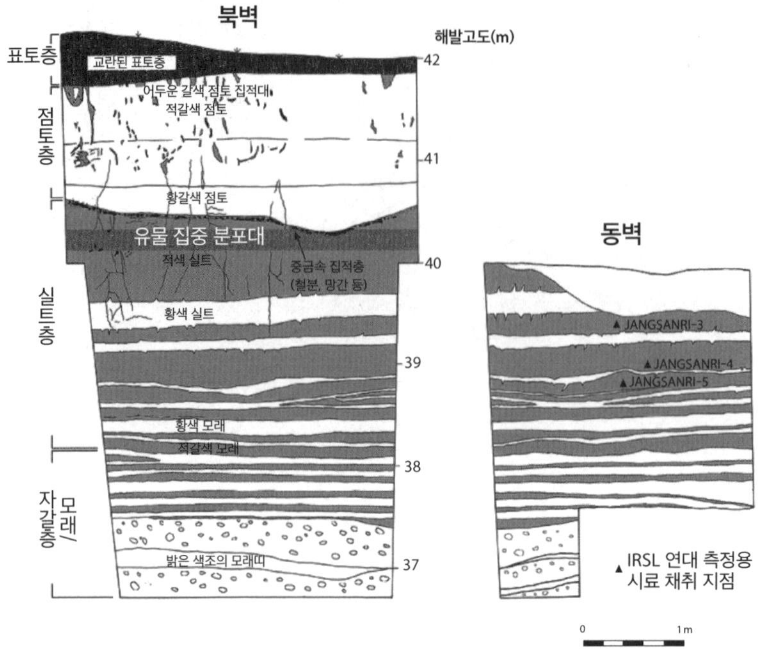

[그림 4.7] 발굴갱 A의 층위도 및 연대 측정 시료의 채취 지점(북벽과 동벽; 이선복 2004에서 편집)

순간부터 확연하게 유속의 감소 현상이 나타난다. 유속의 감소는 용암류가 임진강의 중류 및 상류 하계망을 잠식하면서 유량이 일시적으로 감소하고 유로가 심각한 변동을 거친 영향으로 볼 수 있다.

구석기 문화층은 퇴적층의 하부에 주로 분포한다. 적색 실트층 맨 위에 분포하는 검은색 띠의 바로 아래에서 높은 밀도의 유물층이 확인되었다그림 4.7. 발굴갱 A의 38.5-40.5m 해발고도 범위에서 발견된 4개의 유물을 제외하면, 대부분의 유물은 전반적으로 40.5m 내외의 고도에서 발견된다. 이 사실은 장산리 유적에 거주하던 고인류의 전반적인 퇴적상 및 퇴적 시점을 시사한다는 점에서 중요하다.

발굴갱 A의 적갈색 사질층그림 4.7에서 획득한 3개의 IRSL 연대 측정 결과는표 4.1 대략 0.21mya다(이선복 2004; 이선복 외 2004). IRSL 측정법은 열형광thermoluminescence을 이용한 연대 측정법의 일종으로서, 석영제 광물 입자의 시료를 채취해 각 입자 표면에서 다양한 부분의 연간선량을 측정한다(Aitken 1997). 본 측정기법은 OSL/TLNRL-99-OSTL 자동 측정 시스템을 사용하는 방식으로, 일본의 나라대학奈良大學에서 고안되었다. 이 방법은 시료의 베타선량 수치를 측정하고CaSO$_4$Tm, 알파선량률과 감마선량률은

[표 4.1] 장산리 유적에서 얻은 IRSL 연대치(이선복 2004)

번호	시료 기호	고고선량(Gy)	연간선량(Gy/kya)	IRSL 연대(kya)	측정법
1	Jangsanri-3	1267±119	6.16±0. 22	206±21	FG/IRSL
2	Jangsanri-4	1226±138	5.62±0.18	220±26	FG/IRSL
3	Jangsanri-5	1192±226	5.54±0.19	215±41	FG/IRSL

감마선 분광기를 이용해 우라늄U과 토륨Th 그리고 포타슘K 트랙의 양을 측정해서 계산한다. 여기서 기준이 되는 우주선의 연간선량 비율은cosmic ray rate 약 0.15mGy/년이다(Nagatomo et al. 2005).

장산리의 IRSL 연대치는 유물이 집중적으로 분포하는 해발고도 40.5m 지점보다 약 1m 정도 낮은 곳에서 채취한 시료로 측정되었다. 이 연대는 기존에 이선복(1996)이 추정한 연대보다 상당히 늦은 연대에 해당한다. 사실 어떤 절대 연대 측정이든지 오차를 인정해야 하고, 또 오차의 분포성향에 따라 늦은 연대가 나올 수 있다. 그렇기 때문에 장산리의 IRSL 연대치는 유적 자체의 연대라기보다는 임진-한탄강 유역 용암대지 이전의 가장 오래된 퇴적층 연대 중 하나라고 볼 수 있다. 장산리 석기군은 유물이 분포하는 퇴적층의 양상을 볼 때 IRSL 연대 측정법의 한계치를 넘어서는 오래된 연대를 가질 수 있다. 그러나 IRSL 연대치의 신뢰도를 수용한다면, 장산리단구의 형성 연대 및 유물이 분포하는 퇴적층의 형성 연대는 중기갱신세 후반부에 해당한다.

퇴적층의 상향세립화 경향은 유속의 감소로 인해 하천이 서서히 안정화되며 나타나는 특징으로 볼 수 있다(Balescu et al. 2001; Tong and Shao 1991). 이런 경향은 MIS 6기까지 전 지구적으로 활발히 일어난 범람과 늘어난 유량의 결과인 셈이다. 따라서 장산리단구면의 형성 과정은 상대적으로 온난하고 습윤한 중기갱신세의 하천 퇴적 양상을 시사한다. 비록 IRSL 연대치는 기대보다 늦은 것으로 나왔지만 임진-한탄강 유역에 마지막 빙하기가 도래하기 이전의 기후상과 잘 부합한다. 하지만 임진강은 지금도 홍수나 가뭄에 의해 범람 및 퇴적 양상이 단기간에 변하는 특성이 있기 때문에 유물이 포함된 퇴적층도 유적 형성 이후 재퇴적되었을 가능성이 높다. 이 점을 고려하면 IRSL 연대치는 확률적으로 가장 늦은 석기군의 연대라고 생각할 수 있다. 앞으로 적절한 방법을 통해 시료가 확보되고 온전한 분포상이 관찰된다면 적어도 현재의 IRSL 연대치보다 더 오래된 연대가 밝혀질 가능성은 충분하다.

장산리단구 및 석기군의 연대는 임진-한탄강 중상류 지역에 대규모로 분포하는 용암대지의 상한 연대를 시사한다는 점에서 의미가 있다제3부 참조. 장산리단구의 고도는 임진강 상류역의 현무암 대지보다 높으며, 이것은 이 단구가 용암의 분출이나 유입 시점보다 훨씬 이전에 형성되었다는 것을 명확히 말해 준다. 전술한 IRSL 연대치를 적극적으로 수용하면, 이 연대는 임진-한탄강 유역에서 화산의 폭발 및 용암류의 유입이 적어도 중기갱신세 후반기 이후에 이루어졌다는 것을 말해 준다.

3. 장산리 석기군의 구성과 제작 기술의 일반적 특징

장산리 유적의 석기들을 살펴보면, 중기갱신세 후반부에 해당하는 연대를 감안하더라도 상당히 고졸古拙한 형태를 보여 준다. 많은 석기들이 주로 유적 인근에서 쉽게 획득할 수 있는 둥근 형태의 강자갈로 만들어졌다. 석재는 풍화도 및 표면의 형태를 볼 때 제대로 된 석기를 만들기 쉽지 않은 조질粗質의 석재다. 그러나 이렇게 둥글고 단단한 석재를 사용하면 아주 초보적이고 간단한 기술만으로 둔탁한 날을 가진 대형석기를 만들 수 있다는 이점도 있다.

석재로는 규암, 편마암, 사암 및 석영이 주로 사용되었다. 장산리 지역은 용암대지와 떨어져 있기 때문에, 하상 퇴적층이나 선캄브리아기 편마암이 노두로 노출된 곳에서 석재를 구할 수 있다. 거친 조직의 규암이나 사암은 입자 면에서 보통의 역암conglomerate이나 아주 조질의 사립질 퇴적암으로 볼 수 있다. 대부분의 대형석기는 규암으로 만들어졌고 편마암은 일부 부정형 석기에 사용되었다. 편마암은 풍화로 인해 조직이 약해지면서 쉽게 쪼개지고 부서지기 때문에 주로 부산물 형태에 한해 발견된다. 정질의 석영맥암vein quartz은 드물게 이용되었으며 지표에서 일부 수습되었다.

장산리 퇴적층 내에서 출토된 총 83점의 유물 중 36점이 가공되거나 사용된 도구석기다. 발굴갱 D에서는 가장 많은 유물이 발견되었는데65점, 가공되지 않은 자갈도 다수 포함되어 있었다. 몇몇 소형 자갈은 긁힌 흔적이나 상처가 있는 것으로 보아 고인류가 다른 석재를 타격하면서 남긴 흔적일 가능성이 높다. 그러나 장산리 석기군이 소위 '자갈돌 석기문화'라는 인류 진화상 가장 오래된 석기 공작에 해당될 가능성은 별로 없다. 그 이유는, 자갈돌에 단순하게 남겨진 흔적만으로 이것이 가공 없이 직접 사용한 석기라고 단정할 수는 없기 때문이다. 따라서 일부 가공흔이 보이는 자갈돌은 그 용도를 확실하게 정의하기 힘들다. 가로로 부러진 조약돌과 편평하게 세로로 쪼개진 자갈, 몇몇 박리흔을 남기며 길게 떼어 내어진 둥근 자갈돌 등은 일차적인 퇴적 맥

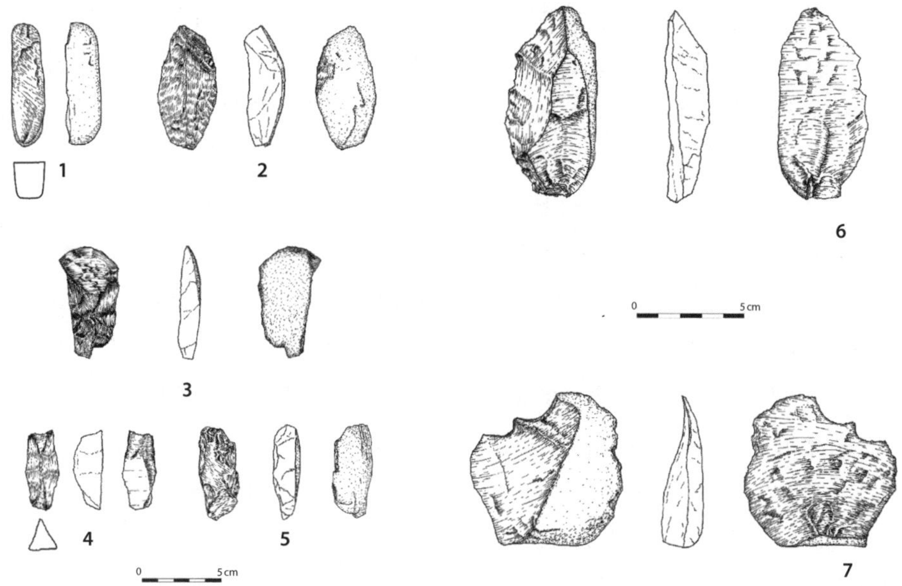

[그림 4.8] 장산리 유적에서 출토된 양극편들과 도구석기의 면모를 보여 주는 가공된 박편들(이선복 2004)

1-5: 양극편, 6: 긁개, 7: 홈날

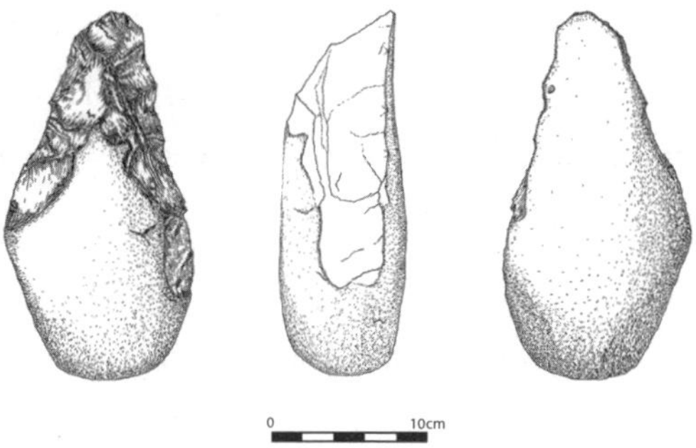

[그림 4.9] 장산리 유적에서 출토된 뾰족끝찍개(이선복 2004)

락을 보유하더라도 고인류 가공 및 사용의 산물로 보는 데 주의할 필요가 있다.

장산리 석기군에서는 체계적으로 가공된 석기가 드물고 박편이나 석핵도 집중 가공된 흔적이 별로 없다. 대부분의 석기들은 초보적인 타격흔이 한두 차례 남아 있을 뿐이다. 잔손질의 증거도 희박해서 몇몇 소형도구는 2차 가공의 흔적이 보이지만 대부분 최소한의 가공 흔적만 남아 있거나 일부 자연날에 사용흔이 남아 있을 뿐이다. 2차 가공흔이 관찰되는 석기로는 비교적 세장한 형태의 박편으로 만들어진 긁개scraper, 그림 4.8의 6와 간단한 클락토니안Clactonian 홈 파내기 기법으로 만들어진 홈날그림 4.8의 7이 있다. 그 외의 소형도구로는 발굴갱 D의 표토층에서 발견된 밀개 1점과, 부정형으로 가공된 박편 1점이 있다.

장산리 유적에서 주목할 만한 석기 형식으로는 양극편bipolar piece이 있다. 전체 가공 석기들 중 양극편은 비교적 높은 비율을 차지한다그림 4.8의 1-5. 7개의 양극편 중 4개는 소위 '자갈돌 쪼개기pebble-splitting' 기법으로 제작되었다(Kuhn 1995: 97). 이 기법은 타원형의 자갈돌을 모룻돌 위에 세로로 세우고 위에서 거대한 자갈로 강한 타격을 가해 두 조각으로 쪼개는 간단한 방식이다. 장산리의 양극편은 추가 타격흔은 없지만 몇몇 개체는 가장자리가 톱날처럼 날카롭게 가공되어 있다. 전체 부산물 중 양극편은 빈번하게 제작된 반면, 박편이나 박편을 활용한 도구석기는 전술한 [그림 4.8]의 6과 7을 제외하면 거의 보이지 않는다.

대형도구는 예외 없이 막자갈을 그대로 가공한 형태로, 정교한 타격흔이 나타나지 않는다. 발굴갱 A에서 발견된 대형 뾰족끝찍개그림 4.9는 원시적 형태의 주먹도끼proto-handaxe와 닮았는데(이선복 2004), 길쭉한 타원형 자갈을 그대로 사용해 말단부만 가공한 형태이기 때문에 주먹도끼로 간주하는 것은 무리가 있다. 원석으로 사용된 자갈의 형태를 거의 간직하므로, 만일 좀 더 둥근 자갈돌로 만들었다면 단면가공 찍개와 전혀 다를 바 없었을 것이다. 20cm가 넘는 초대형 자갈의 가공은 통상의 망칫돌 타격법으로는 거의 불가능하다. 따라서 [그림 4.9]의 길쭉한 타원형 뾰족끝찍개는 아마도 원석을 두 손으로 움켜잡고 모룻돌 위에 그대로 내리쳐서 성형한 것으로 보인다. 제작자는 모양을 만들 때 최소한의 타격으로 말단부만 가공하고 기저부는 둥근 자갈돌의 자연면을 대부분 남겨 두었다. 아마도 기저부를 붙잡고 모룻돌 타격을 가했기 때문에 자연스럽게 추가 가공이 이루어지지 않은 것으로 보인다.

제작 공정이 제한적으로 이루어졌다는 특징은 자갈돌을 의도적으로 가공하지 않고 그대로 사용한 장산리 석기군의 전반적 성격과도 일맥상통한다. 장산리 석기군은 뚜렷한 기술적 전통이나 집단 내에서 공유될 만한 확고한 제작 공정이 희박하다는 특징을 보인다. 이런 의미에서 용암 분출 시점보다 먼저 임진-한탄강 유역에 정착한 초창기 고인류는 주먹도끼에 대한 관습화된 기술적 전통을 보유하지 않았고, 아마도 길고 뾰족한 석기를 제작하는 데 있어 원래부터 길쭉한 타원형의 자갈돌을 아주 단순하게 가공하는 것만으로 목적에 부합하는 도구를 획득했던 것으로 보인다.

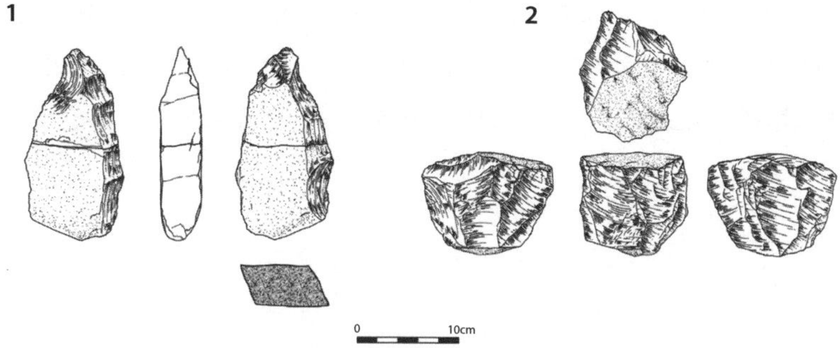

[그림 4.10] 장산리 유적 지표에서 수습된 석기들(이선복 2004)
1: 주먹도끼(파손 개체), 2: 양극석핵

지표 수습 석기군에서 몇 가지 특징적인 석기가 눈에 띈다. 위아래 양쪽의 끝에 타격흔이 남아 있는 양극석핵bipolar core, 그림 4.10의 2을 비롯해, 가운데가 부러진 주먹도끼 한 점이 발견되었다. 이 주먹도끼그림 4.10의 1는 뚜렷하게 성형된 첨두부를 가지고 있지만 측면에는 각각 한쪽 면만 가공해서 양쪽이 교차하는 타격흔이 남아 있다. 퇴적층 내에서 발견되지 않아 일차적 맥락이 완전히 소실된 상태지만, 제작 방식만으로 보면 최소한의 가공으로 측면날과 첨두부를 만들어 내는 임진-한탄강 유역 주먹도끼의 기술적 전통을 잘 보여 준다. 마름모꼴의 단면에서 잘 드러나듯이 편평한 규암제 판석slab에 몇 차례만 타격을 가해 뾰족한 형태를 만들 정도의 단순한 가공만 이루어졌다. 이렇게 외곽부만 변형해 좌·우측 면에 날카로운 긁개 수준의 날을 만드는 제작 방식은 전곡리나 주월리/가월리 유적에서도 확인되고 있다(유용욱 1997).

장산리의 지표 수습 석기들이 온전한 퇴적층 내에서 발견된 석기군과 같은 시기에, 상호 같은 기술조직technological organization; 제5부와 제6부 참조하에서 제작된 것인지는 불확실하다. 장산리 유적 상부의 퇴적층은 보존 상태가 열악하기 때문에 원 맥락을 보유한 유물층은 조사에서 확인되지 않았다. 과거 일제강점기 때 요코야마 쇼사부로横山將三郎가 경기도 문산에서 발견한 다수의 구석기 유물도 장산리 지표 수습품들과 비슷한 맥락을 가지는 석기들일 가능성이 높다. 장산리 지표에서 수습된 양극석핵 및 주먹도끼는 퇴적층 내부에서 온전한 상태로 발견된 자갈돌 위주의 석기군보다 상대적으로 늦은 시기의 것으로 보인다. 그 이유는 [그림 4.10]의 교차가공 주먹도끼와 양극석핵 모두 자갈돌 석기군과는 달리 목적에 부합하는 석기를 취득하기 위해 원형의 형태를 사전에 고려해서 의도적으로 원석을 선택한 것이기 때문이다.

현재 장산리 유적은 시굴조사 이후 추가 조사가 이루어지지 않고 있다. 임진-한탄강 유역 초창기의 석기군을 고찰하는 데 있어 차후 장산리 지역과 이보다 확장된 지점을 포함하는 종합적인 조사가 필요한 것은 분명하다. 물론 요원한 이야기이지만 강 건너 초평도 일대의 지표조사 및 시굴조사도 언젠가는 반드시 이루어져야 할 것이다.

III 파주시 적성면 주월리/가월리 유적: 다양한 주먹도끼와 소형도구의 공존

1. 유적의 위치와 지질상 및 유물상

주월리舟月里/가월리佳月里 유적은 1980년대 후반에 지표에서 다량의 주먹도끼가 확인되면서 알려졌고그림 4.1의 35와 36 1993년 서울대학교에 의해 최초로 발굴되었다(이선복·이교동 1993). 그 후 1994년에는 임진-한탄강 유역의 두 번째 구석기 사적으로 지정되었다. 두 유적은 행정구역상 분리되어 있지만 비룡대교로 이어지는 371번 지방도로를 경계로 인접하기 때문에 퇴적 양상이 유사한 단일 고고학 지점으로 볼 수 있다. 실제로 사적 지정 지구의 공식 명칭도 '파주 가월리와 주월리 유적'이다사적 제389호. 두 유적은 연천군 백학면과 파주시 적성면 사이를 크게 굽이치며 흐르는 임진강 중류 지점에 위치한다그림 4.11.

유적지 남쪽 주변에는 낮은 구릉들이 분포하고 북쪽에는 임진강에 의한 범람원이 위치한다. 유적의 평균 해발고도는 35m로서, 동쪽으로 완만하게 경사져 있다. 전곡리를 포함한 임진강 중상류역의 다른 유적과 달리 용암류가 직접적으로 난입한 흔적은 나타나지 않는다. 1993년도 발굴조사(이선복·이교동 1993) 당시에는 강 근처 제방변에서 풍화된 현무암이 발견되었고 조사 지역 내 퇴적층에도 현무암 쇄설물이 불규칙하게 분포하고 있다. 이런 정황으로 볼 때 유적 내 용암류의 흔적은 임진강 중상류역에서 흘러들어 온 2차 퇴적물의 성격을 띤다고 볼 수 있다. 유적 내에서 현무암 쇄설물이 확인되는 이유는 용암류가 고임진강과 한탄강의 합류 지점인 두물머리에 다다랐을 때현재의 연천군 남계리 일대 수로의 경사가 갑자기 완만해지며 현저하게 속도가 줄었기 때문이다(이선복 1989, 1996).

주월리/가월리 일대는 임진강이 곡류하면서 측방침식으로 하곡이 확장되며 분지盆地의 형태를 이룬다. 넓어진 하곡으로 흘러들어 온 용암류는 곡의 측면을 완전하게 메우지 못하고 분지 내에서 넓게 확장된 형태로 머물렀을 것이다. 그 결과 임진강이 기존의 하천 에너지를 회복하는 과정에서 발생하는 엄청난 양의 현무암 쇄설물이

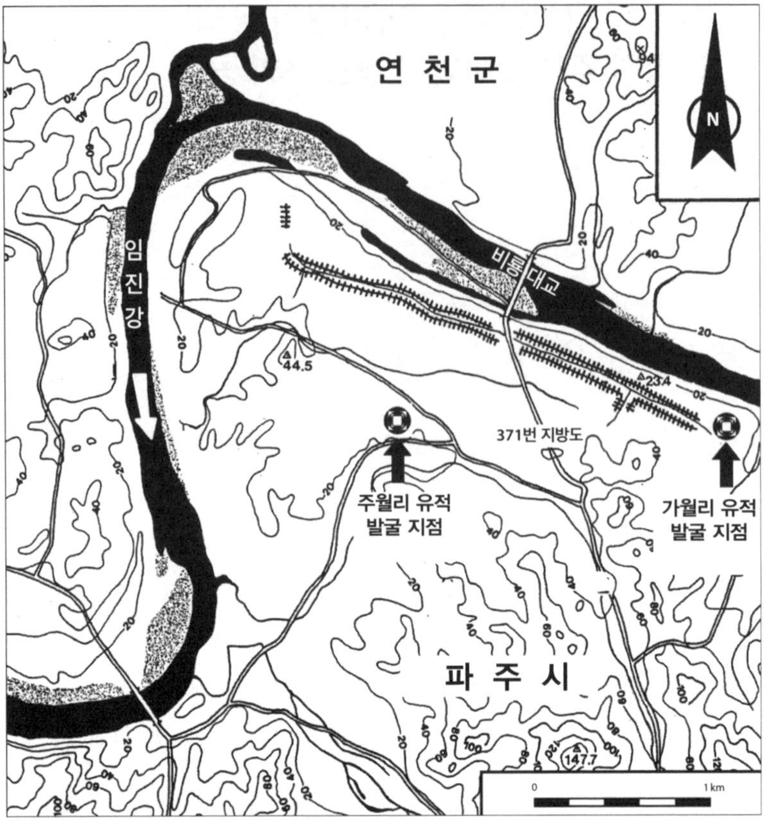

[그림 4.11] 주월리/가월리 유적 일대의 지형과 유적의 위치

유적 주변의 구릉 사면에서 기원한 사면붕적물의 자갈과 함께 범람원을 이룬다(이선복 1996). 용암류는 넓어진 하곡 내에서 갈래 모양으로 분리되거나 불규칙한 형태로 남기 때문에 분지 외곽에는 현무암 쇄설물의 흔적이 거의 드러나지 않기도 한다그림 4.12. 이러한 양상은 주월리보다는 가월리 쪽에서 주로 발견되는데, 가월리 지역에는 현무암의 흔적이 별로 없는 대신 남쪽 구릉에서 지속적으로 유입되어 온 사면붕적층colluvium이 널리 분포하고 있다.

주월리/가월리 유적 주변은 1970년대부터 농지 개발이 시작되어 원래의 퇴적층이 상당 부분 훼손되었다. 주먹도끼를 비롯한 구석기 유물들은 대부분 원래의 맥락에서 벗어나 지표에서 수습되고 있다. 1993년 발굴조사를 통해 최초로 밝혀진 이 지역 층위상은 임진-한탄강 유역에서 전형적으로 나타나는 적색조와 황색조의 점토/실트층으로 구성되어 있으며, 장산리 유적과 마찬가지로 미약한 상향세립화 경향을 보

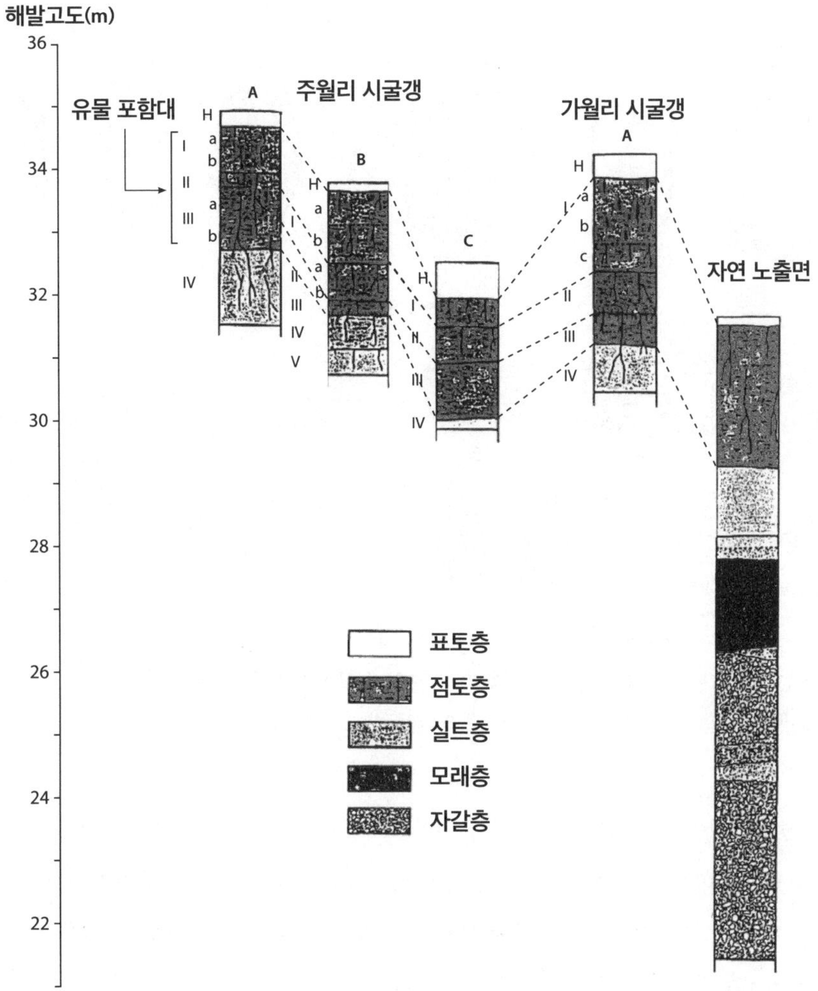

[그림 4.12] 주월리/가월리 일대의 표준 퇴적상(이선복·이교동 1993)

여 준다. 장산리 층이 중기갱신세 후반부의 전형적인 단구 퇴적물인 사력砂礫 기반이라면, 주월리/가월리 유적은 분급도가 더 좋고 색조 차이가 뚜렷한 변이상을 보여 준다그림 4.12. 1993년에는 주월리 지점에서만 유물층이 확인되었는데, 이는 해발고도 32-34m 구간에 존재하는 적갈색 점토/실트층과 그 아래에 분포하는 조립질의 황갈색 실트층 상부에 분포한다(이선복·이교동 1993). 퇴적층 하부에서 용암류는 뚜렷하게 관찰되지 않는다.

대부분 지표에서 수습된 개체이지만, 주월리/가월리는 동아시아에서 가장 많은

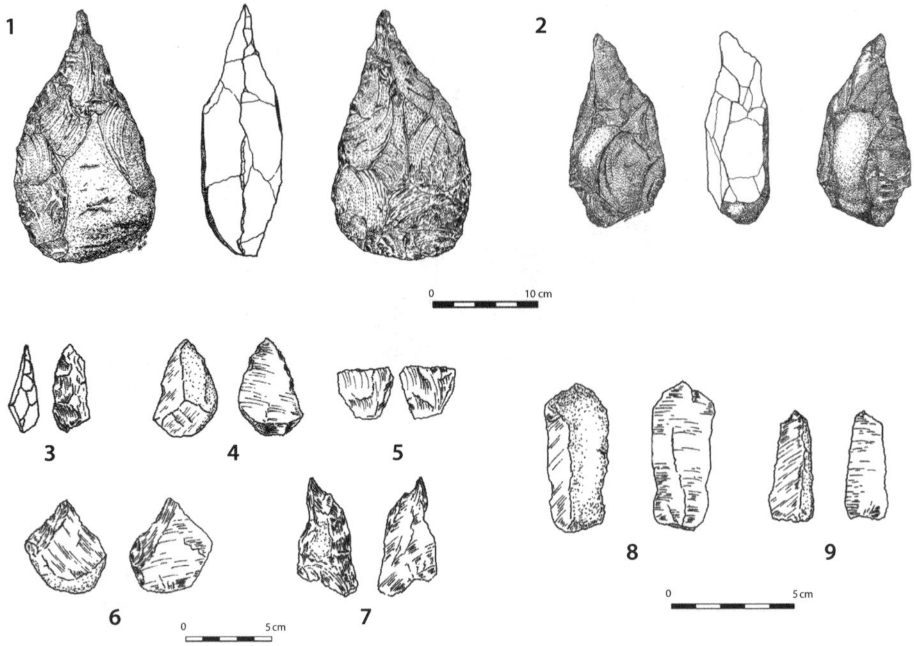

[그림 4.13] 1993년 조사에서 수습된 주월리/가월리 유적의 석기들(이선복·이교동 1993)
1-2: 가월리 지표 출토 주먹도끼, 3-7: 각종 소형도구, 8-9: 세장박편

주먹도끼가 발견된 유적 중 하나로서 그 기술적 완성도도 다른 지점의 석기군에 비해 월등하게 세련된 면모를 보인다. 또한 주먹도끼 이외에 정질의 석영맥암으로 제작된 소형석기도 일부 발견된다. 그중 대표적인 도구 형식으로는 프랑스 샤텔페로니안 Châtelperronian 단계의 대표적인 유물인 등칼Châtelperronien couteau à dos과 유사한 석기 한 점을 들 수 있다그림 4.13의 3. 또한 일본의 사축첨두기斜軸尖頭器, canted point처럼 배면을 잔손질한 석기그림 4.13의 4 및 잔석기의 일종인 사다리꼴날도 일부 발견된다그림 4.13의 5. 이런 소형도구들은 임진-한탄강 유역의 석기군이 주먹도끼나 가로날도끼 같은 아슐리안 공작과 유사한 대형도구 석기만으로 구성되어 있지 않음을 말해 준다. 그리고 석재나 제작 기법 면에서 대형도구와 전혀 다른 소형도구의 기술적 전통도 뚜렷하게 정형화되어 있다. 소형도구의 형식에 대해서는 제5부에서 보다 자세히 다루겠다.

주월리/가월리 유적에서 확인되는 소형도구 및 형태적으로 세련된 주먹도끼는 임진-한탄강 유역의 다른 지점에서 좀처럼 나타나지 않는다. 기하학적으로 대칭에 가깝고 자연면을 대부분 제거한 주먹도끼는 석재의 선택이나 제작 기법 면에서 확실한 기술 체계가 자리 잡았음을 시사한다. 최근에 조사된 가월리 1236-1번지 지점에서는

(김영준 외 2016) 전체 석기군 내에서 상대적으로 정질의 입자를 가진 석영을 활용한 사례가 우세하다. 정질의 석영으로 만들어진 소형석기가 나온다는 것은 임진-한탄강 유역 중에서도 주월리/가월리의 고인류가 다른 지점과 달리 개성 있는 기술적 숙련도를 보유했음을 말해 준다. 이런 양상은 2003년도 발굴조사 결과에서도 마찬가지로 나타난다.

2. 2003년 조사의 과정 및 결과

2003년 주월리/가월리 유적 조사 당시는 농지 개발로 인해 유적지 주변에 교란층이 넓게 분포하고 있었다. 하지만 대부분의 유물들은 원래의 맥락을 비교적 잘 반영하는 층위에서 집중적으로 발견되었다. 시굴 및 발굴조사는 주월리와 가월리로 나뉘어 실시되었다.

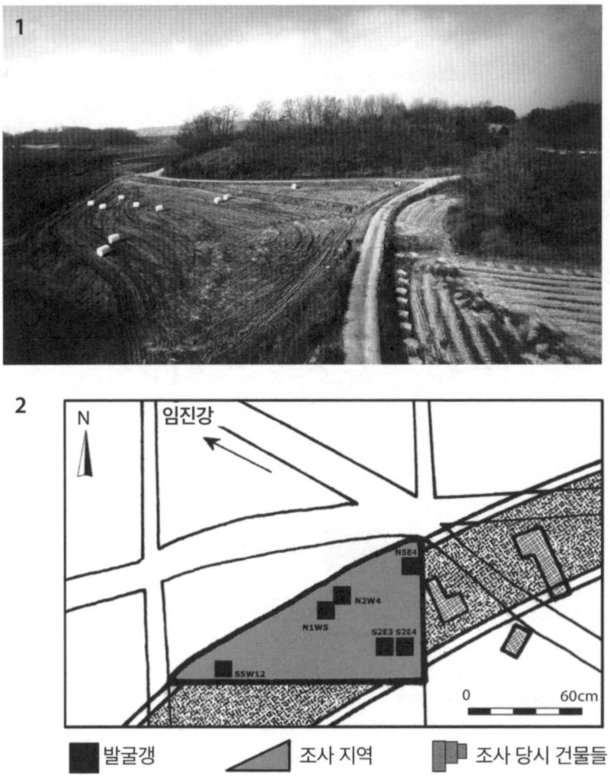

[그림 4.14]

주월리 지점의 사적 지구

1: 동쪽에서 바라본 모습,
2: 조사 당시 발굴갱 배치도

[그림 4.15]
주월리 지점의 발굴 작업 광경
1: 남쪽에서 바라본 조사 지역,
2: N5E4 발굴갱 유물 출토 상황

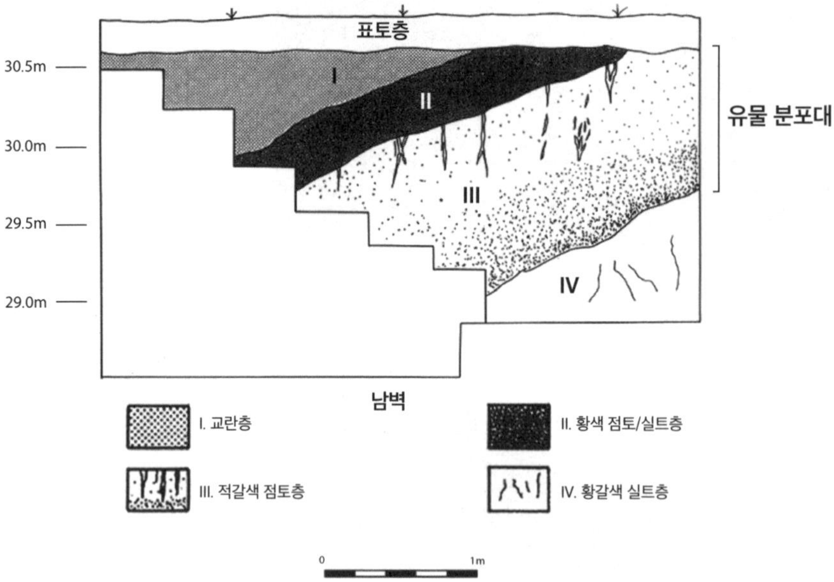

[그림 4.16] 주월리 지점 N5E4 발굴갱 층위도(배기동 외 2005)

주월리 조사 지점은 임진강 본류에서 2km 남쪽에 위치한다. 조사 지역을 4×4m 크기로 구획하고 그중 6개의 발굴갱을 설정해 하강작업을 진행했다그림 4.14의 2. 표토층 아래의 온전한 퇴적층은 경작 및 개발로 인해 대부분 훼손된 상태였다. 발굴갱 N5E4는 원 토양이 온전히 남아 있었지만그림 4.15의 2 나머지 5개에서는 층서 단위를 수평상으로 확인하기가 불가능한 수준이었다. 표토 아래 교란된 부식토가 발달했음에도 불구하고 적갈색 점토층 위쪽에는 땅갈라짐의 흔적이 드러났다. N5E4 발굴갱을 제외한 대부분은 상부의 교란층에서 유물이 수습되었다. 교란층 수습품은 기존에 지표에서 발견된 유물들과 마찬가지로 원래의 맥락을 손실한 상태다. 주월리 N5E4 발굴갱에서 수습된 유물들은 대부분 적갈색 점토층과 황갈색 실트층 경계에서 수습되었다. 이는 1993년도의 발굴조사 결과와 일치한다(이선복·이교동 1993). 유물층 상부에는 정질의 입자로 구성된 황색의 점토/실트층이 있다그림 4.16의 II층. 이런 층이 임진-한탄강 유역에서 발견되는 것은 매우 드문 경우이며 오직 한탄강 상류의 높은 고도에 위치한예: 장흥리 유적 몇몇 지역에서만 발견되었다(최복규 외 2001). 이 층에서 유물은 발견되지 않았다.

가월리 지점은 임진강에서 1.2km 남쪽에 있고 주월리 지점과 371번 지방도 및 비룡대교를 경계로 구분된다. 본 조사 이후 건설된 37번 국도 확장 구간은 현재 주월리를 관통해 가월리에서 임진강과 나란한 방향으로 율포리와 어유지리를 지나간다. 가월리 조사 구역은 낮은 구릉 아래의 언덕에 위치한다. 이 지역은 주월리 지점과 전혀 다른 퇴적 양상이 나타날 것으로 기대되었기 때문에 16개의 발굴갱을 구획하고 시굴조사를 했다. 동쪽 구역에서 교란되지 않은 문화층이 나왔고 이곳에서 95%의 유물이 발견되었다그림 4.17의 1. 유적의 층위 배열과 유적의 형성과정을 조사하기 위해서 언덕마루 방향으로 20m 길이의 계단식 종방향 트렌치를 배치했다그림 4.17 2번 도면의 TR, 그림 4.18. 그리고 유물 집중면의 1m 아래에 분포하는 갈색 실트층해발고도 32m 부근의 층에서 채취한 시료의 IRSL 연대 측정 결과, 51±23kya의 연대치를 얻을 수 있었다.

가월리 지점 종방향 트렌치의 층위상은 주월리 및 여타 임진-한탄강 유역의 유적과는 다르다. 바닥부터 살펴보면 암갈색 실트/사질층, 갈색 실트층 그리고 교란된 부식토와 표토 순으로 퇴적되어 있다그림 4.19. 갈색 실트층은 범람원의 유기물들이 부식하면서 퇴적물이 어두운 색조로 바뀐 결과인데, 그 과정에서 유물들이 2차 재퇴적되었을 가능성도 배제할 수는 없다. 토양 입자들은 상대적으로 질감이 거친데, 이는 사면퇴적 작용으로 인한 분급의 불량화 때문이다. 따라서 유수 퇴적보다는 주변의 구릉지에서 기원해 풍화된 특성이 강하다.

갈색 실트층 내에는 문화층이 집중적으로 분포하는데, 이는 땅갈라짐면의 아래

1

2

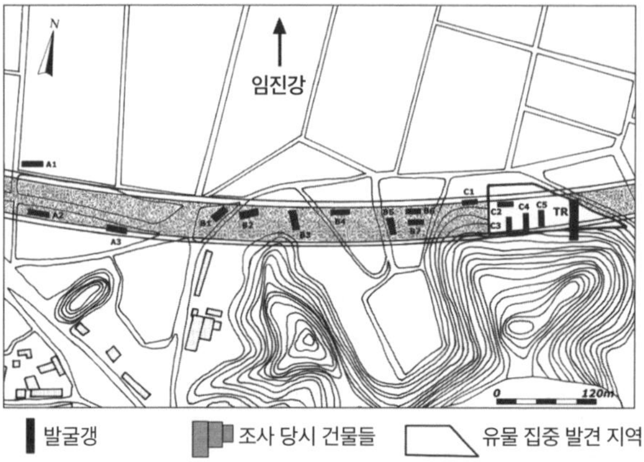

[그림 4.17]
가월리 발굴 지점의 전경
1: 북쪽에서 바라본 모습,
2: 조사 당시 발굴갱 배치도

[그림 4.18] 가월리 지점 종방향 트렌치의 정리를 완료한 모습

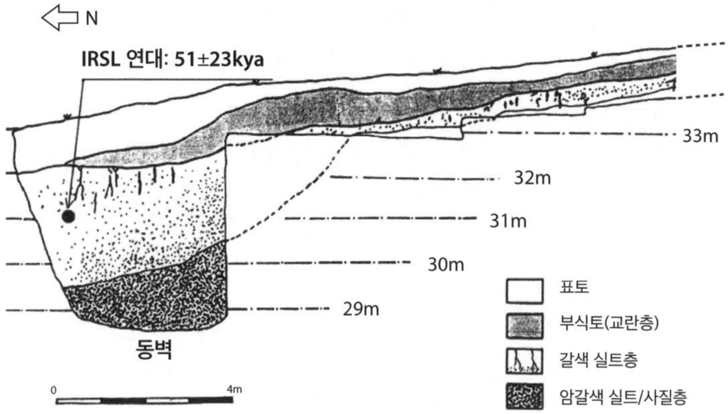

[그림 4.19] 가월리 지점 종방향 트렌치(TR)의 층위도(배기동 외 2005)

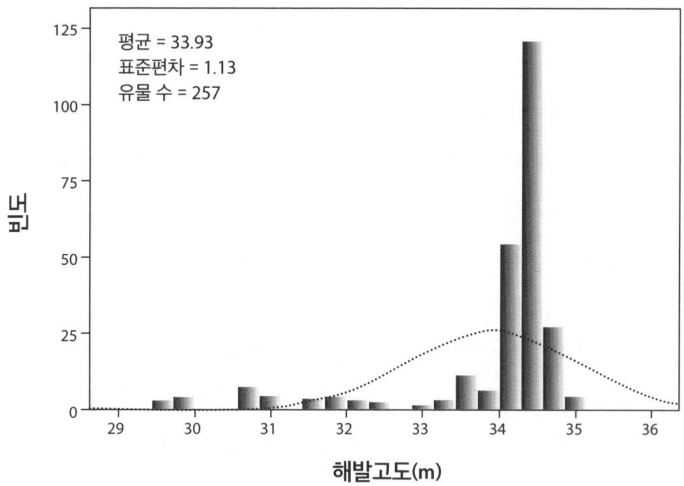

[그림 4.20] 가월리 지점의 퇴적층 내 해발고도에 따른 유물 분포

에 위치한다. 이 문화층은 북쪽을 향해 하강하는 방향으로 경사져 있지만, 해발고도 34-35m 부근부터 이어져서 상대적으로 높은 고도에 위치한다그림 4.20. 약 51kya의 연대 측정치에서 알 수 있듯이 갈색 실트층은 MIS 3기에 형성된 것으로 보인다(Nagatomo et al. 2005). 갈색 실트층 상부의 쐐기 모양의 땅갈라짐은 아마 MIS 2기의 춥고 건조한 기간 동안에 형성된 것으로 볼 수 있다(이선복 2000; 한창균 2003). 따라서 가월리 지점의 석기군 연대는 MIS 3기 후반인 50-30kya로 추정할 수 있는데, 이는 대부분의 유물들이 IRSL 시료보다는 다소 높고 전술한 땅갈라짐면의 고도보다는 낮은 지점에서 발견

되기 때문이다. IRSL 연대 측정 시료와 문화층 사이의 시간차를 정확히 파악할 수 없는 이유는 두 지점의 고도에 대한 정보가 부족하고 주요 퇴적물인 실트 성분의 분포는 사면붕적물의 성격이 짙기 때문이다. 유물층의 분포상도 언덕의 경사면을 따라 형성된 것처럼 비스듬한 모양을 하고 있다. 따라서 가월리 종방향 트렌치는 유적이 형성되던 당시부터 완만한 경사를 이루던 언덕 상부의 점거 지점으로 볼 수 있을 것이다.

3. 발견된 석기들의 특징

임진-한탄강 유역에서 가장 흔한 석재로는 석영과 규암을 꼽을 수 있다. 그러나 주월리/가월리에서는 다른 지역보다 정질의 석영을 주로 사용한 흔적이 뚜렷하다. 정질석영은 입자가 굵은 규암보다 정교하고 날카로운 날을 만드는 데 유리하다. 그러나 정질석영은 보통 소형 암맥 속에 포함되어 있는 경우가 대부분이라서 본격적으로 석재로 활용되려면 주월리/가월리에서 어느 정도 거리가 떨어진 산지까지의 반복적인 이동이 필요하다. 또한 수습 및 채취 과정에서 기존의 일반적인 석영 및 규암과는 다른 수준의 탐색 작업이 필요한 것이 사실이다.

정질석영의 또 다른 이점은 '이방성anisotrophy'이라는 기계적 성질이다(유용욱 2003, 2012). 이는 암질이 형성될 때 균일하지 못한 열과 압력에 의해 실리카SiO_2 결정이 불규칙하게 결합해 단순한 전단 스트레스에도 판상 분할을 일으키는 성질을 말한다(Klein and Hurlbut Jr. 1985). 정질석영의 이방성 조직 구조는 미세한 잔손질을 가하거나 르발루아 박편 및 돌날을 연속적으로 획득하기는 어렵지만 상대적으로 평이한 박리작업은 잘 되기 때문에 다양한 소형도구를 즉석에서 제작할 수 있다. 특히 긴박한 여건에서 즉흥적으로 소형도구를 제작할 수 있다는 점은 당시의 석기 수급 여건에서 뚜렷한 이점을 가진다. 이러한 이방성 때문에 정질석영은 원석의 크기와 형태를 선택하는 데 있어 조질의 석영이나 규암보다 비교우위를 가졌을 것으로 보인다.

주월리 지점에서는 대형도구예: 찍개와 주먹도끼와 약간의 잔손질을 가한 박편들이 발견되었다. 석기 수는 많지 않고32개 중 3개는 지표 수습품, 2차 퇴적의 결과물도 있다. 표토 아래 교란층에서 발견된 주먹도끼그림 4.21의 4는 표준화된 생산과정과 대칭에 가까운 형태를 가지고 있어서, 주월리/가월리 지역에 거주하던 고인류들에게서 이미 '정해진 형태'로서의 주먹도끼가 인지 및 구현되었던 것으로 보인다. 이 지역에서 발견된 주먹도끼가 대부분 정질석영이나 사암같이(유용욱 1997) 상대적으로 고품질의 석재로 제작

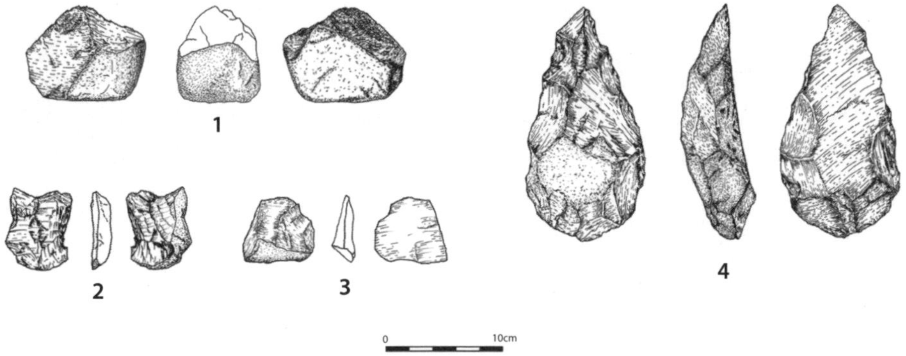

[그림 4.21] 주월리 지점에서 발견된 석기들(지표 수습품 포함; 배기동 외 2005)
1: 양면찍개, 2-3: 박편, 4: 교란층 출토 주먹도끼

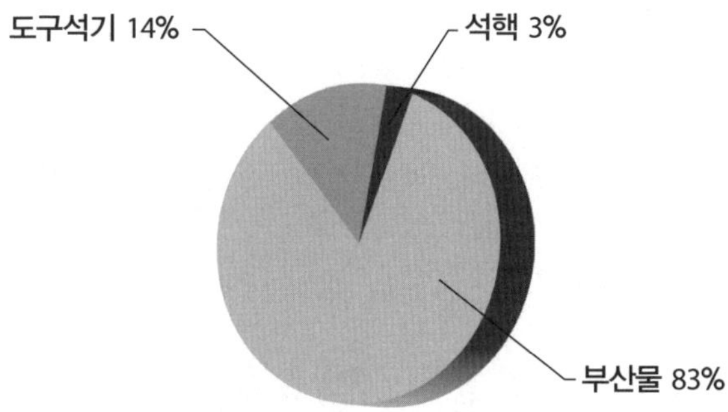

[그림 4.22] 가월리 지점에서 출토된 석기의 구성비

된 것으로 보아, 아마도 당시 고인류들은 특정한 도구의 제작을 미리 염두에 두고 선택적으로 석재를 획득한 것으로 보인다. 특정한 재질의 석재 선택이 주먹도끼의 표준화된 형태를 제작하기 위한 필요조건인 것은 사실이다.

가월리 지점에서는 총 289개의 석기가 발견되었다. 이들 중 찍개, 주먹도끼 및 소형도구가 14% 정도에 달한다그림 4.22. 대형도구의 양은 적지만 주먹도끼의 가공 흔적을 살펴보면 양면을 정밀하게 다듬어 모양을 만들었음이 뚜렷하게 나타난다그림 4.23의 2. 소형석기는 찌르개, 자귀, 뚫개, 긁개, 홈날 같은 다양한 형식으로 나타난다. 그 밖에도 크기가 작고 여러 차례 박리된 흔적이 남아 있는 석핵들이 발견되었다.

소형도구들은 박편이나 기타 부산물들을 이용해 만들었다. 박편이나 각진 파편의 부러진 부분을 사용했으며, 이러한 부분이 지속적으로 파손되면서 원래의 박편보

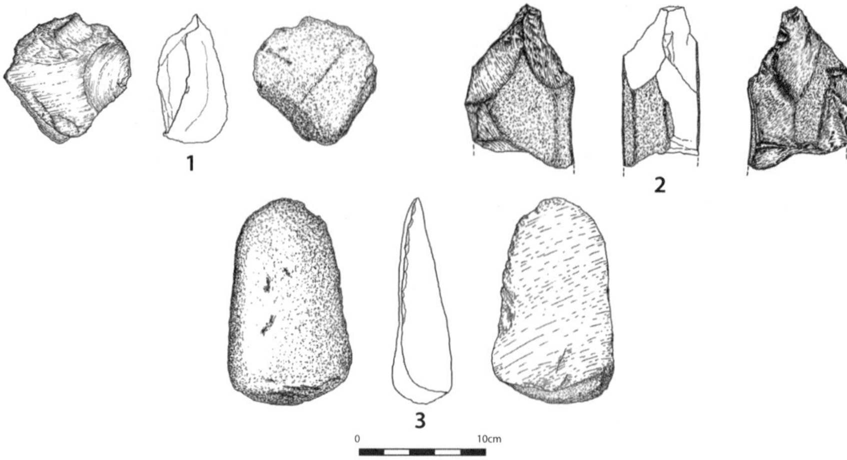

[그림 4.23] 가월리 지점에서 출토된 각종 대형도구 석기들(배기동 외 2005)

1: 외면찍개, 2: 파손된 주먹도끼, 3: 대형긁개

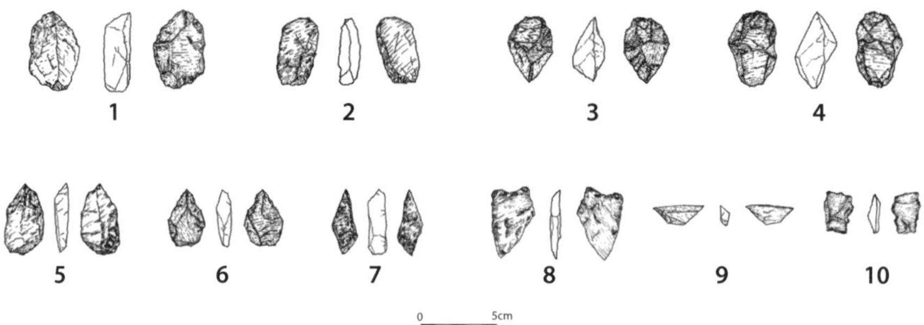

[그림 4.24] 가월리 지점에서 출토된 각종 소형도구들(배기동 외 2005)

1-2: 긁개, 3-4: 밀개, 5-7: 찌르개, 8-10: 사다리꼴날

다 훨씬 작아진 흔적이 뚜렷하다. 예를 들어 긁개는 타격면이 없는 깨진 박편이나그림 4.24의 1 말단부가 없어진 박편으로 제작되었고그림 4.24의 2, 몇몇 찌르개는 박편 말단부의 모양만 다듬어 만들거나그림 4.24의 5 원래 각진 형태의 부산물을 재가공해 뾰족한 첨두부를 만들기도 했다그림 4.24의 6과 7. 이와 마찬가지로 사다리꼴날도 박편의 측면을 가공 또는 재가공하면서 만들어졌다그림 4.24의 8-10.

주월리/가월리 유적에서 발견된 석기군의 성격을 종합하면, 임진-한탄강 유역에서 꾸준히 발견되는 주먹도끼, 찍개, 대형긁개같이 자갈돌을 활용한 대형석기가 다른 유적과 마찬가지로 확인되는 점을 들 수 있다. 하지만 다듬어진 수준을 볼 때, 가월리의 소형석기들은 대형석기와는 차별화된 작업연쇄를 거쳐 원석 단계부터 따로 제작된 흔적이 뚜렷하다. 이렇게 대형과 소형 두 가지 도구석기의 분명한 구분 및 상호 독립적인 제작 방식은 장산리 유적과는 달리 주월리/가월리 유적에서 보다 뚜렷하게 나타남을 확인할 수 있다.

IV 연천군 전곡읍 전곡리 유적: 장기간에 걸친 석기 제작 기술의 변화

1. 유적의 위치와 석기군의 주요 특성

전곡리全谷里 유적그림 4.1의 19은 한국에서 처음으로 주먹도끼가 발견된 곳으로, 1978년 주한미군 부사관인 그렉 보웬이 현재의 전곡읍과 가까운 한탄강 변에서 주먹도끼를 발견하면서 알려졌다. 이 유적은 한탄강 중류 사행천 부근에 위치하는데, 북쪽에서 차탄천, 남쪽에서 신천, 동쪽에서는 영평천이 합류해 좀 더 서쪽으로 흐르다가 임진강으

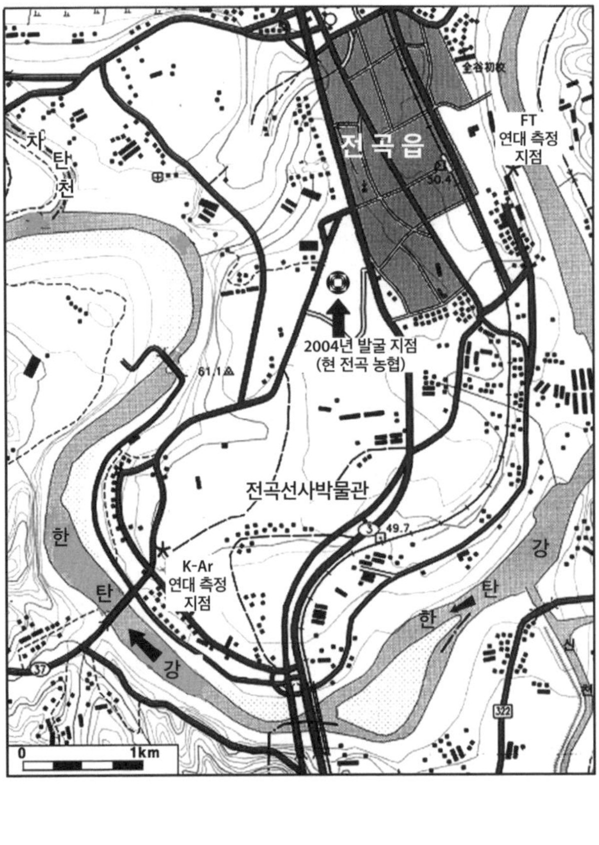

[그림 4.25]
2004년 당시 전곡읍 일대의 전곡리 유적과 한탄강

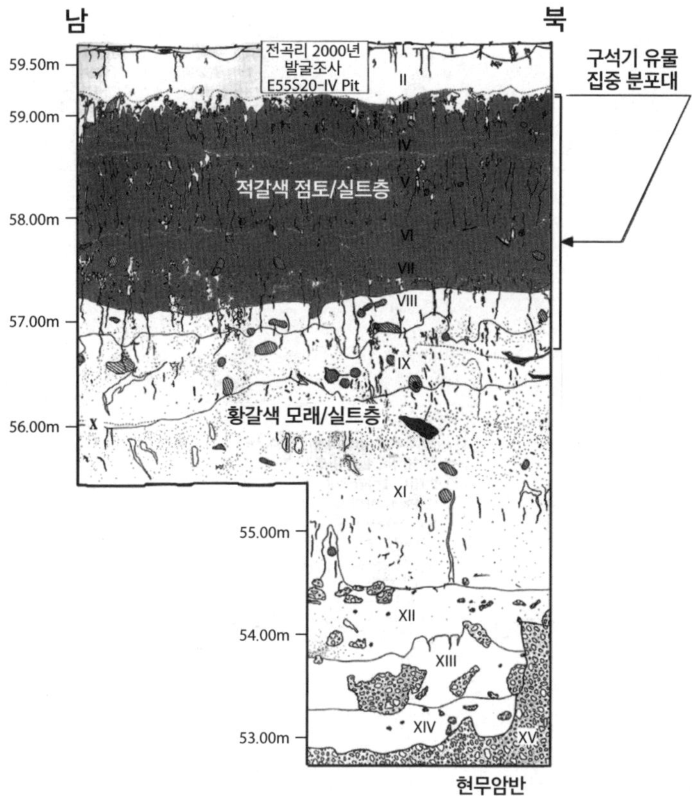

[그림 4.26] 2000년 발굴된, 현재 전곡리의 표준 층위인 E55S20-IV 발굴갱 단면도(배기동 외 2001)

로 유입하는 사통팔달四通八達의 계곡 지점全谷이다그림 4.25. 이 지역은 현무암 대지 위에 범람원이 잘 발달해 있다. 전반적으로 소규모의 분지 형태를 이루며, 전곡선사박물관 위치에서 보면 한탄강이 절벽을 따라서 호상弧狀으로 굽이친다. 현재 3번 국도의 좌측은 대부분 사적 지역으로 지정되어 있다.

용암대지 위의 퇴적층은 대부분 하천 퇴적층이다. 앞서 주월리 지점에서 언급한 바 있는 적갈색 점토층에서 대부분의 유물이 발견되고 있으며, 이 층준에서는 여러 개의 땅갈라짐crack도 관찰되고 있다그림 4.26. 그 아래에는 황갈색 실트층이 두텁게 분포하는데, 이는 하천의 운동 에너지 변화에 따른 퇴적 환경의 차이 및 퇴적 당시의 기후상을 반영한다. 이 층에서는 유물이 그다지 많이 발견되지 않는데, 아마도 황갈색 실트층이 퇴적되던 당시는 한탄강 유수의 영향을 직접 받던 시기이므로 원래 유물 맥락이 보전되기가 거의 불가능했기 때문으로 보인다제3부 참조.

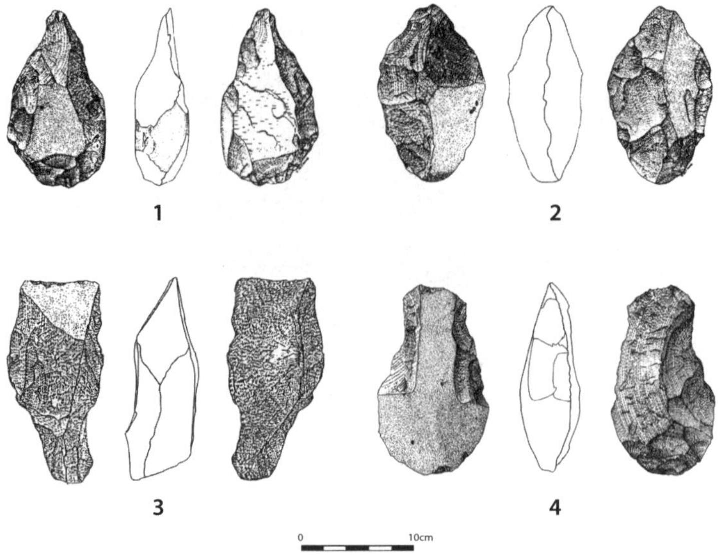

[그림 4.27] 전곡리 지표에서 발견된 각종 대형절삭도구들(김원용 외 1981)
1-2: 주먹도끼, 3-4: 가로날도끼

전곡리에서 발견된 대부분의 석기는 석영과 규암으로 만들어졌다. 이 두 석재는 현무암이 노출된 곳이나 강 주변의 자갈 더미에서 쉽게 구할 수 있다. 1978년에 첫 번째 주먹도끼가 발견된 이래로 현재까지 약 100여 점 이상의 주먹도끼가 공식 발굴 및 지표조사를 통해 발견되었다그림 4.27의 1-2. 물론 찍개그림 4.28의 1, 다각구그림 4.28의 2, 가로날도끼그림 4.27의 3-4 같은 기타 대형도구들도 발견되었다. 대형도구 위주의 석기군은 아프리카의 아슐리안 공작과 유사한 것이 분명하고, 초창기에는 이러한 석기군을 주먹도끼가 포함된 동아시아의 전기구석기 공작으로 정의하기도 했다(김원용 외 1981).

일부 연구자들은(배기동 1992; 정영화 1994; Bae 1988) 전곡리 유적의 석기들이야말로 동아시아 전기구석기를 찍개 문화권으로 규정한 모비우스의 견해를(Movius 1949) 확실하게 반박할 증거라고 보았다. 이 주장은 전곡리의 원초적인 제작 공정이 당연히 구대륙의 다른 전기구석기 공작과 동일한 시기에 이루어졌다는 선험적 가정에서 비롯한 것이다(Yi and Clark 1983). 사실 전곡리의 주먹도끼와 여타 중작업도구heavy-duty tools는 제작 방식 및 형태 면에서 고전적인 아슐리안과 많이 다른데(배기동 1992, 2000b), 이는 주요 석재인 석영이나 규암 등의 기계적 성질이 열악하기 때문이라는 지적도 있다(배기동 1992, 1995b; Bae 1988; Clark 1998).

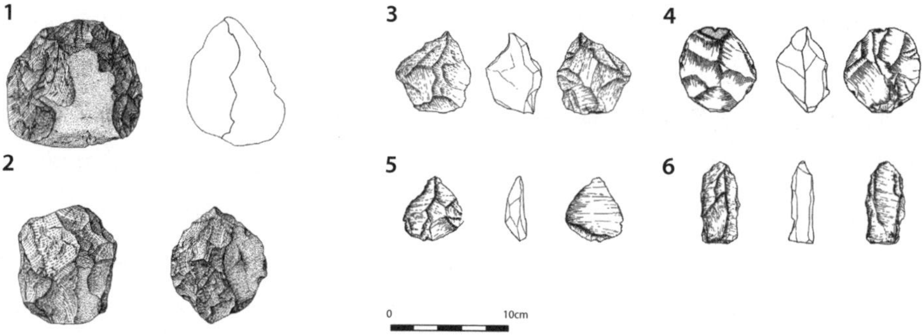

[그림 4.28] 전곡리에서 기타 도구들과 부산물들(김원용 외 1981; 배기동 외 1996)
1: 외면찍개, 2: 다각구, 3-4: 구심석핵, 5-6: 각종 유사 르발루아 박편

전곡리의 석기들이 형태적으로 아슐리안 공작과 유사하지만, 이렇게 단순한 형태적 유사함이 전기구석기의 아슐리안과 전곡리 석기의 시기적·맥락적 동일함을 보장해 주지는 않는다. 이선복(1989)은 전곡리의 주먹도끼가 모비우스의 주장을 반박하도록 해주었지만, 전곡리 석기군은 동아시아의 다양한 석기 제작 기술전통 중 하나일 뿐 아슐리안과 동일한 시기에 유사한 방식으로 만들어진 것으로 단정할 수는 없다고 주장했다. 이렇게 전곡리 석기가 아슐리안과는 별도로 동아시아의 동쪽 끝에서 발생한 또 다른 구석기 공작이라는 주장은 이후에도 다양한 방식으로 계속되고 있다(유용욱 1997, 2016, 2019; Yoo 2008). 실제로 전곡리를 필두로 하는 임진-한탄강 유역의 주먹도끼와 아슐리안 주먹도끼의 형태적 유사성은 외곽선만으로 이루어진 평면 윤곽에 한해 나타날 뿐, 석기를 입체적으로 관찰하면 박리흔의 집중도나 박리작업의 연속성 면에서 유사점보다 차이점이 더 많이 드러나는 것이 사실이다(유용욱 2016).

전곡리 주먹도끼가 아프리카 및 유럽의 아슐리안 주먹도끼와 같은 계통을 가진다는 주장은 주먹도끼의 기술적 속성을 관찰자들 자신의 주관 및 취향에 맞게 관찰하는 경향에서 기인한다. 전곡리 석기군에 대한 과거의 연구는 대부분 주먹도끼에 집중되었고(예: 배기동 1992, 1995b, 유용욱 1997), 일부 예외가 있지만 거의 모든 야외조사에서는 전체 석기군 중에서 주먹도끼를 핵심적인 최종 산물로 부각시키는 경향이 있었다(예: 김원용·배기동 1983; 배기동 외 1996; 이선복·이교동 1993; 정영화 2002). 하나의 현저한 도구석기 형식만 집중적으로 강조하는 연구 성향은 실제 석기를 제작하고 사용하던 고인류의 입장과 처지를 대변한다고 볼 수 없다. 그리고 석기군의 형성 과정 및 발견 맥락을 고려하지 않는다는 심각한 부담을 본질적으로 안고 있는 셈이다. 전곡리에서 발견된 도구 및 부산물으로는 원반 혹은 주판알 모양으로 집중 가공된 구심석핵centripetal core, 그림 4.28의 3-4과 일부 유사 르발루아pseudo-Levallois 박편그림 4.28의 5-6도 보고되었다. 최근에는 유럽의 르발루아 석핵과 동일한 석기가 후술할 임진-한탄강 유역의 삼거리 유적에 존재한다는 주장도 제기된 바 있다(한창균 외 2021). 이런 석기들이 과연 전곡리 유적이 발굴된 지 40년이 지난 시점까지 구체적으로 논의된 바 없다는 것은 주먹도끼로 대표되는 대형도구만이 시각적 주목성에 힘입어 '대중적 기억'으로 자리 잡았기 때문이다. 따라서 본 조사에서는 기존에 등한시되던 각종 부산물 및 소형석기들을 중점적으로 살펴보고자 한다.

2. 퇴적상의 특징 및 유적의 형성 과정

제3부에서 언급했듯이 2004년도 전곡 농협 부지 조사는 유적의 연대 측정 시료를 채취하고 용암대지 상부에 위치하는 하천 퇴적층의 성격과 분포를 파악하기 위한 시굴 성격의 조사였다. 조사 지역은 한탄강 곡류 지역의 중앙에서 약간 북쪽에 위치한 전곡읍의 서쪽그림 4.25으로, 현 사적 지구 공원으로부터 1.3km 북쪽의 한탄강이 꺾여 올라가는 만곡부 안쪽 깊숙한 곳에 위치한다. 하천 활동이 다시 시작되고 강의 만곡도가 증가하면서 인류가 집중 점거하는 한탄강의 자연제방과 하천이 점차 남쪽으로 이동했는데, 전곡 농협 지점은 사적 지정 지구보다 다소 고도가 높은 북쪽에 위치한다.

발굴 지역에는 하나의 길쭉한 표준단면 트렌치MTR와 13개의 정사각형 발굴갱4×4m을 배치했다그림 4.29. 측량 기준점은 중앙에 위치하며DP, 5m마다 하나씩 증가하는 정수 좌표로 이름을 붙였다. 다른 임진-한탄강 유역의 유적들처럼 2004년 전곡리 농협 부지 지점은 경작 및 군사훈련 같은 후대인들의 활동에 의해 심각하게 파괴된 상태였다. 그럼에도 2004년도 조사를 통해 서로 다른 양상을 보이는 양호한 수준의 층위가 각각 서쪽 끝표준단면 트렌치과 동쪽 끝N8E16 발굴갱의 동벽에서 2개나 노출되었다.

남서쪽 구역에 위치하는 표준단면 트렌치에서는 전곡리 일대에서 관찰 가능한 모든 층준 단위가 확인되었다제3부 참조. 여기서 채취된 토양 시료는 두 차례에 걸친 OSL 연대 측정에 활용되었다그림 4.30. 동쪽 끝의 N8E16 발굴갱은 3번 국도에 인접하며, 범람원 중심부에 위치하기 때문에 표준단면 트렌치에서 발달한 굵은 사질층과 사층리의 흔적은 나타나지 않는다그림 4.31. 이곳은 한탄강이 전곡읍을 감싸고 북행하며 차탄천과 합류하는 지점에서 가장 멀리 떨어져 있기 때문에 침식작용의 영향을 덜 받

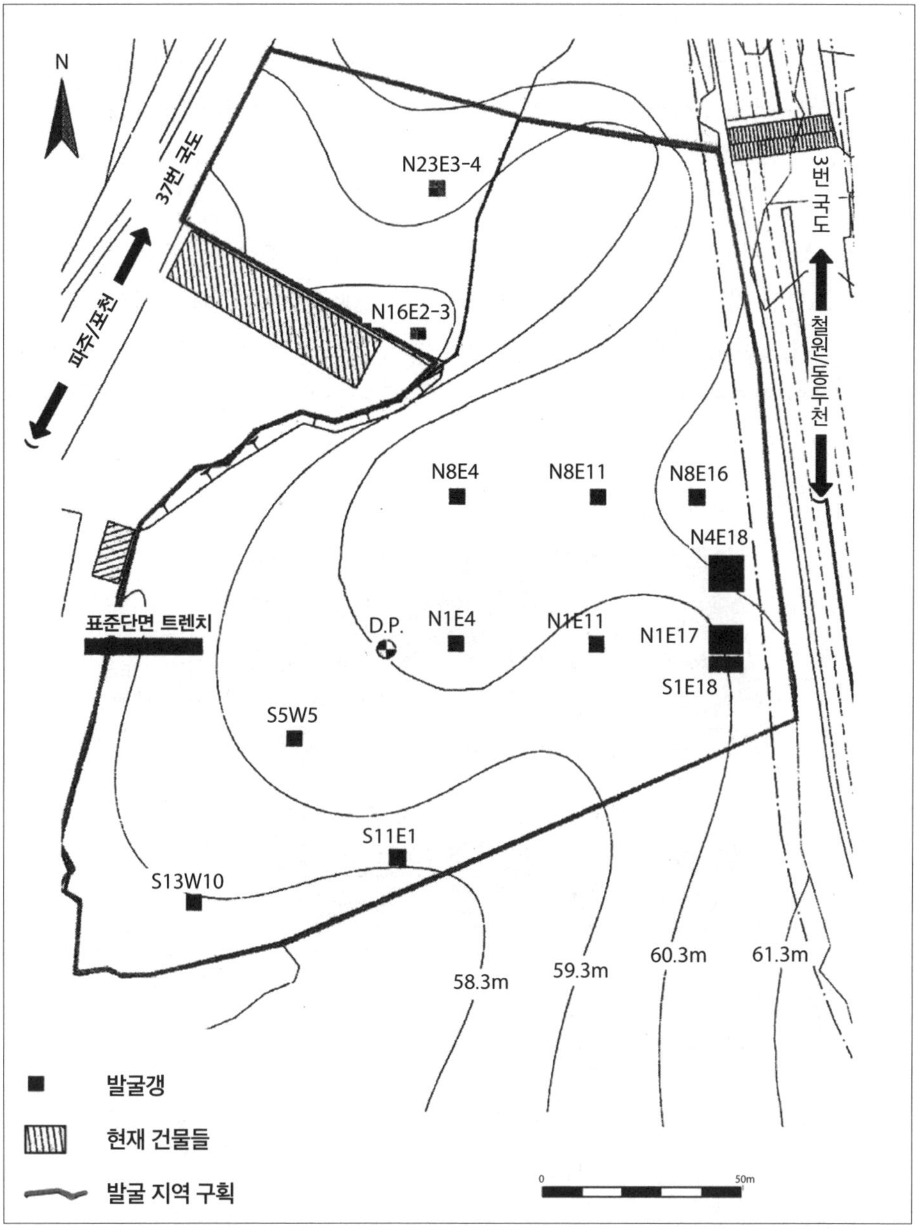

[그림 4.29] 2004년 전곡리 조사의 전체 구역과 발굴갱 배치도

은 지점에 해당한다. 이는 아마도 전곡리 일대의 기반암이라 볼 수 있는 현무암반이 서쪽보다 동쪽에서 약 4-5m 정도 더 높기 때문인 것으로 보인다그림 4.32. 따라서 현무암반 바로 위에서부터 일찌감치 황갈색의 실트층이 상대적으로 두텁게 나타난다. 이

는 서쪽 구역에 비해 유수에 의한 침식 및 교란 작용을 별로 겪지 않은 증거로 볼 수 있다. 이를 반영하듯 대부분의 석기는 서쪽보다는 동쪽에 치우쳐서 나타나고 있으며, 이런 양상은 이후 조사된 전곡리 중2-5호선 지점에서 더욱 뚜렷하게 드러난다(이선복 외 2011).

대부분의 유물은 해발고도 약 60m에 집중되어 있으며그림 4.33 이 중 80%는 전술한 대로 조사 지역의 동쪽에서 발견되었다. 제3부의 연대 측정 부분에서 언급했듯이 유물이 포함된 적갈색 점토층의 초기 연대는 약 60,000 BP이다. 이는 대부분의 석기가 MIS 3기 초반에 유적에 남겨졌음을 말해 준다. 표토층은 남서쪽으로 경사져 있고, 유적 서쪽의 적갈색 점토층은 동쪽에 비해 상대적으로 얇은 편이다. 이것을 감안하면

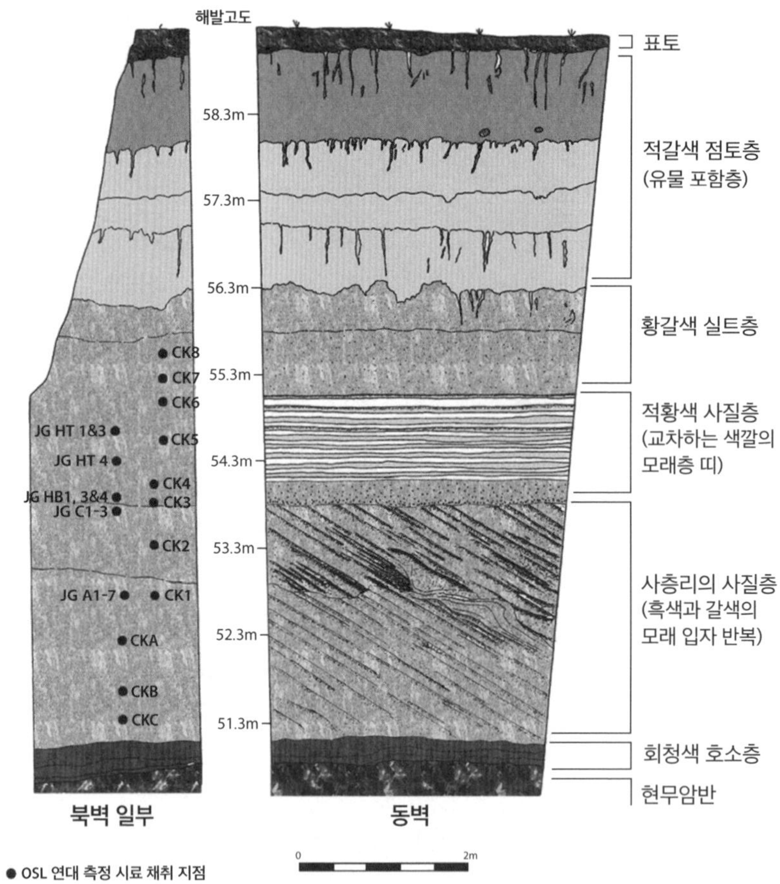

[그림 4.30] 2004년 전곡리 조사의 표준단면 트렌치와 층위도(이선복 외 2006)

유적 동쪽과 서쪽의 퇴적 환경은 한탄강 유수의 영향을 서로 다르게 받았음을 알 수 있다. 아마도 서쪽에서 발견된 석기는 2차 퇴적의 결과로, 대부분 한탄강의 불규칙한 범람에 의해 쓸려 내려가고 새롭게 운반되어 온 것으로 보인다. 유적 서쪽에 뚜렷한 유물 분포대가 존재하지 않는 것도 이것을 반영하는 듯하다.

2004년 전곡리 조사에서 새롭게 확인한 또 다른 후퇴적 변형 요인으로 설치류 같은 지하 서식 동물들이 굴을 파며 남긴 흔적화석을 들 수 있다. 보통 서관鼠管, burrow 구조라고 불리는 이 화석들은 과거 유적지 내에 서식하던 호굴성 포유류들이 추운 기후를 피하기 위해 땅을 파고 들어가며 유적이나 퇴적층을 새롭게 교란한 작용의 결과다. 땅굴을 충전하는 퇴적물은 유기물 함량이 높기 때문에 C14 연대 측정이 가능하다.

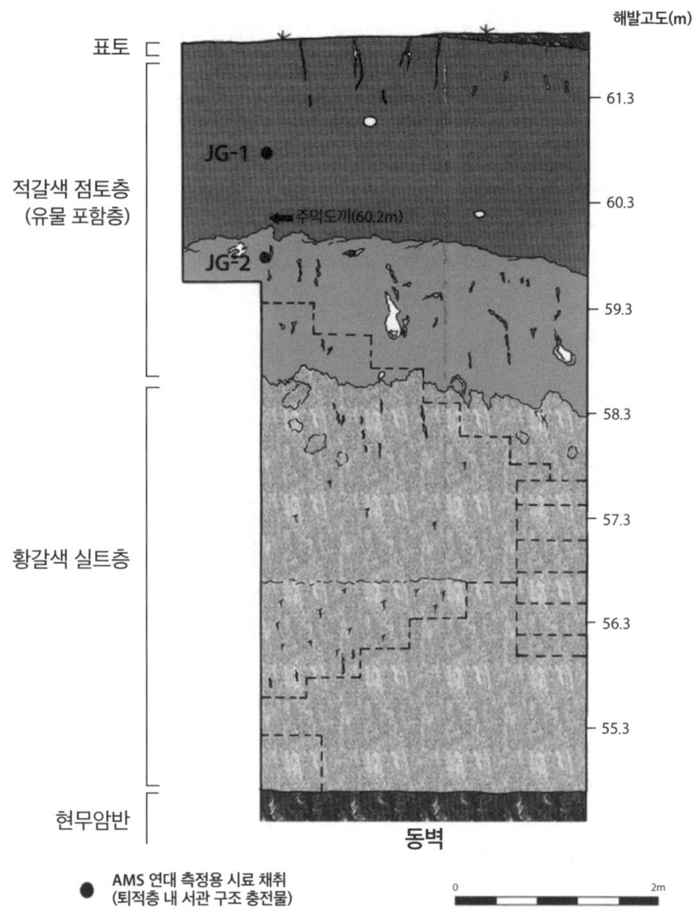

[그림 4.31] 2004년 전곡리 조사의 N8E16 발굴갱 북벽의 층위도(이선복 외 2006)

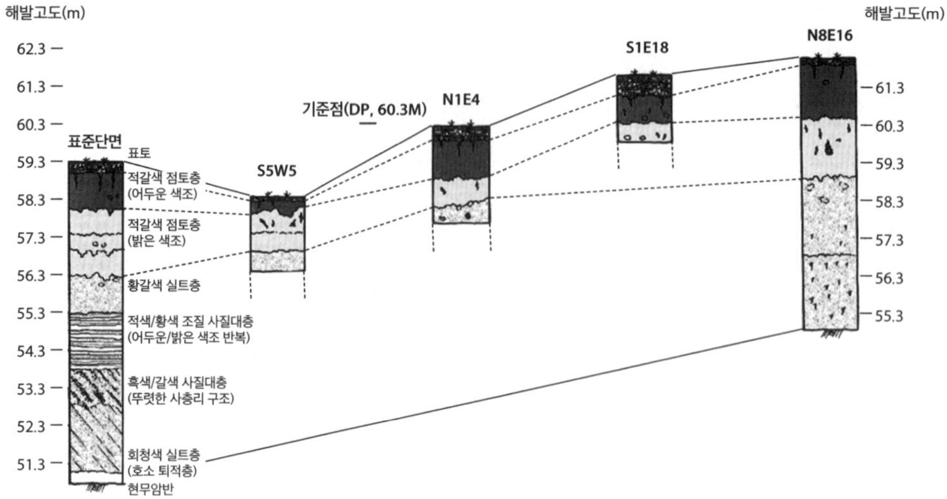

[그림 4.32] 2004년 전곡리 조사 지역 내 발굴갱들의 층서 단위 연결 모식도(이선복 외 2006)

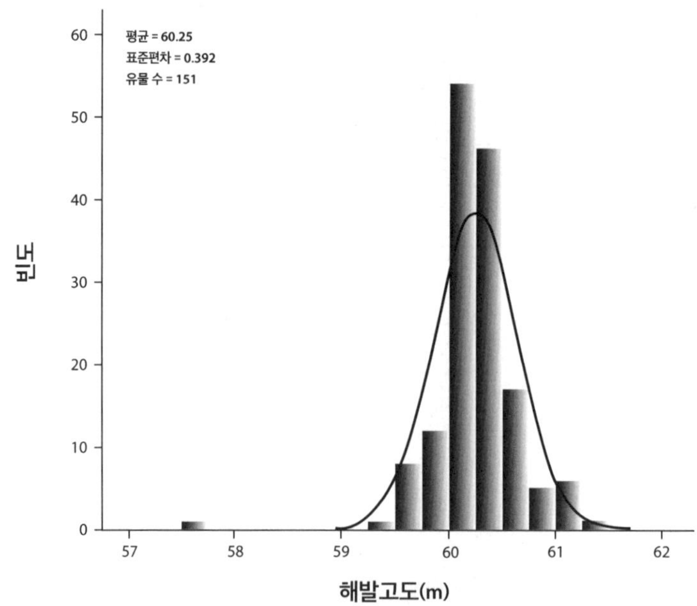

[그림 4.33] 2004년 전곡리 조사에서 발견된 석기들의 수직 분포상

2004년 조사 지역의 지표 1-1.5m 아래해발고도 약 61.5-62m에서도 그물 모양의 서관이 여러 갈래 확인되었다그림 4.34. 이전의 유적 형성 과정 고찰에서는(예: 배기동 1989a; 배기동 외 1996) 막연하게 지하의 곤충이나 동면 동물들이 구석기층에 교란을 일으킨 것으로

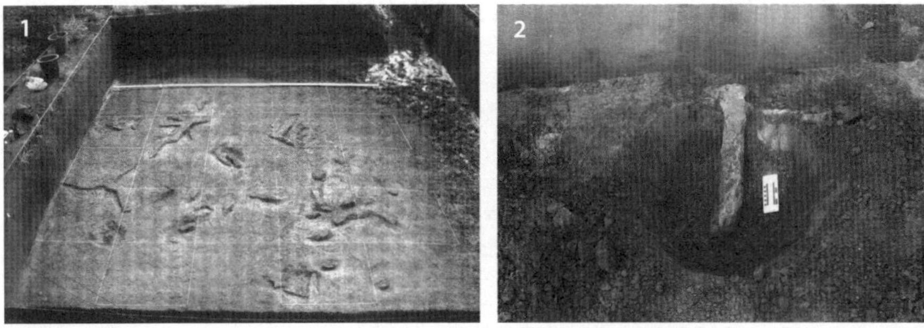

[그림 4.34] 2004년 전곡리 조사에서 확인된 서관 구조(이선복 외 2006)

1: N1E17 발굴갱에서 확인된 서관의 분포, 2: 전면 노출된 서관 내부의 충전물

생각해 왔다. 그러나 서관 구조의 형태, 크기와 그 안을 메꾸는 퇴적물의 화학 성분으로 볼 때, 서관을 만든 설치류 동물들은 유적에서 석기를 제작하던 시기보다 늦은 시점에 땅굴의 규모와 갈래를 확장한 것으로 보인다(임현수 외 2004).

전곡리 서관 구조는 설치류들이 상위 포식자에 대비하기 위해 만든 피난처라고 볼 수 있는데(임현수 외 2004), 반영구적 주거지로 반복 점거되며 서관 내부에 유기물이 퇴적되었다. 서관 내 퇴적물에는 대기 내 이산화탄소 및 질소가 침투하기 쉽고, 일라이트illite, 미세운모와 아염소산 같은 희토 성분이 많이 포함되어 있다. 적갈색 점토층의 상층과 하층을 관통하는 두 개의 서관 구조에서 채취한 시료로 AMS 측정을 했는데표 4.2, 각 시료는 쐐기 모양의 땅갈라짐과 AT 화산재의 아래에서 채취되었다. JG-1 시료가 채취된 곳은 규모가 가장 큰 서관으로서, 그 길이 및 형태로 보아 땅갈라짐면이 완전히 형성된 다음에 설치류가 위쪽에서 아래쪽으로 하강하며 만든 것으로 보인다.

기본 연대치와 서관이 도달한 깊이를 볼 때 아마도 고인류가 전곡리 유적을 점거하던 시점 이후에 독립적으로 만들어진 것으로 보인다. 이 사실은 서관이 유적 형성 이후의 어느 시점에 굴착되었음을 말해 주는 AMS 연대치로도 입증이 가능하다. 즉 서관의 위치는 상당히 깊숙한 부분까지 도달했지만 그 연대는 고인류가 전곡리를 점거한 시점보다는 늦은 게 분명하며, 서관 중 한참 늦은 것은 갱신세 종료 이후에 만들어졌을 수도 있다.

이는 유물이 완전 퇴적된 후 다시 그 위치가 바뀌는 데 서관 구조의 형성이 결정적인 역할을 했을 가능성을 말해 주며 전곡리 일대에서 활발하게 이루어진 생물교란bioturbation의 근거가 될 수 있다. 전곡리 유적은 두 개 이상의 문화층으로 나눌 수 있다고 주장되었는데(배기동 외 1996), 서관 구조만을 기준으로 본다면 상층은 매우 심각한

[표 4.2] 2004년 조사 당시 전곡리 유적 내 서관 퇴적물에서 얻은 C14 연대치(미국 Geochron사에서 측정, 보정 없음)

번호	시료 기호	해발고도(m)	δ 13C(‰)	연대 측정치(BP)
1	JG-1	60.7-60.8	-23.6	20,840±450
2	JG-2	59.6-59.7	-22.6	30,490+4,760 -2,590

교란을 겪은 것으로 보이지만 서관 아래의 유물들은 상대적으로 온전하게 보전된 상태다. 따라서 전곡리 유적에서 해발고도 61m를 기준으로 그 윗부분은 한탄강의 범람 및 설치류의 서관 형성 작용을 거치며 심각하게 교란된 것으로 보인다. 하지만 60m 부근에 집중되어 있는그림 4.33 대부분의 석기군은 후퇴적 과정을 그다지 겪지 않은 것으로 보인다. 이 퇴적층의 OSL 연대는 대략 MIS 4기 말기에서 MIS 3기 전반기에 해당한다. 그리고 바로 이 부근 해발 60.2m의 퇴적층에서 주먹도끼가 한 점 발견되었다그림 4.31, 그림 4.40의 3.

3. 석기군의 특징과 그 형식의 구성

2004년 전곡리 발굴조사에서는 총 176점의 석기가 발견되었다. 그중 25개는 지표 및 표토층에서 수습된 것들이다. 석재로는 주로 석영과 규암을 사용했고90% 내외, 그림 4.35의 1 사암, 편마암, 현무암 같은 조질석재도 함께 사용되었다. 표토층에서 발견된 반암porphyry으로 만들어진 박편은 시기가 더 늦은 후기구석기 단계의 석기로 볼 수 있다. 이런 석재는 임진-한탄강 유역에서 석영 및 규암을 대체하는 정질석재가 본격적으로 활용되기 시작한 이후에 등장한다. 이 지역 후기구석기 유물군은 한탄강 상류의 장흥리 석기군에서 가장 뚜렷하게 드러나며, 2000년 이후 포천시 및 철원군 일대 한탄강 최상류의 고지대에서 주로 발견되고 있다(김형준 2022; 최복규 외 2001).

조문섭 외(1995)의 조사에 따르면 반암 및 응회암 같은 균질의 정질석재는 연천의 삼곶리 일대 및 동막리의 노두에서 잘 드러나는 규산칼슘 계통의 광물로Ca_2SiO_4, 3CaO, SiO_2 등 구성되어 있다. 규산칼슘 계통의 변성암과 함께 각섬암hornblende과 각섬석편마암hornblende gneiss도 함께 나오는데, 이 암석들은 대부분 삼첩기에 변성 작용을 거친 결과물들이다(김광호·송무영 1995; 김규한·이현주 1994). 그러나 한반도 후기구석기 석재의 동정은 구체적으로 이루어지지 않았기 때문에 이러한 개괄적 견해를 더욱 구체화해서 이 지역 석재의 통시적인 변화를 살필 필요가 있다.

정질의 석영이 산출되는 파주 가월리 지점과 비교할 때 전곡리의 석영과 규암은 입자가 크고 결정상도 상당히 불규칙하다. 그래서 작고 정교한 도구석기를 제작하기는 쉽지 않다. 전곡리의 거친 석재는 한탄강 변이나 전곡리 맞은편의 고능리 및 차탄천 부근의 고하천 단구퇴적층에서 쉽게 구할 수 있으며 전곡리 북동쪽에 일부 나타나는 백의리층에서도 획득할 수 있다. 이렇게 거친 석영과 규암으로 만들어진 석기들은 제작 비용이 높지 않은, 편의적이고 방만한expedient 석기 제작의 일례로 볼 수 있다.

176점의 석기 중 74%는 부산물석핵 미포함이고 석핵은 15개, 대형 또는 소형도구 석기는 26개, 망칫돌은 3개다그림 4.35의 2. 이 석기 구성비는 이전의 발굴 사례와 어느 정도 부합하는데(김원용·배기동 1983; 배기동 외 1996; 이선복 1989), 기존의 발굴에서도 도구석기는 15%를 넘는 경우가 없었다. 만약 지표 수습품까지 전체 석기군의 구성비에 포함할 경우 2004년도 발굴 유물은 대형도구 빈도가 상당히 낮은 편에 속한다(김원용·배기동 1983; 배기동 외 2001).

부산물은 박편 및 각편이(Andrefsky 1998) 주가 되지만 돌날과 흡사한 세장박편그림 4.36의 5과 양극편그림 4.36의 1-2도 발견되었다. 박편은 다양한 크기와 형태를 가지고 대부분 자연면cortex으로 덮여 있는, 즉 석핵에서 최초로 이탈한 시초박편의 형태다그림 4.36의 3. 흥미로운 점으로, 조질석영으로 만들어진 박편 중에 유사 르발루아 박편그림 4.36의 4과 같이 구심석핵에서 최종적으로 이탈한 사례도 있다. 2004년 전곡리 조사에서 수습된 박편들은 타격면 조정을 거친 사례가 거의 없지만, 파손되지 않은 온전한 박편들의 장폭비는 거의 1에 가깝다는 특징을 보인다그림 4.37. 따라서 전곡리 석기군의 박리

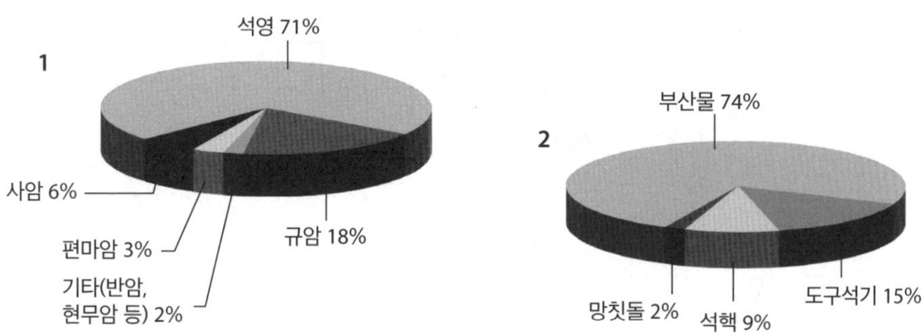

[그림 4.35] 2004년 전곡리 조사에서 출토된 석기군의 석재(1)와 석기 형식 비율(2)

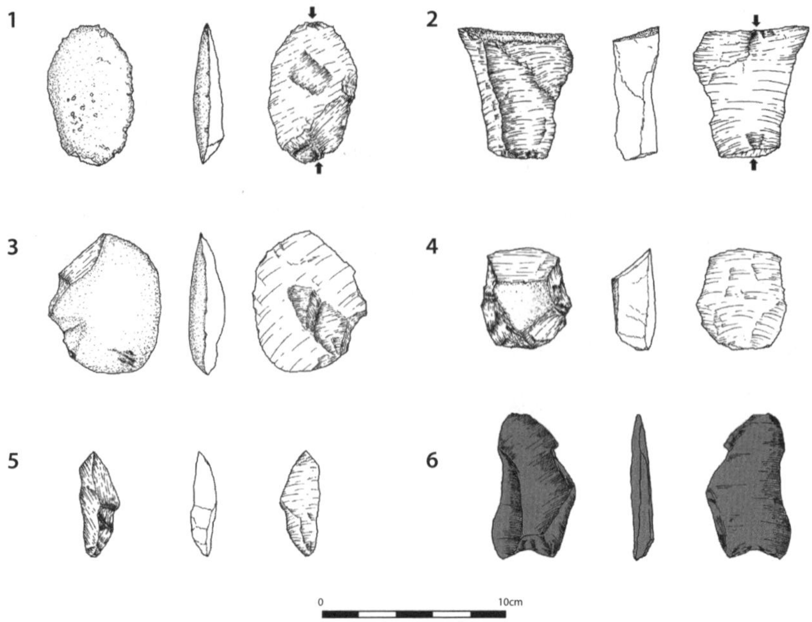

[그림 4.36] 2004년 전곡리 조사에서 출토된 각종 부산물(이선복 외 2006)

1-2: 양극편, 3: 시초박편, 4: 유사 르발루아 박편, 5: 세장박편, 6: 반암제 박편

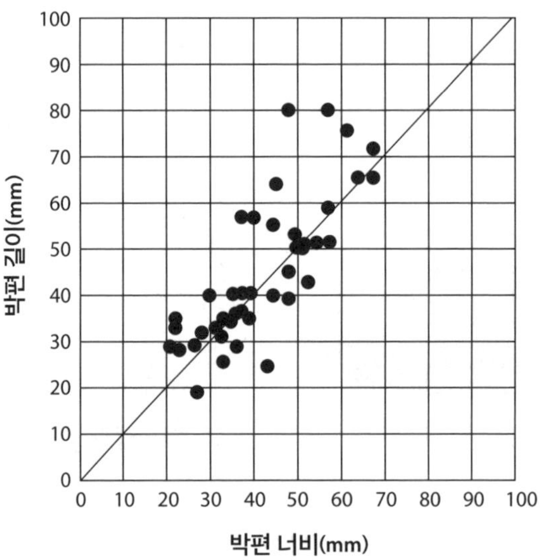

[그림 4.37] 2004년 전곡리 조사에서 발견된 전체 박편들의 너비와 길이 비율

작업은 단순한 경질망치를 사용해서 이루어진 것으로 보이며, 모루떼기같이 거칠고 정확도를 보장할 수 없는 기법도 일부 채택된 것으로 보인다(Shen and Wang 2000). 이것은 전술한 대로 조질의 석재를 무작위로 활용하는 편의적 제작 과정을 겪은 것으로 파악할 수 있다.

망칫돌은 3개가 발견되었는데, 3개 모두 끝부분에 타격흔이 뚜렷하게 남아 있다 그림 4.38. 손에 잡기 편하도록 타격 부위의 반대쪽을 집중 가공했으며 전체 크기도 손에 알맞은 크기로 만들어졌다. 3개 망칫돌의 형태는 말단부가 둥그스름하게 돌출해 있는 모양이다. 이는 타격의 정확도와 타격력을 높이기 위한 형태에 해당한다. 장산리와 비교할 때 전곡리는 더욱 정확하게 통제된 타격이 가능한 망칫돌을 갖고 석기를 만든 것이 분명한데, 이는 집중적인 제작 공정을 통한 작업관리 체계의 필요성이 증가하면서 이루어진 결과로 볼 수 있다.

석핵은 박편흔과 박리 방향에 따라 단일 방향, 마주 보는 두 방향, 여러 방향이라는 3개의 형식으로 나눌 수 있다. 전곡리 석기군에서는 여러 방향으로 박리한 석핵이 대부분을 차지한다. 이런 석핵에서 박리된 박편은 타격 부위가 박편상에 무작위로 위치하기 때문에 일관된 박편 속성을 갖추지 못한다. 따라서 이러한 석핵을 임의석핵 casual core이라고 명명하기도 했다(배기동 1989a; 배기동 외 1996). 2004년 발굴에서는 단일 방향 혹은 '판상板狀, tabular'의 석핵이 가장 많이 나왔다그림 4.39. 여기서는 적어도 3개의 박편이 자연적으로 편평한 부분을 타격면으로 삼아 동일한 방향으로 박리되었다. 타

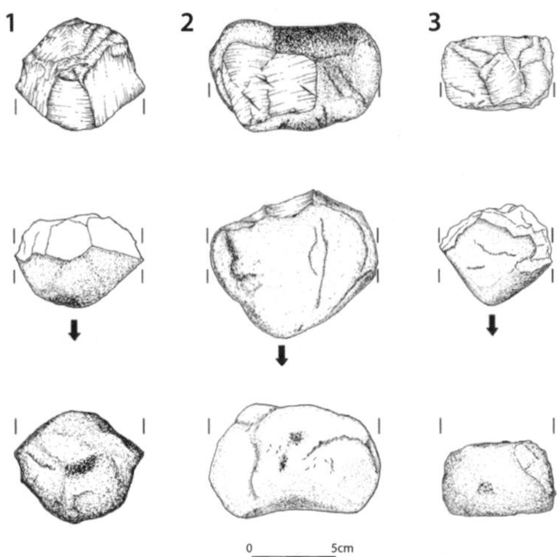

[그림 4.38] 2004년 전곡리 조사에서 발견된 3점의 망칫돌(이선복 외 2006)

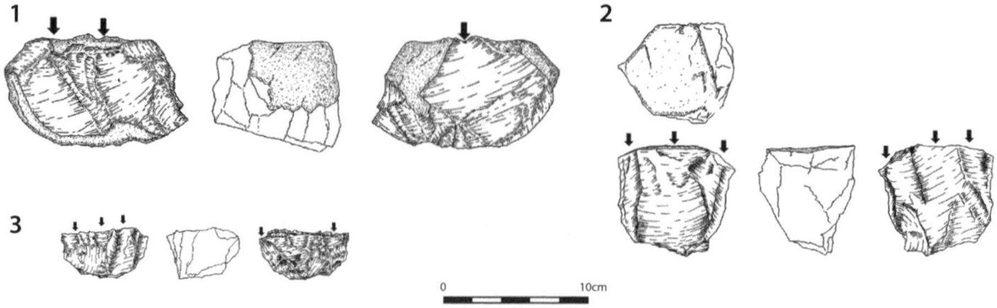

[그림 4.39] 2004년 전곡리 조사에서 발견된 단일 방향 박리흔의 판상석핵들(Yoo 2008)

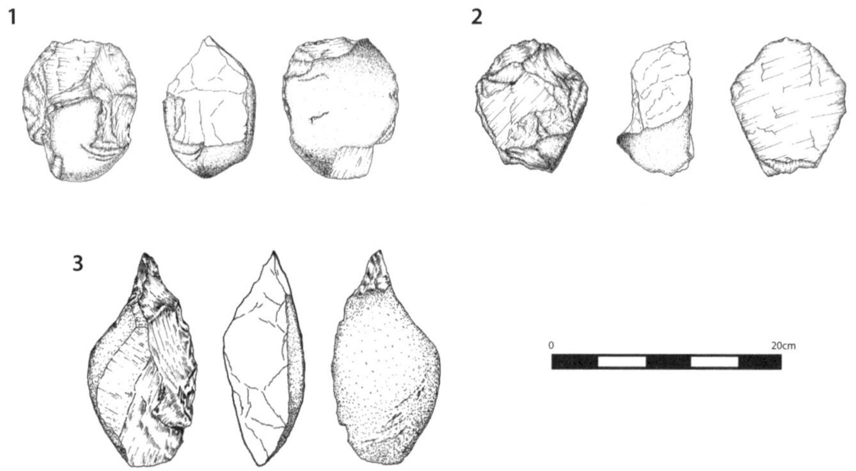

[그림 4.40] 2004년 전곡리 조사에서 출토된 대형도구들(이선복 외 2006)

1-2: 찍개, 3: 주먹도끼

격면 예비 작업이 집중적으로 이루어지지는 않았지만 몇 개 사례에서 의도적으로 타격면을 평탄하게 다듬은 흔적이 보이기도 한다그림 4.39의 3.

대형도구는 5개의 찍개와 주먹도끼가 전부다. 기존의 발굴에서는 가로날도끼와 뾰족끝찍개, 다각구 등이 발견되었지만, 2004년도 조사에서는 이런 대형도구 형식들이 발견되지 않았다. 찍개그림 4.40의 1-2는 둥글거나 각진 자갈돌로 만들었으며 작업날이 70° 이상이며, 주로 밑부분이 홀쭉하게 수렴하는tapered 형태로 만들어졌다. 이것은 아마도 작업 부위와 파지 부위의 크기 차이를 이용해 더 큰 타격력을 얻기 위한 기술적 선택인 것으로 보인다. 주먹도끼그림 4.40의 3는 S1E18 발굴갱에서 발견되었는데, 일

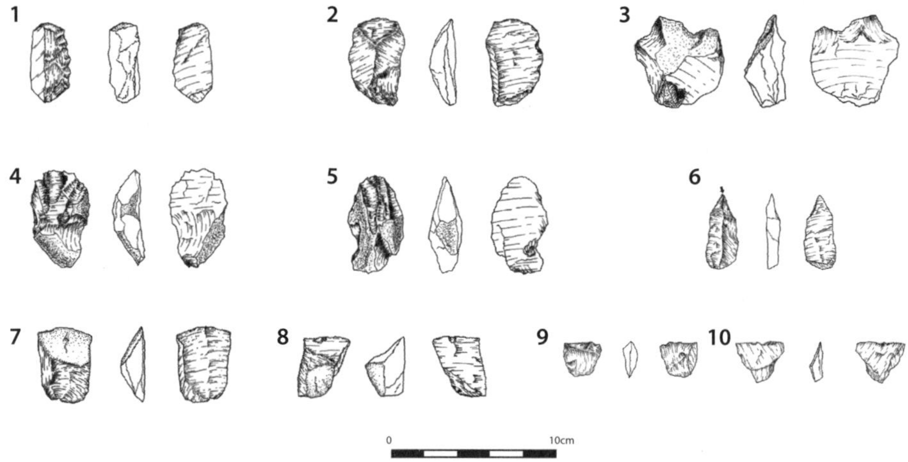

[그림 4.41] 2004년 전곡리 조사에서 출토된 다양한 소형도구들(Yoo 2008)

1-2: 긁개, 3: 홈날, 4-5: 밀개, 6: 새기개, 7-8: 자르개, 9-10: 사다리꼴날

부만 양면가공이 이뤄졌으며 밑부분은 자연면이 둥글게 남아 있다. 오른쪽 가장자리에는 집중적인 가공을 거쳐 뚜렷한 작업날을 만들었고, 이와 연결되는 첨두부를 양면가공으로 성형했다. 측면날의 반대쪽 측면은 거의 가공되지 않았는데, 원석으로 사용한 자갈돌이 밑부분은 두텁고 둥근 반면, 첨두부 쪽은 자연스럽게 뾰족한 형태를 가졌기 때문에 필요 이상으로 가공하지 않은 것으로 보인다. 이런 점에서 볼 때 이 주먹도끼는 전형적인 아슐리안 주먹도끼로 보기는 힘들지만 최소한의 양면가공을 거친 결과물로 볼 수 있다.

임진-한탄강 유역에서는 아직까지 상대적으로 소형도구에 대한 연구가 미진하다. 이는 이 지역 석기군의 대부분이 주로 가공되지 않은 부산물과 대형도구로 분류되기 때문이다. 또한 경질타격과 모루떼기 등의 거친 작업이 주로 이루어졌기 때문에 잔손질 가공을 거친 성형석기는 양적으로 그다지 많지 않다. 이런 단순한 제작 기술로 인해 정교한 소형도구는 거의 생산되지 않았다. 당연히 박편을 원석으로 제작된 도구는 전체 석기군에서 제한적일 수밖에 없다.

많지 않은 양이지만 2004년 전곡리 발굴에서는 뚜렷한 소형도구 형식들이 확인되었다그림 4.41. 이 중 주요 형식으로는 긁개, 홈날, 자르개 및 일부 가공을 거치지 않고 직접 사용된 부산물이 있다. 각 형식들은 원석의 원래 형태를 거의 드러내지 않는 수준이며(Kuhn 1992b, 1995), 전형적인 무스테리안에 비해 가공 정도는 미약한 수준이다

(Barton 1990; Débenath and Dibble 1994; Dibble 1987, 1995). 부서진 파편이나 각진 파편각편을 재가공해서 직접 석기를 만드는 경우가 가월리 유적에서도 관찰된 바 있다그림 4.24. 그러나 가월리와 비교할 때 전곡리에서는 소형도구의 빈도가 낮고 그 형식도 다양하지 못하다. 이것은 아마도 상대적으로 정질석영에 집착하지 않는 전곡리 고인류의 석재 선택 방식과 관련 있는 것으로 보인다. 또는 전곡리의 소형도구 제작 방식이 가월리와 달리 고인류의 구체적인 기술적 맥락으로 자리 잡지 못하고 간헐적 혹은 필요에 따라 임시방편적으로 사용된 결과로 볼 수도 있다.

V 기타 임진-한탄강 유역 구석기 유적

전곡리 발굴 이후 임진-한탄강 유역은 군사분계선과 가깝다는 이유로 민간인의 출입이 제한되었고 상대적으로 개발의 기회도 적었다. 이는 다양한 유적들이 탁월하게 보전될 수 있는 상황이기도 하다. 이러한 상황의 증거로서, 여기서는 1979년 전곡리 발굴 이후 꾸준히 조사되어 온 이 지역 구석기 유적들을 개괄하고자 한다. 그중에서 2000년 이후 집중적으로 조사되고 있는 한탄강 중상류 및 지류 일대의 후기구석기 유적들은 별도의 장을 통해 소개한다.

1. 연천군 중면 횡산리 유적

횡산리橫山里 유적은 2000년대 들어 새롭게 발견된 구석기 유적으로그림 4.1의 26, 기존의 민통선 지역이던 임진강 상류에서 용암류의 증거가 확인된 곳이다(최복규 외 2001; 이선복 2004). 이 용암류는 임진강 지류인 역곡천을 우회해 형성된 것으로 보이며, 전곡현무암에서 북쪽으로 약 7km 떨어져 있다. 지화학적 분석에 의하면 이 용암류는 전곡현무암과 유사한 화학 성분과 희토류 원소를 가지고 있다(이선복 외 2005a). 그러나 임진강 상류역은 화산 활동에 의한 큰 지형 변화를 겪지 않은 것으로 보이는데, 그 이유는 이 지역에 분포하는 용암류가 임진강 하계망을 완전히 메꿀 정도로 충분한 양이 아니었기 때문이다(이선복 외 2004). 이것으로 볼 때 임진-한탄강 유역의 용암 분출은 대규모의 격변성 재해catastrophic disaster라기보다는 후기갱신세 전반에 걸쳐 꾸준히 진행되어 온 고질적 위협endemic crisis으로 받아들일 필요가 있다. 따라서 용암류가 이 지역에서 인구의 격변 궤멸을 이끌어 내는 수준은 아니었을 것이며, 고인류는 변화한 지역 환경 내에서 자신들만의 고유한 적응방산을 구사하며 소규모의 간헐적 점거로 생존을 유지해 왔던 것으로 보인다.

횡산리 유적은 바로 이러한 고인류의 생존 유지책을 말해 주는 유적으로 볼 수

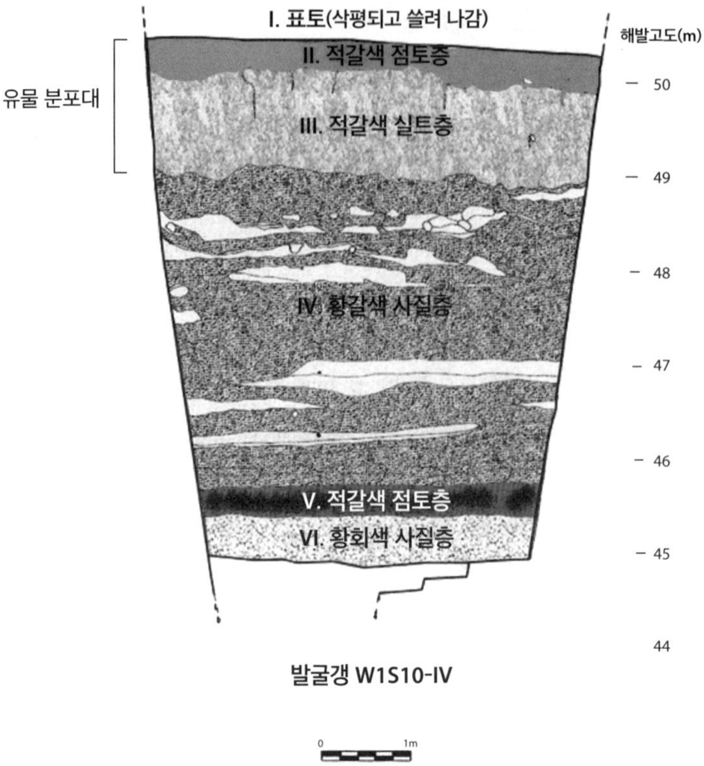

[그림 4.42] 2004년 횡산리 조사에서 확인된 발굴갱 W1S10-IV의 표준 층위도(배기동 외 2006b)

있다. 임진강이 S자로 곡류하는 호상 퇴적지의 최남단에 위치하는 횡산리 유적에서는 다수의 석기가 지표에서 확인되었으며, 집중 분포지만 10곳 이상이다. 1978년 이래로 농경지 정리 사업이 진행되었기 때문에 현재 확인되는 지형상은 원래의 지형을 거의 짐작하기 힘든 상태다. 더군다나 민간인의 출입이 제한되어 있던 지역이기 때문에 횡산리 지표 발견품은 아마도 이후의 홍수나 임진강의 유로 변경에 의해 재퇴적된 사례인 것으로 볼 수 있다. 따라서 횡산리 일대의 지표 수습 유물을 근거로 정확한 연대를 밝히는 작업은 큰 의미가 없을 것이다.

2004년 한양대학교 문화재연구소가 실시한 조사는 동년에 진행된 긴급 유적 현황조사에서 이어진 구제조사다(배기동 외 2006b). 대다수 지역에서 자연적인 재퇴적 작용과 경지 정리 작업의 결과로 상부의 퇴적층이 많이 유실된 상황이지만, 그 입자와 색조는 임진-한탄강 유역의 다른 구석기 유적과 흡사하다. 그러나 하천의 영향으로 형성된 전곡리와 달리 주변 야산에서 붕적토가 흘러내리고 임진강 하계망의 범람

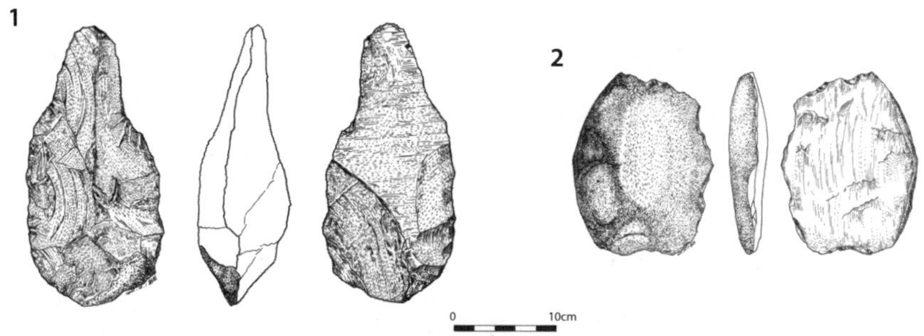

[그림 4.43] 횡산리 유적의 지표에서 수습된 대형도구 석기들(저자 실측)
1: 주먹도끼, 2: 대형등칼

까지 더해진 횡산리의 층준은 여러 매로 구성된 복잡한 양상을 보인다그림 4.42, 배기동 외 2006b. 바닥에서는 현무암반이 발견되지는 않았지만 퇴적층 내에서 일부 풍화된 현무암괴가 확인되고 있다.

총 536점의 석기 중 200여 점은 상부 2개의 층인 적갈색 점토층과 적갈색 실트층에서 발견되었다(배기동 외 2006b). 주먹도끼와 기타 대형절삭도구large cutting tools; LCT가 지표에서 확인되었고그림 4.43 그 외에 임의석핵과 비정형의 소형박편들이 다수 확인되었다. 석기군의 분포상 및 그 성격의 전반적 특징이 뚜렷하게 밝혀지지는 않았지만, 현재까지 드러난 도구의 형식변이와 석재의 종류를 볼 때 큰 틀에서 임진-한탄강 유역의 다른 구석기 유적들과 다르지 않다. 특히 제대로 만들어진 주먹도끼가 존재하고 거대한 박편의 날카로운 부분을 직접 작업날로 활용하는 것은 이 지역 후기구석기 이전 공작의 중요한 기술적 특징이다. 현무암 이용 빈도가 상대적으로 높은 편이며석기 중 17% 지표에서는 흑요석제 소형석기도 수습되었다. 연대는 측정되지 않았지만 상부층의 연대는 한탄강 유역의 전곡리 및 남계리와 크게 차이 나지 않을 것이다.

2. 연천군 군남면 남계리 유적

남계리楠溪里 유적은 1979년 전곡리 유적 조사 당시 인근 구석기 유적을 추가 확인하는 과정에서 확인되었다그림 4.1의 20. 당시 남계리는 근처에 벽돌을 제조하는 요업 공장이 위치해서 이 지역의 대표적인 유물 포함층인 적갈색 점토층이 대량으로 채취되던 상황이었다. 그러나 남계리 265번지 일대에는 민묘가 분포해서 유적층이 그나마 잔존할 수 있었다. 1989년에 국립문화재연구소 주관으로 시도된 첫 발굴은 5개의 발굴갱을 배치하는 소규모 학술 조사로 실시되었다(최무장 1991). 5개의 발굴갱 중 4개에서 문화층이 확인되었지만 전술한 요업용 목적으로 대부분의 퇴적층이 깎여 나간 상태였다. 전곡리 및 주월리/가월리 일대에서 확인되는 적갈색 점토층이 이곳에서도 확인되었지만 보고서의 기술자는 심갈색이나 황갈색이라는 다른 색조로 기술하고 있다. 횡산리나 후술할 삼거리에서 이런 퇴적층은 암갈색 점토층으로 기술되고 있으며, 보통 하천 퇴적보다는 주변의 구릉에서 유입한 육성 퇴적층의 성격이 강하다. 1차 발굴에서는 총 93점의 유물이 확인되었고 지표에서는 총 300여 점의 유물이 확인되었는데, 부분가공 주먹도끼, 뾰족끝찍개산봉형기 등의 대형도구 형식이 포함되어 있었다.

2차 조사는 1992년도에 시행된 남계리 116-1번지 일대의 추가 발굴이다. 1차 조사 지역에서 동남쪽 방향으로 약 33m 떨어져 있는 지점으로, 층위상은 거의 동일하다고 볼 수 있다. 이 발굴을 통해 중기구석기와 후기구석기의 층위가 확인된다는 주장이 제기되었지만 단순히 느낌이 유사하다는 견해에 불과하며, 주빙하 지형의 대표 요소인 사태沙汰, solifluction가 확인된다는 의견도 있었다(최무장 1994). 2차 조사에서는 총 266점의 석기가 확인되었는데, 그중 191점이 퇴적층 내에서 확인되었고 75점이 지표 수습품이다. 석기는 석영으로 된 것이 주를 이루며 톱니날이나 긁개 같은 소형도구도 확인된다. 주목할 만한 도구로, 전면이 둥글게 깎여서 구형의 형태를 가지는 다각구돌마치 한 점이 1번 발굴갱에서 확인되었다그림 4.44의 1. 이렇게 둥근 공 모양의 다각구는 그 용도나 의미가 불분명하지만 2008년 전곡리 중2-5호선 발굴조사에서도 두 점이 확인된 것으로 보아 주먹도끼와 함께 이 지역 구석기 공작의 중요한 기술적·문화적 요소로 볼 수 있다.

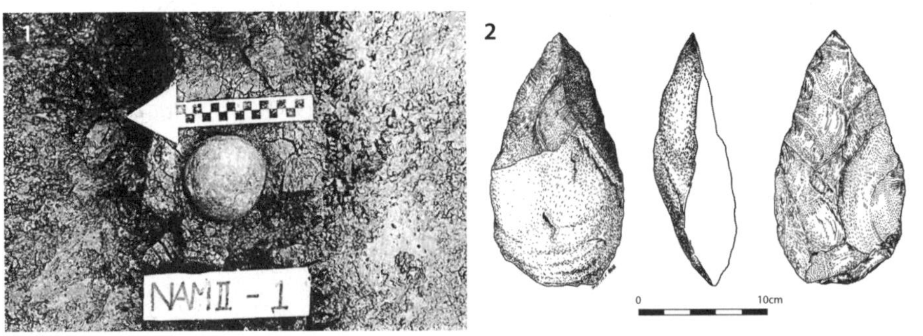

[그림 4.44] 남계리 유적에서 발견된 대형도구 석기들

1: 2차 발굴에서 발견된 다각구(최무장 1994), 2: 2015년 조사에서 확인된 2문화층의 주먹도끼(현남주 외 2016)

2013년-2016년에는 파주 적성-연천 전곡 간의 도로개설공사에 따른 조사를 통해 총 1,300여 점의 석기가 확인되었고, 흔히 보이는 주먹도끼와 찍개 등의 대형도구가 다수 발견되었다. 도로 공사 구간의 북동쪽에 3지점과 5지점이 위치하고 남쪽에 4지점이 위치하는데, 각 지점마다 두 개의 문화층이 분포하고 전반적인 층위상은 전곡리 및 주월리/가월리 등과 흡사하다. 4지점의 2문화층에서 출토된 주먹도끼는 뾰족한 박편을 그대로 가공해서 박편의 외양을 최소한으로 변형한 사례에 해당한다그림 4.44의 2. 그럼에도 물방울 모양으로 거의 완벽한 좌우 대칭을 이루는 게 독특하다. 문화층이 포함된 2층과 3층의 OSL 연대치가 역전된 상태로 측정되어 구체적인 연대를 알 수는 없지만 MIS 4기 말-3기 초에 해당하는 약 60kya를 주요 점거 시점으로 보고 있다(현남주 외 2016a).

3. 연천군 장남면 원당리 유적

원당리元堂里 구석기 유적은 경기도 연천군 장남면 원당 2리에 위치하며그림 4.1의 37 유적의 해발고도는 약 34m로, 남단에는 임진강이 흐른다(최무장 1997: 15). 건국대학교 박물관이 임진강 북변에서 두 지점에 걸쳐 1996년부터 1999년까지 4차례의 발굴조사를 진행했다(최무장 1997, 2001). 그 후 장남교를 건설하는 지점에서 한양대학교 문화재연구소가 2008년에 시굴, 2009년에 발굴조사를 진행했다(배기동 외 2011). 행정구역상 같은 지점이지만 이 두 지점은 발굴 기관에 따라 각기 다른 지점으로 인식된다. 본서에서는 이 두 지점을 동일한 유적 내의 분리된 지점으로 파악하고, 건국대학교가 발굴한 지점은 1지점1-2차 발굴과 2지점3-4차 발굴, 한양대학교 문화재연구소가 조사한 지점은 장남교 지점으로 칭한다. 장남교 지점은 1지구와 2지구로 나뉘어서 조사가 이루어졌다.

기반암까지 굴착한 1차 조사 당시, 발굴갱 IV의 층위를 위에서 아래로 살펴보면, I층표토, 경작토-II층교란층, 2문화층-III층암갈색 점토층-IV층황갈색 점토층-V층갈색 점토층-VI층적갈색 점토층, 1문화층-VII층갈색 사질층-VIII층황갈색 사질층-IX층암갈색 자갈층-X층현무암반으로 나눌 수 있다(최무장 1997: 19). 이런 층위 양상은 기술자의 용어 선택에서 차이가 있지만 장남교 지점에서도 전반적으로 유사하게 나타난다(배기동 외 2011). 유물은 주로 III층의 암갈색 점토층과 VI층의 명갈색 및 적갈색 점토층에서 발견되고 있다. 기존의 가월리와 남계리 유적에서 진한 갈색의 점토층은 분급이 좋지 않고 하천의 영향이 뚜렷하지 않았음을 감안하면, 원당리 유적에서 보이는 상부의 암갈색과 갈색의 퇴적층은 재퇴적되거나 주변 사면에서 흘러내린 붕적물colluvium 성분이 함유되어 있을 가능성이 높다. 또한 강변에서 현무암반이 풍화된 상태로 노출된 것을 볼 때 아마도 이 지역까지는 용암류가 유입했음이 분명하다. 그러나 임진강 너머 파주시 적성면의 주월리/가월리 유적은 용암류의 흔적이 상대적으로 미약하기 때문에 원당리 유적 내부의 용암류는 백학면의 지류인 사미천을 통해 유입한 것일 수 있다.

1차부터 4차까지의 발굴조사에서 석기는 약 670점이 발견되었다. 석재는 석영이 대부분이며 일부 현무암이나 편마암이 활용되기도 했다. 석기 구성에서 대형도구는 찍개가 가장 많이 나오고 주먹도끼와 가로날도끼는 지표에서 수습된 것이 전부다. 소형도구는 긁개, 밀개가 다수 나타난다(최무장 1997). 1-4차까지의 조사에서는 퇴적 맥락 및 유적 형성에 대한 이해가 결여되어 필요 이상으로 석기 아닌 석기들까지 인공의 흔적을 가진 것으로 인식되곤 했다. 건국대학교의 조사에서는 연대 측정이 이루어지지 않았지만, 최무장(1994, 1997)은 두 문화층에서 석기 구성비의 차이가 보이는 것에 착안해 대략적인 연대를 추정했는데, 1문화층은 찍개 위주의 전기구석기 단계이므로 2차 조사를 통해 약 15-20만 년 전, 4차 조사에서는 약 30-50만 년 전으로 추정했다. 2문화층은 긁개, 밀개 등 소형석기가 주류이므로 2차 조사에서는 약 4만 년 전, 4차 조사에서는 약 5-10만 년 전으로 추정했다(최무장 1997: 25). 이 연대 추정은 당시 임진-한탄강 유역에서 형식분류에 근거한 편년틀이 마련되지 않았던 것을 감안할 때 진지하게 고려할 만한 견해는 아니다. 참고로 3, 4차 발굴에서는 총 11개의 원형구조물로 보이는 유구가 발견되었는데, 이에 대해 보고자는 석기 제작터나 도살장 또는 임시 주거지 등의 가능성을 제시했다(최무장 1997: 255).

원당리 장남교 지점은 1지구와 2지구에서 총 1,785점의 석기가 확인되었다지표 수습 포함. 건국대학교의 조사 결과와 흡사하게 다수의 주먹도끼가 발견되었지만 성형도구의 비율은 10%가 되지 않는다(배기동 외 2011: 160). 석기의 마모도가 상당히 높은 것으로 볼 때 이 지역 구석기 유적이 임진강의 범람 및 주변 사면에서 기원한 붕적물의 혼입 과정에서 2차 퇴적 및 변형을 겪은 것은 분명하다. 연대 측정의 경우, 조사 당시 아직 검증되지 않았던 ^{10}Be-^{26}Al 연대 측정법으로 249,937 BP의 연대치를 얻었다(배기동 외 2011: 162). 그러나 퇴적층의 형성 과정을 볼 때 이 연대치는 높은 신뢰도를 가진다고 보기는 힘들다. 이와 별도로 측정된 OSL 연대치는 약 56-32kya의 분포를 보이고, 1지구와 2지구 사이에 큰 차이는 없다표 4.3. 다만 전술한 대로 장남교 지점의 퇴적상은 복합적이면서 2차 퇴적의 양상이 뚜렷하기 때문에 OSL 연대치는 후퇴적 과정이

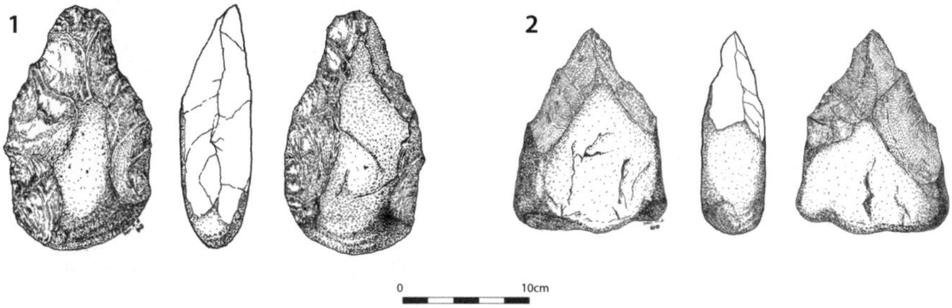

[그림 4.45] 원당리 유적에서 발견된 주먹도끼들

1: 1차 조사 당시 지표에서 수습된 주먹도끼(최무장 1997), 2: 2009년 장남교 지점에서 발견된 부분 주먹도끼(배기동 외 2011)

[표 4.3] 2009년에 측정한 원당리 장남교 유적의 OSL 연대치(한국연대측정연구소에서 측정; 배기동 외 2011)

번호	시료 기호	입자 크기(μm)	고고선량(Gy)	측정 연대(ky, BC)	비고
1	N7W 18-1	125-250	144.3±8.9	31.9±2.1	2지구에서 측정, 63-125μm의 미세한 입자는 측정 불가, 우주선 연간선량은 모두 0. 15±0.01mGy/yr
2	N7W 18-2	125-250	160.7±9.9	38.1±2.5	
3	N7W 18-3	125-250	189.0±15.8	45.0±4.0	
4	N7W 18-4	125-250	206.4±8.5	52.7±2.4	
5	N0W0-1	125-250	179.4±6.9	44.0±1.9	1지구에서 측정, 우주선 연간선량은 모두 0.15±0.01mGy/yr
6	N0W0-1	63-125	180.6±5.2	44.3±1.5	
7	N0W0-2	125-250	188.8±14.2	50.5±4.0	
8	N0W0-2	63-125	189.3±10.3	50.6±3.0	
9	N0W0-3	125-250	196.2±10.1	54.8±3.0	
10	N0W0-3	63-125	200.0±8.0	55.9±2.4	

완료된 최종 시점을 말하는 것으로 받아들일 필요가 있다.

4. 파주시 파평면 금파리 유적

금파리金波里 유적은 파주시 파평면의 장파리 남쪽에 위치한다그림 4.1의 39. 두지리와 고랑포를 거치면서 S자로 곡류하는 임진강은 장파리 부근에서 남쪽으로 직류하는데, 이

때 동쪽의 지류인 눌노천이 합류한다. 이 눌노천을 경계로 남쪽은 금파리, 북쪽은 장파리로 구분된다. 이 지역은 본격적으로 '임진분지'가 펼쳐지는 지역으로서, 임진강 서쪽은 현재 민간인의 출입이 통제되고 있다. 따라서 임진강 변의 금파리 유적은 주변 지형을 자세하게 조사하기 어렵다.

금파리 유적의 최초 조사는 1989년에 국립문화재연구소에 의해 이루어졌다. 이는 전곡리를 필두로 한 임진-한탄강 유역의 추가적인 구석기 유적을 확인하기 위한 목적이었으며, 1989년-1992년까지 총 4번의 발굴조사와(배기동 외 1999) 2004년에 37번 국도 확장 공사로 인한 구제발굴이 시행되었다(배기동 외 2006a). 처음 4번의 발굴조사 결과 2,477점의 석기가 수습되었고, 소위 고인류의 '생활면living floor'으로 추정되는 흔적이 발견되었다(배기동 외 1999).

금파리 유적에서 현무암 기반암 위의 퇴적층 두께는 5-6m 정도다그림 4.46. 임진강 상류역이나 한탄강 유역과 비교할 때 이 지역 용암류의 표면은 대체로 굴곡이 미약한 수준이며 원마도가 높은 둥근 현무암 자갈과 기타 쇄설물들이 함께 섞여 있다. 이

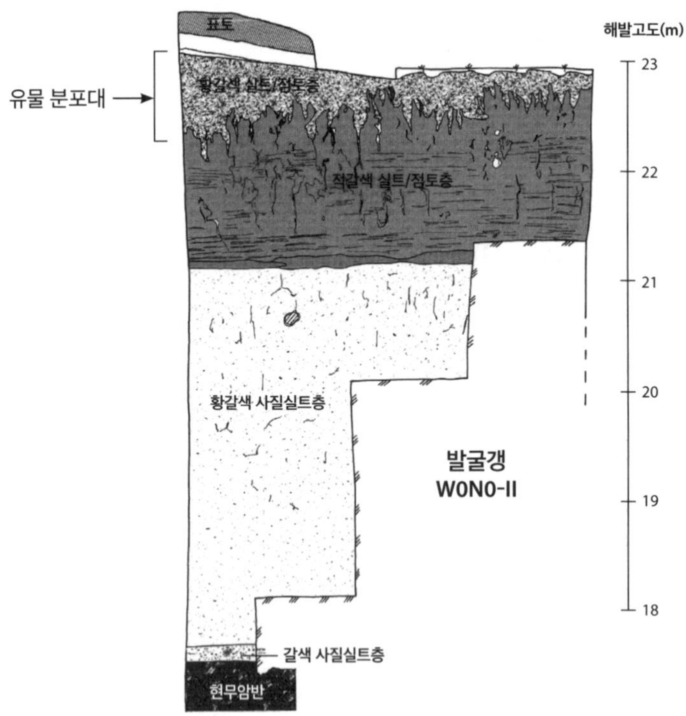

[그림 4.46] 금파리 1989년 발굴조사에서 확인된 표준 층위 W0N0-II 발굴갱(배기동 외 1999)

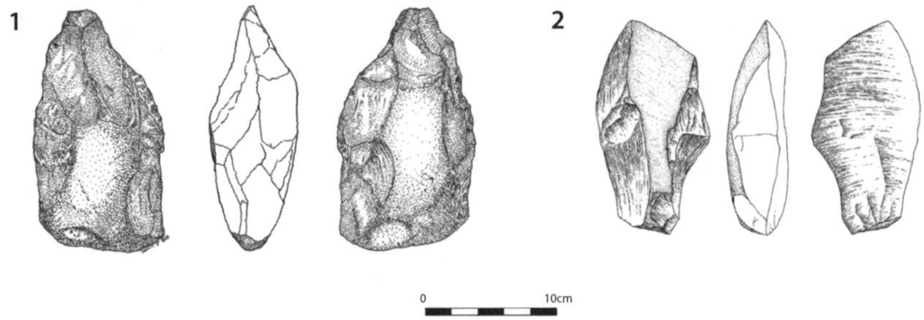

[그림 4.47] 금파리 유적에서 발견된 대형절삭도구들(배기동 외 1999)
1: 주먹도끼, 2: 가로날도끼

런 현무암 자갈은 가수분해된 미세한 실트와 함께 교결과정을 거치며 둥글어진 것으로 보인다. 이는 상류역처럼 하천 침식 활동이 급격하게 이루어지지는 않았음을 말해준다. 유물층은 주로 황갈색 실트/점토층 상부에 분포하지만 유물층의 상부는 후퇴적 변형에 의해 심하게 교란된 것으로 보인다.

석기 형식의 변이는 다른 임진-한탄강 유역의 유적과 거의 흡사하다. 금파리 유적에 포함된 석기에는 주먹도끼와 가로날도끼그림 4.47, 찍개 그리고 잔손질이 거의 이루어지지 않은 다수의 소형도구가 있다. 주요 석재는 모래 입자가 포함된 규암과 석영이 대부분이며 주월리/가월리 유적과 달리 좀처럼 정질의 석영을 사용하지 않았다. 대형도구 제작용 원석은 강 주변에서 구할 수 있는 둥근 자갈을 주로 사용했다. 소형도구는 매우 간단한 기법을 통해 만들어졌으며 원석으로 사용된 박편은 상대적으로 넓적한데, 이는 둔탁한 경질망치를 사용한 결과로 보인다. 돌날에 가까운 세장박편이 발견되지만 본격적인 돌날 석핵은 확인되지 않는다.

유적지 내에서 타원형 형태로 석기가 밀집된 산포지가 2-3군데 발견되었다. 일부 석기들은 상호 결합하지만 고인류가 그 구덩이 안에서 거주하며 석기를 제작했을 가능성을 드러내는 다른 흔적예: 기둥 구멍이나 화덕이 발견되지는 않았다. 배기동 외(1999)는 석기편들의 결합 방식을 볼 때 웅덩이처럼 움푹 파인 산포지는 고인류가 일시적으로 점거한 주거지 기능의 석기 제작지라고 주장했다. 그러나 구덩이가 실제 주거지였는지를 파악하기 위해서는 석기군의 형성 과정을 본격적으로 분석할 필요가 있다. 더군다나 커다란 나무가 뽑힐 때 그 뿌리가 매몰되어 있던 흔적들도 유사한 구덩이를 자연적으로 만들 수 있기 때문에 구덩이 내에서 상호 접합하는 석기가 발견되었다는 것이 자동적으로 그곳이 주거지임을 시사하지는 않는다.

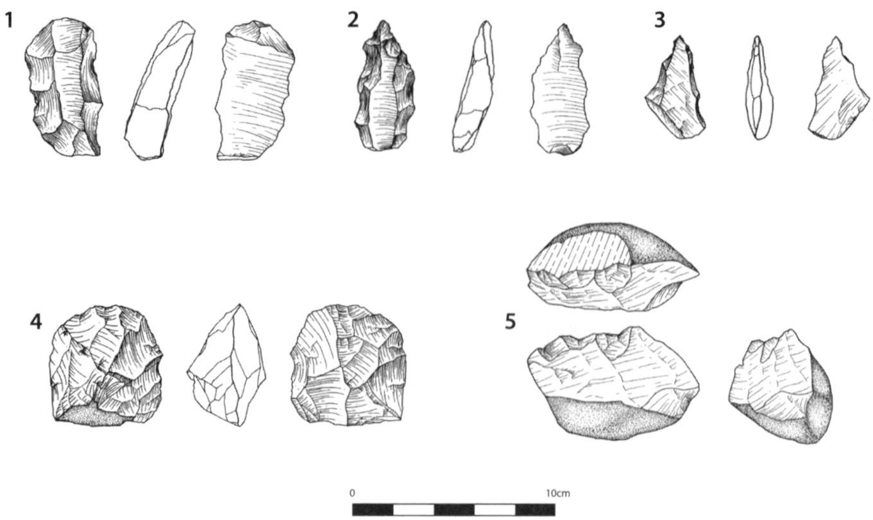

[그림 4.48] 2003년 발굴조사에서 확인된 각종 소형도구들(배기동 외 2006a)
1: 양날긁개, 2: 수렴형긁개, 3: 찌르개, 4: 밀개, 5: 횡장긁개

2003년에는 도로 공사로 인한 유적 훼손을 방지하기 위해 기존의 조사 지역에서 약 200m 정도 강 쪽으로 인접한 지역을 시굴 및 발굴했다(배기동 외 2006a). 이 조사에서 확인된 층위상은 1989년 조사와 비교할 때 큰 차이를 보이지 않는다. 고도가 높은 곳에서는 황갈색 점토층이 나타나지만 낮은 곳에서는 지표 아래에서 곧바로 적갈색 점토/실트층이 확인되기 때문에 기존의 퇴적층이 상당히 삭평削平된 것으로 볼 수 있다. 2003년 조사에서는 총 2,492점의 석기가 발견되었으며, 이는 이전 1989년 조사와 거의 동일한 수준의 석기량이다. 석기의 밀집도를 감안한다면 금파리 유적은 임진강 동쪽 연안에서 상당한 석기 집중도를 가지는 유적이다. 대표적인 유물로는 거칠게 다듬어진 두꺼운 주먹도끼 한 점과 최대 크기가 10cm 미만인 소형도구들이 다수 있다그림 4.48. 소형도구들은 주로 정질의 석영을 가공해 만들어졌는데, 그중 일부에는 유럽 무스테리안 공작에 필적하는 수준의 정교하면서도 집중적인 가공이 이루어지기도 했다.

금파리의 유물층 연대는 신뢰성 있는 측정 자료를 구할 수 없기 때문에 쉽게 결정하기 힘들다. 퇴적층의 형성 과정을 검토하기 위한 분석에 따르면(배기동 외 1999) 퇴적 개시 연대는 13kya로, 대략 MIS 5e기로 볼 수 있다. 최후빙하극성기LGM에도 퇴적층은 지속적으로 쌓였으며, 그 결과 적갈색 점토층 상부에 땅갈라짐 흔적이 발달했다. 2003년 발굴조사에서는 W23N6-I 발굴갱의 유물층에서 발견된 목탄의 C14 연대를 측정했는데(배기동 외 2006a), 보정되지 않은 두 개의 연대치로 각각 30,800±400 BP와 31,500±1,300 BP가 나왔다. MIS 3기 말에 해당하는 이 연대는 실제로 이 지역 구석기 유물층의 연대가 후기갱신세 최말기까지 지속된다는 기존 견해를 잘 뒷받침하고 있으며, 주먹도끼로 대표되는 대형도구와 함께 금파리 유적에서 다수 확인된 소형도구의 연대까지도 포괄한다.

5. 연천군 군남면 삼거리 유적

삼거리三巨里 유적은 2009년에 임진강 주변 유원지 조성 계획 사업의 일환으로 삼거리 696-7번지 일대를 구제발굴하면서 그 면모가 드러나기 시작했다그림 4.1의 22. 삼거리 유적은 구석기시대부터 원삼국시대까지 다수의 유적이 발견되었고, 점거 기간도 역사시대까지 소급할 정도로 꾸준히 인구가 거주하던 천혜의 지역으로 볼 수 있다. 유적의 조사는 2016년 하반기부터 2017년 하반기까지 약 1년여에 걸쳐 (재)백두문화재연구원에서 진행했다(서봉수 외 2019).

연천군 군남면은 임진강이 한탄강과 합류하기 이전에 북쪽에서 크게 두 번의 사행을 거치고 본격적으로 남하하는 지점에 걸쳐 있다. 삼거리 유적은 남하하는 임진강의 오른쪽 제방에 위치하기 때문에 한탄강 계곡을 따라 유입하는 전곡현무암이나 차탄현무암의 범위와 동떨어져 있다. 임진강의 계곡을 따라 유입하는 별도의 용암류가 좀 더 북쪽의 선곡리에서 나타나지만(이선복 2005; 제3부 참조) 삼거리 유적의 기반암에서는 용암류의 흔적이 뚜렷하지 않으며 토양층 내에서도 원당리나 주월리/가월리의 예처럼 현무암괴가 유입된 증거가 거의 나타나지 않는다.

조사 지역은 비교적 평탄하며 바닥에는 갱신세 말기에 만들어진 하안단구층이 분포한다. 그 위에는 하천의 범람을 반영하는 모래층VI층과 색조가 짙은 갈색조로 바뀌는 갈색 실트층V층 및 암갈색 점토층IV층이 두껍게 분포한다그림 4.49. IV층과 V층의 차이는 기후의 차이보다는 퇴적층 형성 과정에서 포함된 유기물의 양 및 동쪽의 구릉에서 기원한 쇄설물의 파급 수준을 반영하는 것으로 보인다. IV층에는 여러 갈래의 쐐기형 땅갈라짐 현상이 깊게 발달해 있다. IV층과 V층에서 각각 하나씩 유물층이 확인되었으며, 이 두 유물층은 각자 독립적인 고인류의 점거사를 반영한다. 따라서 아래 유물층은 1문화층, 위 유물층은 2문화층으로 부를 수 있다. AMS와 OSL 연대 측정 결과, 1문화층은 42-39kya, 2문화층은 32-26kya의 연대를 가진다(서봉수 외 2019: 32). 퇴적상으로 볼 때 두 문화층의 시기에는 큰 차이가 없다는 주장도 있지만(김주용·오근창 2019) 석기군 구성비나 실제 연대를 볼 때 두 문화층의 차이는 어느 정도 뚜렷하다고 볼 수 있다.

지표 및 제1, 2문화층에서는 총 3,813점의 석기가 발견되었는데, 1문화층에서는 984점, 2문화층에서는 2,758점이 확인되었다. 1문화층의 석기군에서는 대형도구가 상당히 낮은 빈도를 보인다. 찍개, 뾰족끝찍개, 다각구 등이 발견되었지만 전체 석기군에서 비중이 미약하고35점/984점=3.6%, 대신 소형도구의 빈도가 높다125점/984점=12.7%. 석핵 중에서도 집중적으로 박리작업이 가해진 구심석핵centripetal core이나 판상석핵tabular core이 다수 포함되어 있으며, 박편의 박리흔과 박리능선의 개수도 다른 임진-한탄강 유역 유적들에 비해 눈에 띄게 증가한 면모를 보인다그림 4.50.

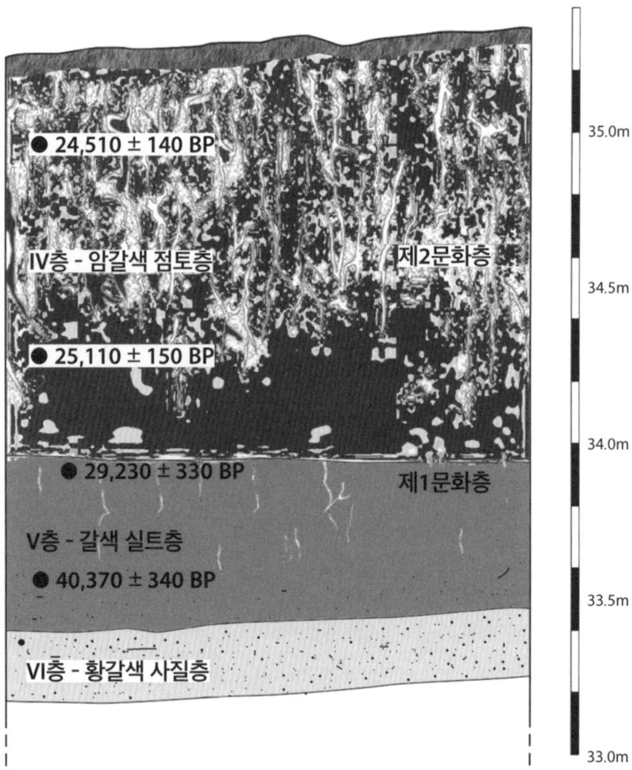

발굴갱 C2-2 동벽 층위도(암반 미노출)

[그림 4.49] 2009년 삼거리 발굴조사에서 노출된 표준단면인 C2-2 발굴갱의 동벽(서봉수 외 2019)
암반은 노출되지 않았고 연대는 한국기초과학연구원에서 측정한 미보정한 AMS 연대치임.

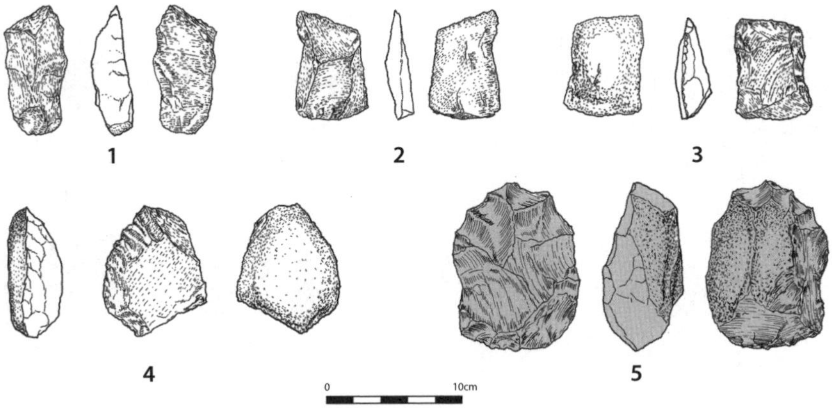

[그림 4.50] 삼거리 유적의 1문화층에서 발견된 대표 석기들(서봉수 외 2019)
1-2: 석영/규암제 박편들, 3-4: 석영제 긁개, 5: 응회암제 유사 르발루아 구심석핵

서구의 르발루아Levallois 기법과 유사한 응회암제 구심석핵그림 4.50의 5이 한 점 발견되어 주목을 끈 바 있다(한창균 외 2021). 이 석핵은 방사상으로 원석을 다듬고, 연속적으로 박리흔이 맞물리며 교차하도록 양면을 가공한 흔적이 있다. 그러나 얄팍한 기저부를 가지는 르발루아 박편을 연속적으로 박리하게 해주는 타격면 조정은 나타나지 않는다. 더군다나 르발루아 박편을 이탈시킨 흔적이 없기 때문에 석핵의 입방성volumetry이나 타격면의 각도만으로 르발루아 기법이 삼거리 유적에 확실히 존재했다고(한창균 외 2021) 믿을 근거는 없어 보인다. 하지만 집약적 박리가 이루어진 석핵 및 뚜렷하게 증가한 박리흔을 보유한 박편이 등장하고 이전에 드물게 보이던 응회암 석재가 활용된 것으로 볼 때 삼거리 1문화층은 기존 임진-한탄강 유역에서 나타나는 대형도구 위주의 석기 공작과는 확실히 다른 성격을 가진 것으로 보인다.

삼거리 2문화층은 거의 완전한 후기구석기 공작의 특성을 보인다. 1문화층에서는 응회암의 비율이 12%127점/984점 정도에 머물렀다면 2문화층은 응회암이 7.1%197점/2,758점, 흑요석이 17.3%478점/2,758점으로, 약 1/4이 정질석재high-quality raw material로 구성되어 있다. 이 정질석재는 대부분 소형도구나 돌날 및 잔돌날microblade 같은 후기구석기의 전형적인 석기 형식에 국한되고 있다(서봉수 외 2019: 242-279). 석영 및 규암제 석기와는 달리 2문화층의 흑요석 및 응회암 석재는 밀개, 새기개 및 잔돌날을 제작하는 데 독점적으로 활용된 것으로 보인다. 흑요석의 희토류 원소 및 화학적 조성으로 볼 때 그 산지는 백두산 지역임이 거의 확실하다(좌용주·이선복 2019: 385).

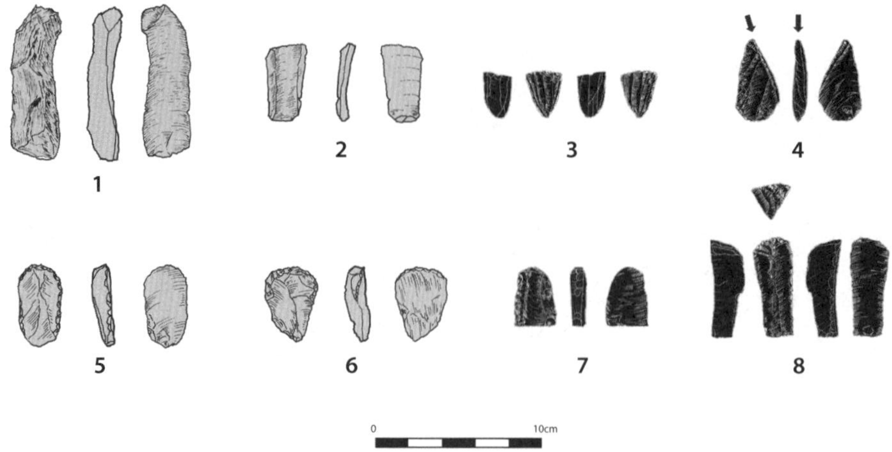

[그림 4.51] 삼거리 유적의 2문화층에서 발견된 응회암 및 흑요석제 석기들(서봉수 외 2019)
1-2: 응회암제 돌날, 3: 흑요석제 잔석핵, 4: 흑요석제 새기개, 5-6: 응회암제 밀개, 7-8: 흑요석제 밀개

1문화층과 2문화층의 밀개 사용흔 분석 결과를 볼 때, 같은 석영제 밀개라도 2문화층에서는 부드러운 동물 가죽을 가공한 흔적이 상대적으로 다수 확인되었고 장착의 흔적도 일부 발견되었다(김경진 2019: 392-408). 1문화층의 석기군에는 딱딱한 동물자원의 흔적이 많은 것으로 볼 때, 폐기되거나 죽은 지 오래된 동물 사체를 가공한 것으로 추정할 수 있다. 반면 2문화층 석기군의 사용흔은 대부분 부드러운 동물자원을 가공한 흔적이기 때문에, 갓 잡은 동물 사체를 즉시 가공한 정황으로 볼 수 있다. 더군다나 장착 증거가 발견되고 원거리에 존재하는 흑요석이 폭넓게 활용된 것으로 볼 때, 증가한 이동성과 우수한 석재를 기반으로 적극적인 사냥 및 집중적 도륙屠戮, butchery이 어느 정도 이루어진 것으로 받아들일 수 있다. 그러나 사용흔 분석만으로는 대략적인 수준의 행위 복원만 가능하고, 그 정확성에도 문제가 많기 때문에 본서에서는 사용흔 분석 결과를 느슨한 수준에서 파악한 1문화층과 2문화층의 차이로만 받아들이기로 한다.

삼거리 유적은 이 지역 다른 구석기 유적들과 자못 다른 성격을 보인다. 1문화층과 2문화층에서 나타나는 고고자료의 차이 및 변천 과정은 이 지역에서 중기-후기구석기 전환Middle/Upper palaeolithic Transition이 어떻게 이루어졌는지 파악하게 해주는 중요한 사례다. 삼거리 유적에서는 현무암 기반암이 노출되지 않았으며, 실제로 이 지역 용암대지의 발달상은 그 규모나 빈도가 남쪽의 한탄강 유역만큼 활발하지 않았던 것으로 보인다. 임진-한탄강 유역 화산 활동의 최대 연대 폭이 MIS 10기부터 3기까지라는 것을 감안한다면제3부 참조, 삼거리 유적은 용암대지의 발달상이 뚜렷하게 나타나지 않고, 고인류가 상대적으로 안전하게 점거할 수 있으며 생계압이 그다지 높지 않았던 지역으로 보인다. 따라서 점거 및 인구 규모의 유지가 안정적으로 이루어졌을 가능성이 높다. 신석기시대의 유구나 원삼국 및 조선시대까지의 여러 유적이 퇴적층 내에서 뚜렷하게 확인되는 상황도 이렇게 유리한 점거 조건과 전혀 관련 없지는 않을 것이다.

6. 철원군 철원읍 산명리/유정리 유적

산명리/유정리山明里/楡井里 유적은 철원군 철원읍의 대마3지구 경지 정리 사업의 일부로, 2014년에 강원문화재연구소에 의해 확인 및 조사된 유적이다그림 4.1의 5. 이 지역은 산명호 저수지를 경계로 남쪽은 산명리, 북쪽은 유정리이지만 조사 당시에는 산명리가 A지역, 유정리가 B지역으로 불렸다. 두 지점의 지형은 심각하게 토지가 복토되거나 평탄화 작업을 거친 이후였기 때문에 온전한 층위 구조가 잘 남아 있지 않았다. 한탄강 상류역의 구 철원면에서 서북쪽으로 약 4km 떨어져 있는 내륙의 평지 유적으로,

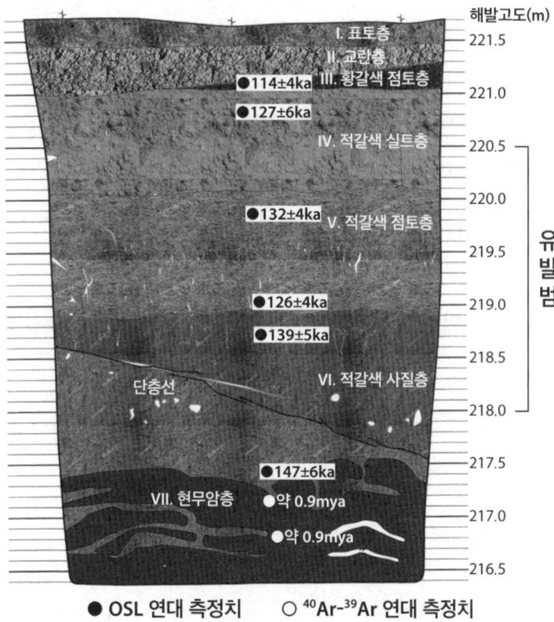

[그림 4.52] 산명리/유정리 시굴 1구역 16-3 트렌치 층위도(최승엽 외 2016)

과거 농지 정리 사업에서 한탄강의 지류인 용강龍江의 상류를 막아 인공적으로 산명호라는 저수지를 만들었다. 따라서 유적 내에서 확인되는 층위는 저수지 이전에 하천이 흐르던 흔적을 반영하며, 하천이 흐르던 계곡을 메꾼 용암류의 흔적도 뚜렷하게 나타난다. 현재 유적 바로 앞을 흐르는 하천은 역곡천 혹은 상류천이라 불리고 있다.

산명리 지점과 유정리 지점은 공통적으로 기존 층위가 대부분 유실되었고 유물의 수효도 조사 면적에 비해 그다지 많지 않다그림 4.52. 석기는 두 지역에서 총 67점산명리 50점, 유정리 17점이 확인되었으며 모두 석영 계통의 조질석재들이다(최승엽 외 2016: 120). 현무암의 $^{40}Ar-^{39}Ar$ 연대치는 약 0.9mya로 상당히 높게 측정되었는데, 보고자는 이렇게 오래된 연대치의 원인을 오염된 시료로 보고 있으며 실제 현무암의 형성 연대는 강원도 평강군 오리산鴨山의 분출 연대인 0.15-0.14mya로 보고 있다(최승엽 외 2016: 122). 이 연대는 앞서 제3부에서 언급한 전곡리 일대에서 관찰되는 차탄현무암의 연대와 유사하며, 산명리/유정리 유적의 현무암반 바로 위에서 측정된 OSL 연대와도 어느 정도 잘 맞아떨어진다.

퇴적층의 연대는 현무암반 위의 선상지성 퇴적물인 적갈색조의 점토층과 사질층 및 실트층에서 연속으로 측정되었다. 약 0.147-0.114mya의 OSL 연대치들이 순차적으로 산출되었지만표 4.4, 위의 퇴적층이 대부분 삭평된 상태이고 석기의 발견 상태도 이 연대를 적극적으로 반영하는지는 의문이다. 하지만 산명리 시굴 3구역에서 제작 도중 폐기된 것으로 보이는 접합석기들이 확인되었으며(최승엽 외 2016: 61-64) 현무암반 바로 위에 단층의 흔적까지 뚜렷하게 남아 있는 점으로 보아 후퇴적에 의한 교란 및 재퇴적은 퇴적층 최상부에만 국한된 것으로 볼 수 있다.

산명리/유정리의 석기군은 양적으로 미약하고 기술적 수준도 뚜렷한 정형성을 보이지 않는다. 주먹도끼는 없고 아주 거칠게 제작한 두꺼운 뾰족끝찍개가 한 점 존

[표 4.4] 산명리/유정리 유적의 OSL 연대치(기초과학지원연구원에서 측정; 최승엽 외 2016)

번호	시료 기호	고고선량(Gy)	연간선량(Gy/kya)	측정 연대(kya, BP)	비고
1	CD-1	406±9	3.57±0.08	114±4	교란층 바로 아래 적갈색 실트층
2	CD-2	444±17	3.50±0.08	127±6	
3	CD-3	440±9	3.34±0.08	132±4.0	
4	CD-4	439±11	3.49±0.08	126±4	단층선 종료 후 재퇴적 구간
5	CD-5	456±6.9	3.28±0.08	139±5	단층선이 지나가는 부위
6	CD-6	475±17	3.23±0.08	147±6	풍화된 현무암 기반암 상부

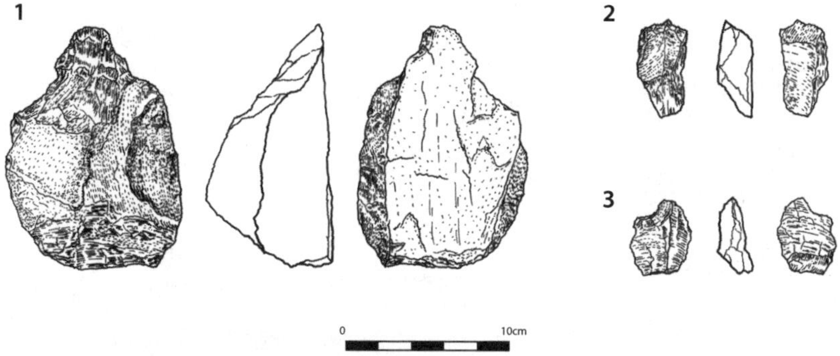

[그림 4.53] 산명리/유정리 유적에서 발견된 대표 석기들(최승엽 외 2016)

1. 뾰족끝찍개(산명리 1지구), 2. 밀개(산명리 3지구), 3. 홈날(산명리 표본지구)

재한다. 또한 석영을 무분별하게 가공했을 뿐 특정 도구가 반복적으로 생산된 흔적도 보이지 않는다그림 4.53. 이렇게 열악하고 초보적인 기술이 MIS 5기의 퇴적층 내에서 산발적으로 나온다는 사실은 흥미롭다. 산명리/유정리 유적은 다른 유적들보다 앞서는 연대에서 알 수 있듯이, 화산 활동이 종료된 직후 이 지역을 점거해 나가던 초창기 고인류의 행위 증거 사례로 받아들일 수 있을 것이다. 그리고 그 시점은 이 지역에서 주먹도끼로 대표되는 대형절삭도구 중심의 석기 공작이 자리 잡기 이전으로 볼 수 있다. 만약 산명리/유정리 유적의 하부 퇴적층이 온전한 맥락을 보유하고 OSL 연대치도 적절하다는 것을 수용할 경우, 임진-한탄강 유역의 주먹도끼 등장 시점은 단층 운동과 화산 활동이 완전 종료되고 안정적인 생활 터전이 만들어지는 MIS 5기 이후로 볼 수 있을 것이다. 그런 의미에서 산명리/유정리 유적은 임진강 하류의 장산리 유적과 더불어 이 지역의 초창기 고인류 점거 사례로 볼 수 있다.

7. 철원군 동송읍 장흥리 유적

장흥리長興里 유적은 강원도 철원군 한탄강 상류 지역에 위치한다그림 4.1의 1. 이 유적의 평균 해발고도는 약 165m로, 임진-한탄강 유역의 최동쪽에 치우쳐 있고 한탄강의 최상류 지역이기 때문에 다른 유적들보다 높은 고도에 위치한다. 유물층은 지표면의 0.5-1m 아래에서 발견되었다. 장흥리 유적의 층위는 총 6개로 분류할 수 있는데그림 4.54 가장 밑의 모래/자갈층이 VI층을 이루고, 그 위에는 색깔이 점차 달라지는 실트/

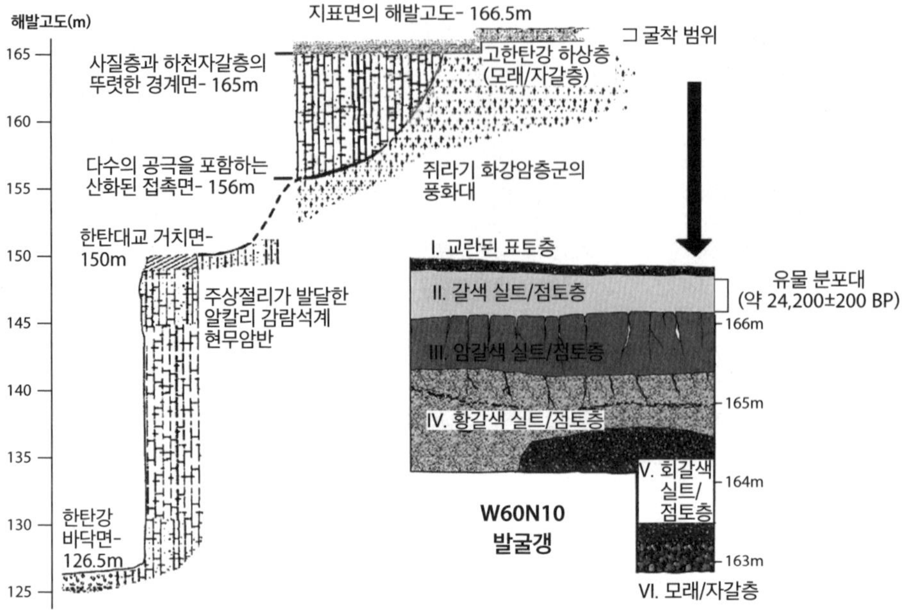

[그림 4.54] 장흥리 유적의 지질상과 W60N10 발굴갱의 층위상(최복규 외 2001에서 편집)

점토층이 연속적으로 발견된다. 대표적인 유물 분포대는 표토 바로 아래의 갈색 실트/점토층II층으로, 이는 바로 아래의 층준보다 다소 색조가 밝은 것이 특징이다. 또한 이 층준은 MIS 2기에 해당하는 밝은 색조의 땅갈라짐 바로 위에서 발견되는데, 여기서 발견된 AT 화산재 및 그 위에서 발견된 목탄을 통해 AMS 연대치24.4±0.6kya를 얻을 수 있었다(최복규 외 2001). 유물층의 연대는 AT 화산재의 연대보다 약간 더 늦다. 이를 통해 MIS 2기의 극심한 추위를 겪으며 유적이 형성된 것으로 추정할 수 있다.

장흥리 석기군은 임진-한탄강 유역에서 나타나는 여타의 석기군과 다른 특징을 보인다. 대부분의 석기는 35kya 이후 동아시아 다른 지역에서도 보편적으로 나타나는 전형적 후기구석기 형식으로 구성되는데(이선복 2000; Ambiru 1997), 이때의 석재는 흑요석과 반암porphyry, 유문암rhyolite, 옥수玉髓, chalcedony 같은 고품질의 석재가 거의 대부분이다. 물론 기존에 널리 활용되던 석영과 규암 같은 조질의 석재도 상당수 포함되어 있다그림 4.55. 그러나 삼거리나 후술할 포천 일대의 후기구석기 유적에서 자주 보이는 응회암이 이곳에서는 좀처럼 보이지 않는다.

임진-한탄강 유역 구석기 유적의 일부 지점들은 맨 위층에서 후기구석기 도구가 일부 발견되기도 하지만 대부분 표토나 교란층에서 발견될 뿐이다예: 그림 4.36의 6. 그러

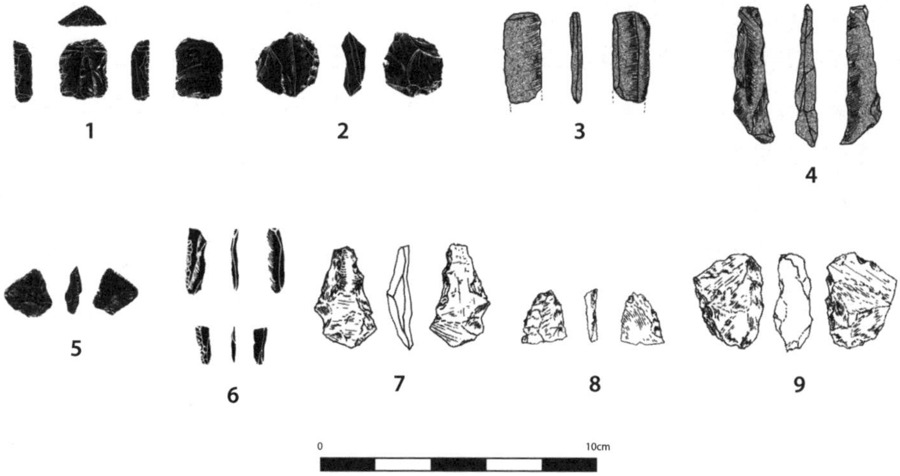

[그림 4.55] 장흥리 유적에서 발견된 대표적인 소형도구들(최복규 외 2001에서 편집)

1: 손톱끝밀개, 2: 긁개, 3: 응회암제 부러진 돌날, 4: 반암제 유사 돌날, 5: 흑요석제 잔석기 도구, 6: 흑요석제 잔돌날, 7-8: 석영제 긁개, 9: 석영제 밀개

나 장흥리 유적을 통해 MIS 3기 후반 이후에 속하는 전형적인 후기구석기 석기군이 최초로 확인되었고, 그 후 포천시 및 철원군의 한탄강 상류역 및 지류의 고지대에서 다수의 후기구석기 유적들이 발견·조사되었다(김형준 2022). 2000년대 초반까지만 해도 이 지역 후기구석기 공작에 대한 정보가 극히 부족했지만 장흥리 유적을 통해 비로소 이 지역이 갱신세 최말기까지 연속적인 문화상을 보유했다는 증거를 확보하게 되었다. 따라서 기존 석영계 중심의 거친 석기 위주의 공작과 새롭게 확인된 다수의 후기구석기 공작들 간의 비교를 통해 이 지역 구석기의 장기적 변화상을 확인할 수 있는 계기가 마련되었다.

장흥리에서 발견된 후기구석기 소형도구 중에는 째개flayer, 뚫개, 손톱날밀개 같은 독특한 형식이 포함되어 있고, 소형박편을 추가로 파쇄해서 가공한 비정형 홈날 및 긁개도 제작되었다. 주먹도끼 및 기타 대형도구는 없는 것으로 볼 때 이 시기에는 전혀 다른 석기 공작이 보편화된 것으로 보인다. 이는 기존 주먹도끼 위주의 석기군을 대체하는 새로운 기술 전통이 완성된 결과로 볼 수 있다. 장흥리 유적에서 흥미로운 것은, 전 세계적으로 후기구석기 공작의 표준 유물인(Bar-Yosef and Kuhn 1999) 돌날이 양적으로 제한되어 있다는 것이다. 한반도를 포함해 구대륙에서 약 35kya 이후에 대부분의 도구 제작은 돌날을 원석으로 활용하는 것이 일반적이다. 하지만 장흥리 유적은 삼거리 유적 2문화층과는 달리 잔돌날을 제외하면 제대로 된 크기의 돌날이 많지 않고, 그나마도 몇몇 부러진 조각과 측면날이 평행하지 않은 유사 돌날이 보일 뿐이다그림 4.55의 3과 4. 대신 흑요석을 활용한 잔석기들이 다수 포함되어 있으며, 부산물 중에서는 오히려 돌날보다 잔돌날과 세장박편이 많다. 이렇게 비전형적인 장흥리 석기군의 도구석기 및 부산물의 특징은 앞으로 주의 깊게 살펴볼 필요가 있다. 본서에서는 장흥리 석기군을 임진-한탄강 유역에서 후기구석기가 보편화된 결과로 보고, 석기군의 비교 분석 대상으로 채택한다제6부 참조.

VI 임진-한탄강 유역에서 최근에 발견된 후기구석기 유적들

상기한 유적들 이외에 2000년대 들어 다양한 후기구석기 유적이 임진-한탄강 유역에서 확인되고 있다. 이러한 유적들은 현재 그 수효가 엄청나게 증가한 상태이며, 각기 다른 조사기관이 개별적으로 시·발굴을 담당해서 구체적인 유물상을 통합적으로 비교하기는 쉽지 않다. 그리고 과거 접근이 불가능하던 군사분계선 근방의 민통선 주변에서도 유적이 확인되기 때문에 차후 임진-한탄강 유역 구석기 유적의 시·공간적 범위는 더욱 확대될 가능성이 있다. 최근에는 이렇게 새로운 후기구석기 유적 및 유물상을 따로 집중 조망한 연구 성과들이 꾸준히 등장하고 있기 때문에(권수진 2018; 김영준 외 2016; 김형준 2022; 서대원·윤병일 2013; 소상영·이정철 2015) 조만간 이 지역의 후기구석기 공작에 대한 새로운 이해도 가능할 것으로 보인다. 본서에서는 차후의 연구를 위해 임진-한탄강 유역 후기구석기 유적들의 기본적인 면모를 간략하게 소개하고 그 성격을 개괄적으로 검토한다. 참고로 여기서 언급하는 최근의 후기구석기 유적들 중 일부는 [그림 4.1]의 지도 범위 밖에 분포하는 경우도 있다는 점을 밝혀 둔다.

1. 철원군 갈말읍 상사리 유적

상사리上絲里 유적은 장흥리에서 한탄강 상류역 방향인 북쪽으로 약 5km 올라간 지점에 위치하고그림 4.1의 4 해발고도는 192m다(최종모 외 2013: 19). 상사리 구석기 유적의 층위는 I층표토·교란층-II층구지표층-III층명갈색 점토층, 1유물층-IV층암갈색 점토층, 2유물층-V층갈색 사질점토층, 3유물층-VI층모래/자갈층-VII층실트층-VIII층사질층으로 나뉜다(최종모 외 2013: 46). 1, 2, 3유물층에서 모두 목탄이 출토되었기 때문에 AMS 연대 측정을 할 수 있었으며, 2, 3유물층 및 그 밑의 VI층과 VII층에서 OSL 연대 측정도 이루어졌다.

1유물층은 석기 집중 구역 1, 2를 포함한 여러 지점에서 AMS 연대 측정이 이루어졌는데, 석기 집중 구역 1은 14,670±80과 14,700±70 BP의 연대가 나온 것으로

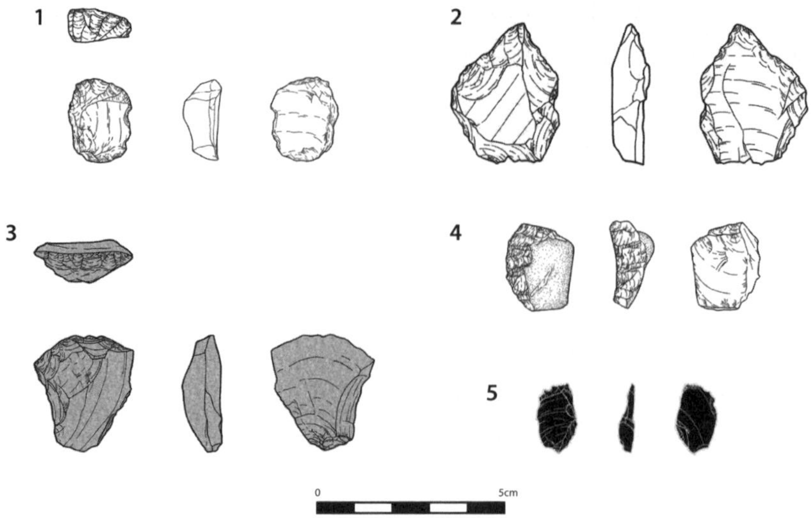

[그림 4.56] 상사리 유적에서 발견된 대표적인 소형도구들(최종모 외 2013)
1: 석영제 밀개, 2: 석영제 뚫개, 3: 반암제 밀개, 4: 수정제 긁개, 5: 흑요석제 새기개

볼 때, 갱신세 최말기의 석기 제작 지역으로 볼 수 있다. 석기 집중 구역 2에서는 1구역보다는 다소 이른 19,670±100 BP와 15,270±70 BP의 연대가 나왔다. 그 밖의 지점에서 측정된 AMS 연대치로는 19,800±110 BP, 19,840±100 BP, 23,040±160 BP, 7,510±50 BP, 8,070±50 BP 등이 있는데, 현신세Holocene의 연대치는 아마도 위의 교란층이나 구지표층에서 유입된 것으로 볼 수 있을 것이다(최종모 외 2013: 52-53, 498). 2유물층은 37,040±300 BP와 37,640±300 BP의 연대치가 나왔지만 OSL 연대치는 28,100±2,400 BC로 나왔는데, 보정 연대를 감안하면 대략 30kya로 볼 수 있다. 3유물층은 AMS 연대가 31,350±220 BP이며, OSL 연대는 31,900±3,100 BC가 나왔다(최종모 외 2013: 497-500). 3유물층 아래에 위치한 VI층과 VII층의 OSL 연대치는 각각 36,700±3,600 BCVI층, 52,700±3,600 BCVII층 가 나왔다. 따라서 3개의 유물층 중 2와 3유물층은 MIS 3기 말, 1유물층은 MIS 2기 말로 볼 수 있다.

석기는 발굴조사에서 8,389점, 추가 시굴조사에서는 45점이 확인되었다. 대부분 1유물층에 속하는데, 발굴조사에서 발견된 1유물층의 8,031점을 기준으로 석재를 살펴보면 석영이 7,265점으로 가장 많이 사용되었다. 그 외에 수정 443점, 반암 103점 등이 있으며 규암26점과 흑요석10점도 일부 확인되었다. 도구의 비율은 현저하게 떨어지며 거의 대부분이 부산물에 해당하기 때문에 아마도 돌날이나 잔돌날 같은 날카로운 부산물은 가공 없이 그대로 이용되었을 가능성이 높다. 대표적인 도구석기들을 살펴보면, 긁개 73점, 밀개 57점, 뚫개 5점, 새기개 8점, 쐐기piéce ésquille 13점, 홈날 9점, 찍개 2점 등이 포함되어 있다. 그 밖에 후기구석기의 대표적 부산물인 돌날이 29점, 잔돌날은 62점이 발견되었다(최종모 외 2013: 61-62, 430, 470-486, 488).

2. 포천시 관인면 중리 늘거리 유적

중리中里 늘거리 구석기 유적은 행정구역상 경기도 포천시 관인면 중리에 속한다그림 4.1의 9. 해발고도 103m에 위치하며 동쪽에는 한탄강이 북에서 남으로 흐르고 있다(홍성수 외 2014: 1). 1996년 9월부터 1998년 4월까지 이루어진 관인면 일대의 지표조사에서 흑요석 밀개와 돌날을 최초로 수습했다(박경식·한창균 1998: 77-79). 그 후 2001년 4-7월 동안 한탄강 댐 수몰 지역 지표조사를 통해 석영 박편과 석핵이 각각 1점씩 수습되며 구석기 유적의 존재 가능성이 알려졌다. 2010년 4월에는 4개 지점에서 구석기 유적이 발견되었고, 2010년 8월부터 2013년 12월까지 발굴조사가 진행되었다(홍성수 외 2014: 1).

기반암까지 노출된 4지점을 기준으로 위에서부터 아래로 층위 양상을 살펴보면, I. 지표·교란층-II. 명갈색 점토층1지점 문화층-III. 암갈색 점토층4지점 문화층-IV. 명갈색 사질층-V. 각력 자갈층-VI. 황회색 실트층-VII. 갈색 사질층-VIII. 각력 자갈층-IX. 갈색 사질층-X. 각력 자갈층-XI. 갈색 사질층-XII. 현무암반으로 나눌 수 있다(고수길 외 2016; 홍성수 외 2014: 4). 이렇게 복잡한 층위 양상은 4개 지점에서 조금씩 다르게 나타나고 있다. 유물 분포대는 상부의 각력 자갈층V층이 끝나고 점토 성분이 두드러지기 시작하는 II층과 III층에서 주로 나타난다.

포천시의 현무암은 전반적으로 철원군 일대에서 관찰되는 현무암과 비슷한 성질을 가진 것으로 보이며, 한탄강 계곡을 잠식하며 기반암으로 자리 잡는 과정에서 용암댐을 만들었다. 용암댐에 의해 차단된 한탄강이 기존의 유수 에너지를 회복하는 과정은 퇴적물의 상향세립화 분포에 영향을 주었을 것으로 보인다(이민부 외 2004, 2007). 한탄강 중류역과 비교할 때 상대적으로 고도가 높고 하계망의 규모가 작기 때문에 하천 에너지를 회복하는 과정이 급속하게 진행된 것으로 보인다. 그러한 상황은 퇴적층 중간에 두껍게 분포하는 각력 자갈층V층의 존재로 알 수 있다. 그 후 사질과 실트 및 점토가 우세한 하천 퇴적층으로 바뀌고 인근 종자산에서 유입한 사면붕적층IV층이 쌓이는 과정에서 고인류의 점거가 이루어지고 문화층이 만들어진 것으로 보인다.

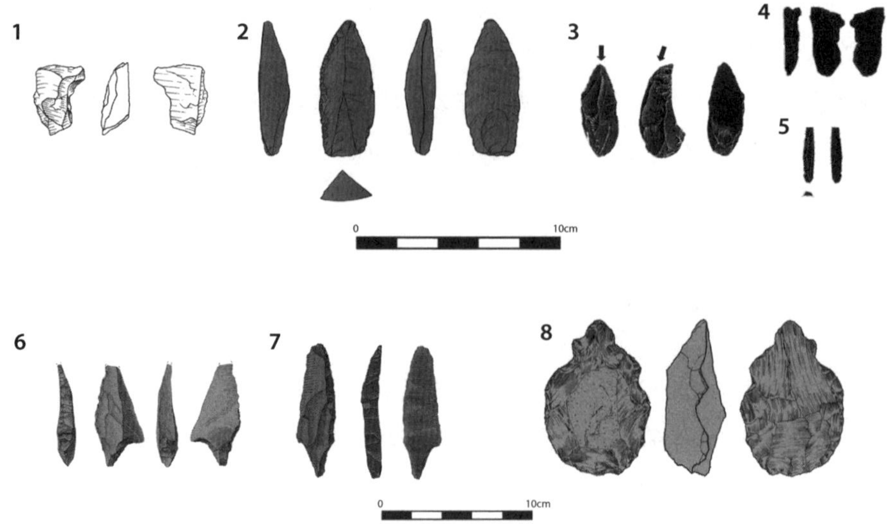

[그림 4.57] 중리 늘거리와 용수재울 유적에서 발견된 도구들(김영준 외 2013; 홍성수 외 2014)

1: 용수재울 석영제 홈날, 2: 늘거리 응회암제 등칼, 3: 용수재울 흑요석제 새기개·밀개, 4: 늘거리 흑요석제 돌날, 5: 늘거리 흑요석제 잔돌날, 6-7: 용수재울 응회암제 슴베찌르개, 8: 늘거리 3문화층에서 발견된 응회암제 주먹도끼

늘거리 구석기 유적에서 발견된 석기는 총 11,068점으로, 석영제 석재의 비율이 가장 높으며6,916점 응회암2,677점, 흑요석1,011점, 기타 석재셰일, 규암, 옥수, 벽옥 등 464점의 순으로 많이 활용되어 석재의 다양함이 뚜렷하게 나타난다. 석기 형식으로는 잔돌날석핵 및 잔돌날그림 4.57의 5, 긁개, 밀개, 새기개, 홈날, 뚫개, 등칼그림 4.57의 2 등의 소형도구와 함께 주먹도끼그림 4.57의 8, 찍개 같은 대형석기도 일부 발견되었다(홍성수 외 2014: 26-30).

3. 포천시 관인면 중리 용수재울 유적

용수재울 유적은 한탄강 홍수조절댐 수몰지구에 포함되며 한탄강의 지류인 건지천의 동쪽에 위치한다. 비교적 가파른 계곡 주변에 위치하며 계곡의 노두에는 다량의 응회암이 분포한다. 해발고도 약 105m의 사면 말단부에 위치하기 때문에 계곡에서 흘러내린 사면붕적물이 유적 내에 쉽게 유입될 수 있는 입지 조건을 가지고 있다. 따라서 퇴적층이 안정적인 원 맥락을 보유하고 있을 가능성은 낮다.

층위는 위에서 아래로 I. 표토층-II. 흑갈색 실트층-III. 명갈색 실트층-IV. 갈색 점토층-V. 황갈색 실트층-VI. 사력층-VII. 현무암 기반암층으로 구성되어 있다. 이 중 III층과 IV층에 비교적 넓은 유물 분포대가 존재한다. 이 층에서 채취한 목탄을 시료로 삼아 연대를 측정한 결과, 약 37kya에서 15kya 사이에 유물 분포대가 형성된 것으로 보인다(김영준 외 2013: 77). 용수재울의 석기는 임진-한탄강 유역의 다른 후기구석기 유적에 비해 응회암으로 제작한 석기의 비율이 월등한64.9% 점이 특징이다. 특히 3지점 IV층에서는 거의 100%에 달하는 석기가 응회암으로 제작되었다. 이는 전술한 대로 주변의 종자산에서 응회암을 쉽게 취득할 수 있기 때문인 것으로 보인다(권수진 2018). 석기의 부산물로는 돌날과 잔돌날의 비중이 높으며, 응회암제 슴베찌르개 같은 도구도 발견되었다그림 4.57의 6-7.

4. 포천시 영북면 대회산리 은골 유적

은골 구석기 유적은 경기도 포천시 영북면 대회산리大回山里에 위치하고그림 4.1의 11 해발고도는 약 112m다. 유적의 층위는 위에서부터 아래로, 1층경작층-2층암갈색 점토층, 유물 포함층-3층황갈색 점토층, 유물 포함층-4층명적갈색 사질점토층-5층암갈색 점토층-6층명적갈색 점토층-7층사질력층-8층현무암반으로 나뉜다(이재 외 2015). 기반암을 제외한 층준에 자갈이 거의 포함되지 않아 안정적인 하천 퇴적층이라고 할 수 있다.

석기는 총 3,092점이 확인되었다. 석재로는 주로 석영맥암을 집중 활용했지만 17지점에서는 응회암제 돌날이 발견되었다그림 4.58의 1. 후술할 운산리 뒷골 유적과 비교할 때 정질석재의 활용이 두드러지지 않은 것으로 보아 기존의 석영계 석재를 활용하던 기술조직이 고착화되며 후기구석기 단계까지 지속된 것으로 보인다. 유물층의 OSL 연대치는 3층의 아래 유물층에서 45,800±3,400 BC, 2층의 위 유물층에서 31,200±2,800 BC가 산출되었다(이재 외 2015).

5. 포천시 창수면 운산리 뒷골 유적

운산리雲山里 뒷골 유적은 경기도 포천시 창수면 운산리에 위치하며 한탄강 홍수조절댐 수몰지구에 속하는 현무암 절벽 위의 하안단구에 위치한다. 해발고도는 약 106-107m다. 유적의 층위는 위에서부터 아래로, 1층표토-2층흑갈색 사질점토층-3층흑갈색 점토층,

3문화층-4층황갈색 점토층-5층각력층, 2문화층-6층적갈색 점토층, 1문화층-7층각력층-8층암갈색 점토층-9층각력층-10층갈색 점토층-11층각력층-12층황갈색 점토층-13층황갈색 사질점토층-14층하성 퇴적층-15층현무암괴으로 나뉜다(이정우·심선미 2014: 15). 5층의 각력층은 각진 형태의 자갈이 대부분이며 풍화도가 심한 것으로 보아 주변에서 유입한 사면붕적의 결과인 것으로 보인다(현남주 외 2016b).

석기는 총 4,139점이 확인되었고, 석재는 석영 78.5%, 흑요석 4.6%, 응회암 15%, 셰일 0.3%, 유문암 0.1%, 기타 4%로 나타나며, 잔돌날석핵 및 잔돌날과 밀개 등이 수습되었다(이정우·심선미 2014: 18). 도구석기는 주로 밀개와 긁개가 발견되었으며그림 4.58의 2 찌르개그림 4.58의 3, 홈날, 새기개, 톱니날, 뚫개 등도 확인되고 있다. 각 문화층에서 뚜렷한 기술적 변화상이 나타나지 않기 때문에 아마도 문화층의 구분이 큰 의미를 가지지 않을 정도로 재퇴적된 것으로 보인다. 1문화층 바로 아래인 6층의 토양시료를 AMS 측정한 결과, cal 21,504-20,520 BC의 연대를 얻었다. 5층이 대부분 사면붕적층인 것을 감안한다면, 4층 이후의 상부 퇴적물이 아랫부분까지 쓸려 내려와 재퇴적된 것으로 보인다.

6. 포천시 군내면 용정리 유적

용정리龍井里 유적은 해발고도 약 120m에 이르는 구릉의 정상부에 위치하며 포천시의 어룡-구읍 간 도로개설 사업을 위한 조사를 통해 발견되었다그림 4.1의 16. 유적의 층위는 위에서부터 아래로, 1층경작 교란층-2층명갈색 점토층, 1문화층-3층갈색 점토층, 2문화층-4층암갈색 점토층, 3문화층-5층황갈색 실트층-6층적갈색 점토층, 4문화층-7층황갈색 점토층, 5문화층-8층자갈층으로 나뉜다. 기반암은 화강암 풍화토이며 주변의 여러 하천 및 계곡에서 쓸려 내려온 자갈 및 쇄설성 퇴적물로 구성되어 있다. 4-7층까지 OSL 연대 측정이 이루어졌는데, 4층 36,000±1,400 BC, 5층 56,400±4,600 BC, 6층 52,300±3,800 BC, 7층 73,500±7,000 BC의 연대치가 나왔다(차재동 2014: 20-21).

석기는 총 3,119점이 확인되었으며, 5층을 제외하고 2층부터 7층까지 꾸준히 분포한다. 석재는 석영이 대부분을 차지하고 흑요석 10점을 포함해 응회암, 현무암, 사암이 이용되었다. 석기 구성을 살펴보면, 대형도구는 주먹도끼 5점, 가로날도끼 5점, 뾰족끝찍개 4점 등이, 소형도구는 긁개 36점, 밀개 11점, 홈날 13점, 톱니날 9점, 찌르개 12점 등이 확인되었다. 이 외에 돌날과 잔돌날도 각각 1점씩 발견되었다(차재동

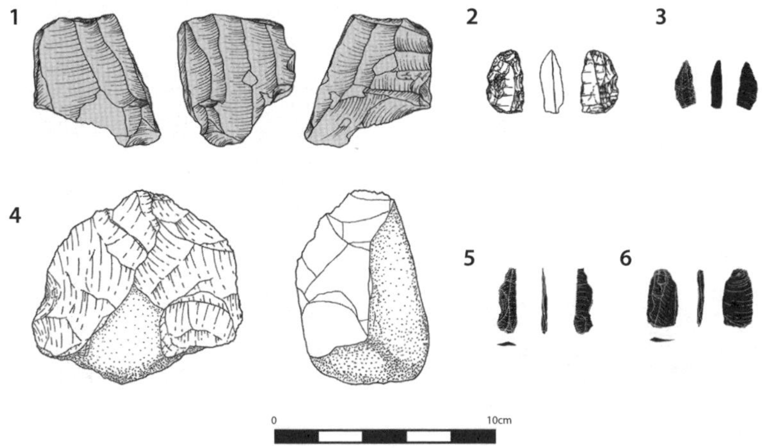

[그림 4.58] 대회산리, 운산리, 용정리 유적에서 발견된 석기들(이재 외 2015; 차재동 외 2013; 현남주 외 2016b)

1: 대회산리 응회암제 돌날석핵, 2: 운산리 석영제 긁개, 3: 운산리 흑요석제 찌르개, 4: 용정리 석영제 찍개, 5: 용정리 흑요석제 돌날로 만든 홈날, 6: 용정리 흑요석제 돌날

2014: 23). 주먹도끼로 보고된 석기는 대부분 크기가 10cm 미만이며 첨두부와 측면날이 전혀 없기 때문에(차재동 외 2013: 6) 보고된 자료의 형식분류를 그대로 받아들이기는 힘들다. 이러한 점은 가로날도끼도 마찬가지이기 때문에 용정리 유적에서 대형석기의 판별과 구성비는 일부 재고가 필요하다고 볼 수 있다.

용정리 유적의 OSL 연대는 약 MIS 4-3기에 해당하기 때문에(김형준 2022: 45) 후기구석기가 본격적으로 등장하기 이전의 석기군으로 볼 수 있다. 1문화층에서는 흑요석제 석기, 2문화층에서는 석영제 찍개그림 4.58의 4 및 긁개, 밀개, 홈날, 톱니날, 뚫개, 찌르개 등의 다양한 소형도구가 확인되었다. 따라서 전술한 연천 삼거리 유적과 함께 이 지역의 중기-후기구석기 전이상을 보여 주는 유적으로 파악할 수 있다.

7. 포천시 일동면 화대리 쉼터 유적

화대리禾垈里 쉼터 유적은 일동-이동 간 도로 확장 및 포장 공사 관계로 조사가 이루어졌으며그림 4.1의 15, 해발고도는 약 129m다(최복규·유혜정 2005: 30). 화대리 쉼터 유적의 층위는 위에서부터 아래로 I층지표·교란층-II층명갈색 점토층, 1문화층-III층암갈색 점토층, 2·3문

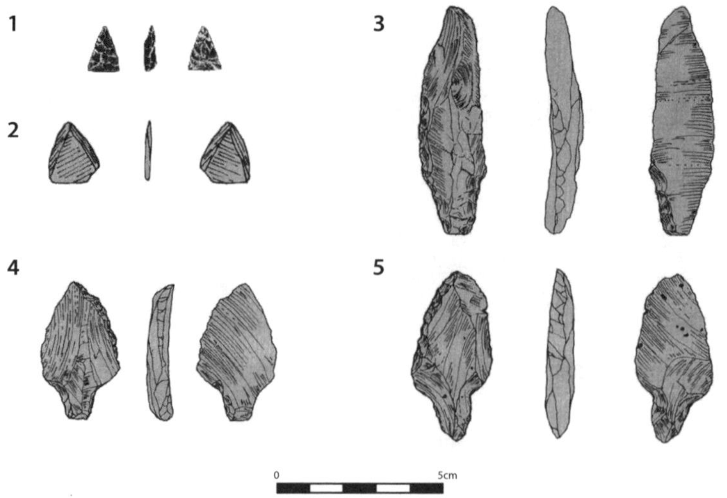

[그림 4.59] 화대리 유적에서 발견된 석기들(최복규·유혜정 2005)
1: 흑요석제 화살촉, 2: 유문암제 화살촉, 3-5: 2문화층에서 나온 슴베찌르개

화층-IV층자갈층-V층기반암 풍화층으로 나뉜다(최복규·유혜정 2005: 31-32). 1-3문화층은 OSL 연대 측정법을 사용했고, 2문화층은 출토된 목탄을 시료로 삼아 AMS 연대를 별도로 측정했다. OSL 연대는 1문화층이 22,000±1,000 BC, 2문화층은 30,000±1,700 BC, 3문화층은 39,000±1,400 BC고 AMS 연대치는 31,200±900 BP로 밝혀졌다(최복규·유혜정 2005: 36).

석기는 총 5,946점이 확인되었으며 2문화층3,709점에서 집중 발견되었다. 석재는 석영이 5,711점으로 가장 많이 이용되었고, 반암이 210점, 규암, 사암 등의 기타 석재는 10점 이내다. 주요 석기는 긁개 818점, 밀개 126점, 돌날 18점, 찍개 47점으로, 모든 문화층에서 긁개가 가장 많이 나왔다. 찍개는 2문화층31점까지 활발히 나오다가 1문화층5점에서 급감한다. 돌날은 2문화층7점에서 1문화층11점으로 갈수록 증가한다. 각 문화층마다 특징적인 석기를 들 수 있는데, 1문화층에서는 창끝 1점, 2문화층에서는 슴베찌르개 3점그림 4.59의 3-5, 3문화층에서는 주먹도끼 1점이 나왔다(최복규·유혜정 2005: 51, 73, 103).

8. 연천군 연천읍 통현리 유적

통현리通峴里 구석기 유적은 해발고도 83m 내외에 분포하고 있으며그림 4.1의 18, 남쪽으로 700m 떨어진 곳에 한탄강이 흐르고, 동쪽으로 100m 떨어진 곳에서는 한탄강의 지류인 오봉천이 한탄강으로 유입한다(서대원·윤병일 2013: 11-12). 연천군의 통현-고포 간 도로 확장 공사 구간의 지표조사를 통해 확인되었고, 2002년 연천 지역 고인돌 유적 조사를 하는 도중에 석기가 발견되면서 알려지기 시작했다(우종윤 외 2015).

통현리 구석기 유적의 층위는 위에서 아래로, I층경작·표토층-II층명갈색 점토층, 1문화층-IIIa층암적갈색 점토층, 2문화층-IIIb층암갈색 점토층, 3문화층-IVa층적갈색 점토층-IVb층갈색 점토층-V층명갈색 사질점토층-VI층각력이 섞인 암적갈색 사질점토층-VII층회갈색 실트사질층-VIII층황갈색 사질점토층으로 나뉜다. II층에서는 AT 화산재가 발견되었기 때문에 MIS 2기에 해당한다고 볼 수 있으며, IIIb층 하부의 AMS 연대는 cal 26,398-25,812 BC, 상부는 cal 22,123-21,787 BC, IIIa층은 cal 21,886-21,423 BC로 산출되었다(우종윤 외 2015). 전체 문화층에 해당하는 II층과 IIIa, IIIb층은 대부분 MIS 2기에 형성된 것으로 볼 수 있다. 따라서 통현리 유적은 한반도에서 좀처럼 확인되지 않는 최후빙하극성기 고인류 점거 흔적의 사례로 볼 수 있을 것이다.

석기는 총 502점이 확인되었는데, 석영계 383점, 응회암 87점, 흑요석 20점, 기타 석재 12점으로 구성되어 있다. 2002년 고인돌 조사에서는 34점, 2013년 발굴조사에서는 총 597점이 출토되었고 이 중 2문화층에서 440점이 확인되었다. 후기구석기에 보편화되는 정질석재와 별도로, 석영계 석재로 제작된 도구석기는 확실히 이전 시기와 달리 집중적인 잔손질의 흔적이 나타나고 있다. 보고서에는 '주먹찌르개'로 분류되었지만 자갈돌을 부분 양면가공한 주먹도끼 같은 대형도구도 포함되어 있다그림 5.14의 2.

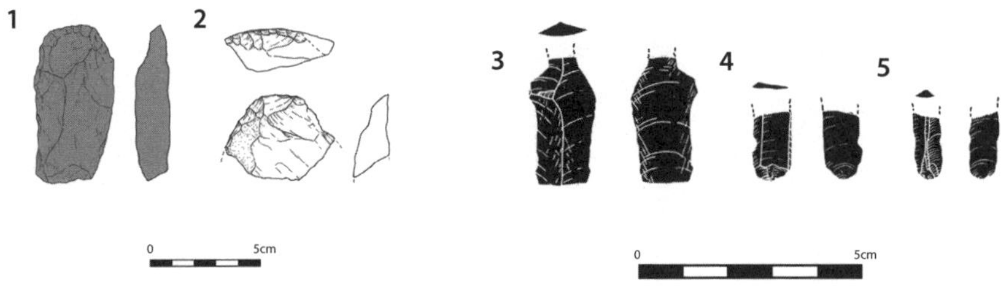

[그림 4.60] 통현리 유적에서 발견된 석기들(우종윤 외 2015)
1: 응회암제 밀개, 2: 석영제 밀개, 3-5: 흑요석제 돌날과 잔돌날

통현리 유적은 MIS 2기까지 이 지역에서 석영계 석재가 적극 활용되며 기존의 대형 도구도 꾸준히 제작되었음을 잘 보여 준다. 따라서 이 지역에 후기구석기 공작이 보편화되는 시점이라도 이전의 기술조직은 지역별로 각기 다르게 유지되었음을 알 수 있다. 이는 정질석재의 접근성이 각 유적마다 다르기 때문이라고 볼 수도 있으며(김형준 2022: 70), 임진-한탄강 유역에 산발적으로 분포하던 각 지점별 집단의 상호 적대적인 대척 상황으로 인한 빈약한 상호 작용의 영향 때문이라고도 볼 수 있다.

VII 소결: MIS 4-2기에 집중되는 고인류의 점거 흔적들

지금까지 임진-한탄강 유역에서 발견된 고고학적 증거들을 개별 유적 중심으로 살펴보았다. 이 지역에서 현재까지 알려진 고고학적 지점은 약 50여 개에 이르며 행정구역상으로 볼 때, 면面 단위는 물론 리里 단위마다 거의 하나 이상의 유물 산포지가 확인되고 있다. 임진강이 발원하는 DMZ 너머까지 포함하면 황해도 일대의 황주천 및 재령강 일대에서도 비슷한 유적이 발견될 가능성이 높다. 따라서 한강 이북과 대동강 이남의 하계망을 아우르는 DMZ 일대의 한반도 중서부는 구석기시대부터 일찌감치 인구의 집중이 이루어졌던 지역이며, 현재까지도 보존 상태가 비교적 양호한 고고자료들이 밀집하고 있다.

이 지역에서 확인된 가장 오래된 유적은 파주 장산리 유적이다. 퇴적층 내에서 주먹도끼가 확인되지는 않았지만 커다란 뾰족끝찍개를 제작하고 다수의 양극편이 분포하는 것으로 볼 때 초보적이고 원초적인 자갈돌 가공이 이루어진 것으로 볼 수 있다. 장산리의 IRSL 연대치로 볼 때 약 MIS 7기약 0.243mya부터 임진-한탄강 유역에 거주했던 고인류는 그 후 임진강 중류역 및 한탄강 유역까지 분포를 확장했고 주월리/가월리, 금파리, 남계리, 전곡리 등을 점거하며 주먹도끼로 대표되는 석기군을 본격적으로 만들어 나갔다. 이러한 석기군의 연대는 그동안 이 지역에 분포하는 용암대지의 연대를 감안해서 중기갱신세로 잘못 이해되어 왔다. 그러나 제3부에서 지적한 바와 같이, 중기갱신세설은 더 이상 재고의 필요성이 없을 정도로 논리적인 한계가 드러났으며, 실제 석기군의 연대 측정치는 예외 없이 중기갱신세보다 한참 연대가 늦은 MIS 4-3기에 해당한다는 것이 본 야외조사 자료를 통해서 입증되었다. 그리고 기존에 발굴된 여타 지역의 연대치들도 이 연대와 잘 부합한다. 임진-한탄강 유역은 물론 한반도의 다른 지역에서 확인되는 구석기 유적들의 연대도 이와 큰 차이가 없는데(김상태 2012; 유용욱 2014a, 2015, 2021; 유용욱 외 2022; 이정철 2012b; Shin et al. 2021), 단순히 오래된 연대치를 산출하지 못하는 측정 방법의 기계적 한계로 치부하기에는 거의 대부분의 한반도 구석기 유적이 MIS 4-3기에 집중되는 것은 우연이 아닐 것이다. 그리고 이러한 사실은 별로 놀라운 것도 아니다. 다만 일부 연구자들이 결코 받아들이고 싶지 않은 불편한 사실에 불과할 뿐이다.

물론 MIS 4기보다 오래된 유적이나 고인류의 점거 흔적이 전혀 없는 것은 아니다. 전술한 장산리를 포함해 철원의 산명리/유정리 유적에서는 MIS 5기에 해당하는 유물층이 발견되기도 했다. 그 밖에 DMZ 너머 임진강 상류역에 삼거리의 사례와 비슷하게 용암류의 영향을 직접적으로 받지 않은 오래된 유적이 분포할 가능성도 배제할 수 없다. 그러나 이 가능성이 구체적인 사실로 입증되려면 시간이 필요하다. 그뿐만 아니라 자료를 축적하고 그것을 입증하려는 노력 역시 결부되어야 할 것이다. 지난 40여 년 동안 임진-한탄강 유역의 구석기 유적이 중기갱신세에 해당한다는 여러 가지 착각과 억측이 등장했지만 이런 것들이 결코 소모적인 시간 낭비에 머무른 것은 아니다. 그러나 임진-한탄강 유역의 초창기 연구가 지금 기준에서 기술적이건 학술적이건 결코 세련되거나 성숙하지 못했던 것도 사실이다(유용욱 2019; 유용욱 외 2022). 그런 의미에서 기존 고고자료를 다시금 되짚어 볼 기회를 마련하는 것은 새로운 자료를 발굴하고 검토하는 것만큼이나 절실한 작업이 될 것이다.

제5부에서는 이런 작업의 일환으로서, 기존에 제시되었던 임진-한탄강 유역 구석기의 형식분류 문제를 고민하고 이 지역 구석기의 기술조직technological organization에 대해 탐구해 보고자 한다. 아직까지 이런 작업이 한국 고고학계에서 원활하지 못했던 이유는, 구체적으로 석기군의 성격을 논의할 수 있는 시간적 틀이 명쾌하게 제시되지 못했기 때문이다. 하지만 제3부에서 밝혔듯 임진-한탄강 유역의 구석기 공작은 결코 서반구의 아슐리안과 공시성을 가지지 않는다. 제4부에서 제시한 실제 야외조사 자료 및 그간 누적된 여러 가지 현지 자료를 종합하면 이 지역 구석기 유물군의 연대는 가장 오래된 MIS 7기의 장산리 유적을 제외하면 후기구석기를 포함해 대부분 MIS 4-2기에 해당한다는 것을 자신 있게 입증할 수 있다. 따라서 그동안 이 지역 구석기 연구의 아킬레스건이나 역린逆鱗처럼 존재했던 연대 문제가 납득할 수 있는 수준에서 해결된 지금, 본격적으로 석기군의 특징을 시공간 좌표에 배치할 수 있는 여건이 마련된 셈이다. 그렇기 때문에 표면적으로 아슐리안과 흡사한 전기구석기의 성격을 가지는 임진-한탄강 유역의 구석기 공작이 동아시아 말단에서 후기갱신세에 새롭게 등장한 아슐리안의 후발변종後發變種, subsequent variant인지, 자체적으로 아슐리안과 전혀 다른 본질을 가진 공작인지 탐구하는 작업이 이루어져야 할 것이다. 따라서 지금까지 본서의 내용이 임진-한탄강 유역 구석기 공작의 시·공간적 특성에 천착했다면, 차후의 내용은 이러한 공작의 기술적 특성과 그 진화 과정을 논하는 데 할애될 예정이다.

| 제5부 |

임진-한탄강 유역 구석기의 기술적 특징

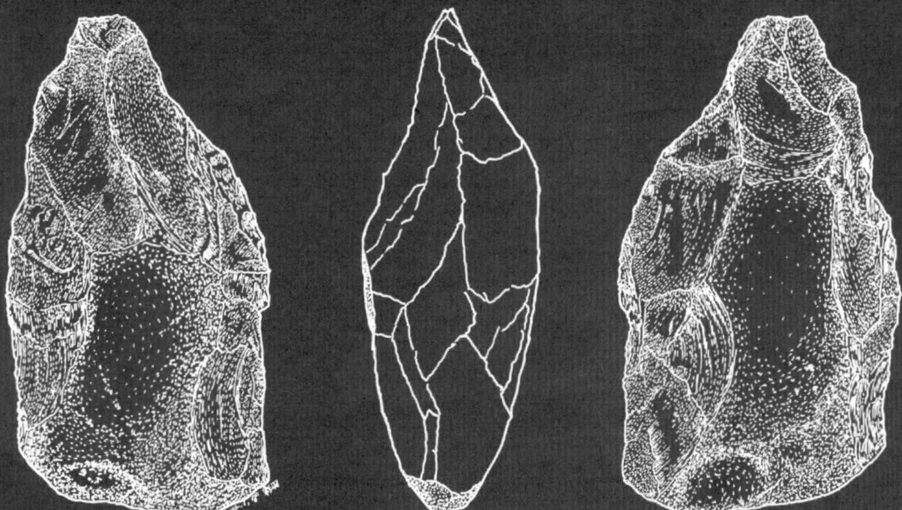

• 1990년 금파리(W0N0-I) 출토 주먹도끼(국립중앙박물관 소장)

I 서언: 임진-한탄강 유역 구석기의 기술조직

제4부에서는 임진-한탄강 유역의 석기군 및 유적들에 대해 살펴보았다. 고고자료에서 드러나는 임진-한탄강 유역 구석기 공작의 성격을 지적해 보면 다음과 같다.

첫째, 임진-한탄강 유역의 유적들은 장산리를 제외하면 화산 분출이 끝난 이후의 퇴적층 내에 분포하고 있다. 해당 유물군의 절대 연대 측정치에 기반하면 이 유적들은 거의 예외 없이 후기갱신세 동안에 형성되었다.

둘째, 상대적으로 늦은 시기임에도 불구하고 발견되는 석기는 전기구석기 단계 혹은 아주 초보적인 수준의 가공을 보여 준다. 단선 진화론적 시각으로 볼 때, 임진-한탄강 유역의 석기는 외견상 거의 예외 없이 발달이 더디며, 기술적 숙련도가 그다지 높지 않다. 발견 맥락 및 후기갱신세라는 시기와 달리, 구대륙 전기구석기의 아슐리안과 유사한 대형도구들이 다수 발견되기 때문에 상대적으로 늦은 연대임에도 불구하고 기술적으로 뒤떨어진retarded 면모를 가진다고 인식되는 경향이 있다(Movius 1949).

셋째, 석재는 조질석재들이 우세하다. 그러나 삼거리와 장흥리 및 최근 발견된 후기구석기 유물군의 사례에서 알 수 있듯이 유문암, 응회암, 흑요석 같은 정질석재가 함께 쓰이기도 했다. 석재의 선택도 석기 제작 기술의 중요한 부분임을 생각하면, 이는 아마도 석영계 석재가 우세하던 기존 구석기 제작 체계에서 자체적으로 겪은 기술적 선택으로 볼 수 있을 것이다. 이 부분에 대해서는 제6부에서 구체적으로 살펴볼 것이다.

넷째, 계획적으로 석핵을 박리해서 효율적으로 박편을 얻는 전략은 수립되지 않은 것으로 보인다. 이는 전술한 석재의 특징과도 관련이 있는데, 석재의 기계적 성질만으로 본다면 조질석재는 단일 석핵에서 형성될 수 있는 박편의 형태나 개수가 정질석재에 비해 현격하게 떨어지기 때문이다. 따라서 전략적으로 석재를 활용하는 다양한 기법이 보편화되지 않은 것으로 보인다.

제5부에서는 이 네 가지 특징을 전제로, 임진-한탄강 유역에서 발견된 석기군의

기술적 특징을 구체적으로 살피고자 한다. 여기에는 이 지역의 고인류가 고안하고 운용하던 기술조직技術組織, technological organization이라는 개념이 접근 단위로 활용될 것이다 (Barton 1991a; Binford 1972, 1980; Nelson 1991; Ricklis and Cox 1993). 기술조직은 당시 고인류가 석기를 제작 및 활용하던 커다란 방식을 말한다. 이는 특정한 시공간의 집단이 주어진 환경에 적응하고 대처하는 고유한 생계 전략의 일부로 볼 수 있다. 이와 관련해서는 제5부와 제6부에서 구체적인 논의를 할 예정이다.

석기군의 기술적 특징을 살피는 가장 기본 작업으로서, 임진-한탄강 유역 구석기의 형식분류 체계를 우선 마련해야 한다. 임진-한탄강 유역의 도구석기는 반복적으로 나타나는 형식의 가짓수가 많지 않기 때문에 형식변이type variation의 폭은 넓지 않다. 그리고 잔손질의 양이나 잔손질 종류의 수효 및 도구석기의 날 방향 같은 속성이 눈에 띄게 제한적이다(김원용·정영화 1979; 배기동 2002; 이선복 1989, 1996; Bae 1988; J. D. Clark 1992). 정적이고 단조로운monotonous 석기군은 기술적記述, descriptive 형식분류를 적용하든 계량적으로 분석하든 그 고유한 특징이 직관적이거나 무작위적인 관찰에 근거하는 경우가 많을 뿐 그 자체로 명백하거나 체계적일 수는 없다. 따라서 제5부에서 제시하는 석기군의 형식분류는 다른 지역·시기의 석기군과의 비교를 통해 그 본질을 탐구하려는 목적보다는, 해당 석기군을 탐구하는 서로 다른 연구자들 간의 소통을 위한 도구적pragmatic 목적의 작업으로 받아들일 필요가 있다.

II 임진-한탄강 유역 구석기의 형식분류 문제

1. 구석기 형식분류의 의미와 그 역할

석기군을 관찰하고 다루는 것은 해당 석기군에서 중요한 인위적human-made 정보를 가능한 한 많이 추출할 수 있을 때 의미가 있다(Isaac 1977b). 그 작업의 기본 절차는 대상 석기군을 적절하게 분류classification함으로써 인위적으로 부여되는 형식들의 기술적대상 석기의 제작 및 사용과 관련된 것, 문화적편년 및 공간적 분포를 포괄하고 족속성까지도 다루는 것, 계통적특정 석기 형식의 발생과 소멸 및 다른 형식과의 관계와 연관된 것인 문제를 논하는 것이다. 이렇게 유물들의 형식과 그 분류 결과를 통해 고고학적 논의를 이끌어 내는 것을 형식학 혹은 형식론typology이라 한다(Adams and Adams 1991; Read 2007). 한국에서는 '분류'와 '형식론'을 통틀어서 '형식분류'라는 방법론으로 이해하고 있다.

사실 형식분류의 문제는 임진-한탄강 유역 구석기 연구의 초창기부터 심각한 문제 중 하나로 자리 잡아 왔다. 형식분류 절차를 통해 당시 임진-한탄강 유역에서 석기를 생산하고 활용하던 고인류의 면모를 이해하는 것은 한국 구석기고고학 연구에서 가장 기본적이고 절실한 작업이었다. 초창기 전곡리 발굴 및 관련 보고서의 출간 당시에는 한국 구석기의 특성과 본질에 부합하는 분류 기준을 제대로 마련하지 못했던 것이 사실이다. 그리고 이런 기준이 명확하게 마련되지 못한 것은 지금도 마찬가지다. 관련 연구자들이 공유하는 형식분류의 틀scheme은 경험적 지식이 시행착오를 통해 다듬어지고 수정을 거치면서 최종적으로 누적된 상태에 불과하다. 그 과정에서 연구자들 사이에서도 비슷한 형식이 전혀 다른 형식으로 설정되기도 하며, 완전히 다른 형식들이 동일한 이름의 개체로 불리기도 한다. 이것은 당연한 혼동이기 때문에(Bisson 2001; Kuhn 2020), 혼동 자체가 연구 성과의 질적 수준을 반영한다고 볼 수는 없다.

특정 용어로 정의되는 형식의 개념이란, 다수의 주관적 시각이 양질전환을 거쳐 누구든지 수긍할 수 있을 정도의 객관적 공리公理, axiom로 자리 잡은 것이다. 그러나 이러한 객관적 공리의 효용은 잠재적일 뿐이다. 따라서 절대적이고 시공을 초월해 모든 유물군에 적용되는 형식분류 틀은 존재하지 않는다. 오직 필요에 따라 고고학자들에 의해 인위적으로 고안되고, 만들어지고, 대체될 뿐이다. 그런 의미에서 형식분류 틀은 변증법적 과정을 거치며 꾸준히 개선 혹은 변화를 거친다(Adams and Adams 1991). 이 변증법적 과정을 거쳐 만들어진 형식분류의 틀 중 대표적인 것이 바로 서유럽의 전·중기구석기 형식분류안인 보르드F. Bordes의 체계이고(Bordes 1961), 중부와 동부 유럽은 보진스키G. Bosinski의 체계를 대안으로 활용하기도 한다(Bosinski 1967). 아프리카는 클라크-클라인디엔스트Clak-Kleindienst 체계이하 C-K안를 주요 틀로 삼지만, 별도로 메리 리키M. Leakey의 체계를 활용하기도 한다(Leakey 1971). 이렇게 주창자에 따라 다양한 형식분류 틀이 존재하지만 이런 개별적 틀이 각각 고유한 체계와 요소로 구성되어 있는 것은 아니다. 예를 들면 유럽과 아프리카의 대표적 형식분류안으로 자리 잡고 있는 보르드 체계와 C-K안은 개별 석기 형식을 칭하는 용어와 그 형식을 규정하는 속성attribute에서 차이점보다는 유사점이 더 많은 것이 사실이다. 왜냐하면 형식분류 틀은 어디까지나 '고고학자들 간의 소통'을 위한 도구일 뿐, 형식분류의 차이가 곧 '문화적 변이와 기술적 수준의 차이를 시사'하지는 않기 때문이다.

그러나 석기 관찰자의 주관이 전방위로 발휘되어 새로운 신조어가 형식분류 용어로 무작정 자리 잡는 것은 경계할 필요가 있다. 언어학에 비유하면 형식분류 용어는 의미론semantics적으로 파악하기보다는, 화용론pragmatics에 근거해서 의미를 초월하는 소통의 수단으로 이해해야 한다. 예를 들면, 임진-한탄강 유역의 주먹도끼는 관찰자들이 아슐리안 주먹도끼와 외관상 유사하다는 사실에만 주목해 아슐리안 공작과 동일한 시·공간적 맥락과 문화적 의미를 가진다고 생각하기 쉽다. 여기서 주먹도끼는 제작 기술이나 형태적morphological 속성에만 근거해서 명확하게 정의될 필요가 있다. 형태적 속성에 대한 이해와 개념 정의가 부족할 경우, 동일한 석기 형식을 이름 짓는 데 새로운 용어가 불필요하게 등장하기도 하는데, 뾰족끝찍개를 '산봉형山峰形 석기'로 분류하고 명명하는 것이 바로 그런 사례다(최무장 1991, 1994).

2. 임진-한탄강 유역 구석기 형식분류의 전제 조건

1) 형식분류 용어 선택의 탄력성

구석기는 토기나 금속기 및 각종 다른 고고자료에 비해 명확한 형태 구분이 쉽지 않고, 그 분류 기준인 속성의 설정도 애매모호한 것이 사실이다. 그렇기 때문에 한국 구석기의 형식분류에서는 분류 기준이 경험적 지식의 축적보다는 상명하복上命下服, top-down에 가까운 맹목적 교육의 산물로만 전승되어 왔다. 그 결과, 구석기 형식분류 틀은 널리 통용되고 공식화되기보다는 특정 학파의 일부 구성원 사이에서만 비전秘傳되는 한계가 있었다. 당연히 명확한 실체가 존재하기보다는 '감instinct'이나 '인상impression', '느낌feeling'같이 결코 수긍하기 힘든 감정적 기제機制에 의지하는 경우가 대부분이었다. 이럴 경우 형식분류의 과정은 체계적이고 실증적이기보다는 반복재현이 불가능할 정도로 우연적일 수밖에 없다.

구석기고고학에서 적절한 형식이 정의되고 견고한 형식분류의 틀이 마련되기 위해서는 제반 속성을 효과적으로 요약해 주고 결합해 주는 전문 용어jargon도 인위적으로 고안될 필요가 있다. 이를 위해 본서에서는 굳이 한글 용어를 고수하지 않겠다는 점을 밝혀 둔다. 한국의 구석기고고학은 다른 분야에 비해 순수 한글 용어를 사용하는 것에 필요 이상으로 집착해 왔다. 그래서 널리 통용되지도 않고 학술 용어로서의 개념적 적확성 여부를 검토하지도 않은 몇몇 토속어들이 구석기고고학계에서만 활용되는 용어로 등극했다. 평이하고 현학적이지 않은 한글 용어를 채택한 것은 학문의 대중화 측면에서 널리 환영할 일이다. 그러나 한국의 지식 체계가 한글보다는 한자어를 더 폭넓게 활용해 온 현실을 도외시할 수는 없다. 적절한 생성 과정을 거치지 않은 신조어가 구석기 용어로 자리 잡으면서, 연구자들 간에 오히려 소통 수준이 퇴보하는 악순환이 발생했다. 더 나아가, 다른 학문 분야에서는 구석기고고학의 지식 체계를 이해하기 곤란한 수준이 되어 점차 그 난감함이 심화되었고, 과연 순수 한글 용어의 원래 의미를 제대로 알고 채택했는가 하는 의심도 제기되었다.

구석기 용어가 한국의 고유어만 활용한다고 해서 특별한 이점이 있는 것은 아니다. 편리함이 부각되는 것도 아니고 회자膾炙 및 소통의 범위가 늘어나는 것도 아니다. 오히려 생경함과 어색함 및 학술적이지 않은 표현을 감수해야 하는 부담만 가중될 뿐이다. 물론 대안으로서의 한자어 사용이 이런 부담을 일소해 주는 것도 아니다. 그러나 새로운 전문 용어를 만들어 내는 과정에서 뜬금없는 한글 고유어를 무리해서 급조하고 채택하기보다는 적절한 기성 한자어를 차용 및 변용하는 것이 오히려 수월하며 자연스럽지 않을까 생각한다.

2) 형식분류 용어 선택의 세 가지 원칙

본서에서 제시하는 임진-한탄강 유역 구석기의 형식분류 틀은 여러 차례 시행착오를 거친 중간 결과물로 받아들일 필요가 있다. 앞으로 새로운 석기 형식이 제시될 수도 있고, 기존의 불필요한 형식 설정은 다른 형식으로 통합될 수도 있으며, 그 설정 기준도 변경될 수 있다. 제5부의 나머지 부분에서는 바로 그러한 점을 감안해서 이 지역 석기들의 기술적 특성을 제시한다. 이를 위해 크게 세 가지를 먼저 밝혀 둔다.

첫째, 몇몇 석기 형식은 새롭게 정의되었고, 각 형식들 간의 애매함曖昧, ambiguity과 모호함模糊, vagueness을 최소화하는 데 주력했다. 직관적 관찰과 외관상의 느낌에 의존하는 형식 설정은 최소화했으며, 형식 설정에서 가장 우선시되는 속성은 날edge 및 파지grip 부위의 맞은편에 존재하는 사용 부위의 가공 방식이다(이선복 1989). 그런 의미에서 본서는 한국 구석기 형식분류에서 무분별하게 구사되는 '-형 석기' 혹은 '-꼴 석기', '-상狀 석기'라는 용어를 배제한다. 이런 용어는 석기에서 연상되는 비슷한 대상물과의 직유直喩, simile에 근거한 이름 짓기denomination일 뿐 실제 형식분류의 원칙을 반영하는 형식명은 결코 아니다. 둘째, 각 형식을 결정해 주는 기술적 속성은 최대한 엄격하고 체계적으로 정의했다(Bisson 2000). 기술적 속성은 사용 부위보다는 제작 과정을 반영하는 속성으로서, 전체 석기군에서 실제 사용되는 석기는 제작되는 석기의 극소수인 경우가 대부분이다. 그렇기 때문에 의도하는 도구의 제작에서 자연스럽게 파생하는 부산물debitage은 일단 최종 산물로 간주한다. 셋째, 각 석기 형식의 명칭은 누구든지 수긍할 수 있도록 그 외형과 기술적 특성을 적절하게 요약해 주는 용어를 채택했다. 이때 그 용어는 현재 연구자들 간에 널리 공유되는 기성어를 채택하는 것을 원칙으로 하되, 어법상 적절하지 않거나 전혀 다른 용어로 잘못 공유되는 경우는 바로잡아서 새로운 용어로 대체했다.

한국 구석기에서 형식명이 만들어지는 절차는 방금 언급한 직유의 경우가 있는가 하면 특정한 연장이나 도구의 이름을 그대로 차용하는 은유隱喩, metaphor의 과정을 거치기도 한다. 아직까지 한국 구석기에서 지역적 변이가 제대로 드러난 사례는 없기 때문에 유적명을 붙여서 '-식'이나 '-식 석기'라고 명명하는 것은예: 수양개식 찌르개(이융조 1984, 1985 참조) 시기상조다. 전술했듯이 굳이 순수 한글 토속어를 고집하지 않는 이유는, 한자어를 적절하게 구사하면 음절 단위가 축약되며 누구든지 이해하고 기억하기 쉬운 단어를 생성할 수 있다는 이점이 있기 때문이다. 반면 순수 한글 용어는 실생활에서 사용되는 빈도가 현저하게 낮아 연구자들 간의 소통에서 제대로 이해되지 않는 경우가 많다. 따라서 기존 보고서나 논문에서 잘못 명명된 석기 형식이나 용어를 새롭게 교정해야 한다. 이는 본서에서 의도하는 더욱 객관적이고 적절한 소통 도구로서의 형식분류 틀을 지향하는 작업으로 받아들일 필요가 있다. 그리고 형식 용어의 글자수를 줄여도 이해에 큰 지장이 없으면 적극적으로 음절 수를 줄여 표기함으로써 소통의 수월함을 도모하겠다.

한국 구석기 형식분류 용어로 가장 많이 쓰이는 '-개'는 적극 수용하겠다. 그 이유는, 석기를 구체적으로 활용하는 동작의 어간과 그러한 동작을 수행하는 도구라는 뜻을 만드는 접사인 '-개'가 결합해서예: 긁-+-개=긁개 석기의 검정되지 않은 기능은 배제하고, 단지 해당 도구를 사용하는 동작 및 수세手勢, gesture만을 명시하기 때문이다. 따라서 같은 석기를 칭하는 영어 형식명예: scraper이나 프랑스어 형식명예: racloir 및 중국/일본어 형식명예: 刮削器과도 일대일 대응이 가능한 용어로 볼 수 있다. 그러나 이 용어는 한국에서 빈번하게 활용되는 형식 용어지만 어법이 맞지 않게 사용되는 경우도 있다. 이런 경우 적절한 어법에 맞는 용어로 대체할 것임을 우선 밝혀 둔다.

3) 클라크-클라인디엔스트 체계의 수정주의적 수용

기존의 임진-한탄강 구석기 연구들은(이선복 1989; Bae 1988) 공통적으로 C-K 형식분류안을 적극 수용했다(Clark and Kleindienst 1974). C-K안은 보르드의 분류체계와 비교할 때 제작 기술의 용어 정의가 명확하고(이선복 1989), 상대적으로 불필요한 형식의 개수가 적기 때문에 여러 관찰자의 시각 및 견해차로 인한 혼동the inter-typologist variability을 줄일 수 있다(Bisson 2000: 3). 사실 형식의 개수가 적으면 그만큼 혼동의 여지도 상대적으로 적을 수밖에 없는 것이 당연하다. C-K안은 초창기 전곡리 조사(김원용·배기동 1983) 및 대형도구가 주목을 받던 과거 임진-한탄강 유역의 석기군 기술에는 어느 정도 적절했다. 그러나 임진-한탄강 유역에서 다양한 소형석기와 부산물 및 후기갱신세 최말기의 석기군까지 확인되는 작금의 상황에서는 그 효용이 재검토될 필요가 있다. 더군다나 가장 많은 수효를 차지하는 기타석기others 목록을 정의할 특별한 방법이 없다는 결정적 한계가 있다.

이때 주목할 석기 범주는 바로 소형도구small tool다. 임진-한탄강 유역의 소형도구들은최대 직경 10cm 미만의 크기 형태가 표준화되지 않았다는 점에서 지금까지 C-K안에 의해 부스러기debris나 조각으로 분류되어 왔다. 그러나 대부분 후기갱신세에 해당하는 임진-한탄강 유역의 석기군을 분류하는 데 있어 이제 아프리카 전기구석기 공작을 대상으로 하는 C-K안을 적용하는 것은 신중할 필요가 있다. 제4부에서도 언급했듯이 전곡리, 주월리/가월리, 금파리, 원당리 유적들의 석기군은 아슐리안 공작이라는 선험적 참고 사례를 넘어 동아시아의 고유한 구석기 공작으로 관찰할 필요가 있다. 따라서 몇몇 대표 석기가 형태적으로 유사하다는 이유만으로 전혀 다른 시·공간적 맥락을 가지는 아프리카 전기구석기 공작의 형식분류 틀을 자연스럽게 채택하던 관행은 바야흐로 과거의 시행착오로 인정할 때가 왔다.

본서에서는 임진-한탄강 유역 석기군의 형식분류 틀을 마련하는 데 있어 그동안 금과옥조金科玉條로 간주되던 C-K안을 수정주의적 입장으로 취사선택하려고 한다. 따라서 기존 석기 분류안의 성과와 한계를 동시에 인정하는 의미에서 C-K안의 용어를 한글화한 형태로 수용하되, 몇몇 도구석기의 형식 명칭은 임진-한탄강 유역 석기군의 기술적 고유함을 고려해 새롭게 정의한다. 그 과정에서 기존의 형식분류 틀에 포함되지 않던 형식들의 특징을 제시하고 정의할 것이며, 제작 과정에서 관찰되는 각 형식의 선후관계도 함께 관찰할 것이다. 이런 관찰 과정이 고고학자들이 현재 자의적恣意的으로 발휘하는 에틱etic적 접근인 것은 분명하지만, 본서에서는 육안으로 관찰하는 것은 물론, 실제로 도구를 파지把持하고 시범적으로 사용함으로써 얻는 체험적 정보도 포함한다. 그리고 개별 석기의 실제 제작 및 사용 방식을 유추함으로써 최대한 에믹emic적 관점을 견지한다.

4) 세 가지 범주로 나뉘는 전체 석기군: 도구, 부산물, 기타석기

임진-한탄강 유역의 전체 석기군은 세 가지 범주로 나눌 수 있다. 우선 고인류가 의도한 본래의 목적에 적절하게 부합하고 그 용도를 구현해 주는 작업 부위를 가진 도구석기tools를 들 수 있다. 두 번째로 도구석기를 제작할 때 필연적으로 등장하는, 후발적 파생물인 부산물석기debitages를 들 수 있다. 여기서 부산물이라는 개념은 상황적인 범주일 뿐 결정적인 것이 아니다. 그 이유는 유적지에서 발견되는 각종 부산물들이 전혀 사용된 적 없이 즉시 폐기廢棄된 찌꺼기 혹은 무용지물이라는 근거는 없기 때문이다. 마지막으로 도구와 부산물의 범주에 속하지 않는 석기들인 기타석기others를 들 수 있다. 기타석기에는 가공된 흔적이 거의 없지만 인력에 의해 유적 내로 반입된 것이 분명한 반입석재manuport, 석기를 직접 제작하는 데 쓰인 망칫돌과 모룻돌 같은 제작도구implement, 그 밖에 석기 제작 이외의 용도로 활용된 각종 주춧돌이나 굄돌 및 의례용으로 활용된 돌 등의 용도미상miscellaneous도 포함된다. 기타석기는 발견 맥락에 따라 그 역할이 결정되고, 기능적 목적 이외에 고유한 물질성materiality을 보유할 수도 있다. 그러나 이 부분은 본서의 탐구 범위를 초월하기 때문에 굳이 다루지는 않겠다. 따라서 여기서는 부산물석기와 도구석기에 한해 기술하도록 하겠다.

도구석기 제작에서 가장 선행하는 공정은 적절한 크기의 박편을 석핵에서 뜯어내는 박리작업flaking이다. 이러한 박리작업의 본질 때문에 타제석기를 뗀석기로 부르기도 한다. 여기서는 박리작업의 흔적이 가장 잘 남아 있는 부산물인 석핵부터 살펴보겠다. 보통 좁은 의미의 부산물은 석핵 및 각종 원석原石, blank에서 이탈한 모든 조각들을 의미한다. 석핵은 부산물에 포함되지만 실제로 석핵 자체가 도구석기 제작의 중간 단계를 반영하기 때문에 C-K 형식분류안에서는 부산물과 별도로 다루고 있다(Clark and Kleindienst, 1974). 여기서는 석핵을 다른 부산물과 함께 넓은 의미의 부산물로 간주한다. 석핵이 어떤 경우에는 도구로 전환되기도 하지만 대부분의 석핵은 구체적 용도를 파악하기 힘든 형태를 하고 있다. 따라서 석핵은 뚜렷한 날이나 첨두부가 존재하지 않는다는 특징이 있다. 다만 모든 도구가 뚜렷하게 날과 첨두부를 보유하는 것은 아니기 때문에, 석핵을 정의하는 것은 여전히 주관적 판단의 여지가 남아 있다는 점은 분명하다.

III 각종 부산물의 제작 기법과 그 형식

1. 석핵의 형식과 박편 획득 기술

임진-한탄강 유역 석기군에서 석핵의 비중은 상당히 낮은 편이다. 이는 석재의 질이 낮아 하나의 석핵에서 박편을 집약적으로 박리할 수 없었기 때문으로 보인다. 따라서 그 형태 및 제작 양상은 임의적인 수준이지만 박편을 박리하는 기준면인 타격면$_{platform}$의 유무와 그 개수에 따라 몇 가지로 분류할 수 있다(Bradbury and Carr 1991; Bradley and Giria 1992). 임진-한탄강 유역에서 발견되는 박편의 타격면에는 박리를 위한 예비 조정$_{preparation}$이 이루어진 사례가 별로 없다. 그래서 한 개의 석핵에서 박리되는 박편의 개수는 최초로 이탈하는 박편의 크기와, 이탈 후 남은 박리흔의 형태에 심각한 영향

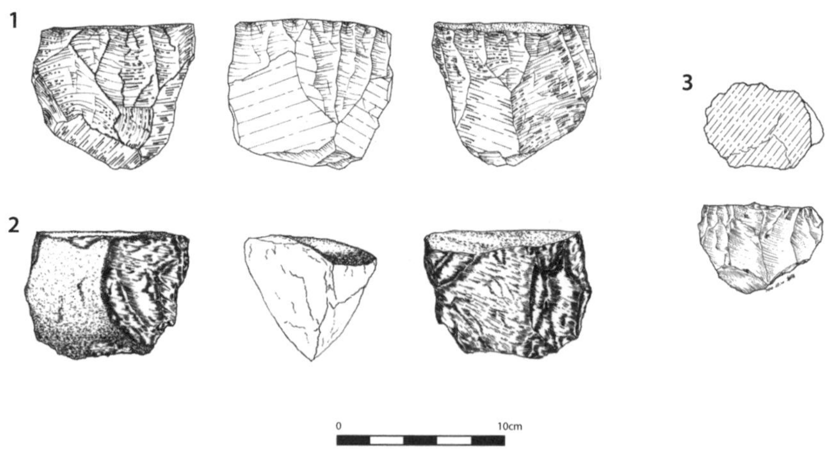

[그림 5.1] 단방석핵의 예

1: 2000년 전곡리 조사 당시 지표 수습품(배기동 외 2001), 2: 전곡리 농협 부지에서 출토된 판상석핵(이선복 외 2006), 3: 전곡선사박물관 소장 포천 오가리 지표 수습 판상석핵(저자 실측)

을 받는다. 임진-한탄강 유역 석기군에서는 타격면의 양상을 통해 단일방향타격 석핵, 양극타격 석핵, 구심타격 석핵으로 나눌 수 있다. 이 외의 석핵들은 불규칙하고 무작위적인 박리작업이 가해진 임의타격 석핵casual or arbitrary core에 해당한다.

1) 단일방향타격 석핵unidirectional core

임진-한탄강 유역에서 정형적인 박리흔을 갖춘 석핵으로는 단일방향타격 석핵이하 단방석핵이 가장 보편적이다. 이 석핵은 편평한 자연면을 그대로 타격면으로 삼아 가공한다. 타격면과 수직 방향으로 박리흔이 발달하기 때문에 타격면의 반대쪽은 뾰족하게 수렴하는 형태다그림 5.1. 탁자와 형태가 흡사하기 때문에 판상板狀, tabular석핵이라 부를 수 있다. 타격면은 거의 예외 없이 조정을 거치지 않은 순수한 자연면혹은 풍화면, cortex이다. 박리흔은 여러 개지만 보통 4개를 넘지 않으며 중간중간 돌출한 능선을 다듬어서 제거한 보조 박리흔이 일부 보인다. 타격면의 반대쪽이 뾰족하게 수렴하기 때문에 대형의 가로날이 있는 양면찍개chopping-tool와 흡사하다. 실제 도구로 사용되었을 가능성도 있으며, 타격면 밑부분에 으스러진 형태가 있는 것을 보아 바닥에 놓고 박리작업을 수행한 증거로 볼 수도 있다.

2) 양극타격 석핵bipolar core

양극타격 석핵이하 양극석핵은 박리작업이 서로 마주 보는 방향으로 이루어진 경우를 말한다. 보통 한쪽을 주 타격면으로 삼고 맞은편을 또 다른 타격면으로 활용하는 방식이 보편적이다. 이럴 경우 박리흔은 평행하지만 박리 방향은 정반대인 석핵이 만들어진다. 임진-한탄강 유역에서 양극석핵은 빈번하게 나타나지 않지만 양질의 석재를 더

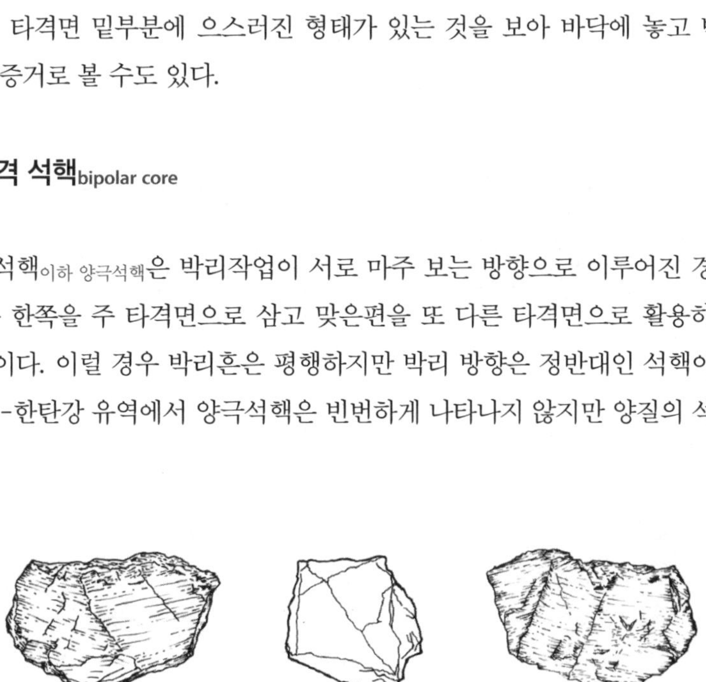

[그림 5.2] 가월리에서 출토된 양극석핵의 예(배기동 외 2005)

욱 집중적으로 활용하기 위한 전략으로 볼 수 있다그림 5.2. 타격면에서 단방석핵과 달리 조정을 거친 흔적이 다수 나타나며, 맞은편의 또 다른 타격면에서는 바닥이나 모룻돌에 놓고 수직 방향으로 타격을 가한 흔적이 나타나기도 한다. 보통 단방석핵보다 크기가 작고, 대부분 고운 재질의 석영제 석재에서 주로 나타난다.

3) 구심타격 석핵centripetal core

구심타격 석핵이하 구심석핵은 박리흔이 석핵의 외연부에서 중심부를 향해 일관되게 분포해서 박리흔의 능선이 석핵의 중심부터 방사하며 발달한 특징을 가진다. 일반적으로 구심석핵은 르발루아 석핵과 외견상 유사하기 때문에 종종 혼동되기도 한다그림 4.50의 5. 르발루아 석핵은 균일한 형태의 찌르개나 르발루아 박편을 연속적으로 획득하기 위해 최종 타격면을 정교하게 조정하지만(Boëda et al. 1990), 구심석핵은 타격면 조정 흔적이 거의 드러나지 않는다. 그러나 석핵을 돌려 가며 중심부를 향해 박리작업이 이루어지기 때문에 연쇄적 박리작업을 원활하게 하기 위해 박리면의 맞은편을 우선적으로 털어 내는buffeting 작업이 이루어진다.

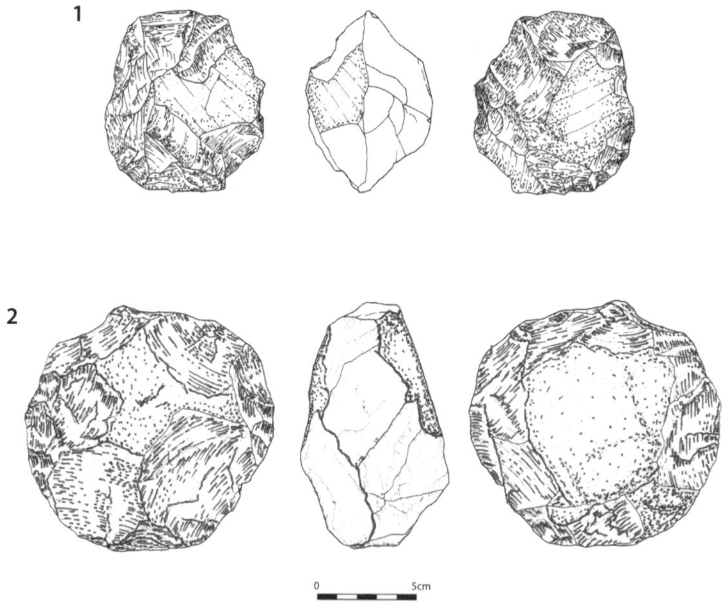

[그림 5.3] 전곡리에서 발견된 구심석핵의 예(배기동 외 2009)

1: 전곡리 제5-2지점 출토품, 2: 전곡리 부근의 지표 수습품

따라서 구심석핵은 대부분 양면이 가공된 형태이며, 타원형 주먹도끼와 유사한 형태를 가지기도 한다. 실제로 집중 박리된 구심석핵과 타원형 주먹도끼는 관찰자에 따라 구별하기가 쉽지 않을 수 있다. 그리고 양면가공되면서 자연스럽게 형성된 측면날을 직접 활용했을 수도 있다. 여기서는 측면날의 각도가 60°를 훨씬 넘어서 절삭용 날이라 부르기 힘든 양면가공의 사례를 구심석핵으로 구분한다. 구심석핵은 타원형 주먹도끼보다 크기가 현저히 작으며, 그 형태에 따라 주판알 석핵이나 원추형 석핵(배기동 외 2009) 혹은 원반기discoïd로 불리기도 한다.

4) 임의타격 석핵arbitrary core

임의타격 석핵이하 임의석핵 혹은 막석핵은 특별히 고정된 타격면이 없고 박리각과 능선이 일정한 형태를 갖추지 않는다. 박편을 획득하는 것이 주목적이면 제작자는 석핵의 형태나 크기 및 박리흔의 형태를 따로 신경 쓰지 않으며 박리작업은 무작위로 이루어진다(Bradley and Giria 1992). 따라서 석핵의 형태 속성은 따로 유형화되지 않는다. 임의석핵이 여러 차례의 박리 과정을 겪으면 최종 형태는 더 이상의 박리작업이 불가능할 정도로 타격각이 증가하고 각진 형태도 점차 둥글게 바뀐다. 이럴 경우 소진消盡된 석핵exhausted core이라고 부를 수 있다. 도구석기의 범주에 해당하는 다각구polyhedron는 소진된 석핵의 사례로 볼 수도 있다.

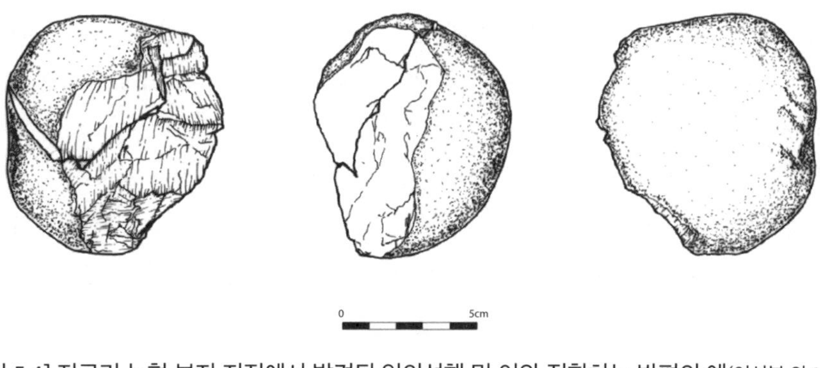

[그림 5.4] 전곡리 농협 부지 지점에서 발견된 임의석핵 및 이와 접합하는 박편의 예(이선복 외 2006)

2. 석핵 이외 부산물의 종류와 그 속성

좁은 의미의 부산물은 석핵을 제외한 모든 형태의 돌조각fragment들을 일컫는다(Andrefsky 1998: 17; Sullivan and Rozen 1985). 파쇄된 돌조각의 발생 과정은 석재의 질과 제작자의 타격 숙련도에 따라 여러 방식으로 이루어지고(Brantingham et al. 2000; Whittaker 1994), 만들어지는 시간도 찰나에 불과하기 때문에 제작자의 의도가 완벽하게 반영되기는 쉽지 않다. 특히 파쇄역학fracture mechanics에 따라 각기 다른 형태로 만들어지지만(Speth 1972, Whittaker 1994), 그 형성 과정에는 고고학적으로 의미 있는 문화적·기술적 작용이 결부되며, 인간이 전혀 개입하지 않은 자연적 과정도 포함된다. 이런 인위적 과정과 자연적 과정을 육안으로 구별하기는 쉽지 않기 때문에 그 분류는 결코 명쾌하지 못하다는 본질적 한계가 있다(Steffen et al. 1998; Yerkes and Kardulias 1993).

여기서는 임진-한탄강 유역 석기군의 부산물을 크게 다섯 가지로 구분한다. 이 구분에서 가장 중요한 속성은 최종 산물의 형태와 전반적 크기다. 인위적으로 만들어진 부산물 중 가장 보편적 형식으로는 박편剝片, flake을 들 수 있다. 박편이 자연적 혹은 인위적으로 파쇄되면 각편角片, shatter이 되는데(Andrefsky 1998), 숙련도가 떨어지는 제작자에 의해 자연스럽게 형성되기도 한다. 한편, 박편과 전혀 다른 제작 과정을 겪는 양극편兩極片, bipolar piece은 석핵의 한쪽 끝이 밀착·고정된 상태에서 박리작업이 이루어진 결과다(Jeske and Lurie 1993; Kobayashi 1975; Shott 1989a). 일반적 박편과 달리 석괴石塊, chunk는 크기가 거대한 박편 혹은 각편이다. 이는 정상적인 자유타격법free-hand percussion이 아닌, 던져떼기나 양손떼기혹은 모루떼기같이 거친 타격법을 통해 만들어지는 부산물이다. 석괴는 대형석기의 원석blank으로 활용하기 위해 의도적으로 제작되므로, 도구석기의 완성 이전 중간품preform으로 파악할 수 있지만 미가공된 경우는 전체 석기군에서 부산물로 분류된다(Shott 1989b, 1994). 마지막으로 돌날石刃, blade 및 세장박편細長剝片, elongated flake을 들 수 있다. 이 둘은 폭과 길이의 비율이 1:2 이상인 박편을 말한다. 돌날은 후기구석기 공작의 표식 유물로 인식되는 경우가 보편적이며(Bar-Yosef 2002; Bar-Yosef and Kuhn 1999; Fisher 2006; Ronen 1992) 정교한 타격면 조정platform preparation을 거친 후 단일한 석핵에서 연속적으로 양산되므로, 등면에 뚜렷한 능선을 보유한다. 세장박편은 돌날과 달리 측면날이 평행하지 않고 일반 박편과 같은 공정하에서 우연히 발생하기도 한다. 따라서 돌날과는 형성 맥락이 다르고 능선이 없는 경우가 많다.

1) 박편flake, éclat, 石片

석핵을 타격할 때 떨어져 나오는 파편에서 주를 이루는 것은 박편이다. 이것은 타격혹bulb of percussion, 박리흔flake scar, 파상문ripple 같은 독특한 기계적 속성을 갖춘다(Andrefsky 1998; Inizan et al. 1992; Kooyman 2000; Speth 1972; Whittaker 1994). 온전한 박편은 더 이상 손상되지 않은 상태를 의미하지만, 박편이 부러지지 않는 경우는 별로 없으며 대부분 자연적이든 인공적이든 간에 변형을 거친다(Steffen et al. 1998; Sullivan and Rozen 1985).

온전한 박편은 추가 가공 없이도 자르기, 긁기, 벗기기, 다듬기 같은 작업을 충분히 수행할 수 있다(Inizan et al. 1992). 따라서 일상적으로 만들어지고 활용 및 폐기되기도 한다. 또한 한 손으로 석핵을 움켜잡고 다른 손으로 타격을 가하는 자유타격법을 통해 제작되므로 그 크기는 10cm 미만이 일반적이다. 사용 혹은 후퇴적 과정을 거쳐 훼손되면 전술한 여러 가지 박편의 기계적 속성이 분리되거나 소실되기도 한다. 이 경우는 박편이 아닌 각편이 된다.

2) 각편shatter, brise, 角片

박편과 비교할 때 각편은 매우 넓은 의미의 부산물이다. Andrefsky(1998: 82)에 의하면 각편이란 박편에서 추가로 파생한 조각으로, 날카로운 형태보다는 각지고 불규칙한 형태로 존재한다. 박편의 고유 속성인 타격혹이나 타격면 및 날카로운 측면날이 없거나 훼손된 경우를 각편이라 부를 수 있다. Sullivan and Rozen(1985)은 박편/각편의 구분과는 별도로 부스러기debris, 박편조각flake fragment, 부러진 박편broken flake으로 구분했지만 박편이 추가로 파쇄되는 양상은 상기한 세 가지 이외에도 무궁무진하다. 더군다나 아예 각진 형태의 조각을 따로 만드는 경우도 있다.

일반적으로 각편은 자연날이 뚜렷하지 않기 때문에 직접 사용하기에는 무리가 있다. 이런 이유로 각편은 대부분 폐기물로 간주되어 왔다. 하지만 몇몇 경우, 예를 들면 활용할 석재가 양적으로 충분하지 않을 시 비통상적unorthodox 방식의 가공을 통해 도구로 재활용된다(Bradley 1975; Jeske 1989). 각편의 활용에는 규칙적으로 계획된, 즉 모듈화된modularized 공정과 무관하게 석재를 최대한 활용하려는 전략이 작용한다. 또한 각편은 형태와 크기를 막론하고 숙련되지 않은 타격 및 임의적인 박리작업을 통해 발생하기도 한다. 각편을 소형도구의 원석으로 활용하는 것은 부산물을 활발하게 재활용하는 석재의 경제적economizing 소모와(Christensen 1982; Collier 1989; Odell 1996) 밀접한 관련이 있다제6부 참조.

각편은 의도적으로 생산되기도 한다. 박편이 수평 혹은 수직 방향으로 부러지거나 쪼개지면서 크기가 줄어들고 즉각 사용 가능한 자연날이 마련되는 경우도 있다. 예를 들어 쪼개기splitting, cleaving 기법은 넓적한 박편을 딱딱한 모룻돌 위에 세로로 세우고 내리쳐서 두 개의 길고 날렵한 파편을 획득하는 방법이다. 이렇게 돌날과 유사한 세장한 각편을 얻는 방법은 정교한 타격법이 요구되지 않는 간편한 공정이다. 또한 '자르개 타격tranchet blow'으로 박편이나 거대한 석괴의 끄트머리를 한 번에 떨궈 내면 깨끗하게 다듬어진 가로날을 획득할 수도 있다(Débenath and Dibble 1994). 이렇게 의도적으로 추가 공정을 거쳐 만들어진 각편의 이점은 바로 다목적성versatility이다. 박편은 가공 없이 그대로 사용되거나 소형도구를 제작하기 위해 잔손질이 가해진다는 특징이 있지만, 각편은 통상적 가공과 달리 임시방편으로서 융통성 있게 석재를 활용한 증거로 받아들일 수 있다.

3) 양극편bipolar piece, pièce bipolaire, 兩極片

양극편은 전체 석기군에서 뚜렷한 비중을 차지하는 부산물이 아니기 때문에, 박편과 구분하지 않고 양극박편bipolar flake이라 부르기도 한다(Andrefsky 1998; Kobayashi 1975). 사실 박편과 양극편을 모두 같은 범주로 구분할 근거는 없다. 양자의 형성 과정은 분명하게 다르기 때문이다. 양극편은 타격면의 반대쪽을 단단한 매질과 접촉시킨 상태에서 타격을 가해서 만들어지기 때문에 충격파가 반작용에 의해 반사되며 위·아래 두 방향에서 파편을 이탈시킨다(Kobayashi 1975; Speth 1972). 따라서 자유타격법과는 달리 편평하고 단단한 모룻돌이 필수적이고, 타격 방향은 원석의 장축과 평행을 이룬다. 그리고 일반적인 박리작업보다 훨씬 더 큰 노동력과 정확도가 요구된다.

박편과 비교할 때 양극타격법은 납작한 자갈돌을 둘로 쪼개서 즉시 사용 가능한 자연날을 둘레에 만들어 낼 수 있다. 이는 단 한 번의 정확한 타격으로 쓸 만한 작업날을 즉각 확보할 수 있다는 점에서 효율적인 공정이다. 따라서 일반 박리작업과 확실하게 구분될 필요가 있다. 최종 산물도 박편과는 달리 뚜렷한 타격면이 존재하지 않고 타격혹이 확실하게 돌출하지 않는다(Kuhn 1995). 그리고 충격 전달 과정의 초창기에 만들어지는 압축파상문compression ring이 원석의 장축에서 나타나기도 한다(Andrefsky 1998: 121). 양극편은 보통 강자갈이 풍부한 지역에서 잘 나타나며(Jeske and

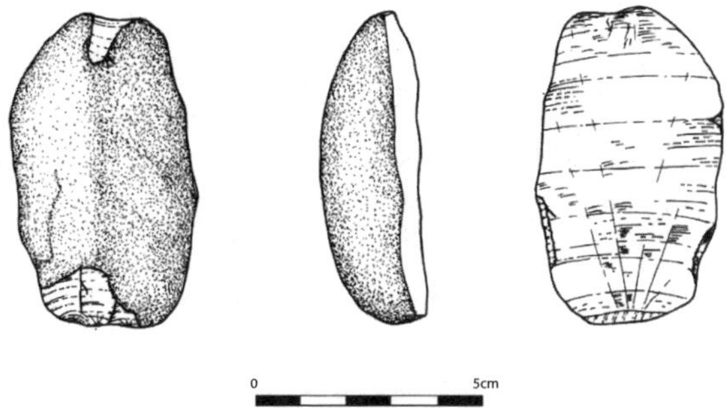

[그림 5.5] 파주 금파리에서 출토된 양극편의 예(배기동 외 1999)

Lurie 1993; Kuhn 1995; Parry and Kelly 1987), 날카롭지는 않지만 견고한 날로 인해 식물자원의 가공에 집중 활용되었을 것으로 간주되기도 한다(Shott 1994).

4) 석괴chunk, bloc, 斷块

이 형식은 정의가 불분명함에도 불구하고 구석기 연구자들이 자주 사용하는 용어 중 하나이며, 한국에서도 일부 용례가 있다(예: 배기동 1994, 1995a; 최무장 1991, 1997; Bae 1988). 엄밀한 의미로 '석괴石塊'라는 용어는 돌덩어리를 의미하지만, 언급하는 대상은 최대 직경이 약 10-20cm인 대형박편이나 각편으로 한정한다.

석괴는 형태나 제작 기술적인 의미보다는 용량이나 크기를 통해 정의된 부산물이다. 대형도구 재료인 원석으로 보통 활용되지만, 날카로운 자연날을 가지면 추가 가공 없이 도구로 활용할 수도 있다. '크기'라는 속성만으로 정의되기 때문에 전술한 박편, 각편, 양극편과 형태나 생성 과정의 특징을 공유하기도 한다. '최대 직경 10cm 이상'이라는 기준은 자못 임의적이지만, 한 손으로 움켜쥘 수 있는 평균적인 크기라는 점을 감안할 때 제작자 및 사용자 개인의 신체적 역량과 규모가 고려된 형식이다.

유물군에 석괴가 포함되어 있는지 여부를 통해 대형도구 제작 기법의 맥락을 추측할 수 있다. 석괴는 거대한 모암 덩어리를 충분한 거리를 유지하며 타격해야 형성된다. 보통 10cm 이상의 대형박편은 한 손으로만 타격을 하는 자유타격법으로는 쉽게 얻을 수 없고 던져떼기나 모루떼기 기법을 구사해야만 한다(박종현 2011; Shen and Wang 2000). 따라서 석괴와 다른 소형 부산물의 구분은 단순한 크기 차이 이상의 의미를 가진다. 석괴는 모룻돌을 사용해 던져떼기를 하거나, 초대형 망칫돌을 두 손으로 붙잡고 가격한 결과물로 볼 수 있다. 따라서 타격을 받는 석재를 고정하는 방법도 염

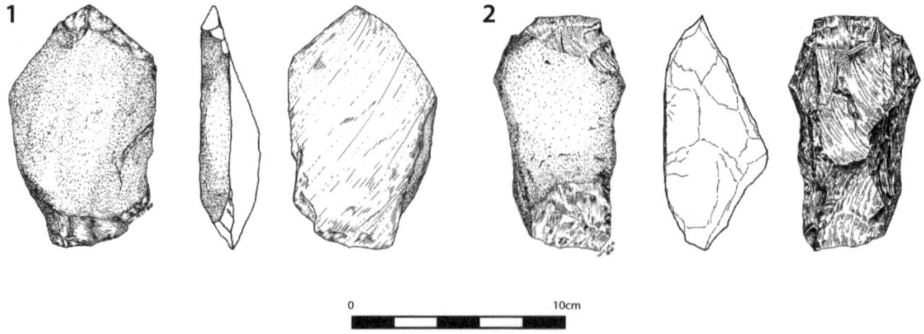

[그림 5.6] 석괴인 대형박편을 최소한으로 가공한 대형절삭도구의 예
1: 전곡리 1차조사에서 확인된 대형등칼(저자 실측), 2: 전곡리 중2-5호선에서 출토된 가로날도끼(이선복 외 2011)

두에 두어야 한다. 보통 측면에 자연날이 발달한 대형박편은 던져떼기 공법만으로는 획득하기 어려우며, 단단히 고정된 석재를 거대한 망칫돌로 반복 타격할 때 만들어진다. 이럴 경우 손으로 타격을 하고 발로 고정하거나 타인이 석재를 고정해 주는 공동제작 방식이 이루어졌을 것이다.

충분한 크기의 자갈돌을 가공해서 만들어지는 석괴는 주먹도끼, 가로날도끼, 대형등칼knife 같은 대형절삭도구large cutting tools, LCT를 생산할 때 원석으로 활용된다. 석괴 중에서 박편의 속성을 그대로 간직한 경우는 '대형박편'이라고 부르기도 한다. 대형박편은 최소한의 가공만으로도 가로날도끼와 대형등칼을 쉽게 제작할 수 있고그림 5.6, 더 정선된 형태의 주먹도끼를 구현하는 데도 이점이 많다. 아프리카에서도 발전형 올도완과 아슐리안의 진정한 차이는 대형박편을 활용한 도구 제작임을 고려할 때(Issac 1969, 1977a; J. D. Clark 1992; Leakey 1971; McNabb et al. 2004; Phillipson 1985), 석괴의 획득과 활용은 임진-한탄강 유역의 기술적 변이를 설명하는 중요한 매개체로 자리 잡을 수 있다.

5) 돌날blade, lame, 石刃 또는 돌날과 유사한 부산물

이 형식은 형태가 길쭉하고 양 측면이 평행 혹은 평행에 가까운 세장박편elongated flake을 말한다. 가로:세로 장폭비는 보통 1:2이지만 통상적인 돌날의 장폭비는 1:4 이상이기도 하다(Bar-Yosef and Kuhn 1999: 323). 임진-한탄강 유역의 석기군에서 돌날이나 세장박편이 차지하는 비중은 매우 낮다. 이 지역의 대표적 석재인 석영과 규암은, 돌날을 연속적으로 뜯어내는 작업 같은 정교한 타격이 제대로 반영되지 않는 열악한 기

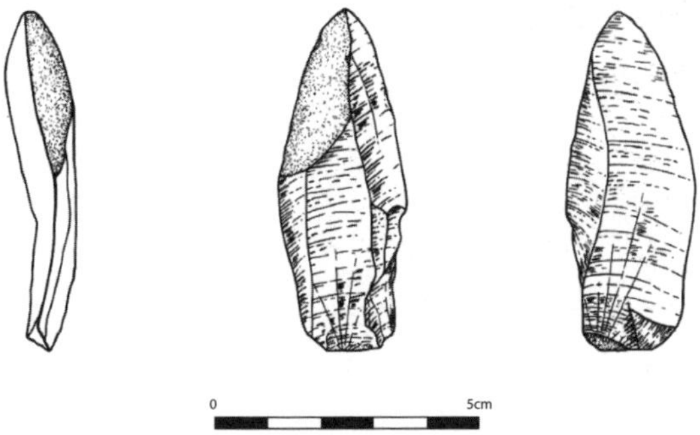

[그림 5.7] 파주 금파리에서 출토된 돌날 혹은 세장박편의 예(배기동 외 1999)

계적 성질을 갖기 때문이다. 평행한 형태의 돌날을 연속적으로 획득하는 것은 석재의 전이가 전면적으로 이루어지는 후기구석기 단계에야 비로소 가능하다. 최근에 발견된 임진-한탄강 유역 후기구석기 유물군의 일부 유적에서는 응회암이나 흑요석으로 만든 사례가 주로 확인된다

돌날 제작은 석핵의 숙련된 박리작업과 밀접한 관련이 있다. 임진-한탄강 유역 석기군에서 돌날의 발견 빈도가 낮은 것은, 르발루아 기법이나 연속적으로 돌날의 능선을 조정해 나가는 능조정 기법, 프리즘식 석핵prismatic core 같은 집약적 석핵 활용core exploitation 기술이 뚜렷하지 않음을 말해 준다(Kuhn 1995). 그러나 잔돌날microblade의 경우 후기구석기 최말기에 임진-한탄강 유역에서 보편화된다. 잔돌날은 대부분 응회암과 흑요석으로 만들어지며, 다양한 방식으로 사전 조정을 거친 잔돌날석핵들이 다수 발견되고 있다. 드문 경우지만, 극도로 얇은 양극편을 반으로 쪼개서 유사 돌날처럼 만들어 낸 사례도 있다는데, 길쭉한 타원형의 자갈을 양극타격법으로 분할해서 만들어진 1차 양극편을 다시 길게 쪼개서 날카로운 측면날과 뭉툭한 파지 부위를 가지는 세장한 2차 양극편을 만든 사례가 있다그림 4.13의 9. 이렇게 통상적이지 않은 방식으로 길쭉한 부산물laminar debitage을 만드는 방식은 임진-한탄강 유역 석기군에서 가끔씩 눈에 띈다. 그러나 반복적으로 나타나지는 않는 것으로 볼 때, 고유한 기법으로 발전하지는 못한 것으로 보인다.

IV 도구석기의 형식과 제작 방식

도구석기는 반복적으로 가공modification되었다는 특징을 가진다. 도구석기 가공의 절차 중 첫 번째는 '초벌성형blanking, débitage' 작업으로, 적절한 크기와 모양새를 갖춘 원석을 의도적으로 획득하는 작업이다. 의도한 크기와 모양새를 갖추는 이유는, 손에 잘 맞고 실제 석기를 사용하면서 같은 동작을 반복하기 수월하도록 하기 위해서다. 특정 기능에 부합하는 석기를 제작하려면 적절한 크기와 형태를 갖춰야 한다. 초벌성형 작업은 원석을 획득해서 원래 의도한 대략적인 형태를 거칠게 구현하는 최초 공정이다.

두 번째는 '가공/다듬기shaping, façonnage' 작업이다. 이는 잔손질retouching 공정을 통해 이루어지며, 도구석기를 활용하기 위해 작업 부위를 마련하거나 기존 사용 부위를 더욱 효율적으로 개선하는 공정을 포함한다. 도구들을 서로 다른 모양으로 만드는 것은 모두 각각의 기능을 충족하기 위해서다(Hayden et al. 1996; Nelson 1991). 초벌성형 작업을 거친 원석은 기능적 효율성을 갖추기 위해 특정 부위를 의도한 쓰임새에 맞도록 형질 변경해야 한다. 이 공정은 날이나 첨두부같이 대상과 직접 접촉하는 부위를 가공하거나, 등대기backing 및 날죽이기truncation 공정처럼 날카로운 부분을 제거해서 손으로 붙잡고 활용할 때의 착용감을 보완하는 작업까지 포함한다. 장착을 위해 슴베stem 부위를 만들기도 하며, 석기의 기저부를 일부러 얇게 추가 가공해서 견고한 장착을 의도하기도 한다. 대표적 사례는 북미의 폴섬Folsom 찌르개에서 보이는 각구박리刻溝剝離, fluting 기법이다. 가공/다듬기 작업을 통해 원석은 비로소 다양한 기종의 도구로 만들어진다. 그리고 기존 도구를 재활용recycling하기 위한 추가 가공도 여기에 포함된다.

세 번째는 '세공/꾸미기trimming, élaboration' 작업이다. 이 작업은 주로 제작자 개개인의 기술 발휘displaying나 과시의 목적으로 이루어진다. 가공/다듬기 작업이 기능적 목적을 충족하기 위해 이루어진다면, 세공/꾸미기 작업은 기능적 면모 이외의 속성을 의도적으로 부각하는 공정이다. 따라서 석기 형식의 발생에서 기능보다는 양식style이 더 크게 작용함을 보여 주는 주요 근거다(Binford 1989; Chase 1991; Close 1979; Sackett 1977, 1982). 실제 도구는 본래의 용도 이외에 제작자 및 사용자 개개인의 정체성을 반영하는 경우가 대부분이며(유용욱 2013a; Hosfield 2005), 어떤 경우에는 집단 의식을 표상해 주기도 한다(Wiessner 1983; Wobst 1977). 구석기 도구는 대부분 개인적 수준에서 세공/꾸미기 작업이 이루어진다. 구체적인 사례로는 주먹도끼를 극도로 얇게 만드는 삭박削薄, thinning이나 필요 이상으로 평면 대칭symmetry을 구현하는 공정을 들 수 있다(유용욱·김동완 2010). 세공/꾸미기 작업은 대부분 과도기술over-technology을 발휘한 경우이기 때문에, 임진-한탄강 유역에서는 뚜렷하게 드러나지 않는다.

지금까지 제시한 세 가지 공정은 순서대로 나타나기도 하며, 여러 가지 다른 면모로 중첩해서 개별 석기 개체에 반영되기도 한다. 여기서는 세공/꾸미기 작업을 제외한 초벌성형과 가공/다듬기 공정을 중심으로 임진-한탄강 유역 도구석기의 형식들을 살펴보겠다.

1. 대형도구 석기

대형도구 석기는 자연적인 자갈돌이나 대형박편 같은 석괴를 성형하고 다듬어서 만든다. 보통 최대 직경이 10cm 이상이거나, 손바닥 전체를 활용해서 파지把持, grasping할 수 있는 크기를 가지면 대형도구로 본다. 잘 알려진 대로 임진-한탄강 유역의 후기구석기 이전 석기로는 아슐리안 공작과 흡사한 대형도구들이 가장 대표적이다.

1) 찍개chopper, 砍砸器

한반도 전역에서 발견되며, 그 시기도 갱신세 최말기까지 이어진다. 이렇게 시·공간적으로 넓은 분포를 보이는 이유는 만들기 쉽고 뾰족하게 돌출한 부위가 없어 제작 및 사용 도중에 좀처럼 훼손되지 않기 때문이다. 둥근 자갈 혹은 각진 석괴를 이용해 만들며, 형태가 간단하고 불규칙해서 임의석핵과 동일시되기도 한다. 그러나 찍개는 분명히 활용 가능한 작업날을 가지고 있다. 날 각도는 보통 60° 이상이다. 대부분 한쪽 면에만 타격을 가해 둔중한 날을 만들지만, 일부 양면가공이 이루어진 사례도 있다. 아프리카 전기구석기에서는 외면찍개chopper와 양면찍개chopping-tool라는 두 가지 형식으로 불리지만(Clark and Kleidienst 1974; Leakey 1971), 임진-한탄강 유역에서는 양자의 구분이 시·공간적 혹은 기술적으로 큰 의미가 없어서 단일 형식으로 설정한다.

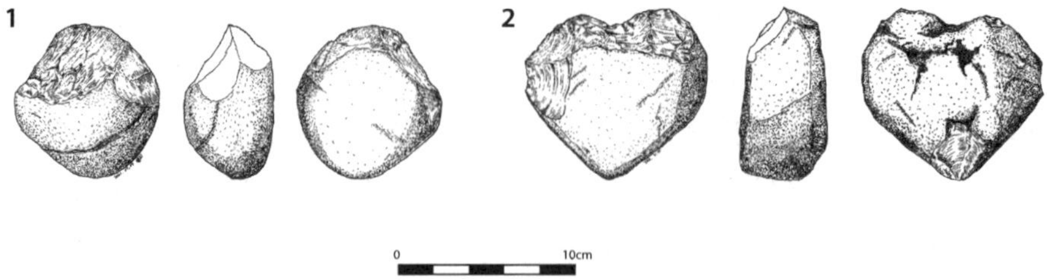

[그림 5.8] 찍개의 예

1: 연천 전곡리 1979년 1차 조사 출토 양면찍개(저자 실측), 2: 연천 전곡리 2009년 중2-5호선 지점 출토 외면찍개(이선복 외 2011)

2) 뾰족끝찍개pick, pic, 手鎬

뾰족끝찍개는 찍개에 비해 첨두부가 뾰족하고 뚜렷한 장축을 가지고 있다그림 4.53의 1, 그림 5.9. 주로 타원형의 자갈로 만들지만 석괴로 만드는 경우도 있으며 첨두부의 단면은 대부분 삼각형이다. 뾰족끝찍개는 그 실루엣이 주먹도끼와 유사하기 때문에 종종 주먹도끼로 간주되며, 주먹도끼와 함께 묶어서 '주먹도끼류'로 통칭되기도 한다(배기동 외 2009: 83). 이는 양면가공이 되어 있고 어느 정도 뾰족하거나 타원형이기만 하면 주먹도끼라 부르는 주관적인 경향을 반영한다. 사실 뾰족끝찍개와 후술할 가로날도끼 및 대형긁개 등을 주먹도끼와 같은 범주로 보면 주먹도끼의 범위는 확장될 수밖에 없다. 그리고 전체 유물군에서 마치 주먹도끼의 고유한 제작 기법이 보편화된 것 같은 허위 지식이 마련될 수도 있다. 그렇게 되면 해당 석기군의 기술적·문화적 의미도 다르게 해석될 수밖에 없다는 한계가 있기 때문에 뾰족끝찍개와 주먹도끼의 엄밀한 구분은 한국 구석기 연구에서 중요한 문제이기도 하다.

그렇다면 뾰족끝찍개와 주먹도끼의 형식 구분은 어떻게 할 수 있을까? 두 형식의 구분은 측면날이 명확하게 존재하는지 여부를 기준으로 삼을 수 있다. 주먹도끼는 명확한 측면날을 보유하지만 뾰족끝찍개는 첨두부만 존재한다. 주먹도끼의 측면날은 찍개의 찍는 날과 달리 긁거나 자르기에 적당한 각도로, 대략 60° 미만으로 설정할 수 있다. 그리고 뾰족끝찍개와는 분명하게 다른 양면 성형과 다듬기 작업이 이루어진다. 측면날을 마련하려면 양면가공이 거의 필수적이다. 뾰족끝찍개는 종종 '주먹찌르개'로 불리기도 하지만 첨두부가 반드시 찌를 수 있을 정도로 날카롭지는 않다. 따라서 본서에서는 뾰족끝찍개라는 용어를 선택한다. 그 이유는 길고 뾰족한 형태만 제외하면 찍개와 제작 방식이 동일하기 때문이다. 실제로 [그림 5.10]을 보면 알 수 있듯

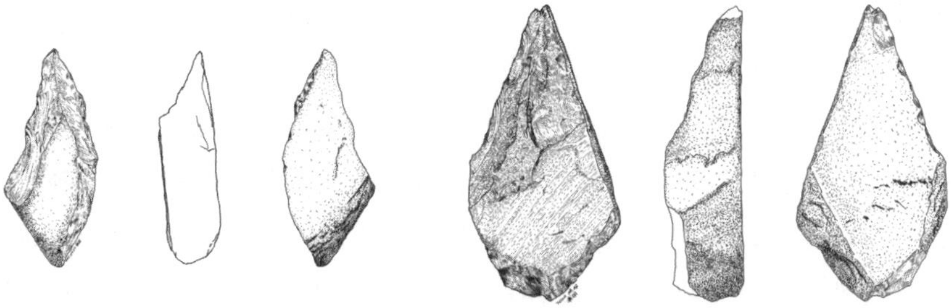

0 10cm

[그림 5.9] 뾰족끝찍개의 예

1: 서울대학교 구석기실험실 소장 원당리 지표 수습품(저자 실측), 2: 전곡리 중2-5호선 출토품(이선복 외 2011)

이 뾰족끝찍개의 세장도가 감소하면 찍개가 되고, 반대로 찍개를 왜곡해서 세로로 늘리면 누구든지 뾰족끝찍개로 파악할 수 있다.

뾰족끝찍개는 영어로 'pick'이라 불리듯, 날카로운 끝부분을 송곳이나 괭이처럼 사용하는 것이 주요 기능이었다고 볼 수 있다. 그러나 대형절삭도구$_{LCT}$의 범주에 포함되지 않기 때문에 아슐리안 공작의 필수적인 요소로 볼 수는 없다. 아프리카 전기 구석기에서도 아슐리안보다 이른 시기인 발전형 올도완 단계에 뚜렷하게 등장하고, 중기구석기인 상고안 단계까지도 지속적으로 활용된다(Clark 1998; Phillipson 1985; Tryon 2006). 임진-한탄강 유역에서도 시기가 이른 장산리와 산명리 유적에서 주먹도끼보다 먼저 확인되고 있다. 따라서 뾰족끝찍개의 제작은 주먹도끼 같은 다목적도구의 필요성 및 제작을 이끌어 내는 선행 작업으로 볼 수도 있다.

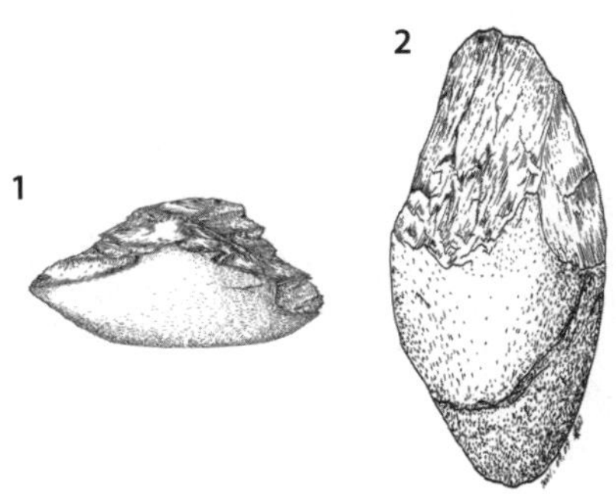

[그림 5.10] 왜곡된 형태의 뾰족끝찍개 상상도

1: [그림 4.9]의 장산리 뾰족끝찍개를 가로로 4배 늘린 형태, 2: [그림 5.8]의 전곡리 1차 조사 출토 양면 찍개를 세로로 2배 늘린 형태

3) 공이pestle, pilon, 擦刮器

임진-한탄강 유역 구석기에서 아직까지 뚜렷하게 정의된 바 없지만 유물군 내에서 반복적으로 등장하는 도구다. 그리고 제작 기법도 고유한 형식으로 설정될 수 있을 만큼 유형화되어 있다. 공이는 외견상 찍개 및 후술할 다각구polyhedron와 유사하다. 그렇기 때문에 소진된 임의석핵으로 간주될 여지도 있다. 기존의 보고서나 자료에서는 이런 도구가 독립적인 형식으로 설정되지는 않고 '주먹대패handplane'라는 용어로 느슨한 수준에서 통칭되어 왔다. '대패'라는 이름은 표면을 얇게 벗기거나 깎아 내는 용도임을 함의하고 '찧거나crumble', '빻는pound' 작업과는 거리가 있기 때문에 본고에서는 '공이pestle'라는 용어를 대안으로 제기한다.

공이의 평면 형태는 보통 원형이나 마름모꼴이며, 자갈돌을 직접 타격해서 제작되었다. 찍개와 비교할 때 확실하게 찍는 날은 없지만 작업 부위로 뭉툭하고 볼록한 찰괄擦刮 부위가 발달해 있다. 또한 밑부분에 쪼인 흔적이 일부 확인되는 경우도 있기 때문에 위의 가공된 부분을 붙잡고 밑의 자연면 부위를 망칫돌로 사용했을 가능성도 있다. 그러나 적절하게 움켜쥘 수 있도록 밑부분이 수렴하거나tapered 둥근 형태가 대부분이기 때문에 찍개와 달리 마찰이나 압력을 행사하려는 목적으로 사용되었을 가능성이 높다. 실제로 작업 부위에는 박리흔보다 으스러진 흔적이 다수 관찰된다. 이는 공이라는 형식명에 잘 들어맞는 사용흔이다.

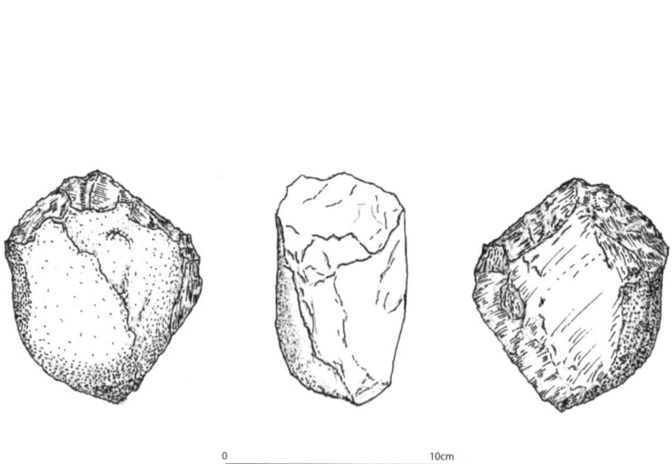

[그림 5.11] 전곡리 중2-5호선에서 출토된 공이(이선복 외 2011)

4) 주먹도끼handaxe, biface, 手斧

임진-한탄강 유역에서 발견되는 가장 대표적인 대형도구 석기지만, 그만큼 가장 논란이 많은 형식이기도 하다. 일단 주먹도끼의 개념에 대해 제대로 정의가 되지 않았고, 개별 형식을 이루는 속성들도 뚜렷하게 공유되고 있지 않다. 주먹도끼는 전기구석기의 아슐리안 공작에서 가장 보편적으로 드러나지만 유럽에서는 무스테리안과 같은 시기 혹은 이후 시기에 중부와 북부 및 동부 유럽의 넓은 지역에 걸쳐 미코키안Micoquian이라는 별도의 공작으로 나타나기도 한다(Bosinski 1967; Gamble 1986; Ruebens 2006). 미코키안의 주먹도끼 형태는 임진-한탄강 유역과 마찬가지로 부분가공이나 단면가공 및 비대칭 성형 같은 넓은 변이를 보여 준다. 또한 아프리카 사하라 이남의 상고안Sangoan 공작에서 주로 발견되는 주먹도끼 및 거친 대형도구들이(McBrearty 1988; Phillipson 1985) 전곡리와 유사하다는 지적이 일찍이 제시되기도 했다(J. D. Clark 1982).

임진-한탄강 유역 주먹도끼가 전형적인 아슐리안 주먹도끼와 동일하다는 일부 주장이 있지만 제4부에서 살펴본 바와 같이 그 시기는 후기갱신세보다 오래되지 않기 때문에 아슐리안의 지역적 변이로 볼 수 있을지 의문이다. 사실 제작 기법과 형태를 볼 때, 임진-한탄강 유역 주먹도끼는 상대적으로 늦은 시기에 오히려 아슐리안보다 훨씬 더 두껍고 조악하게 제작되었다는 특징을 가진다. 대형박편을 원석으로 삼아 제작되어서 상대적으로 얄팍한 두께와 높은 대칭도를 보이는 완성형 아슐리안과 달리, 임진-한탄강 유역 주먹도끼는 자갈돌을 그대로 가공한 경우가 대부분이다그림 5.12.

따라서 주먹도끼라는 형식을 설정해 주는 두 가지 속성인 첨두부와 측면날60° 미만

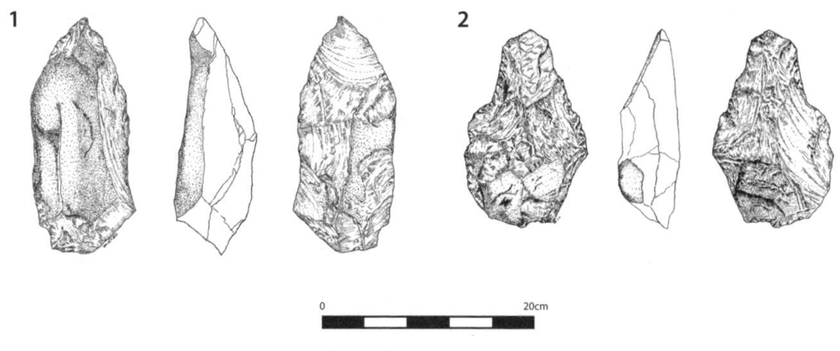

[그림 5.12] 자갈돌을 원석으로 활용한 주먹도끼

1: 서울대학교박물관 소장 장산리 지표 수습품(저자 실측), 2: 전곡리 중2-5호선 지점 출토품(이선복 외 2011)

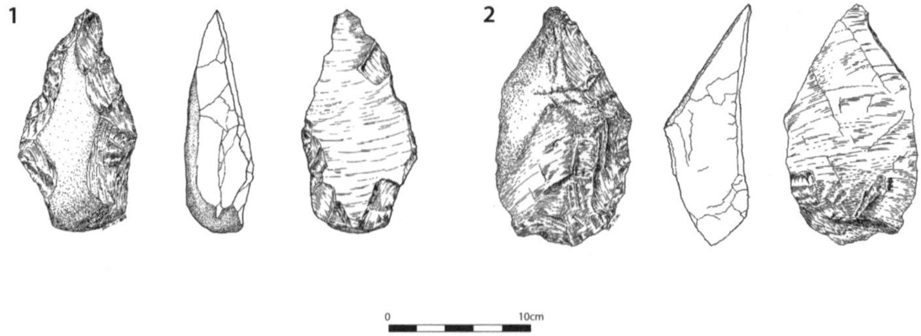

[그림 5.13] 대형박편을 원석으로 활용한 주먹도끼(이선복 외 2011)

1: 전곡리 중2-5호선 지점 시굴조사 출토품(저자 실측), 2: 전곡리 중2-5호선 지점 발굴조사 출토품(이선복 외 2011)

의 절삭용 날을 온전하게 가지는 경우는 그다지 많지 않고, 크기도 10cm를 간신히 넘는 소형부터 25cm에 육박하는 초대형까지 다양하다. 임진-한탄강 유역에서는 각 지점별로 주먹도끼의 형태나 제작 기법에서 큰 차이가 나타나지는 않지만, 측면날을 형성하는 과정에서 양면가공은 필수적이기보다는 원석의 자연날에 따라 선택적으로 이루어지는 경우가 대부분이다. 특히 대형박편을 원석으로 사용한 주먹도끼는 기존의 날카로운 자연날을 훼손하지 않는 수준에서 선택적으로 양면가공이 이루어진 경우가 많다그림 5.13. 즉 필요 이상으로 양면가공을 무리하게 구사해서 날의 예리함을 희생하지 않고자 한 기술적 고려technological consideration의 결과로 볼 수 있다. 이는 전술한 대로 기능적 효용보다는 외관상의 유려함을 추구하는 허식虛飾의 세공/꾸미기 작업 같은 과도기술이 임진-한탄강 유역 구석기 유물군에서는 거의 나타나지 않는다는 사실과도 잘 부합한다.

기술적 고려의 증거는 기저부를 의도적으로 가공하지 않고 남겨 두는 선택적 성형에서도 잘 드러난다. 주먹도끼의 효능은 첨두부와 측면날을 동시에 보유한다는 기능적 집약성과 밀접한 관련이 있다. 손으로 직접 파지하고 사용하는 도구이기 때문에 작업 대상과 접촉하는 작업 부위, 즉 날과 첨두부에는 정교한 양면가공이 이루어졌지만, 작업자의 손과 직접 접촉하는 파지부把持部에는 가공하지 않은 자연면을 그대로 남겨 둔 사례가 다수 발견된다그림 5.14의 1-2. 또한 양면가공과는 전혀 맥락이 다른 방식으로 가공한 비전형적 주먹도끼가 일부 포함되기도 한다그림 5.14의 3. 따라서 임진-한탄강 유역 주먹도끼의 '부분 양면가공'이라는 속성은 그 나름대로 의도적이고 선택적인 작주성作主性, agency이 융통성 있게 작용한 것으로 볼 수 있다(유용욱 2013a, 2016).

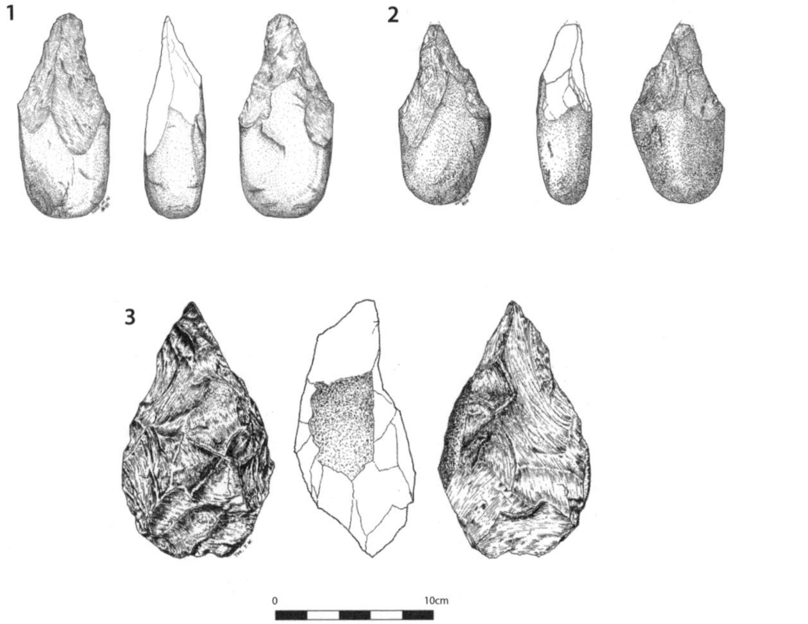

[그림 5.14] 부분가공 주먹도끼(1-2)와 비전형적인 기법으로 제작된 주먹도끼(3)의 예

1: 전곡리 1차 조사 영남대 발굴 지점 출토품(저자 실측), 2: 통현리 출토품(저자 실측), 3: 전곡리 중2-5호선 지점 출토품(이선복 외 2011)

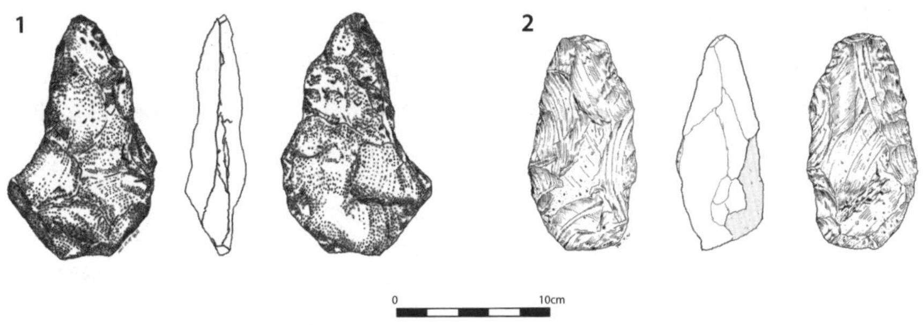

[그림 5.15] 석영계 이외의 석재로 제작된 주먹도끼들(저자 실측)

1: 서울대학교박물관 소장 전곡리 2지구 지표 수습 현무암제 주먹도끼, 2: 충남대학교 박물관 소장 전곡리 지표 수습 응회암제 주먹도끼

임진-한탄강 유역 주먹도끼는 석영 및 규암으로 제작된 것이 대다수이지만 간혹 현무암으로 제작된 경우도 있으며그림 5.15의 1, 후기구석기 단계에 보편적으로 활용되는 정질석재인 응회암으로 제작된 사례도 있다그림 5.15의 2. 포천 중리 늘거리에서 발견된

소형 응회암제 주먹도끼그림 4.57의 8에서 알 수 있듯이 정질석재로 만든 주먹도끼가 상대적으로 늦은 시기에 등장한다는 것을 인정하면 주먹도끼는 MIS 2기까지 잔존한 것으로 볼 수 있다. 물론 양적 비중이나 기술적 수준은 이전 단계에 비해 미흡한 수준이다. 이는 아프리카의 상고안이나 유럽의 미코키안 공작에서도 마찬가지로 나타나는 종말기 주먹도끼의 양상이기도 하다. 주먹도끼의 기술적·문화적 의미에 대해서는 제5부의 마지막 부분에서 좀 더 자세히 논하겠다.

5) 가로날도끼cleaver, hachereau, 薄刃斧

주먹도끼와 함께 발견되는 가로날도끼는 임진-한탄강 유역 석기군이 아슐리안 공작에 해당한다는 주장을 가능하게 해주는 또 다른 근거다. 주먹도끼와 비교할 때 전체 석기군에서 양적 비중은 그다지 높지 않다. 가로날도끼는 주먹도끼와 달리 반드시 대형박편을 원석으로 채택해서 제작된다. 날 부분은 가공흔이 거의 드러나지 않고 일부 사용흔이나 이빠짐 흔적이 존재하지만 파지부로 추정되는 날 반대쪽이나 측면부는 일부 가공되기도 한다. 대형박편의 장축과 수직을 이루는 미가공 자연날이 가로지르며 사용흔만 남아 있는 것이 가로날도끼의 가장 핵심적인 속성이기도 하다(Débenath and Dibble 1994). 그런 의미에서 [그림 5.16]의 두 개체는 기존에 주먹도끼로 잘못 형식 분류된 사례로 볼 수 있다.

가로날도끼의 전반적인 평면 형태는 원석으로 쓰인 대형박편의 영향을 크게 받는다. 최대 폭보다 가로날 부위의 폭이 짧으면 수렴형convergent, 최대 폭이 가로날 부위

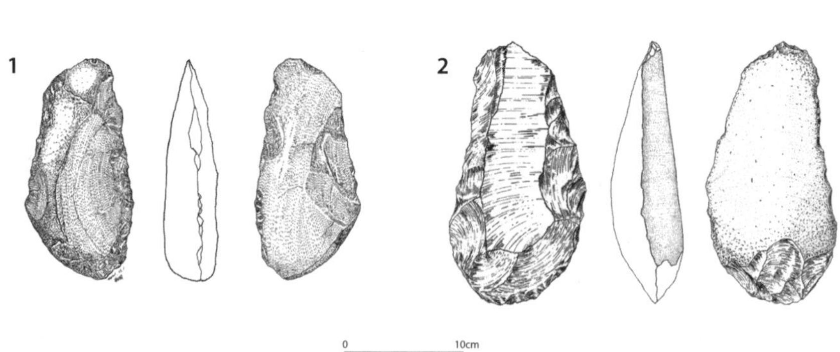

[그림 5.16] 임진-한탄강 유역 수렴형 가로날도끼의 예

1: 주월리 지표 수습품(이선복·이교동 1993), 2: 금파리 출토품(배기동 외 1999)

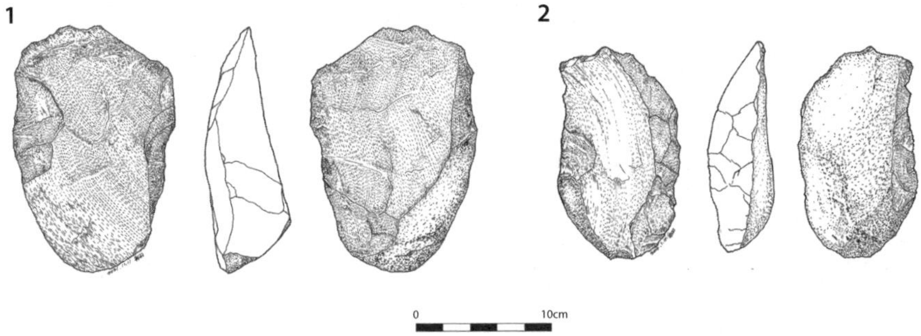

[그림 5.17] 임진-한탄강 유역 확산형 가로날도끼의 예

1: 전곡리 5지구 2지점 출토품(배기동 외 2009), 2: 원당리 장남교 지점 출토품(배기동 외 2011)

이면 확산형divergent으로 부를 수 있다(Clark and Kleindienst 1974). 임진-한탄강 유역에서는 두 가지 아형식이 모두 관찰되며, 대형의 종장박편을 특별한 가공 없이 그대로 사용해 가로날 부위에 사용흔만 남긴 경우도 존재한다그림 5.17의 1.

6) 대형등칼knife, couteau, 大刃刀

가로날도끼는 대형박편의 장축과 수직인 가로날을 사용하지만, 대형등칼은 장축과 나란한 세로날을 가공 없이 사용한다. 따라서 한쪽에는 사용 부위인 자연날이 있고 반대쪽에는 손으로 붙잡을 수 있는 무딘 면이 자연적 혹은 인공적으로 마련되어 있다. 마치 한쪽에만 날이 있는 칼刀과 같은 모양이라 대형등칼로 부른다. 사용자의 손을 보호하고자 하는 목적으로 파지 부위에 일부 추가 가공을 하기도 하지만그림 5.18의 1, 대형

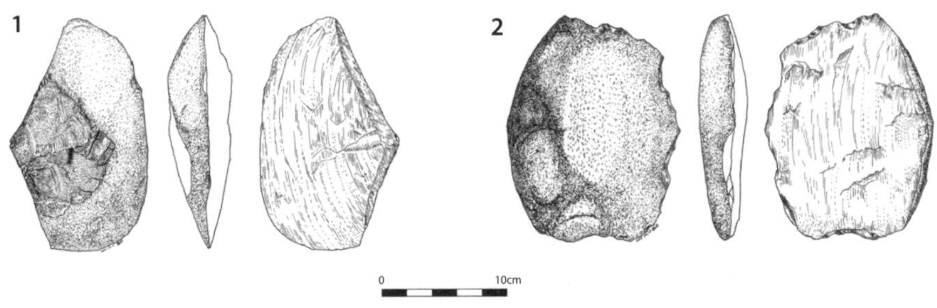

[그림 5.18] 임진-한탄강 유역 대형등칼의 예(저자 실측)

1: 전곡읍 선사사업소 소장 금파리 지표 수습품, 2: LH 토지주택박물관 소장 횡산리 지표 수습품

의 횡장박편transversal flake을 그대로 사용하면 두꺼운 박편의 타격면 및 타격혹 부위가 자연스럽게 손잡이 부위가 되기 때문에 저절로 대형등칼이 된다그림 5.18의 2. 후술할 소형도구 중 '등칼'은 비슷한 형태에 크기만 축소된 형식으로, 등대기backing 가공으로 일부러 날을 죽여서 파지할 부위를 따로 마련한 것이다.

7) 다각구polyhedron, 多面器

기존에는 '다각면원구'나 '여러면석기'로 불렸다(김기룡 외 2012; 안성민·조남빈 2021). 사실 석기 중 여러 면을 갖지 않는 석기도 없을뿐더러 앞서 '-석기'라는 직유의 형식명 사용을 지양한다고 밝혔으므로 '다각면원구'의 축약된 용어인 '다각구'라는 형식명으로 대체한다. 여러 차례 성형을 거쳐 날이 없는 원형에 가까워졌기 때문에 임의석핵이 소진된 결과로 볼 수 있다. 크기도 찍개와 비슷하므로 다양한 중작업도구heavy-duty tools가 연속적인 변형을 거쳐 사용된 결과물로 보기도 한다(Bae 1988; Clark and Kleindienst 1974).

다각구를 집중적으로 연속 박리하면 필요 이상으로 둥글게 가공되기도 하므로그림 5.19의 1, 사냥돌bola 같은 기능을 했다는 주장도 있다(한창균 1996). 이 경우는 최종 산물을 의도적으로 둥글게 만들기 위한 세공/장식 작업의 산물일 수도 있다. 그 밖에 아프리카 아슐리안의 경우, 전술한 공이와 유사한 기능으로 반복 사용되며 닳아 버린 망칫돌로 보기도 한다(Schick and Toth 1994).

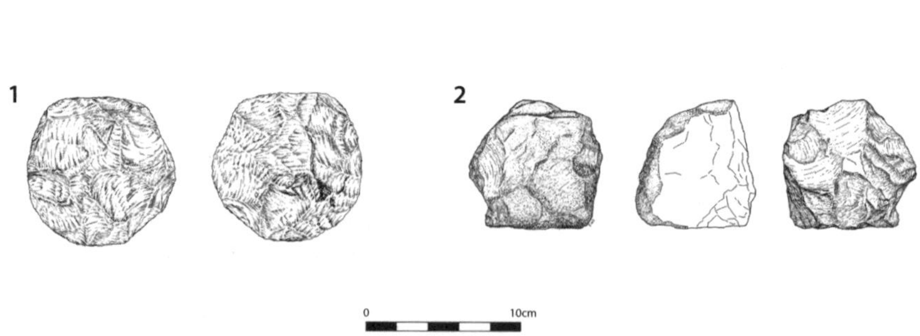

[그림 5.19] 임진-한탄강 유역 다각구의 예

1. 전곡리 중2-5호선 지점 출토품(이선복 외 2011), 2. 충남대학교 박물관 소장 전곡리 2지구 지표 수습품(저자 실측)

8) 대형긁개large scraper, racloir grandi, 大刮削器

기존 사용되던 '중작업용 긁개heavy-duty scraper'를(배기동 1994; Bae 1988) 대체할 수 있는 용어다. 측면부와 말단부에 잔손질이 된 대형도구로, 날은 주로 한쪽에만 만들어진다. 가로날도끼 및 대형등칼과 비교할 때, 날 부위에 확실하게 잔손질이 존재한다. 그리고 날의 각도는 자르는 날30° 미만보다는 긁거나 문지르는 날30° 이상 60° 미만에 가깝다. 찍는 날60° 이상을 가진 찍개와 비교할 때 자갈돌보다는 석괴나 대형박편으로 만든 경우가 대부분이다. 주먹도끼를 제작하다가 한쪽 면에만 날을 세우고 폐기한 경우에도 이 형식이 만들어질 수 있다. 따라서 이는 임진-한탄강 유역의 대형도구 범주에서 빈번하게 등장하는 형식으로 볼 수 없으며, 전체 석기군 내에서의 수효도 제한적이다.

[그림 5.20] 임진-한탄강 유역 대형긁개의 예(이선복 외 2011)
1-2: 전곡리 중2-5호선 지점 출토품

9) 기타 대형도구other large tools

전술한 7개의 대형도구 형식에 들어가지 않지만 분명하게 성형 가공이 이루어진 경우를 묶어서 기타 대형도구로 설정할 수 있다. 실제로 기존의 형식분류 중 대형도구에 대해 C-K 분류안의 용어와는 다른 형식을 설정한 사례들이 있는데(예: 김원용·배기동 1983; 이선복·이교동 1993), 그 이유는 바로 C-K안의 기타도구 범주가 너무 장황하고 폭넓기 때문이다. 이선복(1989)은 이렇게 애매한 형식들은 주먹도끼 및 대형긁개가 변형되거나 삭감과정 도중에 폐기된 결과로 보았다.

또한 C-K안에서 원반기disc 및 석핵도끼core axe 같은 용어는 임진-한탄강 유역에

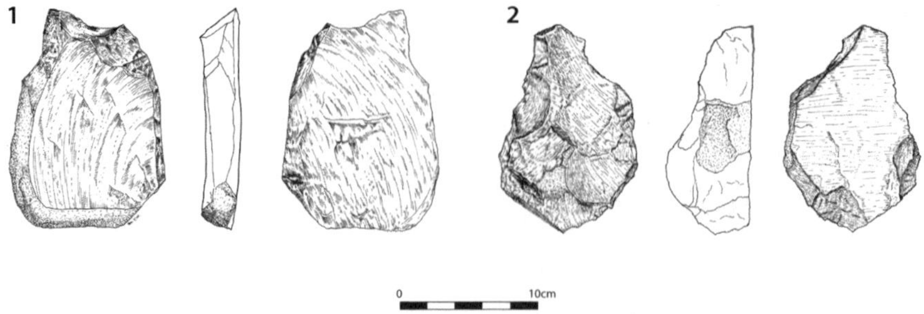

[그림 5.21] 임진-한탄강 유역 기타 대형도구의 예(이선복 외 2011)
1: 전곡리 중2-5호선 지점 출토품(가공된 대형박편), 2: 전곡리 중2-5호선 지점 출토품(가공된 판석 자갈)

서 뚜렷하게 눈에 띄지 않기 때문에 해당 석기군의 특성 및 변이를 기술하는 데 그다지 기여하지 못한다(이선복 1989). 따라서 '기타 대형도구'라는 분류는 차후 동일한 속성을 가진 개체가 반복적으로 확인될 경우 새로운 형식으로 설정될 수 있는 석기들을 일괄하는 잠정적 형식provisional type으로 볼 수 있다. 기타 대형도구 형식에는 일부에만 가공이 이루어진 대형박편그림 5.21의 1이나, 집중 가공된 것은 분명하지만 뚜렷한 날이나 첨두부를 가지지 않은 개체그림 5.21의 2가 속한다.

2. 소형도구 석기

임진-한탄강 유역의 구석기 연구에서 소형도구가 본격적으로 논의된 바는 거의 없다고 해도 과언이 아니다. 일단 도구석기 범주 내에서 발견 빈도가 낮고 어떤 석기군에서는 거의 눈에 띄지 않기도 한다. 석영 및 규암 위주의 석재를 활용했기 때문에 잔손질이나 사용흔이 쉽게 관찰되지 않는 것도 중요한 이유로 들 수 있다. 여기서는 임진-한탄강 유역의 석기군에서 반복적으로 관찰되는 소형도구들을 형식별로 소개하고 그 기술적 의미를 살펴보겠다.

소형도구의 형식분류에서 우선 고려할 속성은 잔손질, 즉 가공/다듬기 작업의 위치와 방향이다. 크기가 작기 때문에 첨두부나 톱니날 및 슴베 같은 특별한 기능적 부위를 구현하지 않을 경우 초벌성형 작업은 큰 의미를 가지지 않으며, 세공/꾸미기 작업도 마찬가지로 빈번하게 구사되지 않는다. 대신 구체적인 석기의 활용 방식을 시사해 주는 작업 부위를 만드는 가공/다듬기 작업의 방식이 소형도구의 형식변이, 즉 기종을 설정하는 가장 중요한 속성이 될 것이다. 소형도구는 박편이나 돌날 및 일부 각편을 가공해서 만든 것이 대부분이기 때문에 유럽 무스테리안 석기군과 유사한 제작 과정을 보인다(Bordes 1961; Débenath and Dibble 1994).

따라서 몇몇 소형도구들의 명칭은 보르드의(Bordes 1961; Débenath and Dibble 1994) 분류안 용어를 한국어로 번역해서 사용할 것이다. 보르드의 분류안은 속성의 제시나 정의가 편향적이고 일관성이 부족함은 물론, 보르드 자신의 창의력이 과도하게 발휘된 경우도 있다는 비판을 받아 왔다(Bisson 2000; Débenath and Dibble 1994). 더군다나 유럽 중기구석기 석기군과는 전혀 다른 석재를 활용한 임진-한탄강 유역 석기군에 보르드의 형식안을 그대로 적용하는 것은 그 자체로 한계가 있다. 따라서 본서에서는 누구든지 수용할 수 있는 속성들을 정의해서 형식을 설정하고, 이 형식을 명명하는데 기존 형식명을 차용하는 수준으로만 활용한다.

1) 긁개sidescraper, racloir, 側刃刮削器

긁개는 임진-한탄강 유역 석기군에서 가장 빈번하게 나타나는 소형도구다. 그러나 그 형태가 무스테리안의 경우처럼 다양하지는 않다. 일단 잔손질을 통해 긁는 날을 원석의 일부에 만들어 낸 것이 보편적이며, 날 각도는 약 30°-45°에 해당한다. 긁는 날의 개수는 보통 하나이며, 두 개 이상의 긁는 날이 한 개체에 있는 경우는 거의 나타나지 않는다. 따라서 무스테리안의 양날double-side이나 수렴형convergent, 비껴난déjeté 긁개 같은 형식 설정은 의미가 없다. 여기서는 원석의 측면부에 잔손질된 날이 존재하는 석기로 간단히 정의할 수 있다.

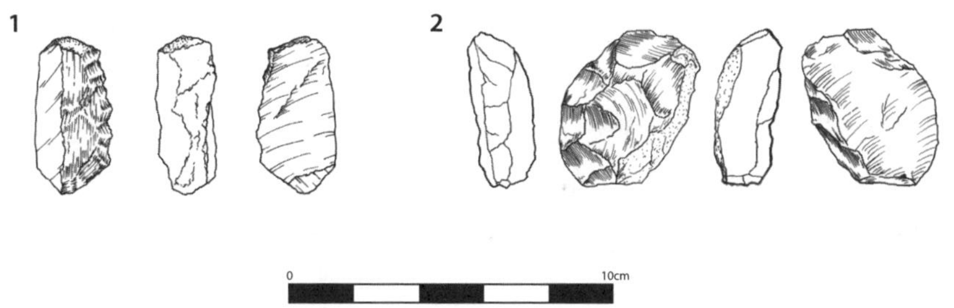

[그림 5.22] 긁개의 예

1: 가월리 3지구 출토품(배기동 외 2005), 2: 전곡선사박물관 소장 오가리 지표 수습품(저자 실측)

2) 밀개endscraper, grattoir, 端刃刮削器

밀개는 말단부를 잔손질해 만든 석기로, 박편을 이용해 제작하지만 부러진 각편도 원석으로 많이 활용된다. 긁개와 비슷하게 날 부분만 집중적으로 가공되었지만 날의 각도가 대체로 45° 이상이므로 긁개와 같은 역할을 했다고 보기는 힘들다. 후기구석기의 밀개는 주로 돌날의 말단부를 가공해서 평면 형태가 둥글고 좌우 대칭이지만, 임진-한탄강 유역의 밀개는 가파른 날 부위를 특징으로 할 뿐 뚜렷한 성형이 이루어진 사례는 드물다. 밀개의 영어 이름은 'endscraper'이지만 날은 긁는 날보다는 문지르는scrubbing 날로 볼 수 있다. 그런 의미에서 'grattoir'문지르개'라는 뜻'라는 프랑스어 표현이 밀개의 작업 부위에 더 잘 부합한다.

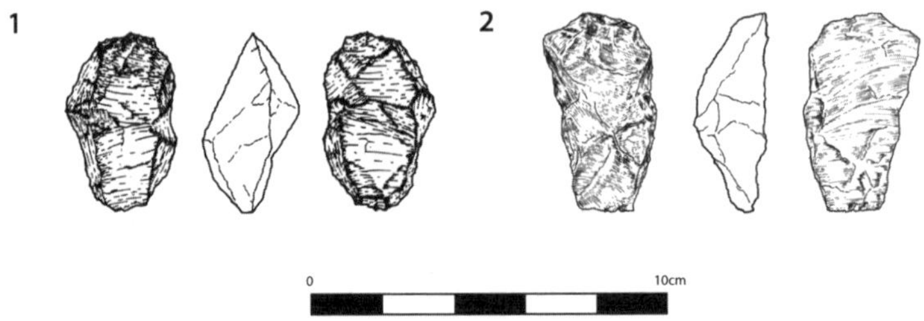

[그림 5.23] 밀개의 예

1: 가월리 3지구 출토품(배기동 외 2005), 2: 전곡리 중2-5호선 지점 출토품(이선복 외 2011)

3) 찌르개point, pointe, 尖頭器

무스테리안 찌르개와 비교될 수 있지만 제작 기법이 뚜렷하게 고착되어 있지 않고 전체 석기군에서도 그 비중이 낮다. 사냥용 도구로 사용되었을 가능성이 있는 무스테리안 찌르개와 비교할 때 임진-한탄강 유역의 찌르개는 아마도 '찌르는thrusting' 용도보다는 후술할 뚫개와 마찬가지로 꿰뚫는piercing 용도로 사용되지 않았나 싶다. 측면은 매우 얇게 가공되어 있으며 날카로운 첨두부를 만들어 내기 위해 양방향에서 마주 보는 방식으로 잔손질이 이루어졌다.

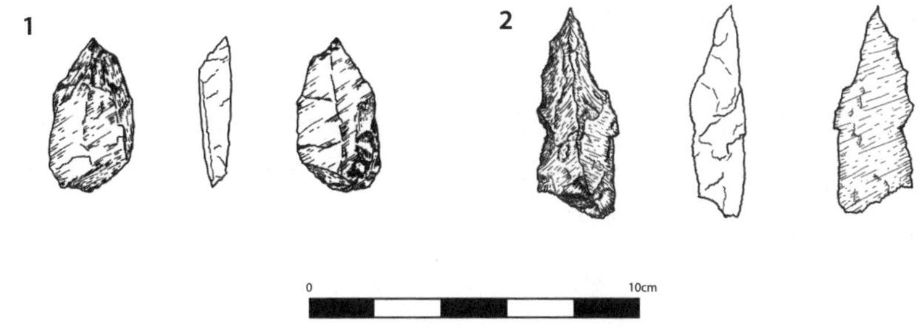

[그림 5.24] 찌르개의 예

1: 가월리 3지구 출토품(배기동 외 2005), 2: 전곡리 중2-5호선 지점 출토품(이선복 외 2011)

4) 홈날notch, encoche, 刻凹器

날의 특정 부위를 집중적으로 후벼 파는 다듬기 작업을 통해 현저하게 오목한 작업 부위를 만들어 낸 형태다. 거대한 결정을 가진 석영이나 규암은 간단하면서도 불규칙한 단일 타격으로도 거대한 홈을 만들 수 있다. 홈날은 부정형의 박편과 각편으로 만들며, 오목한 작업날이 하나 혹은 그 이상 마련되기도 한다. 무스테리안 홈날과 달리(Débenath and Dibble 1994), 임진-한탄강 유역의 사례는 클락토니안Clactonian 홈날처럼 간단한 타격만으로 홈을 파낸 형태다. 과연 이 홈이 실제로 나무살이나 얄팍한 유기물을 가공하는 데 사용되었는지는 불확실하다. 참고로 '홈날석기'나 '톱니날석기'라는 형식명은 그 자체로 중언부언이기 때문에 본서에서는 '-석기' 형태의 용어 대신 간단하게 날 부위의 속성만으로 형식명을 제시한다.

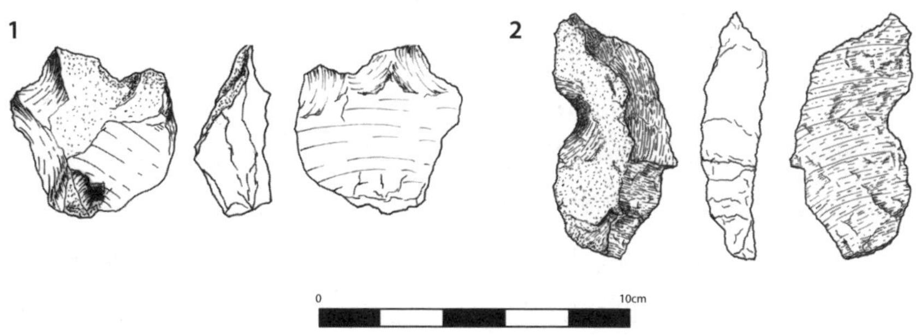

[그림 5.25] 홈날의 예

1: 전곡리 농협 부지 지점 출토품(이선복 외 2006), 2: 전곡리 중2-5호선 지점 출토품(이선복 외 2011)

5) 톱니날denticulate, denticule, 齿状锯器

홈날과 비교할 때 오목한 작업 부위가 연속적으로 한쪽 날 부위에 배치되어 있는 도구를 말한다. 톱니날은 전체 석기군에서 자주 보이지 않지만, 명확한 톱니 모양으로 날을 가공한 소형도구가 임진-한탄강 유역에 확실히 존재한다. 대부분 규암보다는 입자가 고운 석영으로 만들어졌다. 실제 석기는 톱으로 사용하기에는 크기가 작기 때문에 썰거나 자를 만한 대상은 딱딱하고 거대한 개체보다는 상대적으로 부드러운 동식물의 조직이었을 가능성이 높다. 아니면 석영 석재 내부의 거대한 결정이 사용 도중에 마찰에 의해 이탈하며 자연스럽게 톱니 모양의 울퉁불퉁한 사용면이 만들어졌을 가능성도 있다.

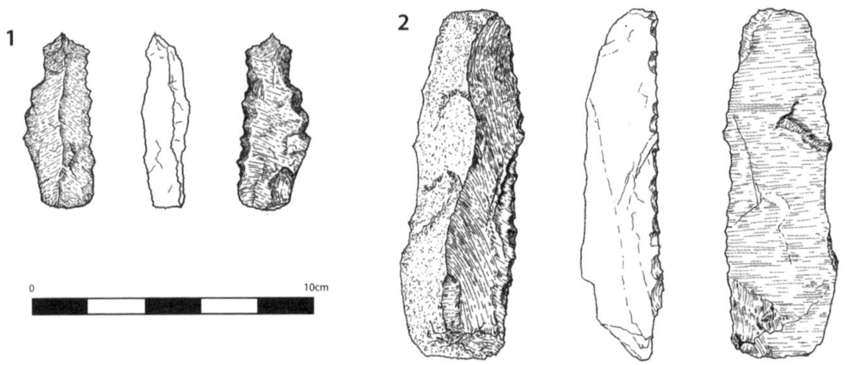

[그림 5.26] 톱니날의 예(이선복 외 2011)

1-2: 전곡리 중2-5호선 지점 출토품

6) 자르개tranchet, 小屠刀

무스테리안과 다르게 자르개는 임진-한탄강 유역 석기군의 소형도구 범주 내에서 비교적 높은 빈도로 발견된다. 대형도구인 가로날도끼의 축소판으로 생각할 수 있는데, 보통 종장박편 중 말단부distal part가 직선상의 절삭용60° 미만 자연날을 보유하면 측면 부위를 추가로 가공해서 그대로 사용한 것으로 보인다. 따라서 가로날도끼처럼 자연날이 석기의 장축과 수직 방향으로 위치하고, 사용흔이 발견되는 경우가 빈번하다. 잔손질을 통해 날을 연속적으로 세워 나가면 밀개로 발전할 가능성이 있다.

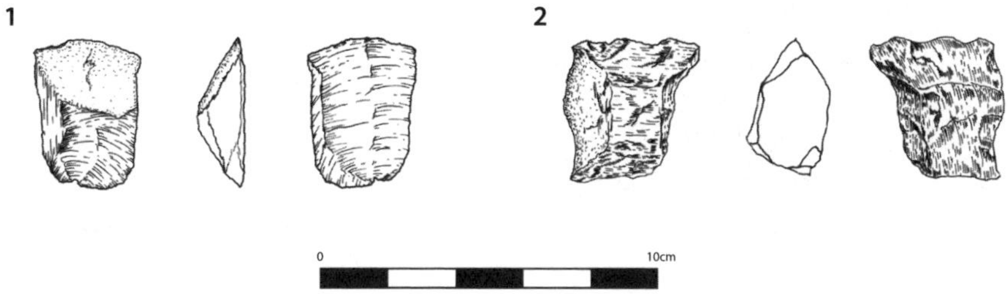

[그림 5.27] 자르개의 예

1: 전곡리 농협 부지 지점 출토품(이선복 외 2006), 2: 전곡리 중2-5호선 지점 출토품(이선복 외 2011)

7) 뚫개awl, perçoir, 尖钻器

원석의 말단부에 현저하게 튀어나온 돌출부를 보유한 소형도구를 뚫개라고 한다. 기존에는 '뚜르개'라고 불렸지만 이 용어는 과거 1950년대까지 평안도 지역에서 '뚫다'를 '뚜루다'로 부르던 방언의 잔재다. 따라서 표준어로 고쳐 부를 필요가 있어 본서에서는 정식으로 뚜르개를 뚫개로 정정한다. 이는 연질의 동식물 조직에 구멍을 뚫기 위한 도구로 추정되지만 임진-한탄강 유역의 사례는 뚫는 부위가 날카롭지 않고 단순히 돌출한 형태이기 때문에 슴베를 만들어 낸 것으로 인식될 수도 있다.

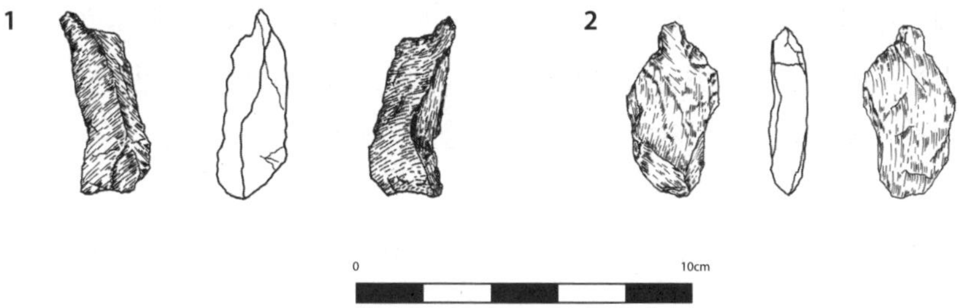

[그림 5.28] 뚫개의 예

1: 가월리 3지구 출토품(배기동 외 2005), 2: 전곡리 중2-5호선 지점 출토품(이선복 외 2011)

8) 자귀adze, rabot, 锛子

유럽의 무스테리안에서는 드물게 나타나지만 동아시아 구석기 석기군에서 종종 발견된다. 대형 각편이나 두꺼운 박편으로 제작되며, 자갈돌로 만들면 소형찍개와 유사한

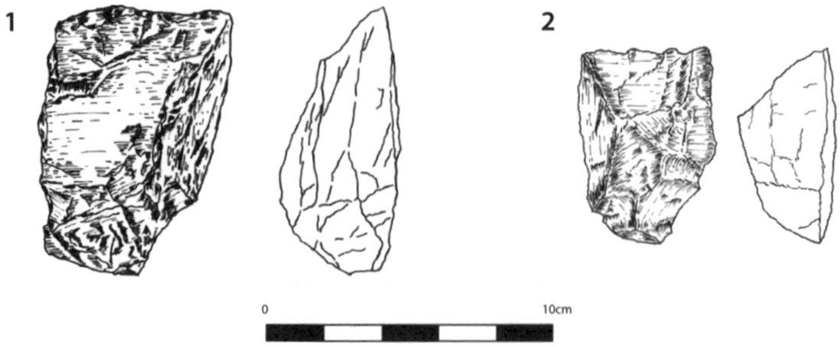

[그림 5.29] 뚫개의 예

1: 가월리 3지구 출토품(배기동 외 2005), 2: 전곡리 중2-5호선 지점 출토품(이선복 외 2011)

형태를 띤다. 찍는 날60° 이상을 말단부에 가지며 측면 부위는 잡기 쉽도록 일부 가공이 되어 있기도 하다. 날은 주로 직선날이며, 크기는 대개 10cm 미만이지만 둔중하고 거대한 개체는 10cm가 넘는 경우도 있다. 상고안 공작의 중작업도구들과 유사하지만(McBrearty 1988; Phillipson 1985), 규모가 더 작고 말단부의 잔손질이 뚜렷하지 않다는 차이가 있다. '대패'를 뜻하는 원어인 'rabot'처럼 밀어서 깎아 내는 작업을 수행하기에는 작업 부위가 뭉툭하기 때문에 '자귀'라고 명명할 수 있다. 비슷한 용도를 가진 것으로 보이는 동남아시아 호아빈Hoabihnian 공작에는 전면에 둔중한 날을 가지는 주먹자귀handadze 형식이 존재한다(이선복 외 2005b). 아마도 간단한 목질의 대상물을 찍거나 으깨는 작업에 사용한 것으로 보인다. 자귀라는 형식은 Bae(1988)의 식물자원 활용 주장을 뒷받침하는 사례로 볼 수 있는데, 사용흔 분석 결과(김경진 2019) 임진-한탄강 유역에서 식물자원이 꾸준히 활용되었다는 가설은 타당한 것으로 볼 수 있다.

9) 후기구석기 도구들Upper palaeolithic tools, outils de paléolithique supérieur, 晩期舊石器工具類

전술한 소형도구 형식들과 별도로 후기구석기 단계에 보편적으로 나타나는 도구들을 주목할 필요가 있다. 이 도구석기들은 주로 돌날이나 세장박편을 추가 가공해서 만들어진다. 일견 후기구석기의 기술적 속성을 보이지만 MIS 4기나 MIS 3기 전반기에도 이따금씩 발견된다. 특히 등을 대기 위한backing 잔손질이 뚜렷하게 보이는 등칼그림 5.30의 1이나 끄트머리에 새기개 타격burin blow을 가해서 새기개편burin spall을 뜯어낸 흔적이 뚜렷한 경우그림 5.30의 2는 결코 우연적으로 생겨난 것이 아니다.

제4부에서 살핀 대로 약 40kya 이후 임진-한탄강 유역에서는 이전과 다른 석재

의 활용 및 새로운 도구 형식들이 등장한다. 돌날 기법의 활용은 각 유적별로 다르게 나타나지만 잔돌날의 제작은 갱신세 최말기에 대부분 임진-한탄강 유역에서 발견된다(김형준 2022). 그러나 전형적인 후기구석기 형식들과는 별도로, 석영계 석기를 여전히 활용하는 기술도 무시할 수 없는 수준으로 잔존한다. 이런 보수적인 기술은 통현리나 삼거리에서는 여전히 대다수를 차지하기도 한다. 따라서 임진-한탄강 유역의 후기구석기 공작은 고인류 집단의 인구 대체로 인해 미증유의 신기술이 급속하게 유입된 것이라는 단순하고 명쾌한 가설이 성립하기는 쉽지 않다. 이 지역 후기구석기의 발생은 현생인류의 등장 및 점거의 자동적 결과라기보다는, 이전부터 기술적 면모에서 그 전조가 이미 드러났다고 볼 수 있다.

후기구석기 제작 기술이 본격적으로 등장하기 이전부터 정질석영으로 만들어진 원석을 작게 잘라 제작한 석기들이 일부 눈에 띈다. 대표적 사례인 사다리꼴날예: 그림 4.13의 5, 그림 4.24의 8-10, 그림 4.41의 9-10은 따로 다듬지 않아도 충분히 활용할 수 있는 수준의 자르는 날을 보유하고 있다. 이들은 박편이나 돌날 같은 1차 부산물을 부러뜨려 만들었다그림 5.31. 보다 작은 크기로 부러뜨리는 공법은 초벌성형보다는 가공/다듬기 작업의 일부로 볼 수 있는데, 그 이유는 부러뜨리는 공정에서 잔손질 작업이 함께 이루어지기 때문이다. 기존의 부산물을 일부러 축소 가공해서 초소형석기로 만든 또 다른 사례로는 끝부분에만 집중적으로 잔손질을 가한 손톱끝밀개thumbnail scraper를 들 수 있다.

임진-한탄강 유역 후기구석기 도구 형식들은 주어진 석재를 최대한 활용해 석기를 생산하는 경향을 반영한다. 초소형도구들의 공통점은 대부분 정질의 응회암, 반암, 흑요석 및 석영계 석재들 중에서도 월등히 뛰어난 재질을 가지는 유백색의 미립자로 구성된 맥석영으로 만들어졌다는 것이다(서봉수 외 2019; 우종윤 외 2015; 최복규 외 2001).

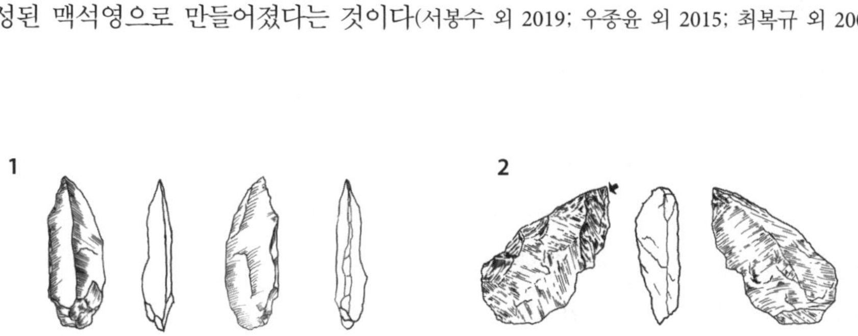

[그림 5.30] 후기구석기 형식 도구의 예

1: 전곡선사박물관 소장 오가리 지표 수습 등칼(저자 실측), 2: 전곡리 중2-5호선 지점 출토 새기개(이선복 외 2011)

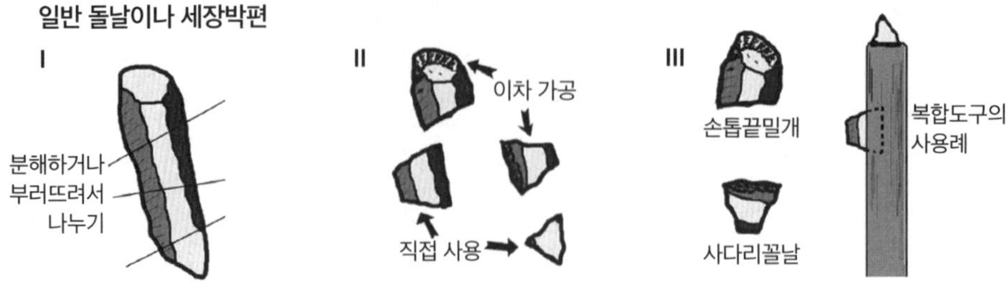

[그림 5.31] 초소형 도구석기의 제작과 삭감과정

대형도구의 날을 세우는 작업이 전체 원석의 형태와 자연날의 보유 상태를 충분히 감안해 융통적으로 구사되었다면, 초소형의 후기구석기 형식 도구를 제작하는 것은 극도로 우수한 석재를 절약하면서 도구석기의 효용성을 극대화하기 위한 전략의 일환이었다고 받아들일 수 있을 것이다.

10) 기타 소형도구들

대형도구와 마찬가지로 소형도구 범주에도 어떤 형식에 포함되기 애매하거나 불분명한 석기가 존재한다. 소형도구에서 특히 주목할 만한 석기는 바로 박편이나 각편을 그대로 사용한 '사용편utilized piece'이다. 일반적으로 제대로 이탈한 박편은 굳이 잔손질이 필요 없을 정도로 날카로운 자르는 날30° 미만을 가진다. 실제로 자르는 날에는 가공흔은 없어도 사용흔이 뚜렷하게 남는 경우가 많다. 그렇기 때문에 이런 사용편은 도구로 간주할 필요가 있다. 그러나 사용편으로 분류되는 도구는 즉석에서 사용된 박편의 면모를 그대로 반영하기 때문에 특정 제작 기법이 드러나지 않고 다양한 크기와 형태를 가지므로, 기타 소형도구로 분류한다.

사용편 이외에 또 다른 기타 소형도구로는 전술한 각종 소형도구의 주요 속성들을 한 개체에 중복해서 가지는 경우를 들 수 있다. 예를 들면 찌르개같이 첨두부를 가지고 뚫개 같은 돌출부를 반대편에 가지는 경우는 슴베찌르개로 분류할 수 있다. 이 도구는 후기구석기의 전형적인 형식이기도 하므로(김형준 2022), 임진-한탄강 유역 구석기의 형식분류 틀에서 슴베찌르개는 독립된 기종으로 설정하지 않고 찌르개의 하부 변이로 간주하겠다.

V 임진-한탄강 유역 구석기 기술조직의 특징

1. 임진-한탄강 유역 석재의 종류와 활용

1) 석재의 질과 제작기술의 관계

석재의 질을 석기 제작기술과 관련짓는 것은 해당 석기군을 생산해 낸 기술조직의 수준을 측정하는 데 매우 중요하다(Andrefsky 1998; Bamforth 1986; Barton 1991b; Brantingham et al. 2000). 그리고 실제 석재를 활용해서 시험 제작을 하다 보면 과거의 석기 제작자들이 어떠한 방식으로 석재를 취득하고 예비 작업을 수행했는지도 알 수 있다(Hayden et al. 1996; Kuhn 1991; Odell 1996). 이에 대해서는 제6부에서 보다 구체적으로 검토하며, 여기서는 임진-한탄강 유역 기술조직의 전반적인 성격을 중심으로 살펴보겠다.

Andrefsky(1994, 1998)는 석재의 질정질/조질과 석기 제작 방식정형/비정형을 각각 두 가지로 구분하고, 이들을 상호 교차해서 총 네 가지의 고고학적 상황을 고찰했다. 일반적으로 정질석재high-quality raw material는 정교하고 미세한 작업이 가능하고 희소한 석재의 가치를 유지하기 위해 최대한 정성을 들여 성형 및 다듬기 작업이 이루어지는 경향이 있다. 따라서 대부분의 정질석재 석기는 그 형태가 정형화formal되어 있다. 반면 조질석재low-quality raw material의 경우, 구체적인 작업 의도가 반영되기 어렵고, 세공 및 꾸미기 작업을 통한 기술 과시는 거의 기대할 수 없다. 따라서 대부분의 조질석재는 비정형화informal된 형태의 석기로만 만들어지기 마련이다.

임진-한탄강 유역의 석재에는 여러 가지 암석이 있지만, 그중에서도 석영과 규암 및 변성작용을 거치지 않은 사암sandstone이 가장 보편적이다. 이러한 석영계silicate 암석들은 이 지역에서 강자갈을 통해 쉽게 구할 수 있다. 그리고 임진-한탄강의 하계망을 통해 북한 지역에서 유입된 경우도 있다. 물론 석영계 암석 이외에 편마암, 현무암, 화강암 같은 이 지역의 고생대-중생대 기반암도 석재로 활용할 수는 있다. 그러나 이런 암석들은 노두에서 고인류들이 직접 운반하고 파쇄해서 석기로 만들기에 적당한 크기로 존재하지 않는다. 편마암이나 화강암은 경도가 높고 결정 입자가 거대하기 때문에 석기를 제작해도 날이 예리하거나 견고하지 않다. 따라서 이 지역 고인류들이 구석기를 제작하는 데 가장 적절한 석재는 아마도 석영계 암석이었을 것이다. 물론 가장 적절한 석재가 최고의 석재는 아니다. 입자가 더 작고 균일한 정질석재는 한탄강 상류를 포함하는 포천과 철원 일대에 다수 분포한다(권수진 2018; 유혜정 2006). 정질석재는 양적으로 풍부하지 않고 특정 지역에 편중해서 분포하므로 후기구석기 단계에 집중적으로 활용된다. 이 사실은 제4부에서 이미 살펴본 바 있다.

질적으로 탁월하지만 양적으로 불균등한 석재가 질적으로 다소 떨어져도 양적으로 아무런 전략 없이 수월하게 취득할 수 있는 석재와 공존할 경우, 대부분의 선택 당사자는 굳이 위험을 무릅쓰지 않는 안정적 생계 전략을 추구하게 마련이다(Bleed 1986; Fitzhugh 2001). 그런 선택이 집단 내에서 인지되고 공유되면 마치 전통처럼 특정 지역 내에서 관습화되고 고착될 수 있다. 그리고 이러한 전통이나 관습이 물질 자료에 반영되면 고고학자는 이를 모종의 '문화culture'나 '공작industry'이라고 이름 지을 수 있다. 따라서 임진-한탄강 유역 구석기 공작은 바로 후기갱신세에 석영계 석재를 적극적으로 활용해 주먹도끼 같은 대형도구부터 긁개와 밀개 같은 소형도구까지 동시에 제작·활용한 기술조직을 갖춘 사례로 볼 수 있다.

2) 석영계 석재의 본질과 제작기술상 특징

석영계 석재는 정질석재에 비해 체계적이고 표준화된 제작 기법을 구현하기 쉽지 않다. 특히 큼직한 강자갈은 그대로 가공해서 거친 석기를 제작하기에는 유리하지만 이동성 수렵채집인mobile hunter-gatherer들이 항상 소비하는 소형도구를 필요에 따라 즉시 제작·사용하기에 좋은 재료는 아니다(Barton 1991b; Kuhn 1995; Rolland and Dibble 1990). 그럼에도 임진-한탄강 유역의 석영계 석재는 몇 가지 확실한 이점이 있다. 이 지역의 석영과 규암은 결정 구조가 다양하고 내부에 벽개면劈開面, suture이 잘 발달할 정도로 풍화가 진행되어 있기 때문에 간단한 타격만으로 쉽게 자연날을 얻을 수 있다. 게다가 강 주변 및 범람원 일대에 적절한 크기의 원력圓礫, round cobble으로 존재해 석재 확보와 운반이 용이하기 때문에 노동 비용을 절감할 수 있다(Brown 1997; Jeske 1989). 무엇보다 석영계 석재는 작업날이 쉽게 마모되지 않을 정도로 견고하지만, 석기를 제작하기 불가능할 정도로 지나치게 단단하지는 않기 때문에 일상에서 비교적 수월하게 석기를 제작할 수 있다는 기계적 성질을 가진다(유용욱 2003, 2012).

따라서 석영계 석재가 기계적 성질로는 조질석재에 해당하지만 정황적인 면에서는 꽤 효용가치가 높은 석재라고 볼 수 있다. 그러므로 Andrefsky(1998)가 제시한 대로 석재의 질과 기술적 수준을 곧이곧대로 대응시키는 것은 신중할 필요가 있다. 희소성과 편중성 때문에 확보하는 데 높은 비용이 필요한 정질석재는 그 재질이 월등하다고 해서 석영계 석재의 양적 풍부함과 높은 접근성accessibility의 이점을 압도할 수는 없을 것이다. 즉 위험과 피로를 무릅쓰고 확보해야 하는 정질석재의 기계적 우수함은 석영계 석재의 편리함과 적절함에 대해 비교우위를 가지지 못한다. 무엇보다도 '시간'이라는 변수가 개입하면 주변에서 신속하게 확보할 수 있는 석영계 석재의 무소부재無所不在, ubiquity에 가까운 분포는 다른 석재보다 월등한 효용을 제공한다. 양적으로 풍부하고 도처에서 쉽게 구할 수 있으며 적당히 견고하고 단단한 석영계 석재가 가진 장점은 바로 다목적성versatility이다. 소위 '보급형diffusive' 재료인 석영계 암석을 활용해 제작된 도구석기들은 대형이건 소형이건 모두 그 형태가 정련되지 못하고 필요에 따라 편의적으로 가공된 방식을 보인다. 또한 석기를 제작하는 데 소모되는 석재가 주변에서 거의 무한으로 공급되기 때문에 제작 과정에서 실수나 사고로 인해 생긴 중간품preform은 미련 없이 파기되게 마련이다. 따라서 이런 비의도적인 개체들까지 모두 포함하는 임진-한탄강 유역 석기군은 '임시방편적' 또는 '즉흥적improvising' 성격의 양산품量産品, mass production으로 보일 수밖에 없다.

임진-한탄강 유역 석기군은 개별 형식의 외형만 볼 때 제작 기술은 열악하고 구체적으로 의도한 최종 형태를 구현하는 수준도 그다지 높지 않다. 하지만 전술한 형식분류의 내용을 살펴보면 당시 기준에 일상생활에서 필요한 작업은 거의 모두 수행할 수 있을 정도로, 작업 수행을 위한task-oriented 도구조합toolkit의 역할에는 충실하다. 이는 임진-한탄강 유역의 고인류들이 주어진 여건에서 최선이 아닌 최적의 재료를 적극 활용하며 융통성fluidity 있게 석기 제작 기술을 구현 혹은 발휘한 결과로 볼 수 있다. MIS 3기 말까지는 치열한 경쟁 체제가 마련된 환경도 아니었으므로 석재의 수급이 제한되어 있지 않던 상황에서 굳이 힘들게 필요 이상의 기술적 집착을 보일 필요는 없다. 그렇기 때문에 해당 석기가 보유한 잠재적 기대치를 충족하는 것 이상의 제작 노력은 기울이지 않는 게 당연하다. 따라서 도구석기를 제작할 때, 초벌성형은 대충 하고, 가공/다듬기 작업을 통해 쓸 만한 작업 부위를 적절하게 만드는 데에만 몰두했을 것이다. 당연히 세공/꾸미기 작업은 거의 혹은 전혀 이루어지지 않았을 것이다. 조질석재가 무제한으로 보급되는 상황에서 형태 면에서 탁월하거나 정교하게 공들인 석기는 사치奢侈에 불과하기 때문이다.

보급형 석재를 우선적으로 사용해서 즉흥적인 형태의 석기군을 양산하던 기술조직도 후기구석기 단계에 들어서면 다른 지역과 마찬가지로 정선된 정질석재를 적극 활용해서 더욱 세련된 최종 형태를 가진 도구를 한정생산high-end production하는 체계로 바뀐다. 이러한 기술적 도약을 이끌어 내는 가장 중요한 동기 부여는 바로 석재의 전이라고 볼 수 있다. 보급형 조질석재에서 고비용high-cost 정질석재로 재료의 변천을 이끌어 내는 요인은 여러 가지가 있다. 그중 가장 대표적 요인은, 조질석재로는 도저히 원활하게 제작할 수 없는 특정 기능을 가진 석기 수요의 증가일 것이다. 임진-한탄강 유역 석기군에서 간혹 나타나기만 했던 석영제 찌르개, 등칼, 새기개 같은 형식들은 이후 정질석재를 대폭 활용하는 후기구석기 단계에서 그 수효가 급증한다(김경진 2018; 김형준 2022). 이런 사실로 볼 때, 위 세 가지 형식을 필두로 하는 일부 소형도구 형식들은 후기구석기 당시에 반드시 필요했던 특정 기능을 수행하기 위한 생필품daily necessity이었을 것으로 보인다. 따라서 생필품으로서의 도구형식을 마련하기 위한 전제 조건이 정질석재라면, 이런 석재를 확보하는 것이 궁극적으로 기술적 진화의 선행 과정이 될 것이다. 이에 대해서는 제6부에서 구체적으로 살펴보겠다.

3) 모루떼기와 직접떼기 위주의 가공

임진-한탄강 유역의 구석기 유적들은 대부분 강 주변에 위치하기 때문에 석재의 형태가 자갈돌과 조약돌로 나타난다. 박편 및 여타 부산물들에는 박리흔과 타격 조정면이 극히 드물게 나타난다. 그 외에 손상되거나 쪼개진 자갈 및 불규칙한 형태의 각편이 유적에서 다수 발견된다. 이는 기존 자연 상태의 석재를 일정 크기로 깨뜨렸다는 것을 말해 준다. 대부분의 부산물들이 한 손으로 움켜잡거나 손가락으로 붙잡을 수 있는 수준의 적당한 크기로 분포한다는 것은 기존의 모암을 일정 크기로 깨뜨려서 사용하기 수월하도록 가공했음을 말해 준다. 작업연쇄chaîne opératoire상에서 볼 때, 이런 크기 조정은 석재의 채취부터 최종 마감까지 꾸준히 수행되는 중요 공정이다.

강자갈 중에서 가장 선호되는 크기와 형태는 약 20cm 정도의 편평하거나 네모진 자갈이다. 이러한 자갈은 몇 번의 타격만으로도 대형도구를 즉시 제작하도록 해준다. 그리고 특별히 공들이지 않아도 꽤 견고한 도구를 만들어 낼 수 있다(Schick and Toth 1994). 두껍지 않으며 편평한 판석 형태는 가장자리 부위에서 박편을 박리하기가 수월하다. 여기서 이탈한 박편은 곧장 사용편으로 활용하거나 성형 및 다듬기 작업을 통해 더욱 정형화된 소형도구로 만들 수 있다. 대형 자갈을 박리하는 작업에는 망칫돌을 사용하기보다는 거칠게 떼어 내는 간단한 던져떼기와 모루떼기가 주로 구사되었다. 이런 원초적 타격 방식에서는 제작자의 눈과 손의 타격 방향 그리고 타격 접촉면이 연동聯動, coordination하지 않기 때문에 크기와 형태가 다양하고 불규칙한 부산물들이 발생한다. 따라서 체계적인 박리 과정을 확인하기 어렵다.

이에 관련해 중국 산시성陝西省 뤄난洛南 분지의 룽야둥龙牙洞, Longyadong 유적에서 이루어진 석영계 석기의 제작기술 연구 사례가 있다(Shen and Wang 2000). 중기갱신세의 전기구석기274±14-205±19kya 동굴 유적인 룽야둥 유적에서는 석영 및 규암이 일괄적으로 사용되었다(Sun et al. 2017). 동굴 퇴적층 속에서 발견된 유물군에서는 모루떼기 기법이 주로 사용된 흔적이 두드러지며, 망칫돌 같은 제작 도구는 거의 드러나지 않았다. Shen and Wang(2000)은 유물군을 분석하고 모루떼기의 실험 제작을 통해 편평한 자갈을 간단하게 박리하는 과정을 복원할 수 있었다. 실험 결과에 따르면, 기존에 익히 알려진 것과 달리 석영계 대형 자갈은 경질망치hard hammer로 타격하지 않고 모루떼기만으로도 충분히 효율적으로 소형박편을 만들어 낼 수 있었다. 룽야둥 유적은 임진-한탄강 유역과 비슷하게 조질의 석재가 무한히 분포하며, 거대한 모암의 크기를 줄여 나가는 크기 조절 작업이 우선적으로 이루어진 석기군을 보유하고 있다. 이 작업은 대부분 모루떼기를 중심으로 이루어진 것으로 파악된다(Shen and Wang 2000). 모루떼기에서 가장 중요한 공정은 깨는 것보다도 모루를 고정하는 작업이다. 대형의 모암이 아무렇게나 깨지는 상황을 방지하기 위해서는 특정한 모룻돌을 일정 각도에서 집중적으로 가공하는 것이 최선의 방법이다. 이 과정을 거치면 10cm 이상의 석괴인 대형박편도 연속적으로 획득할 수 있다. 모루떼기를 통해 발생하는 대형박편은 거의 예외 없이 편평한 자연면을 타격면으로 하고, 폭이 길이의 거의 두 배 수준인 횡장박편transversal flake의 형태를 띤다.

임진-한탄강 유역에서 모루떼기 기법이 활발하게 사용되었다는 근거로 장산리 및 여타 유적에서 확인되는 양극편을 들 수 있다. 또한 주먹도끼 및 대형절삭도구large cutting tool, LCT의 원석으로 활용되는 대형박편은 대부분 폭이 길이보다 월등히 긴 횡장박편이다그림 5.16-5.18. 횡장박편은 모암을 두 손으로 움켜잡고 모룻돌에 직접 가격하는 방식으로 획득했을 것이다. 또는 거대한 판석을 땅에 고정하고 상대적으로 무거운 망칫돌을 두 손으로 쥔 채로 가격해서 연속적으로 대형박편을 썰어 내는slice-off, 그림 5.21의 1 공정으로도 만들 수 있다. 따라서 임진-한탄강 유역의 석기 제작 공정에서는 기본적으로 모룻돌이 활발히 사용되었다는 것을 알 수 있다. 이는 석기 제작 장소가 따로 마련되어 있거나 적어도 대형도구를 제작하는 데 필요한 원석은 별도로 확보되었을 가능성을 시사한다.

모루떼기와는 대조적으로 경질망치 타격법은 비교적 수월하게 대상물을 성형하거나 다듬을 수 있다. 당연히 한 손으로 휘두르고 다른 손으로 대상물을 고정하는 자유타격법으로 경질망치를 활용했을 것이며, 이는 임진-한탄강 유역에서 발견된 망칫돌 대부분이 한 손으로 움켜잡기 편한 크기와 형태를 보유한 것에서도 알 수 있다그림 4.38. 보통 구석기 제작에서 원석의 석재는 망칫돌의 석재와 다르지만 임진-한탄강 유역에서는 망칫돌과 원석이 모두 다 석영계 석재로 되어 있다. 눌러떼기 및 뼈와 뿔 등을 활용한 연질망치soft hammer의 흔적이 전무한 것으로 볼 때, 소형도구의 가공/다듬기 작업도 경질망치로 이루어졌음을 알 수 있다. 아마도 임진-한탄강 유역 후기구석기 이전 단계의 기술조직은 의도적인 초벌성형 및 가공/다듬기 작업보다는 날카롭고 견고한 자연날을 확보해서 그대로 쓰다가 후에 이런 자연날이 무뎌지면 추가로 제한적인 가공을 하는 방식으로 석기를 제작·활용한 것으로 보인다. 따라서 가공되지 않은 석기들, 즉 사용편utilized piece에 대한 고찰이 이루어질 필요가 있다.

2. 가공 수준 및 날 각도와 석기 기능의 관계

1) 비가공 부산물에 대한 의문점

임진-한탄강 유역 석기군에서는 비가공 부산물박편, 각편과 양극편 및 기타 부스러기 등이 다량으로 발견된다. 그리고 이 부산물들도 간단한 도구로 사용되었을 가능성이 제시되었다(Bae 1988: 211). 잔손질이 없거나 최소한의 잔손질을 가한 부산물들은 크기와 모양만 적당하면 적은 시간과 노력의 투자만으로 효과적인 도구를 만들 수 있다. 그러나 잔손질을 가하지 않은 부산물을 그대로 사용하면 석재의 특성상 자연날이 쉽게 훼손될 수밖에 없으므로 도구로서의 수명이 짧은 것은 당연하다(Cowans 1999).

가공을 전혀 하지 않은 석기를 무조건 폐기된 부산물로 치부하는 것에는 뚜렷한 근거가 없다. 그러나 모든 부산물들이 한 번 이상 사용되었다는 주장도 신중할 필요가 있다. 대표적인 부산물 형식인 박편은 의도적으로 제작된 것이 분명하다. 박편은 크기 및 형태와 무관하게 1) 날카로운 자연날을 사용하기 위해 의도적으로 박리한 인위적 최종 생산물product이며, 2) 다른 석기의 성형 및 다듬기 작업에서 자연스럽게 만들어지는 파생물derivative이자 3) 의도한 도구를 제작하기 위한 원석blank으로 활용되는 중간물medium이기도 하다. 이렇게 세 가지의 각기 다른 요인으로 만들어지는 박편은 실제 활용물인지 폐기물인지 맥락상으로 확신할 수는 없다. 더군다나 임진-한탄강 유역의 석기군에서는 주먹도끼를 삭박削剝, thinning한 흔적이 거의 없기 때문에 양면기biface 제작 도중에 자연스럽게 발생하는 독특한 양면 삭박가공 박편bifacial thinning flake도 확인되지 않는다(Whittaker 1994).

따라서 박편을 중심으로 하는 일련의 부산물들이 과연 가공 없이 도구로 직접 이용되었을지에 대한 고민은 고고자료를 통해 실증적으로 뒷받침될 수 없는 논리적 한계가 있다. 더군다나 임진-한탄강 유역에서 도구석기의 5배가 넘는 수효를 가지는 부산물들의 추정 활용 부위를 일일이 현미경이나 각종 분석 장비로 관찰하는 작업도 결코 효율적인 접근법이 아니다. 전술한 대로 임진-한탄강 유역 석기군에는 대형도구와 소형도구 모두 자연날을 활용하기 위한 특별한 형식들이 있다. 대형도구에는 대형등칼과 가로날도끼가 있고, 이에 대응하는 소형도구는 등칼과 자르개다. 대형과 소형의 도구석기 범주에서 의도적으로 가공하지 않은 자연날을 가진 형식이 존재한다는 것은, 박편의 자연날이 가지는 예리함의 효용을 제작자인 고인류도 인지했다는 것을 말해 준다. 따라서 앞에서 살펴본 여러 가지 도구석기들의 활용 부위인 날의 형태 및 종류를 심도 있게 살펴볼 필요가 있다.

2) 날의 각도에 근거한 도구석기의 기종 구분

만약 대부분의 박편이 아무런 기능이 없는 단순 폐기물이라면 왜 그렇게 석기군 내에 필요 이상으로 많이 존재할까? 임진-한탄강 유역의 고인류는 집중적인 박리작업을 통해 주먹도끼나 기타 노동집약적 도구들을 대량 제작하지는 않았다. 그리고 석영계 석재가 거의 무한정 공급되었으므로 특정 석핵이나 원석만을 편향적으로 활용exploitation할 필요도 없었다. 박편을 그대로 활용하려는 목적으로 박리작업이 이루어졌다면, 이는 바로 잔손질 기법으로는 결코 구현할 수 없는 자연날의 날카로움이 가장 큰 효용이자 매력적인 속성으로 작용했기 때문일 것이다(Hayden 1979; Hayden et al. 1996). 적절하게 박리된 박편은 말단부와 측면부까지 날카로운 날을 가지며, 단지 자갈을 쪼개서 만드는 양극편보다 그 예리함이 월등하다.

앞에서 제시한 도구석기의 형식분류에서 자연날을 활용하는 도구는 예외 없이 석괴대형박편와 박편을 원석으로 활용했다. 자연날을 활용하는 이유는 가장 날카로운 각도의 날을 보유하고 있기 때문이다. 대상물을 자르거나 깎거나 훼손하는 날의 종류

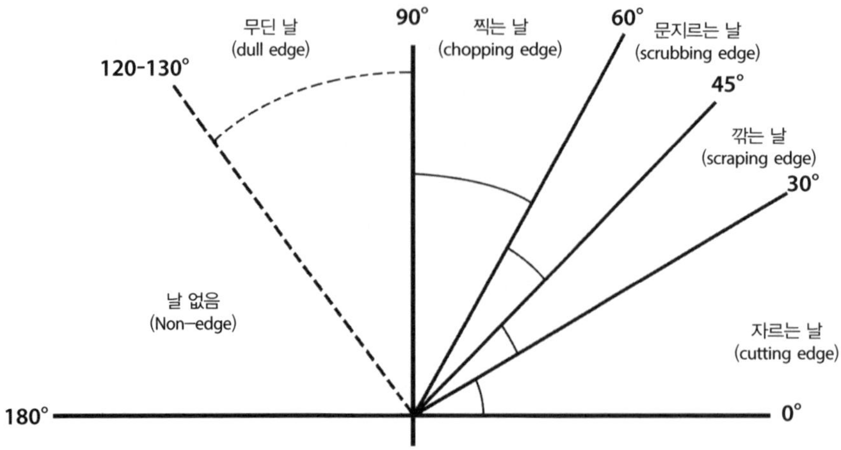

[그림 5.32] 날의 각도와 활용 방식의 구분 모식도

는 여러 가지지만 대체로 날의 각도에 따라 작업 방식이 다르고 대상물도 달라진다. 따라서 날의 각도에 따라 날이 수행 가능한 작업 및 사용 방식을 대략적으로 분류할 수 있다그림 5.32. 물론 구분 기준이 되는 날 각도의 수치가 절대적인 것은 아니다. 필요한 경우 45° 정도의 무딘 날로 자르거나 찍는 작업도 충분히 이루어질 수 있다. 그러나 특정 각도의 날이 적절하게 수행 가능한 작업의 종류는 제한적이며, 그것이 도저히 수행할 수 없는 작업도 분명히 존재한다. 따라서 여기서 제시하는 다양한 날의 기준 각도는 어디까지나 인위적인 기준이자 참조 수준으로만 받아들일 필요가 있다.

가장 예리한 날은 '자르는 날'<30°로서, 대상물을 절단하거나 분할하는 용도로 사용된다. 두 번째 날은 자르는 데는 큰 효용이 없지만 깎거나 긁어내는 작업으로 대상물을 다듬는 '깎는 날'30°-45°이다. 그리고 표면을 문지르거나 밀어 버리는 데 필요한 '문지르는 날'45°-60°은 깎는 날보다 각도가 다소 크다. 그다음 날은 '찍는 날'60°-90°로서, 날의 예리함보다는 날을 보유한 도구가 가지는 중량감을 통해 대상물에 강력한 충격impact을 전달하는 역할을 한다. 찍는 날보다 더 각도가 큰 '무딘 날'은 통상적인 의미에서 날이라 부를 수 없고, 보통 90° 이상이다. 90°가 넘는 둔각의 날은 일반적인 박리 작업으로는 구현할 수 없으며(안성민·조남빈 2021), 마찰이나 반복적인 찰괄擦刮 작업을 통해서만 얻을 수 있다. 따라서 [그림 5.32]에서는 점선으로 표현했으며, 실제 제작 과정에서 드러나는 날의 각도는 실선으로 표시된 자르는 날부터 찍는 날까지의 범위0-90°에 포함된다. 이때 90°는 타격면과 외부 마구리면이 이루는 타격외각platform exterior

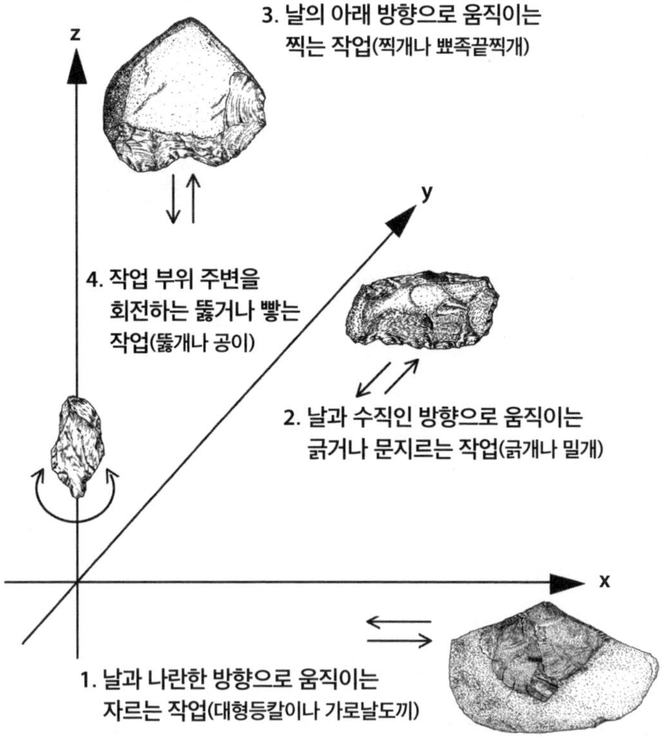

[그림 5.33] 석기의 날 각도에 따른 작업 및 이와 관련된 수세의 방향

angle, PEA이 박편을 만들어 낼 수 있는 최대치에 해당한다(Whittaker 1994).

임진-한탄강 유역 고인류가 석기를 갖고 구사하는 작업 및 관련 동작이 만들어지는 맥락은 다양하다. 이 맥락들의 공통점은 바로 석기가 사용되는 대상물이 존재하고, 석기 사용을 행사行使, exercise하는 주체actor가 확실히 있다는 것이다. 석기의 사용 주체가 석기를 통해 대상물에 행사하는 구체적이고 반복적인 동작은 '수세手勢, gesture'라고 부를 수 있다. 석기 사용 주체의 개인적 수준에서 수세는 여러 방식으로 이루어지지만 보통 네 가지 방향으로 행사된다그림 5.33. 3차원 공간에서 수세는 각각 x, y, z축 방향의 왕복 운동을 통해 이루어지며, 날이 아닌 특수 부위의 경우 회전을 통한 관통력을 활용하기도 한다그림 5.33의 4. 여기서 x축을 통해 이루어지는 자르는 작업은 가장 날카로운 날을 필요로 한다. 그리고 y축의 긁거나 문지르는 작업, z축의 찍는 작업 순서로 필요한 날 각도가 증가한다. 따라서 날 각도는 특정한 수세를 규정하며 특정 각도의 날을 보유한 석기의 형식도 정의할 수 있다. 그렇기 때문에 서로 다른 작업을 수

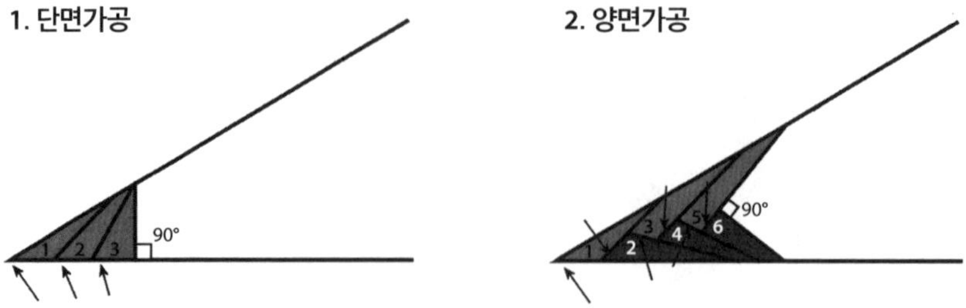

[그림 5.34] 단면가공과 양면가공의 날 각도 증가 비교 모식도
각 번호는 박리작업을 통한 날 각도 증가의 순서이고, 화살표는 타격의 방향을 나타냄.

행하는 석기는 단지 기형器形이 다른 게 아니라 기종器種이 다른 것이며, 형식분류를 통해 제시되는 기종은 고고학자에 의해 인위적으로 분류된 상태만을 반영하는 게 아니라 실제 고인류가 행사하던 쓰임새 및 사용 방식을 반영하게 마련이다(Adams and Adams 1991: 231). 이러한 기능과 수세를 드러내는 가장 중요한 속성이 바로 날의 각도와 형태라고 볼 수 있다(이선복 1988: 208).

구석기 도구의 날은 연속적인 삭감과정reduction sequence을 겪기 때문에 날의 각도는 사용 및 재가공에 따라 증가한다. 삭감과정은 의도적으로 날의 각도를 증가시켜서 사용 목적에 맞도록 석기를 다듬는 작업일 수도 있지만 사용 도중에 자연스럽게 날이 무뎌지는 과정도 포함한다. 날이 무뎌졌을 때 새롭게 날을 세우는 작업이 바로 전술한 가공/다듬기 작업이다. 이는 석기의 중요한 재활용 전략이기도 하다. 그러나 가공/다듬기 작업은 날을 새롭게 마련할 수는 있지만 무뎌진 날을 다시 예리하게 할 수는 없는 비가역적 공정이다. 특히 잔손질을 거쳐 미세하게 박리작업을 가하면 그 과정은 날의 각도를 꾸준히 증가시키는 공정에 불과하며, 어느 순간에 도달하면 더 이상 날을 형성하기가 불가능해진다(Kuhn 1990, 1991). 이론상 새로운 날 형성이 불가능해지는 때는 타격외각이 더 이상의 박리작업을 허용하지 않는 90°에 도달하는 시점이다.

가공/다듬기 작업은 단면가공과 양면가공으로 구분할 수 있다그림 5.34. 양면가공이 단면가공에 비해 가지는 이점은 단일한 날에 더 많은 박리작업을 구사할 수 있다는 것이다그림 5.34의 2. 더 많은 횟수의 박리작업이 가능하기 때문에 날 각도는 상대적으로 미세한 격차로 증가한다. 석재를 절약해야 하는 상황이거나 의도한 디자인을 구현하기 위해 추가로 가공해야 할 경우(Odell 1981, 1996), 양면가공은 선택적으로 구사된다. 따라서 양면가공이 전면적으로 이루어진 주먹도끼는 기능적인 목적보다는 디자인에 주력하는 양식적인 기술 선택의 결과로 볼 수도 있다.

날카로운 자연날을 최초로 사용하다가 재활용 과정을 거치면서 추가로 날을 세우는 공정이 필수적이지는 않다. 석재가 풍부하게 공급되면 단면가공과 양면가공을 전혀 거치지 않은 상태에서 즉각 폐기한 뒤, 원래 상태의 날카로운 자연날을 가진 새로운 석기로 얼마든지 대체할 수 있다. 그러나 당시의 일상에서 고인류에게 요구되는 작업이 반드시 자르는 작업만은 아니었을 것이다. 대상물의 종류에 따라 때로는 긁거나 문지르는 작업이 필요했고, 이따금 찍는 작업의 수요도 발생했을 것이다. 성형과 다듬기 작업을 거치는 도구석기 제작은 이렇게 자르는 작업에 특화된 자연날로는 불가능한 여러 작업을 수행하기 위해 필요한 공정이다. 그 과정에서 잔손질 작업을 통해 날의 각도를 다양하게 함으로써 도구의 기종 변이를 이끌어 냈을 것이다(Adams and Adams 1991: 182).

3) 임진-한탄강 유역에서 비가공 석기의 위상

임진-한탄강 유역같이 적절한 재질의 석영계 석재가 무한히 공급되는 상황에서 석기를 만들고 활용하는 것은 그다지 어렵지 않다. 그리고 심각한 고민거리나 정교한 전략이 필수적이지도 않았을 것이다. 그렇기 때문에 주어진 작업을 수행하는 데 적합한 날을 가진 석기의 수요가 발생하면 예리한 자연날을 손쉽게 마련하거나 기존의 자연날을 긁는 날, 문지르는 날 또는 찍는 날로 재가공하며 박편을 생산해 갔을 것이다. 그리고 여기서 만들어진 박편을 원석으로 삼아 새로운 도구를 제작했을 것이다.

전혀 가공되지 않은 자연날을 가진 박편을 활용하는 것은 원활하게 자르는 작업을 위한 선결 요건으로 볼 수 있다. 물론 45° 이상의 문지르는 날로 어떻게든 자르는 작업을 할 수도 있다. 그러나 다듬거나 가공하지 않은 날을 사용하면 자르는 작업을 충분히 수행할 수 있는데 굳이 가공/다듬기 작업을 통해 무뎌진 날로 대체하는 비효율을 감수하지는 않을 것이다. 결국 자연날을 가지는 박편을 사용편으로 사용한 정황은 바로 가장 날카로운 날을 [그림 5.33]의 X축 방향으로 움직이는 수세가 보편적으로 반복되었음을 의미한다. 그리고 가공/다듬기 작업을 통해 다소 무딘 날을 가진 도구석기를 일부러 만든 정황은 바로 자르는 날로는 원활하게 수행하기 힘든 여타의 작업과 수세가 뚜렷하게 존재했음을 의미한다.

임진-한탄강 유역의 석영계 석기는 아주 오랜 기간 사용한 석기가 아니라면 사용흔이 뚜렷하게 남지 않는다(김경진 2010). 특히 자르는 작업같이 날과 나란한 방향으로 수세가 이루어지면 이빠짐이나 날이 마모되는 현상을 관찰하기 어려우며, 석기의 사용흔이 석영 및 규암에 뚜렷하게 남는 경우는 극히 드물다(Akoshima et al. 2020). 대부분의 구석기는 특정 대상물의 가공에 한해 사용되기보다는 마치 만능 도구처럼 여러 가지 작업에 두루 사용되었다. 그러한 경향은 후기구석기 단계까지도 지속되었다(Akoshima et al. 2020). 그렇기 때문에 이 지역 석기가 동물성뼈, 뿔, 가죽 및 살점, 식물성목질, 엽록소의 잎새, 외피 및 광물성토양, 바위 및 얼음 등으로 범주화된 일군의 대상물에 전문적이고 차별적으로 활용되었다는 기본 전제는(김경진 2018, 2019, 2020) 재고가 필요하다. 다듬은 도구석기건 다듬지 않은 사용편이건 분석해 보면 동식물자원을 가공하는 데 사용되었다는 낮은 해상도의 정보밖에 얻지 못한다. 그나마도 여러 가지 대상물에 혼용되었다는 지극히 일반적 수준의 결론만 도출될 뿐이다. 실제로 자르고 긁고 문지르고 찍는 작업은 일상에서 동식물자원에 구분 없이 사용되며, 이는 지금까지도 적용되는 만고불변의 당연지사다.

임진-한탄강 유역과 비슷한 시기의 구석기 공작이지만 뚜렷하게 구분되는 기술적 특징을 보여 주는 한반도 다른 지역의 고고자료 사례로는 남한강 중상류역을 들 수 있다(유용욱 2021; 이정철 2012a). 이 지역에서는 주먹도끼나 가로날도끼 같은 대형절삭도구는 거의 눈에 띄지 않으며 여주 연양리나 양평 도곡리의 사례같이 집중 가공된 다각구나 공이 및 찍개류가 발견된다. 따라서 전형적으로 Mode 1의 특징을 보이는 고졸한 형태의 석기군이 넓은 지역에 분포한다(이정철 2012a). 남한강 유역의 사례와 비교할 때, 임진-한탄강 유역의 석기군이 가지는 가장 큰 특징은 바로 도구석기의 변이폭이 상대적으로 넓다는 것과, 자르는 날 및 긁는 날같이 날카로운 날을 가진 도구가 빈번하게 등장한다는 것이다.

남한강 유역에서는 임진-한탄강 유역과 달리 자르거나 긁는 작업이 이루어지지 않았을 것이라는 추정은 의미가 없다. 남한강 유역에서는 주먹도끼처럼 타격면과 석핵의 형태를 예비적으로 다듬으며 여러 가지 공을 들여야 하는sedulous 석기를 따로 제작할 동기가 그다지 높지 않았던 것으로 간주된 바 있다(유용욱 2021). 그 근거로는 석기에 대한 의존도가 낮았던 생활방식, 즉 석기 대신 충분히 활용할 수 있는 대체재substitutional items가 분명히 존재했을 가능성을 들 수 있다. 구석기시대에 남한강 유역에서는 대체재가 석기보다 핵심적인 위치를 차지했을 것이며, 석기는 단지 대체재를 가공하고 다듬는 데 필요한 보완재complementary items로만 작용했을 것으로 보인다. 이러한 대체재 혹은 핵심재principal items는 유물로 남기 힘든 유기물이었을 가능성이 높다. 따라서 남한강 유역에서 석기는 유기물목재 등의 식물자원로 만들어진 도구를 제작하는 데 필요한 일종의 원천 도구 혹은 메타 도구meta tool로 볼 수 있을 것이다.

그러나 임진-한탄강 유역에서는 남한강 유역과 달리 유기물보다는 석기 자체를 핵심재로 사용했으며, 석기를 대체하거나 보완하는 여타의 자원은 존재하지 않았던 것으로 보인다. 즉 이 지역에서 석기는 대체나 보완의 개념이 아닌 필수적인 도구였을 것이다(Shea 2017). 전술한 대로 도구석기의 변이폭이 크고 형식의 가짓수가 남한강 유역에 비해 월등하게 많다는 것이 그 근거다. 다양한 작업 수행이 가능한 폭넓은 도구석기의 레퍼토리는 석기가 보완재로 작용하며 부수적인 위상 및 구색을 지녔다는 가정과 맞지 않는다. 오히려 이 지역에서는 다양한 목적에 사용되기 위한 여러 기종이 꾸준히 제작되며 구체적인 형식으로 엄연히 자리 잡고 있었고, 그러한 석기 형식의 발생을 이끄는 중요 요인으로서 자연날을 가진 박편을 꾸준히 사용 및 재활용하며 연속적으로 가공/다듬기 작업을 구사하는 일상이 반복된 점을 들 수 있다. 따라서 임진-한탄강 유역의 석기는 그 자체로 효용과 기술적 의미를 가지는 핵심 도구 혹은 중점 도구instrumental tool로 자리매김했을 것이다.

3. 석기의 크기를 선택하는 과정으로서의 삭감과정

1) 기술조직 내에서 채택되는 석기의 크기

날의 각도가 석기의 기종, 즉 석기가 활용되는 기능적 측면을 부각하는 속성이라면, 석기의 전반적 크기는 주어진 기능을 구현하고 발휘하는 제작 및 사용의 주체인 고인류의 선택을 반영하는 속성이다. 석기의 크기를 결정하는 요인으로는 1) 최초의 원석이 사용을 거쳐 삭감되는 방식, 2) 중간 단계에서 제작자가 취한 선택(Dibble 1995; Kuhn 1995), 3) 제작 초기 단계에서 미리 만들어지는 석기의 크기와 모양에 대한 사전적 디자인을 들 수 있다. 암석의 물리적 성질에 대한 체계적 지식이 없었던 고인류가 석기를 제작할 때 가장 우선적으로 고려한 조건은 자연 상태의 암석을 직접 손으로 다룰 수manipulation 있도록 만드는 것이다.

석기의 제작이 개시되면 제작자인 고인류들은 석재의 운반 비용을 줄이기 위해 크기를 우선 축소했을 것이다. 제작에 소요되는 비용으로서의 시간과(Kuhn 1994; Shott 1986; Torrence 1989b) 석핵의 생산성하나의 개체에서 얻을 수 있는 박편의 총량이 석재의 크기로부터 동시에 영향을 받기 때문에 큰 석재만 무조건 선호하지는 않았을 것이다(Jelinek 1994; Jeske 1989; Kuhn 2005). 따라서 석기를 제작할 때 우선적으로 고려되는 초벌성형은 바로 휴대 및 추가 가공이 원활하도록 규모를 축소downsizing하는 공정이다.

제작자와 사용자의 의도를 모두 충족시키는 최종 산물로서의 석기의 크기는 네 가지 여건을 고려해 결정된다. 우선, 석기를 휴대, 운반, 제작 및 사용하는 고인류 개개인의 신체적 역량이다. 당연한 얘기지만 석기를 활용하는 개인의 특징은 각기 다르기 때문에 고인류의 체격 및 근력은 최종 산물인 석기의 크기 변이를 제한한다(유용욱 1997, 2013a, 2016). 두 번째로, 모암이 분포하는 특정 지질·지형의 맥락이다. 예를 들면 강변이나 해변의 소형 자갈돌로 석기를 만들면 양극편이 자주 제작된다(Jeske and Lurie 1993; Kobayashi 1975; Kuhn 1995; Shott 1989a). 원마도 높은 자갈의 둥근 표면에서 타격면을 확보하기가 쉽지 않아 결국 둘로 쪼개는pebble-splitting 공정만으로 날을 만들기 때문이다. 세 번째로, 제작자가 구사하는 타격 방식 및 타격면 예비 조정에 따라 달라지는 삭감과정의 집중도reduction intensity다(Torrence 1989b: 61). 르발루아 기법처럼 독특한 기술적 속성을 보유하는 박편을 연속적으로 획득하는 작업에는 구심석핵을 만들어 내고 특정 타격면을 충분히 조정해서 첨두형의 얄팍한 르발루아 박편을 연속적으로 박리하는 예비 조정 과정이 결부된다(Boëda 1995; Boëda et al. 1990). 이렇게 복잡한 공정이 결부되려면 석핵 및 박편은 당연히 한 손으로 확실하게 고정시킬 수 있는 크기가 선호된다. 마지막으로, 각 지역 내 제작자들의 관념에 자리 잡은 정신적 범형範型, template이나 '부과된 형태imposed form'를 들 수 있다(Bisson 2001; Chase 1991; Mellars 1989). 이러한 범형은 크기만 아니라 석기의 외형이나 날 부분의 가공까지도 포함한다. 대표적인 예로 프랑스 무스테리안의 다섯 가지 석기군의 변이는 각기 다른 네안데르탈 부족들이 고유하게 보유하던 범형이 표현된 '문화culture'라는 주장이 있다(유용욱 2011; Bordes and de Sonneville-Bordes 1970).

상기한 네 가지 여건을 염두에 두면, 석기의 삭감과정에서 석기의 최종 크기가 외부의 우연적인 제한constraint에 의해 규정되는지, 아니면 기술조직의 고유한 기술적 기준technological norm에 따라 부여되는지 판단할 수 있다(Barton 1991b; Nelson 1991). 임진-한탄강 유역의 구석기 기술조직은 시공간상에서 획일적이고 폭넓은 수준으로 공유되었다고 보기 어렵다. 그 이유는, 기술이라는 것이 조직적으로 운용되고 전승 및 확산되려면 일정 수준의 인구 집단 규모가 지역 내에서 유지되는 동시에 인구 유입 및 유출이 적절하게 균형을 이룬 상태가 가장 이상적이기 때문이다(Lemonnier 1986; Lycett and Bae 2010; Nelson 1991). 임진-한탄강 유역에는 다수의 구석기 유적이 분포하지만 유적들의 양적 규모가 정교한 기술조직을 충분히 영위할 수 있는 일정 규모 이상의 인구 집단을 반드시 시사하지는 않는다. 그렇기 때문에 석기의 크기 선택은 개인적인 수준에서 이루어졌을 가능성이 높다(Dobres and Hoffman 1994; Gamble and Porr 2005; Gravina 2004; Hopkinson and White 2005; Hosfield 2005; Morris 2004).

2) 융통성과 변통의 특성을 가지는 기술조직

석기의 크기를 결정하는 과정은 전술한 네 가지 여건을 반영하지만 실제 도구를 결정된 크기로 구현하는 작업은 초벌성형과 가공/다듬기 작업을 통해 이루어진다. 임진-한탄강 유역의 노두에서 발견되는 모암들은 대부분 20cm 이상의 거력巨礫인 경우가 많기 때문에 원하는 크기의 도구석기를 제작하기 위해서는 몇 단계의 작업을 거쳐야 한다. 일단 석기 제작의 기법에 따라 소형과 대형도구로 구분할 수 있다. 만약 최초로 확보한 모암의 크기가 크면 거친 타격을 가해서 파쇄하고 크기를 줄일 것이다. 그 과정에서 석괴나 박편 및 다양한 각편과 부스러기가 발생한다. 전술한 모루떼기 기법을 구사하면 부산물로 박편보다는 거대한 석괴나 각편이 주로 발생한다. 일반적으로 타격면 조정을 거치지 않은 직접 타격은 대부분 모서리를 죽이거나 둔각의 표면을 다듬는 수준에서 끝나기 마련이다(안성민·조남빈 2021). 따라서 날카로운 자연날을 그대로 사용하지 않고 소형도구 제작용 원석으로 박편을 생산하는 작업은 생각만큼 그렇게 수월하거나 아무런 전략 없이 방만하게expedient 이루어지지는 않았을 것이다.

커다란 석재의 크기를 일차적으로 줄인 다음에는 추가 타격이나 잔손질을 통해 본격적으로 작업 부위 혹은 목적에 맞는 날을 만들어 나간다. 대형도구는 소형도구와 달리 더욱 구체적으로 가공이 이루어진다그림 5.35. 대형도구는 대부분 손바닥 안에 움켜잡고 수세를 행사하므로 이에 적합한 형태를 만들어야 하기 때문이다. 소형도구는 뚜렷한 성형 작업 없이 곧바로 다듬기를 통해 작업 부위를 만들어 낼 수 있다. 그 이유는 대형도구에 비해 손과 밀착하는 부위가 상대적으로 적기 때문이다. 소형도구의 원석은 대부분 박편이므로 자연날을 보유하고 있다. 따라서 이 자연날을 그대로 사용하기 위해 파지 부위만 따로 가공하기도 한다. 그러나 찌르개나 뚫개 및 톱니날 같은 형식들은 작업부위를 구현하기 위해 정교한 잔손질 가공이 필요하다. 무스테리안 찌르개Mousterian Point와 르발루아 찌르개Levalloisian Point를 비교할 때(Bordes 1961; Débenath and Dibble 1994), 두 형식 모두 현저하게 발달한 첨두부를 가지고 있지만 전자가 집중적인 잔손질 작업을 거치는 반면 후자는 몇 차례 능숙한 사전 박리작업과 타격면 조정만 이루어지면 짧은 시간에 여러 개를 만들 수 있다(Bisson 2001; Bordes 1969; Kuhn 1995; Rolland and Dibble 1990). 그런 의미에서 르발루아 기법 및 후기구석기 단계에 보편화되

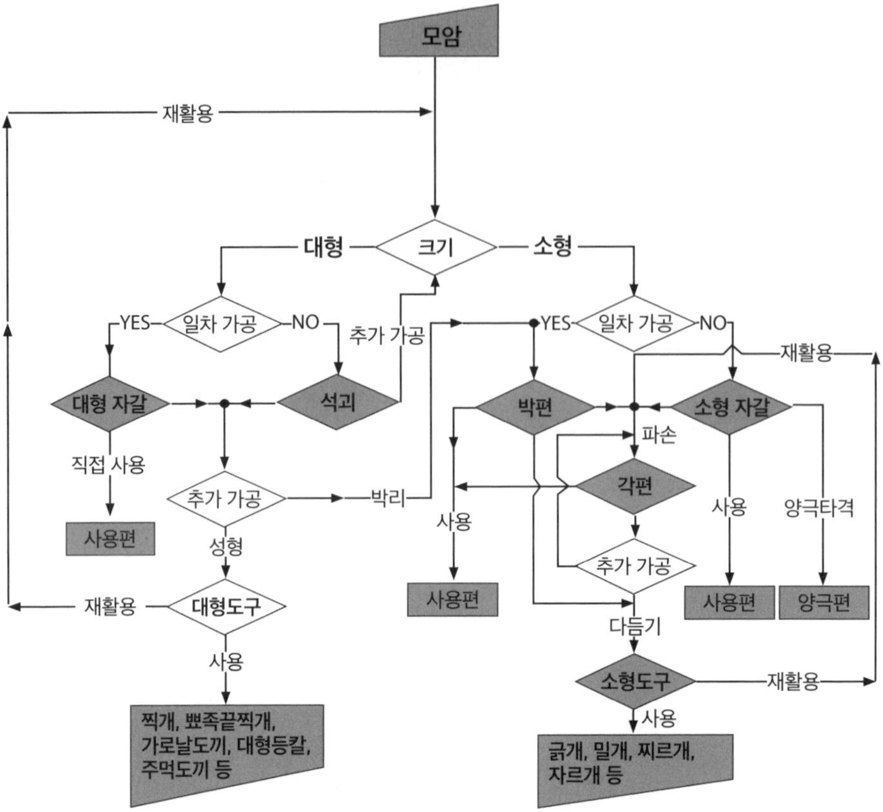

[그림 5.35] 임진-한탄강 유역 구석기 제작 기술조직의 흐름도와 크기 결정 절차

회색 부분은 실제 유적에서 발견되는 고고자료들임.

는 프리즘식 돌날prismatic blade 제작 기법은 쓸 만한 날 부위와 확실한 첨두부를 가진 원석을 대량 생산할 수 있는 기술적 진척이라고 볼 수 있다. 이런 기술적 진척의 조건은 바로 양질의 석재를 확보하는 것과 더불어 제작자의 숙련도 및 제작 기법을 습득하고 전파할 수 있는 지능과 소통 능력일 것이다(Clark and Lindly 1989; G. A. Clark 1992; Hovers and Belfer-Cohen 2005; J. D. Clark 1992; Jelinek 1994; Keats 1997).

임진-한탄강 유역의 기술조직이 아직까지 이 정도의 기술적 진척 수준에 도달하지 못한 것은 분명하다. 전술한 대로 양질의 석재는 아니지만 자연날이 잘 형성되고 첨두부나 톱니날 및 홈날 같은 특수 작업 부위를 만들어 내는 데 큰 어려움이 없는 조질석재인 석영, 규암 등이 집중 활용되었다. 초벌성형과 가공/다듬기 작업은 구체적으로 이루어진 흔적이 뚜렷하지만 세공/꾸미기 작업은 일부 주먹도끼를 제외하고는 거의 나타나지 않는다. 그러나 후기구석기 공작에서 보편적으로 나타나는 밀개, 새기개 및 등칼 같은 석기가 등장하기도 하며, 얄팍하면서도 예리한 날을 가진 미가공 박편 일부에서 사용흔이 드러나기도 한다. 따라서 임진-한탄강 고인류가 보유한 기술조직에서 가장 우선시된 것은 바로 조질석재가 주는 제약을 굳이 극복하려 하지 않고 날카로운 자연날을 그대로 활용하며, 필요하면 적절한 수준의 가공을 통해 자연날 이외의 다소 무딘 날이나 기타 작업부위를 구현해 내는 것이었음을 알 수 있다.

이런 기술조직의 가장 큰 특징은 바로 고인류가 대상물에 가지는 융통성融通性, fluidity이며(Langbroek 2012; Turq et al. 2013), 엄밀하게 정해진 정격성定格性, rigidity은 뚜렷하게 존재하지 않았던 것으로 보인다. 후기갱신세 말기에 기후 및 환경상이 본격적으로 열악해지기 전까지 임진-한탄강 유역의 생활상에서는 뚜렷한 생계전략이 필요 없을 정도로 긴축과 계획의 필요성이 높지 않았을 것이다. 그 배경에는 제2부에서 살펴본 바와 같이 대륙빙하의 파급 흔적이 없다는 점과 MIS 4기 이전까지 지속된 상대적으로 온난한 기후 등이 가장 크게 작용했을 것이다. 따라서 치밀한 '계획planning'과 '조달provisioning'의 체제보다는 '변통變通, improvising'과 '감당勘當, handling'의 수준에서 일상이 흘러가도 생존에 큰 지장은 없었을 것이다. 이런 상황에서 석기 제작의 기술조직은 어떤 경우이든지 간에 느슨하고 유연하게 대처하는 융통성이 우선시될 수밖에 없다. 그리고 이는 당시 임진-한탄강 유역의 고인류가 겪었던 생계 체제를 잘 반영하는 것으로 볼 수 있다.

융통성이라는 특성을 가진 석기 제작 기술조직에서 최선의 의도는 잔손질을 심각하게 구사하지 않고도 견고한 작업날을 확보하는 것이다. 또한 손으로 붙잡고 사용할 수 있고 차후 추가 가공이 가능한 적당한 크기, 쉽게 손상되지 않는 적절한 내구성이 갖춰진 후에는 좀처럼 심각한 수준의 기술과시를 보이거나 기능적인 면모와는 무관한 과도기술을 행하지 않는다. 따라서 임진-한탄강 유역의 석기군에서 치밀하게 가공된 도구 및 정교하게 마감공정까지 거친 구석기는 거의 발견되지 않는다. 그러나 어느 시점에는 기존의 융통성만으로는 감당하기 힘든 생계 체제의 긴박한 상황이 도래할 수 있다. 이럴 경우 보편적 수준의 융통성에 기반한 기술조직은 전면 개편을 거칠 수밖에 없다. 단적인 예로, 석영계 석재 같은 조질석재로는 더 이상 신속하게 대처하기 힘들 정도로 환경상이 열악해지거나, 기온의 하강 및 식물자원의 수급이 급감해 고인류의 생계에 압박이 가해지면 비교적 정질의 석재를 집중 활용하며 절약하는 석재 소모 전략을 이끌어 낼 수 있다(Collier 1989; Jeske 1989; Kuhn 1991). 따라서 융통성 위주의 생계 체제를 포기하면 급진적이고 심각한 수준으로 석기 제작의 정격성이 갖추어진다. 그리고 응회암, 흑요석 등의 정질석재를 집중 활용하는 기술조직으로의 전환이 이루어진다(김형준 2022). 이렇게 후기구석기 단계에 본격적으로 이루어지는 기술조직의 급변화에 대해서는 제6부에서 살펴보겠다.

4. 늦은 시기에 발생한 임진-한탄강 유역 주먹도끼의 수수께끼

1) 임진-한탄강 유역 주먹도끼의 기술적 특징

융통성이라는 특징하에 제작되는 수많은 도구 형식들은 형태의 정격성이 부족하고, 즉각 활용 가능한 날을 확보하는 데 가장 큰 목표가 있다. [그림 5.35]에서 회색조의 항목들은 실제 유적에서 발견되는 석기들이다. 이 중에서 많은 항목이 전혀 가공되지 않은 자갈과 석괴에 해당하며, 제작 중간에 폐기된 중간품도 포함된다. 융통성과 비정격성을 특징으로 하는 임진-한탄강 유역의 구석기 기술조직에서 예외적인 석기 형식은 바로 주먹도끼다. 실제로 주먹도끼는 다른 석기와 비교할 때 독특한 수준으로 양면날과 첨두부를 겸비하고 있으며 좌우 대칭이라는 독특한 양식적 요소를 갖추고 있기도 하다(유용욱 1997; 유용욱·김동완 2010).

임진-한탄강 유역의 구석기 유적은 대부분 후기갱신세에 해당한다는 사실을 제4부에서 확인한 바 있다. 그중에서 주먹도끼는 MIS 4기에 등장해서 MIS 2기 정도에 소멸함을 밝혔다. 이렇게 동아시아에서 고유하게 발견되는 늦은 시기의 주먹도끼는 아슐리안과 동일한 기술적 산물이라 믿는 이들도 있고(배기동 1994, 2000b, 2019), 아프리카 및 유럽의 아슐리안 공작과 같은 계통의 제작기술을 가졌다는 주장도 있지만(정영화 2002; 최무장 1991, 1994), 반대로 진정한 아슐리안형 주먹도끼와는 형태 및 제작 기법에서 적잖은 차이를 보인다는 주장도 있다(이선복 1989; 유용욱 1997, 2016; Norton et al. 2006; Petraglia and Shipton 2008; Yoo 2008). 임진-한탄강 유역의 주먹도끼는 그 독특한 형태와 제작에 소요된 비용 및 시간을 고려할 때, 단순한 양면가공 구심석핵과는 분명하게 구별되는 특징을 가진다(Davidson and Noble 1993). 좌우에 양면날을 보유하고 끝부분의 중심부에 현저한 첨두부를 보유하는 기본 속성은 주먹도끼가 기능적인 면에서 높은 효용을 가지고, 양식적으로도 높은 현시성顯示性을 가짐을 시사한다. 이는 여타의 석기와 구별되는 별도의 제작 체계를 가지기 때문이다(Nelson 1991: 70; Shott 1986: 19). 따라서 높은 기능적 효용성, 양식적 현시성과 기술적 성취도를 고려할 때 주먹도끼는 액면상으로 드러나는 도구로서의 기능 그 이상의 역할을 했을 것이다(Davidson and Noble 1993; Iovita and McPherron 2011; McPherron 2003; Wynn 1995, 2002).

임진-한탄강 유역의 주먹도끼는 크게 세 가지 기술적 특징을 지닌다(유용욱 1997, 2016). 첫 번째로, 뚜렷하게 공유되고 반복되는 제작 기법이 없다. 주먹도끼는 대부분 대형 자갈을 원석으로 사용하는데, 몇 개의 박리흔이 있을 뿐 외곽을 전면 성형한 흔적은 눈에 띄지 않는다. 주먹도끼라고 부르기 힘든 수준의 거친 가공이 이루어진 경우도 많다. 박리작업이 계획적이지 않다는 것은 작업연쇄 중간 단계에서 즉흥적인 판단과 동작이 개입했음을 말해 준다. 여기서 즉흥적인 작업 태도란 전술한 융통성에 근거한 변통 및 상황 판단에 따른 즉각적인 대처를 의미한다. 이는 무계획성과 작업공정의 무지에서 비롯하는 방만한expedient(이선복 1989: 230) 대처와는 엄연히 다르다. 융통성에 기반한 기술은 학습이나 지도편달같이 복수 인력의 상호작용을 거쳐서 전수될 수도 있으며 작업자 개인의 수준에서 스스로 경험적 지식의 축적에 의해 능동적으로 구사될 수도 있다(Dobres 2000; Gravina 2004). 또는 유전적 전승에 기반한 선천적인 대처능력으로 간주할 수도 있다(Corbey et al. 2016). 그렇기 때문에 작업의 종류와 취사선택 과정을 통해 확보curation되는(이선복 1989: 229) 재료 및 동작의 수준은 개인별로 다양하며(Machin 2009), 이러한 기술이 고착화되어 모종의 관습화 수준까지 도달하고 기법technic으로 정착하기는 쉽지 않다.

두 번째로, 주먹도끼의 최종 형태는 원석의 형태에 심각하게 좌우된다. 다른 대형도구와 마찬가지로 임진-한탄강 유역 주먹도끼의 박리작업은 원석의 형태를 전면 변형할 정도로 철저하게 이루어지지 않았고, 타격 이전의 원상이 최종 형태까지 상당 부분 잔존한다. 이 지역 주먹도끼는 대부분 편평하며 가장자리가 둥글게 원마圓磨된 강자갈을 원석으로 사용했다. 둥근 자갈돌을 박리할 때 제작자에게 부과되는 제한은 연속적으로 적당한 타격면과 타격외각이 형성되는지의 여부다. 주먹도끼 제작을 위한 박리작업에서 가장 난감한 경우는 타격면의 형태가 볼록하거나 타격외각이 90°가 넘는 경우다. 이렇게 연속적인 박리작업에 불리한 자갈돌을 대형박편보다(박종현 2011) 빈번하게 원석으로 활용한 이유는 바로 높은 접근성, 즉 주변에서 쉽게 구할 수 있었기 때문일 것이다. 물론 구석뜯어내기 기법같이(유용욱 1997) 효율적으로 삼각형의 첨두부를 가지는 박편을 얻어 내는 방법도 존재하기는 하지만, 이 기법은 박리작업을 쉽게 만들어 주는 적절한 타격면과 타격외각 그리고 모암에 일정한 방향의 능선이 존재한다는 것을 전제로 한다. 따라서 힘들게 원석용 박편을 획득하기보다는 둥근 자갈돌의 가장자리를 집중 박리해서 측면날을 형성하는 방식으로 주먹도끼를 제작하는 것이 더 보편적이었을 것이다.

실제로 유적에서 발견된 주먹도끼를 보면 대부분 등면과 배면 양쪽에서 공통적으로 자갈 원석의 흔적인 자연면이 잘 드러난다. 자갈돌로 주먹도끼를 만드는 가장 효율적인 방법 중 하나는 이전에 만들어진 박리흔의 표면을 차후 박리작업의 타격면으로 삼는 것이다. 둥근 자갈돌은 전면이 볼록하고 단단하게 풍화된 자연면이 전체 표면에 분포하므로 연속 박리가 쉽지 않다. 따라서 시초 타격으로 박편을 한 점 이탈시키면 타격외각이 90° 미만인 부분이 자연스럽게 형성되고, 이를 다음 박리작업의 기준 타격면으로 삼을 수 있다. 이렇게 연쇄적으로 박리작업을 해나가며 자갈돌의 가장자리periphery를 양면가공하면 최종 박리흔은 자연스럽게 교호交互되며 지그재그 모양의 측면날을 갖춘다그림 5.36. 따라서 주먹도끼의 등면과 배면에 넓게 분포하는 자연면과 불규칙한 측면날은 둥근 자갈돌을 가공하면서 필연적으로 만들어지는 주요 속성으로 볼 수 있다. 이것이 바로 원석에 의해 심각한 제한을 받는 임진-한탄강 유역 주먹도끼의 주요한 디자인 요소다.

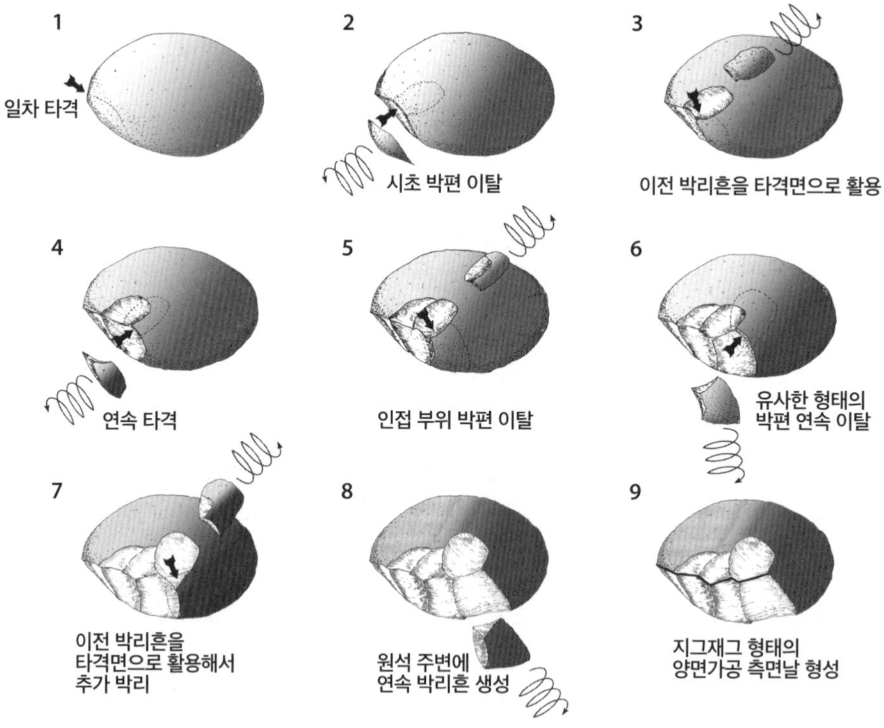

[그림 5.36] 자갈돌을 양면가공하는 주먹도끼 제작의 모식도(유용욱 2016: 23)

세 번째로, 석재에 따라 선택적으로 도구를 제작함에 있어 주먹도끼는 조질석재 중에서도 비교적 괜찮은 질과 강도를 가지는 석재로 제작되었다. 주먹도끼, 대형등칼 및 가로날도끼 같은 대형절삭도구는 대부분 규암으로 만들어졌다. 성형 및 날카로운 자연날을 만들어 내는 데 상대적으로 균질한 암질의 변성암인 규암이 유리하기 때문이다. 규암을 석영과 비교할 때 입자는 다소 거칠고 크지만 입자들 사이의 응집력이 높은 것을 쉽게 발견할 수 있다. 따라서 박리흔이 석재 내부에 침투하는 수준이 석영보다 높으며, 쉽게 부스러지거나 마모되지 않기 때문에 첨두부를 가지는 주먹도끼의 제작에 용이하다(이정은 2011). 실제로 박리흔이 주먹도끼의 중앙부까지 깊숙이 파급해서 자연면의 면적이 현저하게 줄어든 주먹도끼는 기능적인 목적 이상의 기술과시나 과도기술이 발휘된 결과물로도 볼 수 있을 것이다.

2) 주먹도끼의 분류와 도구 이외의 용도에 대한 시론

임진-한탄강 유역의 주먹도끼는 평면 형태에 따라 크게 세 가지 아형식으로 구분할 수 있다그림 5.37. 1) 타원형 주먹도끼는 거의 예외 없이 둥근 자갈돌로 만들어진다. 가공이 진행될수록 날의 각도가 증가하는 박리작업의 본질로 인해, 주연부의 날 각도는 자르는 날보다는 오히려 찍는 날에 가까운 수준이다. 그렇기 때문에 타원형 주먹도끼는 대형절삭도구가 아닌 소진된 석핵이나 양면찍개로 볼 수도 있는 형식분류상의 애매함이 존재한다.

2) 첨두형 주먹도끼는 주먹도끼 중 가장 전형적인 사례로 볼 수 있다. 뾰족끝찍개와 평면도의 실루엣은 일치하지만 확실하게 양면가공을 통해 만들어진 한 쌍의 측면날이 끝부분에서 수렴하며 날카로운 첨두부를 형성한다. 아마도 전체 석기군에서 가장 집약적인 기능을 보유한 만능 도구로 활용되었을 가능성이 높다. 손으로 붙잡는 기저부基底部, basal part까지 좌우 대칭을 유지하며 양면가공하는 박리작업이 정교하게 행사되어 있는 것은 기술과시의 결과물로 볼 수도 있다. 타원형 주먹도끼와 비교할 때 측면날이 날카로운 경우가 대부분이기 때문에, 첨두형 주먹도끼가 반복적으로 활용되고 재가공되면서 자연스럽게 타원형 주먹도끼로 변환되었을 가능성도 배제할 수는 없다(McPherron 1999, 2006).

3) 어깨 달린有肩形, shouldered 주먹도끼는 타원형, 첨두형과는 달리 측면날의 평면 형태가 오목하게 만입하는 형태이다. 유럽에서는 주로 미코키안 공작의 사례로 나타나지만 임진-한탄강 유역에서는 의도적으로 제작했다기보다는 타격의 불균형으로 인

1. 타원형 주먹도끼 2. 첨두형 주먹도끼 3. 어깨 달린 주먹도끼

[그림 5.37] 평면 형태에 따른 임진-한탄강 유역 주먹도끼의 세 가지 아형식(저자 실측)

1: 전곡리 중2-5호선 지점 출토품, 2: LH 토지주택박물관 소장 연천 호로고루 지표 수습품, 3: 전곡선사박물관 소장 포천 오가리 지표 수습품

해 거대한 박리흔이 첨두부 주변에 남겨지면서 자연스럽게 어깨의 형태가 만들어진다그림 4.40의 3, 그림 4.43의 1. 어깨 달린 형태는 박편보다는 자갈을 원석으로 삼아 제작된다. 부분적으로 가공되는 경우가 많기 때문에 다른 아형식들과 비교할 때 비대칭인 경우가 대부분이다. 따라서 초심자가 제작했거나 제작 도중 폐기된 형태로 볼 수도 있다.

주먹도끼는 다른 대형도구들이 개별적으로 가지는 다양한 기능을 압축해서 한 개체에 구현한 만능 도구로 볼 수 있다. 하지만 주먹도끼에 도구적 측면 이상의 상징적인 의미를 부여하는 견해가 제시되기도 했다(Byers 1999; Chase 1991; Crompton and Gowlett 1993; Hopkinson and White 2005; Kohn and Mithen 1999; Wynn 1995). 이런 견해가 등장한 이유는 바로 전체 석기군의 여타 도구 형식들과 비교할 때 공을 들인 흔적이 뚜렷하고 필요 이상의 기술 발휘가 이루어진 사례가 많기 때문이다. 예를 들면 표면을 둘러싼 원석의 자연면을 남김없이 제거하거나 단면이 렌즈꼴에 가깝도록 삭박작업이 이루어진 점, 뚜렷한 좌우 대칭을 구현하기 위해 과도하게 박리한 점, 손에 잡는 부위인 밑부분까지 가공이 되어 있는 점 등이 기술 발휘의 근거가 될 수 있다. 이렇게 과도하게 가공한 흔적으로 볼 때, 주먹도끼는 도구 이상의 초월적 의미가 있으며 고인류의 인지 능력 진화를 시사하는 물질 자료로 볼 수도 있다.

하지만 이 지역의 주먹도끼가 도구적 측면 이외의 상징적인 면모를 확실히 함의하는지는 현재의 자료 수준에서 논하기 힘들다(Nowell et al. 2003; Otte 2003). 주먹도끼 같이 정격적인 형태를 가진 석기가 임진-한탄강 유역에서 반복적으로 제작되었다는 사실은 원시적 형태의 의사소통 체계가 존재했을 가능성을 강력하게 시사한다(Byers 1999; Gamble 1998, 1999). 그리고 모방과 학습이라는 전승을 통해 지역 내 고인류 집단

간에 주먹도끼 제작 정보가 오갔을 수도 있다. 그러나 만약 임진-한탄강 유역의 주먹도끼가 고인류 개개인의 의사 표현과 전달 과정을 모듈화modulation하는(유용욱 2016) 과정에서 제작 및 사용된 매체였다면 주먹도끼의 형태에는 소위 '양식적 변이stylistic variation'라는 물질적 표현이 담겨 있어야만 한다(Binford 1989; Close 1979; Sackett 1977, 1982; Wiessner 1983; Wobst 1977). 그리고 주어진 집단혹은 사회 내에서 구성원 개개인이 영향을 받고, 그들의 행위에 작동하는 구조structure와 작주성agency의 길항관계가 주먹도끼의 제작 기법 및 삭감과정에서 일관되게 드러나야 한다(유용욱 2013a; Dobres 2000; Hopkinson and White 2005).

그러나 전술한 대로 임진-한탄강 유역의 기술조직은 융통성과 임시방편적인 대응을 가장 큰 특징으로 한다. 이런 상황에서는 가시적인 일관성을 기대하기 어렵다. 전술한 세 가지의 주먹도끼 아형식은 어떤 메시지가 담겨 있는 결과이기보다는 제작 과정상에서 물질적원석의 형태, 석재의 질적 수준 등·기술적경질타격법과 모루떼기 등의 초보적 타격법 제한constraint을 극복하거나 그것들에 굴복함에 따라 등장한 비의도적·우연적 결과에 가깝다제6부 참조. 따라서 주먹도끼의 기능을 논하는 데 있어 실제 도구로서의 역할 이외의 상징적 측면은 현 단계에서는 논외로 하겠다.

3) 동물자원 활용의 개시와 만능 도구로서의 주먹도끼

임진-한탄강 유역 주먹도끼의 기능에서 상징적인 측면은 더욱 충실한 자료가 확충되기 전까지 당분간 배제하기로 한다면, 순수하게 도구라는 측면에서 주먹도끼의 역할을 논할 필요가 있다. 주먹도끼는 기능적으로 뾰족끝찍개, 대형긁개와 찍개의 속성이 결합한 형태다(유용욱 1997). 이렇게 일목요연한 형태와 기능적 집약성을 갖춘 석기는 다양한 작업에 활용된 것이 확실하다. 그중에서도 식물자원의 채취 및 가공에 폭넓게 적용된 것으로 볼 수 있다(Bae 1988). 뾰족한 도구가 많지 않은 남한강 유역의 구석기 공작에서도 식물자원의 활용에 적절한 도구가 대부분인 것에서 알 수 있듯이, 주먹도끼는 임진-한탄강 유역 고인류들이 활용 가능한 자원을 채집하고 가공하는 데 적극적으로 사용되었을 것이다. 식물자원만을 예로 든다면, 주먹도끼는 식용 가능한 나무의 외피를 벗기거나 땅을 파서 땅속의 뿌리나 기타 식량자원을 채취하고, 지상의 다양한 식물을 수확하는 데 사용할 수 있다(Hayden 1979; Schick and Toth 1994).

물론 임진-한탄강 유역의 고인류들이 순수한 '초식동물'로서 생계를 유지하지는 않았을 것이다. 제4부에서 살펴본 바와 같이 주먹도끼는 이 지역에서 MIS 5기까지는 구체적으로 등장하지 않으며 기후가 급격하게 쇠락하고 한랭해지는 MIS 4기부터 집중적으로 나타난다. MIS 4기는 임진-한탄강 유역에 거주하던 고인류의 생계에 심각한 변화를 초래할 수준의 환경 변화가 시작되는 시기다제2부 참조. 일단 중기갱신세부터 지속되어 온 이 지역의 용암대지 형성 및 하계망 변동(길영우·정우철 2018), 산명리 유적 등에서 드러나는 MIS 5기 말의 급격한 단층 운동 그리고 전 지구적인 대규모 화산 폭발 같은 일련의 사건들은(Ambrose 1998; Blinkhorn et al. 2014) 임진-한탄강 유역의 고인류가 남한강 유역과 유사하게 단조로운 기술조직을 영위하며 식물자원의 채집과 활용에만 종사했을 것이라는 순진한 기대를 좌절시킨다.

환경적 정황과 기술조직의 본질적 성격을 종합할 때, 임진-한탄강 유역 주먹도끼는 변화하는 환경에 대처하기 위한 하나의 해결책을 시사하는 물질 자료로 볼 수 있다. 따라서 뚜렷하게 증거로 들 수 있는 고고자료가 없는 현실을 무릅쓰고 주먹도끼가 초보적인 동물자원 활용을 원활하게 해주는 복합 도구라는 가설을 제기해 본다. 임진-한탄강 유역에서 동물자원의 활용에 대한 고고학 증거는 거의 없다. 하지만 제2부에서 살펴본 바와 같이, 임진-한탄강 유역과 같은 시기에 주먹도끼를 제작했던 북한의 청파대 동굴 등 타 지역의 동물화석 자료는 임진-한탄강 유역 동물상의 재구성을 가능하게 해주는 대체자료로서 시사하는 바가 많다(조태섭 2015). 청파대 동굴 8층MIS 4기, 제2부 참조에서 주먹도끼와 함께 발견된 동물화석에는 급격하게 증가한 설치류뿐만 아니라 곰이나 호랑이, 표범 같은 식육류도 있었다. 바로 이 층에서 고인류 및 동물의 화석과 주먹도끼를 필두로 하는 다양한 도구석기들이 함께 발견되었다는 사실은 MIS 4기부터 한반도 중부에서 고인류가 지역 내 소형동물을 섭취하면서 맹수로 대표되는 식육류 동물과 함께 생존경쟁을 해왔음을 말해 준다.

그러나 동물자원의 활용이 반드시 사냥이라는 적극적 살상 행위를 이끌어 낸 것으로 보이지는 않는다. 주먹도끼가 만들어지는 MIS 4기부터 2기 직전까지의 기후상으로 볼 때, 임진-한탄강 유역 고인류들이 적절한 은신隱身과 호구糊口 대책을 마련하고 이를 구체적인 기술로 표현해서 대비하지 않으면 도저히 생존이 불가능한 적대적 환경에 놓여 있었다는 점은 분명하다. 적대적 환경으로 바뀐 MIS 4기의 임진-한탄강 유역에서 고인류가 취할 수 있는 생존책에는 여러 가지가 있지만 무엇보다도 소형동물을 '채집' 및 가공하며 기존의 식물 중심 식단을 확장하는 것이 최선이다(Stiner 2001; Stiner et al. 1999). 청파대 동굴의 사례로만 한정하면 소형동물의 범주에는 다양한 설치류와 토끼 등의 중치류重齒類(Stiner et al. 2000), 소형 우제류노루, 고라니 등 일부가 해당되며 멧돼지도 새끼 같은 소형 개체가 포함될 수 있다(조태섭 2015: 86). 주먹도끼를 포함한 도구석기 전체 목록을 감안할 때 이 석기 형식들이 본격적인 사냥 도구로 활용되었다고 기대할 수는 없다. 그러나 무기를 통한 살상 행위 없이도 손쉽게 포획 가능한 소형 동물 등을 취식과 탈피脫皮, skinning 목적으로 가공하는 것은 충분히 가능하며, 이는 사용흔 분석을 통해서도 입증되고 있다(김경진 2010, 2019).

임진-한탄강 유역에서 MIS 4기부터 등장하는 주먹도끼는 이 시기부터 본격적으로 적대화되는 지역 환경에 따라 새로운 방식으로 생계를 꾸리기 위한 주요한 생활 필수품 중 하나였을 것이다. 실제로 임진-한탄강 유역뿐만 아니라 현대 호주의 원주민이나(Collier 1994) 유럽의 고인류(Gamble 1986), 초기 아프리카 고인류(Isaac 1969; Phillipson 1985) 및 여타 동아시아 고인류(Barnes 1993; Pope 1992) 같은 고고학·민족지적 사례를 통해 볼 때 주먹도끼는 동식물자원을 공통적으로 가공하는 도구로 인식되고 있다. 주먹도끼라는 특정 형식의 석기가 등장하는 것이 동물자원 활용의 개시라는 급진적 생계 체제의 전환과 밀접하게 연관된다는 근거는 아직 부족한 것이 사실이다. 그럼에도 MIS 4기 들어 뚜렷하게 하강한 기온 및 상대적으로 축소된 식물자원의 수급, 그리고 적대적 환경으로 바뀐 임진-한탄강 유역에서 함께 거주하던 육식동물들과 생존경쟁을 겪어야만 했던 상황에서 주먹도끼 같은 다목적용 집약적 석기를 제작하는 것이 고인류가 취할 수 있는 가장 적절한 대응책 중 하나였을 것이다. 그렇기 때문에 여타의 석기와 비교해서 집중적으로 가공되고, 경우에 따라 필요 이상의 과도기술이 발휘되었다는 점이 어느 정도 물적 근거로 작용할 수 있을 것이다.

임진-한탄강 유역에서 주먹도끼를 직접적인 사냥 행위의 증거로 볼 수는 없다고 전술한 바 있다. 실제로 이 지역 및 한반도 전역에서 사냥 관련 증거는 후기구석기 단계까지 뚜렷하게 나타나지 않는다. 그러나 사냥만으로 동물자원을 획득할 수 있는 것은 아니며, 사냥의 목적이 식량자원의 확보로만 제한되는 것도 아니다. 식량 이외에 동물자원이 가지는 효용은 추워진 기후에 대처하게 해주는 가죽, 돌이나 나무 이외의 경질 재료인 뼈와 뿔의 확보다. 그런 의미에서 MIS 4기의 쇠락한 환경상에서 동물자원을 본격적으로 활용하는 계기가 마련되었다는 것이 전혀 근거 없는 추측은 아닐 것이다. MIS 4기 이전의 고고학 자료에서 구체적인 동물자원 활용 사례가 거의 없다는 것을 감안한다면, 이때부터 임진-한탄강 유역에서 동물자원이 구체적인 실생활의 원자재로 자리 잡기 시작했다고 볼 수 있다. 그리고 쇠락한 환경의 '위기'를 '기회'로 치환해서 동물자원을 적극적으로 활용하기 시작하는 것은 당시 고인류가 성공적으로 주변의 위기를 극복혹은 반등, resilience하게(Redman 2005) 한 계기로 볼 수 있다.

임진-한탄강 유역 고인류는 더욱 효율적이고 안전한 방식으로 동물자원을 이용하며 다른 지역의 고인류와 다르게 자신의 생계 체제와 서식처를 변화시켜 나갔을 것이다(Redman and Kinzig 2003; Riel-Salvatore 2010). 이런 전략에서 가장 효율적인 기술적 성과는 다양한 작업 부위를 단일한 석기 개체에 집중 보유한 주먹도끼의 제작이다(Ashraf and Galor 2013; Key and Lycett 2017). 시각적으로 뚜렷하게 드러나는 기능적 집약성을 갖춘 주먹도끼는 다른 도구들에 비해 군계일학群鷄一鶴 수준의 높은 기술적 고려를 거친 것으로 볼 수 있다. 그렇기 때문에 MIS 4기부터 석기군 내에서 반복적으로 등장하는 도구 형식으로 자리매김할 수 있었으며, 더욱 효율적인 대체 도구가 등장하기 전까지 전체 석기군 내에서 독점적 위상을 가질 수 있었다. 그런 점에서 후기구석기의 MIS 2기까지도 꾸준히 제작되는 것은 어찌 보면 당연할 수도 있다.

물론 주먹도끼가 전능한 수준에서 모든 생존 활동을 가능하게 해주는 도구는 아니었다. 환경상이 더 열악해지는 MIS 3기부터 MIS 2기에 접어들면 단순한 동물자원 가공만으로는 부족하고 직접 살아 있는 동물을 살상하는 사냥 행위가 절실해진다. 그렇기 때문에 사냥 도구로서 거의 효용이 없는 주먹도끼에 대한 의존도는 자연스럽게 감소하게 마련이다. 그 대신 돌날을 원석으로 삼아 정교하고 집중적인 제작 공정을 거친 각종 소형도구가 기존 주먹도끼의 통합적 기능을 신속하게 대체해 갔을 것이다. 이것이 바로 임진-한탄강 유역에서 후기구석기 공작이 자리를 잡아 가는 과정인 동시에(김형준 2022; Hovers and Belfer-Cohen 2005; Jelinek 1994; Stringer 1989) 주먹도끼가 수명을 다하는 시점이기도 하다. 주먹도끼의 등장이 동물자원의 소비와 밀접한 관련이 있는 기술적 진일보advance라면, 후기구석기의 등장은 동물자원의 '생산'을 이끌어 내는 기술적 혁신innovation으로 이름 붙일 수 있다. 이렇게 두 단계로 진일보와 혁신을 거치는 기술적 진화의 전조前兆, prelude는 MIS 4기 이전부터 유지해 온 석영계 석재 위주의 융통성 있고 효율적인 기술조직에서부터 이미 마련되기 시작한 것으로 보인다.

VI 소결: 기술조직의 진화

지금까지 임진-한탄강 유역 구석기 유물군의 기술적 특성을 살펴보았다. 이 특성을 살피는 가장 기본적 방법론인 형식분류의 의미를 짚어 보고, 더욱 적절한 형식분류 틀을 마련하는 절차를 고민해 보았다. 이 지역 구석기 유물들에는 액면 수준의 유사함에만 근거해 기존의 아프리카 아슐리안 공작에 활용되던 C-K안이 적용되어 왔다. 그러나 시기가 다르고 지리적 배경이나 기술적 맥락도 다른 유물군에 적용된 형식분류안은 그 자체로 해석의 한계를 선험적으로 규정해 버리는 오류를 범하기 쉽다. 형식분류 작업은 전적으로 경험적 지식의 축적에 근거해야만 하며, 에믹적 사고 방식을 추구하더라도 궁극적으로는 에틱한 의미로 받아들여지는 것이 사실이다(Adams and Adams 1991).

그렇기 때문에 여기서는 임진-한탄강 유역 구석기 유물군의 형식분류 틀을 수정주의적 입장에서 새롭게 제시했고, 관련 연구자들의 소통을 수월하게 만드는 데 그 목적을 두었다. 그 결과 기존에 좀처럼 논의되지 않던 다양한 소형도구들의 형식을 더욱 구체적으로 드러낼 수 있었다. 이와 더불어 뚜렷한 명분 없이 순수 한글 용어만 고집하면서 본질적인 의미를 상실해 왔던 몇몇 형식에 새로운 용어를 부여하고, 어법상 잘못된 용어도 수정할 수 있었다. 이러한 작업이 이 지역 구석기 형식분류의 틀을 자동적으로 결정해 주지는 않지만 적어도 차후 수정될 수 있는 기본적 전제를 마련했다는 점에는 의미를 둘 수 있다.

형식분류 작업에서 가장 우선적으로 고려한 속성들은 제작 기법과 실제 사용 부위에 해당하는 날의 각도였다. 날의 각도는 자르는 날, 긁는 날, 문지르는 날, 찍는 날의 순서로 증가한다. 이렇게 날 각도가 증가하는 것은 추가적인 가공/다듬기 공정과 관련이 있다. 또한 날 각도가 달라지면서 실제 도구를 사용할 때의 수세도 달라지는 것을 알 수 있었다. 따라서 대상 석기군의 형식분류에서는 사용 부위와 도구 사용자의 구체적인 동작이 가장 중요한 속성에 해당함을 확인할 수 있었다.

임진-한탄강 유역 구석기의 기술조직 특성을 크게 네 가지 주제로 심도 깊게 논했다. 후기구석기 이전 단계에는 조질석재로 인식되는 석영계 석재를 주로 활용했는데, 이것은 당시 기준에 지역 내에서 가장 적절한 석재였기 때문에 높은 효용과 의존도를 보여 주었기 때문이다. 석영계 석재로 박리작업을 하면 얄팍하면서도 날카로운 자연날을 가지는 박편이 대량 생산된다. 임진-한탄강 유역의 기술조직은 이런 자연날을 직접 가공 없이 자르는 날로 적극 활용했을 가능성이 높다. 그리고 자르는 날보다 상대적으로 각도가 큰 긁는 날이나 문지르는 날 등은 추가 가공을 거쳐 만들어진 결과로 볼 수 있다. 이렇게 연속적인 삭감과정을 거치면서 다양한 작업이 가능한 이 지역의 구석기 도구 형식들의 기종 변이가 발생한 것이다.

임진-한탄강 유역의 구석기 기술조직은 특정한 목적에 부합하는 석기 형식을 원석의 확보 단계부터 미리 상정하고 도구를 제작했다기보다는 연속적인 삭감과정상에서 융통성 있게 석기의 크기를 조절하고 실제 활용 부위인 작업날을 필요에 따라 변통해서 만들어 냈다고 볼 수 있다. 따라서 뚜렷한 목적이 있고 정격적인 기술조직과는 달리, 석기의 형태는 전형적典型的, typical(Bordes 1961) 형식이 뚜렷하지 않고 자못 비정형非定型, informal적인 면모를 보인다. 그런 의미에서 임진-한탄강 유역의 석기군은 외견상 방만하고 원칙 없는 기술적 산물로 보이지만(Parry and Kelly 1987), 당시의 거의 모든 작업을 수행할 수 있는 기종 변이를 보여 주는 효과적인 기술의 산물이다.

융통성 있게 임시방편적인 대처를 위해 석기를 제작한다는 전제를 가지는 기술조직에서 예외적인 도구 형식은 주먹도끼다. 다른 형식에 비해 양식적 현시성과 기능적 집약성을 보여 주는 임진-한탄강 유역의 주먹도끼는 상징적인 면모보다는 실제 사용되는 도구로서의 면모가 더 중요하게 인식되었던 것으로 보인다. 이 지역에서 주먹도끼가 MIS 4기부터 집중적으로 제작된 것은 분명하다. 구체적인 고고자료로 실증되지 못하는 한계가 아직 있지만, 상대적으로 급격하게 환경상이 쇠락하기 시작하는 시점에 바야흐로 주먹도끼의 수요가 증가하는 것은 동물자원의 적극적인 활용과 밀접한 관련이 있을 것이라는 가설을 제시했다. 실제로 주먹도끼가 없는 남한강 유역의 석기군 및 주먹도끼 발생 이전에 해당하는 MIS 5기 이전의 환경상과 비교할 때, 동물자원을 활용하는 것은 당시의 고인류가 원활하게 생존하기 위한 구체적인 형질대체character displacement 및 적소구축niche-construction(Riel-Salvatore 2010) 전략이었던 것으로 보인다. 따라서 임진-한탄강 유역에서 주먹도끼의 제작과 동물자원의 활용은 구석기 기술조직 진화의 중요한 계기를 마련한 것으로 볼 수 있다(Robson and Kaplan 2006). 이 가설은 앞으로 더욱 해상도 높은 관련 유적 및 유물의 참조를 통해 구체적으로 검증될 것으로 기대된다.

제5부에서는 기술적記述的, descriptive 접근을 통해 임진-한탄강 유역 구석기 기술조직의 성격을 제시했다. 여기서 얻은 배경 지식을 근거로 제6부에서는 실제 고고자료의 분석分析, analysis 작업을 진행하겠다. 그리고 이를 통해 개별 유물군에서 나타나는 기술조직의 내적 다양성을 살펴보고자 한다. 이런 다양성이 시간축상에서 어떻게 발효發效되는지를 관찰하는 것은 곧 임진-한탄강 유역 구석기의 진화 과정을 드러내는 것이자 그 변동성을 탐구하는 기초 작업이 될 것이다(Ricklis and Cox 1993; Rolland 1990; Shott 2000).

| 제6부 |

임진-한탄강 유역 구석기의 계량분석과 그 다양성의 설명

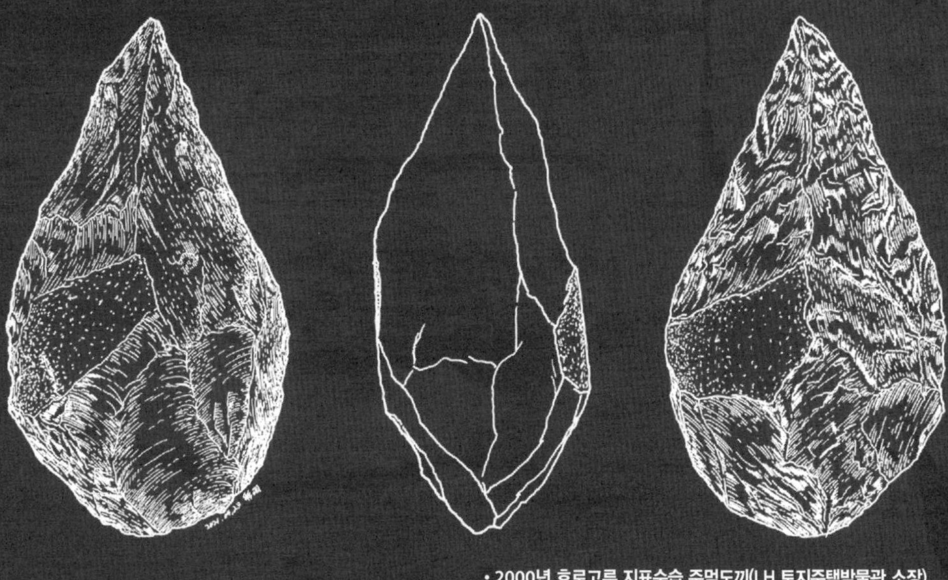

• 2000년 호로고루 지표수습 주먹도끼(LH 토지주택박물관 소장)

I 서언: 계량적 속성으로 밝히는 석기군의 변이

지금까지 대부분 MIS 4기 이후의 연대를 가지는 임진-한탄강 유역 구석기 공작의 기술적 특징을 살펴보았다. 형식분류상의 변이나 석재의 활용 면에서 볼 때, 이 지역 석기군은 같은 시기 유럽의 중기구석기인 무스테리안 및 아프리카 중기석기시대Middle Stone Age의 공작들과 비교할 때 유사점보다 차이점이 더 뚜렷함을 알 수 있었다. 사실 한반도를 포함한 동아시아에서 '전기-중기-후기'라는 세 단계 시기 설정은 명확하지 않다. 특히 중국과 일본의 연구자들 일부는 아예 중기구석기라는 용어의 설정 자체에 큰 의미가 없으며, 동아시아 중기구석기는 기술적 특성으로 정의될 수 없다고 믿기도 한다(Gao and Norton 2001; Ikawa-Smith 1978). 이는 중기구석기라는 용어의 개념이 전 세계적으로 일관되게 적용되기에는 본질적으로 많은 문제가 있기 때문이다(유용욱 1997; Bar-Yosef 2005; Clark and Lindly 1991; G. A. Clark 1992; Kleindienst 2005; Qiu 1985).

따라서 제6부에서는 제4부에서 살펴본 임진-한탄강 유역 고인류의 구석기 제작 기술 변화를 중기구석기라는 인위적 개념에 의존하지 않고 통시적으로 다루겠다. 그리고 그 결과를 통해 임진-한탄강 유역 및 한반도, 더 나아가 동아시아에서 특정 석기 형식의 존재 여부나 고유한 기술적 산물만으로 구석기시대의 시기 구분이 가능한지 검토할 것이다. 이 작업은 서로 다른 연대를 가지는 석기군들을 비교해 각 석기군에 활용된 석재의 양상 및 생존 전략으로서의 석기 제작과 관련된 기술적 특징을 밝혀내는 것이다. 다수의 석기군에서 각기 다른 기술적 특징이 발견되면, 우리는 이 다양성을 '변이variation, 제1부 참조'라고 부를 수 있다. 그리고 이 변이는 바로 제5부에서 제시한 융통성과 변통이 물질적으로 표현되는 방식의 차이로 이해할 수 있다.

석기군의 변이를 조사하기 위해 제4부에서 제시한 야외조사 자료를 직접적인 분석 대상으로 활용할 예정이다. 장산리, 전곡리, 가월리의 세 석기군을 구체적으로 관찰 및 측정하고 분석함으로써 시간의 흐름에 따라 각기 다른 임진-한탄강 유역의 지점에서 기술적 변이가 어떻게 구현되는지 파악할 수 있다. 그리고 이 세 석기군에 추가해서 임진-한탄강 유역에서 최초로 확인된 후기구석기 유물군인 장흥리 유적의 석기 일부를 추가해서 계량적 분석을 수행하고, 각 유적별 석기군의 변이가 MIS 7기부터 2기까지 어떻게 전개되었는지 살필 것이다.

네 가지 석기군 이외에 금파리(배기동 외 1999; 배기동 외 2006a), 삼거리(김경진·장희경 2018; 서봉수 외 2019), 남계리(현남주 외 2016), 원당리 장남교 지점(배기동 외 2011) 등의 석기군에도 동일한 분석의 틀을 적용할 수 있을 것이다. 그러나 계량분석에는 유물을 실견하고 계측하는 자료 확보 작업이 필수적이기 때문에, 전술한 네 석기군 이외의 다른 석기군을 함께 다룰 수는 없었다. 이러한 기타 석기군들은 차후 따로 지면을 마련해서 기존 분석 결과에 새로운 결과를 추가하는 방식으로 다루면서 임진-한탄강 유역 구석기 유물군의 전반적 변이를 거시적으로 논의할 계획이다. 다만 최근 이루어진 이 지역 후기구석기 유물군의 분석 결과는(김형준 2022) 본서의 분석 방향과 일맥상통하므로, 본문에서 구체적으로 인용 및 언급할 예정이다.

II 방법론적 배경과 자료의 구조

1. 연구 단위로서의 기술조직

제5부에서 임진-한탄강 유역 구석기의 성격을 탐구하기 위한 기본 단위로 '기술조직 technological organization'을 언급했다. 이제 본격적인 분석 단위로서의 기술조직에 대해 더욱 자세하게 검토하겠다. Binford(1979, 1980)에 의해 1980년대 과정고고학의 기본적 접근법 중 하나로 자리 잡은 기술조직의 고찰은 수렵-채집인의 생존 문제와 관련된 전략적 해결책을 탐구하는 작업이다. 앞의 제5부에서 임진-한탄강 유역의 구석기 유물군, 특히 본격적으로 후기구석기 공작이 발생하기 이전의 기술조직에서는 생존이라는 긴박한 의미가 무색할 정도로 일관된 전략의 증거가 뚜렷하게 드러나지 않음을 확인한 바 있다. 그러나 이렇게 외견상 느슨하고 무분별해 보이는 석기군에도 전략의 선택 및 그 결과로서의 기술 발휘는 잠재할 수 있다.

기술조직에서 중요한 개념은 '전략'과 '적응'이다(Bleed 1986; Close 2000; Hayden 1989; Kelly 1988, 1995; Nelson 1991). 이는 구체적 고고자료로 구현되기 쉽지 않은 사회 관계 및 상징 체계와는 거리가 멀다(Dobres and Hoffman 1994: 211). 그렇기 때문에 기술조직을 고찰하는 것은 유물론적이고 직관적이며 실증적일 수밖에 없다.

원래 기술조직은 생계 체제의 역동성을 효과적으로 드러내기 위한 방법론이자 개념이다(Binford 1980, 1983). 특히 농경 발생 이전 단계의 삶을 영위하는 수렵-채집인들의 생계를 설명해 주는 여러 진화생태학적 개념이 도입되며, 기술조직은 석기시대 및 선사시대처럼 잉여 생산물이 거의 존재하지 않는 생태계 내 특정 집단의 적응 방식을 고고학적으로 드러내 주는 단위로 자리 잡아 왔다(Kelly 1988; Nelson 1991). 기술조직에 기반한 접근에서 중요한 두 가지 개념으로 '공들인curated' 기술과 '방만한expedient' 기술을 들 수 있다. 이 두 개념은 서로 다른 조직 행위의 결과로 발생하는 대조적인 기술 유형으로서 상호 배타적인 속성을 가진다. 그리고 특정 집단이 보유한 생계 관습 및 행위 양식의 본질을 요약하고 그 성격을 구분하는 데 쓰인다. 어떤 면에서는 두 개념이 가진 단선적이고 일차원적 구분이 종종 지나친 단순화나 좁은 시각에서 비롯한 성급한 일반화라고 비판할 수도 있다(Nash 1996). 그럼에도 이 두 개념이 제시하는 이분법적 사고는 아래와 같은 몇 가지 이유에서 아직까지 그 효용성이 인정된다.

첫 번째로, 공들인/방만한 기술로 양분해서 기술조직을 살피는 것은 기술의 구성 요소들을 정적으로 분리해서 파악하는 것이 아닌, 두 기술이 전환되는 과정을 역동적 연속상으로 살피는 작업이다. 두 번째로, 기술의 변천이 진행되는 방향을 제시해 주기 때문에 관찰되는 제반 변수들을 그러한 방향에 따라 설명할 수 있게 해준다. 예를 들면 구석기 도구 및 부산물의 가짓수가 다양하고 그 가공 및 활용의 강도intensity가 높다는 것은 도구 형식의 전문화와 석재의 절약이 심도 깊게 사전 계획planning depth되었다는 것을 말해 준다(Kuhn 1995). 세 번째로, 계량적으로 처리된 자료를 다루기에 편리하며, 정량적 자료를 질적 해석解釋, interpretation으로 치환할 때 발생할 수 있는 편중을 최대한 방지해 준다. 계량적으로 유물군을 비교할 때 어느 누구든지 공감할 수 있는 객관적 분석 절차로 다룰 수 있기 때문에 분석자의 주관적 시각은 최대한 배제되며, 분석 결과를 해석으로 전환해도 그 소통력은 보전된다. 네 번째로, 특정 연구를 수행하는 데 필요한 몇 가지 틀framework을 제공해 준다. 예를 들면 석기의 삭감과정 모델(Dibble 1984, 1987, 1995), 석재의 질적 차이와 활용 수준 모델(Andrefsky 1994, 1998; Jeske 1989) 그리고 고인류의 식량 조달provisioning 전략 모델(Kuhn 1994, 1995) 같은 석기 분석의 중요한 방법론적 틀은 모두 직간접적으로 기술조직의 확장된 개념에서 기인한다. 더 나아가, 확장된 기술조직의 개념을 통해 고고자료의 물질적 특성을 해석하는 과정에서 사회환경과 결부된 모델을 구축할 수 있다(Dobres 2000; Gamble 1999). 예를 들면 기술은 개인적·관습적·문화적 지식의 산물인 동시에 지식을 생산하는 도구이므로, 정교한 수준에서 사회 연결망과 관련된 정보를 추적할 수 있다.

선사시대 기술조직을 탐구하는 접근법 중 하나는, 해당 유물군을 총체적으로 구성하는 기본적 제작 단계나 핵심적 구성 요소들을 미시적으로 분석하는 것이다. 그리고 그 기본 개념들은 바로 '작업연쇄chaine opératoire'에 기반을 둔다(Boeda et al. 1990; Dobres and Hoffman 1994; Gravina 2004; Lemonnier 1986). 작업연쇄는 석기 제작 이전 단계부터 최종 석기군의 특징을 자아내는 물질적·맥락적·문화적 요인들을 통합적으로 검토해서 제작, 사용, 폐기까지의 모든 과정을 추적하고 그 과정의 흐름을 기술하는 절차다. 작업연쇄 개념을 적용해서 석기군을 분석하면 물질 자료에 남겨진 습속習俗, habitual적인 일상의 관습도 드러난다. 그리고 고인류의 '생계설계life planning' 전략에 대한 사회경제적 시각도 마련할 수 있다(Dobres and Hoffman 1994; Hopkinson and White 2005).

따라서 제6부에서는 작업연쇄라는 개념에 기반을 두고 임진-한탄강 유역 기술조직을 보다 입체적으로 관찰할 수 있는 시각의 틀을 마련할 것이다. 이를 위해 시·공간적 배경과 무관한 실제 석기군의 속성을 측정해 주는 일반 변수들을 설정하고 분석해서 검증 가능한 가설을 마련한다. 여기서 분석 이전에 제시하는 가설들은 제3부부터 제5부까지의 고고자료 및 지질자료들에 의해 산발적으로 얻은 정보들을 통합적으로 재구성한 결과다.

2. 구석기 기술조직 변화에 대한 가설

1) 석재 수급의 변천

Jeske(1989: 36)에 따르면, 수렵-채집인의 본거지 이동residential movement은 듬성듬성patchy 분포하는 지역 내 자원을 가장 효율적으로 활용하는 전략이며 시·공간적으로 고유한 변이를 보인다. 석기 일색의 임진-한탄강 유역 고고자료만으로 고인류의 이동과 자원 이용 방식을 재구축하는 것은 한계가 있지만, 이 지역 구석기시대 고인류가 높은 이동성을 유지하며 자원 분포 및 계절성에 따라 다양하게 공간을 활용했음은 충분히 상정할 수 있다(Bae 1988). 그 이유는, 비록 정도의 차이가 있지만 임진-한탄강 유역에서 자원의 분포는 결코 균일하지도 않고 풍부하지도 않기 때문이다. 여기서 '자원'은 식량자원을 포함해서 생존에 필요한 모든 신체 외적extrasomatic 물질 에너지를 말하며 동물, 식물, 광물질로 구성되어 있다. 그중에서도 석기를 만드는 데 활용되는 석재는 가장 중요한 자원 중 하나다.

수렵-채집인의 생계 유지 전략은 석재의 선별과 확보에 여러 가지를 시사한다. 석재의 양적 수급 여건과 질적 특성은 유적마다 다르기 때문에 도구 제작의 밑재료인 원석原石, blank의 확보 방식과 최종 산물인 도구의 가공방식은 석재와 연동해서 변하게 마련이다. 제한된 활용 가치를 가진 자원들은 그에 따른 특별한 작업이 필요하다. 예를 들면 임진-한탄강 유역에서 후기구석기 단계에 이루어지는 조질석재에서 정질석재로의 전이는 기능적으로 더욱 효율적인 도구조합toolkit을 마련해야 하는 생계 여건의 필연적 결과로 볼 수도 있지만, 그럼에도 상당히 오랜 기간 동안 기존의 조질석재에 의존하는 자원 활용도 함께 이루어졌다. 이렇게 조질석재가 보수적으로 꾸준히 활용되었던 것도 궁극적으로는 생계 유지 전략의 결과로 남겨진 물질적 증거 중 하나로 볼 수 있다.

제5부에서 언급했듯이, 석영계 석재는 그 나름대로의 이점이 있는 게 사실이다. 그러나 정교한 도구를 제작하기에는 필연적 불이익을 감수할 수밖에 없다. 석기 제작에 필요한 더 많은 정보가 활용 가능해지고 최적의 조건으로 디자인된 도구조합의 정신적 범형mental template이 마련되면(Bleed 1986), 기존의 조질석재만으로 필요한 도구를 제작하기는 역부족임을 깨닫게 된다. 또한 조질석재는 활용이 불가능한 부산물을 대량으로 반출하므로 활용 가능한 자원을 절약해야 하는 생계 체제에서 심각한 불이익을 야기한다(Jeske 1989; Torrence 1989a). 후기갱신세 최말기의 가혹한 환경 압박에 의한 식량자원의 감축을(이선복 1989, 2000; 한창균 2003; Ding 1991) 견뎌 내려면 보다 집약적인 생존 전략이 야기된다. 그런 상황에서 조질석재의 불리함은 더 이상 용납할 수 없는 맹점으로 작용했을 것이다. 정질석재를 확보하는 데 드는 고비용예: 시간, 체력 소모, 위험 감수 등이, 고위험의 생계 여건을 극복하는 데 필수적인 고효율 도구의 제작에 따른 혜택으로 확실하게 보상받을 수 있다면(Luedtke 1984: 67) 석재의 활용 양상은 전면 개편될 수밖에 없다. 석재 선택 과정이 개편되면 최종 석기군의 재료는 쉽게 구할 수 있지만 질이 떨어지는 석재보다는, 구하기 힘들어도 확실한 도구석기 제작을 가능케 하는 정질석재로 전이되게 마련이다.

제2부에서 간략하게 언급한 바와 같이, MIS 6기를 기점으로 대륙에서 불어오는 뢰스loess와 비슷한 풍성 퇴적물이 임진-한탄강 유역의 유적들에 퇴적된다(Kim et al. 2012). 이는 춥고 건조해지기 시작하는 후기갱신세 기후의 직접적 증거다(이선복 1989: 119). 동아시아 갱신세의 이용 가능한 생물총량biomass은 MIS 5e기를 기점으로 점차 하락해 MIS 3기에 짧은 회복기를 거친 후 MIS 2기에 최저점에 도달한다. 이 과정은 MIS 4기에 대규모 화산 폭발 등을 겪으며 전 지구적으로 기후 하강이 발생하는 것과도 관련이 있다(Ambrose 1998; Blinkhorn et al. 2014; Bradtmöller et al. 2012). 가장 춥고 건조한 MIS 2기는 일본 규슈에서 날아온 AT 화산재가 유적에 누적되는 시기다. 이 과정에서 임진-한탄강 유역에 거주하던 고인류는 자신이 취할 수 있는 몇 가지 적응책을 통해 생존 위기에 대응하거나 이를 극복했고, 적응에 실패한 개체 대다수는 멸종했을 가능성이 높다.

이렇게 점차 쇠락해 가는 환경하에서 임진-한탄강 유역의 고인류가 취한 대표적인 생존전략은 크게 두 가지로 나눌 수 있다. 하나는 주먹도끼 같은 효율성 높은 만능 절삭도구의 개발 및 제작이고, 다른 하나는 그 이후에 이루어진, 제작 비용이 높지만 이를 상쇄하고도 남을 정도로 재질이 탁월한 정질석재로의 전환이다.

2) 효율성의 증가: 석기의 최대 활용 모델

효율성efficacy이란, 최소의 비용으로 최대의 효과를 이끌어 내는 것을 의미한다. 이는 특정 생산에 소모된 비용과 그 생산이 이끌어 낸 궁극적 효용의 비율만으로 간단하게 제시할 수 있다(Christensen 1982: 421). 획득에 드는 비용이 더 높음에도 정질석재가 기꺼이 활용되기 시작하면, 이동성 수렵-채집인들은 새로운 도구 제작 기술을 통해 고비용 석재를 절약하는economize 전략을 행사하기 시작한다(Hayden 1989; Jeske 1989). 따라서 석기 제작 기술의 맥락에서 효율성은 바로 이용 가능한 석재의 양과 만들어 낼 수 있는 도구석기의 비율로 측정할 수 있을 것이다.

석재 활용 전략에서는 두 가지의 기술적 해결책을 통해 실질적 이점을 얻을 수 있다. 첫 번째는 단일 석핵에서 얻을 수 있는 박편의 수효를 증가시키는 것이고, 두 번째는 도구석기의 형식변이를 늘리는 것이다. 첫 번째부터 살펴보면, 우선 고비용의 정질석재를 무분별하게 소모하면 이용 가능한 석재가 쉽게 고갈하기 때문에 제한된 분량을 최대한 '인색하게stingy' 소비하는 것이 석재 부족의 위기를 극복하는 해결책이다. 석핵 삭감 기술에서 보이는 절약적 선택의 양상은 이용 가능한 타격면을 최대한 활용함으로써 단일 석핵의 박리 가능 빈도를 증가시키는 것이다(Jeske 1989). 그 결과로 만들어지는 고고자료는 소형 석핵의 수효 증가와 박편에 남겨진 타격면의 크기 감소, 그리고 석핵 표면에 있는 박리흔, 즉 능선ridge의 개수 증가라는 양상을 띤다.

두 번째 해결책인 도구석기의 형식변이 확장은, 다양한 형태의 원석으로 도구를 제작해서 최종 도구 형태의 다양함을 이끌어 내는 것이다. 그리고 기존에 사용되던 도구를 반복적으로 재활용해서 날 부분 및 사용 부위를 환골탈태換骨奪胎시키는 작업도 포함한다(Dibble 1987, 1995; Rolland and Dibble 1990). 석핵을 무분별하게 활용하면 온전한 박편과 부스러기가 다수 발생하지만, 원석을 빈번하게 가공하고 재활용이 거듭되면 다양한 각편파손된 박편이나 박편 조각이 양산된다(Sullivan and Rozen 1985: 77). 전체 기술조직에서 도구석기의 제작 빈도가 증가하면 각편의 생산량도 비례해서 증가한다. 그리고 각편의 잠정적 활용 가치도 마찬가지로 순행환류positive feedback, 그림 6.1 과정을 통해 증가한다.

[그림 6.1]의 모식도는 효율성을 염두에 두고 만들어지는 도구 생산의 일반 모델이다. 이 모델의 전제는 고인류가 주어진 양의 석재를 최대한으로 활용해서 필요한 도구를 끊임없이 만들어 낸다는 것이다. 따라서 다듬어진 도구석기의 수효를 극대화하기 위해 시초에 제작된 최초 도구 및 이와 결부된 각편 및 부스러기는 엄격하게 재

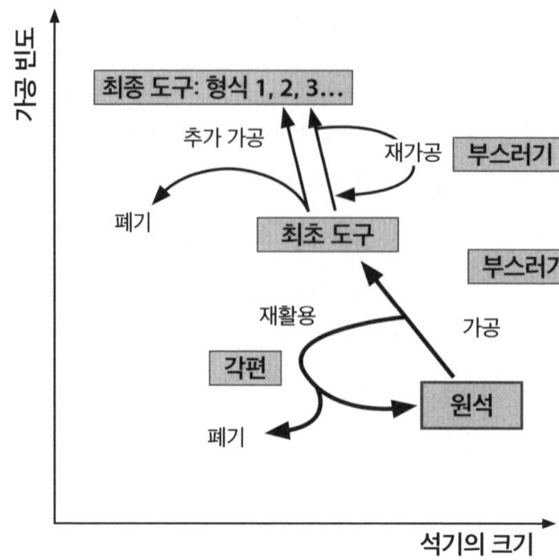

[그림 6.1] 석기의 최종 크기와 그 가공 빈도 사이에 결부된 여러 가지 맥락과 그 결과물
회색으로 칠한 부분은 실제 유적에서 발견되는 고고자료임.

활용된다. 그 결과, 재활용되는 원석의 양이 증가하며 2차로 만들어진 도구는 이후 3차 및 4차로 또다시 만들어질 가능성을 가지게 된다. 따라서 유적 내에서 확인되는 고고자료인 석기의 크기는 꾸준히 감소하며가로축, 최종 크기는 곧 가공 및 재활용된 빈도세로축와 반비례한다. 이렇게 원석을 가공 및 재가공하는 순환 주기는 고인류가 원하는 크기와 질을 가진 석재를 원활하게 조달하기 힘든 환경에서 더욱 짧아지게 마련이다.

일차적으로 최초 도구의 효용이 다하면, 두 번째 단계는 기존 도구를 재가공하는 것이다. 이는 날 재가공resharpening이라 불리며(Dibble 1984, 1987, 1995; Kuhn 1992b, 1995), 추가 가공을 위한 타격면을 만들어 내려는 목적으로 기존 형태를 변형deformation하거나 해체deconstruction하는 예비 가공도 포함한다. 따라서 두 번째 단계에서는 석기의 형태와 형식변이가 급속히 증가한다. 도구 제작 시 발생하는 박편도 더욱 심하게 재가공되어 완전히 다른 형태와 현격하게 줄어든 크기를 가진다. 때로는 더 작은 크기로 일부러 축소되어 원래의 박편 속성을 육안으로는 도저히 관찰하기 힘든 수준까지 도달하기도 한다. 이렇게 두 단계의 순환체계를 거치면서 실제 석기군의 구성 요소는 더욱 복잡해지고 기술적 속성도 다양해진다. 그런 의미에서 제5부의 형식분류 작업은 이렇게 복잡한 석기군을 개념적으로 적절하게 '요약'하거나 인위적으로 '환원화'하는 작업으로 볼 수도 있다(Adams and Adams 1991).

석재를 최대한 활용하는 석기 제작의 순환 과정에서 기대되는 최종 결과를 요약해 보면 첫째, 집중적 재활용을 거친 도구와 부산물의 크기는 일반적으로 작아진다. 둘째, 도구 조합 내에서 각 도구들은 다양한 빈도로 재활용되며 형태변이가 증가하고 크기의 분포도 넓어진다(Hayden 1989). 셋째, 작업에 쓰이는 날 부분을 극대화하려는 날 재가공이 이루어지며 도구석기의 기종, 즉 형식 수가 월등히 증가한다(Nelson 1991; Shott 1986: 19). 넷째, 반복적으로 재가공되기 때문에 작업날의 각도는 상대적으로 증가한다(Kuhn 1992b, 1995). 다섯째, 전체 석기군에서 부정형 각편과 부스러기의 비중이 증가한다(Amick and Mauldin 1997; Shelly 1990; Sullivan and Rozen 1985). 이렇게 실제 고고자료에서 관찰되는 석기군의 다섯 가지 변화는 임진-한탄강 유역뿐만 아니라 생계유지가 전반적으로 열악해지기 시작하는 MIS 4기 이후 구대륙 고인류들이 공통적으로 체험했던 기술조직의 변화상을 반영한 결과다.

3) 표준화는 과연 객관적으로 인식 가능한가

환경의 압박으로 인한 위기 상황에 대처하기 위한 또 다른 기술적 해결책은 바로 도구 제작 기술 및 형태의 표준화standardization다. 정질석재의 제한된 공급으로 인해 대부분의 도구는 체계적 삭감과정을 거치고, 의도하는 도구조합을 확보하려는 기술적 노력으로 인해 더욱 정교한 타격을 거쳐 제작된다(Jeske 1989). 이런 과정을 겪으면 대부분의 도구 형태가 대동소이大同小異해지는 표준화에 도달한다. 다시 말해, 전체 석기군 내에서 단일 형식이 반복 등장하는 빈도가 높아지는 것이다. 이렇게 되면 석기군을 관찰·분석하는 고고학자는 대상 유물의 액면 형태만으로 수월하게 속성을 도출할 수 있으며 형식분류의 주관적 측면이 더욱 부각되게 마련이다. 그 결과, 필요 이상의 형식이 설정되기도 하며, 이런 형식에 실질적 의미가 있는 것처럼 착각할 수도 있다(Bisson 2000; Bordes 1969; Bordes and de Sonneville-Bordes 1970).

표준화는 효과적인 제작 기술과 밀접한 관련이 있다. 예를 들면 쓸 만한 원석을 양산量産, mass-production하는 가장 효율적인 방법은 제대로 타격면이 조정된 석핵에서 프리즘 모양의 돌날을 연쇄적으로 박리해 내는 것이다. 이 기법으로 만들어진 돌날은 형태적으로 균일하며 기술적으로 일관성 있는 작업의 산물로서, 후기구석기 단계에 이루어진 가장 성공적인 석핵 소비 전략에 해당한다(Brantingham et al. 2000; Mellars 1989, 1996; 다른 견해로는 Bar-Yosef and Kuhn 1999; Marks et al. 2001). 구석기시대 이후에 해당하는 신대륙의 흑요석 활용에서 보이는 높은 정형성도 표준화의 좋은 사례라고 볼 수 있다. 따라서 양질의 석재를 확실하게 사전 조정해서 가공하면 결국 그 최종 형태는 일관된 방식의 표준화로 수렴하는 게 자연스러운 현상이다. 이는 바로 효율성을 추구하는 제작 기법이 습속화된 결과로 볼 수 있다.

엄밀한 의미에서 표준화라는 개념은 제작자 개개인이 기호화encode하고 전수傳受, transmit하고 복제replicate할 수 있는 구체적 외형 요소configuration들을 적극적으로 사물에 이입移入, embedment하는 것을 상정한다. 그러나 표준화는 상징적으로 마련되기도, 사회적으로 부여되기도 하고, 지극히 우연적 수준에서 이루어지기도 한다(Chase 1991). 가장 보편적인 표준화의 발생 맥락은 바로 우연적 수준에서 이루어지는 경우다. 우연적 수준의 표준화는 제작자 자신도 모르는 사이에 기능적이고 기술적인 요인에 의해 만들어진다. 여기에는 제작자가 인지하는 대상물의 상징화가 굳이 개입하지 않는다(Chase 1991: 198). 따라서 우연적 수준의 표준화는 석재, 원석의 형태, 도구의 기능, 수렵-채집인이 이동하는 방식의 변이 등에 의해 결정되거나 통제되며 만들어지는, 객관적으로 인식 가능한 하나의 양상pattern에 불과하다(Monnier 2005; Nowell et al. 2003). 이렇게 발생한 표준화는 단위 형식에 고유하게 내재하는 형태변이의 범위 안에서 일관됨consistency을 추구하는 제작자 개인의 습관적 실천habitual practice에 불과하다. 이 습관적 실천은 집단 내에서 무의식적으로 모방되거나 공유되며 '전통화traditionalize'되기도 한다. 따라서 고고자료에서 나타나는 표준화는 개인적인 수준에서 이루어진 우연의 결과 중 하나에 불과하며, 구석기 유물의 표준화에 어떤 상징적 면모나 사회적으로 부과된 강제적 요인이 반드시 있다고 기대하기는 힘들다.

현재까지 확보된 임진-한탄강 유역 자료를 개관해도 표준화를 이끈 기술적 선택에 상징적·사회적 면모들이 반영된 증거를 확인할 수는 없다. 석기 형태에서 모종의 표준화가 이루어졌다는 의미는, 변수들의 분포에서 '양상화patterning'가 뚜렷하거나 통계적으로 기술함에 있어 '첨도尖度, kurtosis'가 높다, 즉 특정 변수값에 도수가 몰려 있다는 식으로 표현할 수 있다. 따라서 진화의 맥락에서 석기 기술조직의 표준화를 설명하는 것은 구석기 일색인 임진-한탄강 유역 유물군만으로는 원활하게 이루어질 수 없고 개별 석기들의 본질적 특성과 괴리가 있기 때문에 제6부의 계량분석에서 구체적으로 시도하지는 않을 것이다.

3. 분석 대상 자료의 구성과 몇 가지 고려 사항

제6부에서 이루어지는 분석 작업의 목표는 1) 석재의 활용, 2) 원석의 획득, 3) 도구석기의 생산에서 나타나는 각 석기군 사이의 변이를 통해 임진-한탄강 유역 구석기의 기술조직을 통시적으로 탐구하는 것이다. 임진-한탄강 유역의 유적들은 고인류의 점거가 수차례 누적된 다중적palimpsest 구조의 퇴적층을 특징으로 한다(Hosfield 2005; Isaac 1981; Stern 1993). 따라서 연대치 역시 아주 거친 해상도로 결정되며, 유적 간 변이inter-site variation도 제한적 수준의 의미만 지닌다. 그렇기 때문에 사전에 분석 대상 자료를 적절하게 평가하는 절차가 필요하며, 명시적으로 드러나는 석기군의 특징을 통해 우선적으로 파악할 수 있는 지식을 귀납적으로 도출하는 작업이 선행되어야 한다.

기술의 발달 과정을 시간축상에서 고찰하는 데 가장 핵심적인 요건은 바로 제대로 된 맥락을 보유한 유물 수평상들의 신뢰할 만한 연대치를 확보하는 것이다. 다행히 본서에서 다룬 야외조사 작업의 대상 유적들은 고고학적으로 온전한 맥락을 갖춘 수평상의 존재가 확인되었다. 그리고 그 절대 연대도 신뢰할 수 있는 수준에서 측정되었다제4부 참조. 그러나 이렇게 액면상 건전한 고고자료도 자체적으로 고유한 표본 설정의 편중sampling biases 문제를 극복할 수는 없다(Shennan 1988). 일부 유적은 하천 퇴적의 영향으로 인해 석기들이 원래 맥락에서 벗어나기도 했고(Shott 2000: 725), 분석 대상의 표본 규모가 너무 작은 경우도 있다. 통계적으로 의미 있는 분석 결과를 의도한다면 적어도 30개 이상의 표본이 확보되어야 한다. 하지만 제4부에서 보고된 주월리 지점의 총 유물 수는 지표 수습품을 제외하면 29점에 불과하다. 마찬가지로 장산리 석기군의 총 개체 수도 전곡리나 가월리에 비교하면 현저히 적다. 따라서 본서의 분석 대상으로 주월리 지점의 석기군은 포함하지 않았고, 장산리 석기군도 전체 크기의 분포 분석에만 포함했다. 그리고 대상 석기군의 지표 수습품은 분석 대상에서 일괄 제외했다.

최근 들어 지속적으로 발견되는 이 지역 후기구석기 유물군과의 비교를 위해 장흥리 유적의 석기군을 분석 대상에 포함했다. 장흥리 발굴 보고서에 따르면(최복규 외 2001) 정사각형10×10m 발굴갱 22개와 직사각형5×10m 발굴갱 9개에서 총 664점의 석기가 수습되었다. 본 분석에서는 뚜렷한 수평상을 보유하고 AMS 연대치가 보고된 발굴갱 W80S10의 석기 95점을 장흥리 석기군의 분석 대상으로 삼는다. 장흥리 석기군은 임진-한탄강 유역 후기구석기 공작을 그 이전 단계의 기술조직과 비교하기 위한 표본 자료로 받아들일 수 있을 것이다.

[표 6.1] 분석 대상 석기군의 유적별 수효와 해당 석기군의 절대 연대치

유적	분석 대상의 표본 유물 수	절대 연대치와 측정 방법	비고
장산리	39	약 210kya (IRSL)	2002년 시굴 출토품 일체
가월리	229	50kya보다 어린 연대(IRSL)	2003년 종방향 트렌치 출토품 일체
전곡리	151	약 60kya(OSL)	2004년 농협 부지 조사 출토품
장흥리	95	24.4±0.6kya(AMS)	2001년 발굴갱 W80S10 출토품 일체

장흥리 석기군의 형식분류는 발굴자에 의해 제시된 것으로(최복규 외 2001) 제5부의 형식분류 틀에는 속하지 않는 형식명예: 째개, 쪼으개, 대패, 화살촉 등도 일부 있고 몇몇 부산물의 형식 설정 기준과 명명법도 일부 다르다. 사실 장흥리 보고서가 출간되었던 2000년대 초반은 이 지역 후기구석기 공작을 객관적으로 기술할 수 있는 참조의 틀이 마련되지 않은 상황이다. 따라서 생소한 형식명이 일부 등장하는 것은 당연하다. 본 분석에서는 발굴자가 제시한 장흥리 석기의 형식명에 이의를 제기하지 않을 것이며, 대상 형식의 형태적 속성만 거론할 뿐 형식의 의미와 형식명의 적절성은 논외로 하겠다. 그럼에도 원보고서에서 제시한 몇몇 부산물의 명칭들은 일부 수정이 필요한 것이 사실이다. 예를 들면 원보고서는 제작이 일부만 이루어진 개체를 따로 '덜 된 연모'로 명명했고, 각편에 해당하는 비정형의 부산물은 '부스러기'로 일괄했다. 본 분석에서 '덜 된 연모'는 가공 작업이 예외 없이 이루어졌다고 파악해서 '부정형도구'로 간주한다. 그리고 부러지거나 파손된 돌날의 경우, 세로/가로 비가 돌날의 정의에 해당하는 2 미만인 것은 각편으로 간주했다.

이렇게 몇 단계의 형식분류 보정 및 지표 수습품을 일괄 제외하는 표본 설정 작업을 거치면 [표 6.1]과 같이 분석 대상 석기군을 정리·확보할 수 있다본서의 부록 참조. 제6부의 나머지 부분에서는 이렇게 정리된 총 514점의 전체 석기군을 분석하는 절차와 그 결과를 논의하는 내용이 주가 될 것이다. 그 첫 번째 단계로, 석기군의 석재 구성 및 그 기술적 의미를 논하도록 하겠다.

III 석재의 활용에서 보이는 변화

1. 석재의 질적 구분

임진-한탄강 유역에서 이용 가능한 석재는 일반적인 암석 분류 기준에 따라 몇 가지 암종巖種으로 분류할 수 있다. 이런 암종 분류는 한반도 다른 지역은 물론 동아시아 지역에서 전반적으로 흔하게 이루어지는 방식이기도 하다(예: 한창균 1990a, 1996; Movius 1949; Qiu 1985; Shen and Wang 2000). 대부분의 석재는 규산질을 포함하는 변성암인 석영과 규암이지만, 응회암류의 퇴적암이나 흔히 발견되지 않는 은정질隱晶質, cryptocrystalline의 암석예: 벽옥, 수정암, 유문암 등도 일부 포함되어 있다. 일반적 광물-암석 분류법을 본 분석에서 채택하면 석재의 개별적 동정 및 구체적 확인 작업에 막대한 시간이 소요된다. 따라서 몇 가지 암석의 변종들variants은 통상적 분류법을 적용하는 것이 연구자 간의 소통에 있어 훨씬 더 명확하다. 예를 들면, 흔히 석영 혹은 맥석영으로 불리는 석영계 암석은 엄밀히 말하면 옥수玉髓, chalcedony, 아게이트agate, 수정水晶, rock crystal 등도 포함하며, 오팔蛋白石, opal같이 순도 높은 초우량의 정질석재로 나타날 수도 있다(이창진 2010).

임진-한탄강 유역의 구석기 석재는 고유한 결정 구조 및 파쇄역학fracture mechanics에 따라 조질組質, low-quality, 중간질中間質, medium-quality, 정질精質, high-quality이라는 세 가지 범주로 나눌 수 있다. 조질석재는 전반적으로 입자나 결정이 상대적으로 크고 거칠며 균일하지 않다. 또한 풍화에 전면 노출된 상태로 발견되기 때문에 암질에 벽개면劈開面, suture이 무작위로 발달해 있다. 임진-한탄강 유역의 조질석재는 주로 강변 및 하상 퇴적층 내에 강자갈로 분포하는 선캄브리아기 기반암과 용암류 및 각종 변성암을 포함한다. 이 지역의 대표 조질석재에는 편마암, 현무암, 화강암 및 석영맥암과 규암 같은 석영계 암석이 포함된다. 조질석재들은 거칠게 엽상으로 분포하는 광물의 거대 결정군을 보이는 경우가 보통이며(Klein and Hurlbut 1985), 불순물이 아주 산만하게 포함되어 있다. 또한 석기를 제작할 때 거친 가공만 가능한 수준으로 탄성계수가 낮고 강도는 높다(유용욱 2012). 그러나 제4부에서 살펴본 바와 같이, 조질석재 중에서도 석영과 규암은 강 주변에서 쉽게 발견되고 무제한으로 이용 가능할 정도로 풍부했기 때문에 한반도 전역에서 신뢰할 만한 석재로 널리 활용되었다(김상태 2012).

정질석재는 육안으로 거의 확인할 수 없는 수준의 은정질 구조를 갖는 암석을 포함한다(Luedtke 1992). 임진-한탄강 유역 정질석재의 대표 사례는 반암斑巖, porphyry과 유문암流紋巖, rhyolite이며, 미세한 입자로 구성된 응회암凝灰巖, tuff도 포천 일대에 다수 분포한다(권수진 2018; 김형준 2022). 유문암과 반암은 실리카SiO_2 성분이 70%가 넘는 산성 화성암으로, 약간의 나트륨Na과 칼륨K 성분을 포함한다. 색조는 전반적으로 밝으며 조직 사이에 육안으로 확인 가능한 반정斑晶, phenocryst이 포함되어 있기도 하다. 유문암은 점성이 높은 용암이 분출해서 만들어지지만 급속 냉각되면 흑요석으로 변한다. 반암에 비해 유문암과 흑요석은 임진-한탄강 유역에서 드물게 나타난다. 이 지역에 흑요석 산지가 있다는 제보가 있기도 했지만 아직까지는 백두산 일대에서만 획득된 것으로 밝혀지고 있다(이선복·좌용주 2015). 따라서 이 지역 정질석재들은 양적으로나 거리상으로나 조질석재에 비해 획득 비용이 높은 양질의 석재다.

중간질석재의 기계적 성질은 조질과 정질의 중간 단계에 속한다. 그렇지만 암석 분류상으로는 조질석재에 가깝다. 보통 조질석재 중 입자가 미세한 순백색의 석영맥암이나 고운 입자가 균일하게 배열된 사암 및 양질의 규암이 포함된다. 정질석영은 바깥의 자연면을 제거하면 일정한 결정 구조를 보이며, SiO_2 입자의 배열도 정연하다. 그러나 이런 중간질석재, 즉 양질의 석영계 석재는 결정 구조 안에 다양한 불순물이 포함되어 있으며 거대한 벽개면이 발달하기도 한다. 벽개면은 물속에 오랫동안 침수되어 있다가 지표에 노출되며 풍화작용을 거친 결과이거나, SiO_2 입자가 재결정화를 거치는 과정에서 발달하기도 한다(Klein and Hurlbut 1985). 입자가 고운 사암은 실트암粉砂巖, siltstone에 속하며, 변성 과정을 거치면 미세질 규암으로 변한다. 또한 퇴적물이 쇄설성이 아닌, 화산재로 구성되어 있으면 응회암으로 볼 수 있다. 실트와 화산재가 혼입되어 있는 경우는 중간질석재로 볼 수 있지만, 포천 일대 종자산에서 다수 확인되는 고운 입자의 응회암은 인근의 중리와 대회산리의 유물 제작에 활용된 양상으로 볼 때 중간질보다는 정질석재에 해당한다(고수길 외 2016; 권수진 2018; 김형준 2022).

2. 유적별 석재 구성비의 변이

분석 대상인 네 석기군의 석재 구성비는 [표 6.2]에 정리되어 있다. 임진-한탄강 유역 전체 구석기의 석재는 총 8개의 암종과 기타 정질석재로 구분할 수 있다. 동일한 암종 내에서도 불순물의 함량 또는 풍화가 진행된 수준에 따라 심각한 질적 변이를 보이지만, [표 6.2]의 석재들은 뚜렷한 질적 차이를 보이는 암종 분류 결과다. 기타 정질석재는 흑요석과 유사하거나 더 탁월한 탄성과 미세정질의 특성을 가지는 옥수나 수정암 같은 석재들이다. 이들 석재는 모두 장흥리에서만 확인된 사례들이다. 따라서 [표 6.2]의 석재 구분은 좌에서 우의 방향으로 각각 조질-중간질-정질석재에 해당함을 알 수 있다.

네 유적이 각각 특정 석재에 대한 편중과 상호 간 뚜렷한 차이를 보이는지를 파악하기 위해 상관도 분석을 수행했다. 각 유적과 석재별로 관측값observed frequency을 근거로 기대값expected frequency을 계산하고, 이 두 값의 차이 제곱합을 구해서 카이제곱값 $\chi^2=766.8496$을 도출했다(Shennan 1988). 이러한 카이제곱값은 95%의 신뢰도 수준에

[표 6.2] 유적별 석재의 빈도와 비율 상관표

석재의 종류 (암종)		현무암	편마암	규암	조립질 석영	사암	미세정질 석영	반암	흑요석	기타 정질석재	총합
장산리	관측값	**0**	**19**	**15**	**5**	**0**	**0**	**0**	**0**	**0**	**39**
	비율(%)	0	49	13	38	0	0	0	0	0	**100**
	기대값	0	1.67	3.72	19.32	0.99	17.6	0.38	4.17	0.08	**39**
전곡리	관측값	**1**	**3**	**30**	**91**	**10**	**14**	**2**	**0**	**0**	**151**
	비율(%)	0.01	2	20	60	7	9	1	0	0	**100**
	기대값	3.4	6.46	14.39	39.95	3.92	68.16	1.47	16.16	0.29	**151**
가월리	관측값	**0**	**0**	**3**	**40**	**2**	**184**	**0**	**0**	**0**	**229**
	비율(%)	0	0	1	17	2	80	0	0	0	**100**
	기대값	0.45	9.8	21.83	60.59	5.79	103.36	2.23	24.5	0.45	**229**
장흥리	관측값	**0**	**0**	**1**	**0**	**1**	**34**	**3**	**55**	**1**	**95**
	비율(%)	0	0	1	0	1	36	3	58	1	**100**
	기대값	0.18	4.07	9.06	25.14	2.4	42.88	0.92	10.17	0.18	**95**
총합		**1**	**22**	**49**	**136**	**13**	**232**	**5**	**55**	**1**	**514**

조질석재의 암종
중간질석재의 암종
정질석재의 암종

서(χ^2>36.42, df=24) 각 유적별로 서로 다른 석재가 활용되었다는 가설을 채택하게 해준다. 따라서 임진-한탄강 유역의 분석 대상 유적에서는 서로 다른 방식의 석재가 각각 채취되고 활용되었으며, 이는 서로 다른 기술조직의 결과로 볼 수 있다.

카이제곱 검정법만으로는 석재의 활용 변이가 유적별로 '어떻게' 드러나는지 알 수 없다. 따라서 보르드가 서유럽 무스테리안 석기군에 적용한 누적도수분포 그래프를 유적별로 그려서 석재의 양적 변이를 구체적으로 시각화해 보았다그림 6.2. 보르드가 그린 누적도수분포 그래프의 가로축은 전체 석기 형식의 번호를 기준으로 배치되었으며, 각 석기 형식은 뚜렷한 양적 차이가 없는 명목척도다. 그렇기 때문에 그래프의 모양이 계량적 차이를 드러내지는 못하고 단지 각 석기군의 차이 여부만을 나타냈다(Bisson 2000; Débenath and Dibble 1994). 그러나 [그림 6.2]의 누적 그래프 가로축에는 석재의 암석명이 배치되었는데, 이는 점진적으로 석재의 질적 수준이 향상하는 것을 반영하는 서열척도에 해당한다조질이 좌측, 중간질이 중간, 정질석재가 우측에 위치.

각 유적의 누적도수분포 그래프 형태는 서로 현격한 차이를 나타내기 때문에 전

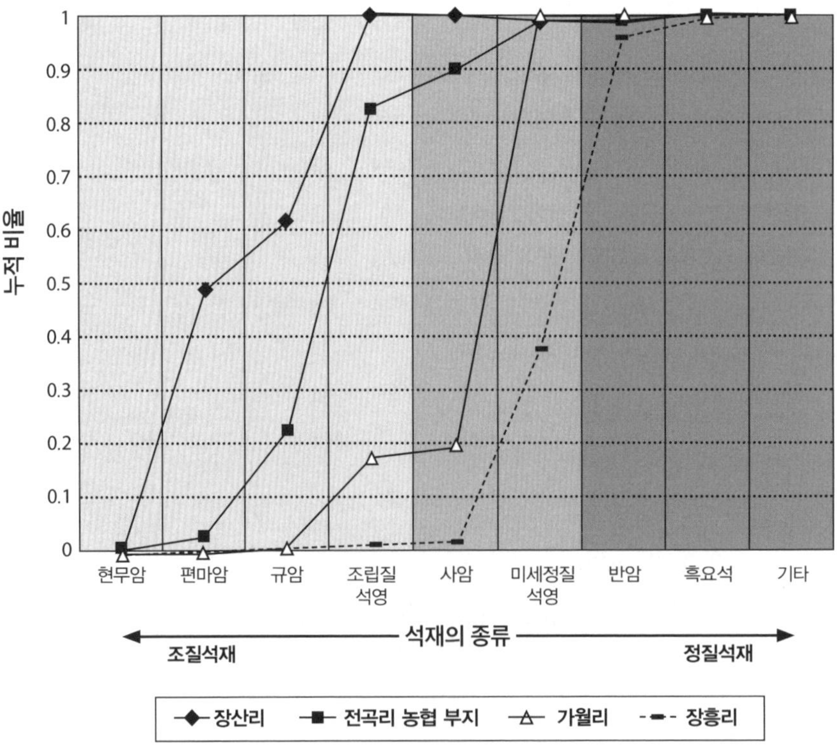

[그림 6.2] 임진-한탄강 유역 네 개 유적의 석재 암종 누적도수분포 그래프

술한 카이제곱 검정 결과보다 더 입체적으로 유적 간 변이를 보여 준다. 그래프만으로 보면, 장산리와 전곡리는 조질석재, 가월리는 중간질석재, 장흥리는 정질석재가 우세한 양상을 드러낸다. 보르드가 누적도수분포 그래프를 통해 무스테리안 석기군의 문화적 차이를 드러낸 것과 마찬가지로, 이를 통해 임진-한탄강 유역 유적들의 석재 구성비 변이에 대한 몇 가지 해석이 가능하다. 첫째, 네 유적의 연대 차이가 분명하고 각 유적의 점거 시점도 다른 것을 감안할 때, 석재의 판단 및 선택 능력은 임진-한탄강 유역을 각기 다른 시기에 점거한 고인류의 신체적·정신적 차이를 반영한다고 할 수 있다. 이는 고인류의 종적 차이와 관련이 있을 것이다. 둘째, 임진-한탄강 유역에서는 화산암과 퇴적암 및 변성암이 지점별로 각각 다른 영력하에 형성되었기 때문에 암석의 형성 과정 및 분포 차이는 유적 내 석재 활용의 변이를 가져올 수밖에 없다. 셋째, 이러한 석재 활용의 변이는 자원 확보를 위한 이주 방식의 계절성, 석재의 확보 및 석기의 제작을 반영하는 본거지 이동residential movement 혹은 생업적 이동logistic movement의 차별적 결과일 수 있다(Binford 1979, 1980).

상기한 세 가지 요인들을 복합적으로 참작하면, 개별 유적에서 이루어진 행위의 차이는 생계 유지 방식의 차이를 반영한다고 볼 수 있다. 이는 당시 고인류의 형질적·문화적 진화 수준에 좌우됨은 물론, 해당 시점에 특정 지점에서 이용 가능했던 제반 자원의 수급 여부와도 관련이 있다. 임진-한탄강 유역에서 일부 암석들, 특히 정질석재들은 산발적으로 분포하기 때문에 석재 채취장quarry과 실제 석기 제작 및 활용 지점 간의 거리 차이에 따른 변이도 고려할 수 있다(김형준 2022). 당시 고인류의 지능 수준을 감안할 때, 그들이 현재의 고고학자 및 정상과학자들만큼 석재의 물리적 성질에 대한 지식을 갖추었다고 보기는 힘들다. 따라서 일상에서 반복되는 경험적 기억이 석재 지식의 확보와 전파에 가장 큰 역할을 차지했을 것이다. 즉 유적별 석재 분포 변이는 고인류가 의도하는 도구를 제작하고 생필품을 소비하는 데 필요했던 자원들의 확보와 운반 및 소비가 복합적으로 작용한 결과로 볼 수 있다. 이와 관련해 석기군의 변이 및 석재의 질적 수준과 관련된 총체적 해석을 시도할 필요가 있다.

3. 석재의 질적 변이와 그에 따른 유적별 활용 양상

전술한 아홉 가지 석재들을 세 등급으로 분류할 수 있으며, [표 6.3]은 각 유적에서 나타나는 석재 변이를 드러내고 있다. 이미 [그림 6.2]에서 드러났듯이 네 석기군에서 가장 높은 빈도를 보이는 석재 범주는 각기 다르다. 이 사실은 [표 6.3]에서도 잘 드러난다. 여기서 기타 정질석재는 장흥리에서 발견된 옥수로, 임진-한탄강 유역은 물론 한반도 전체 구석기 유적에서 이례적인 미세결정 석재이기 때문에 정교한 석기를 만드는 데 탁월한 질적 효용을 제공한다(Kooyman 2000; Luedtke 1992).

[표 6.3]을 근거로 네 유적의 석재 분포가 보여 주는 특성을 더욱 명료하게 시각화하기 위해 삼각도표를 작성했다그림 6.3. 이를 통해 개별 유적 간 석재 분포에서 드러나는 유사점과 차이점을 계량적으로 파악할 수 있다. [그림 6.3]을 요약하면, 유적의 연대와 입지 및 각 유적에서 드러나는 석재의 질적 차이가 유기적으로 연관되어 있음을 알 수 있다. 현재까지 발견된 임진-한탄강 유역 구석기 지점들 중 시기상 가장 앞서는 장산리 유적은 예외 없이 조질석재만 보유하고 있다. 시기가 앞서는 것은 그만큼 이 지역의 구체적인 인구 점거 수준이 미약하고 기술적 진화의 뚜렷한 흔적도 아직 구체화되지 않았음을 시사한다. 더군다나 장산리에서는 기존의 기반암에서 기원한 것으로 보이는 편마암이 나타나며, 장산리단구층 같은 하상층에서 기원한 원마도 높은 규암 및 석영제 자갈이 적극 활용되고 있다.

장산리에서 뚜렷하게 드러나는 조질석재 편중 현상은 보다 상류쪽에 위치한 전곡리나 가월리 유적에서는 조금 다른 양상으로 나타난다. 전곡리에서는 현무암 같은 조질석재도 활용되지만 석영 및 규암이 가장 큰 비중을 차지한다. 그리고 석영 중에서도 비교적 입자가 곱고 치밀한 구조를 가지는 미세정질 석재가 일부 드러난다. 드문 사례지만 용암대지 분포 영역 밖에서는 거의 기대하기 힘든 흑요석이 한 점 발견되기도 했다. 이러한 흑요석이 전곡리 일대가 아닌 백두산 지역에서 유래한 것으로

[표 6.3] 각 석기군과 석재의 질적 범주 간 빈도표

석재의 질적 범주		조질석재	중간질석재	정질석재	총합
장산리	빈도	39	0	0	39
	비율(%)	100	0	0	100
전곡리	빈도	125	24	2	151
	비율(%)	82.78	15.90	1.32	100
가월리	빈도	43	186	0	229
	비율(%)	18.78	81.22	0	100
장흥리	빈도	1	35	59	95
	비율(%)	1.05	36.84	62.11	100

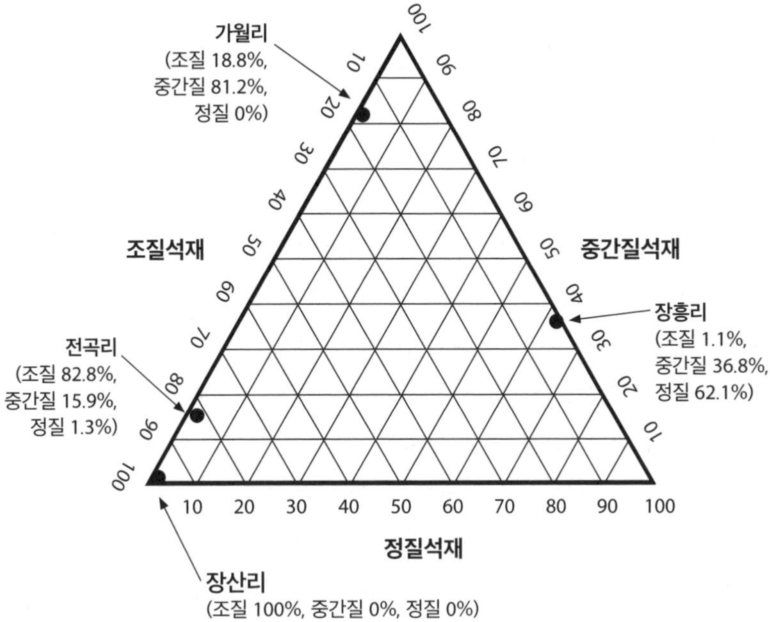

[그림 6.3] 각 유적별 석재의 질적 변이를 나타내는 삼각도표

볼 때, 이전의 장산리와 달리 보다 선별적인 석재의 활용 양상이 드러난다.

석재를 차별적으로 사용 혹은 취사선택取捨選擇, cherry-picking하는 경향은 가월리 석기군에서 더 뚜렷하게 드러난다. 암종에서 규암이나 석영이 주를 이루는 것은 전곡리와 다르지 않지만, 가월리 석기군은 도구석기 제작에 중간질석재인 미세정질 석영을 두드러지게 사용했다. 그리고 전곡리와 달리 2차 파쇄를 거친 각편이 석기군에 다수 포함되어 있다. 각편의 높은 빈도는 중간질석재를 더욱 철저하게 사용하려는 의도를 반영한다. 원석의 크기를 줄이는 추가 공정을 거치며 기존의 박편들이 대부분 손상된 결과로 볼 수 있기 때문이다.

가월리에서 중간질석재가 두드러지게 활용되는 것과 달리, 본격적으로 후기구석기 공작이 보편화되는 시점의 장흥리 유적에서는 흑요석, 반암 및 옥수가 포함된 정질석재가 주를 이룬다. 물론 일부 석영계 석재도 꾸준히 활용되었다. 철원과 포천 일대의 후기구석기 유적에서 흑요석과 함께 응회암이 적극 활용되기도 했음은 잘 알려진 사실이다(권수진 2018; 김형준 2022). 이를 통해 가월리와 장흥리 석기군의 연대 사이 어느 시점에서 정질석재의 활용이 임진-한탄강 유역에서 본격적으로 개시되었음을 알 수 있다. 이는 이 지역 중기-후기 구석기 전이의 중요한 기술조직 변화로 받아들일 수 있을 것이다.

임진-한탄강 유역 구석기의 석재 활용 방식은 특정한 암종에 집착하지 않고 다양한 석재를 두루 섭렵하는 특징이 있다. 예를 들어 가월리 유적에서는 중간질석재가 우세하지만 조립질 석영은 미세정질 석영과 비교할 때 약 1/4 수준이다표 6.2 참조. 아마도 가월리 유적의 고인류는 외관상 흡사하고 하나의 암석 범주로 묶을 수 있을 정도의 기계적 성질을 가진 석영계 석재들의 질적 차이를 경험적으로 파악하고 있었던 것으로 보인다. 석영계 암석의 분포는 임진-한탄강 유역의 각 지점마다 서로 다른데, 전곡리와 달리 가월리는 낮은 산록 사면에 위치하고 임진강 천변과 떨어져 있기 때문에 석영의 자연적 풍화가 덜 진행되었다. 따라서 가월리의 고인류들은 유수의 영향을 심하게 받지 않은 양질의 석영맥암에 접근할 수 있는 입지적 이점이 있었다. 그러나 전곡리는 유적 대부분이 한탄강에 의한 침식과 퇴적을 겪었고, 용암대지 형성으로 하상면이 상승하며 상대적으로 높은 하천 에너지의 영향을 지속적으로 받았다. 따라서 기존의 하상면 자갈층예: 백의리층에(이선복 1989, 2005) 혼재하던 석영 및 규암은 풍화도가 심한 각력角礫, angular pebble 상태로 존재하게 되었다. 이런 입지적 한계로 인해 전곡리에서는 양질의 석영계 석재를 선별할 수 있는 기회가 가월리보다 제한되었던 것으로 보인다.

지금까지 네 석기군의 석재 분포에서 나타나는 다양성을 분석했고, 각 유적별로 석재 분포의 변이가 발생하는 요인들을 제시해 보았다. 여기서 드러난 사실로, 시기가 오래된 유적에서는 전반적으로 그다지 비교우위가 없는 조질석재가 사용되었음을 알 수 있다. 또한 시간이 흐를수록 석재의 질적 수준이 향상되는 것을 확인할 수 있다. 그 결과 후기구석기 발생 단계에는 정질석재이자 외래석재들이 반복적으로 사용되기 시작한다. 이 과정은 임진-한탄강 유역 구석기 기술조직 진화의 중요한 특징에 해당한다. 이제 구체적으로 석재를 가공해서 도구를 만드는 과정을 분석하고, 그 결과를 제6부의 마지막 부분에서 종합적으로 검토하겠다.

IV 구석기 유물군의 분석과 그 결과

1. 분석을 위한 기본적 지수와 변수들의 설정

1) 유물의 변수로서 크기가 갖는 중요성

수렵-채집인의 이동성과 '지역활용land-use'은 고고학자들이 지속적으로 관심을 가져온 주요 탐구 주제다. 지금까지 다양한 개념적 틀과 연구 방법론이 고안되어 왔으며, 대상 수렵-채집인들의 생존 및 자원 이용 전략과 관련된 여러 가지 양상과 역동성이 논의되어 왔다(예: Binford 1979, 1980; Binford and O'Connell 1984; Kelly 1988, 1992; Kuhn 1994, 1995; Morrow 1997; Nelson 1991). 그러나 구석기시대 고인류의 이동성을 거시적 관점에서 재구성하는 것은 여전히 직관적 수준에만 머무른다는 한계가 남아 있다(Close 2000: 51; Kelly 1992).

전술한 대로 Binford(1980, 1982)의 본거지 이동과 생업적 이동 모델은 선사고고학에서 여전히 영향력 있는 관찰과 검증의 틀로 활용되고 있다. 이 모델은 실제로 수행할 수 있는 구체적인 자원 획득 계획과 전략에 근거를 두고 있다. 따라서 농경 발생 이전의 선사시대 식량 취득 행위 중 가장 큰 비중을 차지하는 석기의 제작 및 활용을 설명하는 데도 원활하게 적용될 수 있다. 빈포드의 모델에 특별히 기발하거나 거창한 주장이 있는 것은 아니지만, 1980년대 당시까지 수렵-채집인의 행위 및 이동과 관련된 개념적 틀이 마련되지 않았던 여건에서 민족지 자료에 근거한 '실증'이 가능하다는 논리적 건전함은 수렵-채집인의 행위 맥락을 피상적으로만 인식함에도 불구하고 관련 연구자들 사이에서 크게 지지받으며 활용되어 왔다(예: Barton 1990; Hayden et al 1996; Kuhn 1994, 1995; Nelson 1991; Rolland and Dibble 1990).

본거지 이동과 생업적 이동을 각각 다른 표현으로 치환하면, 막연하게 자원을 좇아 전면적으로 생활 터전을 바꿔 나가는 이동과 기본적 본거지는 그대로 유지한 채 생필품 취득을 위해 특정 소집단이 복귀를 염두에 두고 주둔하는 이동으로 구분할 수 있다. 이러한 이분법은 복잡-단순, 장기-단기, 보편-특수, 일반-전문이라는 '정도degree'와 '수준level'의 차이일 뿐, 상호 대조되는 개념들의 대치는 아니다. 그렇기 때문에 상기한 두 가지 이동 전략보다 더 높은 수준의 복잡한 이동이나 거의 정착에 해당하는 현저히 낮은 이동성 및 자원 활용은 고고학적으로 측정하거나 서술할 수 없는 명백한 한계가 있다. 즉 임진-한탄강 유역 구석기 수렵-채집인의 사례처럼 넓은 지역에서 장기간에 걸쳐 이루어진 다양한 행위들을 적절하게 복원하기에는 너무나도 단조롭고 한계가 명확하다는 것이다. 따라서 제5부에서 살핀 대로, 석기 제작과 사용의 상황에 따라 유연하게 대처하는 융통성과 임시방편의 특징이 드러나는 유물군을 고찰하려면 더욱 세분화된 모델이 필요하다.

제6부에서는 전술한 이분법적 수렵-채집인의 '지역활용' 모델의 한계를 극복하기 위한 시도로서, 석기군의 계량적 속성을 통해 수렵-채집인의 이동성 및 자원 이용 전략을 분석하고자 한다. 임진-한탄강 유역의 구석기시대 고인류도 초보적 수준에서 생존 및 자원 이용과 결부된 전략을 반복적으로 구사하며 현재 관찰되는 양상의 석기군을 남겨 놓은 것이 분명하다. 따라서 그들의 이동성을 구석기 기술조직과 연관 짓기 위해서는 1) 석재 획득의 구체적 과정(Kelly 1988; Mallol 1999), 2) 도구석기 제작에 결부된 고유한 디자인(Bleed 1986; Hayden et al. 1996; Nelson 1991), 3) 도구석기의 반복 가공 수준(Barton 1990; Rolland and Dibble 1990) 그리고 가장 중요한 요소로서, 4) 서로 다른 크기와 중량의 석재 및 석기의 운반 비용(Kuhn 1994, 1995) 등을 고려해야 한다.

끊임없이 이동하는 수렵-채집인들이 보유한 도구조합에서 석기의 전반적 크기size는 석기를 휴대하고 이동하는 일상에서 가장 핵심적인 속성이다(Kuhn 1995). 석기의 크기가 가지는 의미는 보통 유적의 자연적 형성 과정의 탐구에서 자세히 다루어지는데(Féblot-Augustins 1993; Mallol 1999; Schick 1987), 여기서는 석기의 크기 변수를 통해 대상 석기들의 이동과 가공 방식의 정형성을 살펴본다. 이를 위해 1) 대상 석기군에서 전체 석기들의 크기 분포를 파악하고 2) 그 분포상을 특징지어characterize 석재 활용과 석기의 제작, 사용, 폐기와 결부된 작업연쇄들을 몇 가지로 유형화할 것이다. 그리고 석기만으로 구성된 유물군에서 3) 일정하게 반복적으로 나타나는 몇몇 행위들의 양상을 인식하고, 각 양상을 4) 수렵-채집인의 이동성을 요약해 주는 경험적 모델과 결부하겠다. 이 작업을 통해 상대적으로 소규모의 석기 산포지 유적 내에서 어떤 행위들이 반복적으로 발생했는지 추측할 수 있으며, 해당 유적은 어떤 용도로 활용 혹은 점거되었는지 알 수 있을 것이다. 이 작업은 궁극적으로 임진-한탄강 유역같이 넓은 지역이 장기간 점거되는 동안 고인류들이 겪었던 자연적·기술적 동기 부여motivation가 어떻게 석기군의 시·공간적 변이를 이끌어 냈는지 파악하게 해줄 것이다.

2) 변수들의 조작적 정의

제5부에서 임진-한탄강 유역 구석기 유물군의 구조는 가공과 활용 면에서 적절한 크기의 작업용 원석을 선택하는 과정에서부터 영향을 받음을 알 수 있었다. 크기라는 개념은 빈번하게 언급되지만 사실 애매모호한 변수다. 석기의 크기는 길이, 너비, 두께, 무게, 밀도 및 부피와 같이 객관적으로 측정할 수 있는 변수들을 아우르는 통합적 관찰 결과이며, 관찰자가 직관적으로 인지하는 주관적 속성이기도 하다.

사례를 하나 들어 보자. [그림 6.4]에는 서로 다른 재질의 둥근 원석 세 개와 외날 긁개 하나가 있다. 이 네 가지 개체는 체적, 즉 부피는 같을지 모르지만 서로 다른 형태로 인해 그 크기의 비교 결과는 관찰자에 따라 다르게 나타난다. 평면 기하학적 관점으로는 세 번째 원반형 흑요석 원석이 가장 커 보이지만 무게나 밀도를 고려하면 오히려 흑요석은 가장 작고 가벼운 개체다. 통합적 관점에서 네 가지 개체들은 정확히 같은 크기이거나 어느 정도 비슷한 크기이거나 확실히 다른 크기를 가진다고 볼 수 있다. 선택적 관점으로 본다면, 네 가지 개체들은 각자의 물리적 성질에 따라 가장 큰 개체로 자리매김할 수 있는 개별 속성들을 보유하고 있다. 이런 애매모호함은 바로 크기라는 속성 자체가 본질적으로 가지는 개념적 한계에서 비롯한다. 크기가 명확하게 정의될 수 없는 이유는 적절한 측정의 차원이 지정되지 않았기 때문이다. 즉 시각적 크기가 과연 1차원적 크기(최대 길이)인지, 2차원적 크기(면적)인지, 3차원적 크기(부피)인지 사전 설정되지 않았으며, 무게나 밀도 등도 또 다른 의미로서의 크기로 제시될 수 있기 때문이다.

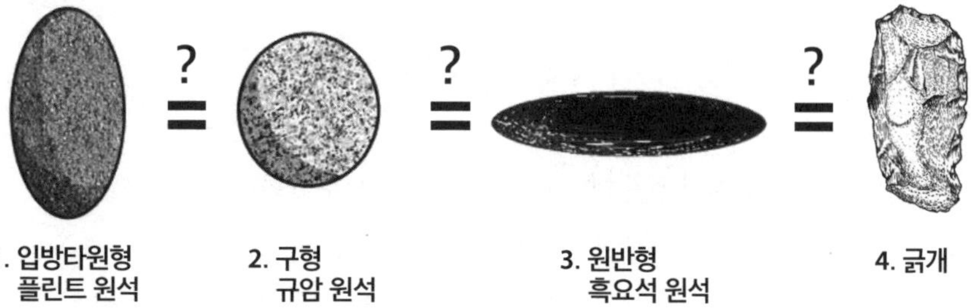

[그림 6.4] 크기는 비슷하나 형태가 서로 다른 네 가지 대상의 비교

크기라는 변수의 애매모호함은 실제 계량적 속성으로 다루어질 때 더 심각해진다. 이를 최소화하기 위해서는 각 개체들의 크기를 일관성 있게 비교할 수 있는 지수를 고안하는 것이 필요하다. 지수를 고안하는 작업은 적절한 계측치와 계산 방법을 동원해서 인위적으로 변수를 만들어 내는 조작操作, operation 과정이다. 이런 작업을 거쳐 만들어진 변수는 조작적 정의operational definition를 거친 변수다. 따라서 크기라는 불분명한 속성을 계량적으로 분석하기 위해서는 가장 특징적인 면모를 부각하는 조작적 정의를 거쳐 새로운 크기 변수를 인위적으로 설정해야 한다.

일반적으로 대상물의 크기는 관찰자의 눈을 통해 인지되고, 그 측정은 대상물의 형태를 인식하는 과정을 거쳐 맥락적으로 계산된다. 관찰자의 '크기인식size-awareness' 과정을 이끌어 내는 대상물의 이미지는 보통 한쪽 면으로만 투사되는 평면 형태다. 평면 형태는 관찰자의 인지과정을 통해 잔상殘像, afterimage의 기억으로 변형되며 소위 '일반적 크기general size'라는 추상적 관념으로 관찰자에게 간직된다. 이는 차후 크기에 대한 연쇄적 판단을 다시 이끌어 낸다(Adams and Adams 1991). 이런 인지 과정은 수치 자료로 완전하게 변환할 수 없기 때문에 산술적 정보로 기억되지 않고 애매모호한 상태로 남게 된다. 따라서 인지 과정상의 비산술적non-metric 이미지 처리에서 발생하는 애매모호함을 최소화하려면 이미지 자체를 산술적으로 변환하는 사전 정량화quantification 작업이 필요하다. 그리고 정량화 작업은 전술한 대로 크기라는 변수를 수치와 수식의 결합을 통해 조작적으로 정의하는 과정을 포함한다.

여기서는 크기의 연산 결과를 모두 선형으로 표시한다. 따라서 그 단위는 폭이나 넓이 그리고 두께와 같은 1차원 변수다. 여기서 크기의 종류는 '평면크기planar size, P'와 '입방크기volumetric size, V'로 나눌 수 있다. 그 외에 전혀 다른 차원을 가지는 계측치인 '무게mass, M'도 크기를 시사하는 또 다른 변수로 포함한다. 평면크기의 산술적 정의는 길이length, L와 폭width, W의 연산을 통해 이루어진다. 그 계산 공식은 최대 길이와 최대 폭의 제곱합의 제곱근을 구하는 것으로, 수식으로 표현하면 다음과 같다그림 6.5.

$$\mathbf{P} = \sqrt{(\mathbf{L}^2 + \mathbf{W}^2)}$$

한편, 입방크기의 계산은 두께thickness, T의 제곱을 추가한다.

$$\mathbf{V} = \sqrt{(\mathbf{L}^2 + \mathbf{W}^2 + \mathbf{T}^2)}$$

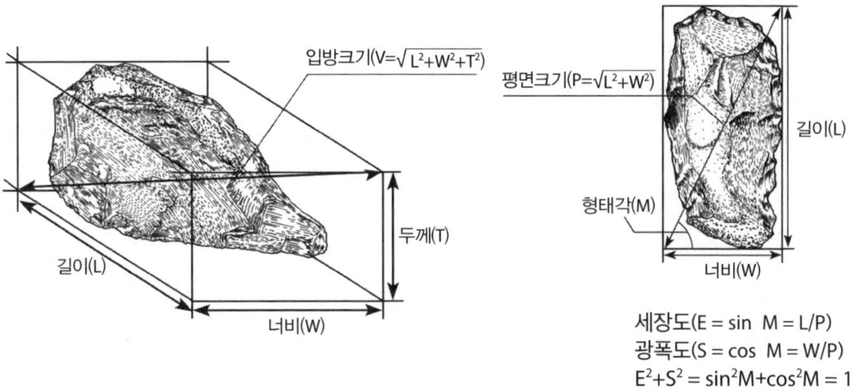

[그림 6.5] 평면크기(P), 입방크기(V), 세장도(E), 광폭도(S)의 조작적 정의 공식과 각 변수들의 모식도

평면크기와 입방크기는 각각 대상물에 외접하는 직사각형과 직육면체의 대각선 길이에 해당한다. 이들은 전술한 대로 직선상으로 묘사되는 1차원 선형 변수들이다그림 6.5. 이 두 가지 크기는 통상적으로 측정 가능한 계측 변수인 길이, 폭, 두께를 결합해서 조작적으로 정의된 값이다. 평면크기는 석기의 제작자 및 사용자가 직관적으로 인식하는 크기를 반영한다. 이 크기는 석기를 움켜잡고 제작 및 사용하는 데 영향을 주며, 구체적으로 수행할 수 있는 작업의 기능적 범위까지도 결정할 수 있다. 입방크기는 석기의 부피 및 무게와 함께 고려하면 석기의 운반 여부와 해당 석기를 반복 삭감하며 사용할 수 있는 잠재적 활용도까지도 알 수 있다. 만약 무게에 비해 부피가 과다할 경우, 원활한 운반을 위해 그 자리에서 즉시 삭감작업이 이루어질 수 있다. 반대로 석기가 사용 도중 연쇄적으로 변형되어 크기가 너무 작아지면 폐기되거나 장착 과정을 거친다. 따라서 평면크기와 입방크기는 기하학적으로 인지되는 이미지 및 실제 손으로 잡고 다루는 석기들의 크기를 고려해서 정의된 변수로 볼 수 있다.

그러나 조작적으로 정의된 두 크기 변수들은 맹점이 있다. 그것은 바로 석기의 구체적 형태를 고려하지 않고, 크기라는 변수만으로 전체 석기의 시각적 특성을 일률적으로 판단하는 점이다. 이러한 맹점을 극복하기 위한 방책으로 석기의 가로와 세로 비율을 적절하게 수치화해 주는 새로운 변수를 제시할 수 있다. 이 중 가장 중요한 것은 '형태각morphological angle, M'으로, 평면크기 벡터가 높이 및 폭의 벡터와 이루는 각도를 의미한다. 형태각은 석기의 평면 형태가 얼마나 넓적하거나 얄팍한지 판단하게 해 주는 수치다. 그러나 대부분의 석기 계측에서 형태각을 측정하는 경우는 드물기 때문에 형태각만으로 석기의 형태변이를 계량화하기는 쉽지 않다. 따라서 형태각의 삼각함수 값을 이용해 석기의 형태를 수치화할 수 있다. 삼각함수 값은 평면크기와 길이 및 폭을 이용해 계산할 수 있으므로 따로 각도를 측정하지 않아도 구할 수 있다.

길이가 석기의 평면크기에 기여하는 수준을 나타내는 '세장도$_{\text{elongatedness, E}}$'는 석기가 얼마나 가늘고 길쭉한지 시사하는 값이다. 전반적으로 날씬하고 길게 뻗은 형태의 석기일수록 이 값이 높아진다. 반면에 '광폭도$_{\text{spreadness, S}}$'는 세장도와 반대로 유물이 얼마나 가로로 퍼져 있고 넓적한지를 나타내 주는 값이다. 이 세장도와 광폭도는 삼각함수의 정리에 의해 상보적 관계를 갖기 때문에 둘 중 하나만 구하면 간단한 연산으로 나머지도 구할 수 있다. 세장도와 광폭도 및 양자의 관계는 다음과 같은 식으로 정리할 수 있다.

$$\text{세장도(E)} = \sin M = L/P,\ \text{광폭도(S)} = \cos M = W/P$$
$$E = \sqrt{(1 - S^2)}$$
$$\because \sin^2 + \cos^2 = 1$$

특정 석기의 세장도와 광폭도를 구하면 크기만으로 판단되는 석기의 형태에 더 자세한 수준의 형태변이를 추가로 고려할 수 있다. 그러나 세장도와 광폭도도 구체적으로 개별 석기들의 가공 및 양식 변이를 설명해 주지는 못한다. 일단 석기를 제작하는 초벌성형 작업의 결과는 크기와 세장도, 광폭도로 어느 정도 수치화할 수 있다. 하지만 가공/다듬기나 세공/꾸미기 작업같이 석기의 기종 변이와 양식 변이를 이끌어 내는 작업의 결과는 이런 수치들로 표현하기 쉽지 않다. 예를 들어 [그림 6.6]에서는 형식분류상 전혀 다른 기종에 해당하는 다양한 소형도구들의 평면크기와 형태각이

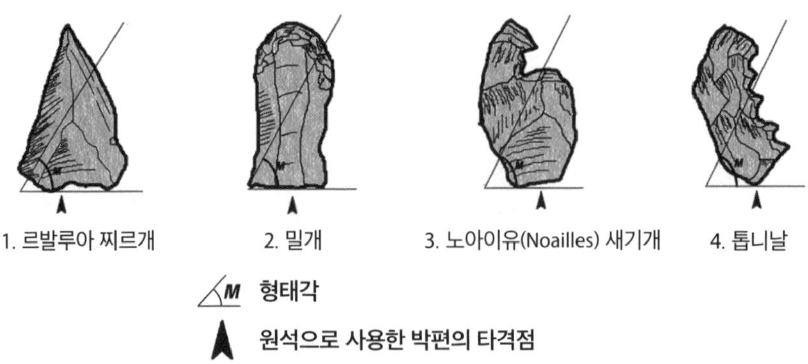

[그림 6.6] 같은 평면크기와 형태각을 가지는 서로 다른 도구석기 네 가지

모두 동일한 수치로 계산된다. 즉 조작적으로 정의된 각종 크기와 세장도, 광폭도 같은 변수에는 석기 형식의 기종 변이나 개개인의 기술 발휘를 통한 양식적 속성이 여전히 반영되지 않는다. 따라서 본 분석에서 석기의 구체적 기종 및 양식 변이는 대상 석기의 개별적인 관찰 및 구체적 기술을 통해 따로 언급하겠다.

본 분석에서 각 변수들을 측정·계산하기 위해 석기를 놓는 방향은 석기 실측과 동일한 방식으로 설정한다. 도구석기는 작업 혹은 가공 부위가 위로 향하게 놓는 것을 원칙으로 하며, 부산물 중 박편은 타격면이 아래로 향하도록 한다. 박편의 요소가 온전하게 남아 있지 않은 각편이나 각종 부스러기는 가장 긴 쪽을 세로축과 나란하게 놓고 측정하겠다.

3) 서열배치법(RSM)과 변수들의 분포 양상

석기 자료의 계측을 통해 의미 있는 변수들을 조작적으로 정의한 다음에는 이 변수들을 처리하는 통계적 분석 방법을 선택해야 한다. 임진-한탄강 유역의 구석기 공작은 대부분 장기간에 걸쳐 형성된 석기군들이다. 따라서 자료의 본질적 일관성은 기대하기 어렵다. 이것은 대부분의 구석기 자료가 감수해야 하는 기본적 한계이기도 하다(G. A. Clark 1982). 더군다나 유적별로 통계적 분석 방법이 적절하게 적용될 수 있는 표본의 크기가 다르기 때문에 대상 모집단의 성격을 추정하거나 이 모집단이 정규분포를 이룬다는 가정을 할 수도 없다.

따라서 본 분석에서는 네 개의 석기군을 통계적으로 검토하는 과정에서 탐색적 자료 분석법exploratory data analysis, EDA을 채택하겠다(G. A. Clark 1982: 248). 수집된 자료를 기계적으로 계산하고 인위적으로 대표값을 도출하는 확정적 자료 분석법confirmatory data analysis, CDA과 비교할 때 EDA는 자료의 분포 양상을 우선적으로 고려한다(G. A. Clark 1982: 250). 이 경우는 모집단이 정규분포를 이룰 것이라는 선험적 가정에서도 자유롭다. 무엇보다 원자료raw data의 기본적 특성을 나타내는 변수들이 분석 과정에서 다른 값으로의 산술적 전환을 거치더라도 그 측정 단위 및 개념적 의미가 변환되지 않아서 직관적 관찰과 판단이 분석 과정에서 전방위로 개입할 수 있다. 그리고 직관적 관찰만으로도 충분히 자료의 성격을 제시하기 때문에 복잡한 계산이 필수적이지 않다.

여기서 채택하는 EDA 분석 기법은 자료를 내림차순으로 늘어놓고, 이런 내림차순이 연속적으로 진행되는 양상을 관찰하는 서열배치법rank sequence method, RSM이다. RSM은 1997년에 최초로 고안된 이후(유용욱 1997) 그간 한국 구석기고고학 연구에서 꾸준히 활용되어 온 분석 방법이지만(예: 김형준 2022; 유용욱 2014b; 유용욱·김동완 2010; 유용욱 외 2022), 본서에서는 기존 분석 결과 및 실제 적용 과정에서 드러난 한계를 고려해 새롭게 수정된 방식을 제시한다. RSM은 단순하지만 강력한 계량분석 처리 방법으로, 개별 석기들의 변수들을 배열해 그 양상을 유형화할 수 있기 때문에 연속척도를 고고학적으로 의미 있는 명목척도나 서열척도로 바꿔 파악하게 해준다. 또한 변수들의 배열은 전체 모집단의 성격에 좌우되지 않고 적절하게 추출된 표본자료에서 그 양상이 더 명쾌하게 유형화된다. 따라서 전면 수습이 쉽지 않은 고고자료의 분석에서도 비교적 신뢰도 높은 결과를 기대할 수 있다. 변수값혹은 변량의 서열혹은 순위나 등급과 서열의 연속상이 보여 주는 변이의 관계 탐구는 일찍이 지리학에서 발전했으며, 고고학적으로는 중국 신석기시대의 거주지 유형 연구에 활용된 바 있다(Falconer and Savage 1995; Liu 1996). 임진-한탄강 유역 주먹도끼 분석에 RSM이 최초로 적용되던 당시는(유용욱 1997) 단순하고 시각적인 효율성에만 천착해 주먹도끼의 크기를 두 가지 범주로 나누기만 했던 수준에 머물렀다. 하지만 실제로 RSM을 통해 각종 변수들의 서열 연속상을 정교하게 유형화하면 의미심장한 결론들을 도출할 수 있다.

RSM의 절차는 다음과 같다. 우선 1) 대상으로 삼는 유물군의 분석 대상 변수값을 내림차순으로 배열한다. 그리고 2) 내림차순으로 배열된 변수값을 좌표상에 표시한다. 가로축x축은 각 변수들의 서열이고 세로축y축은 각 서열에 해당하는 변수값이다. 좌표상에 서열과 변수값들이 점으로 표현되면 3) 이 점들을 매끄러운 서열곡선rank sequence curve으로 연결해서 서열의 변화에 따른 변수값의 연속적 변화가 어떠한 양상으로 이루어지는지 관찰한다. 마지막으로 이러한 양상들을 4) 몇 가지 유형으로 나누어서, 각 유형이 고고학적으로 어떠한 의미를 가지는지 판단한다. 이 분석 절차는 좌표에 곡선상의 그래프로 표현되는 서열배치도rank sequence plot를 작성해서 관찰 및 판단하는 방식으로 이루어진다.

RSM의 기본 원리는, 표본 집단 내에서 각 변수값이 보여 주는 서열rank의 연속상sequence을 판독하는 것이다. 이 연속상은 서열곡선의 형태를 통해 파악할 수 있는데그림 6.7 등급 곡선의 만곡도彎曲度, curvature를 판독하면 고고학적으로 해석할 수 있는 변동상을 이끌어 낼 수 있다. 변수값value, V을 내림차순으로 정렬하면 서열곡선의 경사도declination, D는 자연스럽게 우하향하는 음의 기울기를 보이는데, 이를 수학적으로 표현하면 다음과 같다.

$$D = \Delta V/\Delta R \leq 0$$

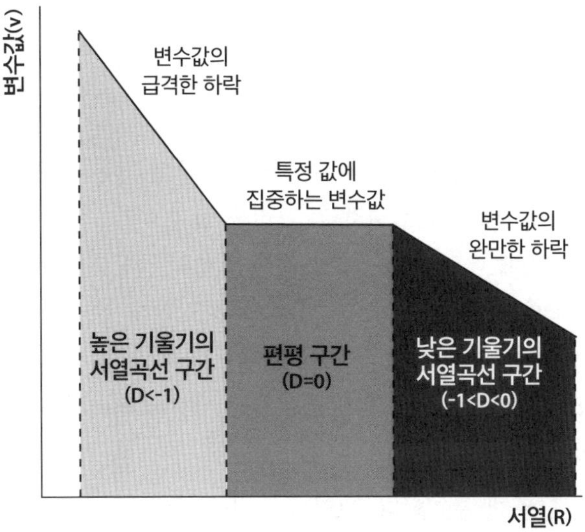

[그림 6.7]
서열곡선의 기울기에 따른
변수값의 변화상

[그림 6.7]에서 알 수 있듯이, 변수값은 내림차순으로 배열되기 때문에 서열값이 증가할수록 항상 감소하는 음의 기울기를 가진다. 서열값이 증가하면서 변수값이 급격하게 하락하면 기울기는 보통 -1 이하다. 반면 기울기가 -1보다 크고 0보다 작으면 상대적으로 낮은 기울기이므로 변수값은 완만하게 하락한다. 기울기가 0에 가까우면 특정 변수값에 복수의 서열이 몰려 있는 평탄면platerau이 형성된다. 이는 선호도의 집중이 이루어진 경우로, 고고학적으로 의미 있는 특정 변수값이 유물군에서 반복적으로 나타나는 것을 시사한다.

RSM에서 중요한 것은 분석자의 육안에 의한 고찰과 판단으로(G. A. Clark 1982: 250), 현상적으로 관찰되는 변수들의 배열상이 어떤 과정을 통해 만들어지는지에 대한 충분한 근거를 제시해야 한다. RSM에서 계량적 변이는 특정 값으로 제시되지 않고 연속상의 시각적 표현으로 드러난다. 따라서 이 연속상을 특징짓는 실제적 사실practical reality들을 적절하게 맥락화contextualization해야 한다. 대표적인 실제적 사실로는 대상 유물군의 특정 배열상을 이끌어 내는 과거인의 반복적인 행위를 들 수 있다. RSM을 통한 분석은 대상 유물군이 만들어 내는 양상의 구체적 근거를 밝히는 데 목적이 있다. 이렇게 밝혀진 근거 중 대표적인 것으로, 유물을 제작·사용하고 폐기한 고인류들이 기술조직 내에서 주어진 상황에 융통성 있게 대처한 행위들을 들 수 있다. 여기서 작주作主, agent인 고인류들이 스스로 자발적 선택과 능동적 행위를 통해 유물군의 변이를 적극적으로 이끌어 냈다는 발상도 의미를 가질 수 있다(유용욱 2013a). 물론 인적 영향보다는 후퇴적 변형 같은 비고고학적인 영향도 석기군의 현상적 변이를 만들어 내는 근거로 작용했을 수 있다. 따라서 고고학적 근거와 비고고학적 근거의 복합적 작용을 충분히 염두에 둬야 한다.

본 분석에서는 변수값의 다양한 연속상을 맥락화함으로써 임진-한탄강 유역의 고인류가 취했던 행위들을 몇 가지 유형으로 분류하겠다. 그리고 실제 석기 계측치를 통해 서열배치도를 작성하고, 각 유형에 대응하는 과거 고인류의 행위 양상을 복원하겠다. 이 방법은 몇 가지 행위 맥락의 유형을 설정하고, 실제 자료를 통해 이런 행위 맥락이 유적 내에서 어떻게 구현되었는지를 파악하는 연역적 방법론이다. 전술한 비고고학적 근거, 즉 후퇴적 변형을 포함하는 자연적 형성 과정은 석기군의 변이를 이끌어 내는 부수적 근거로 파악하겠다. 제4부에서 살폈듯이, 각 유적은 임진-한탄강 하계망의 유수 및 퇴적 과정의 영향을 겪은 게 분명하다. 그러나 유적의 원맥락primary context은 나름 온전히 보전되어 있기 때문에 서열배치도로 묘사되는 제반 변수의 연속상은 당시 구석기 유물군을 형성해 낸 고인류의 행위를 우선 반영한다.

2. 석기의 크기 분포에서 나타나는 변이

1) 유적의 형성 방식과 석기의 크기 분포 유형의 관계

석기의 크기를 변수로 삼아 서열 연속상의 유형을 파악하는 것은 삭감과정의 다양한 방식을 구분하는 작업이다. 도구와 부산물을 포괄하는 모든 석기의 크기 분포는 석재의 획득에서 최종 폐기까지의 연속상을 잘 드러내 주기 때문에 전체 석기의 크기 분포상은 삭감과정을 이끌어 내는 작업연쇄의 차별화를 반영한다. 따라서 석기의 크기 분포는 특정 상황에서 이루어진 유적의 형성 과정을 말해 준다. 예를 들면 석기 유물 한 점이 1) 석재 채취장에서 다듬어지고 2) 본거지로 운반되어 사용되고 3) 도살 작업에 재활용되다가 4) 사냥감인 동물의 몸에 박힌 상태로 폐기될 경우, 석기의 크기가 점차 감소하기 때문에 특정 지점에서 발견되는 석기의 크기는 각기 다른 분포상을 보여 준다. 여기서 중요한 전제는, 석기를 만들고 사용한 사람들이 전적으로 이동성 수렵-채집인이라는 것이다. 따라서 고인류의 모든 행위 정보 및 그 정보의 출처는 기존의 민족지고고학이나 현생 수렵-채집 집단 연구에서 밝혀진 공간 활용 및 식량 채취 행위의 연구 결과에 근거한다(예: Andrefsky 1994; Barton 1991a, 1991b; Binford 1979, 1980;

Binford and O'Connell 1984; Cowans 1999; Dibble 1995; Hayden et al. 1996; Kelly 1988, 1992; Kuhn 1994, 1995; Morrow 1997; Nelson 1991).

석기의 크기 분포 양상은 크기의 서열곡선 형태에 따라 [그림 6.8]과 같이 여섯 가지 유형으로 나눌 수 있다. 여기서 유물군은 전적으로 석기만을 포함하므로 고인류의 각종 행위 맥락은 석기군 형성에만 결부된다. 실제 동물화석이나 각종 식물 유체 및 집터와 구조물까지 포괄하면 행위 맥락의 해상도는 더욱 증가한다. 그러나 다양한 재질의 유물들을 단일한 서열배치도로 그릴 수는 없기 때문에 본 분석에서 석기 이외의 유물들은 다루지 않겠다.

① I유형-대형석기 위주의 서열 연속상

이 유형은 대형석기가 상대적으로 많은 반면 소형석기는 매우 적은 특징을 가진다. 초보적 제작 방식인 던져떼기와 모루떼기를 주로 사용하기 때문에 거대한 석괴 및 임의석핵이 양산되는 경향이 있다. 또한 조질석재 위주의 채석 현장에서 커다란 모암들을 채취하며 만들어지기도 한다. 이러한 거대 모암들은 최소한의 가공을 거친 후 즉석에서 폐기되고, 이보다 작은 크기들은 사용 및 재가공을 위해 밖으로 운반되므로 유적 내에 남지 않는다. 따라서 I유형의 석기군에서 도구의 비중은 낮으며 재가공의 경우도 드물다. 한편 정질석재의 커다란 모암이 차후 재사용을 위해 따로 은닉되는caching 경우도 이러한 분포를 보일 수 있다.

② II유형-양극단의 크기가 공존하는 서열 연속상

II유형은 중형석기가 적은 특징을 보이는데, 이는 석기군 내의 중간 크기 석기들만 유적 바깥으로 운반되거나 유적 내에서 집중 소진된 결과로 볼 수 있다. 정질이나 중간질같이 보존 및 재활용 가치가 높은 석재들로 제작된 중형석기는 특정 목적을 위해 제작 및 사용되는 곳으로 생업적 이동logistic movement을(Binford 1979, 1980) 거치는 것이 보편적이다. 이럴 경우 대형석기는 I유형과 마찬가지로 초보적 가공만 겪은 상태로 유적에 남고, 소형석기는 대형 및 중형석기를 다듬는 과정에서 파생한 폐기물이기 때문에 박편이나 각편같이 더 이상 차후 가공이 쉽지 않은 작은 크기를 가진다. 동물 도살 행위가 이루어진 장소에서 II유형의 크기 분포가 나타나기도 하는데, 대형석기는 중작업도구heavy-duty tool로서 뼈를 부수거나 관절 부위를 해체하는 데 사용되고, 소형석기는 날카로운 자연날로 짐승의 가죽을 벗기거나 살점을 발라내는 데filleting 쓰인 미세 도구로 볼 수 있다.

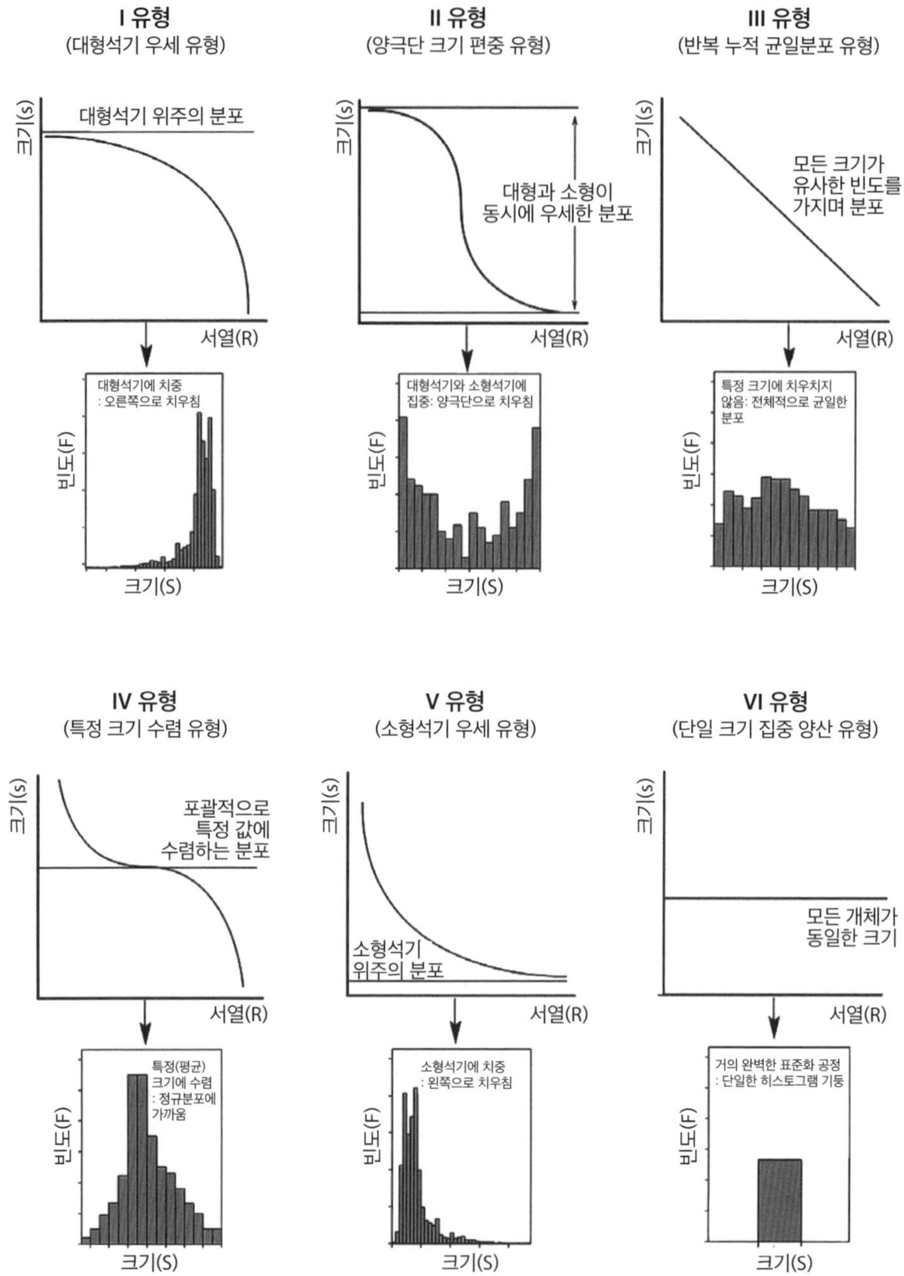

[그림 6.8] 석기 크기 분포상의 여섯 가지 유형과 각 유형의 서열곡선 및 히스토그램

③ III유형-반복 누적에 의한 모든 크기의 균일한 분포

III유형은 특정 크기에 편중되지 않고 다양한 크기의 석기들이 고루 남아 있는 경우다. 장기간 점거된 유적에서 보편적으로 나타나는데, 그 이유는 여러 행위가 복합적으로 누적되는 장소는 거의 예외 없이 오랫동안 반복 점거되기 때문이다. 빈번하게 이동하는 수렵-채집인이 공간을 활용할 때, 다양한 행위들이 반복적으로 누적되는 장소는 항시적으로 점거되던 상주지혹은 본거지, home base인 경우가 많다(Hosfield 2005; Isaac 1981). 또한 특정 작업이 수행된 한정 행위 공간이라도 즉석에서 석기가 꾸준히 재가공되면 작업연쇄의 복합도는 증가하고 파생하는 석기의 맥락도 다양해지게 마련이다. 이럴 경우 유적 내에서 기본적 부산물인 박편, 석핵, 부스러기뿐 아니라 망칫돌과 모룻돌 같은 제작용 석기, 똑같은 석기 기종이라도 형태의 변이가 큰 도구들이 함께 나온다. 드문 경우지만 III유형의 석기군에서는 은신처를 만들기 위한 각종 굄돌이나 발화석發火石 그리고 화덕의 영향으로 불에 의해 변형된 석기들도 발견된다.

④ IV유형-특정 값에 수렴하는 서열 연속상

IV유형은 II유형과 대조되는 특징을 가진다. 따라서 석기들이 일정 값에 몰리면서 서열곡선 중간 부위에 단일한 평탄면이 만들어진다. 이 유형의 크기 분포는 거의 정규분포에 가까운 형태를 보이므로 전체 석기군 크기의 평균mean과 중간값median 및 최빈값mode이 거의 일치한다. 이는 일정한 제작 기술이 유적 내에 보편화되고 다양한 크기의 원석이 가공되면서 특정 크기로 수렴한 결과다. 이 유형을 이끌어 내는 맥락은 크게 두 가지로 나눌 수 있다. 먼저 1) 고인류에 의해 선호되거나 선택되는 크기의 원석들이 유적에서 일정 거리 떨어져 있는 원산지에 따로 존재하고, 이런 원산지에서 일차적으로 선택 과정을 거친 크기의 원석들이 가공 및 활용되면서 해당 유적지로 유입된 것이다. 이런 기술조직을 가진 집단은 어느 정도 표준화된 생산 기술과 특정 양식style을 공유·전승·유지할 인구 규모와 지적 역량을 갖고 있다. 또 다른 맥락은, 2) 휴대하기 수월한 크기의 도구로 무장한 집단의 수렵이 이루어진 장소나 완성된 도구를 저장하는 곳과 같이 일시적 점거지인 경우다. 특히 투척용 찌르개가 제작되거나 르발루아 및 프리즘식 석핵prismatic core 같은 집약적 박리 기법이 보편화된 상태라면 일정 크기에 몰려 있는 도구 및 원석을 대량으로 만들 수 있다.

⑤ V유형-소형석기 위주의 서열 연속상

이 유형은 I유형과 대조되는 특징을 지닌다. 커다란 석기를 무작위하게 박리하는 기법보다는 세밀하고 정교한 타격 기술인 가압박리법이나 간접떼기를 구사해 석기를 제작하기 때문에 전반적으로 크기는 소형이 우세하다. 이 유형은 석재의 원산지보다는 주로 석기가 최종적으로 제작 및 활용되는 작업장 및 주거지, 수렵 장소 같은 곳에서 나타난다. 특정 지역에만 분포하는 석재를 운반해 와서 최대한으로 활용하려는 전략하에 주로 나타난다. 따라서 석재는 탁월한 정질이 대부분이며 희소가치가 높은 외래석재가 보편적으로 나타난다. 석기를 제작·사용한 집단의 빈번한 원거리 이동과 연결되기 때문에 석재의 선택과 도구석기의 제작에는 고도의 전략적 선택과 집중이 반영된다(Hayden 1989; Torrence 2002). 따라서 대부분의 도구는 높은 가공 수준을 보여 주며, 양질의 석재가 완전히 소진될 때까지 사용되는 경향 때문에 대형석기는 거의 나타나지 않는다. V유형의 서열배치는 보통 극심한 환경을 견뎌 내기 위한 긴축 전략의 결과로 볼 수 있으며, 후기구석기 단계에 가장 빈번하게 나타난다.

⑥ VI유형-단일한 특정 값에 전체 석기의 크기 집중

IV유형이 극단적으로 발전한 경우라 볼 수 있으며, 전체 석기군에서 한 가지 크기만 거의 배타적으로 분포한다. 마치 산업 현장에서의 '포드주의Fordism'식 생산 체계와 흡사할 정도로 획일적인 크기의 석기가 다수 생산되는 경우다. 일반적으로 숙련된 전문 장인이 규격화된 기술을 발휘해서 석기를 대량 생산하는 작업공정을 반영한다. 구석기시대 유적에서는 거의 나타나지 않지만 신대륙의 석기군에서 간혹 눈에 띄는데, 폴섬 찌르개Folsom point같이 고도로 표준화된 사냥 도구를 사용한 대량 살상 유적에서 주로 발견된다. 또한 중미 벨리즈 일대 마야 영역 내의 석재 및 석기 교류가 광역적으로 이루어진 지역에서도 나타난다(Whittaker 1994). 대체로 개인적 수준 혹은 아주 소규모의 집단 내에서 뚜렷한 제작 장인이 존재하고 기술 복제가 명확하게 이루어지고, 작업 노하우가 일관되게 재현될 경우에 기대할 수 있다.

위의 여섯 가지 유형은 [그림 6.8]에서 묘사된 것처럼 각기 다른 서열곡선의 형태를 보인다. 이 유형들 이외에 또 다른 형태의 곡선이 만들어질 수 있지만 그런 경우는 극히 이례적이라고 볼 수 있다. 해당 석기군의 크기 서열곡선을 그린 후 위의 여섯 가지 유형과 대조하는 과정에서 몇 가지 주의할 점이 있는데, 바로 다양한 외적 요인을 고려해야 한다는 것이다. 상기한 여섯 가지 유형은 특정 행위나 맥락이 두드러진 상황에서 드러나는, 고고학적으로 이상적인 경우를 대표한다. 전술한 대로 분석 대상의 유적이나 석기군은 대부분 여러 가지 자연적예: 후퇴적 과정이나 풍화 과정을 통한 2차 변형 혹은

인위적예: 고고학자의 온전한 석기 인지 능력 결여 간섭으로 인해 '실제적 사실'과 다르게 인식될 수 있다. 그렇기 때문에 상기한 여섯 가지 유형이 뚜렷하고 명쾌하게 드러날 것으로 단정하기는 쉽지 않다. 따라서 각 석기군의 크기 분포가 어떤 과정을 거쳐 특정 유형으로 드러나는지 우선 판단해야 한다. 이를 위해서는 실제 석기군의 발견 맥락 및 보존 상태 그리고 제5부에서 다룬 여러 석기들의 개별적 형식분류 결과를 고찰하는 것이 필수적이다.

2) 석기군 형성의 일반 모델

여섯 가지로 분류한 석기군의 크기 분포 양상은 유적 형성 과정을 좌우하는 여섯 가지로 뚜렷하게 유형화된 행위 맥락들을 말해 준다. 그리고 이런 유형들은 조작적으로 정의된 크기 변수를 활용해 단일 석기군 내 모든 석기들을 포함해서 그린 서열곡선으로 특징지어진다. 이제 개별 석기 개체의 크기를 측정하고 파악하는 데 있어 몇 가지 고려할 점을 정리해 보겠다.

석기를 만드는 데 사용되는 원석의 크기는 이동성 수렵-채집인들에게 특히 중요한 요소다. 도구를 만들기 위해 일정 크기의 원석이 사전에 운반되어 일차 가공을 거치기 때문이다. 고인류는 손으로 움켜잡고 운반하거나 조작해 가면서 석기를 만들기 때문에 적절한 크기와 무게라는 물리적 제한은 특정 석재의 원석을 선택하는 데 필연적 선택압selection pressure을 부여한다. 만약 석재의 모암 크기가 너무 크면 즉석에서 크기를 축소하는 가공을 거쳐 운반 가능성을 증가시켜야 한다. 따라서 특정 석기의 운반 가능성, 즉 운반성portability, P은 개념적으로 아래의 공식을 통해 정의된다.

운반성(P) = f(부피, 무게, 석기의 질적 수준) + g(수요, 활용도, 작업도)

여기서 f는 해당 석기의 물리적 성격을 반영하는 가상의 함수로서, 삭감과정에 의해 결정되며 변하지 않는다. 이와 달리 g는 잠재적 요건들을 고려한 함수로서, 석기를 사용하는 사람들의 기술조직 및 행동 상황에 따라 불규칙하게 변동한다. g 함수가 매개하는 세 가지 잠재 요건은 대상 석기의 1) 수요necessity, 2) 활용도availability, 3) 작업도workability다. 수요는 운반 대상 석기가 특정 작업에 얼마나 간절하게 필요한지에 대한 고려다. 활용도는 해당 석기가 효율적으로 사용되고 목적에 부합하는 수준을 말한다. 작업도는 전술한 수요와 활용도가 구체적 혹은 물질적으로 구현될 수 있는 가능성의 정도를 말한다. 석기의 운반성과 이런 개념들의 관계를 더욱 명료하게 이해하기 위해 신체가 완전히 성숙하지 않은 호모 사피엔스 소년 한 명이 MIS 2기 유럽에서 중간 크기의 들소aurochs를 사냥하는 데 필요한 석기 및 석재 원석을 운반하는 상황을 가정하는 서사敍事, narrative를 분석해 보자.

… 그 소년은 오늘 과연 어떤 도구를 가지고 나가야 할지 정하려고 한다. 일단 나가면 추운 날씨와 험난한 환경 탓에 돌아오기가 쉽지 않기 때문에 사전에 그가 할 수 있는 모든 가능성을 충분히 고려해야 한다. 아직 어리고 신체가 덜 성장했기 때문에 무겁고 큰무게와 부피 중작업도구heavy-duty tools 및 석재 원석은 가지고 갈 수 없다. 중간 크기의 솔루트레안Solutrean 찌르개는 이미 여러 번 사용되어 심하게 훼손되었다활용도. 플린트로 만든 르발루아 석핵은 가지고 가봤자 사냥하는 데는 별 쓸모가 없다수요. 기존에 써본 적 있는 적당한 크기의 그라베티언 턱진 찌르개shouldered point는 이미 부러졌고활용도 더 이상 남아 있는 게 없다. 팔매돌bola stones은 이 소년이 사용하기에는 기술을 발휘하기 쉽지 않아 소용이 없다작업도.

그래서 그는 다섯 개의 무스테리안 찌르개를 사냥용으로 가져가기로 했다. 그리고 가죽을 벗기는 용도로 긁개 하나, 도살 시 힘줄이나 인대를 끊어 내기 위한 톱니날 하나, 살점을 발라내기 위한 등칼 세 점을 챙겼다수요. 묵직한 중작업도구인 찍개 하나 정도는 해체 작업에 필요하겠지만활용도, 그런 석기는 현지에서 즉석으로 만들어서작업도 쓴 다음에 내버리고 오는 게 더 낫다수요. 왜냐하면 원래 가지고 나간 열 점의 석기와 사냥감을 함께 가져와야 하는데, 찍개처럼 무겁고무게 단순한 석기는 굳이 다시 가지고 올 명분이 없기 때문이다활용도.

그는 들소 한 마리를 성공적으로 잡았고, 사냥 도중에 두 개의 무스테리안 찌르개를 잃어버렸으며, 들소의 사체를 해체하는 과정에서 톱니날의 날이 완전히 무뎌졌다. 돌아오는 길에 주먹만 한 크기의 흑요석 석재가 땅에 떨어져 있는 것을 보았다크기와 무게. 그냥 버리고 가기에는 너무나도 희소하고 좋은 석재였으며, 화려한 호피 무늬의 예쁜 색조를 가지고 있었다질적 수준. 그래서 그는 그 흑요석 돌을 입에 물고, 사냥해서 얻은 들소의 뒷다리 뭉치를 오른쪽 어깨에 걸친 뒤, 나머지 일곱 개의 소형석기들을 모두 왼손에 움켜잡고 돌아왔다크기와 무게. 남은 찌르개 중 하나는 오늘 훼손된 톱니날로 재가공할 예정이다작업도. 흑요석을 물고 오느라 힘들었지만, 턱이 주저앉을 정도로 즐겁고 보람된 하루였다!

위의 서사를 요약하면, 물질적으로 입증할 수 없는 잠재적 성격의 g 함수 부분을 제외할 경우, 해당 석기의 운반성을 결정하는 가장 중요한 변수는 부피와 무게임을 알 수 있다. 따라서 개별 석기들의 입방크기V와 무게M를 가지고 서열곡선을 그린 후, [그림 6.8]에서 제시된 여섯 가지 유형과 비교함으로써 해당 유적 내에서 석기들이 어떻게 생산되고 운반되며 유적 형성 과정에 기여했는지를 밝혀낼 수 있을 것이다.

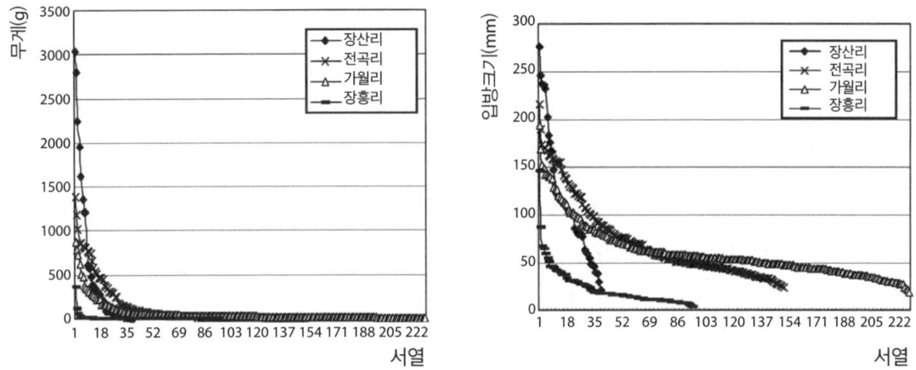

[그림 6.9] 네 유적 석기군의 무게(W)와 입방크기(V)의 서열배치도

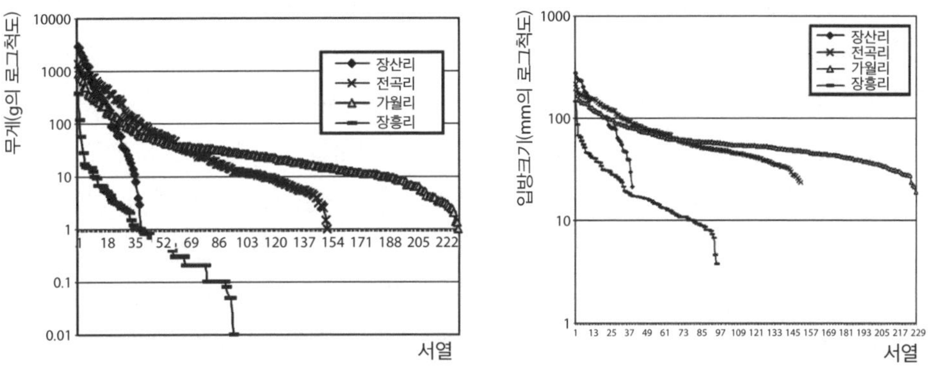

[그림 6.10] 상용로그 값으로 변환한 네 유적 석기군의 무게(W)와 입방크기(V)의 서열배치도

3) 임진-한탄강 유역 석기군들의 크기 분포상 변이

[그림 6.9]는 분석 대상으로 삼은 임진-한탄강 유역의 네 유적에서 발견된 석기군에 대해 무게와 입방크기를 기준으로 서열배치도를 그린 것이다. 여기서 무게는 실제로 채취·운반·가공 및 활용되었을 당시 고인류의 손 안에서 느껴지는 체감적 크기를 반영하며, 입방크기는 고인류가 시각적으로 인식하는 크기를 반영한다. 전술한 대로 입방크기는 공식에 의해 인위적으로 계산된 값이고 무게는 측정된 값이다. [그림 6.9]에서 서로 다른 두 가지 측정 단위로 인식되는 무게와 입방크기에 있어 임진-한탄강 유역의 네 석기군은 뚜렷한 차이를 드러내지 않는다. 그 이유는 무게는 몇 그램에 불

과한 자잘한 부스러기부터 수 킬로그램에 해당하는 거대한 석재의 모암까지 포함하므로 전체 변수의 분포 범위가 심각하게 크기 때문이다. 따라서 이러한 변수 격차를 줄이고 서열 연속상의 형태 차이를 더욱 부각하기 위해 무게와 입방크기의 상용로그common logarithm 값을 새롭게 계산해 서열배치도를 그려 보았다그림 6.10.

상용로그로 변환한 변수로 서열배치도를 그린 [그림 6.10]에서는 무게와 입방크기의 서열곡선 양상이 유사하다. 이는 이 지역 석재가 대부분 석영계로, 무게가 입방크기에 어느 정도 정비례하기 때문으로 볼 수 있다. 장흥리 석기군부터 살펴보면, 가장 작은 값 5개86번째 이상의 서열를 제외하면 대체로 V유형에 해당하는 '소형석기 우세' 유형으로 볼 수 있다. 이와는 반대로 시기가 가장 이른 장산리 석기군은 전형적인 I유형으로서 대형석기가 우세한 양상을 보인다. 이 유형들은 제4부에서 고찰한 유적별 기본적 성격과도 일치한다. 장흥리 석기군에서는 정질석재인 반암, 흑요석 등으로 제작된 미세한 잔돌날 석기와 재가공된 소형도구가 우세하다. 반면, 장산리 석기군은 거칠고 풍화도 수준이 높은 규암제 거력巨礫이나 장산리단구면에서 채취된 것으로 보이는 자갈돌을 사용한 대형도구 및 가공되지 않은 자갈들이 주를 이룬다.

장흥리와 장산리 석기군이 각각 V유형과 I유형의 전형적 특징을 보여 준다면, 전곡리와 가월리 석기군은 다소 완만한 곡선을 이루는 III유형의 형태가 나타난다. 두 유적의 퇴적 과정은 하천 퇴적층전곡리과 사면붕적층가월리의 차이가 있지만 모두 장기간에 걸친 후퇴적 과정을 겪었을 가능성도 배제할 수 없다. 후퇴적 과정을 배제하더라도 두 석기군에서 특정 크기가 전적으로 우세하게 나타나지 않는다는 점은 주목할 만하다. 이 두 유적은 III유형의 전형적 사례인, 장기간 반복 점거 흔적의 특징을 가진다고 볼 수 있다. 즉 전곡리와 가월리 유적 내부에서는 생계와 결부된 다양한 행위들이 반복되었을 가능성이 높다.

4) 석기군의 특징과 유적 점거 방식의 해석

장산리 유적에서는 석핵이 3개만 발견되었고, 그마저도 원래의 맥락에서 발견된 사례들이 아니다(이선복 2004, 2005). 장산리 석기군에서 이렇게 석핵이 부족한 이유 중 하나는, 고인류들이 채택한 기술조직은 석핵에서 박편을 반복적으로 떼어 내는 보편적인 석기 제작 방식이 아니었기 때문이다. 이는 제5부에서 제시한 것처럼, 장산리의 고인류가 던져떼기나 모루떼기 같은 초보적 기술을 통해 석기를 제작한 것과 밀접한 관련이 있다(Shen and Wang 2000).

이 주장을 뒷받침할 증거로 상대적으로 높은 빈도를 보이는 양극편을 들 수 있다. 장산리의 양극편은 둥근 자갈돌이나 조약돌을 수직으로 쪼개서 만들었다. 성공적으로 쪼갤 경우 비교적 쓸 만한 측면날을 가지는 대칭의 양극편 두 점이 만들어지는데(Kuhn 1995: 97), 이는 굳이 다듬지 않더라도 자연스럽게 만들어진 측면날을 확보하려는 수요의 측면에서 이해할 수 있다. 또한 모룻돌을 사용하는 던져떼기가 주를 이루는 장산리 기술조직에서 양극편은 전술한 작업도workability를 충족시키는 산물로 볼 수 있다. 그러나 장산리 양극편은 계획적 제작 방식을 거치지 않았기 때문에 크기도 모두 다르고 가장자리의 날 각도도 대부분 50°가 넘는다. 이런 경우 자연날일지라도 자르는 날로 활용할 수 없고 긁거나 문지르는 수준의 작업만 가능하다.

장산리 유적이 형성되던 MIS 7기는 임진-한탄강 유역 구석기의 초창기에 해당한다. 이 시기는 매우 원시적인 기술조직만 존재했으며, 석핵을 집중 활용해서 원하는 수준의 박편을 획득하는 공법이 뚜렷하게 정착하지 못한 것으로 보인다. 장산리 고인류는 모루떼기나 던져떼기 같은 방법을 주로 사용했고, 모룻돌로 만든 양극편의 무딘 날을 활용하는 것에 집중한 것으로 보인다. 이런 기술조직에는 계획적인 석재의 획득이나 사용된 도구의 재가공을 기대하기 힘들다. 따라서 장산리 유적에서는 석재의 획득 및 석기의 제작과 관련한 복합적 지역활용 사례가 뚜렷하게 나타나지 않고, 큼직한 석기를 일부 가공하는 수준의 한정 행위만 이루어진 것으로 볼 수 있다.

이와 달리 시기적으로 후행하는 전곡리와 가월리의 석기군은 복합적 용도로 점거된 흔적이 크기 분포에서 잘 드러난다. 두 유적은 모두 한탄강과 임진강이 만입하는 사행천의 내부 범람원에 위치하기 때문에 강으로 둘러싸인 좋은 관측 지점이며 생존에 필요한 식수를 충분히 확보할 수 있는 지점이다. 따라서 자연적으로 인구가 밀집하기 좋은 입지 조건을 갖추고 있다(Kelly 1995: 163). 두 유적에서는 공통적으로 다수의 주먹도끼가 발견되었는데, 특정 지점에서 주먹도끼 제작이 집중적으로 이루어진 것은 제작 기술을 보유한 고인류 집단이 지역 내에서 자유롭게 분열·융합하며fission and fusion 주먹도끼 제작 기법을 보유·전승·유지해 온 것으로 볼 수 있다. 이 과정은 학습learning이나 지도instruction라는 사회적 절차보다는 개인적 수준에서 무의식적인 모방이나 흉내내기 수준의 필적匹敵, emulation 욕구에 의해 구현된 것으로 보인다(McNabb et al. 2004: 667). 특히 전곡리와 가월리는 하천의 본류 주변에 위치하기 때문에 하계망을 따라 이동하기 용이한 지점이고, 그만큼 임진-한탄강 주변의 고인류들이 다양한 역할과 행위를 수행하기 위해 집결할 수 있는 장소로 볼 수 있다.

이런 지점에서는 석재의 획득 및 석기의 제작·사용·폐기가 동시다발로 진행됐을 가능성이 높다. 두 유적은 공통적으로 석영계 조질석재를 쉽게 획득할 수 있는 장소이며 대형도구와 함께 다양한 기종의 소형도구가 발견되었다. 소형도구의 경우, 홈날이나 긁개 및 찌르개같이 서로 다른 기능을 가진 기종들이 같은 지점에서 함께 나왔다. 가월리 유적은 전곡리 유적에 비해 소형도구가 더욱 다양하고 석재는 대부분 중간질석재인 정질석영으로 구성되어 있다. 하지만 실제 두 유적에 거주하던 고인류의 일상은 대동소이했을 것으로 보인다. 그렇기 때문에 두 석기군의 크기 분포상은 공통적으로 III유형을 보인다. III유형 같은 복합 행위 유적은 한반도 구석기시대에 가장 보편적으로 나타나는 대규모 장기 점거 유적들이며(김상태 2012), 후기구석기 단계에도 꾸준히 등장한다(김형준 2022).

3. 원석 활용 및 소형도구의 제작 양상

1) 원석의 활용 유형

임진-한탄강 유역 석기군에는 다수의 소형도구와 비가공 박편이 포함되어 있다. 여기서 박편은 넓은 의미로서, 세장도가 높은 돌날까지 포함한다. 박편은 소형도구를 만드는 원석으로 활용되므로, 소형도구와 박편의 비율은 박편의 활용도availability를 높이기 위해 성형과 잔손질 작업을 가한 결과를 반영한다. 소형도구는 박편을 삭감해서 만들기 때문에 일반적으로 박편에 비해 평면크기가 작다. 따라서 소형도구의 평면크기 서열곡선은 박편의 서열곡선보다 아래에 위치한다. 그리고 소형도구가 더욱 가공되거나 날 재가공 공정을 거치면 평면크기의 서열배치 연속상은 계속 바뀐다.

[그림 6.11]은 박편을 활용한 소형도구 제작의 여섯 가지 유형을 보여 준다. 각 유형의 개념과 의미를 나열하면 다음과 같다.

① L유형-원석을 아낌없이 활용하는 양상

첫 번째 유형은 박편을 원석 그대로 무분별하게 사용한 경우로, 석기군 내의 박편들은 아직 소형도구로 변환되지 않은 상태이거나 잠정적인 원석으로 활용되기 위해 생산된 것들이다. 박편은 대형도구를 성형하거나 다듬는 과정에서도 만들어지기 때문에 실제 모든 박편이 소형도구로 100% 전이될 가능성은 높지 않다. 그럼에도 이 유형은 만들어지는 모든 박편을 특별한 절약 없이 풍족하게 소비하는lavish consumption

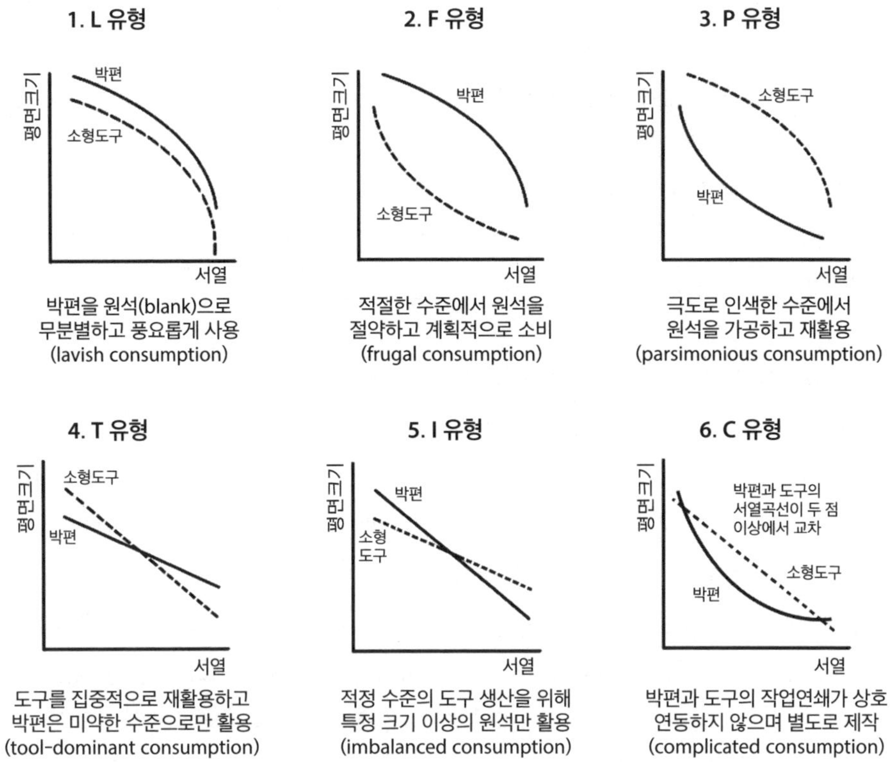

[그림 6.11] 박편과 소형도구 석기의 크기 분포에 따른 여섯 가지 원석 활용 유형

경우다. 이럴 경우 석기군 내에서 소형도구의 평면크기는 거의 예외 없이 박편보다 작기 마련이다. 그리고 박편과 소형도구의 평면크기 서열곡선은 서로 비슷한 형태를 가지며, 너무 작은 크기보다는 어느 정도 크기가 있어야 도구의 활용도 및 작업도가 보장되기 때문에 두 석기 범주의 크기는 공통적으로 대형에 몰려 있는 경우가 많다. 따라서 서열값이 낮은 부분에 평탄면이 존재한다. 이 유형은 풍족하고 후하며 헤픈 소비를 의미하는 'lavish'의 L을 따서 'L유형'이라 칭한다.

② F유형-적절한 수준으로 원석을 절약하는 양상

L유형과 같은 방식으로 박편이 생산되지만 이 박편들이 무분별하게 소모되지 않고, 기존에 사용하던 소형도구들을 재가공하는 공정이 적절하게 혼합된 방식이다. 보통 전혀 가공되지 않은 원석으로서의 박편보다는 손에 익숙하고 사용자의 파지 및 사용 수세에 더 친숙한 기존 도구에 재가공을 가하는 경우가 빈번하다(Dibble 1995: 332).

특히 자원으로서의 석재가 제한적으로 활용될 경우 주어진 석재를 어느 정도 절약하며 소비frugal consumption해야 하기 때문에, 기존 도구의 재활용은 이러한 경제적 석재 소비에서 반드시 고려해야 하는 전략이기도 하다. 이런 재가공 과정을 거치면 박편은 L유형과 비슷한 평면크기의 서열배치도를 보이지만 소형도구는 작은 크기까지 추가 가공을 거치므로 높은 서열값 부분에서 평탄면이 나타나는, 즉 상대적으로 작은 크기의 소형도구가 우세한 서열곡선이 만들어진다. 이 유형은 절약하다 또는 소박하다는 의미의 'frugal'에서 따온 F유형으로 이름 지을 수 있다.

③ P유형-극도로 인색하게 원석을 절약하는 양상

이전 두 유형과 달리 박편의 크기가 일괄적으로 소형도구보다 작다. 이 유형의 박편들은 소형도구 제작을 위한 원석으로 사용되기보다는 소형도구 제작 및 추가 가공 과정에서 파생된 진정한 부산물이다. 그렇기 때문에 기존의 큼직한 박편들은 모두 소형도구로 변환되어 석기군에 거의 남지 않는다. 대신 소형도구들이 추가로 가공되며 발생하는 거의 쓸모없는 미세한 박편만 남는다. 이 유형은 환경상의 압박 혹은 모종의 이유로 석재 수급이 제한될 경우 기존 석재를 철저히 인색하다 싶을 정도로 소비하는parsimonious consumption 기술조직이다. 따라서 소형도구의 서열곡선은 도구의 활용도를 감안할 때 다양한 크기가 공존하는 형태를 띠지만 박편의 서열곡선은 소형에 집중된 형태다. 이 유형은 인색하거나 극도로 절약함을 의미하는 'parsimonious'에서 따온 P유형으로 이름 지을 수 있다.

④ T유형-기성既成 도구 위주로 재가공하는 양상

전체 석기군 내에서 큼직한 박편만 도구 제작에 활용하고 소형박편은 가공하지 않고 폐기하는 경우다. 대신 기존에 제작된 도구는 꾸준히 사용되며 집중적인 추가 가공을 거친다. 이럴 경우 박편의 크기는 소형이 대부분이다. 이 소형박편은 가공 과정을 거치지 않기 때문에 실제 석기군 내에서 발견되는 박편 크기는 어느 정도 균일한 분포를 보인다. 반면에 도구는 집중적으로 가공되기 때문에 그 크기가 대형부터 소형까지 큰 변이폭을 보인다. 따라서 소형도구의 서열곡선은 가파른 기울기를 가지며 박편의 서열곡선과 교차한다. 이 유형은 제한적인 석재의 수급이 이루어지는 상황에서 두 가지 이상의 석재가 공존해 서로 다른 방식의 박편 삭감이 이루어질 때 주로 나타난다. 좀 더 좋은 석재는 꾸준히 재가공되지만 그다지 좋지 않은 석재의 경우, 일정 크기 이하의 박편은 거의 가공되지 않는다. 여기서 일정 크기의 임계점은 두 서열곡선이 교차하는 지점이다. 이 유형은 도구만 집중적으로tool-dominant 소비하기 때문에 T유형으로 이름 지을 수 있다.

⑤ I유형-일정 크기 이상의 박편만 주로 소비하는 양상

숙련도가 높은 제작 집단이 정교한 공법을 구사해 다양한 크기의 박편을 양산하고 일정 크기에 수렴하는 최종 도구들을 반복 제작하는 유형이다. 기술이 어느 수준에 도달하면 최종 도구의 크기는 일정해진다. 이 유형은 정질석재가 원활하게 공급되고 도구 제작 기술이 모듈화modularization된(유용욱 2016), 즉 작업연쇄상 일관된 제작 방식이 통합적으로 구사되어 특정 석기가 연속으로 만들어지는 기술조직에서 잘 나타난다. 따라서 전기구석기 같은 초보적 기술조직에서는 기대하기 힘들지만, 플린트 같은 양질의 석재를 집중 활용하고 르발루아 같은 체계적 제작 기법을 가진 것으로 특징지어지는 서반구의 무스테리안이나 체계적으로 돌날을 획득하는 후기구석기 단계에서는 보편적으로 나타난다. 한반도 구석기처럼 석재가 열악하고 특정 제작 기법이 뚜렷하게 자리 잡지 않은 상황에서는 잘 나타나지 않는다. 이 유형은 일정 크기 이상의 박편을 소비하고 그 이하의 박편은 폐기한다는 점에서 T유형과 동일하지만, 양질의 석재 수급이 원활한 여건에서 도구 제작 기술의 집약적 모듈화가 이루어졌다는 점에서 구별된다. 박편이 크기에 따라 선별적으로 불균형하게imbalanced 소비되므로 I유형으로 이름 지을 수 있다.

⑥ C유형-복합적 요인이 작용하는 박편 소비 양상

전술한 다섯 가지 유형만으로는 박편의 활용과 소형도구 제작에 영향을 주는 행위 맥락을 명확하게 파악하기 힘든 경우를 일괄한다. 이런 경우는 박편과 소형도구의 서열곡선이 보통 두 점 이상에서 교차한다. 그 이유는 두 곡선 중 어느 하나가 현저하게 만곡彎曲하거나 복합 곡면의 형태를 가지기 때문이다. 이럴 경우 대상 석기군은 본질적으로 석기 제작자들의 행위 맥락을 온전하게 반영하지 않으며, 박편과 소형도구의 작업연쇄는 상호 연동하지 않는다고 볼 수 있다. 전술한 크기 분포의 III유형과 같이 여러 가지 행위 맥락이 중첩된 상황을 반영한다. 또한 유적이 형성된 뒤에 후퇴적 변형을 겪으며 석기들이 불규칙하게 훼손되거나 풍화되어 현저하게 크기가 줄어든 결과도 감안할 수 있다. 어떤 과정을 거쳤든 간에, 이런 유형은 고고학적으로 설명하기 힘든 복잡한complicated 석재 소비 및 후퇴적 과정을 겪은 결과다. 따라서 C유형으로 이름 지을 수 있다.

2) 박편과 소형도구의 평면크기 분포 변이

전술한 여섯 가지의 원석 활용 유형은 도구의 기종 및 기형을 세밀하게 형식분류할 수 없는 거친 석기군을 분석하는 데 유용하게 쓰일 수 있다. 특히 각 유형은 석재의 수급 상황 및 도구 제작 기술의 집약도까지 포함하기 때문에 임진-한탄강 유역 구석기 유물군과 같이 외관상 단조롭고 커다란 변화가 없어 보이는 기술조직의 변화상도 유형화하도록 해준다. 본 분석에서는 전곡리, 가월리, 장흥리 세 석기군만을 대상으로 했고, 박편 및 소형도구의 수가 현저하게 적은 장산리 석기군은 제외했다.

세 유적의 박편과 소형도구의 평면크기 서열배치도는 [그림 6.12]로 그려진다. 전곡리와 장흥리는 전형적인 L유형과 P유형에 각각 해당한다. 가월리는 C유형으로 나타나는데, 이는 추가적 해석을 필요로 한다. 가월리 유적의 소형도구 중 평면크기가 10cm 이상으로 현저하게 큰 두 개체를서열 1과 2 서열곡선에서 확인할 수 있다. 이 두 개체는 모두 자귀로서 부피가 유달리 큰 각편으로 제작된 것들이다. 이 자귀 두 점을 제외하면 소형도구의 서열곡선은 거의 직선에 가까운 형태를 가지며 완만한 기울

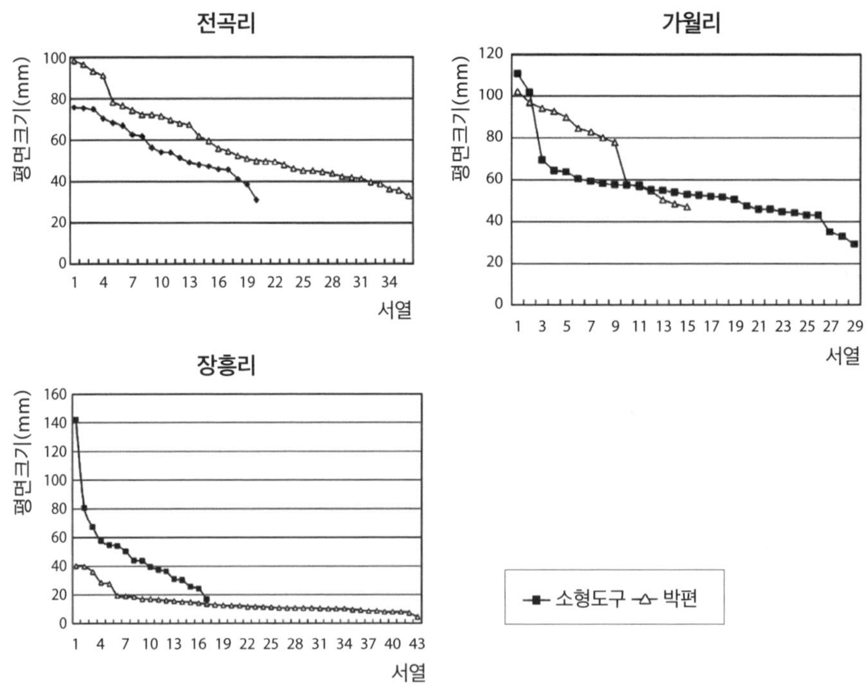

[그림 6.12] 세 석기군의 박편과 소형도구 평면크기 분포상

기를 보이는 I유형의 서열배치를 가진다고 볼 수 있다. 도구의 서열곡선과 박편의 서열곡선은 약 6cm의 평면크기 지점에서 교차한다. 실제로 가월리의 소형도구들은 약 4-6cm 정도의 평면크기 구간에 집중적으로 분포함을 고려할 때, 이 정도 값이 가월리 석기군의 대표적인 소형도구 크기라는 것을 알 수 있다. 이는 가월리의 고인류들이 의도하는 도구 크기를 따로 인지하고 있었을 가능성을 시사한다. 이 크기의 도구를 만드는 데 필요한 박편의 평면크기는 약 6-8cm다. 이 크기의 박편이 집중 소비되면서 석기군 내에 그다지 많이 남지 않으므로, 서열곡선은 이 구간에서 급격하게 하강한다. 전곡리나 장흥리와 비교할 때 가월리 석기군은 온전한 박편의 개수가 눈에 띄게 적다. 이것은 아마도 일정 크기 이상의 박편들, 특히 6-8cm 구간의 박편들이 대부분 도구 제작에 소진된 결과로 볼 수 있다.

그 외에도 이 구간의 박편 개수가 현저히 적은 것은 두 가지 다른 이유로 설명할 수 있다. 첫째, 본 분석에 포함되지 않은 각편들이 전체 가월리 유물의 약 90% 이상을 차지한다. 이 각편들은 박편 혹은 대형의 석괴가 파쇄되며 발생한 부산물이다. 그렇기 때문에 다른 두 석기군에 비해 가월리 석기군은 심각한 후퇴적 과정을 겪은 것으로 볼 수 있다. 둘째, 가월리 소형도구들은 박편보다는 날을 가지지 않은 각편을 재가공해 생산된 경우가 많다. 전술한 가장 큰 소형도구인 서열 1과 2의 자귀가 바로 그 사례들이다. 가월리에서는 중간질석재인 미세정질 석영이 일관적으로 활용되었다. 이런 석재는 박편이나 각편이 보유한 자연날을 추가 가공 없이 직접 사용하는 게 더 효율적이다. 이 두 가지 개연성 있는 이유를 근거로 한다면 가월리의 박편과 소형도구의 삭감과정은 서로 연동하지 않는다고 볼 수 있다.

가월리 유적을 제외한 전곡리와 장흥리는 전형적인 박편과 소형도구의 연동상을 잘 보여 준다. 전곡리 석기군은 장흥리에 비해 시기가 앞서고 석기 제작 기술도 뚜렷하게 집약화된 후기구석기 공작과는 거리가 있다. 또한 반암이나 흑요석 같은 정질석재가 거의 없기 때문에 풍족한 조질석재로 만들어진 박편을 무분별하게 낭비한 L유형의 사례를 보여 준다. 마찬가지로 석영계 석재가 주를 이루는 석기군인 가월리와 비교하면 석핵의 비율이 상대적으로 높고 망칫돌 같은 제작 도구도 발견되었다. 박편도 온전한 타격면과 예리한 자연날을 보유한 개체가 많이 포함되어 있다. 그러나 전곡리 석기군은 날 부분이 가공된 도구가 많지 않고, 당연히 날 재가공 공정도 별로 눈에 띄지 않는다. 따라서 전곡리 석기군에서 도구의 재가공은 거의 기대하기 힘든 수준임을 알 수 있다(Kuhn 1990, 1995). 이런 기술조직은 L유형의 전형적 특성과 잘 부합한다.

후기구석기 공작에 해당하는 장흥리 석기군에서는 반암이나 흑요석 같은 정질석재가 독보적으로 사용되었으며, 약간 치우친 형태이긴 하지만 전형적인 P유형의 서열곡선이 나타난다. 이는 장흥리 고인류가 모든 크기의 활용 가능한 박편 및 기존의 도구들을 절박한 수준으로 철저하게 가공 및 재가공했음을 시사한다. 그 결과 석기군에서 확인되는 박편들은 대부분 더 이상의 가공이 불가능한 수준의 초소형 개체들이다. 서열곡선의 평탄면으로 볼 때, 장흥리 석기군의 평균 박편 크기는 2cm 이하다. 이는 기존 도구를 재가공하며 발생하는 부스러기 수준의 박편이나 흑요석으로 제작된 초소형 잔돌날microblade의 크기를 반영한다(최복규 외 2001). 잔돌날은 엄밀한 의미에서 일반 박편과는 그 크기나 형태가 다르기 때문에 원석의 형태를 반영하는 변수를 추가로 분석할 필요가 있다.

4. 잔손질과 원석의 형태가 변화하는 방식

1) 박편과 소형도구의 세장도

세장도는 원석의 생산 방식과 잔손질된 최종 도구의 전반적인 형태를 설명해 주는 변수다. 높은 세장도를 가지는 돌날은 후기구석기 공작의 대표적인 표준 유물fossile directeur로 인식되기도 한다(Bar-Yosef and Kuhn 1999; Bordes 1969; Mellars 1989). 돌날 제작기법은 한국은 물론(유용욱 2003; 이선복 2000; 한창균 2003) 동아시아 후기구석기 공작에서도 잘 드러난다(Barnes 1993: 58 참조). 따라서 세장도의 증가는 원석을 활용할 때 자연날 부위를 극대화할 수 있는 돌날을 집중적으로 생산하는 후기구석기의 기술적 진척을 잘 말해 준다.

임진-한탄강 유역 석기군에서 돌날은 유적의 지점별로 각기 다르게 나타난다. 시기가 가장 앞서는 장산리 유적을 제외하면 MIS 4기 이후에 해당하는 전곡리, 가월리, 금파리 유적 등에서도 돌날은 거의 혹은 전혀 드러나지 않는다. 우연적 타격으로 만들어진 세장박편이 일부 있을 뿐이다예: 그림 4.13의 8과 9, 그림 4.28의 6, 그림 5.7. 장흥리 유적에서도 공식 보고서에 따르면(최복규 외 2001) 잔돌날은 풍부하게 발견되지만 일정 크기 이상의 일반 돌날은 두드러지게 나타나지 않는다. 최근의 분석에 따르면 임진-한탄강 유역의 다양한 후기구석기 유물군에서도 돌날이 차지하는 비중은 그다지 높지 않다(김형준 2022). 그렇기 때문에 기존에 만들어진 돌날이 도구로 변환되고 거듭 가공되며 원래의 높은 세장도를 잃을 정도로 형태가 달라졌을 가능성도 있다.

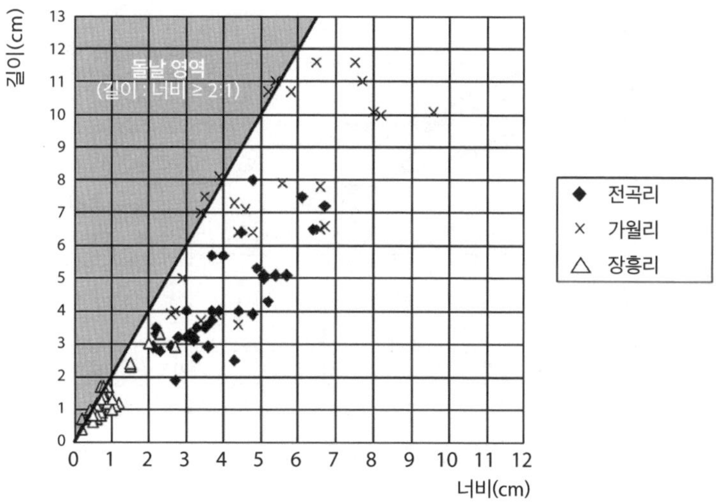

[그림 6.13] 세 석기군의 박편 및 돌날을 포함한 원석의 장폭비 산점도

[그림 6.13]은 전곡리, 가월리, 장흥리 석기군의 박편 장폭비 분포도다. 이 분포도에 따르면 후기구석기 단계의 장흥리는 전곡리 및 가월리 석기군과 비교할 때 장폭비의 전반적 수준에서 큰 차이가 없다. 다만 장흥리의 박편 크기가 전곡리나 가월리에 비해 전반적으로 더 작은 사실은 잘 드러난다. [그림 6.13]에서 어두운 부분은 가로와 세로 비율이 1:2 이상인 돌날의 영역인데, 세 석기군 모두 이 영역에 해당하는 개체는 별로 없다. 엄밀히 말하면 임진-한탄강 유역에서는 후기구석기 단계에 들어서도 프리즘식 돌날 획득 같은 체계적이고 모듈화된 기법이 광범위하게 보편화된 것으로 보이지는 않는다. 물론 돌날은 후기구석기 공작을 시사하는 결정적 증거지만, 돌날만이 후기구석기의 기술조직을 대변해 주는 것은 아니다. 오히려 돌날을 제외한 전반적인 박편과 원석의 활용 방식을 통해 임진-한탄강 유역 구석기 공작의 다양성을 더욱 세련되게 논할 수도 있을 것이다.

박편이나 돌날이 거의 포함되지 않은 장산리 석기군을 제외한 세 석기군의 원석과박편과 돌날 포함 소형도구를 합쳐서 세장도 서열곡선을 그리면 [그림 6.14]와 같다. 여기서 세 곡선의 상대적 위치는 각 석기군이 보여 주는 원석 및 소형도구의 세장도 차이를 시사한다. 중간에 교차하는 구간이 일부 존재하지만 시기가 가장 오래된 전곡리 석기군은 장흥리에 비해 원석과 도구의 세장도가 뚜렷하게 낮다. 가월리 석기군은 전곡리와 장흥리의 중간에 위치하지만 서열값이 가장 높은 일곱 개체그림 6.13의 오른쪽 끝부

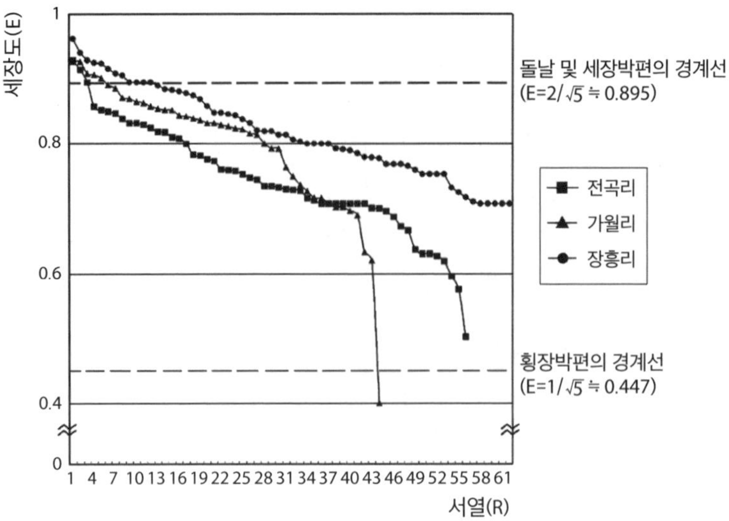

[그림 6.14] 세 석기군 내 원석 및 소형도구의 통합 세장도 서열배치도와 돌날 및 횡장박편의 임계값

분 점 일곱 개는 오히려 전곡리보다도 현저하게 낮은 세장도를 보여 준다.

돌날은 장폭비세로/가로 비율가 2 이상때로는 2.5나 4 이상인 세장박편이므로(Bar-Yosef and Kuhn 1999: 324) 이 비율을 세장도, 즉 삼각함수 값으로 변환하면 약 0.895 이상이다 $2/\sqrt{5} \approx \sin 63.5° \approx 0.895$. 역으로 장폭비가 0.5 이하, 즉 현저하게 넓적한 횡장(transverse) 혹은 측면타격 박편side-blow flake의(Barnes 1993: 60) 세장도 임계값은 약 0.447이다 $1/\sqrt{5} \approx \sin 26.5° \approx 0.447$. 돌날이나 세장박편은 좁은 타격점에 강력한 힘이나 압력을 순간적으로 가해서 획득하지만(Whittaker 1994) 횡장박편은 편평한 판석을 둔탁한 망치로 타격해 광폭의 박편을 '썰어 내는' 방식으로 얻는다. 이런 횡장박편 획득 공법은 일본 혼슈 서남부 지역에서 후기구석기의 코우國府식 나이프ナイフ型石器를 만드는 전통인 세토우치 기법瀬戸内 技法에서 잘 나타난다(Ambiru 1997: 23; Barnes 1993; Inizan et al. 1992).

2) 잔손질이 가해지는 방향: 측면부인가 말단부인가

임진-한탄강 유역의 구석기 기술조직은 돌날이 뚜렷하게 발달하지 않았지만 제5부에서 드러났듯이 소형도구의 기종 변이는 보편적 구대륙 중기구석기 공작과 유사하다. 소형도구의 제작 방식, 그중에서도 잔손질 가공을 통한 기종 형성 및 날 재가공에 주목해서 이 지역의 유적별 기술조직이 어떤 변이를 보이는지 고찰해 보겠다. 여기에서

도구 제작 및 날 재가공 공정은 석기의 크기를 지속적으로 줄이고 세장도를 변화시키는 작업연쇄이므로 이 지역에서 돌날이 빈약하게 나타나는 요인들의 일부를 시사해 줄 것으로 보인다. 제대로 된 돌날이 만들어졌을지라도 도구 제작을 위한 심각한 잔손질이 말단부에 가해지면 기존의 돌날 속성인 장폭비, 즉 0.895 이상의 세장도는 꾸준히 감소할 수밖에 없다. 결국 유적에서 발견되는 최종 산물은 돌날 제작이 활발하지 않은 것으로 판단하게 하는 석기군 변이가 될 것이다.

이 가설을 검정하기 위해 원석과 소형도구의 세장도를 분리해서 상호 관계를 분석할 필요가 있다. 박편과 돌날을 원석으로 택해서 세장도의 서열곡선을 그리고 소형도구의 세장도 서열곡선과 같은 좌표에 배치하면 보통 네 가지의 유형이 드러난다그림 6.15. 세장도의 서열 연속상에 따라 곡선의 형태는 달라지지만 두 곡선의 결합 방식은 이 네 가지의 유형에서 크게 벗어나지 않는다. 여기서 기본 전제는 원석으로서의 박편 및 돌날은 가로 혹은 세로 방향으로 잔손질을 거치며 삭감되고, 이에 따라 최종 도

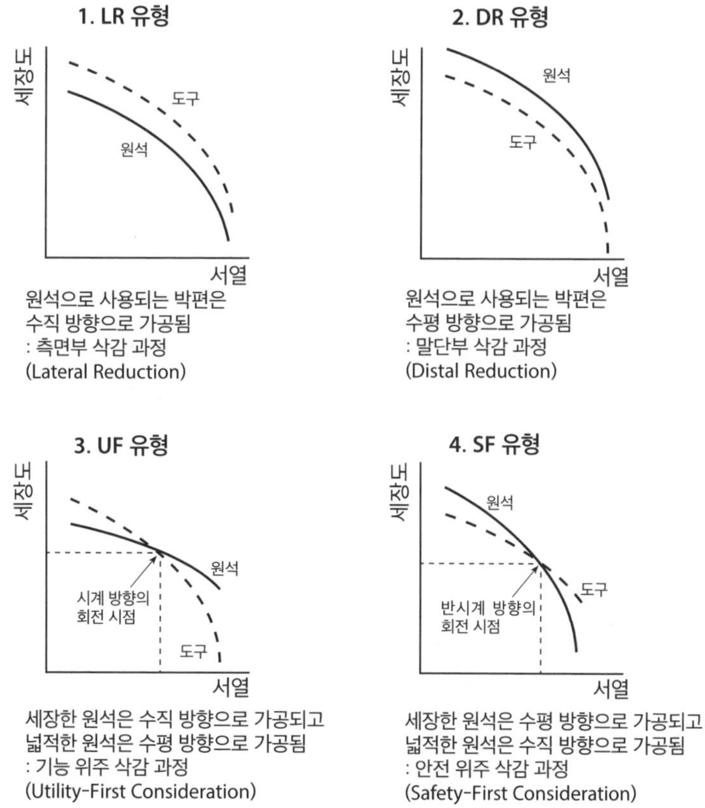

[그림 6.15] 원석과 소형도구 서열배치도 조합의 네 가지 유형

구의 세장도가 결정된다는 것이다.

① LR유형-측면부 삭감 우세

원석의 크기가 장축의 수직 방향으로 감소하며잔손질된 부위가 장축과 평행 전반적으로 세장도가 증가하는 삭감과정이다. 측면부만 집중 가공되면 말단부도 뾰족한 형태로 수렴하고(Dibble 1995: 318) 석기 폭은 원석보다 감소하지만 길이는 그다지 감소하지 않는다. 따라서 최종 도구의 세장도는 원석의 세장도보다 증가하며, 둘의 서열곡선은 일반적으로 평행하거나 서열값이 증가할수록 아래쪽 방향으로 수렴한다. 이 유형은 주로 긁개 및 찌르개같이 측면에 날이 있는 기종을 만드는 데 사용되고, 말단부에 자연날이 남아 있는 자르개의 측면 가공에도 사용된다. 날 가공 대신 날을 죽이는 등대기backing 잔손질을 측면부에 가하면 자연날을 활용하는 등칼도 만들 수 있다. 측면부lateral가 삭감reduction되는 것에 근거해 LR유형으로 이름 지을 수 있다.

② DR유형-말단부 삭감 우세

LR유형과 반대의 삭감과정을 거친다. 이 유형은 말단부distal가 삭감reduction된다는 의미로 DR유형이라 부른다. 원석의 크기는 장축과 평행한 방향으로 감소하며잔손질된 부위는 장축과 수직 세장도도 지속적으로 감소한다. 박편 및 돌날을 원석으로 사용할 경우 두꺼운 타격혹이 존재하는 초단부proximal end보다는 반대쪽의 얇팍한 말단부가 우선 삭감된다. 따라서 말단부의 날 각도가 가파르게 증가하며 문지르는 날45° 이상 60° 미만 수준으로 바뀌어 간다. 세장도가 꾸준히 감소하면 극단적으로 축소된 손톱끝밀개그림 4.55의 1, 그림 4.56의 1로 변형되기도 한다. 도구의 세장도는 원석보다 항상 작기 때문에 서열곡선은 원석 아래에 위치한다. 이런 유형의 산물들은 밀개, 뚫개, 새기개 등이다. 말단부에 날죽이기truncation 잔손질이 가해진 기종이나 원석을 의도적으로 부러뜨려 만든 도구들도예: 후기구석기의 사다리꼴날 등 여기에 포함된다. 그리고 횡장박편의 가장 긴 말단부를 가공한 횡장긁개transverse scraper도 DR유형의 삭감과정을 거친 결과다.

③ UF유형-도구의 효용을 우선 고려한 것

길쭉한 원석은 측면부, 짧고 넓적한 원석은 말단부가 우선적으로 가공되는 유형이다. 보통 “도구를 가공함에 있어 사용 후에 재가공되는 부위는 원석에서 가장 긴 부위에 해당하기 때문에(Dibble 1995: 321)” 원석의 형태에 따라 가공되는 부위가 선택적으로 융통성 있게 결정된다. 따라서 삭감과정에서 도구의 용도 및 효용utility을 먼저first

고려한다는 의미에서 UF유형으로 이름 지을 수 있다. 이 유형은 처음에는 원석의 측면 부위를 가공하다가 어느 시점에 폭이 너무 좁아지면 말단부로 가공 부위가 전환되며 수평 방향의 잔손질transversely retouched이 이루어진다(Dibble 1995: 317). 이 유형은 제작자가 오른손잡이라고 가정할 때, 왼손으로 잡고 있는 원석을 시계 방향으로 돌려 말단부 가공으로 바꾸는 수세를 반영한다. 원석의 회전 시점을 말해 주는 좁아진 폭의 임계치는 잔손질을 거치며 증가한 날 각도는 물론 자신의 손이 손상되는 것을 방지하기 위한 '자구책自救策, self-defense'과도 관련이 있다. 이 유형의 전형적 사례로 새기개를 들 수 있는데, 측면부에 일차 가공이 집중되다가 마지막으로 새기는 날을 확보하기 위해 말단부에서 새기개편burin spall을 뜯어내는 공법으로(Inizan et al. 1992: 70) 만들어지기 때문이다.

④ SF유형-제작자의 안전을 우선 고려한 것

길쭉한 원석은 움켜잡을 수 있는 부위가 길기 때문에 말단부가 우선 가공되며, 넓적한 원석은 타격 시 움켜쥔 부위의 반작용을 최대한 이끌어 내기 위해 측면부가 우선 가공되는 유형이다. 이 유형에서는 석기 효용의 최대화보다는 더욱 편하고 원활한 작업과 제작자의 신체 부위 손상을 방지하는 안전safety이 우선first시된다. 따라서 SF유형으로 이름 지을 수 있다. 이 유형은 원석을 고정하는 손에서 가장 멀리 떨어진 말단부를 가공하다가 어느 시점에 시계 반대 방향으로 회전시켜 측면부 가공으로 전환하는 수세를 반영한다. 원석의 회전 시점은 제작자의 손이 타격으로 훼손될 위험에 직면하거나 날 각도가 증가해서'reduction index' 참조(Kuhn 1990: 587) 예리한 날을 새롭게 확보하는 시점이다. 실제로 석기 제작 공정에서는 안전이 꾸준하게 보장되지 않는다(Whittaker 1994). 그러므로 석기제작자가 자신의 신체를 보호하고 불가피한 손상을 방지하는 작업공정을 유지하는 것은 기술조직에서 충분히 고려할 만한 조건이기도 하다.

UF와 SF유형에서 서열곡선이 교차하는 방식은 원석보다는 도구 서열곡선의 만곡 형태로부터 더 많은 영향을 받는다. [그림 6.16]에서 원석의 세장도 서열곡선이 직선이라 가정하면 측면부가 우선적으로 가공된 도구를 보유한 석기군은 대부분 긁개, 자르개, 찌르개 및 등칼 등의 기종들이다. 이럴 경우 대부분의 도구는 원석보다 높은 세장도를 가지므로 서열값이 낮은 곳에서 평탄면을 가지는 곡선을 만들어 낸다그림 6.16의 곡선 1. 반면에 말단부가 우선 가공된 도구 위주의 석기군에서는 밀개, 뚫개, 새기개 및 슴베찌르개 같은 기종이 다수를 차지하며, 원석보다 낮은 세장도를 가지는 도구가 우세하기 때문에 서열곡선은 서열값이 높은 쪽에 평탄면을 가진다그림 6.16의 곡선 2.

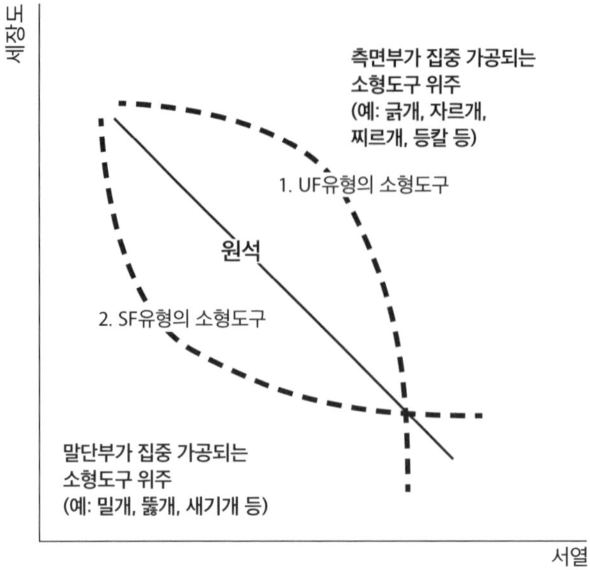

[그림 6.16] UF유형과 SF유형의 서열곡선 교차 방식 비교 및 각 유형의 대표적인 소형도구 형식

여기서 주목할 사실은 UF유형과 SF유형에서 대표적으로 만들어지는 도구의 형식은 각각 중기와 후기구석기 공작의 대표 형식들이라는 점이다(Débenath and Dibble 1994). 추가 잔손질이 별로 없는 르발루아 기법을 제외하면 UF유형은 긁개와 자르개 및 찌르개같이 무스테리안 공작의 보편적 기종을 다수 포함한다. SF유형은 이와 달리 주로 돌날을 원석으로 삼아서 말단부를 집중적으로 가공하는 밀개, 뚫개 및 새기개 등과 같은 후기구석기 시대의 대표 기종으로 이루어졌다. 그런 의미에서 UF유형보다는 SF유형이 돌날을 기본 원석으로 삼는 후기구석기 공작과 더 밀접한 연관이 있다고 추정할 수도 있다.

그러나 이 두 유형의 차이가 구석기 기술조직의 상대편년 및 고인류와 현생인류 간의 지적 역량 차이를 말해 주지는 않는다. 석기의 효용만 신경 쓰며 잔손질 작업을 가하는 것이 중기구석기 기술조직의 특징이 될 수도 없고, 자신의 신체 안전까지 확보하며 석기를 제작하는 것이 현생인류의 지적 성취를 시사하지도 않는다. 원석에서 최초의 가공이 가해지는 방향은 상황에 맞게 적절한 도구를 생산하기 위한 기술적 필요성에 전적으로 좌우된다. 앞에서 등장한 말단부 가공 도구들은 대부분 돌날로 만들어졌다. 길고 폭이 좁은 나란한laminar(Bar-Yosef and Kuhn 1999) 돌날의 형태는 측면부보다는 말단부 가공이 우선적으로 이루어지는 본질적 제약constraint을 제작자에게 부과한다. 따라서 말단부 가공이 먼저 이루어졌다는 사실만으로 사전계획의 심도planning depth가 깊거나 정신적 개입, 즉 자의식自意識, self-awareness이 발로發露, manifest해서 자신의 신체를 보호하는 자구책이 반영되었다는 가설이 입증될 수 있는 것은 아니다. 여기에는 관련된 증거들을 추가로 마련해야 한다.

3) 임진-한탄강 유역 석기군에서 보이는 가공 방식의 변이

[그림 6.17]은 전곡리, 가월리, 장흥리 석기군의 원석과 소형도구의 세장도 값을 서열 배치도로 표현한 것이다. 가월리는 전형적인 LR유형, 장흥리는 DR유형인 것이 잘 드러난다. 가월리와 장흥리의 소형도구 세장도 서열곡선은 모두 뚜렷한 평탄면을 가지고 있다. 이것은 두 석기군의 소형도구가 특정 세장도 값에 몰리는 경향이 있음을 시사한다. 흥미로운 사실로, 가월리 서열곡선의 평탄면은 0.85 정도의 값에 형성되어 있는데, 이는 가장 이상적이고 미적으로 완결된 비율로 세간에 알려진 황금비黃金比, Golden Ration, φ의 값에 가깝다. 황금비는 보통 $\varphi = (1+\sqrt{5})/2 \approx 1.618$로 계산되며, 이에 대응하는 세장도는 $1.618 / \sqrt{(1^2 + 1.618^2)} \approx 0.85$다.

전곡리 서열곡선은 14-15번째 서열에서 두 곡선이 교차하는 UF유형을 보여 준다. 교차하는 지점의 세장도 값은 약 0.73인데, 이 값을 경계로 세장도가 높은 박편들은 측면부가 잔손질되었고, 0.73보다 낮은 세장도의 박편은 말단부가 우선 가공된 것으로 파악할 수 있다. 0.73 이하의 세장도 값을 가지는 도구들은 총 5점인데, 3개는 사다리꼴날이고 2개는 홈날이다. 이 두 도구형식들은 모두 말단부가 잔손질되어 있고 낮은 세장도를 보인다. 보통 사다리꼴날은 박편을 부러뜨려 만들기 때문에 사용 부위는 가장 긴 부위인 수평의 자연날이다그림 4.41의 9-10, 그림 5.31의 사다리꼴날 제작 및 활용 모식도 참조. 이와 마찬가지로 2개의 홈날들도 박편의 말단부에 움푹 파인 오목날 부위가 만들어졌으며그림 4.41의 3, 모두 폭이 넓은 횡장박편을 원석으로 사용했다.

가월리 석기군은 원석 측면부가 잔손질되는 기술조직이 제대로 확립된 것으로 보이며, 전형적인 LR유형의 삭감과정을 보여 준다. 현저하게 낮은 세장도를 가지는 도구 2점을 제외하면28-29번째 서열 소형도구의 서열곡선은 전반적으로 평탄한 기울기를 보이며 항상 원석의 서열곡선 위에 위치한다. 가월리 석기군은 소형도구 제작 과정에서 도구의 기종과 무관하게 측면부가 집중적으로 가공되었다. 그리고 이 공정은 세장도가 어느 수준에 근접할 때까지 꾸준하게 지속된 것으로 보인다. 따라서 전체 세장도가 황금비에 근접하는 값으로 수렴하는 것은 우연이 아닐 것이다. 황금비 수준의

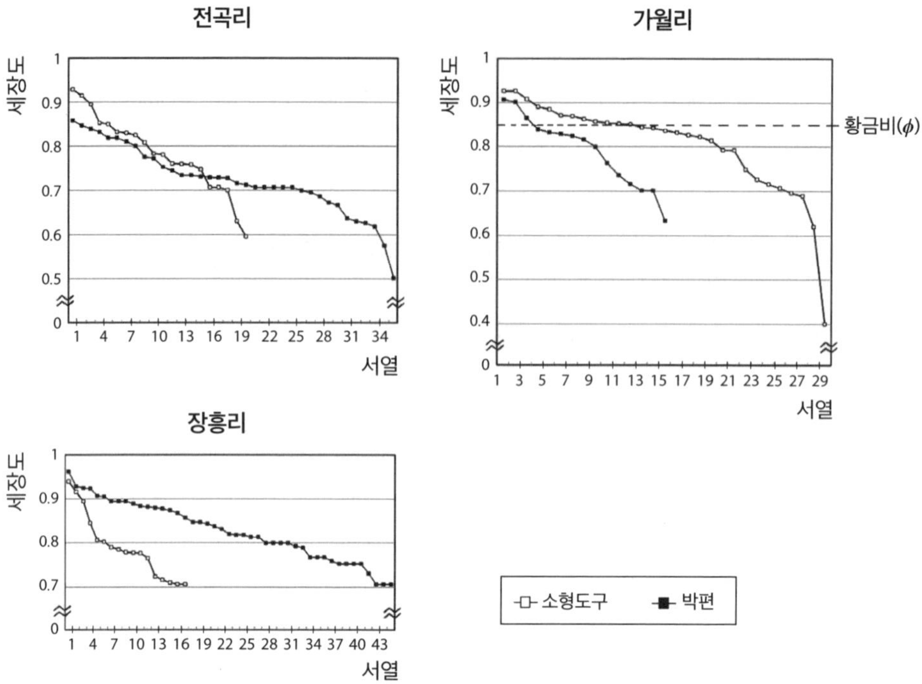

[그림 6.17] 세 석기군의 원석(박편 및 돌날)과 소형도구 세장도의 서열배치도

세장도가 전반적 소형도구의 제작에서 유지되는 것은, 적어도 가월리의 고인류 집단이 모종의 기하학적 기준基準, norm을 공유했을 가능성을 생각하게 해준다.

장흥리 석기군의 DR유형은 임진-한탄강 유역 후기구석기 공작에서 왜 돌날이 풍부하게 나타나지 않는지를 적절하게 설명해 준다. 장흥리의 기술조직은 이전의 평면크기 서열분포 분석 결과로 볼 때그림 6.12, 양질의 석재를 극도로 절약해서 원석 및 도구를 철저하게 재활용한 것으로 드러났다. 이렇게 석재 활용을 최대한 긴축하는 전략무게·부피의 V유형과 평면크기의 P유형은 원석이 안정적으로 수급되거나 프리즘식 석핵처럼 (Bar-Yosef and Kuhn 1999) 체계적으로 돌날을 획득하는 기법이 존재하는 기술조직에서는 나타나지 않는다. 르발루아 석핵과 마찬가지로(Boëda 1995) 프리즘식 석핵은 일정 수준의 부피와 볼록한 표면을 가져야 연속적인 박리작업을 가능하게 해주는 능선이 조정될 수 있다. 그리고 타격면 조정 작업이나 초벌가공에서 다량의 부스러기를 양산할 수밖에 없다. 이렇게 다수의 폐기물을 수반하는 돌날 제작 공정은 장흥리의 기술조직에서 높은 효용가치를 가지는 기법은 아니었던 것으로 보인다.

한정된 석재 수급 상황에서 장흥리의 고인류는 거대한 규모의 돌날석핵을 넉넉하게 활용하기보다는 미세한 석핵을 철저히 그리고 '깡그리' 소진하기 위해 세석핵과 잔돌날을 집중 생산한 것으로 보인다(Fisher 2006). 그런 의미에서 장흥리 석기군은 임진-한탄강 유역 후기구석기 공작에서 과연 돌날이 필수적이며 기술조직의 핵심적인 요소였는지에 대한 의문을 자아내게 만든다. 더욱이 DR유형의 소형도구 생산에서는 적당히 길쭉한 원석에 장축과 수직인 방향의 날을 일관되게 세우는 가공이 필수적이다. 그렇기 때문에 확실히 기존 원석이 보유하던 돌날의 전형적 속성인 세장하고 나란한 모양새는 존속하기 쉽지 않고, 말단부 집중 가공을 거치며 대부분 유실된다.

장흥리 이외의 후기구석기 유물군에서는 장흥리와 다른 원석 활용 방식이 확인되기도 한다. MIS 3기 말에 응회암으로 만들어진 돌날과 돌날석핵을 보유한 포천 대회산리 유적 및 중리의 용수재울 유적은 UF유형을 보여 준다(김형준 2022: 83). 그중 용수재울에서는 적절한 수준에서 원석이 넉넉하게 소비되는 F유형의 평면크기 서열배치가 확인되었다. 한편 용수재울의 지척에 위치하는 늘거리 유적의 평면크기 서열배치는 용수재울과 마찬가지로 F유형이지만 세장도의 서열배치는 장흥리와 동일한 DR유형이다(김형준 2022: 80). 이 사실로 볼 때, 임진-한탄강 유역 후기구석기 공작에는 그 이전 시기와 달리 석재 산지와의 근접성 및 석재 수급의 원활함 그리고 석기군이 형성되던 당시의 환경적·생업경제적 요인이 복합적으로 간여干與, mediate한 것으로 보인다.

V 임진-한탄강 유역 구석기 기술조직의 진화

1. 석재 선택 전략의 변화

1) 활용된 암석 종류의 변이

앞에서 살폈듯이, 임진-한탄강 유역의 대표 석재 여덟 가지는 유적별로 서로 다른 비율로 활용되었다. 유적 간 석재 분포의 변이는 각 암종의 서로 다른 활용 및 암석 생성lithogenesis 여건의 영향을 받은 결과다. 예를 들어 장산리 유적이 위치한 곳은 임진강 하류역이므로 느린 유속의 영향하에 만들어진 원마도 높은 거대한 자갈돌이 주요 석재로 채택되었다. 장산리의 자갈돌은 대부분 중류 이상의 하계망에서 꾸준히 유입된 것들로, 석영계 석재 및 선캄브리아기의 편마암도 일부 포함한다(이선복 2004). 이 돌들은 풍화도가 높고, 견고한 내구성을 지녀 타격면이 원활하게 생성되기 어렵다. 따라서 편평한 타격면을 연속적으로 타격해 꾸준한 박리작업을 유도하는 자유타격법free-hand percussion은 장산리에서 보편화되지 않은 것으로 보인다.

전곡리와 가월리의 석재 변이는 좀 더 자세한 설명을 필요로 한다. 두 유적은 공통적으로 임진-한탄강 하계망의 중간 부위에 위치한다. 두 유적의 석기군 모두 암종 면에서 석영 및 규암이 우세하다. 석영의 기계적 성질에 따라 두 가지 아종亞種, sub-type으로 구분하지 않는다면 전곡리와 가월리는 석재 면에서 큰 차이를 보이지 않는다. 그러나 조질석영과 정질석영을 구분해서 고찰한 결과, 두 석기군에서 뚜렷한 구성비 차이가 드러났다. 전곡리는 대부분 조질석영과 규암을 사용했지만 가월리는 정질석영을 70% 이상 사용했다.

두 석기군의 석기 구성비 차이를 계량적으로 판별하기 위해 Pielou(1966: 136)가 제시한 생물군 분포의 균등도均等度, evenness, J 공식을 수정해서(Chatters 1987: 363) 석재 분포 변이를 지수화하면J(%)=−Σ[(n/N)·log(n/N)/logT)], n=각 암종별 해당 석기의 수효, N=전체 석기군의 석기 수효, T=석기군 내의 암종 수효, 가월리 석기군의 균등도 값은 41.7%고사암, 규암, 조립질 석영, 미세

정질 석영의 n 값은 각각 2, 3, 40, 184 전곡리 석기군은 54.7%다현무암, 편마암, 규암, 조립질 석영, 사암, 미세정질 석영, 반암의 n 값은 각각 1, 3, 30, 91, 10, 14, 2. 균등도 값이라는 산술적 수치만으로 판단하면 가월리 유적은 미세정질 석영을 집중적으로 활용했으며, 기타 석재의 활용 빈도는 그다지 높지 않다. 이와 달리 전곡리는 조립질 석영을 가장 빈번하게 활용하지만 다른 석재도 다양하게 활용했다. 따라서 전곡리와 가월리 석기군은 액면상으로는 석영계 석재를 집중 활용했다는 공통점이 있지만 각기 다른 방식의 석재 활용 전략이 구사되었음을 알 수 있다. 가월리 유적에서는 전곡리에 비해 석재 활용이 더 집약적集約的, intensively으로 이루어진 것이 분명하다. 이것은 두 유적에 거주하던 고인류 집단이 서로 다른 수준에서 석재를 인식하고 채취해서 활용했다는 사실을 수용하게 해준다.

제한된 표본 크기로 인해 분석 대상에서 제외되었지만 가월리와 인접한 주월리 석기군의 암종 구성도 이 주장을 뒷받침해 준다. 가월리에서 멀리 떨어지지 않은 주월리 석기군은 전곡리의 경우와 흡사하게 대부분 조립질 석영과 규암으로 구성되어 있다제4부 참조. 당시 가월리와 주월리를 점거했던 고인류 집단이 동일한 지점 내에 서식하던 이동성 수렵-채집인이었던 것을 감안하면, 두 집단이 지역 내에서 잠재적으로 활용 가능한 석재의 질에는 큰 차이가 없었을 것이다. 그럼에도 두 석기군에서 석재 구성의 차이가 뚜렷하게 드러나는 것은, 단지 미세정질 석영이 가월리에만 편중해서 분포한 결과라고 보기 힘들다. 이것은 두 집단이 서로 다른 수준의 작주성作主性, agency을(유용욱 2013a; Dobres and Hoffman 1994) 발휘한 결과이며, 그 결과 상호 배타적인 석재 변이가 발생한 것으로 보인다. 더욱 우수한 석재를 확보하는 행위는 경쟁을 기반으로 해서 이루어진다. 따라서 가월리 고인류 집단은 석영계 석재의 변종들variants에 대한 더 폭넓은 지식을 보유했을 것이며, 이것은 이들이 집단 간 경쟁에서 비교우위를 점하게 해주는 기술조직의 일부로 자리매김했을 것이다. 그리고 이러한 선별적 석재 활용 지식은 가월리 고인류 집단 내에서만 독점적으로 공유되었을 가능성이 높다.

2) 구석기 석재의 질적 전이

석재 활용 양상의 통시적 변화를 제시하려면 [그림 6.3]의 삼각도표에 몇 가지 개념을 첨가해서 다시 그릴 필요가 있다그림 6.18. 새로운 삼각도표는 세 가지 석재 범주를 삼각형의 구석에 배치하고 중앙부에는 이 모든 석재들이 함께 섞인 영역을 설정했다. 이 영역들의 경계선은 임의로 50% 지점에 설정해 네 구역의 면적이 모두 같도록 했다. [표 6.1]에서 제시한 연대치를 기반으로 해서 각 유적의 고인류 집단이 취한 '선택역

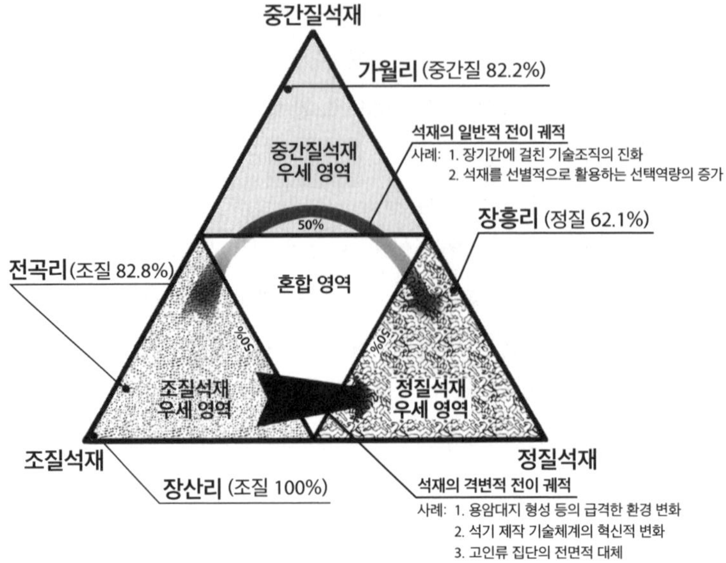

[그림 6.18] 임진-한탄강 유역 구석기 유물군에서의 석재 전이 및 기술 진화 모식도

량selection capacity'의 시간적 변화 및 이를 반영하는 각 석기군의 석재 분포 변동상을 두 개의 화살표로 제시했다. 이 화살표들의 궤적은 전반적으로 조질에서 정질석재로 전이가 이루어지는 기술적 진화 과정을 나타낸다.

임진-한탄강 유역에서 각 암종의 원산지는 그다지 상세하게 보고된 바 없다. 동일한 암상이 넓은 지역에 불규칙적으로 분포하고 있으며(원종관 외 1990; 이민부 외 2004; 조문섭 외 1995), 현무암은 용암대지의 분포와 밀접한 관련이 있다. 석영, 규암, 사암 등은 전체 지역에서 빈번하게 나타나지만 화산암 계통의 반암과 유문암은 집중 분포 지점이 구체적으로 드러나지 않은 상태다. 2차 퇴적된 화산재로 만들어진 응회암은 포천 관인면 일대에서 주로 확인된다예: 동막골 응회암(권수진 2018). [그림 6.18]에서 드러나듯이, 분석 대상으로 삼은 네 석기군을 절대 연대 순으로 나열하면 석재의 질적 수준이 점차 향상됨을 잘 알 수 있다. 중기갱신세 MIS 7기의 유적인 장산리에서는 조질석재가 100% 활용되었으며 그 이후의 전곡리에서는 중간질과 정질석재가 일부 포함되었다. 가월리에서는 중간질석재인 정질석영이 가장 높은 비율을 보인다. 그리고 마지막으로 본격적인 후기구석기 공작에 해당하는 장흥리 석기군에서는 외래석재인 흑요석을 필두로 한 정질석재가 가장 널리 활용되었다.

전곡리와 가월리의 서로 다른 석영계 석재 활용상으로 대표되는 조질에서 중간질석재로의 전이 과정은 고인류가 석재를 선별적으로 활용하는 '선택역량'이 증가한 결과로 볼 수 있다. 조립질과 미세정질 석영을 구분하는 역량은 저절로 터득되는 단순한 능력이 아니다. 시각적 판별 이외에도 석재별로 고유한 파쇄역학적 물성을 기억하고 재현하는 복잡한 인지 과정이 요구된다. 인지 과정은 고인류 집단이 여러 가지 이용 가능한 석재들을 충분히 사용해 보고 터득한 경험적 지식의 축적을 포함하므로 인구 집단의 규모 및 석기 제작에 투여된 시간, 즉 '석기를 다룬 경력career of lithic manipulation'의 영향을 크게 받는다. 이 경력은 특정 석재의 고유한 물성에 대한 지식 및 각기 다른 석재들의 원산지에 대한 정보의 누적 수준과 비례한다. 즉 석기 제작과 관련된 모든 작업연쇄에 시간과 에너지와 자원을 얼마나 투자했는지가 석기를 다뤄본 경력을 결정한다. 이 과정에서 터득한 지식과 정보는 습속화된 관습entrenched habitual practice으로 확립되며(Hopkinson and White 2005: 20), 더 나은 정질석재를 집중적으로 사용하는 기술적 성취의 동기로 발전한다.

석재를 질적 특성에 따라 각기 다르게 활용하는 고인류의 선택역량은 '분별력의 증가increase of discriminatory judgment'라는 인지적 진화의 결과로 볼 수 있다. 각 석재의 독특한 물성은 상호 분리된 인지 단위로 고인류들에게 이해되며 집단 내에서 공유된다. 그 과정에서 개별 석재의 질적 특성은 구체화된reified 상태로 기억되어 더 나은 석재를 집중적으로 사용하는 물질적 이점을capitalized 보장하게 된다. 임진-한탄강 유역의 고인류는 석재의 선택 및 실제 석기 제작 정황에서 수많은 시행착오를 거치며 이 진화 과정을 가속화했다. 그리고 이 과정이 가속화되면서 석재가 본질적으로 부과하던 물리적 제한을 극복하고 더 큰 효율성을 확보할 수 있게 되었다(Jelinek 1994; Jeske 1989; McNabb et al. 2004).

3) 석재의 격변적 전이에 대한 가설들

[그림 6.18]에서 임진-한탄강 유역 석재 활용의 진화 과정은 점진적으로 이루어지는 일반적general 전이와 다소 급격하게 이루어지는 격변적catastrophic 전이로 구분된다. 일반적 전이는 앞서 제시한 선택역량의 증가를 포함한 인지적 진화 과정에 따라 조질-중간질-정질석재의 순차적 단계를 거치는 과정으로, 삼각도표에서 포물선 형태의 화살표로 표현된다. 이와 달리 격변적 전이는 중간질석재를 선별적으로 활용하는 단계 없이 조질에서 정질석재 위주로의 즉각적 변환을 거친다. 이런 격변적 변이는 삼각도표 아래쪽의 짤막한 수평 화살표로 표현된다.

일반적으로 석재의 격변적 전이는 국지적으로 발생하는 경우가 많다. 화산 폭발이 갑자기 멈추고 용암이 급격하게 냉각한 결과 흑요석 같은 유리질 화산암이 대규모로 생성되어 이루어지기도 한다. 이런 사건은 화산에 인접한 지역에서 자주 관찰되며(이기화 외 1987; 이선복 2005; Eden et al. 1996), 임진-한탄강 유역 및 각종 화산 지형의 구석기 유적 주변에서 충분히 기대할 수 있는 여건이다. 또한 격변적 전이는 석기 제작 기술이 급진적radical으로 바뀌는 과정에서 뚜렷한 중간 전환기 없이 이루어지기도 한다. 급진적 기술 변화가 발생하는 원인은 두 가지로 제시할 수 있다. 첫 번째로 석기 기술조직의 혁신革新, innovation을 이루는 것, 두 번째로 기존의 토착화된 기술과 전혀 다른 미증유未曾有의 기술조직을 갖춘 새로운 집단이 지역 내에 대규모로 유입하는 것이다. 전자가 새로운 기술조직의 진화론적 혁신설이라면 후자는 전파론적 유입설이다.

'혁신'이란 개발과 검토 과정을 통해 새로운 기법 및 장치를 기술적으로 실제화하는 과정이다(Fitzhugh 2001: 128). 조질석재에만 의존하던 고인류 집단이 새로운 도구 제작 기술을 성공적으로 고안해 내더라도 이 기술이 기존의 조질석재만으로 구현할 수 없다면(Hayden 1989; Jeske 1989), 석재의 급진적인 질적 전이는 필수 불가결의 충분조건이 된다. 그러나 정질석재를 확보하기 위해서는 기존보다 훨씬 많은 에너지가 필요하다. 석재 확보에 필요한 에너지가 증가하면, 증가한 에너지 소비를 보상해 주는 새로운 석재 활용 전략이 신속하게 도입된다. 그중 대표적인 것으로는 1) 석기의 전반적 크기를 줄이는 전략, 2) 다양한 방식으로 원석을 활용해서 새로운 도구석기 기종을 생성하는 전략 그리고 3) 효율적인 제작 기술을 반복 구사하며 석기의 외형적 표준화 수준을 증가시키는 전략이 있다. 즉 석기 크기의 전반적 소형화, 새로운 석기 형식의 등장으로 인한 기종의 다양화, 효율적이고 일관된 제작 기술을 반영하는 기형의 표준화가 기술 혁신의 물적 표현이라 볼 수 있다. 이런 기술 혁신의 양상은 임진-한탄강 유역뿐 아니라 구대륙 후기구석기 공작의 공통적인 특징이기도 하다(Ambiru 1997; Chase 1991; Gilman 1984; Hovers and Belfer-Cohen 2005; J. D. Clark 1992; Jelinek 1994; Jochim 1998; Marks et al. 2001; Monnier 2005; Rolland 1990; Ronen 1992; Stringer 1989).

임진-한탄강 유역의 후기구석기 발생과 관련해 대규모의 인구 대체population replacement가 일어났을 가능성도 배제할 수 없다. 현생인류인 호모 사피엔스가 한반도에 언제 유입했는지는 아직까지 불확실하지만 구대륙의 어느 곳에서 자발적으로 유입한 새로운 인구 집단인 것은 확실하다(G. A. Clark 1992; Hovers and Belfer-Cohen 2005; J. D. Clark 1992; Keats 1997; Mellars 1989). 만약 새로운 인구 집단, 즉 기존에 한반도 및 임진-한탄강 유역에 거주하던 고인류 집단과 공존하며 점차 그들을 대체하게 될 현생인류가 임진-한탄강 유역 내에 유입되면, 그들이 한반도 외부에서 영위해 온 기술조직 및 구대륙 내에서 축적해 온 '석기를 다룬 경력'은 기존의 고인류가 보유하던 기술조직과는 차원이 다른 수준일 것이다. 이렇게 새로 유입된 기술조직에는 새로운 석재에 대한 지식과 노하우가 포함되어 있으며, 석재를 판별하는 새로운 능력 및 경험적 기준도 현생인류의 인지 영역에 각인刻印되어 있을 것이다. 그렇기 때문에 석재의 급진적 전이라는 기술조직의 전면 개편은 그 기술조직을 소유하고 행사하며 구현하던 집단이 대체되는 대규모 인구 변화를 의미할 수 있다. 그러나 제2부에서 살펴본 바와 같이, 현재 임진-한탄강 유역에서는 고인류 및 현생인류를 포함하는 일체의 화석자료가 아직 발견된 바 없다. 따라서 석재의 격변적 전이가 현생인류의 인구 대체를 통해 이루어졌다는 가설의 입증에는 시간이 좀 더 필요할 듯하다. 그렇기 때문에 이 지역의 후기구석기 발생 문제는 아직까지 가설 수준에 머무를 수밖에 없다.

2. 도구석기 제작 전략의 변화

1) 크기의 감소와 제작 기법 및 도구 형식의 증가

분석 대상으로 삼은 네 석기군의 크기 서열 연속상을 관찰한 결과, 가장 오래된 장산리 유적은 I유형, 가장 늦은 시기의 후기구석기 유적인 장흥리 유적은 V유형을 보임을 확인했다. 장산리 유적은 몇몇 양극편을 제외하면 찍개와 뾰족끝찍개, 불규칙한 대형의 각진 석괴와 전혀 가공되지 않은 반입석재인 자갈돌 위주의 대형석기가 주를 이룬다. 이와 반대로 장흥리 유적은 주로 정교하게 잔손질한 소형도구로 구성되어 있으며, 잔돌날 같은 미세 석기도 다수 포함되어 있다. 이렇게 시간이 흐를수록 석기의 전반적 크기가 축소되는 경향은 구대륙에서 공통적으로 나타나는 현상이며(Torrence 2002) 임진-한탄강 유역도 예외는 아니다.

시기적으로 장산리와 장흥리 유적의 사이에 위치하는 전곡리와 가월리 유적은 공통적으로 III유형의 크기 서열 연속상을 보여 준다. 이는 특정 크기의 석기가 우세하기보다는 다양한 크기가 균일하게 분포하는 경우다. 따라서 석기의 크기 분포만으로 두 유적의 기술조직상 특별한 점을 지적할 수는 없다. 두 석기군은 대형과 소형도구가 공존하며, 대형도구를 성형할 때나 소형도구 제작용 원석을 획득할 때 생성되는 박편들이 모두 이전 시기의 장산리와 달리 망칫돌로 석핵을 타격해서 박리하는 직접 타격법을 통해 만들어졌다.

정확하고 정교한 타격이 가능한 직접 타격법은 제작자에게 원하는 크기와 형태에 근접하는 박편을 자유롭게 박리하는 기술적 재량裁量, discretion을 부여한다. 따라서 초벌성형 및 가공/다듬기 작업의 결과는 이전의 장산리 석기군과 비교할 때 일취월장日就月將으로 정교해지고, 생산되는 부산물의 크기와 모양도 제작자의 의도에 따라 규제regulation될 수 있다. 이렇게 자신의 향상된 재량을 발휘하면 더욱 정확한 석기 제작의 술령術領, technical command이 가능하다. 여기에 석재 선별 능력까지 부가되면 더욱 규제된 방식으로 도구석기가 생산될 수 있다. 그 결과, 원석 혹은 부스러기에 해당하는 부산물의 크기와 형태 범위는 심각한 조정을 거치게 된다. 최종 도구의 형태와 크기는 원석의 형태(Kuhn 1992b) 및 작업 부위를 만드는 잔손질 집중도의 영향을 받으므로(Dibble 1984, 1987, 1995), 직접 타격법으로 발휘되는 기술적 재량과 석재 선별 능력이 결부되면 다양한 크기와 기종의 도구들을 생산할 수 있다. 그리고 이를 통해 발생하는 석기군의 형식변이type variety는 고인류의 기술적 재량을 거친, 순수하게 에믹emic한 결과물로 볼 수 있다.

유적별로 고유한 석기의 크기 분포와 도구석기의 형식 조합은 고인류의 지역활용 양상에 의해서도 영향을 받는다. 이미 언급했듯이 전곡리와 가월리 석기군에는 다수의 주먹도끼가 포함되어 있다. 주먹도끼 같은 고유한 형식이 장기간 반복 제작되는 것은 해당 석기의 생김새에 대한 아이디어 및 제작 기법이 고인류 개개인 간에 다양하게 교류되었음을 나타내 준다. 이런 전략적 상호작용은 흔히 광역적으로 나타난다. 이는 복수의 고인류 집단이 넓은 지역을 함께 공유하며 점거한 증거로 볼 수 있다(Gamble 1998, 1999). 따라서 주먹도끼처럼 완결된 형태의 통합적integrative 디자인을 가진 도구는 지역 내에서 꾸준히 모방되고imitated 복제되며replicated 다수의 부산물 및 소형도구와 함께 장기간 존속하게 마련이다. 그리고 이렇게 독특한 도구의 제작은 여러 차례 반복 점거된 지점에서 더욱 원활하게 이루어진다. 전곡리와 가월리 모두 III유형의 크기 연속상을 보이는 것이 그 근거다. 여기에는 두 지점이 반복 점거지로서의 비교우위를 가지게 하는 입지상의 이점도 작용했을 것이다. 물론 III유형은 복합적인 목적으로 점거되었다는 사실만 밝혀줄 뿐 어떤 기능을 가진 점거지였는지는 분명하게 판별해 주지 못한다. 따라서 전곡리와 가월리 두 유적의 구체적인 지역활용 양상을 논하기 위해서는 고인류들의 본거지 이동 및 한정 행위의 물적혹은 고고학적 증거를 추가로 확보할 필요가 있다.

2) 원석의 활용과 잔손질의 집중도

임진-한탄강 유역에서는 소형도구의 빈도가 낮고 기형과 날 부위를 형성하는 잔손질도 체계적으로 이루어진 사례가 많지 않다. 소형도구의 기능적 효용이 가공되지 않은 자연날을 가진 사용편과 비교할 때 큰 차이가 없는 것을 감안하면, 잔손질 작업으로 날을 만드는 작업은 필수 공정보다는 우연적이고 임의에 가까운 기술적 선택으로 볼 수도 있다. 이와 관련해 전곡리의 원석과 소형도구의 평면크기 및 세장도의 서열배치를 분석한 결과, 평면크기는 L유형, 세장도는 UF유형의 서열 연속상이 확인되었다. 따라서 전곡리에서 만들어진 박편은 특별한 선택이나 석재의 절약에 대한 고려 없이 전적으로 도구 제작에 소모된 것으로 볼 수 있다. 그리고 길쭉한 박편은 측면부를 집중 가공하고 상대적으로 짧고 넓적한 박편은 말단부를 주로 가공하는 가공 방향 설정의 이중잣대가 확인되었다. Dibble(1995)의 삭감과정 모델에 따르면, 도구 제작 과정에서는 우선적으로 박편의 가장 긴 부위가 가공된다. 전곡리의 박편은 이러한 모델의 기본 전제에 잘 부합한다. 그러나 가월리와 장흥리 석기군에는 잘 들어맞지 않는데, 세장도의 변화와는 무관하게 가월리에서는 LR유형, 장흥리에서는 DR유형의 가공 방식이 선택되었다. 즉 가월리와 장흥리는 공통적으로 박편의 원래 형태와는 관계없는 삭감과정을 거쳤음을 알 수 있다.

전곡리 유적에서 보이는 이중적인 잔손질 방식의 선택은, 원석 가공에서 제작자 자신이 가공 방향을 확실하게 결정하지 않은 1) 양립성향兩立性向, ambivalence 혹은 변덕스러움caprice으로 보거나, 아니면 연속적으로 변하는 원석의 세장도에 유연하게 대처하는 2) 융통성fluidity 혹은 유연함flexibility의 발로라고 볼 수 있다. 여기서 전자는 도구의 형태를 구현하고 기능적으로 요긴한 날을 다듬어 가는 과정에서 각 삭감 단계의 개념화가 덜 이루어진 상태로 볼 수 있다. 이는 낮은 적응 역량 및 자체적인 기준norm이 마련되지 않은 상태를 반영한다. 그러나 후자는 세련된 기술조직하에서 원석의 크기가 변하며 제작자에게 자연적으로 부과되는 물리적 한계를 효과적으로 감당하는 능수능란함manipulativity을 반영한다.

일반적으로 시간의 흐름에 따라, 즉 전술한 '석기를 다룬 경력'의 유구함에 따라 석기 제작의 기술적 기준은 더 엄격하게 부여되거나 준수되는 경향이 있다. 따라서 전곡리 석기군에서 보이는 이중적 잔손질 방향의 배치는 구체적인 작업공정이 제작자의 관념 속에 뚜렷하게 자리 잡지 않은 상태에서 나타나는 양립성향, 즉 일시적 취향에 좌우되는 잔손질 방향의 즉흥적 선택 결과로 보는 것이 더 적절할 것이다. 시기적으로 좀 더 후대에 해당하고 뚜렷한 석재의 선택역량을 보여 주는 가월리와 장흥리 석기군은 일사불란一絲不亂, uninterrupted하게 이루어진 측면부나 말단부 어느 한쪽만으로의 삭감과정을 일관성 있게 보여 준다.

원석을 확보하고 소비하는 기술적 기준의 존재 여부는 평면크기의 분포를 통해서도 알 수 있다. [그림 6.12]에서 전곡리 소형도구의 평면크기 서열곡선은 평활平滑한 형태로 나타난다. 이것은 대부분 소형도구들이 특정한 크기에 치우치지 않고 연속적으로 고르게 분포함을 말해 준다. 그러나 가월리 소형도구의 평면크기는 4-6cm 구간에 밀집하고 있다. 앞서 언급했듯이 가월리 석기군에서는 박편과 소형도구가 긴밀하게 연동하지 않으며, 미세정질의 석영제 각편들도 도구 제작에 상당 부분 활용되었다. 박편보다 훨씬 더 임의적인 분포를 보이는 각편을 원석으로 활용했음에도 그 결과인 소형도구의 크기는 특정 구간에 수렴하는 모종의 정격성定格性, rigidity을 보여 준다. 가월리 석기군에서는 세장도의 서열배치에서도 특정 값에 수렴하는 양상이 드러나는데, 원석과 소형도구를 결합해서 그려 낸 세장도의 서열곡선은 황금비에 가까운 0.85 주변에서 뚜렷한 평탄면을 만들어 낸다그림 6.14.

석기의 평면크기와 세장도가 특정 값에 수렴하며 분포하는 경향은 당시의 고인류 제작자들이 의도한 모종의 이상적 형태를 그려 내는 개념화된 기술적 기준의 발로라고 볼 수 있다(Monnier 2005). 이렇게 개념화된 기준이 원석 활용 전략의 기획 및 집행에 부과하는 구속의 강도 및 효과는 전곡리보다 가월리 석기군에 더 뚜렷하고 확실하게 부과된 것으로 보인다. 따라서 석재의 선택역량뿐 아니라 원석을 확보해 의도한 형태의 도구를 구현해 가는 수준에서 전곡리와 가월리의 기술조직은 더욱 극명한 차이를 보인다고 주장할 수 있다.

VI 소결: 고인류 집단의 태도와 행위 양상의 변동

네 석기군의 절대 연대치와 각 석기군의 분석 결과를 종합하면 임진-한탄강 유역의 구석기 기술조직은 시간이 흐르면서 일정한 방향성directivity을 가지는 변화를 겪은 것이 분명하다. 변화의 방향성은 1) 석재의 선택, 2) 도구석기 형식의 항목들inventory, 3) 원석의 가공 방식이라는 세 가지 측면에서 공통적으로 드러났다. 이는 임진-한탄강 유역의 구석기 유물군에서 일관성 있게 드러나는 기술조직의 진화 방향이기도 하다. 이러한 진화의 방향을 요약하면 다음과 같다.

- 석재 활용 양상은 편마암, 현무암, 규암 등의 조질석재를 무작위로 사용하다가 미세 결정의 정질석재를 꾸준히 활용하는 방식으로 바뀌어 간다. 이 전환은 더 좋은 석재를 선택하기 위한 고인류의 '분별력 증가'를 반영한다. 이는 최종 산물의 기술적 효용성을 극대화하기 위한 인지 능력의 향상을 의미한다.
- 전반적으로 석기의 크기는 대형에서 소형으로 바뀌어 간다. 커다란 자갈돌 위주의 석기들은 박편과 각편을 원석으로 활용해 제작한 소형도구로 바뀌었다. 정질석재로의 전이가 이루어지며 대부분의 도구와 원석은 작은 부산물 및 잔돌날 같은 미세 원석을 활용해 만들기 시작했다. 일반적 크기의 돌날은 장흥리에서 활발하게 제작되지 않은 것으로 보인다.
- 이른 시기의 장산리 석기군에서 후기구석기의 장흥리 석기군에 이르는 동안 도구석기의 형식변이가 높은 수준으로 증가했다. 대표적인 대형도구 형식인 주먹도끼는 전곡리와 가월리 석기군에서 비로소 확립되었고, 여러 기종의 소형도구들이 주먹도끼와 함께 다양한 방식으로 명멸明滅을 거듭하면서(Shea 2005: 195) 등장했다.
- 원석을 활용 및 소비하는 양상은 무분별하고 넉넉한 활용에서 신중하게 절약하는 양상으로 바뀌고, 결국엔 극도로 인색하게 원석을 아껴서 소비하는 양상으로 바뀐다. 예를 들어 L유형인 전곡리 석기군에서는 대부분의 박편이 소형도

구로 변환되며, C유형인 가월리 석기군에서는 박편에 더해 박편이 파쇄된 부산물인 각편 같은 비통상적인unorthodox 원석도 사용되었다. 이렇게 석재의 경제적 활용 수준 및 강도는 이용 가능한 석재의 질적 수준과 석재를 획득하는 데 소모되는 에너지에 비례한다.

- 도구 제작에 소모되는 원석을 확보·활용하는 방식의 변화가 나타난다. 던져떼기나 모루떼기 같은 초보적 기법에서부터 전곡리의 UF유형에서 확인되는 가공 방향의 이중성, 그 후 이루어진 측면 부위 집중 가공을 거쳐 결국 후기구석기 장흥리에서는 말단부가 일관되게 가공되는 방식으로 변화했다. 도구 제작 방식은 뚜렷한 기술적 기준이 마련되지 않은 상태의 '변덕스러움'에서 일사불란한 수준의 '정격적이고 일관된' 태도를 취하는 가공 방식으로 바뀌어 갔다. 이런 경향은 집단 내에서 인지되고 공유되던 기술적 기준이 원하는 도구를 제작하는 데 어느 만큼 부과되는지에 따라 결정된 것으로 보인다.

일찍이 전곡리를 포함한 임진-한탄강 유역의 구석기 공작은 균일하고homogenous, 단조로우며monotonous 장기간에 걸쳐 큰 변화가 없는 '밋밋한dull' 기술적 산물이라는 견해가 제기되었고(이선복 1989; Bae 1988), 최근까지도 큰 거부감 없이 받아들여지고 있다(이선복 2000, 2009, 2014). 이 견해는 임진-한탄강 유역 구석기 공작이 주먹도끼라는 표식 유물로만 요약되고 환원화된 것에서 기인한다. 제6부에서 분석한 서로 다른 네 석기군의 기술적 특성 및 그 변이에서도 드러났듯이, 이 지역 기술조직의 장기적인 변천상은 뚜렷한 방향성을 가지고 있다. 이렇게 일정한 방향성을 가지는 변천상은 MIS 7기부터 이 지역에 꾸준히 거주해 온 고인류들이 겪은 기술적 진화라고 볼 수 있다. 이 기술적 진화는 인간 행위의 현생화behavioral modernity가 이루어지는 과정이며, 한반도 외부의 다른 고고자료들과도 시기적으로 중첩한다(Bar-Yosef 2005; Chase 1991; J. D. Clark 1992; Klein 2001; Mellars 1989, 1996; Shea 2005; Stringer 1989, 1993).

물론 인간 행위 양상의 다양성을 입증하기 위해서는 석기 제작 기술 변화 이상의 증거가 필요하다. 그러나 임진-한탄강 유역에서 유적별로 뚜렷하게 드러나는 석기군의 변동성variability은 이 지역 고인류들이 무기력하거나lethargic 무심한 수준에서nonchalant 잠깐 거주하다가 멸종한 미약한 생물종에 불과하지 않았음을 말해 준다. 그들은 변화하는 외부의 물질 세계를 적극 수용했고, 이에 대한 대비책으로 기술과 관련된 모든 것들을technological repertoires 바꾸어 나갔다. 그리고 필요하면 혁신적인 수준의 급격한 변화를 스스로 이끌어 내기도 했다. 그들은 처음에는 쉽게 구하고 마음대로 활용할 수 있는 조질석재인 석영계 암석만 집중적으로 사용했으며, 필요에 따라 선택역량을 발휘해서 미세정질 석영만 따로 선별해서 골라 쓰는 수준에 도달했다. 그러나 이후 조질과 중간질석재만 가지고는 변화하는 환경 및 자신들에게 가해진 생계 압박을 더 이상 감당할 수 없게 되자, 석재의 전이를 격변적 수준으로 이끌어 내기도 했다. 그들은 기존의 석영계 석재를 선별적으로 꾸준히 활용하면서도 흑요석 및 반암, 응회암같이 기존에 사용해 본 적 없던 정질석재들을 새롭게 확보해서 활용했다. 주먹도끼 같은 대형도구보다는 소형도구 위주로 기술조직을 개편하며 석기 크기의 전반적 감소, 가공 빈도의 증가 및 확보 가능한 석재의 철저한 도구 변환이라는 경제적 활용책까지 구사하게 되었다. 원석을 활용해 소형도구를 제작하는 과정에서도 잔손질 방향을 변화무쌍하게 선택하다가 어느 시점부터는 자체적인 기술적 기준을 마련하며 전체 석기군에 일관된 작업공정을 보여 주는 수준까지 도달했다.

임진-한탄강 유역 고인류가 적대적으로 변해 가는 후기갱신세의 환경 압박에 대응하는 과정은 그들이 도구 제작에 대해 가지던 태도attitude를 변화시키는 정신적 역량의 전환과 관련이 있다. 외부 환경이 가하는 생계 압박이 증가하자 이 지역 고인류의 생활 방식 및 태도에서 기술적 선택 및 석기에 대한 의존도가 점차 증가했다. 특히 MIS 4기부터 환경상의 쇠락 및 이에 따른 생물 총량의 감소 그리고 더욱 험악해진 먹이사슬 간 약육강식 성향이 가시화되면서 이 지역 고인류는 그들의 행위 기반이 되는 태도를 더욱 경계하고alert 적대시하는vigilant 방향으로 바꾸어 나갔을 것이다. '경계'와 '적대시'라는 두 태도는 물적 토대를 통해 구체화된다. 여기에 가장 큰 역할을 차지하는 것이 바로 석기를 꾸준히 생산하고 소비하는 생활상을 마련하는 것이다.

이러한 태도 변화는 삶의 방식modus vivendi이 점차 호전적belligerent이며 긴박한tense 성격을 갖추는 데 일조했으며, 삶을 구성하는 물적 토대도 여기에 부합하는 항목들로 변화했다. MIS 4기부터 본격적으로 제작되는 주먹도끼 및 대형절삭도구들은 이러한 태도 변화가 삶의 방식을 전환시키며 이끌어 낸 궁극적 결과일 것이다. 본 분석에서 구체적으로 다루지는 않았지만 주먹도끼를 포함한 대형도구들은 III유형의 석기 크기 분포를 가지는 전곡리와 가월리에서 집중적으로 발견된다. 장기간 점거된 것으로 파악되는 III유형의 석기군에는 복합적인 수세를 통해 활용되는 더욱 파괴적이고 치명적인 다목적 대형도구가 예외 없이 구비되어 있는 셈이다. 뚜렷한 목적지향적target-oriented 도구이자 동물자원의 가공 및 해체에 특화된 대형절삭도구가(Grayson 2001; Key and Lycett 2017; Sheppard and Kleidienst 1996), 다양한 잔업을 수행하는 데 사용된 것으로 보이는 여러 기종의 소형도구와(Shott 1989a, 1989b; Stiner et al. 2000) 함께 발견되는 것은 적어도 이전의 장산리 유적에서는 찾아볼 수 없었던 기술조직상의 전환 결과다.

환경의 변화가 야기한 고인류의 태도 변화가 석기를 만들고 활용하는 기술조직의 변화를 필연적으로 유도해 낸 것은 거의 확실하다. 석기 제작과 활용에 대한 기존의 '느긋하고easy-going, 여유 있고relaxed, 무덤덤한nonchalanct' 고인류의 태도는 바야흐로 '신중하고careful, 계획적이고planning, 생존에 노심초사勞心焦思, thoughtful하는' 방식으로 바뀌었을 것이다. 그 결과 초창기에 단지 노동력 절감에만 매진하던 방만한expedient 수준의 기술조직은 점차 자신의 의도를 충족시키는 특정 목적의 석기를 제작하는 방식으로 바뀌었다. 이렇게 바뀐 기술조직은 어떤 생계 압박도 감당할 수 있도록 융통성 있는 대응책을 발휘하게 해준다. 이것을 가능케 하는 물적 토대는 다양한 크기와 형식의 도구석기를 구비한 석기군이다. 높은 형식변이 및 다양한 기술 발휘의 결과로 기종별 전문성이 더욱 선명해졌고 통합적 효용이 증가했다. 여기에는 의도한 도구 제작을 원활하게 해주는 물적 토대인 정질석재가 필수적이다. 따라서 기술조직의 선진화를 이루려면, 선진 기술이 구현될 수 있는 재료의 질적 상향 조정, 즉 정질석재로의 전이가 선결요건이다.

임진-한탄강 유역 고인류가 외부 환경으로부터의 각종 제약을 수용하는 것이 전제라면, 그들의 자발적 행동을 이끌어 내는 원칙과 동기는 자신과 주변 환경에 대한 더욱 사색적혹은 성찰적, reflective이고 자아반영적reflexive인 태도를 갖춤으로써 만들어진다(Byers 1999). 자신 및 주변 환경에 대한 자각이 없는 상황에서는 낮은 수준의 자아만족self-satisfaction만이 가능하다. 그러나 스스로에 대한 사색적 태도가 갖춰지면 자신이 처한 환경이 보유한 특정 식량 자원의 계절성과 불규칙한 분포상, 이용 가능한 석재들의 수급 여부, 특정 석기 제작 기법의 실현 가능성까지도 지식화될 수 있다. 그리고 주변 사람과의 관계 및 소통도 사색적, 자아 반영적 태도를 가지며 더욱 다각화된다. 임진-한탄강 유역의 고인류는 이러한 과정들을 스스로 겪으며 그들의 행동을 점차 쇠락하는 환경상의 변화에 맞추어 조정해 나감으로써 생존에 성공하는 하나의 능동적 작주이자 주인공actor으로 자리 잡았다. 이러한 과정을 반영하는 기술적 진화는 생물적 진화와는 분명히 결이 다른 진화로서 생존 본능만으로는 설명할 수 없는, 일상적 삶의 핵심적 구성요소인 인위적 도구, 즉 석기들의 변이 발생과 결부된 작주성의 발로일 것이다(Dobres and Hoffman 1994; Machin 2009; Morris 2004).

외견상으로는 정적이고 심각한 수준의 변화가 없는 후기구석기 이전의 임진-한탄강 유역 구석기 공작은 Kuhn(2005)이 제시한 '무스테리안의 폐색閉塞, the Mousterian Stasis'과 비슷한 현상으로 느껴지기까지 한다. 구석기 유물군에서 고고학자의 눈에 명시적으로 드러나는 물질상의 변동은 미약하고 간취하기 힘들다. 그러나 장기간에 걸친 기술 변동을 보면 연속적인 변화가 느린 속도로 꾸준히 누적되어 왔음을 알 수 있다. 이렇게 감각적으로 인지하기 어려운, 느리면서 잠복적인latent 변화상은 적절한 분석틀 없이는 쉽게 추적할 수 없다. 그런 의미에서 본서에서 제시한 여러 가지 변수 설정 및 분석 절차는 이러한 눈에 띄지 않는 변화상을 가시적으로 증폭해 주는 확대경 또는 중간 매체 역할을 할 것이다.

현저하게 드러나지 않는 장기간의 기술적 진화를 거친 임진-한탄강 유역의 구석기 공작은 후기구석기 단계에 들어 이전과 달리 급속도로 변화한다. 정질석재로의 급격한 전이, 더욱 엄격한 공정을 거쳐 만들어지는 말단부 가공 중심의 도구석기, 집중적으로 악착같이 소진되는 흑요석 같은 미세정질의 외래석재 등의 사례에서 알 수 있듯이, 거의 혁명적인 수준의 변화가 장흥리를 포함한 포천 일대의 후기구석기 유물군에서 서로 다른 양상을 보이며(김형준 2022) 폭발적으로 나타난다. 이 지역 후기구석기의 혁명적 변화는 환경상의 쇠락 및 생물총량의 감소가 더욱 가속화되는 MIS 3기 후반부터 본격적으로 진행되었다. 그 과정에서 짧은 기간 동안의 기술적 혁신은 지역 내 고인류 집단이 고도로 긴장된high-tensioned 태도를 갖추고 극도로 경계하는 삶의 방식을 유지하는 과정에서 이루어진 결과일 것이다. 이와 별도로, 비슷한 시기에 이미 구대륙 모처에서 더 극심한 환경상을 체험한 또 다른 외래 집단이 비교적 순탄하게 생존하려는 목적으로 임진-한탄강 유역에 새롭게 대규모로 유입했을 가능성도 있다. 이렇게 여러 가지의 복합적인 과정을 감안할 때 후기구석기 단계의 급속하고 혁명적인 기술적 진화는 그 이전의 큰 동요나 소란 없이 이루어지던 장기간의 진화와는 분명히 다른 속도와 박자로 진행될 수밖에 없다.

고고자료에는 이렇게 기술조직의 진화를 이끌어 내는 고인류의 태도 변화가 물질적으로 쉽게 체화體化, embodied되지 않는다. 임진-한탄강 유역 기술조직의 진화 과정은 그 내적 역동성을 외부로 발산시킬 만한 현시성顯示性이 미약한 것이 사실이다. 그러나 지역 내 고인류 집단은 외부 세계에 대한 자신의 내적 태도 및 삶의 방식을 장기간에 걸쳐 꾸준히 변화시켜 온 것이 사실이다. 이렇게 관념적인 인적 요인의 변동상은 고고자료라는 물적 대상에 그다지 적극적으로 반영되지 않는다. 그렇기 때문에 급진적이고 격변적인 수준의 전 지구적 기술 변화를 겪은 후기구석기 단계에 비해 그 이전 시기의 기술적 진화는 그 변화의 충실도fidelity가 고고학자들에게 미약하게 감지되기 마련이다. 그리고 지역별로 고고학자들에게 각기 다른 양상 및 방식으로 느껴질 수밖에 없다. 이 한계를 극복하기 위해서는 고고자료가 제시해 주는 제한적 수준의 정보 나열만으로는 충분하지 않다. 따라서 실증의 범위를 초월해 임진-한탄강 유역 구석기시대 고인류가 실제로 겪었던 외부 세계의 변동 및 그에 대한 자신들의 능동적 반응과 대응책을 풀어 내는 서사敍事, narrative적 접근이 필요하다. 그 작업은 본서의 결론인 제7부에서 진행될 예정이다.

| 제7부 |

결론:
임진-한탄강 유역
구석기의 장기적 변동상

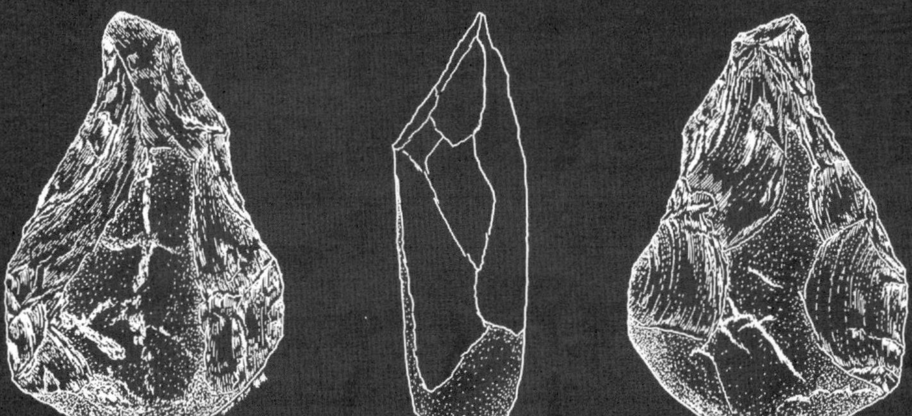

• 금파리 지표수습 주먹도끼(전곡선사박물관 소장)

I 갱신세 동안의 임진-한탄강 유역 인간사

1. 시간의 규모와 하계망의 진화

1) 서사 구축의 필요성과 그 의미

제3부에서 살펴본 임진-한탄강 유역 연구사를 다시 복기復碁해 보자. 2000년대 들어 중기갱신세설과 후기갱신세설이 대립하며 각자의 주장을 설파할 수 있는 고고자료를 적정 수준으로 확보하기 시작했다. 그리고 다양한 연대 측정 결과가 제시되며 이 지역 구석기 공작이 각자의 주장에 들어맞는 연대를 가진다는 '가정假定'이 몇몇 연대치와 여러 가지 환경 자료를 통해 '확증確證'으로 발전하기 시작했다. 이러한 논쟁 과정에서 중기갱신세설에는 연관성 없는 자료의 나열과 연대를 올려 보고자 하는 일부 연구자들의 무리한 주장이 개입한 것이 밝혀졌다. 따라서 중기갱신세설은 임진-한탄강 유역 구석기의 연대관에 기여할 수 없는 잘못된 주장임이 드러났고, 이 지역 구석기 유적들의 상한 연대인 용암대지의 형성 시점을 제시하는 것 이외에는 학술적 의미를 가질 수 없음이 지적되었다(유용욱 2019).

상한 연대인 중기갱신세 후반부터 이 지역 고인류의 생존과 관련된 생계행위는 대규모의 환경 변화와 밀접한 관련이 있다. 제4부에서 기술한 유적 및 석기군들의 공통적 성격은, 간단한 기술만으로 주변에서 흔히 취득할 수 있는 조질의 석영계 석재를 방만하게 활용한다는 것이었다. 그런 기술조직에서 눈에 띄는 도구석기는 아슐리안과 유사한 주먹도끼 및 대형절삭도구들이다. 임진-한탄강 유역의 주먹도끼들은 대부분 MIS 4기부터 만들어졌으며, MIS 2기의 후기구석기 유물군에도 일부 퇴화된 형태로 등장한다. 현재까지 알려진 고고자료를 근거로 할 때, 이 지역 주먹도끼는 환경상의 압박이 심화되는 MIS 4기에 들어 기존 기술조직에서 진일보한 직접 타격법이 채택되고 동물자원에 대한 의존도가 증가하면서 발생했다는 가설이 가능하다. 서반구 아슐리안 공작처럼 수백만 년 지속되는 기술조직에서는 기능적 필요에 의해 자체

고안되거나(Kohn and Mithen 1999) 고인류들의 고유한 유전적 특질로 인해 주먹도끼가 자연 발생했다는 주장이(Corbey et al. 2016) 성립하기 어렵다(Shipton and Nielsen 2018). 그러나 임진-한탄강 유역 주먹도끼같이 늦은 시기에 한정된 지역에서만 제작·활용된 사례에서는 아슐리안이라는 문화적 전승의 영향 없이 자체 발생해서 잠시 활용되다 소멸했다는 가설이 설득력을 지닐 수 있다. 따라서 임진-한탄강 유역의 주먹도끼 및 유사 아슐리안 공작pseudo-Acheulian Industry은 '비非아슐리안Non-Acheulian'의 Mode 2 기술조직으로 부를 수도 있다(유용욱 2016).

제5부에서 살펴본 대로 이 지역 석기군은 Mode 2에 해당하는 대형도구가 Mode 3르발루아 기법 제외의 소형도구와 공존하는 특징을 가지고 있다. 소형도구의 전반적 고찰은 현재까지 임진-한탄강 유역 구석기 연구에서 구체적으로 이루어진 바 없었다. 따라서 제5부와 제6부에서 이 부분을 집중적으로 다루었다. 기술조직이라는 개념을 기본 단위로 설정해서 각 석기군을 최종적으로 만들어 내는 요인들을 고찰했고, 석기군 간 변이를 도출해 석재의 취득부터 원석과 도구의 활용 및 재활용에 이르는 작업연쇄를 드러냈다.

제6부에서는 임진-한탄강 유역의 대표적인 네 석기군을 채택하고 RSM이라는 계량분석 기법을 통해 다양한 작업연쇄를 거친 석기군 변이의 발생 과정을 추적했다. 그 결과 임진-한탄강 유역의 기술조직은 장기간에 걸쳐 일정한 방향성을 가지는 진화를 겪었음을 알 수 있었다. 이런 기술적 진화는 고고자료에 물질적으로 체화되는 수준이 그다지 높지 않지만 1) 조질석재에서 정질석재로의 전이가 이루어졌고, 2) 대형도구와 소형도구가 공존하는 석기군에서 도구 형식의 다각화가 일어났으며, 3) 석재의 획득 비용 증가로 인한 경제적 석재 소비 성향의 수립, 4) 잔돌날로 대표되는 전반적 석기 규모의 초소형화 그리고 5) 원칙 없이 소모되던 원석과 뚜렷한 격식 없이 제작되던 도구들이 시간이 흐르며 일정한 기술적 기준과 정격적인 삭감과정을 가지기 시작하는 것이 석기군 분석 결과에서 명확하게 드러났다.

기술적 진화를 이끌어 내는 고인류의 행동 변화는 석기 제작 및 활용에 대해 그들이 기존의 느슨한loose 태도가 아닌, 긴장되고 계획적인 태도를 갖추게 된 것에서 비롯했다. 이것은 자기 자신 및 주변 환경에 대한 사색적·성찰적 태도를 갖추는 것으로서(Byers 1999), MIS 4기를 기점으로 하는 적대적 환경에 의한 생계압 증가에 대응하는 자발적 행동 변화의 동기이기도 하다.

지금까지는 임진-한탄강 유역 구석기의 시·공간적 맥락과 유물상에서 드러나는 기술적 특성을 관련짓는 것이 주요 작업이었다. 고고자료에 남겨진 단편적 정보를 드러내 주는 방법론들이 바로 제5부와 제6부에서 시험하고 적용해 온 각종 분석分析, analysis과 설명說明, explanation 도구들이다. 이제 이렇게 도출한 단편적 정보들을 해석解釋하고 통합統合하는 절차가 필요하다. 이 절차는 지금까지 수집한 정보들을 이용해 커다란 그림을 그리는 것으로, 궁극적인 '서사敍事, narrative'를 작성하는 작업이기도 하다.

서사는 주어진 시공간의 틀에서 발생한 사실들을 있는 그대로 기록하는 것으로, 기록의 대상은 대부분 인간의 행위와 관련된 사건들이다. 서사를 작성하는 것은, 구석기시대 임진-한탄강 유역을 점거하던 주체인 1) 고인류 집단을 주인공actor으로 설정하고 2) 시·공간적 맥락과 기술적 특성을 배경으로 삼아 3) 주인공들이 수행하고 겪었던 여러 가지 사건을 재구성하는 작업이다. 사건의 재구성은 임진-한탄강 유역 구석기시대의 이해를 진전시키고, 고고학의 본질적 목적인 '인간 행위의 총체적 복원'을 가능하게 한다. 인간 행위의 복원은 '시공간상에서 과거 문화의 다양성diversity과 변동성variability'을 상세하게 기록하도록 해준다. 물질 자료의 분석을 통해 얻은 정보들을 서사의 틀에 배치하는 작업은 전술한 인물, 배경, 사건의 제요소들이 시간상에서 유기적으로 작동하는 메타서사를제2부와 제3부 참조 새롭게 구축하는 것이다.

한국 고고학에서 메타서사가 구축된 경우는 그다지 많지 않다. 그 이유는 제4부에서 이루어진 것 같은 묘사描寫, depiction에 가까운 기술記述, description만으로 유적과 유물의 외연적 형상形象, configuraion의 특징만 잡아 내거나, 제5부와 제6부에서 시도한 것같이 분석과 설명을 통해 드러낸 유적과 유물의 내연적 표상表象, representation을 분류分類, classification와 편년編年, chronology이라는 제한된 방법으로만 이해해 왔기 때문이다. 따라서 과거인들이 '수행한 행위performed behaviors'와 '겪은 사건experienced events'을 복원하려는 고고학의 목적은 유물 분류 작업을 통한 편년 도출에만 전념하는 획일적 사고思考, thought로 인해 망각되거나 좌절되어 왔다. 분류와 편년의 실제 대상은 유물에 불과한데, 인위적으로 분류되고 편년된 유물의 나열이 과거인의 의도와 행위를 반영한다는 착각이 한국 고고학에 자리 잡아 왔던 것이다. 지금도 유물을 비슷한 것들끼리 나눠 묶고, 그것들을 시간축상에 순서대로 늘어놓는 작업만이 고고학의 수단과 목적으로 이해되고 있다. 전술한 '중기갱신세설'의 폐단도 넓은 의미에서는 이러한 한국 고고학계의 사고 방식에서 기인했다고 볼 수 있을 것이다.

제7부에서 시도하는 임진-한탄강 유역 구석기의 메타서사 구축은 분류와 편년에 그쳤던 한국 고고학계의 사고역량을 확장하려는 시도다. 그리고 중기갱신세설 같은 제한된 시각과 사고의 산물이 다시 등장하지 않도록 대비하는 실천적 방책이기도 하다. 임진-한탄강 유역 구석기의 서사 작성은 수집된 여러 가지 단편적 정보와 분석

결과들을 고인류의 행위 및 사건과 유기적으로 관련짓는 글쓰기 작업이다. 이는 분석 결과와 이를 통해 얻은 작은 가설 및 검증 결과들을 사초史草로 삼아 한 편의 편년사編年史를 서술하는 작업이기도 하다. 이렇게 마련된 서사는 차후 이 지역 및 한반도 구석기 연구를 진행하기 위한 커다란 참조의 틀frame of reference로 삼을 수 있다. 그리고 새로운 서사로 대체되기 전까지 잠정적 메타서사로 존재할 것이다.

임진-한탄강 유역 구석기의 메타서사는 유적 및 시기별로 다양하면서도 미시적인 소서사小敍事, little narratives가 가능하도록 해주는 데 의미가 있다. 커다랗고 연속적인 흐름을 포괄적으로 서술해 주는 한 편의 메타서사를 통해 감각적으로 인식되는 각종 유적과 유물의 미세한 현상적 변이들의 대강大綱을 파악할 수 있다. 이는 차후 새로운 메타서사 구축의 배경지식으로 자리 잡는다. 메타서사의 전환은 과학혁명의 패러다임 전환과도 유사하다(Kuhn 1962). 그 전환 과정은 배경지식이 누적되며 기존 메타서사의 자체 모순이 드러나는 변증법적 과정이다. 따라서 메타서사의 흐름은 유장悠長하고, 그 움직임은 결코 요동搖動하지 않으며 긴박緊迫하지 않다. 임진-한탄강 유역 구석기 연구에서 이러한 메타서사를 서술하려면, 제3부에서 언급한 바 있는 '장기지속la longue durée' 개념을 다시 소환해야 한다.

2) '장기지속'이라는 시간적 개념의 이해

장기지속은 시간의 개념과 범위에 대해 과거 및 현재의 인류가 무의식적으로 느끼는 역사적 깊이를 말한다. 특히 고고학처럼 오랜 시간과 그 시간이 물질에 부여하는 현상적 의미를 탐구하는 분야에서 장기지속은 더욱 중요한 사고의 단위로 존재한다(Hodder 1987). 프랑스 아날학파의 비조鼻祖인 Braudel(1972, 1980)은 시간을 세 단계의 측정 수준을 가지는 연속적 흐름으로 설정했다(Fletcher 1992: 37; M. E. Smith 1992: 25). 첫 번째는 가장 현저하고 그 지속 및 발생 간격도 현상적으로 짧게 파악되는 단기역사인 '실록實錄사건l'historie événementielle'이다. 두 번째는 사회·정치적 주기를 반영하는 '중간연속conjuncture'이고, 마지막 세 번째는 지형적 또는 환경적 구조와 관련된 '장기지속la longue durée'이다. 브로델은 이렇게 세 단계의 시간규모time scale를 구분하는 데 있어 물리 혹은 물질적 요인이 인적 요인보다 장기간 작용하면서 인간의 행위에 영향을 미친다고 보았다(Knapp 1992: 6). 이는 마치 환경결정론과 유사한 주장으로 보일 수 있지만, 장기간의 환경 지속 및 변화 과정에서 인간이 다양한 방식으로 여러 사건을 겪고 그러한 사건들이 일정 주기를 보이며 반복된다고 본 것에서 차이가 있다. 그리고 역사

서술에서 환경적·물질적 영향이 인적·사회적 요인보다 큰 비중을 차지하지 못한다고 믿던 당시의 사학계 풍토를 비판하는 입장이기도 하다.

브로델의 장기지속은 거시적이고 통합적인 개념으로, 지질학, 생물학을 포함하는 인간생태학적 관점보다 더 큰 규모의 거대역사macro-history를 말한다. 이것은 인간과 물리적 환경의 관계만 탐구하는 생태적 관점을 넘어, 그런 관계가 만들어 내는 사회관계와 개개인의 집단 활동이 이끌어 내는 게슈탈트적 면모까지도 함의한다. 단기역사의 사건들은 단순한 독립체entity들의 움직임이 누적된 것에 불과하지만 장기지속은 단기적 사건들의 박동搏動, pulse에 영향을 받지 않는다. 오히려 장기지속은 인간과 외적 조건의 관계에 대한 구조를 만들어 낸다. 그리고 이 구조를 통해 천천히 이루어지는 모든 변화의 주기가 끊임없이 작동한다(Braudel 1972: 20).

브로델의 장기지속 개념은 갱신세 당시 환경에 적응해 온 고인류 생활 방식의 역동성을 서술하는 데 효과적인 시간적 틀을 제공한다. Butzer(1982)는 브로델과 흡사하게 고인류가 환경에 적응하는 시간의 규모를 서로 다른 척도에 따라 세 단계로 제시했다. 첫 번째는 단기간의 사회나 경제적 문제를 해결하는 데 주력하는 '적응조정適應調整, adaptive adjustment'이다. 이것은 고인류가 짤막한 위기나 외적 변동에 즉각 대처하는 전략으로, 한정 행위를 위해 점거된 유적이나 유물군의 변이에 즉시 반영된다. 두 번째는 독자적 생존이 꾸준히 이루어지도록 중간 수준의 기간에 걸쳐 적응 전략을 개량하는 '적응개편適應改編, adaptive modification'이다. 적응개편은 상당 수준의 생계 전략 변동이 지속적으로 이루어진 결과를 나타내는데(Butzer 1982: 290), 대표 사례로 후기구석기 단계에 이루어진 기술상의 전면적 전환을 들 수 있다(Gilman 1984). 마지막 세 번째는 장기간에 걸쳐 진행되는 '적응변환適應變換, adaptive transformation'으로, 여러 기술적 개선 및 개량이 각기 다른 적응 방식을 거치며 점진적으로 이루어지다가, 오랜 시간이 흐른 후에야 비로소 통합적 효과를 내면서 생계 전략의 궁극적인 대전환을 이끌어 내는 과정이다(M. E. Smith 1992: 25). 적응변환의 대표적 사례로는 후빙기 이후 구대륙 일부 지역에서 장기간에 걸쳐 대규모로 진행된 농경의 발생을 들 수 있다(V. L. Smith 1992).

이러한 시간적 틀은 구체적이고 실제적인 고고학적 사건들을 다루면서 갱신세 동안의 시간 규모를 구별했지만 인간과 환경의 관계를 생태학적인 측면으로만 파악하고 환경의 영향과 압박을 필요 이상으로 강조했다는 한계가 있다(V. L. Smith 1992). 즉 갱신세 동안 이루어진 주기적이고 숙명적인 외적 압박에 대해 고인류의 행위 전략이 수동적인 반응으로만 구성되었다고 주장한 것이다. 따라서 물질 문화의 전반적 양상도 이미 정해진 바에 따라 변화함을 암묵적으로 인정했다. 이것은 전술한 환경결정론과 별 차이 없는 관점일 수 있다. 그러나 브로델의 장기지속 개념은 이와 달리 인간사가 환경 변화의 맥락과 유사한 리듬과 템포를 가질 수는 있지만, 인간들이 환경 변화에 수동적이고 획일적으로 반응하는 것을 의미하지 않는다고 보았다.

브로델은 장기지속 개념이 구석기시대 같은 지극히 오래된 시간 폭까지 적용될 수 있다는 기대를 가지지는 않았다. 그의 장기지속 개념은 시간 규모에 따라 인간사人間史, human history의 흐름을 다양하게 나타낼지라도 인간의 문화를 형성하는 요인으로 자연과 사회의 역할을 결코 배제하지 않았다. 여기서 인간사혹은 인류사의 형성 과정은 구석기고고학의 창의創意, creativity에 기반한 제작 기술의 혁신이나(Hodder 1998; Mithen 1998) 사회 조직의 발전(Gamble 1998, 1999; Mithen 1990) 그리고 새로운 방식의 정보 교환 및 사회적 지식 습득 과정도 포함한다(McNabb et al. 2004; Mithen 1996). 즉 브로델의 시간 규모에 따른 인간사 흐름의 구분은 인적 요인을 배제하지 않았고, 기계적 작동 원리보다는 인간적·인문적 요인들의 역할을 고스란히 남겨 두었다. 이러한 인적 요인들은 사건의 주인공들이 주어진 자연적 배경하에 능동적으로 수행한 작주성을 충실히 반영한다(유용욱 2013a; Dobres and Hoffman 1994; Machin 2009; Morris 2004).

3) 경관 및 지질 변화의 시간 규모

한국 구석기고고학에서 유물을 제작 및 사용하며 주변 환경에 적응한 고인류의 입장을 가지고 결론을 도출한 사례는 거의 없다. 구석기고고학이라는 학문의 위상도 대부분 자료의 축적과 제시 및 요약에 몰두하는 '구석기학palaeolithic-ology'에서 더 이상 나아가지 못하고, '선사학'이나 진정한 '고고학'의 성격을 충실히 반영하지 못한 감이 있다. 그런 의미에서 임진-한탄강 유역 구석기의 서사를 장기지속으로서 구축하고자 한다면, 고인류를 주인공으로 삼고 그 배경이 되는 '경관景觀, landscape'을 구성해야 한다.

제3부에서 이루어진 임진-한탄강 유역 지질 형성 과정의 이해는 이 지역을 점거한 고인류의 다양한 문화적·기술적 활동이 이루어진 자연적 배경으로서의 경관을 이해하는 기본 작업이다(Knapp and Ashmore 1999: 5-8). 고인류가 주인공으로 서식하던 무대인 경관은 주인공 스스로 이를 자각할 때 비로소 형성된다. 그들의 행위와 '관습慣習, practice' 및 이를 통해 만들어지는 여러 관계들도 경관 내에서 구조화structuration되기 마련이다(Giddens 1984: 2; Hopkinson and White 2005: 16). 고인류가 생존하며 수행한 모든 행위들을 그들과 환경의 생태적·기술적 관계맺기engagement라고 간주하면, 관습은 그들의 문화적 지식과 사회적 맥락에 따라 누적된 실무 경험know-how이 만들어 낸 방식方

式, mode이라고 볼 수 있다(Gamble and Porr 2005: 8). 작주로서의 고인류 개개인은 총체적 실체로서의 문화를 통해 행동하며, 그런 행동은 그들이 사회적·자연적 세계와 관계 맺도록 해준다. 그리고 사회적·자연적 세계의 변화를 창출하는 관습을 통해 관계 맺는 방식이 변하기도 한다. 따라서 작주로서의 고인류 개인은 자신의 생존을 위해 집단 내에서 구조화된 관습을 통해 자연적 세계인 경관 요소들과 관계를 맺고, 사회적 세계인 집단 내 다른 구성원들과도 관계를 맺는다. 여기서 개인으로서의 고인류는 경관 내 물질 세계를 배경 삼아 이런 관습을 실연實演, enact하는 주인공이다. 그리고 이런 관계 맺기는 또다시 부수적인 사후 행동과 반응을 야기한다.

이전의 연구(예: 이선복 1996; 이선복 외 2004) 및 제4부에서 밝혀졌듯이, 임진-한탄강 유역의 고인류는 외부에서 갑자기 유입한 집단이기보다는 중기갱신세 후반약 0.21mya, 제5부의 장산리 유적 참조부터 추가령구조곡 일대에 거주하던 토착 집단에 가깝다. 이를 받아들이면, 임진-한탄강 유역의 석기군은 당시 이 지역에 거주하던 고인류가 집단 내에서 구조화된 기술적 관습을 반복적으로 실연한 물질적 결과다. 이 관습은 일상적이면서 자발적으로 반복된 집단 구성원들의 공통 행위에 기반을 두고 있다(Hopkinson and White 2005: 18). 그러나 이런 관습들이 환경적으로 이미 '규정된 행동과 파국의 양상predestined phase of actions and fates'으로 다루어질 필요는 없다(Gamble 1993: 19). 오히려 그들이 점거하던 세계에서의 지속적 인지 경험을 통해 만들어지는 것으로 보는 것이 타당하다. 그런 의미에서 관습으로서의 기술조직은 항구적이지도 않고 뚜렷한 대상화對象化, objectify를 통해 객관적으로 실재하기는 힘들다. 오직 그것이 실연된 결과인 유물군을 통해 맥락적으로 파악될 뿐이다. 이것은 제5부에서 언급한 대로 임진-한탄강 유역 구석기시대 고인류의 기술조직이 융통성과 변통을 가지는 것과 관련이 있다.

갱신세 동안 변화하는 경관의 맥락에서 장기간에 걸친 임진-한탄강 유역 인간사를 서술하기 위해 개별 층서 단위들을 시간 규모가 각기 다른 지질학적 활동과 대비할 필요가 있다. 지금까지의 임진-한탄강 유역 구석기 편년 수립의 문제는 서로 다른 지질학적 시간 규모를 바라보는 관점의 차이에 있었다. '적당하게 들어 맞는plausible' 연대를 설정하는 과정에서 전혀 맥락이 다른 방법론과 그 결과들이 다소 억측과 강압에 가까운 방식으로 적용되었고, 이는 종종 '숫자로 표기된 산술 자료들digitized metrical data'의 의미를 그럴듯하게 과대 해석하는 오류를 발생시키기도 했다. 이런 오류를 겪은 산술자료들의 사례로는 중기갱신세설이 기반하고 있는 1) 실연대보다 더 오래된 절대 연대치들, 2) 더 낮게 지정된 석기군의 해발고도, 3) 실제 퇴적층 내 포함된 화산재 입자들의 개수, 4) 임진-한탄강 유역에 분포하는 용암류의 매수, 5) 하안단구면의 개

수 등을 들 수 있다. 사실 이렇게 숫자로 표기된 다양한 산술 자료들은 각각 다른 시간 규모를 가지는 지질학 및 고고학적 형성 과정을 반영하며, 어떤 면에서는 문자보다 숫자로 표기된 자료가 더 신빙성을 가진다는 허상의 산물에 불과하다.

장기지속이라는 개념을 적용하는 데 있어서는 임진-한탄강 유역의 다양한 지질 과정이 서로 다른 시간 규모에 따라 이루어졌다는 전제를 검토해야 한다. 이 지역 경관에서 가장 중요한 요소는 두말할 것 없이 임진-한탄강 하계망이 겪은 복잡한 하천 발달사다. 임진-한탄 하계망에는 각기 다른 시간 규모를 가지는 지형 영력이 작용했고, 그에 따라 하계망의 면모와 배수량은 심각한 변화를 겪어 왔다. 하계망의 변화가 당시 이 지역에 거주하던 주인공인 고인류들에게 꾸준히 바뀌는 경관으로 인지된 것은 분명하다. 이와 관련해서 Vandenberghe(1995: 632)는 하계망의 발전상 및 수문역학hydraulic dynamics과 관련된 여러 가지 물리적 요인을 통해 서로 다른 규모의 시간 단위 세 가지를 설정했다.

- 10만 년 단위: 하천의 진화는 기후 조건에 의해 좌우되며 주로 구조지질적tectonic 요인의 영향을 받는다. 전곡리 유적에서 빙하기-간빙기의 순환 주기를 퇴적물 색조 및 구성 입자의 특색과 연결하는 작업이 이러한 시간 범위 활용의 전형적 사례다(Bae 1988). 또한 반감기가 10억 년에 달하는 K-Ar 연대 측정법으로 측정된 연대치는 10만 년 단위를 자동적으로 반영할 수밖에 없다.
- 1만 년 단위: 하천의 운동은 식생, 토양의 응집도와 배수량 등에 의해 결정된다. 짤막한 불안정기는 상대적으로 긴 시간 동안의 잠복기와 번갈아 나타난다. 전곡리 유적에서 토양의 구조와 질감 및 색조 변화를 산소동위원소 단계Marine Isotope State, MIS 및 고토양/뢰스 주기와 연결하는 작업이 대표적인 사례다(Naruse et al. 2003; 이선복 2003). OSL 및 각종 루미네선스 연대치는 대부분 1만 년 단위를 반영하는 결과들이다.
- 1천 년 단위: 하천의 변화는 고유하게 내재하는 하계망 체계의 진화 및 기타 요인들에 따라 달라진다. 단일한 층준 내 토양의 미세 형태, 지표면의 노출상 및 풍화 작용의 진척 수준이 이런 시간 규모에 기반을 두고 있다. 주로 연대 측정보다는 유적이 형성되는 자연적·문화적 요인을 탐구할 때 쓰는 단위다. 유적 점거 시점이나 단일한 생활면이 유적에 만들어지는 데 소요된 시간을 반영한다. C14 연대치는 보통 1천 년 단위를 반영한다.

위에서 제시한 10만 년 단위와 1만 년 단위에 해당하는 지질 대체자료들의 본질적 차이를 인식하지 못한 상황이 지금까지 임진-한탄강 유역의 유적 형성 과정을 이해하는 데 혼란을 자아낸 주원인이기도 하다. 제3부와 제4부에서 밝혔듯이, 유기물이 포함되지 않은 하천 퇴적물을 직접 연대 측정하는 방법들의 해상도는 결코 높지 않다. 지질학적 시간 규모의 차이를 구분해 인식하지 못하면 유적의 형성 속도를 이해할 수 없으며 다양한 절대 연대치들도 큰 의미를 가지지 못한다. 제7부에서는 이런 혼란을 방지하기 위해 가장 큰 규모인 10만 년 단위는 임진-한탄강 유역을 경관으로 이해하는 작업에서 원천적으로 배제한다. 10만 년 단위가 의미를 가지려면 적어도 이 지역 구석기 유적의 연대는 대부분 백만 년 혹은 몇십만 년 전이라는 시간 범위를 보여야 한다. 그러나 중기갱신세설이 파기되면서 그런 전제는 의미가 없어졌다. 따라서 지금까지 이 지역 지질상을 복원하는 데 구체적으로 적용된 적 없던 미세한 시간 규모인 1만 년 단위를 통해 임진-한탄강 유역의 하계망 변천상 및 각 시간 단위별 퇴적상을 살피겠다. 그리고 그 과정에서 1천 년 단위로 표현되는 연대 측정치 및 산소동위원소 단계를 서사 작성의 기본 시기 구분틀로 삼겠다.

4) 임진-한탄강 유역 하계망의 변천

하계망의 진화는 수문역학에 따라 변하는 지모地貌, terrain와 시간 사이의 함수관계를 반영하는 비가역적 순환과정이다. 다시 말하면 하계망의 진화 과정은 몇몇 유사한 세부 과정이 일정 주기를 가지며 반복되지만 지형의 본질이 결코 원상으로 회복되지는 않는 특성이 있다(Brown 1997: 76). 하계망은 배수량과 유입량의 일정한 균형을 맞춰 유량을 안정화하려는 경향이 있는데, 이것을 하천 평형fluvial equilibrium이라고 부른다(Rapp and Hill 1998). 이 평형이 깨지면 하천은 급격하게 반응하며 풍화 및 범람을 통해 다시 안정을 회복하려 한다.

Brown(1997: 24)은 여러 하천의 배열상과 그 역학적 변동 과정을 통해 하천 평형을 회복하는 일반 과정을 제시했다그림 7.1. 하천의 운동 에너지 및 그러한 하천이 만들어 내는 하계망의 형태에 기반한 그의 모델은 크게 네 가지 단계로 하천 변천상을 구분한다. 첫 번째는 망상형網狀型, braided 단계로, 여러 갈래의 가는 하천들이 그물처럼 얽혀 있는 상태다. 이 망상 하천은 높은 침식력을 가지며, 뚜렷하게 유로를 확보한 하천이 아니다. 두 번째는 문합형吻合型, anastromosing 단계로 불리며, 망상형과 비교할 때 유폭이 크고 단위 하천의 유량은 증가한다. 그리고 유로를 확보한 하천channel stream이

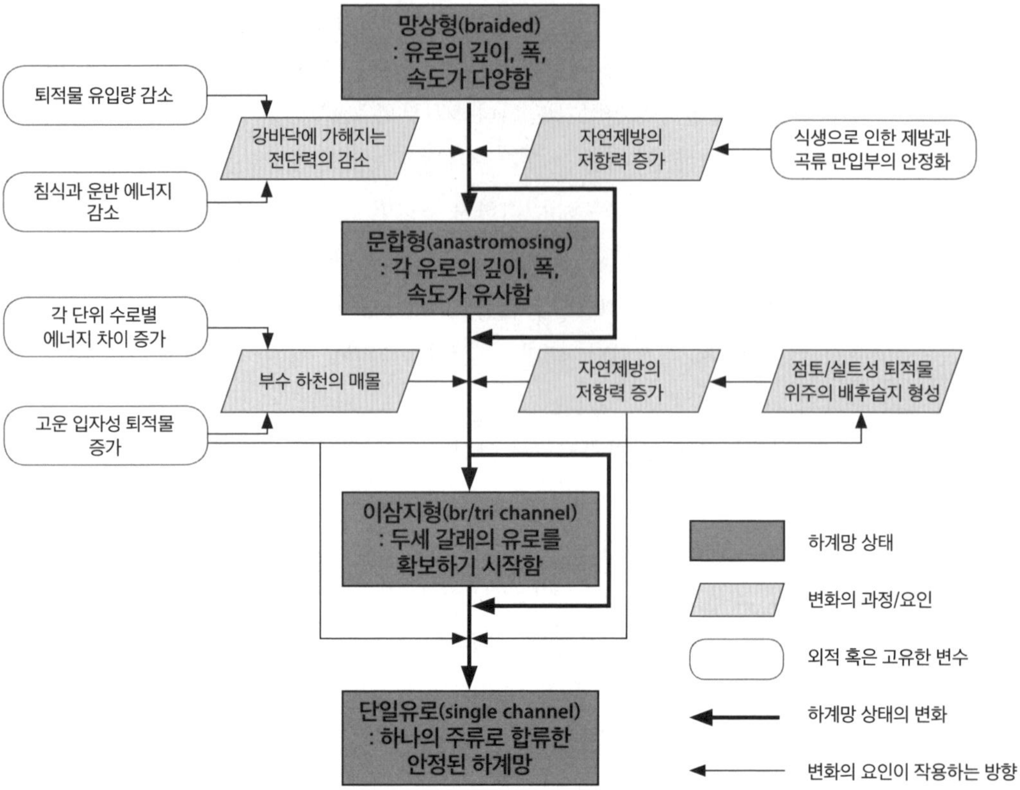

[그림 7.1] 하계망의 발달 단계와 각 단계에 개입한 다양한 외적 영력(Brown 1997: 24)

만들어지면서 각 유로의 규모는 유사해지기 시작한다. 세 번째는 이삼지형二三支型, bi/tri channel 단계로, 이름 그대로 두세 갈래의 주류主流, main stream가 만들어진다. 이 단계에 바야흐로 하천의 유로가 제대로 자리를 잡으며 하방침식이 본격화된다. 하천 내에는 곡류사주point-bar 같은 퇴적상이 존재한다. 네 번째는 단일 유로single-channel 단계의 하천이다. 이전의 이삼지형 하천은 비로소 하나의 단일한 주류로 합류한다. 유폭이 크게 확대되고 유속은 감소하기 때문에 침식과 함께 하천 주변의 제방 부위에서 대규모 퇴적이 이루어진다.

임진-한탄강도 [그림 7.1]의 일반적 하천 변화 단계를 거쳤지만 중간에 화산 폭발로 인한 용암류가 하천에 쇄도殺到하며 용암댐이 만들어지고(김기룡 2017a, 2017b; 이민부 외 2007; 이선복 1989) 다시 첫 단계인 망상형 하천 단계로 회귀했다. 따라서 이 지역 퇴적상은 네 가지의 하천 발전 단계를 모두 나타낸다. 용암대지 형성 이후 하천 평형을 회복해 가는 임진-한탄강 하계망의 경관은 고인류에게 수자원을 제공하고 다른 식물 및 동물들을 생계자원으로 활용할 기회를 제공했다. 하계망 주변은 안정적인 서식지인 동시에 다른 동물들과의 생존경쟁 및 용암의 유입 같은 위기를 감당하는 알력軋轢, conflict의 장場, field이기도 하다. 또한 하계망은 집단의 이합집산 및 이동이 이루어지는 하나의 경로經路, passage이며 영역 범위territory다. 고인류들도 그들 삶의 핵심적 경관 요소로 임진-한탄강 하계망을 인식하고 있었을 것이다. 따라서 하계망 변천 과정에 따라 다르게 인지되는 경관으로서의 지형은, 당시 거주하던 고인류 집단의 삶과 행동 및 사건들을 장기지속의 시간 규모를 갖는 서사로 작성하게 해주는 기본 배경이다.

임진-한탄강 유역 구석기시대에서 장기지속으로서의 서사가 뚜렷한 '실증實證, substantiation' 절차를 거칠 필요는 없다. 이러한 서사의 검증은 고고학이라는 학문의 본질적 특성 때문에 불가능하고 또 불필요하기도 하다. 모든 서사, 즉 스토리텔링이 완벽한 고증考證을 전제하지는 않으며, 서사가 가능할 수준의 자료 확보는 이미 제3부에서 제6부까지 충분히 이루어졌고 그 검토 및 실증도 어느 정도 완료된 상태다. 이제 이 자료들을 그럴듯한 수준에서 질서정연하게 배열하면 되는 것이다. 이 작업이 굳이 '극열과학極熱科學, hard science' 수준의 입증과 검정을 또다시 거칠 필요는 없다. 앞에서 제시한 대로 이 지역 구석기의 메타서사를 구축하는 것은 언제든지 새로운 자료에 따라 변화무쌍하게 대체할 수 있는 또 다른 서사를 마련하기 위한 사전 작업이다. 따라서 여기에 실증이라는 과학적 접근법을 적용하는 것은 그다지 효용이 높지 않다. 작금의 고고학은 자료의 수집과 분석 및 그 결과의 검정에 너무 경도되어 있고, 그 배경이 되는 실증이라는 전제에 대한 '싫증'과 피로감이 누적된 상태다. 실증이라는 전제는 결코 과거에 대한 폭넓은 이해를 이끌어 내지도 않았고, 과거인의 행위 및 그런 행위가 이루어진 맥락과 그 맥락이 역사적 사실로 존재하는 실체인 사건의 진위 여부를 밝혀 주지도 않았다(Hodder 1991, 1998; Trigger 1991, 1998).

따라서 다음에 서술하는 임진-한탄강 유역 구석기의 전반적 서사 혹은 스토리텔링이 실증을 전제로 하는 과학적 진술陳述, statement로 이해될 필요는 없다. 그 대신 고고학적 상상력을 확장하기 위해 지금까지 파악한 고고자료들의 전반적 성격을 과거 고인류의 입장에 맞춰 '옮겨 쓰기transcription' 혹은 '바꿔 적기' 한 상태로 받아들이면 될 듯하다. 옮겨 쓰거나 바꿔 적은 상태는 앞으로의 자료 확보 및 자료의 진위 여부에 따라 얼마든지 달라질 수 있다. 기존의 중기갱신세설이 더 이상 수용되지 않고 파기된 것도 이런 맥락으로 보면 될 것이다. 그리고 이렇게 열린 결말 혹은 잠정적으로만 의미를 가질 수 있는 서사를 구축하는 것이 본서의 결론이 제시되는 방식이다. 이 서사는 기본적으로 시간의 흐름에 따라 진행될 예정인데, 그 흐름은 장기지속으로서 1만 년 단위를 통해 임진-한탄강 유역의 하계망 변천을 살필 것이며, 각 분기의 사건들은 1천 년 단위를 통해 서술될 것이다. 여기서 장기지속의 유장한 환경변화는 임진-한탄강의 하계망 변화와 이 지역 화산 운동이 주가 될 것이다. 전술한 Brown(1997)의 하천 변화 4단계 모델을 적용해 이 지역의 6단계 장기지속 변화상을 서술하면 다음과 같다.

2. 6단계의 지질 형성 과정과 그에 따른 서사

1) 제1단계: 약 20만 년 전보다 이른 시기

선캄브리아기에 형성된 화강암 및 편마암은 구조 지형의 영향으로 상당히 굴곡이 깊은 추가령구조곡을 만들어 냈다. 고古임진-한탄강은 이 협곡을 따라 흐르며 주변에서 유입된 여러 산간하천과 함께 침식을 진행했다. 계곡은 전반적으로 경사가 급하기 때문에 유속이 빠르며, 추가령구조곡의 본류 하천에 유입하는 과정에서 계곡 말단부에 각력 위주의 퇴적물로 구성된 선상지扇狀地, alluvial fan가 만들어지기도 한다(이민부 외 2001b, 2001c). 본류역은 유량의 평형 상태를 유지하기 위해 지속적으로 하방침식을 진행하며 깊은 골trough을 만들어 낸다(Rapp and Hill 1998). 빠른 속도의 유수는 큰 마찰력을 가지며 선상지 및 주변 침식 부위의 퇴적물들을 운반한다. 임진강과 한탄강 본류의 양 측면에는 자갈과 거력들이 두껍게 퇴적되었는데예: 백의리층군, 골짜기를 따라 곡류하던 하천이 이런 퇴적물의 영향을 받아 일시적인 감입곡류가 만들어지기도 한다. 하천의 양안兩岸에는 강둑river bank이 융기하며 계단상의 하안단구가 발달한다그림 7.2.

이 단계의 임진-한탄강 유역에서는 고인류의 점거가 활발하게 이루어지지 않았다. 가장 오래된 유적인 장산리 유적은 임진강 변에 인접한 높은 고도의 장산리단구에 위치하며 석기의 분포 밀도가 매우 제한적이다. 장산리에서 인공적으로 가공된 석기는 장산리단구면에서 발견되지만 그 외 다른 지역에서는 고인류 점거의 증거가 뚜렷하게 나타나지 않는다. 전반적으로 빠른 유속을 가지는 고임진-한탄강의 성격 및 침식 우세 환경으로 인해 얼마 안 되는 고인류 점거의 증거도 유수에 쓸려 내려갔을 가능성이 높다. 임진강 상류역에도 하안단구와 유사한 지형이 있지만(이선복 2004; 이선복 외 2004) 고인류의 점거 증거는 없다. 이는 당시의 인구 밀도가 제한적이었으며, 유적이 형성돼서 퇴적층에 남을 가능성도 희박함을 말해 준다.

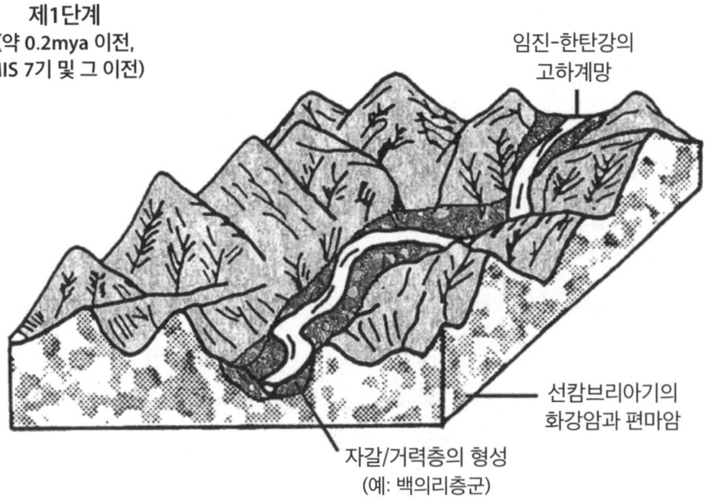

[그림 7.2] 좁은 협곡을 흐르는 하계망과 침식 위주 환경을 특징으로 가지는 제1단계

석기군의 전반적인 성격으로 볼 때, 장산리의 고인류는 돌로 석핵을 타격하는 직접 타격법을 원활하게 구사한 흔적이 별로 없고 던져떼기나 모루떼기 같은 초보적 공법으로 단순하게 돌을 깨뜨리는 수준의 가공만 가한 것으로 보인다. 예외 없이 조질 석재만 활용한 것으로 볼 때, 석재의 판별 능력도 그다지 갖추지 못한 것이 분명하다. 가공을 거치지 않은 반입석재로서의 자갈돌이 다수 포함되어 있는 점, 대형석기 위주의 I유형 크기 분포를 보인 점을 감안할 때제6부 참조 석기 제작이 관습적으로 이루어지지는 않은 것으로 보인다.

2) 제2단계: 20만-13만 년 전(MIS 5e기 직전)

이 단계는 임진-한탄강 유역에 용암대지가 형성되는 시기다. 화산 활동의 진원지는 북쪽의 강원도 평강군 일대로 추정되며, 대규모 폭발보다는 여러 차례의 열하 분출을 거친 것으로 보인다. 복수의 용암 분출은 복잡한 화산 지형을 남겨 놓았는데(길영우·정우철 2018; 이민부 외 2004; 이선복 2005), 제1단계에 축적된 계곡 주변의 자갈층을 용암류가 덮으면서 구舊 하계망을 가로막는 용암댐이 형성된다(김기룡 2017b). 용암류의 가장 오래된 연대는 용암류 아래 모래/자갈층의 FT 연대치인 약 40만 년 전이다. 그 밖에 몇몇 K-Ar 연대치도 50만 년 전으로 나온 사례가 있지만 고인류 점거 시기와 부합하는 용암류의 연대는 약 20만-13만 년 전으로 파악할 수 있다제3부 참조. 따라서 이 연대를 제2단계에 해당하는 시기로 볼 수 있다.

지표에 용암대지가 형성되며 기존에 노출된 하천 변의 고인류 점거 흔적은 모두 소각된 것이 분명하다. 용암대지는 하천수가 다시 유입하면서 차별적인 냉각 과정을 겪어 불규칙한 표면 형태를 지닌다그림 7.3. 용암류가 기존 하계망을 침범하면서 수자원 분포가 불규칙해지는데, 이는 고인류 집단의 분포와 이주에 심각한 영향을 미쳤을 것이다. 화산 활동이 진행되는 동안 고인류 집단은 대부분 외부로 이주하거나 격변 궤멸catastrophic mortality을 겪었을 가능성이 높다. 하지만 장산리 및 임진강 하류역 같은 용암대지 외부에는 여전히 고인류가 생존했으며, 주변 사면에서 기원한 붕적토가 용암대지 위에 쌓이며 기존의 식생도 회복되었을 것이다. 하계망의 상류역을 점거하던 고인류들은 용암류에서 멀리 떨어진 고지대의 삼림지대로 이주했을 것이다. 따라서 고인류의 점거지는 이전보다 높은 고도에 집중하게 된다.

이 시기에 급격한 환경의 변화로 새로운 생계전략이 발생했을 것이라는 가설을 제기할 수 있지만, 이 가설을 검증할 수 있는 유적 및 유물은 거의 없다. 기존에 보유하던 구석기 기술조직에 큰 변화가 발생한 것으로는 보이지 않는데, 일단 MIS 6기에 해당하는 유적이 이 지역 전체에 드물기 때문에 구체적인 석기군의 변동상을 확인하기 어렵다. 한탄강 최상류에 위치한 산명리/유정리 유적의 사례에서 알 수 있듯이, 제1단계의 장산리 유적과 비슷하게 석영계 석재를 거칠게 가공한 대형도구, 특히 끝부분을 뾰족하게 다듬은 뾰족끝찍개와 일부 소형도구를 특징으로 한다. 참고로 산명리/

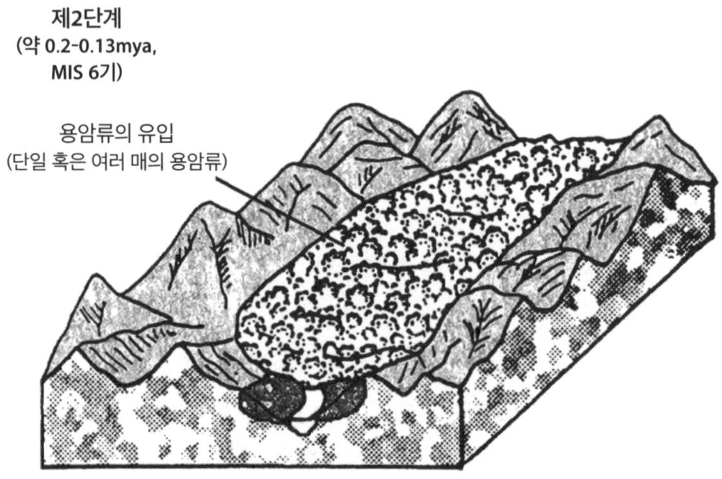

[그림 7.3] 기존 하계망을 엄습한 용암류 및 현무암 대지가 발달하는 제2단계

유정리 유적의 유물 포함층 아래에서 뚜렷한 단층의 흔적이 발견된 것으로 볼 때 이 지역의 구조 지질 운동 및 화산 활동은 유적 형성 시점까지 지속된 것으로 보인다.

3) 제3단계: 13만-12만 년 전

용암대지가 형성된 후 구 하계망은 용암댐에 의해 차단되거나 굴곡이 심한 용암대지 위에서 뚜렷한 유로를 확보하지 못한 상태로 흐른다. 주변에서 유입한 붕적퇴적물 및 용암대지의 형성으로 인해 하상 고도가 높아지고, 그 결과 전반적으로 추가령구조곡의 경사가 증가해서 활발한 침식이 이루어진다. MIS 6기에서 5기로 전환되는 약 1만 년의 짧은 기간 동안 용암대지 위의 하천은 여러 갈래의 망상형 하계망braided channel system 상태를 지속한다. 그리고 급격하게 증가한 유속과 고정되지 않은 유로를 가지는 세류細流, rill flow 상태로 변한다그림 7.4.

하상면이 급격하게 상승하자 하천의 침식 및 운반력이 증가하고 유수의 흐름은 높은 에너지를 가지는 난류亂流, turbulent flow에 가까워진다. 고속의 혼탁한 흐름으로 인해 측방침식 영력이 현저하게 증가하고, 이를 통해 용암대지가 지속적으로 깎여 나가면서 유로가 확보되기 시작한다. 이 과정에서 큰 현무암 자갈이나 쇄설물들은 빠른 속도로 유수 내에서 약동躍動, saltation하며 하류 쪽으로 이동한다. 한편 용암대지 상부의 불규칙한 굴곡 내에서는 유수의 흐름이 일시 차단되며 군데군데 작은 호수나 소택지沼澤池, marshland가 만들어지기도 한다.

이 단계는 제3부의 2004년 전곡리 농협 부지 유적 조사에서 드러난 현무암반 위 사질층의 OSL 연대치보다 더 오래된 것을 근거로 그 시간 폭을 설정할 수 있다그림 3.13의 2-3. 사실 이 기간 동안의 고고자료 및 연대치는 임진-한탄강 유역에 거의 남아 있지 않다. 일단 제3단계의 전반적 환경상은 MIS 6기에서 5기로 전환되는 마지막 간빙기의 개시기이며, 상대적으로 온난한 기후상을 특징으로 한다. 마지막 간빙기 동안 비교적 활발한 인구 점거가 이루어졌을 것이라는 추측은 가능하지만 증가한 강우량과 높아진 하상면으로 인해 용암대지 상부의 침식이 급속히 진행되었고, 그 과정에서 기존의 고고자료 및 유적들도 유실되었을 가능성이 높다. 제2단계에 용암대지가 형성되며 고인류들은 고도가 더 높은 지점으로 이동했지만 그 점거 흔적들은 제3단계의 활발한 침식 위주 환경에서 대부분 쓸려 내려갔을 것이다.

그러나 임진강 하류역에 위치하는 가월리, 주월리, 금파리 유적은 상류역에 비해 용암류의 영향을 덜 받았기 때문에 비교적 원활한 인구 점거가 이루어졌을 수 있다.

그렇기 때문에 임진-한탄강 유역에서 상대적으로 오래된 구석기 유적은 대부분 하류역에 집중된다. 언덕의 산림과 강 주변의 자원이 고루 분포한 주월리/가월리는 당시 고인류가 거주하기 괜찮은 지점이며, 임진강이 굽이치는 지점이기 때문에 시야가 잘 확보되는 조망소眺望所, vantage point이기도 하다. 이 지역은 하천 운동이 재개되는 시점의 활발한 침식 작용을 덜 겪었기 때문에 제2단계부터 이곳에 거주하던 고인류가 제3단계에도 계속 안정적으로 거주했을 가능성이 높다. 아직 제3단계의 연대를 가지는 유적 및 석기군이 확인되지는 않았지만 주월리/가월리 및 금파리에서 탁월한 기하학적 형태를 가지는 주먹도끼 및 대형절삭도구가 이후의 제4단계부터 다수 발견되는 것은 주목할 만하다. 또한 석재의 활용 면에서도 상류역의 전곡리와는 달리 조질과 중간질석재의 구별이 가능할 정도의 기술조직을 보여 준다.

이런 수준의 기술조직이 형성 및 유지되는 것은 석기 관련 지식의 지속과 파급에 달려 있다(Mithen 1996). 주월리/가월리 및 금파리 지점들은 다른 지역과 달리 석기를 다룬 경력이 장기간에 걸쳐 꾸준히 누적된 것으로 추측되며, 그만큼 고인류의 거주도 꾸준히 이루어진 것으로 보인다. 그러나 아직까지 이 가설을 뒷받침할 수 있는 고고자료는 거의 없다. 한탄강 일대 상류역의 고인류들이 용암대지 위의 활발한 침식 작용을 겪는 동안 임진강 하류역의 고인류들은 석기 다루는 경력을 쌓아 가며 지속적으로 경관 내에 거주하고 있었을 것이다. 이와 관련된 유적 및 석기군의 발견이 기대된다.

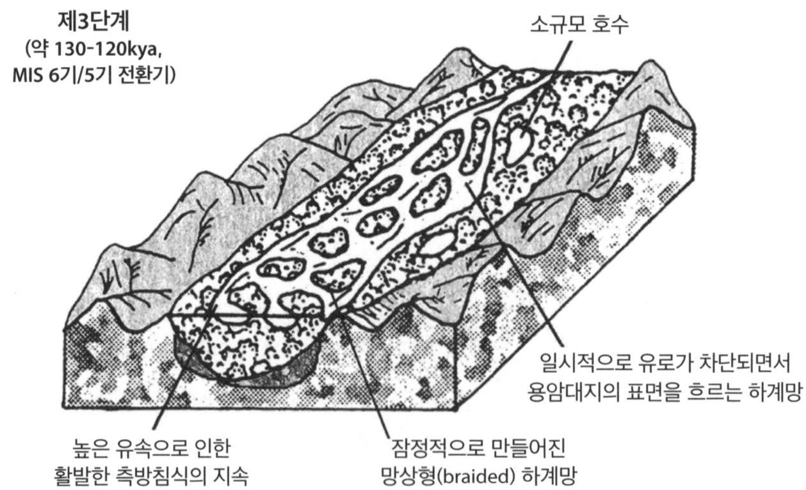

[그림 7.4] 망상형 하계망으로 인한 침식 위주 환경인 제3단계

4) 제4단계: 12만-6만 년 전

제3단계의 망상형 하천은 지속적인 측방침식을 겪으며 점차 합류해 뚜렷한 유로를 가지는 문합형 하천으로 변한다. 굴곡이 심한 용암대지의 일부는 하계망이 새롭게 편성되며 반영구적인 현무암 하중도로 남기도 한다. 하계망은 이전 단계에 비해 유속이 느려지고 유량이 증가하며 하천의 폭이 증가하고 곡류 수준은 감소한다(Rapp and Hill 1998). 내부에는 모래질 성분으로 구성된 곡류사주曲流沙洲, point bar가 만들어지는데, 계곡의 사면에서 굵은 역석들과 현무암 쇄설물들이 혼입되며 유수의 흐름 방향과 나란한 사층리cross-bedding를 만들어 낸다.

문합형 하천은 여전히 측방침식을 겪으며 합류해서 점차 유량이 증가한 사행천으로 발달한다. 하천의 속도가 감소하고 퇴적물 양은 급격히 증가하면서 퇴적물의 입자 크기도 점차 작아진다. 퇴적물 내 유기물은 이온화를 거치며 수화水化, hydration 혹은 가수분해加水分解, hydrolysis된다. 따라서 퇴적물은 점차 색조가 밝아지고 입자는 실트 크기로 줄어든다. 제3단계 동안 불규칙한 용암대지 위에 발달했던 소택지 및 차탄천 같은 한탄강 지류를 틀어막은 용암댐으로 인해(이민부 외 2007, 2016) 계곡 내 곳곳에는 미세한 실트/점토 입자의 호소 퇴적층lacustrine sediments이 쌓인다. 제4단계의 시간 폭은 전곡리 농협 부지 지점에서 확인된 사층리의 사질층과 실트층의 OSL 연대치를 통해 MIS 5e기부터 MIS 4기 전반까지로 설정할 수 있다표 3.6의 2번부터 9번 시료 참조.

이 단계의 고고자료는 여전히 부족하다. 전곡리의 황갈색 실트층 안에서 유물이 일부 발견되었을 뿐이다(배기동 1995a; Bae 1988). 또한 원당리 장남교 지점의 2차 퇴적을 겪은 유물층의 연대도 액면 OSL 연대치약 50kya보다 오래된 것을 감안할 때 이 시기로 비정할 수 있다. 제4부에서 살핀 바와 같이 전곡리 황갈색 실트층 내 석기군 및 원당리 석기군은 후퇴적 과정을 겪은 결과들이다. 이 시기 유적들은 대부분 강 부근에 위치하기 때문에 하성 퇴적물에서 발견되는 사례가 빈번하다. 그리고 황갈색 실트층 및 그 밑의 사층리 사질층은 유수에 지속적으로 침수되어 있었기 때문에 공통적으로 밝은 색을 띤다. 제4단계의 고인류는 전형적인 수렵-채집민으로서 주로 식물자원에 기반한 생업 행위를 영위한 것으로 보인다. 그 외에 석기 활용 없이도 포획이 가능한 여러 소형동물 혹은 곤충류 등을 통한 동물성 단백질 섭취가 이루어졌을 가능성이 높다. 아니면 하계망 근처에서 함께 서식하던 육식동물들이 남긴 사체를 2차로 활용하는 잔식殘食, scavenging으로 생존하기도 했을 것이다.

화산 활동이 종료된 제4단계에는 추가령구조곡 내 대부분의 지역에 접근이 가능했기 때문에, 고인류의 이동 범위와 빈도는 이전보다 대폭 늘어났다. 석기군에서 주먹도끼가 활발하게 제작된 흔적은 없지만 기존의 장산리나 산명리/유정리에서 보이던 석영계 석재를 활용한 도구 제작은 꾸준히 이루어졌다. 그러나 석기에 대한 의존도는 여전히 높지 않은 것으로 보인다. 바야흐로 임진-한탄강 유역 전체의 인구 밀도가 증가 추세에 도달한 시점이지만, 이 시기의 유적이 양적으로 풍부하지 않으므로 뚜렷한 고고자료를 반복적으로 남길 만큼의 인적 기반은 마련되지 않은 것으로 보인다.

임진-한탄강 유역의 지형 및 지모는 제4단계 이후 급격한 변화를 겪지 않으므로 이때가 되어서야 고인류의 이동 및 이합집산이 활발하게 이루어지기 시작한다. 고인류의 이동은 추가령구조곡 내 몇몇 대표적인 지점을 향해 구심적으로 이루어진 것으로 보인다. 이러한 삶의 방식은 본거지 이동residential movement 전략을 기반으로 했을 것이며, 적절한 지역 내 교역 체계도 존재했을 것이다. 이렇게 군데군데 인구가 집중되는 성격의 유적에는 이 시기에도 여전히 점거되던 하류역의 금파리, 가월리, 주월리, 원당리 및 임진강과 한탄강이 만나는 지점의 남계리와 전곡리, 그리고 임진강 상류역의 횡산리나 삼거리 등이 해당될 것이다. 그러나 한탄강 상류 계곡과 고도가 현저히 높은 포천 일대의 유적에서는 제한적인 점거만 이루어진 것으로 보인다. 그 이유는 아직까지도 간헐적인 화산 활동 및 용암류의 소규모 유입이 상류역에서 지속되었기 때문이다(고수길 외 2016; 길영우·정우철 2018; 이재 외 2015).

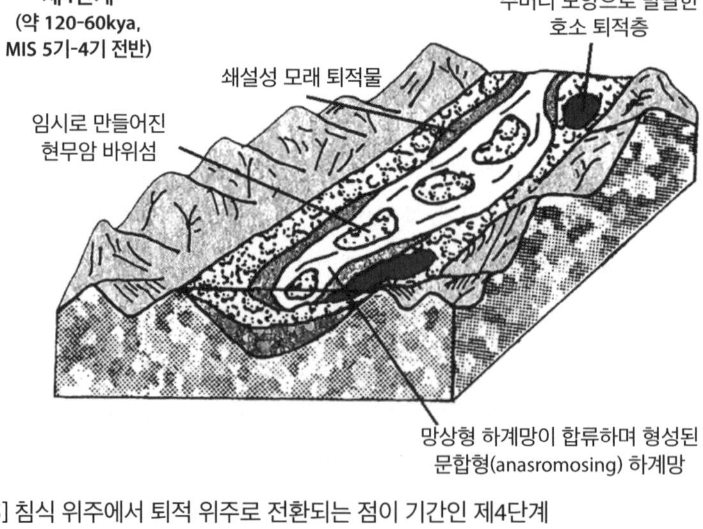

[그림 7.5] 침식 위주에서 퇴적 위주로 전환되는 점이 기간인 제4단계

5) 제5단계: 6만-3만 년 전

하계망이 점차 지금과 흡사한 사행천으로 변해 가고 유속도 감소하면서 침식 및 운반 에너지도 낮아진다. 따라서 천변에서 일정 거리를 두고 자연제방이 만들어진다. 하천은 이전보다 덜 혼탁한 흐름이 지속되며 입자가 작고 분급이 좋은 퇴적물들이 주변의 범람 지역에 쌓인다. 그 과정에서 화산 활동 이전의 유량을 회복하고 점차 평형을 이루어 간다. 측방보다는 하방침식이 증가하며 추가령구조곡의 경사도 현저히 감소해 임진강 하류역에 하상 분지가 넓게 만들어진다. 강변에 현무암 기반암이 노출되고 제방 너머의 범람원에는 점토와 실트 위주의 퇴적물이 쌓이기 시작한다.

점토/실트층의 형성 연대는 전곡리 농협 부지 지점의 OSL 연대치로 볼 때표 3.6 참조 MIS 4기 후반부터 MIS 3기에 해당하며, 그 밖에 다른 유적들도 이와 비슷한 연대를 보인다제4부 참조. 이 연대는 임진-한탄강 유역 구석기 유적의 가장 대표적인 시간 폭을 설정해 준다. 원당리 장남교 지점의 유물층약 56-32kya, 금파리 유물층약 31-30kya의 C14 연대, 삼거리 1문화층약 42-32kya의 보정된 C14 연대, 남계리 유물층OSL 연대치에 근거한 추정 연대 약 60kya, 가월리 갈색 실트층 내 유물층약 50kya의 IRSL 연대 등 대부분의 절대 연대치가 제5단계에 집중한다. 이때의 기온은 제4단계와 비교할 때 뚜렷하게 낮지만(이선복 2000) 최후빙하극성기가 시작되지 않았기 때문에 아직은 온난한 기후를 보인다. 따라서 퇴적층 내의 철 성분이 활발하게 산화되며 적색 및 갈색조를 띤다. MIS 3기 최말기인 약 30kya가 되면 기후는 급격하게 하강하고 건조해지며 땅갈라짐 현상이 발생한다.

대부분의 구석기유적 연대치가 제5단계에 해당하는 사실로 알 수 있듯이, 이 단계는 임진-한탄강 유역에서 급격한 인구 증가가 이루어진 시기다. 주월리/가월리, 금파리, 남계리, 횡산리, 전곡리, 삼거리 등에서 다수의 석기군이 형성되고 하계망 주변 퇴적상이 안정화되면서 고고자료들도 비교적 큰 변형을 겪지 않고 잔존하게 되었다. MIS 4기부터 기후가 쇠락하며 안정적인 식물자원 수급이 곤란해지자 늘어난 인구를 수용하기 위한 식량을 조달하고 기후 하강을 대비하는 피복 수요를 감당하기 위해 동물자원에 의존하는 비중이 더욱 증가했다. 또한 기후상의 쇠락과 생물총량의 하강으로 거대동물군이 감소하는데, 이는 당시 식육류 동물들에게 소형동물을 대안으로 섭취하는 선택압을 부과하면서 먹이사슬의 커다란 변화를 불러 왔다(Stiner 2001; Stiner et al. 1999, 2000). 그리고 이렇게 변화한 먹이사슬에 고인류도 적극 개입했는데, 이는 이미 능동적으로 동물자원을 활용하던 구대륙 다른 곳의 고인류와 마찬가지의 생계 양상이기도 하다(Brantingham 1998a, 1998b; Stiner and Kuhn 2006; Stiner et al. 2000). 아직까지

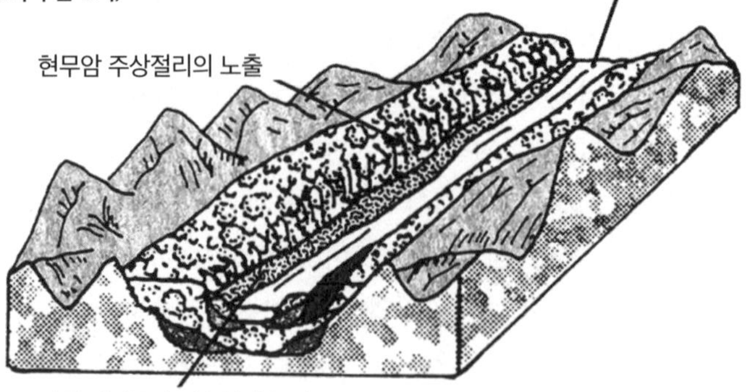

[그림 7.6] 가장 활발한 인구 집중이 이루어진 퇴적 위주 환경의 제5단계

임진-한탄강 유역에서 본격적인 수렵 및 도살행위 유적이 확인된 바는 없지만 이전 단계까지 간헐적·기회적으로 활용되던 동물자원이 이제는 의도적·집중적으로 공략되며 주요 생계자원이 된 것은 충분히 납득할 수 있다. 물론 이런 동물자원 이용 행위가 체계적이고 확실한 살상 행위인 전문적 사냥과 거리가 먼 것은 분명하다.

본격적으로 주먹도끼가 제작되는 것도 동물자원을 집중적으로 활용하기 위한 비용 효율cost-effective적인 기술의 산물이다. 이 지역에 거주해 오던 고인류 집단은 지역 내에 풍족하게 분포하던 조질의 석영계 석재를 점차 반복적으로 활용하며 석기를 다룬 경력을 쌓아 왔다. 그 과정에서 그들이 누적해 온 실무 경험은 고유한 기술조직으로 자리 잡고 집단 내에서 구조화되며 자체적인 관습으로 발전한다(Gamble and Porr 2005: 12). 이렇게 구조화된 관습을 통해 동물자원의 가공에 더욱 효율적인 도구 기종을 개발하고 그 디자인을 구체적으로 실연하는 것이 바로 주먹도끼의 제작 과정이다. 제5단계부터 고인류가 남긴 자료들이 급격히 늘어났다는 것은, 짧은 기간 동안 지역 내 자원 활용 빈도가 크게 증가한 것을 말해 준다. 그리고 점차 적대화되는 환경상으로 인해 고인류 간의 접촉은 더욱 빈번해진다. 이런 분위기는 긴장된 체제에서 이루어지는 집단 간 경쟁을 심화하며 석기 제작 기술의 공유 가능성도 향상한다. 따라서 임진-한탄강 유역의 주먹도끼 제작은 빠른 시간 내에 모방 및 공유 과정을 거쳐 표준화에 가까운 시각적 일관성을 갖춘다. 이것은 제6부에서 제시한 우연적 표준화와 비슷한 과정으로(Chase 1991), 집단 내 구성원이 무의식적으로 이루어 낸 습관적 실천의 결과로 볼 수 있다. 즉 주먹도끼 생산이 증가하고 집단 간 교류의 빈도 및 수준이 확대되면서 공유되는 양식이 수렴해 형태가 전형화되는 사례다. 따라서 제작 기술 및 공정의 모방과 사회적 학습은 세대에서 세대로 이어지고 결국에는 지역 내 '전통'으로 자리 잡는다(McNabb et al. 2004; Mithen 1996; Nowell et al. 2003).

이 단계에서 주먹도끼를 비롯한 대부분의 석기는 여전히 석영계 조질석재를 활용해 제작되었다. 그러나 몇몇 지점에서는 동일한 암종 내에서도 질적으로 우수한 재질을 선별하는 기술조직이 나타나기도 한다. 예를 들어 전곡리에서는 이전의 장산리나 산명리/유정리 유적과 비슷하게 석영과 규암을 구별하지 않고 방만하게 소비했다 L유형. 박편은 대부분 소형도구로 변환되었지만 일관된 방향의 삭감과정을 거치기보다는 방향과 상관없이 가장 긴 부위부터 날로 가공하는 양립성향ambivalence을 보였다UF-유형. 그러나 가월리는 정질석영을 선별적으로 선택했다. 그리고 이런 석재를 더욱 절감하기 위해F유형 파손된 박편 조각인 각편까지도 도구의 원석으로 활용했다. 또한 모종의 시각적 표준으로 볼 수 있는 황금비$_{\varphi \approx 1.618}$가 세장도에 반영되기도 했으며, 원석의 삭감은 대부분 측면에 한해 이루어졌다LR유형. 두 유적에서 주먹도끼 제작이라는 공통적 양식을 공유하는 표준화가 우연적으로 이루어지며 지역 내 전통으로 자리 잡기는 했지만, 석재의 활용 및 소형도구의 제작 면에서는 뚜렷한 변이를 보인다는 것을 유적별 기술조직의 차이를 통해 알 수 있다.

6) 제6단계: 3만 년 전 이후

이전 단계에 이 지역 곳곳에서 인구 점거가 집중적으로 이루어졌지만 제6단계에 들어 춥고 건조한 MIS 2기가 시작되며 급격한 생계 전환이 이루어진다. 화산 활동이 완전히 종료되며 구조적으로 안정적인 지모를 갖추지만, 한랭하고 건조한 기후의 발달로 동결교란cryoturbation이 활발해지고 설치류 및 곤충류가 지하에 굴을 파면서 발생하는 생물교란bioturbation도 빈번해진다(임현수 외 2004; Bae 1988). 그 결과 기존의 점토성 퇴적물 내 지표수가 동결 및 해동을 반복한다. 그리고 풍화를 거쳐 고토양화되는 과정에서 지표 약 2m 아래까지 서관이 발달하기도 한다(김복철 외 2004). 한랭·건조한 대기의 영향으로 지표면에는 땅갈라짐인 건열乾裂, dry crack이 여러 차례 만들어지고, 대륙에서 불어오는 차가운 계절풍을 통해 뢰스와 유사한 풍성토양이 날아온다(이선복 2000). 그리고 이 풍성토양이 땅갈라짐 내부를 충전하는 동안 일본의 규슈 지역으로부터 AT 화산재가 유입한다. 따라서 제6단계의 시작 시점은 AT 화산재의 연대인 약 30kya로 설정 가능하다.

MIS 2기를 시사하는 땅갈라짐 내에 풍성토양이 채워진 층준은 임진-한탄강 하류역에서 잘 확인되지 않는다. 그 이유는 제5단계를 거치며 하천 평형을 어느 정도 이룬 하류역에서는 퇴적 작용이 우세하고, 현신세Holocene의 기온 상승을 겪으며 갱신세 최말기 퇴적물은 대부분 재퇴적되었기 때문이다. 무엇보다 인류 역사상 가장 극심한 추위가 만연蔓延하는 동안 기존의 고인류 집단 일부는 절멸하거나 상대적으로 더 따뜻한 임진-한탄강 유역 이남으로 이주했을 가능성이 높다. 그러나 화산 활동이 종료되며 이전 단계까지 좀처럼 거주하지 않던 한탄강 상류역 및 주변의 지류역 고지대에는 여전히 고인류의 국지적 점거가 이루어지기도 했다(고수길 외 2016; 김형준 2022; 이재 외 2015; 차재동 외 2013; 최복규·유혜정 2005; 최복규 외 2001).

점차 환경상이 열악해지고 지역 내 생물총량이 꾸준히 감소하던 제5단계 말기부터 기술조직의 변화는 이미 진행되고 있었다. 이전 단계에 주먹도끼의 고안 및 제작 개시가 이루어졌지만, 이 지역에 거주하던 고인류 집단이 원활하게 생존하기에는 명백한 한계가 있는 산물이었다. 환경의 변화에 따른 고인류의 생존에 대한 태도 변화는 기술조직의 혁신을 이끌어 내는 관념적 기반이기도 하다. 이전과 달리 훨씬 신중하고 계획적이며 '그악스러워진' 고인류는 더 이상의 시행착오施行錯誤를 허용하지 않는 엄격하고 처절悽絶, extreme한 자원 활용 전략을 구사한다. 제5단계에는 주먹도끼로 대표되는 대형절삭도구를 활용해 소극적으로만 동물자원을 활용해 왔다면, 제6단계에서는 전술한 태도 변화에서 비롯한 훨씬 철저한 자원 활용 전략을 지역 내 공생 동물들에게 직접 행사하기 시작한다. 그것은 바로 의도적 살상을 필연적으로 수반하는 사냥 행위다.

임진-한탄강 유역을 포함한 한반도에는 사냥 행위의 증거를 일목요연一目瞭然하게 드러내 주는 고고자료가 그다지 많지 않다. 자료의 부재가 곧 사건과 사실의 부재를 직접 증명하는 것은 아니지만 자료가 없는 상황에서 드러낼 수 있는 것은 별로 없다. 그래서 여기서 집필하는 서사는 그러한 실증의 절차에서 조금 물러서겠다고 밝힌 바 있다. 제2부에서 소개한 북한의 황해도 청파대 동굴의 사례가 그나마 해상도 높은 동물자원의 활용 증거라고 볼 수 있다(김홍걸 외 2009; Choe et al. 2020; U et al. 2022). 그리고 동물자원을 식량이나 생활자원으로 변환하는 행위는 석기의 미세흔 분석이나 동물뼈의 파쇄 형태를 통해 간접적으로 알 수 있다(김경진 2018, 2019, 2020; 김경진·장희경 2018). 물론 청파대 동굴에서 발견된 동물화석들과 석기 및 불을 땐 흔적들이 모두 고인류가 능숙하게 동물을 사냥한 최종 포식자였음을 입증한다는 '인본주의적' 서사 요소는 여기서 배제한다. 따라서 경관 내의 정황적 근거를 바탕으로 사냥 행위의 서사를 작성할 필요가 있다.

제5단계에 본격적으로 노출된 현무암반 절벽과 제6단계의 뚜렷한 기온 하강으로 인한 하천 배수량의 감소는 지역 내에 잠정적 국지풍과 기압골을 빈번하게 일으키며 추가령구조곡의 체감 온도를 급격하게 떨어뜨린다. 이런 상황에서 고인류 집단은 원활한 생존을 위해 신체의 항상성을 유지해야 한다. 여기서 가장 절실한 것은 고열량의 식량과 보온 기재로서의 피복물 확보다. 이 두 조건을 충족하는 행동의 변화는 바로 사냥의 일상화 및 동물자원 가공의 관습화다. 일상화 및 관습화는 집단 내에서 또 다른 구조화 과정을 겪어야 가능하다. 그렇게 되려면 제5단계에 관습화된 주먹도끼 제작 기술을 혁파革罷, repeal하고 새로운 기술조직을 마련하는 작주로서의 고인류 개개인이 또 다른 작주성을 발휘해야 한다(유용욱 2013a; Machin 2009). 이러한 작주성의 발휘는 기존의 주먹도끼가 사냥 도구로는 거의 쓸모가 없음을 깨닫는 일상의 좌절挫折과 각성覺醒에 의해 촉발觸發, triggered된다.

MIS 3기 말부터 2기의 후기구석기 유물군에도 주먹도끼가 포함되어 있지만예: 중리 늘거리와 연천 통현리 제5단계와는 다른 맥락에서 제작된 것으로 보아야할 것이다. 주먹도끼의 기능적 역할을 구현해 주는 찍고 자르고 긁는 복합적 수세는 함께 발견된 여타의 소형도구들을 통해 쉽게 대체할 수 있다. 그중에는 이전에 사용되거나 제작된 적 없는 정질석재의 도구들이 다수 포함되어 있다. 제5부에서 후기구석기 단계에 보편화되는 일부 소형도구 기종들은 생존에 필요한 특정 기능을 수행하는 필수 불가결한 생필품이라고 밝힌 바 있다. 이러한 생필품의 기본 역할은 주먹도끼가 수행하지 못하는 사냥 및 동물자원 가공, 즉 적절한 크기의 살아 있는 동물 살상이나 피복 및 은신처로 활용할 수 있는 가죽의 가공(김경진 2018, 2019), 유물로 남기는 쉽지 않지만 석기나 목기 이외의 제3도구인 뼈도구骨器 제작 등을 포함한다.

생필품으로서의 도구는 정교한 동시에 빈번한 사용으로 인한 차후 보수補修, maintenance 및 재활용을 전제로 한다. 따라서 입자가 미세하고 박리작업이 훨씬 더 수월하게 이루어지는 정질석재로의 전환이 사전에 이루어져야 한다. 지역 내에서 정질석재는 희소성이 있기 때문에 획득 비용은 이전의 조질석재보다 확실히 높다. 고인류는 이 비용을 상쇄하기 위해 자발적으로 석재 절감 전략을 구사했다. 장흥리의 석기군에서 보이는 소형석기 위주의 크기 분포V유형, 인색한 원석 소비P유형, 말단부를 집중 가공하는 정격적 도구 제작DR유형은 석재 절감 전략을 잘 드러내 주는 이 시기 기술조직의 특성이다.

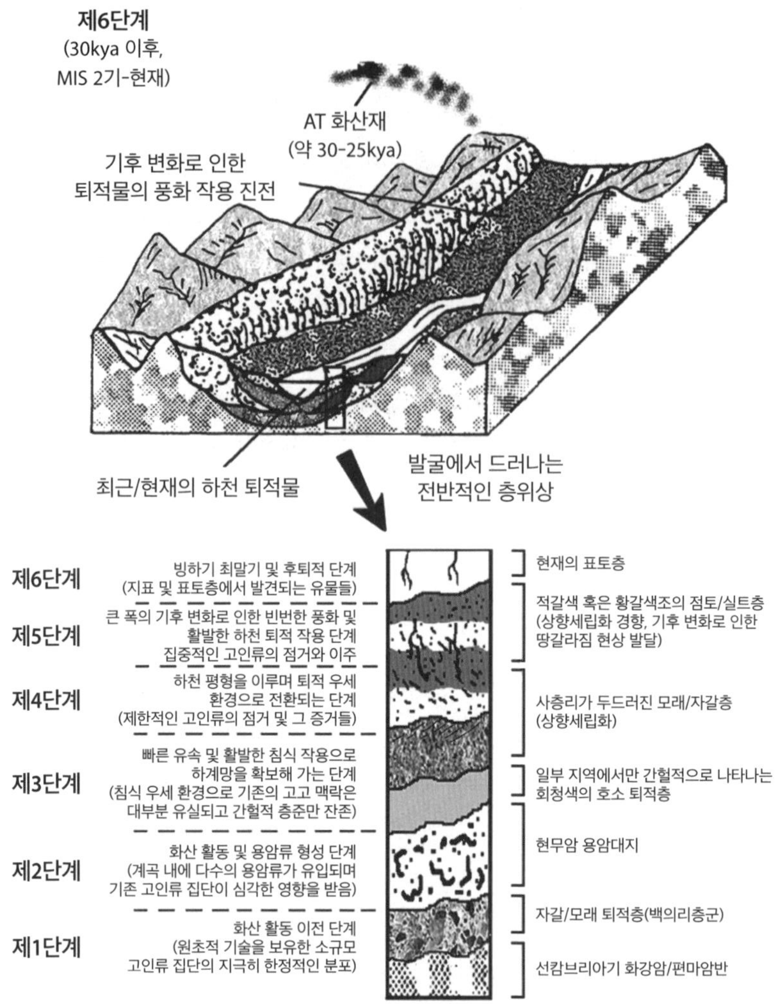

[그림 7.7] 최후빙하극성기 및 그 이후의 제6단계(위), 현재 관찰되는 대표적인 층서 단위 및 그 형성 요인(아래)

석재의 전이 및 사냥과 동물자원 활용을 위한 정교한 도구석기 제작은 임진-한탄강 유역을 포함한 한반도 후기구석기 단계의 혁명적 기술 전환이다. 이 과정은 이미 제5단계 말기인 약 40kya경부터 부분적이면서도 차별적으로 한반도 도처에서 이루어져 왔다. 임진-한탄강 유역은 석기의 전이가 유적별로 제각각 이루어졌으며, 돌날 같은 전형적인 후기구석기 기술도 장흥리 같은 유적에서는 뚜렷하지 않지만 중리 늘거리와 대회산리, 통현리에서는 다수 나타난다. 임진-한탄강 유역 이남에서 보편적인 슴베찌르개도 용수재울과 화대리에는 존재하지만 기타 유적에서는 미흡하다. 이렇게 후기구석기 단계에 유적별로 각기 다른 기술조직이 존재하는 것은 이전의 주먹도끼 일색인 보편적 기술조직과 분명한 차이가 있다. 여기에는 여러 요인이 있지만, 정질석재 산지로부터 떨어진 거리가 각기 다르기 때문에 서로 다른 석재 활용상이 나타나는 것으로 볼 수도 있으며(김형준 2022), 서로 다른 경관 내의 작주들이 각자의 작주성을 발휘하며 생존경쟁을 해온 능동적 적응방산의 산물로 볼 수도 있다.

급격히 이루어진 제6단계의 기술진화는 고인류 집단의 태도 변화 및 작주성 발휘를 통해 자발적으로 이루어졌을 수도 있지만, 더욱 향상된 기술조직을 보유한 대륙 내 현생인류 집단이 임진-한탄강 유역에 새로 유입하며 타율적으로 이루어졌을 수도 있다. 집단대체集團代替, population replacement의 구체적인 과정은 고고자료로 남아 있지 않지만 현생인류의 구대륙 전체 파급이 완료되는 시점은 제6단계와 시기적으로 일치한다. 그러므로 임진-한탄강 유역의 기존 고인류 집단이 이 단계에 현생인류로 대체되었다는 가설은 시간적·맥락적으로 충분히 타당하다(Ambrose 1998; G. A. Clark 1992; Jelinek 1994; Keats 1997; Klein 2001; Mellars 1989; Pope 1997; Rolland 1990; Ronen 1992; Stringer 1989).

따라서 기존의 고인류가 제6단계에 들어 현생인류로 대체되는 집단대체 사건도 전체 서사에 포함될 수 있다. 아직은 개연성 수준에 불과하지만, 제5단계의 주인공들이 제6단계에 들어 퇴장하거나 멸종했을 가능성은 석기군의 격변적이고 혁명적인 기술 전환을 감안할 때 충분히 상정할 수 있다. 어쨌든 제6단계의 새로운 주인공들이 기존 기술조직에 큰 영향을 주며 궁극적 전환을 이끌어 낸 것은 확실해 보인다. 이 새 주인공들은 자체 기술조직을 지탱해 줄 수 있는 흑요석 같은 정질석재를 수백 킬로미터 떨어진 백두산으로부터 직간접적인 교역을 거쳐 확보하는 담대함을 보여 주기도 했다(서대원·윤병일 2013; 이선복 외 2019; 조남철·최승엽 2012). 그리고 여러 가지 험난한 고통을 감내하며 MIS 2기의 최후빙하극성기를 버텨 지금까지 살아남았다.

II 차후 임진-한탄강 유역 구석기 연구의 담론들

1. 동아시아 구석기에서 임진-한탄강 유역의 의미

제2부에서 제시했듯이 중기갱신세 후반의 동아시아 기후는 유라시아 대륙의 서쪽에 비해 심각한 변화를 보이지 않으며 전반적으로 인류의 적응방산에 큰 장애가 되지 않는 수준이다. MIS 5e기에 들어 후기갱신세가 시작되며 기온은 점차 떨어졌지만(Tong and Shao 1991) 오히려 대륙 내 유적의 수는 꾸준히 늘고 있다. 이는 동아시아 후기갱신세 당시 생물총량의 감소 속도를 훨씬 상회하는 수준으로 인구가 증가했음을 말해 준다. 그리고 그 이유는 석기를 중심으로 한 각종 도구 제작 및 자원 활용을 통해 고인류가 지역 생태계 내에서 점차 우위를 점해 나갔기 때문이다(Dennell 2009). 따라서 후기갱신세를 기점으로 한반도 및 일본열도를 포함한 동북아시아 최말단까지 인구 점거가 지속적으로 이루어졌다.

이러한 상황에서 임진-한탄강 유역 주먹도끼의 출현에 주목할 필요가 있다. 중기갱신세의 소수 고인류들은 석기를 제작하고 활용한 경력이 충분히 누적되지 않은 상태에서 간단하게 돌을 깨뜨려 날카로운 부위를 즉흥적으로 만들던 수준에 머물러 있었다. 그 후 MIS 5e기부터 점차 기온이 하강하고 환경상이 극심해지면서 긴급한 수준에서 더욱 효율적인 도구를 확보하려는 의도로 등장한 것이 주먹도끼다. 이 주먹도끼는 임진-한탄강 유역에서 MIS 4기에 들어 집중 제작되기 시작해 고유한 기술적 전통으로 자리 잡는다. 주먹도끼같이 집약적 기능을 보유한 다목적 석기는 다양한 작업을 수행하게 해주고 다른 도구에 비해 탁월한 효율성을 가진다. 당연히 집단 내에서 꾸준히 대량으로 제작될 근거가 충분하며, 이를 통해 경관 내의 점거 지점을 늘려 가며 인구가 증가하고 다수의 유적으로 남겨진다. 이러한 인구상은 MIS 3기의 짤막한 온난 기후상으로 인해 잠시나마 꾸준히 증가한 것으로 보인다.

그러나 기술적으로 주먹도끼를 능숙하게 제작하기는 쉽지 않기 때문에 전형적인 아슐리안보다는 고졸하고 조잡한 형태를 띤다. 제작 방식도 일관되지 않아서 타격면을 예비조정한 흔적은 거의 없고 임시방편적 수준에서 다양한 방향으로 박리한 흔적이 남아 있다. 과정보다는 결과만 중시하는 입장으로, 무작위로 박리해서 뾰족한 첨두부와 쓸 만한 측면날을 구현하는 데만 주력한 것이 분명하다. 주먹도끼가 대규모로 양산된 증거도 석기군에서 나타나지 않는다. 주먹도끼 제작이 이루어졌지만 이렇게 양적·질적으로 '시원찮고', '미덥지 않은' 수준에 그친 이유로는 두 가지를 들 수 있다. 하나는 조질석재의 물리적 제한으로 인해 섬세한 박리작업이 불가능했기 때문이다. 또 다른 이유는 주먹도끼의 제작 기술이 집단 내 그리고 지역 내에서 활발히 유지 및 전수될 만한 인적 요인이 충분하지 않기 때문이다. 여기서 인적 요인은 개개인 간의 상호작용interaction 및 언어를 통한 의사소통communication 등을 말한다(Dennell 2009; Lycett et al. 2016).

조질석재의 한계와 상호 작용 및 의사소통의 결핍이라는 두 가지 인적 요인으로 인해 임진-한탄강 유역의 주먹도끼는 서반구 아슐리안 수준의 성취를 이루지는 못하고 짧은 기간 동안 지역 내에서 집중 제작되다가 후기구석기의 정질석재를 활용한 소형도구들로 대체되었다. 따라서 이 지역 주먹도끼는 특정 지역에서 특정 기간 동안 특정 집단이 고유하게 보유한 유물군의 핵심요소로 볼 수 있다. 고고학에서 이러한 유물군의 측정 단위는 고고학적 문화archaeological culture 혹은 전통traditions으로 불렸으며(Ikawa-Smith 1978), 구석기고고학에 한해 '공작industry'이라는 용어가 널리 쓰이기도 했다(유용욱 2011; Clark and Kleidienst 1974). 어떤 개념어를 대입하든 임진-한탄강 유역의 구석기 공작이라는 용어는 그 자체로 동아시아 구석기에서 고유함을 가진다. 배기동(1994)이 제기한 '전곡니안Chongoknian'이라는 용어는 이런 의미에서만큼은 적절하다고 볼 수 있다. 물론 21세기에 19세기의 학사적 전통을 따르는 용어를 제기하는 것은 시대착오지만, Mode 2의 성격을 가지면서 Mode 3의 소형도구를 보유한 공작을 Mode 2.5라고 지정할 수는 없다. 따라서 임진-한탄강 유역의 구석기 공작을 아슐리안은 물론 동아시아 내 다른 주먹도끼 유적 및 문화상과 구별하는 것은 그 기술적 고유함과 시기적 독자성을 고려할 때 의미가 있다고 보인다.

전곡니안 공작의 분포는 현 단계에서 임진-한탄강 일대로 제한된다. 그러나 북한의 청파대 동굴 6층에서도 이와 유사한 주먹도끼와 석기군이 발견되며, 한강 하류역의 김포 일대(이정철 2012b), 북한강 및 영동 지역에서도(김상태 2012) 비슷한 시기의 유사한 석기군이 보고되기 때문에 광의의 전곡니안의 분포 지역은 한반도 중부 일대, 즉 대동강과 한강을 경계로 삼는 벨트 지대로 볼 수 있다. 모비우스선 동쪽의 동아시아에서 주먹도끼는 이제 더 이상 생소한 발견이 아니다. 중국의 대표적 유적인 산시성山西省의 딩춘丁村, 광시 좡족 자치구廣西藏族自治區의 바이써百色 유적군, 산시성陝西省의 뤄난洛南 분지(Sun et al. 2017) 및 후베이성湖北省 단장커우丹江口 일대의 주먹도끼는(Kuman et al. 2014; Li et al. 2014) 대부분 중기갱신세의 오래된 Mode 2 공작으로 보고되며 아슐리안 공작이 중국 내에도 동일하게 존재하는 증거로 널리 받아들여지고 있다(Li et al. 2014). 사실 구대륙의 Mode 2 공작들이 모두 같은 시기를 가지며 획일적인 기술상을 보이지는 않는다. 중국 Mode 2 공작들의 연대는 아직 확실하지 않으며(유용욱 2013b; Li et al. 2014, 2018a), 최근 한수이漢水 일대의 허우팡後方 유적에서는 MIS 5기110-90kya의 TT-OSL 연대치의 주먹도끼가 발견되기도 했다(Li et al. 2018b).

전기구석기Mode 1과 2에서 중기구석기Mode 3로의 전이 시점은 구대륙 내에서 다양하며, 중국 허우팡 유적 사례처럼 Mode 2 공작이 늦게까지 잔존하는 경우도 빈번하다(예: Haslam et al. 2011; McBrearty 1988; McBrearty and Tryon 2005; Meignen and Bar-Yosef 2020; Ruebens 2006; Tryon 2006). 한국의 임진-한탄강 유역처럼 후기갱신세MIS 5기 이후에 주먹도끼 혹은 Mode 2 공작이 등장한 사례로는 한반도 한강 이남의 유적 및 일본 혼슈 북부의 가네토리金取 유적과 북규슈 구마모토현의 곤겐야마權現山 등이 있다(Sato 2016). 그러나 이 유적들의 주먹도끼는 임진-한탄강 유역과 비교할 때 양적으로 지극히 제한적이며, 그 기술적 성취도 및 석재의 선택도 주먹도끼 제작에 적절한 수준이 아니다. 특히 남한강과 금강 유역은 다른 지역에 비해 구석기 유적의 수효가 월등히 많지만 주먹도끼는 거의 눈에 띄지 않는다(김상태 2012; 유용욱 2015, 2021). 주먹도끼가 한강 본류 이남에서는 드물지만 북한강과 태백산맥 너머에서 반복적으로 나타나는 이유도 의문이다. 남한강 유역에서는 석기에 대한 낮은 의존도로 인해 석기가 목재 같은 기타 재질의 도구를 만드는 데 사용되는 제한적 보완재補完財, complementary items의 역할만 담당했기 때문에, 주먹도끼 같은 집약적 용도의 석기가 굳이 필요 없었다는 것을 하나의 가설적 이유로 제시한 바 있다(유용욱 2021). 그러나 임진-한탄강 유역만 유별나게 주먹도끼라는 특정 기종을 반복해서 제작한 이유는 아직까지 분명하지 않다.

한반도는 물론 동아시아 전체에서 임진-한탄강 유역의 석기군이 전곡니안 공작으로 불릴 만큼 차별적인 Mode 2 기술조직을 보유한 것에 대해 '전통'이라는 용어를 수정주의적 입장으로 검토할 필요가 있다. Bar-Yosef(2005: 312)이 언급한 대로, "만약 어떤 고인류 집단이 생존하는 데 특정 도구가 중요한instrumental 역할을 차지하면, 그도구를 제작 및 활용하는 전통은 결사적imperative으로 지켜지게 마련이다." 이와 더불어, "성공적으로 생존이 이루어지면 이러한 기술에 대한 지식은 사회 내에서 유일하게 받아들여지는 방책으로 인정되어 꾸준히 가르쳐지고 전수될 것이다." 이는 전술한 서사의 내용과 같이, 임진-한탄강 유역의 주먹도끼 제작이 다른 지역과 달리 당시 고인류 사회에서 구조화된 독보적 관습으로 자리 잡았으며, 그 관습을 집단 구성원들이 충실하게 준수하며 보전한 것으로 볼 수 있다는 의미다.

따라서 이 지역의 주먹도끼를 포함하는 Mode 2 기술조직은 외적으로 배타적exclusive이고 내적으로 응집력을 가지는cohesive 뚜렷한 전통으로 간주할 수 있다. 그리고 후기구석기 이전 고인류 간의 상호관계 및 네트워크는 우리가 생각하는 것보다 훨씬 더 제한적이었다는 것도 알 수 있다. 이 때문에 중국을 비롯한 동아시아 대륙에서 주먹도끼가 제작되는 전통은 중기갱신세부터 후기갱신세까지 시·공간적으로 듬성듬성하고patchy 들쭉날쭉한ragged 분포를 보인다. 이것은 고인류의 이주를 따라 꾸준히 전수·전파되며 유럽 및 아프리카 전 지역에 빈틈없이 확산된 모비우스선 서쪽의 아슐리안과 전혀 다른 구석기 기술조직의 생성 및 소멸 방식이기도 하다. 시기적으로 아슐리안과 부합하지 않고 한참 늦게 '뜬금없이from nowhere' 등장한 주먹도끼는 임진-한탄강 유역만의 사례는 아니다. 아프리카 중기석기시대Middle Stone Age의 상고안Sangoan 공작은 퇴화된 주먹도끼의 강인한 절삭력을 밀림의 식물자원 가공에 활용했으며(Mcbrearty 1988; Phillipson 1985; Tryon 2006) 미얀마와 인도 동북부의 아니아티안Anyathian 공작(Haslam et al. 2011; Movius 1944) 및 베트남과 인근 지역의 호아빈Hoabinhian 문화(이선복 외 2005b; Forestier et al. 2021), 히말라야 네팔의 양면가공 가로날도끼 및 긁개(Gallard et al. 2011) 등은 조질석재를 간단하게 가공해서 주먹도끼 및 각종 대형절삭도구들을 갱신세 최말기는 물론 현신세까지 제작한 사례들이다.

2. 동아시아에서 중기구석기 단계의 설정 문제

지금까지 살핀 바에 따르면, 임진-한탄강 유역 구석기 공작은 Movius(1944: 411)가 제시한 동아시아 구석기의 성격처럼 "아주 이른 시점부터 대부분의 도구들이 단조롭고 찍개, 양면찍개chopping-tools, 주먹자귀hand-adze같이 별로 창의성이 드러나지 않는 것들로만 구성되어" 있지는 않다. 제5부에서 기술한 석기군의 특성 및 제6부의 분석 결과를 통해 임진-한탄강 유역 구석기 기술조직은 일찍이 서구의 구석기 패러다임이 이해하던 방식과는 전혀 다른 궤적의 자체 진화를 거쳤음을 알 수 있다. 그 진화의 리듬과 템포는 명시적으로 뚜렷하지 않으며, 석기군의 구성 요소인 다양한 기종의 변이도 두드러지지 않는다. 바로 그 이유 때문에 한국을 포함한 동아시아에서 전기-중기-후기구석기의 삼분기적 시기 구분이 쉽지 않은 것이다(Bar-Yosef 2005; Gao and Norton 2001; Ikawa-Smith 1978). 제2부와 제6부에서 언급했듯이, 본서에서는 임진-한탄강 유역 구석기의 기술적 진화를 서술하는 데 있어 '중기구석기'라는 용어의 사용을 일단 자제했다. 이제 이 잠정적 봉인封印을 해제解制하고 중기구석기라는 용어가 임진-한탄강 유역뿐 아니라 동아시아 구석기에서 어떤 의미를 가지는지 재고할 필요가 있다.

유럽의 초창기 연구 당시, 구석기시대는 전기와 후기로만 구분되었으며, 19세기 후반 라르테Édouard Lartet와 드 모르티예Gabriel de Mortillet에 의해 세분화되며 '무스티에 시기Époque de Moustiers'라는 개념이 등장했다(Chazan 1995; Sackett 1981, 1991; Trigger 1989). 이 개념은 당시 발견된 네안데르탈인의 화석 및 프랑스의 무스티에Le Moustier 바위그늘 유적 조사를 통해 발굴된 지금의 무스테리안과 동일한 시기 및 문화상을 가지는 '시대'라는 의미를 가지고 있었다. 뚜렷한 기준 없이 네안데르탈인이 거주하던 시기 혹은 무스테리안 공작이 유행하던 시기로 이해되던 중기구석기 단계는 그 정의가 모호할 수밖에 없었다. 1872년에 최초로 '중기구석기paléolithique moyen'라는 용어를 사용한 드 모르티예는 유물론에 입각해 석기의 외형을paléolithique avec instruments uniquement en pierre taillée 기준으로 시기를 구분했다(유용욱 2011; Chazan 1995: 460; White 2022). 그리고 중기구석기 혹은 무스테리안이라는 용어의 수용은 19세기 말과 20세기 초에 프랑스의 학술적 권위가 파급되던 과정 및 각종 국가들이 민족주의적 독립 및 정치적 자결주의自決主義를 채택하며 선진국의 학술체제를 무비판적으로 수용하던 과정과 밀접한 관련이 있다(유용욱 2011; Trigger 1989). 이렇게 인위적인 수준을 넘어 작위적으로 설정된 개념으로 인해 유럽의 중기구석기 연대는 여전히 불안정하다. 지금도 그 개시 연대가 올라가고 있으며, 10만 년 이상의0.325-0.18mya 격차를 보이기도 한다(Pettitt and White 2012: 209).

이런 혼란스러운 발생 배경과 현황 때문에 동아시아에서도 과연 중기구석기 단계가 의미를 가지는지에 대한 논의가 일찍이 이루어졌다. 최초의 논의는 반세기 전에 이카와 후미코井川史子가 제시했으며(Ikawa-Smith 1978). 그 후 중국의 추중랑邱中郎은 잠정적 시기 설정의 의미로 후기갱신세의 전반기를 중기구석기로 정하고 중국의 대표 구석기 유적인 딩춘丁村과 쉬자야오許家窩를 중기구석기 유물군으로 간주했다(이선복 1989; Qiu 1985). 그러나 21세기 들어 중기구석기라는 용어는 동아시아 구석기의 시기 구분에서 점차 배제되고 있다(Gao and Norton 2001; Lee 2001). 특히 일본 구석기 날조 사건 이후 그 논의는 좀처럼 활발하게 이루어지지 않는 추세다. 위에서도 언급했듯이 중기구석기 시대의 개념은 매우 느슨하고 인식론의 차원에서도 혼란스럽기 때문에 중기구석기라는 용어가 정의되고 구사되는 맥락은 나라마다 다르고 심지어는 연구자마다 다르기도 하다(Bar-Yosef 2005; Kleindienst 2005).

하지만 동아시아에서 중기구석기 설정을 주저할 수밖에 없는 상황이 중기구석기라는 용어를 맹목적으로 폐기할 근거가 될 수는 없다. 그렇기 때문에 본서에서는 더욱 명료한 방식의 중기구석기 설정을 도모한다. 임진-한탄강 유역 기술조직의 진화 경향을 통시적으로 관찰하면 크게 세 가지로 요약할 수 있다. 첫째, 석기의 생산이 증가하고 석재 선별 능력이 향상된다. 둘째, 원석으로서의 박편을 더욱 효율적으로 박리하는 타격법이 등장하며, 초벌성형 및 가공/다듬기 작업을 정교하게 수행하는 술령術領, technical command의 수준도 높아진다. 셋째, 다양한 도구형식이 발생하는데, 이런 형식변이는 정질석재를 활용하면서 구현된다. 이 세 가지 경향은 유물군 속성의 기준에 따라 각기 다르게 파악되지만, 보통 구대륙의 전기에서 후기구석기까지 뚜렷하고 일관된 시기 구분이 가능하도록 해주는 기준들과 동일하다(Bar-Yosef 2005: 307). 서반구의 중기구석기는 르발루아나 콤베와Kombewa 같은 특정 기법을 통해 정의되지만, 해당 시기의 유물군에 이런 공법이나 관련 유물이 예외 없이 존재하진 않는다(Débenath and Dibble 1994; White 2022). 그래서 구대륙 구석기시대의 각 분기들은 특정 유물이나 기법을 기준으로 설정되지만, 그 실천적 용례는 어디까지나 시간축상에서 인위적인 틀을 설정하고 특징짓는 방식으로 이루어진다(Chazan 1995; Kuhn 2020; Ramenofsky 1998).

따라서 특정 유물이나 기법보다는 석기군의 절대 연대치를 시간축상에 배치하고 인위적 틀을 설정해 시기를 구분해 보자. 그리고 이 인위적 틀이 해당 분기 내 구석기 유물의 특징에 의미를 부여하는지 여부를 시기 구분의 근거로 삼아 보자. 제6부에서 분석 대상으로 삼은 네 석기군으로 시기를 구분하면, 우선 장산리 유적은 전형적인 전기구석기의 기술조직을 보여 준다. 장산리 석기군은 아슐리안이나 올도완처럼 표식 유물이 존재하지는 않지만 박편을 석핵에서 박리하는 직접 타격법이 뚜렷하지 않고 던져떼기나 모루떼기를 구사해서 주로 양극편을 만들어 낸 흔적이 드러난다. 시기는 임진-한탄강 유역에서 가장 오래된 유적에 해당하며, 그 액면 연대는 0.21mya로서 확실한 중기갱신세에 해당한다.

전곡리와 가월리 유적은 중기구석기에 해당한다. 두 석기군의 양식적 변이폭은 크지 않고 르발루아 기법도 나타나지 않지만, 중기구석기의 가장 큰 특징인 박편을 가공한 소형도구가 주를 이룬다는 점이 공통적으로 드러난다. 또한 중기구석기임에도 불구하고 표식유물로 삼을 수 있을 정도의 고유한 연대와 특징을 보이는 주먹도끼가 포함되어 있다. 두 유적의 연대는 각각 60kya와 50kya로서, 전곡리는 MIS 4기, 가월리는 MIS 3기에 속한다. 마지막으로 장흥리는 의심할 여지 없이 한반도는 물론 동아시아 전체에서 뚜렷하게 나타나는 후기구석기의 전형적 특징을 보여 준다. 따라서 임진-한탄강 유역의 구석기에서 전기, 중기, 후기의 구분은 그 나름대로 뚜렷하며, 그 기준이 되는 표식유물은 주먹도끼임을 알 수 있다.

이 구분은 유럽이나 아프리카로 대표되는 통상적인 구대륙 삼분기 구분법의 기준이나 구체적 연대와는 차이가 있다(Gamble 1986, 1993; Klein 2001; Kuhn 2020; Schick and Toth 2001). 그러나 적어도 구분 기준이 뚜렷하지 않다고 해서 전기와 중기를 일단 '묶고 보는lump'(Gao and Norton 2001; Ikawa-Smith 1978) 식의 작위적 '시기통합'을 재고하게 해준다(McBrearty and Brooks 2000; Qiu 1985). 후기갱신세 전반의 동아시아 구석기 공작과 유럽 중심의 무스테리안 공작은 유사점보다는 차이점이 많기 때문에 유럽의 중기구석기 구분 기준인 르발루아 기법과 네안데르탈인의 분포 범위가 동등하게 적용될 수는 없다(Gao and Norton 2001). 그렇다고 해서 르발루아 요소 및 네안데르탈인 화석이 없다는 것이 동아시아의 자체적인 중기구석기 설정을 좌절시킬 근거가 될 필요는 없다. 그런 의미에서 임진-한탄강 유역 구석기는 적어도 전기-중기-후기의 뚜렷한 삼분기 구분이 가능하다. 독자적으로 설정 가능한 후기구석기를 제외하고 전기와 중기의 구분은 보는 사람의 시각에 따라 의견이 다를 수 있다. 하지만 본서에서 지금까지 제시한 바와 같이, 주먹도끼 발생 이전과 이후는 분명하게 다른 기술조직의 산물이다. 그리고 그 구분의 시점은 바로 주먹도끼가 발생하는 시점인 MIS 5a 종료기와 MIS 4기 개시기의 중간, 즉 80kya로 느슨하게 설정할 수 있다. 이 시점은 앞으로 좀 더 오래된 주먹도끼가 임진-한탄강 유역 및 북한을 포함한 한반도 지역에서 발견될 가능성까지도 염두에 둔 인위적인 경계 설정이다.

이러한 삼분기 구분이 전혀 새로운 것은 아니다. 일찍이 이선복(2000: 15)은 임진-한탄강 유역에서 당시까지 확인된 구석기 유적들의 절대 연대치를 검토하고 전체 유적들이 MIS 5기의 하한인 85kya를 넘기는 힘들 것이라 지적한 바 있다. 그리고 대부분의 임진-한탄강 유역 구석기 유적들은 주먹도끼를 포함하는 오래된 유물군과 주먹도끼를 포함하지 않는 상대적으로 최근의 유물군을 한 지점 내에 포함할 것이라는 가정을 조심스럽게 제시했다. 이를 기반으로 주먹도끼 포함 석기 공작, 주먹도끼 비포함 석기 공작, 세석기 포함 소형석기 공작이라는 세 단계의 구석기 진화 모델을 설정했다. 위의 주장이 제기되던 시점은 장산리 및 산명리/유정리 유적의 연대가 공식적으로 확보되기 이전이다. 또 본서에서 집중적으로 다룬 전곡리 농협 부지 지점과 주월리/가월리의 조사가 이루어지지 않았던 시점이기도 하다. 따라서 이선복(2000)의 세 단계 구석기 모델은 현재 새로운 방식으로 수용될 필요가 있다.

20여 년이 흐른 지금, 이선복이 제기한 두 번째 단계인 주먹도끼 '비포함' 구석기 공작은 임진-한탄강 유역에서 뚜렷하게 드러나지 않는다. 이것은 석기군에 주먹도끼가 포함되지 않은 상태를 가리키는 게 아니라 주먹도끼가 전체 기술조직 내에서 다른 기종으로 대체되며 소멸한 것을 의미한다. 삼거리의 석기군은 주먹도끼가 없으며, 유사 르발루아 석핵이 발견되었다(한창균 외 2021). 그러나 유사 르발루아 석핵 한 점이 주먹도끼의 소멸 근거가 되거나 그 정황을 말해 주지는 않는다. 적어도 이 지역 후기 구석기 석기군에서는 여전히 주먹도끼가 발견되며예: 중리 늘거리, 통현리 등 석영계 석재도 활용되는 것으로 볼 때 오히려 주먹도끼가 등장하기 이전 상태를 따로 설정하는 것이 더 타당하다. 장산리나 산명리/유정리같이 MIS 5a기 이전의 연대를 가지는 석기군에서는 주먹도끼가 확인되지 않는다. 이런 주먹도끼 '미포함' 유적들은 이 지역을 포함해 한반도 전체에서 수효가 적으며, 그만큼 한반도 초창기의 미약한 고인류 점거 수준을 드러내 준다. 따라서 앞으로 장산리 유적에 필적하는 오래된 유적들의 석기군 성격을 주의 깊게 살피는 것이 필요하다. 그래야 한반도의 전기구석기 공작에 대해 주먹도끼 유무 이외의 다른 기술적 특징을 제시할 수 있을 것이다.

임진-한탄강 유역을 포함해 대륙을 제외한 한반도의 남부에서는 주먹도끼를 기준으로 중기구석기를 설정할 수 있다. 물론 주먹도끼가 대상 유물군에 포함된 수준은 지극히 미약하고 표식유물이라는 기준이 무색할 정도로 전체 석기군 내에서의 비중도 작다. 더군다나 관찰자의 입장에 따라 주먹도끼와 뾰족끝찍개의 구별이 모호할 정도로 형태 구분이 뚜렷하지 않고 기술적 성취도도 낮다. 그럼에도 한반도 주먹도끼 반출 유적의 절대 연대가 대부분 MIS 4기 개시 연대인 약 71kya보다 늦은 것은 주목할 필요가 있다(김상태 2012). 황해도 청파대 동굴의 모든 주먹도끼 포함층도 이 연대를 가진다. 주먹도끼 포함층의 연대는 OSL과 AMS 연대치가 대부분이지만 측정 가능한 상한 연대를 감안해도 거의 예외 없이 MIS 4기 이후의 연대를 가지기 때문에, 이 시점을 한반도 중기구석기의 개시 시점으로 볼 근거와 명분은 충분하다.

같은 시기지만 주먹도끼가 전혀 포함되지 않은 남한강 유역 같은 사례를 단지 시기가 같다는 이유로 중기구석기로 설정하기는 어렵다. 비록 시기가 겹치기는 하지만, 이런 주먹도끼 '비포함' 석기 공작은 전기구석기의 특징인 '미포함'과는 분명히 다른 기술조직의 산물일 가능성이 높다. 따라서 한반도를 포함한 동아시아의 중기구석기를 통합적으로 설정하는 것은 단순히 하나 혹은 몇 가지의 도구석기 형식이나 기법만으로는 쉽지 않다. 남한강 유역은 다른 지역과 비교할 때 길쭉한 자갈의 끝부분만 가공한 '긴찍개'가(김상태 2012: 158-159) 다수 나타나는데, 이런 특정 도구 기종은 특정 집단에 의해 남겨진 지역 고유의 기술적 산물이 아닐까 생각해 볼 수 있다. 하지만 아직까지 이렇게 뚜렷한 현시성이 없고 가공 빈도도 낮은 석기 형식이 과연 어떤 맥락에서 등장했는지는 알려지지 않았다. 그렇기 때문에 차후에 남한강 유역의 석기군은 별도로 심도 깊게 검토할 필요가 있다(예: 유용욱 2021).

3. 구석기시대 세계관의 확장을 위한 이론적 고려

임진-한탄강 유역의 주먹도끼는 동아시아 구석기에서 하나의 전통으로 자리 잡을 수 있으며, 그것을 근거로 '전곡니안'이라는 용어도 어느 정도의 의미를 가짐을 파악했다. 또한 주먹도끼는 그 연대 및 분포상을 근거로 할 때, 시·공간적 특수성을 가지는 표식유물로 설정할 수 있다. 따라서 적어도 한반도 남부에서는 주먹도끼가 중기구석기 단계를 설정하는 시간적·문화적 기준이 될 수 있다고 제시했다. 이러한 두 가지 담론은 차후 꾸준히 한국 및 세계의 구석기고고학 연구에서 새로운 자료를 갖고 논의되어야 할 문제다. 그런 의미에서 본서의 마지막 부분에서는 구석기고고학의 시각을 확장해주는 이론의 역할을 이야기하며 마무리를 지어 볼까 한다.

비교적 최근에 Gamble(2004)은 이론과 실제가 통합되는 방식으로 '실천實踐, praxis'을 강조한 바 있다. 그리고 실천의 한 방책으로 갱신세 고인류 집단의 독립체entity인 '구석기 사회palaeolithic society'의 탐구가 필요함을 역설했다. 이런 글은 조만간 구석기고고학 분야에서 박사학위논문 주제로 어떤 '황홀한facinating' 주제가 등장할지를 예상하게 해주는 약간 불길한 징조다. 그리고 대다수의 구석기고고학자들이 황당한far-fetching 얘기나 일삼는 이야기꾼spokesperson들이 주도하는 특정 학파에 허물없이 몰려들 것임을 예견하게 한다. 사실 Trigger(1998: 1)가 언급한 대로, "고고학은 인간을 직접 만나보지도 않고 그들의 행위와 사고를 탐구하는 '유일한' 분야다." 이 언명言明은 너무나 쉽고 자명하기 때문에 고고학자들 대부분의 연구 태도에 좀처럼 각인되지 않는다. 엄격한 실증과 과감한 해석은 고고학 탐구에서 항상 길항관계를 유지하며 작용해 왔다. 그럼에도 과거인들을 직접 만날 수 없기 때문에 고고학에서의 진리 탐구는 언제나 불가지론으로 남게 되는 것이 현실이다. 특히 과거인의 사고나 정신적인 면에 대해서는 더욱 그렇다. 물론 인식론의 본질적 한계가 있다고 해서 고고학이 선사인의 비물질적 분야 연구를 포기하고 물질적인 것으로만 주제를 제한해야 하는 것은 아니다. 지금까지 구석기고고학은 사회적 혹은 관념적인 부분에 대해 다룬 적이 거의 없었는데, 그 이유는 '자연선택을 받지 못한unselected' 절멸종이 대부분인 고인류들을 다루기 때문이다(Gamble 2004).

과정/탈과정주의의 상호대립이 아닌 상호보완의 가능성에 대한 논의는(Trigger 1991, 1998) 최근에 이런 주제들과 전혀 관계가 없어 보이던 구석기고고학 분야에도 스며들고 있다. 갱신세 고인류들의 비물질적·비적응적 행동의 영역을 추론하는 작업은 마치 Trigger(1998: 1)가 언급한 '험난한 제한구역severe limitation'을 넘어 비행하는 것과도 같다. 항공 및 항법에 비유하면, '비행기'는 과거인들의 마음과 사회의 영역으로 날아가게 해주는 '일반 이론'으로 은유할 수 있다. 비행기의 '날개'는 '탈과정주의적 접근'으로, 비행을 가능하게 해주는 기재機材다. 그래서 이론과 자료 사이에서 완벽한 균형을 이루어야 하며, 극도의 주관주의 혹은 상대주의로 쏠리거나yaw 치우치지biased 않아야 한다. 또한 다른 분파의 순진한 고고학자들이 너무 압박감을 느끼지 않도록 가볍고 경쾌해야 한다. '이착륙장치'는 '과정주의적 접근'으로서, 방법론적 건전함methodological soundness으로 충만해 있어야 하며 연역적 가설 검증hypothetico-deductive 방법에 너무 의존해서 과열되지 않아야 한다. 또한 '모델,' '체계,' '적응' 같은 부속품들이 제 역할을 해야 이착륙 때 갑자기 고장 나는 대략 난감한 일이 발생하지 않는다.

이렇듯 만족할 만한 비행을 위해서는 제대로 균형 잡힌 날개와 꼼꼼히 점검된 이착륙장치가 모두 구비되어야 한다. 그러나 비행에서 가장 중요한 요소는 바로 '조종사'인 고고학자 자신들이다. 성공적인 비행에는 제대로 된 비행 면허와 충분한 비행 경력을 가진 숙달된 조종사가 필수적이다. 이 조종사들은 자료의 양적·질적 특성들을 뚜렷하게 관찰하는 '좋은 시력good vision'과 여러 가지 예외적 상황을 파악하는 '넓은 시야wide perspective'를 갖추어야 하고 방법론적으로 '탄탄한 체격solid framework'을 보유해야 한다. 무엇보다 중요한 것으로, 취해 있지 않고 깨어 있어야sober 한다. 관념론으로 만들어진 영국산 스카치건 실증주의로 빚은 미국산 버번이건 절대 탐닉하고 중독되어서는 안 된다.

숙달된 조종사가 없다면 고고학 연구를 수행하는 비행기의 날개들은 그저 고인류의 마음과 사회의 영역에서 덜컹거리며 흔들리기만 할 뿐이다. 적어도 지면에 착지한 상태에서는 제대로 작동하는 이착륙장치가 훨씬 더 쓸 만하다. 그렇다고 날개를 아예 뜯어 버리고 이 장치만 굴려서 자동차처럼 쓰면 아무 소용이 없다. 주어진 항로를 준수하며 고고학의 본질적 한계를 넘어 고인류의 정신적·비물질적 영역에 도달하는 유일한 방법은 오직 '탈과정주의'라는 날개를 유지하고 이를 통해 비행하는 것밖에 없다. 따라서 조종사는 사전에 다른 학문 분야의 '격납고'에서 파견된 '정비공'으로부터 비행기의 '체계system'와 '구조structure' 등에 대한 점검을 받고 관련 지식을 전수받을 필요가 있다.

여기서 강조할 점은, 세계적으로 널리 알려진 '세련된' 정비공들인 다윈, 뒤르켐, 살린스, 화이트, 스튜어드, 레비스트로스, 기든스, 데리다 및 가다머 등은 항로도 모르고 고고학 영역 내에서 비행기를 조종할 줄도 모른다는 것이다. 대부분의 문제는 여기서 비롯한다. 매우 많은 조종사들이 본업을 잊고 파트타임 정비공으로 부수입을 올리고 있으며, 비행견습생들은 항공기 조종 연습보다는 인터넷 강의로 '구조공학structure-engineering 개론' 따위나 들으며 학점을 채운다. 물론 일부 '겁 없는Dauntless' 비행기의 조종사들은 구석기시대 고인류의 인지적·상징적·사회적 면모를 이해하는 '중간지점Midway'까지 도달하는 공적을 올렸다는 점에서 훈장 수여의 대상이 되기도 한다(예: Byers 1999; Gamble 1999; Gamble and Marshall 2001; Gravina 2004; Hopkinson and White 2005; Mithen 1996; Wynn 1995).

외적으로 인지되는 양상들을 등한시하고 이론 자체에만 의존하는 것은 탈과정주의가 비판받을 점이기도 하다. 그렇기 때문에 '구석기 세상palaeolithic world'의 비물질적 측면을 적극적으로 해석하려는 탈과정주의의 실천적 노력이 아무런 의미 없는 것으로 보일 수도 있다. 구석기고고학의 통합적이고 종합적인 시각은, 맥락적 상대주의와 관념론에 근거해 인간의 작주성에 구조가 너무 강하게 개입한다고 주장하는 탈과정주의의 초월적transcendence 면모를 제한함으로써 이룰 수 있다. 또한 신진화론과 실증주의에 기반해서 인간 행위의 법칙정립적法則定立的, nomothetic 면모를 지나치게 강조하는 과정주의의 한계를 극복함으로써 이 시각을 수정·보완할 수 있다.

과정주의와 탈과정주의의 서로 다른 극단적실증적인 것과 관념적인 것 인식론 사이에서 균형을 잡는 것과 관련해서 Trigger(1989, 1998)는 "유물론적 목적론materialist ontology과 실재론적 인식론realist epistemology"이 "보다 완전하고more complete 덜 편향된less biased" 고고학을 이루기 위한 유일한 방법이라고 주장했다. 실재론적혹은 사실주의적 인식론은 "직관적으로 관찰될 수 있는 것들은 물론 변화 과정 그 자체 및 현저하게 드러나는 특징에 대한 연구"를 포괄한다. 그리고 이에 더해 "과거인의 마음, 감각, 외적 현실들을 서로 관계 짓는 방식으로 다룬다."(Trigger 1998: 23) 물론 실재론적 인식론이 과거인의 내적 측면을 알 수 있는 유일한 방법이라는 그의 주장은 다소 억지에 가까운 것이 사실이기는 하다. 하지만 외적으로 인지되는 고고학적 현상으로서의 '실제적 사실practical reality'은 구석기 세상에 대한 통합적 관점을 위한 귀감龜鑑, paragon으로 승화될 가치가 충분하다. 앞에서 비행과 비행기의 은유로 제시했듯이, '이론'이라는 이름의 비행기는 인식론의 다양한 사조를 '연료'로 사용해서 움직일 수 있다. 그리고 앞서 말한 실제적 사실은 비물질적인 개입을 거쳐 암호화encoded된 과거의 물질 문화들을 이해하는 가장 안전한 '항로' 중 하나에 해당하는 셈이다.

다시 비행의 은유로 돌아가면, 인식론적으로 확장된 구석기 세상으로 비행하기에 앞서 조종사는 우선 '자료의 본질'이 부과하는 '설명력의 제한'이라는 안전띠로 자신의 상상력을 단단히 고정해야 한다. 이러한 제한을 인정하지 않는다면 '전혀 무관하게 즉석에서 만들어진 가짜 이론irrelevant ad hoc quasi-theory'이라는 폐해弊害로부터의 비상탈출bailout이 불가능할 수도 있고 조종사의 안전도 보장할 수 없다. 안전띠를 고정한 조종사인 고고학자는 자료가 가지는 한계를 파악하기 위해 연구 목적에 부합하는 자료의 '기술과 분석'이라는 도구를 갖춰야 한다. 원자료의 기술과 분석 작업은 당대의 고고학자들이 모두 공유하고 인지하는 평이하고 상식적인 방식으로 이루어져야 한다. 그 후 시동을 걸어서 '중범위이론'의 속도에 도달할 때까지 이착륙장치를 발진시켜 이륙 전 활주를 해야 한다. '설명'을 위한 '과정주의적' 활주가 지면에서 충분히 이루어지지 않으면 비행기는 결코 이륙할 수 없으며, '해석'이라는 목적지를 향하는 '탈과정주의'의 비행은 연기되거나 취소될 수밖에 없다. 즉 '기술과 분석'이라는 절차를 통해 충분한 설명이 진행되어야 비로소 목적지를 향하는 비행의 시작인 '공중부양'이라는 '사고의 전환'이 이루어진다.

이륙에 성공했으면 비행 중에 조종사는 끊임없이 '자료의 한계'가 부과하는 안전띠 장착 여부를 확인하고 자료의 '기술과 분석'이라는 도구의 작동 상태를 점검해야 한다. 그리고 수시로 지상의 '과정주의' 담당 관제탑과 소통하면서 '해석'이라는 목적지를 향해 신중하게 '개념concepts'이라는 '방향타'를 조율해야 한다. 이 모든 과정은 '일반 이론'이라는 비행기의 조종석에서 전술한 '유물론적 존재론과 실재론적 인식론'이라는 제목이 붙은 항공 매뉴얼의 '현실론적actualistic 접근', 즉 구체적으로 현실 세계에서 물질에 반영되는 사실만이 고고학적으로 의미있다는 규정에 따라 이루어져야 한다.

지금까지의 은유를 요약하면, 구석기 세상을 이해하게 해주는 일반 이론은 어떤 특정 시각에 경도되지 않고 균형이 잡힌 탈과정주의 시각을 통해 구체적으로 실현할 수 있다. 그리고 이 일반 이론은 건전한 중위이론을 만들어 내는 견고한 과정주의적 접근을 통해 지탱된다. 일반 이론은 철학, 사회학, 심리학 같은 여타의 학문 분야에서 파생한 것이지만 고고학적 사실을 지향하는 적절한 인식론적 배경에 기반을 두어야 하며, 객관적으로 실재하는 물질 자료의 적절하고 타당한 기술 및 분석을 통해 비로소 실천할 수 있다.

구석기 세계에 더욱 깊숙이 진출하는 통합적 접근을 위해 본서는 동아시아 지역의 석기 공작 중 하나인 임진-한탄강 유역의 석기군을 사례로 삼았다. 제2부에서는 시·공간적 배경인 동아시아 갱신세의 커다란 특징을 제시하고 한반도 구석기 자료의 전반적 성격을 요약했다. 제3부는 지금까지의 연구사를 회고하며 무엇이 이루어졌고 어떤 문제가 본서를 통해 해결되어야 할지를 구분했다. 그리고 가장 시급한 문제인 '중기갱신세설'의 한계점을 세세히 지적했으며, 새로운 자료를 통해 이 설이 차후 파급되거나 영향력을 갖지 않도록 파기할 것을 강력히 제기했다. 제4부는 임진-한탄강 유역 중요 유적들의 석기군 및 연대치를 제시했다. 특히 본서의 주요 야외조사 대상지인 장산리, 주월리/가월리, 전곡리를 비교적 상세하게 다루었고 최근에 집중적으로 발견되는 한탄강 상류역의 후기구석기 유물군도 따로 지면을 마련해 소개했다. 제5부는 제4부에서 소개된 자료들을 고고학적으로 의미 있게 기술했다. 아직까지 체계적으로 이루어진 바 없는 임진-한탄강 유역 구석기의 형식분류안을 새롭게 제시했고, 그간 등한시되던 소형도구 및 부산물에 대한 개념을 정리했다. 그리고 이 과정을 거치면서 차후의 분석을 위한 단위로서 '기술조직'이라는 개념의 필요성과 의미를 탐구했다.

제6부는 분석 절차를 통한 설명의 장이다. 몇 가지 설명 모델을 고안하고 비모수적 통계 기법인 RSM을 통해 석기군의 변이 및 이러한 변이가 발생하는 요인을 탐구해 실제 고고자료의 계량적 속성으로 드러낼 수 있었다. 또한 분석 대상 석기군의 시간적 선후관계에 따라 각 석기군이 보이는 변이를 통해 이 지역 구석기 기술조직이 일정한 방향성을 가지는 진화 경향을 띤다는 것을 밝혔다. 제7부는 지금까지 누적된 여러 가지 단편적 정보들을 통합해 하나의 인간사를 서술하는 서사를 작성했다. 그리고 마지막으로 동아시아 구석기고고학에서 회자되는 몇 가지 주제를 차후 연구를 위한 담론으로 제시했다.

이렇게 이루어진 접근을 살펴보면, 제7부의 통합 및 해석 작업은 제6부의 분석 및 설명 과정 없이는 결코 이루어질 수 없다. 제6부도 그 이전 제5부의 분류와 기술 과정 없이는 진행될 수 없다. 제5부는 당연히 제4부의 개별 유적 관찰 및 고찰 없이는 불가능했고, 제4부 역시 제2부의 공간적, 제3부의 시간적 틀을 수립하지 않고서는 아무런 의미가 없다. 이렇게 점층적 단계를 거친 통합적 접근에서 최종적으로 얻을 수 있는 성과는, 전술한 비행의 은유와 마찬가지로 여러 고고학적 시각 및 이론의 유파는 유기적으로 상호 결합함으로써 궁극적으로 과거에 대한 이해의 폭을 점차 높여 준다는 것이다. 일찍이 혹스Christopher Hawkes가 제시한 '추론의 사다리'에서(Evans 1998) 고고학적으로 가장 수월한 작업은 어떻게 유물이 만들어졌는지에 대한 추론이다. 그다음이 도구에 기반한 경제 체제, 그리고 세 번째가 이러한 경제를 영위해 온 사회에 대한 추론이다. 가장 어려운 추론은 해당 사회가 가진 종교 및 상징과 이데올로기혹은 신념체계에 대한 것이다. 본서에서 시도한 작업은 기껏해야 간신히 혹스의 사다리 두 번째 단계에 도달한 것에 불과하다. 앞서 Gamble(1998)이 제시한 사회에 대한 추론은 현 단계의 자료만으로는 쉽지 않은 수준을 넘어 불가능에 가깝고, 그 상위 단계인 상징과 이데올로기는 엄두도 못 내는 것이 현실이다.

따라서 본서의 마지막 페이지까지도 임진-한탄강 유역의 구석기 연구는 여전히 만족할 만한 수준에 도달하지 못했다. 본서를 통해 최종 도출된 결과와 해석은 전체 임진-한탄강 구석기 유물군의 극히 일부 자료에서 기인한 것이다. 수많은 중요한 주제가 여전히 해결되지 않았으며, 그중 몇몇 주제는 조만간 등장할 동아시아 고인류학 및 구석기고고학의 새로운 자료와 연구 결과에 따라 변화무쌍하게 바뀔 것이 분명하다. 자료와 지면의 제한으로 인해 본서가 꾸려 낸 지식의 분량과 수준은 전 지구적 차원에서 여전히 보잘것없는 상태다. 정적인 자료를 기술하고, 동적인 양상을 설명하며 내재된 의미를 해석함에 있어 객관성을 유지하는 것은 구석기고고학에서 가장 중요한 동시에 가장 흔하게 망각되는 목표이기도 하다. 그런 의미에서 본서는 '필자' 혹은 '나'라는 1인칭 주어를 지금까지 의도적으로 자제해 왔다. 차후에 더욱 만족할 만한 연구가 이루어지기 위한 주의 환기의 목적으로, 필자는 다음 명제를 마지막으로 제시하고자 한다.

> 고고학이 진보하는 데 가장 큰 장애물은 스스로 만족하고 안주하는 것이다. 대안적 설명을 찾는 상상력이 없다면 고고학은 정체하고 쇠락한다. 반면에 아이디어를 검증할 기회와 결단 없이 상상력만 발휘하는 것은 별로 가치 없는 일이다.
>
> *The greatest obstacle to making progress in archaeology is complacency. Without the ability to imagine alternave explanation, archaeology languishes. On the other hand, without the opportunity and determination to test ideas, imagination is of little value* (Trigger 1998: 27).

| 부록 |

분석 대상 자료 일람

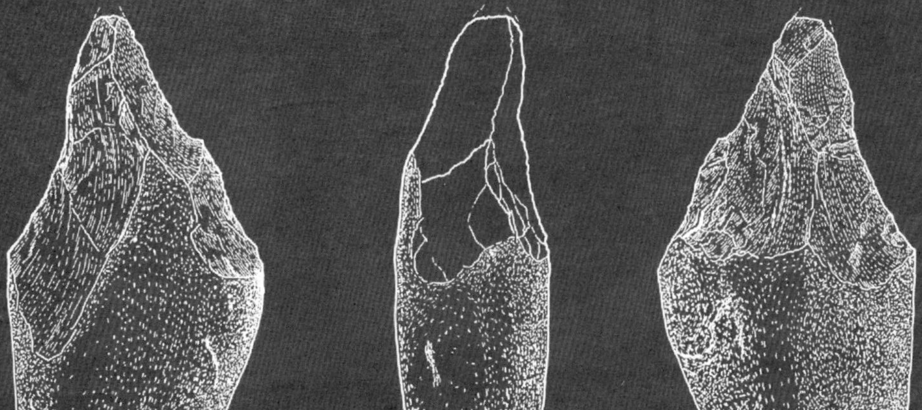

• 2014년 통현리 출토 주먹도끼(한국선사문화연구원 소장)

분석 대상의 임진-한탄강 유역 석기군 계측표

I. 장산리 석기군

1. 가공 및 사용된 석기들

유물 번호	길이 (mm)	너비 (mm)	두께 (mm)	무게 (g)	해발고도 (m)	석재 암종	석기 형식
지표-1	164	122	40	779	해당 없음	규암	대형긁개
지표-2	110.5	76	75.5	636	해당 없음	규암	석핵
지표-3	119.5	111.5	86	1501	해당 없음	조질석영	다각구
표토-1	180	127	75.5	1947	해당 없음	편마암	찍개
표토-2	75	62	52.5	272	해당 없음	조질석영	석핵
표토-3	43	40	19	31	해당 없음	조질석영	밀개
A-1	68.5	38	15.5	38	38.85	규암	양극편
A-2	232.5	121.5	86	2798	39.59	규암	뾰족끝찍개
A-3	216	72	68	1615	39.57	편마암	석핵
B-1	72	30	26	82	39.43	규암	양극편
D-1	33.5	18.5	8	4	41.35	규암	각편
D-2	74.5	67.5	23	89	41.37	규암	홈날
D-3-1	87.5	61.5	30	183	41.71	편마암	양극편
D-3-2	63	39	22.5	61	41.71	편마암	양극편
D-5	73.5	23	21	58	40.81	편마암	양극편
D-7	140.5	92	76	1212	40.76	규암	찍개
D-9	34.5	32.5	9.5	11	40.75	편마암	각편
D-12	24.5	15	8	3	40.79	조질석영	각편
D-14	92	63.5	35	317	40.79	편마암	찍개
D-17	71	56.5	41	201	40.8	규암	가공된 반입석재
D-19	34.5	28	14.5	14	40.77	규암	각편
D-21	57	50.5	24	89	41.5	규암	망칫돌
D-25	136	83.5	75	1212	40.85	규암	찍개
D-26	35.5	26	19	22	40.85	규암	각편
D-27	183.5	137	60.5	2250	41.56	편마암	가공된 반입석재
D-31	196.5	121.5	83.5	3033	40.74	편마암	가공된 반입석재
D-34	144	127.5	64.5	1354	40.78	편마암	가공된 반입석재
D-35	74.5	35.5	23	62	40.81	규암	양극편
D-36	93	59.5	50	372	41	편마암	찍개

1. 가공 및 사용된 석기들(계속)

유물 번호	길이 (mm)	너비 (mm)	두께 (mm)	무게 (g)	해발고도 (m)	석재 암종	석기 형식
D-40	79	65.5	51	232	40.77	규암	찍개
D-43	75.5	61	46	271	40.76	편마암	가공된 반입석재
D-49	12.5	91	46	589	40.76	편마암	가공된 반입석재
D-54	50	25.5	19.5	25	40.76	조질석영	박편
D-57	48	21	18.5	18	40.75	편마암	양극편
D-58	57	23.5	17.5	34	40.72	편마암	양극편
D-61	114.5	83	43	487	40.7	편마암	양극편
E-1	88.5	42.5	21.5	80	41.2	규암	등칼
E-4	81.5	61.5	53.5	356	40.65	편마암	가공된 반입석재
E-5	18	11.5	3.5	1	40.53	편마암	각편
E-6	29	25	11.5	8	40.52	조질석영	가공된 반입석재
E-11	124.5	103	39	618	40.49	규암	찍개
E-12	85	73.5	53	385	40.37	편마암	가공된 반입석재

2. 유적 내 반입된 자갈들

유물 번호	길이 (mm)	너비 (mm)	두께 (mm)	무게 (g)	해발고도 (m)	석재 암종
A-4	107	106.5	96.5	1349	40.59	편마암
D-4	145	85	71	1131	40.76	편마암
D-6	31	28.5	23	30	40.77	편마암
D-8	151.5	105	71	1569	40.72	편마암
D-10	53	51.5	39	135	41.35	편마암
D-11	40	31	18.5	31	40.84	규암
D-13	107	99	84.5	991	40.78	규암
D-15	151	111	95.5	2198	40.83	편마암
D-16	69	62	35	182	40.86	편마암
D-18	17	15.5	10.5	4	40.8	규암
D-20	119.5	109	56.5	916	41.15	편마암
D-22	16.5	14	11	4	41.21	규암
D-23	17	12.5	8.5	2	41.05	규암
D-24	155.5	126	82.5	1943	40.96	규암
D-28	15	94	48.5	754	40.79	편마암

2. 유적 내 반입된 자갈들(계속)

유물 번호	길이 (mm)	너비 (mm)	두께 (mm)	무게 (g)	해발고도 (m)	석재 암종
D-29	120.5	81.5	59	1012	40.74	규암
D-30	156	133	82.5	1973	40.73	규암
D-32	160	100	55.5	1251	40.74	편마암
D-33	145.5	129.5	83	1872	40.8	편마암
D-37	116.5	77.5	69	1118	40.75	규암
D-38	115.5	101.5	57	754	40.77	편마암
D-39	115.5	75	60	747	40.75	편마암
D-41	138	86.5	67	1013	40.73	편마암
D-42	34.5	18	14.5	12	40.76	편마암
D-44	20.5	20.5	20.5	11	40.76	규암
D-45	91.5	57.5	40	297	40.74	편마암
D-46	18.5	17	13.5	6	40.75	규암
D-47	83	67	61	443	40.73	규암
D-48	25	17.5	14.5	9	40.76	규암
D-50	168	82.5	61.5	1212	40.77	편마암
D-51	22	19	12	8	40.78	규암
D-52	54	49	18.5	82	40.73	편마암
D-53	141	116	94.5	1769	40.73	규암
D-55	28	22	14.5	12	40.84	편마암
D-56	35.5	22.5	15.5	16	40.77	규암
D-59	124.5	117.5	65.5	1009	40.62	규암
D-60	53.5	39	31	74	40.71	편마암
D-62	60.5	41.5	14.5	50	40.72	편마암
D-63	88.5	66.5	37.5	212	40.54	규암
D-64	143	97.5	76.5	1485	40.54	규암
E-2	78.5	69	51.5	367	41.5	편마암
E-3	59	28	10.5	29	41.03	편마암
E-7	16	12	8.5	2	40.41	편마암
E-8	72	48.5	43	186	40.39	편마암
E-9	25.5	18	11.5	7	40.34	규암
E-10	189.5	103.5	66	1852	40.5	편마암
E-13	106	95	69	845	40.32	편마암
E-14	81.5	75.5	50	465	40.56	규암

II. 2004년 조사 주월리/가월리 석기군

1. 주월리 지점 석기군

유물 번호	길이 (mm)	너비 (mm)	두께 (mm)	무게 (g)	해발고도 (m)	석재 암종	석기 형식
SUR-1	250	172	93	4700	해당 없음	규암	석핵
SUR-2	81	58	30	141.5	해당 없음	규암	홈날
SUR-3	119	100	65	781.3	해당 없음	규암	찍개
S2E3-1	140	121	56	235.6	해당 없음	조질석영	석핵
S2E3-2	61	84	34	155.7	해당 없음	조질석영	석핵
S2E3-3	46	38	12	21.9	해당 없음	조질석영	박편
S2E3-4	68	39	22	61.5	해당 없음	조질석영	각편
S2E3-5	86	43	22	94.3	해당 없음	규암	각편
S2E3-6	109	76	39	373.4	해당 없음	정질석영	석괴
S2E3-7	70	90	80	507.6	해당 없음	정질석영	석핵
S2E3-8	192	104	59	1097.9	해당 없음	규암	주먹도끼
S2E4-1	67	62	20	65.2	해당 없음	정질석영	박편
S2E4-2	80	35	18	61.7	해당 없음	규암	각편
S2E4-3	52	33	25	58.5	해당 없음	조질석영	각편
S2E4-4	90	75	49	278	해당 없음	정질석영	석핵
N2W4-1	72	91	65	481.8	해당 없음	규암	찍개
N5E4-1	35	38	22	24	28.6	조질석영	박편
N5E4-2	119	93	37	581.9	28.7	규암	자갈돌
N5E4-3	77	72	11	64.1	29.1	편마암	각편
N5E4-4	41	42	14	23.5	29.3	규암	박편
N5E4-5	31	39	7	8.4	29.8	조질석영	박편
N5E4-6	62	41	28	70.1	29.3	정질석영	홈날
N5E4-7	82	91	41	204.9	29.6	규암	박편
N5E4-8	32	52	10	15.6	30	조질석영	사용편
N5E4-9	40	62	21	46.8	29.3	규암	박편
N5E4-10	44	30	12	11.6	29.3	조질석영	사용편
N5E4-11	38	18	18	12	29.6	조질석영	사용편
N5E4-12	51	52	23	64.7	29.3	정질석영	박편
N5E4-13	92	71	65	312.5	30.4	규암	석핵
N5E4-14	66	54	34	116.2	30.2	정질석영	각편
N5E4-15	25	17	7	3.4	30.3	조질석영	박편
N5E4-16	92	80	37	334.2	30.1	정질석영	자귀

2. 가월리 지점 석기군

유물 번호	길이 (mm)	너비 (mm)	두께 (mm)	무게 (g)	해발고도 (m)	석재 암종	석기 형식
Tr-1	58	38	26	49.5	34.1	정질석영	찌르개
Tr-2	39	39	26	24.6	34.3	정질석영	찌르개
Tr-3	39	22	16	15.5	34.2	정질석영	긁개
Tr-4	50	32	16	33.8	34	정질석영	자르개
Tr-5	20	21	9	4.2	34.2	정질석영	사다리꼴날
Tr-6	43	38	14	18.4	34.5	정질석영	밀개
Tr-7	32	33	13	17.1	34.7	정질석영	사용편
Tr-8	34	43	13	25.6	34.2	정질석영	긁개
Tr-9	44	25	9	13.2	34.6	정질석영	찌르개
Tr-10	46	28	8	11.3	34.5	정질석영	사다리꼴날
Tr-11	50	28	20	28	34.3	정질석영	각편
Tr-12	41	24	9	10.3	34.5	정질석영	밀개
Tr-13	35	25	10	8.6	34.1	조질석영	찌르개
Tr-14	26	20	7	4	34.6	조질석영	사다리꼴날
Tr-15	128	90	62	730.9	34.3	규암	주먹도끼
Tr-16	39	18	14	8.6	34.3	정질석영	찌르개
Tr-17	43	34	19	32.3	34.7	조질석영	각편
Tr-18	61	30	27	43	34.5	정질석영	각편
Tr-19	48	34	19	38	34.1	정질석영	각편
Tr-20	59	24	15	18.6	34.2	정질석영	뚫개
Tr-21	26	19	17	9.9	34.6	조질석영	각편
Tr-22	45	27	18	14.7	34.5	정질석영	찌르개
Tr-23	32	21	13	11.1	34.3	정질석영	각편
Tr-24	54	22	20	26.5	34.3	조질석영	뚫개
Tr-25	34	19	13	9	34.6	정질석영	각편
Tr-26	36	23	20	20.1	34.2	정질석영	각편
Tr-27	41	40	11	20.2	34.3	정질석영	자르개
Tr-28	14	32	7	3.3	34.2	조질석영	사다리꼴날
Tr-29	21	18	7	3	34.6	정질석영	각편
Tr-30	47	24	11	11.3	34.5	조질석영	긁개
Tr-31	74	70	27	155.5	34.5	정질석영	홈날
Tr-32	43	21	15	16.6	34.3	정질석영	각편
Tr-33	91	63	43	309.3	34.2	정질석영	자귀
Tr-34	47	32	16	27.2	34.5	정질석영	각편
Tr-35	110	54	40	286.1	34.3	조질석영	석괴
Tr-36	101	80	49	486.1	34.3	정질석영	석괴
Tr-37	57	72	45	213.7	34.6	정질석영	석핵

2. 가월리 지점 석기군(계속)

유물 번호	길이 (mm)	너비 (mm)	두께 (mm)	무게 (g)	해발고도 (m)	석재 암종	석기 형식
Tr-38	44	27	14	18	34.2	정질석영	긁개
Tr-39	68	65	40	217	34.6	조질석영	각편
Tr-40	116	65	42	265.5	34.3	정질석영	석괴
Tr-41	57	85	48	218.6	34	정질석영	석핵
Tr-42	100	82	59	506.5	34.1	정질석영	석괴
Tr-43	110	77	41	357.2	34.2	조질석영	석괴
Tr-44	160	95	52	872.3	34.2	규암	대형긁개
Tr-45	55	50	41	115.7	34.3	정질석영	각편
Tr-46	66	67	30	146.3	34.5	정질석영	박편
Tr-47	36	44	13	24.1	34.3	정질석영	박편
Tr-48	43	39	20	36.7	34.2	정질석영	각편
Tr-49	43	33	24	25.9	34.5	정질석영	각편
Tr-50	70	34	27	36.5	34.6	정질석영	석괴
Tr-51	64	44	36	106.5	34.6	조질석영	박편
Tr-52	64	48	37	109.8	34.5	정질석영	박편
Tr-53	107	58	38	248.2	34.7	정질석영	석괴
Tr-54	78	66	56	282.6	34.1	정질석영	박편
Tr-55	48	32	7	11	34.3	정질석영	밀개
Tr-56	116	75	55	632.3	34.5	조질석영	석괴
Tr-57	79	56	24	140.8	34.5	정질석영	박편
Tr-58	89	55	45	164.6	34.1	정질석영	각편
Tr-59	42	38	15	26.9	34.6	사암	각편
Tr-60	65	66	26	138	34.5	정질석영	박편
Tr-61	107	52	17	133.5	34.3	정질석영	석괴
Tr-62	58	54	15	80	34.7	정질석영	각편
Tr-63	81	39	16	73	34.7	정질석영	박편
Tr-64	47	31	24	39.8	34.5	정질석영	각편
Tr-65	55	31	19	32.1	34.5	조질석영	각편
Tr-66	50	29	19	29	34.6	정질석영	박편
Tr-67	37	34	21	29.1	34.3	정질석영	박편
Tr-68	75	40	25	89	34.3	정질석영	각편
Tr-69	55	46	39	103.8	34.6	정질석영	각편
Tr-70	73	43	47	157	34.5	정질석영	석괴
Tr-71	54	29	16	33.5	34.2	정질석영	각편
Tr-72	41	35	22	26.3	34.1	조질석영	각편
Tr-73	39	20	14	12.1	34.3	정질석영	각편
Tr-74	41	28	17	25.7	34.1	정질석영	각편

2. 가월리 지점 석기군(계속)

유물 번호	길이 (mm)	너비 (mm)	두께 (mm)	무게 (g)	해발고도 (m)	석재 암종	석기 형식
Tr-75	75	35	29	84.1	34.5	정질석영	박편
Tr-76	36	24	15	18.5	34.4	조질석영	각편
Tr-77	50	30	23	36.2	34.3	정질석영	각편
Tr-78	39	40	14	28.7	34.2	정질석영	각편
Tr-79	71	46	13	59.6	34.5	정질석영	박편
Tr-80	29	45	22	33.2	34.6	정질석영	석핵
Tr-81	44	28	24	38	34.3	정질석영	밀개
Tr-82	57	40	17	46.5	34.2	조질석영	각편
Tr-83	66	34	26	53.3	34.3	정질석영	각편
Tr-84	76	43	18	74.8	34.5	정질석영	각편
Tr-85	70	29	16	41.6	34.6	정질석영	각편
Tr-86	36	30	17	24.5	34.6	정질석영	각편
Tr-87	37	31	24	34.8	34.5	정질석영	각편
Tr-88	45	37	22	53.7	34.5	정질석영	각편
Tr-89	50	34	17	33.3	34.2	조질석영	긁개
Tr-90	56	34	21	41.3	34.3	정질석영	각편
Tr-91	35	34	21	36.1	34.5	정질석영	각편
Tr-92	50	26	28	35.6	34.2	정질석영	각편
Tr-93	57	30	25	37.9	34.2	정질석영	찌르개
Tr-94	39	38	15	34.1	34.1	정질석영	박편
Tr-95	36	27	19	19.9	34.5	조질석영	각편
Tr-96	44	28	22	38.9	34.6	정질석영	각편
Tr-97	50	37	24	48.3	34.2	정질석영	각편
Tr-98	35	24	15	16.7	34.5	정질석영	각편
Tr-99	30	27	16	15.7	34.3	정질석영	각편
Tr-100	51	36	18	46.5	34.4	정질석영	각편
Tr-101	46	29	18	27.3	34.3	조질석영	각편
Tr-102	46	31	21	41.2	34.2	정질석영	각편
Tr-103	46	20	22	23	34.3	정질석영	각편
Tr-104	62	30	13	29.9	34.5	정질석영	각편
Tr-105	36	29	26	31	34.2	정질석영	각편
Tr-106	40	27	11	14.2	34.5	정질석영	박편
Tr-107	37	29	26	34.3	34.3	정질석영	각편
Tr-108	56	28	10	22.2	34.3	정질석영	각편
Tr-109	40	29	22	30.7	34.2	정질석영	각편
Tr-110	39	25	19	26.2	34.6	조질석영	각편
Tr-111	45	29	23	29.2	34.7	정질석영	각편

2. 가월리 지점 석기군(계속)

유물 번호	길이 (mm)	너비 (mm)	두께 (mm)	무게 (g)	해발고도 (m)	석재 암종	석기 형식
Tr-112	38	30	20	23.5	34.2	정질석영	각편
Tr-113	40	29	20	24.3	34.3	정질석영	각편
Tr-114	32	25	19	22.5	34.2	정질석영	각편
Tr-115	38	30	23	38	34.5	정질석영	각편
Tr-116	41	30	25	37.9	34.4	조질석영	각편
Tr-117	70	34	23	71.6	34.1	정질석영	각편
Tr-118	56	32	27	52.7	34	정질석영	각편
Tr-119	51	48	14	55.2	34.2	정질석영	각편
Tr-120	35	27	19	19.7	34.3	정질석영	밀개
Tr-121	31	24	21	18.5	34.2	정질석영	각편
Tr-122	30	20	15	11.2	34.5	정질석영	각편
Tr-123	27	25	7	5.5	34.5	정질석영	각편
Tr-124	45	35	13	25.3	34.6	조질석영	각편
Tr-125	30	25	14	11.1	34.5	정질석영	각편
Tr-126	36	30	16	35.1	34.2	정질석영	각편
Tr-127	40	33	20	32.5	34.1	정질석영	각편
Tr-128	70	31	24	58.8	34.8	정질석영	각편
Tr-129	49	18	16	13.1	34.5	정질석영	각편
Tr-130	41	30	14	20.5	34.5	정질석영	각편
Tr-131	50	50	26	84.5	34.2	정질석영	각편
Tr-132	101	45	12	45.5	34.3	사암	각편
Tr-133	26	25	12	6.3	34.3	정질석영	각편
Tr-134	39	26	13	14.8	34.5	조질석영	박편
Tr-135	50	30	21	37.6	34.2	정질석영	각편
Tr-136	35	23	14	13.1	34.1	정질석영	각편
Tr-137	37	35	18	31.3	34.1	정질석영	각편
Tr-138	40	25	18	20.9	34.6	정질석영	각편
Tr-139	50	41	14	35.2	34.5	정질석영	각편
Tr-140	36	28	17	27.9	34.5	정질석영	각편
Tr-141	47	23	10	12.6	34.2	조질석영	각편
Tr-142	22	21	7	3.6	34.5	정질석영	각편
Tr-143	25	22	12	9.3	34.3	정질석영	각편
Tr-144	103	94	63	790.7	34.3	규암	찍개
Tr-145	40	38	21	42.4	34.5	정질석영	각편
Tr-146	48	20	12	14.7	34.4	정질석영	각편
Tr-147	45	27	22	18.7	34.6	정질석영	각편
Tr-148	48	20	13	13.2	34.5	정질석영	각편

2. 가월리 지점 석기군(계속)

유물 번호	길이 (mm)	너비 (mm)	두께 (mm)	무게 (g)	해발고도 (m)	석재 암종	석기 형식
Tr-149	30	28	16	16.7	34.5	조질석영	각편
Tr-150	39	24	11	12.2	34.5	정질석영	긁개
Tr-151	45	30	11	22.6	34.2	정질석영	각편
Tr-152	29	18	18	9	34.1	정질석영	각편
Tr-153	46	17	13	14.4	34.5	정질석영	각편
Tr-154	39	26	13	20	34.6	정질석영	각편
Tr-155	48	31	18	19.9	34.3	정질석영	각편
Tr-156	46	24	18	21.2	34.3	정질석영	각편
Tr-157	31	18	16	12.7	34.2	정질석영	각편
Tr-158	43	27	19	34.5	34	조질석영	각편
Tr-159	35	33	23	32.2	34	정질석영	각편
Tr-160	34	32	9	10.4	34.2	정질석영	각편
Tr-161	28	25	19	14.9	34.1	정질석영	각편
Tr-162	38	18	17	14.2	34.5	정질석영	각편
Tr-163	34	35	25	33.8	34.6	정질석영	각편
Tr-164	34	23	15	12.5	34.5	정질석영	각편
Tr-165	26	24	13	11.8	34.2	정질석영	각편
Tr-166	36	31	13	15.2	34.5	정질석영	각편
Tr-167	28	18	17	10	34.2	조질석영	각편
Tr-168	44	26	19	25.8	34.3	정질석영	각편
Tr-169	25	16	7	2.7	34.3	정질석영	각편
Tr-170	29	26	21	14.9	34.1	정질석영	각편
Tr-171	40	19	10	9.8	34.1	정질석영	각편
Tr-172	36	27	18	16.1	34.5	정질석영	각편
Tr-173	41	21	21	17.5	34.6	정질석영	각편
Tr-174	36	31	20	23.4	34.5	정질석영	각편
Tr-175	26	22	11	6.7	34.5	조질석영	각편
Tr-176	36	20	13	9.8	34.6	정질석영	각편
Tr-177	26	14	11	4	34.2	정질석영	각편
Tr-178	42	33	12	19.8	34.5	조질석영	각편
Tr-179	21	18	3	1.4	34.3	정질석영	각편
Tr-180	27	22	12	7	34.6	조질석영	각편
Tr-181	40	21	16	12.1	34.5	정질석영	각편
Tr-182	38	24	18	15.1	34.2	정질석영	각편
Tr-183	22	20	11	6.5	34.3	정질석영	각편
Tr-184	36	22	24	23.2	34.6	조질석영	각편
Tr-185	23	17	8	3.1	34.2	정질석영	각편

2. 가월리 지점 석기군(계속)

유물 번호	길이 (mm)	너비 (mm)	두께 (mm)	무게 (g)	해발고도 (m)	석재 암종	석기 형식
Tr-186	41	32	9	17.7	34.1	조질석영	각편
Tr-187	28	21	18	11.8	34.1	정질석영	각편
Tr-188	30	19	10	5.2	34.5	정질석영	각편
Tr-189	34	21	20	11.9	34.6	정질석영	각편
Tr-190	30	27	14	12.6	34.5	정질석영	각편
Tr-191	25	12	8	2.5	34.7	정질석영	각편
Tr-192	23	21	9	4.3	34.2	정질석영	각편
Tr-193	37	20	14	10.1	34.3	조질석영	각편
Tr-194	30	25	13	13	34.5	정질석영	각편
Tr-195	33	21	14	8.7	34.3	정질석영	각편
Tr-196	34	23	16	11	34.2	정질석영	각편
Tr-197	31	21	15	9.7	34.2	조질석영	각편
Tr-198	33	24	16	15	34.1	정질석영	각편
Tr-199	28	24	13	11.2	34.2	조질석영	각편
Tr-200	37	19	7	6.6	34.3	조질석영	각편
Tr-201	16	14	4	1	34.2	정질석영	각편
Tr-202	17	14	9	3.1	34.2	조질석영	각편
Tr-203	15	12	11	2	34.3	정질석영	각편
Tr-204	26	15	9	4.2	34.2	정질석영	각편
Tr-205	23	14	8	3.4	34.6	정질석영	각편
Tr-206	26	14	7	4.1	34.5	정질석영	각편
Tr-207	31	17	13	6.8	34.6	정질석영	각편
Tr-208	30	20	20	13.6	34.3	조질석영	각편
Tr-209	31	22	11	9.3	34.2	정질석영	각편
Tr-210	24	24	11	6.4	34.2	조질석영	각편
Tr-211	28	17	11	5.6	34.1	정질석영	각편
Tr-212	23	22	12	6.8	34.1	정질석영	각편
Tr-213	19	16	14	5.3	34.2	정질석영	각편
Tr-214	23	21	16	8.4	34.1	정질석영	각편
Tr-215	13	12	7	1.3	34	정질석영	각편
Tr-216	29	16	7	3.3	34.2	정질석영	각편
Tr-217	20	17	8	2.4	34.2	정질석영	각편
Tr-218	96	73	38	330.9	34.1	조질석영	각편
Tr-219	70	42	23	54.2	34.1	정질석영	각편
Tr-220	50	46	25	57.2	34.2	조질석영	각편
Tr-221	62	35	18	49.8	34.5	정질석영	각편
Tr-222	53	41	32	54.2	34.6	정질석영	각편

2. 가월리 지점 석기군(계속)

유물 번호	길이 (mm)	너비 (mm)	두께 (mm)	무게 (g)	해발고도 (m)	석재 암종	석기 형식
Tr-223	72	65	32	156.4	34.7	정질석영	각편
Tr-224	55	51	25	58.3	34.2	정질석영	각편
Tr-225	40	37	30	36.7	34.5	정질석영	각편
Tr-226	52	26	22	38.6	34.3	정질석영	각편
Tr-227	40	35	24	29.7	34.3	정질석영	각편
Tr-228	31	31	9	7.9	34.1	정질석영	각편
Tr-229	101	96	30	380.4	34.1	정질석영	석괴
A1-1	20	15	4	1	33.8	정질석영	각편
A1-2	88	58	25	156.1	33.7	규암	긁개
A1-3	27	20	17	9	33.8	정질석영	각편
B2-1	95	95	59	654.5	34	규암	찍개
B3-1	55	45	41	79.2	33.8	규암	석핵
B3-2	45	30	23	42.5	33.9	조질석영	각편
B3-3	37	34	24	36.4	33.9	규암	각편
B3-4	47	30	22	36.7	33.6	정질석영	석핵
B3-5	37	32	17	20.6	33.8	규암	박편
B3-6	35	16	19	5	33.7	정질석영	각편
C1-1	32	18	13	6.2	33.8	정질석영	긁개
C4-1	42	33	15	27.7	33.7	정질석영	긁개
C4-2	42	33	20	26.6	33.9	정질석영	각편
C4-3	37	42	15	16.4	34	조질석영	사용편
C4-4	51	45	19	33	33.7	편마암	각편
C4-5	90	80	68	682.2	33.8	규암	석핵
C4-6	32	20	18	8.6	33.7	정질석영	각편
C5-1	87	40	29	151.1	34	정질석영	박편
C5-2	42	41	29	53.5	33.8	정질석영	각편
C5-3	47	24	19	17.7	33.8	정질석영	각편
C5-4	24	22	20	14.3	33.9	조질석영	각편
C5-5	22	28	9	2.1	33.8	정질석영	각편
C5-6	35	22	18	15.7	33.9	조질석영	각편
C5-7	32	13	9	3.7	33.7	정질석영	각편
C5-8	50	82	46	185.9	33.7	규암	석핵
C5-9	58	61	57	189	33.8	조질석영	석핵
C5-10	60	65	24	97.1	33.9	조질석영	각편
C5-11	36	23	16	17	33.9	정질석영	각편

III. 2004년 조사 전곡리 농협 부지 발견 석기군

유물 번호	길이 (mm)	너비 (mm)	두께 (mm)	무게 (g)	해발고도 (m)	석재 암종	석기 형식
N1E17-01	77	49	17	59.9	61.2	규암	양극편
N1E17-02	32	22	12	6.9	60.2	조질석영	각편
N1E17-03	75	61	20	90.8	60.2	규암	박편
N1E17-04	26	32	6	5	60.2	정질석영	사다리꼴날
N1E17-05	41	35	9	9.3	60.4	정질석영	사용편
N1E17-06	24	21	15	6.2	60.5	조질석영	각편
N1E17-07	24	18	10	4	60.5	규암	각편
N1E17-08	22	22	10	4	60.2	조질석영	사다리꼴날
N1E17-09	45	20	8	7.1	60.1	조질석영	찌르개
N1E17-10	35	35	14	16.3	60.2	조질석영	박편
N1E17-11	32	18	11	5.2	60.2	조질석영	각편
N1E17-12	44	35	19	27.7	60.2	조질석영	사용편
N1E17-13	54	37	32	73.6	60.3	조질석영	각편
N1E17-14	33	31	16	15.2	60.2	조질석영	각편
N1E17-15	32	30	11	11.6	60.3	조질석영	박편
N1E17-16	27	17	15	9.6	60.3	조질석영	각편
N1E17-17	29	36	12	9.5	60.5	정질석영	박편
N1E17-18	22	27	9	6.4	60.5	조질석영	각편
N1E17-19	32	28	11	7.5	60.2	조질석영	박편
N1E17-20	36	31	11	11.7	60.3	조질석영	자르개
N1E17-21	40	30	11	17.6	60.3	조질석영	박편
N1E17-22	51	51	19	66	60.3	조질석영	박편
N1E17-23	36	32	24	24	60.2	조질석영	자르개
N1E17-24	34	64	51	124.1	60.2	조질석영	석핵
N1E17-25	57	40	21	53.4	60.2	조질석영	박편
N1E17-26	39	48	15	24.6	60.2	규암	박편
N1E17-27	45	30	19	27.3	60.3	규암	긁개
N1E17-28	38	25	21	15.4	60.3	조질석영	각편
N1E17-29	37	27	16	17.7	60.2	정질석영	사용편
N1E17-30	30	16	15	5.5	60.2	규암	각편
N1E17-31	53	49	23	66.7	60.2	규암	박편
N1E17-32	75	136	77	1022.7	60.2	규암	석핵
N1E17-33	28	23	10	5.5	60.3	조질석영	박편
N1E17-34	26	18	12	6	60.2	조질석영	각편
N1E17-35	43	52	16	37.5	60.3	규암	박편
N1E17-36	105	82	87	764.6	60.1	조질석영	찍개

III. 2004년 조사 전곡리 농협 부지 발견 석기군(계속)

유물 번호	길이 (mm)	너비 (mm)	두께 (mm)	무게 (g)	해발고도 (m)	석재 암종	석기 형식
N1E17-37	20	38	11	10.3	60.2	조질석영	각편
N1E17-38	25	24	17	10.7	60.2	조질석영	각편
N1E17-39	112	98	51	576.9	60.2	조질석영	석괴
N1E17-40	36	32	23	23.6	60.3	조질석영	각편
N1E17-41	110	100	77	857.7	60.2	조질석영	자갈돌
N1E17-42	109	72	69	466.1	60.2	사암	자갈돌
N1E17-43	40	17	15	8	60.1	조질석영	각편
N1E17-44	40	37	14	18.8	60.1	조질석영	박편
N1E4-01	50	46	33	91.4	59.3	조질석영	석핵
N1E4-02	97	112	66	808.7	60.3	조질석영	찍개
N8E11-01	35	30	16	10.9	59.9	정질석영	사다리꼴날
N8E11-02	42	58	26	64	59.9	조질석영	석핵
N8E11-03	51	35	15	24.4	59.6	규암	긁개
N8E11-04	85	45	38	131.1	59.6	조질석영	석괴
N8E16-01	72	67	25	114.6	60.6	정질석영	박편
N8E16-02	89	65	45	369.3	60.7	조질석영	자갈돌
N8E16-03	58	36	17	33	60.6	규암	밀개
N8E16-04	37	28	21	19.8	60.6	조질석영	각편
N8E16-05	38	62	50	102.6	60.6	조질석영	석핵
N8E16-06	64	45	33	81	60.5	규암	박편
N8E16-07	18	36	20	12.5	60.5	조질석영	각편
N8E16-08	117	83	59	650	60.2	조질석영	자갈돌
N8E16-09	57	35	19	32.3	60.2	규암	밀개
N8E16-10	55	44	28	58.9	60.8	정질석영	긁개
N8E16-11	55	83	50	244.5	60.2	조질석영	석핵
N8E16-12	50	26	19	29.4	60.4	조질석영	각편
N8E16-13	51	57	26	87.7	60.4	조질석영	박편
N8E16-14	98	80	53	356.3	60.2	규암	석핵
N8E16-15	31	32	10	11.2	60.9	조질석영	박편
N8E16-16	32	32	17	11.9	60.1	조질석영	각편
N8E16-17	59	44	22	52.2	61	조질석영	각편
N8E16-18	50	67	41	170.7	60.4	조질석영	석핵
N8E16-19	35	33	16	20	60.4	조질석영	박편
N8E16-20	106	99	53	744.4	60	규암	찍개
N8E16-21	26	33	10	7.5	60.3	규암	박편
N8E16-22	70	28	26	63.5	60.3	규암	뚫개

III. 2004년 조사 전곡리 농협 부지 발견 석기군(계속)

유물 번호	길이 (mm)	너비 (mm)	두께 (mm)	무게 (g)	해발고도 (m)	석재 암종	석기 형식
N8E16-23	57	30	23	47.1	61.4	조질석영	각편
N8E16-24	35	22	14	10.1	60.3	조질석영	박편
N8E16-25	28	28	14	11	60.4	조질석영	각편
N8E16-26	30	33	11	12.6	60.4	규암	각편
N8E16-27	12	10	18	1	60.3	조질석영	각편
N8E16-28	19	27	11	5.7	60.4	정질석영	박편
N8E16-29	36	19	9	7.9	60.2	조질석영	각편
N8E16-30	40	44	19	35.7	60.4	조질석영	박편
N8E16-31	26	18	10	4.3	60.3	조질석영	각편
N8E16-32	122	85	62	776.4	60.4	사암	자갈돌
N8E16-33	23	13	10	3.2	60.4	조질석영	각편
N8E16-34	30	28	12	9.4	60.6	조질석영	각편
N8E16-35	65	74	44	286.9	60.3	조질석영	망칫돌
N8E16-36	36	20	18	11.3	60.3	조질석영	각편
N8E16-37	22	13	5	1.5	60.3	조질석영	각편
N8E16-38	29	55	35	66.7	60.4	조질석영	각편
N8E16-39	20	15	11	2.8	60.4	조질석영	각편
N8E16-40	22	41	15	13.7	60.4	조질석영	각편
N8E16-41	29	25	17	8.8	60.4	조질석영	각편
N8E16-42	38	38	21	32	60.3	규암	자갈돌
N8E16-43	22	15	14	5	60.2	조질석영	각편
N8E16-44	27	23	16	9.6	60.4	조질석영	각편
N8E16-45	22	20	16	7.1	59.9	조질석영	각편
N8E16-46	32	28	25	29.9	59.8	조질석영	석핵
N8E16-47	32	32	14	14.9	59.7	정질석영	박편
N8E16-48	38	20	14	11.7	60.9	조질석영	각편
N8E4-01	71	38	27	50.7	59.6	규암	양극편
N8E4-02	52	35	31	50.6	59.5	조질석영	홈날
N8E4-03	40	39	12	24.4	59.5	조질석영	박편
N8E4-04	130	108	86	1382.5	59.5	조질석영	찍개
S1E18-01	57	37	19	46.8	60.5	조질석영	박편
S1E18-02	35	28	18	19.6	60.1	조질석영	각편
S1E18-03	46	23	16	22.5	60.2	정질석영	긁개
S1E18-04	73	40	33	125	60	조질석영	석괴
S1E18-05	34	33	21	23.5	60	조질석영	각편
S1E18-06	33	31	10	10.9	60.3	규암	박편

III. 2004년 조사 전곡리 농협 부지 발견 석기군(계속)

유물 번호	길이 (mm)	너비 (mm)	두께 (mm)	무게 (g)	해발고도 (m)	석재 암종	석기 형식
S1E18-07	45	37	18	34.1	60.8	조질석영	각편
S1E18-08	29	26	11	8.6	60.6	정질석영	박편
S1E18-09	29	21	9	5.4	60.2	조질석영	박편
S1E18-10	18	14	10	2.6	60.3	조질석영	각편
S1E18-11	37	37	12	13.8	60.2	조질석영	박편
S1E18-12	184	95	64	1174.1	60.2	조	주먹도끼
S1E18-13	37	25	14	10.7	60.4	편마암	각편
S1E18-14	72	64	25	104.6	60.4	규암	양극편
S1E18-15	27	16	16	5.5	60.4	조질석영	각편
S1E18-16	50	51	26	56.4	60.3	조질석영	박편
S1E18-17	102	65	47	289.1	60.3	사암	자갈돌
S1E18-18	75	73	25	157.7	60.2	규암	석괴
S1E18-19	103	102	89	817.6	60.2	사암	석괴
S1E18-20	105	95	62	542.2	60.2	반암	자갈돌
S1E18-21	56	53	38	122.1	60.2	조질석영	석핵
S1E18-22	104	78	47	464.4	60	규암	찍개
S1E18-23	95	74	43	376.9	60.5	사암	자갈돌
S1E18-24	80	48	10	36.2	61	반암	박편
S1E18-25	30	25	12	12.3	61	편마암	자갈돌
S1E18-26	100	62	19	139	61	현무암	석괴
S1E18-27	23	31	8	4.7	61	조질석영	사다리꼴날
S1E18-28	79	80	62	463.2	60.4	규암	석핵
S1E18-29	36	36	16	27.6	60.8	조질석영	박편
S1E18-30	110	105	75	838.4	60.3	사암	자갈돌
S1E18-31	33	22	18	11.9	60.5	조질석영	박편
S1E18-32	58	82	70	305.3	60.5	규암	망칫돌
S1E18-33	53	53	24	12.2	59.8	규암	홈날
S1E18-34	28	15	10	5.5	59.9	조질석영	각편
S1E18-35	58	22	12	12.2	60	규암	돌날
S1E18-36	51	54	20	50	60.1	조질석영	박편
S1E18-37	93	107	67	866.5	59.9	조질석영	박편
S1E18-38	83	75	51	300	60	사암	각편
S1E18-39	109	71	55	512.9	60.1	사암	자갈돌
S1E18-40	53	54	35	71.3	60.1	정질석영	홈날
S1E18-41	88	81	58	451.6	59.8	정질석영	석핵
S1E18-42	65	64	37	148.9	59.8	조질석영	박편

III. 2004년 조사 전곡리 농협 부지 발견 석기군(계속)

유물 번호	길이 (mm)	너비 (mm)	두께 (mm)	무게 (g)	해발고도 (m)	석재 암종	석기 형식
S1E18-43	39	26	17	15.5	60.2	사암	각편
S1E18-44	42	35	21	29.2	59.7	조질석영	각편
S1E18-45	26	18	12	6.3	59.8	편마암	자갈돌
S1E18-46	25	43	11	9.2	59.8	규암	박편
S1E18-47	91	65	45	247.7	59.8	사암	자갈돌
S1E18-48	20	17	10	2.7	60.2	정질석영	각편
S5W5-01	45	31	15	16.9	57.6	조질석영	각편
SUR-01	34	32	10	10.1	지표	조질석영	각편
SUR-02	50	34	22	35.6	지표	규암	각편
SUR-03	31	18	15	10.9	지표	정질석영	각편
SUR-04	50	50	14	41.6	지표	조질석영	박편
SUR-05	35	39	15	22.5	지표	조질석영	박편
SUR-06	35	25	12	10.5	지표	조질석영	각편
SUR-07	65	67	29	130.5	지표	정질석영	박편
SUR-08	113	60	38	290.7	지표	조질석영	석괴
SUR-09	55	44	15	32.4	지표	조질석영	박편
SUR-10	80	48	44	130.6	지표	편마암	각편
SUR-11	85	65	41	183	지표	조질석영	석괴
SUR-12	40	60	42	97.6	지표	조질석영	석핵
SUR-13	40	26	13	13.2	지표	조질석영	각편
SUR-14	37	25	10	7.5	지표	정질석영	각편
SUR-15	21	35	13	11.9	지표	조질석영	각편
SUR-16	45	48	16	35.1	지표	규암	박편
SUR-17	59	57	13	40.1	지표	조질석영	박편
SUR-18	63	40	35	83	지표	조질석영	각편
SUR-19	35	19	12	6	지표	조질석영	각편
SUR-20	142	88	57	868	지표	조질석영	석괴
SUR-21	72	70	31	126.5	지표	규암	석괴
SUR-22	80	57	25	163	지표	정질석영	박편
SUR-23	57	90	68	448	지표	조질석영	석핵
SUR-24	140	155	105	2438.9	지표	규암	석핵
SUR-25	40	35	13	18.5	지표	조질석영	박편

IV. 장흥리 발굴갱 W80S10 출토 석기군

('*'는 원보고서에 실린 형식명을 그대로 적용한 것임)

유물 번호	길이 (mm)	너비 (mm)	두께 (mm)	무게 (g)	석재 암종	석기 형식
W80S10-1	6	5	2	0.1	흑요석	박편
W80S10-2	15	8	2	0.3	흑요석	박편
W80S10-3	25.5	10	14.1	2.9	흑요석	석핵
W80S10-4	8	6	1.4	0.1	흑요석	박편
W80S10-5	21.4	21.2	5.2	2.5	흑요석	긁개
W80S10-6	19	15	5	1.2	Jasper	째개*
W80S10-7	11	7	2	0.2	흑요석	박편
W80S10-8	9	7.5	1.6	0.2	흑요석	박편
W80S10-9	11	11	3	0.2	흑요석	박편
W80S10-10	24.1	19.4	6.4	2.4	흑요석	긁개
W80S10-11	28.1	22.7	7.9	5.3	흑요석	긁개
W80S10-12	12	6	2.5	0.2	흑요석	박편
W80S10-13	14	8	1.4	0.1	흑요석	박편
W80S10-14	8	6	1	0.1	흑요석	박편
W80S10-15	7	6	1	0.5	흑요석	박편
W80S10-16	17	8	1.5	0.2	흑요석	박편
W80S10-17	3	2	1	0.1	흑요석	부스러기*
W80S10-18	10	10	1.6	0.2	흑요석	박편
W80S10-19	10	8	4	0.3	흑요석	부스러기*
W80S10-20	8	3.7	0.7	0.08	흑요석	돌날
W80S10-21	10	8	3	0.2	흑요석	부스러기*
W80S10-22	8	5	3	0.1	흑요석	부스러기*
W80S10-23	7	5	1	0.5	흑요석	박편
W80S10-24	10	6	1	1	흑요석	박편
W80S10-25	7	5	2	0.5	흑요석	박편
W80S10-26	10	7	2.5	0.2	흑요석	박편
W80S10-27	12	5	1	0.05	흑요석	돌날
W80S10-28	8	7	2	0.1	흑요석	박편
W80S10-29	12	9	2	0.2	흑요석	박편
W80S10-30	4	2	1	0.05	흑요석	박편
W80S10-31	8	5	0.6	0.05	흑요석	박편
W80S10-32	13	9	6	0.7	흑요석	부스러기*
W80S10-33	8	4	1	0.5	흑요석	부스러기*
W80S10-34	7	6	1	0.3	흑요석	부스러기*
W80S10-35	10	7	1	0.3	흑요석	박편

IV. 장흥리 발굴갱 W80S10 출토 석기군(계속)

유물 번호	길이 (mm)	너비 (mm)	두께 (mm)	무게 (g)	석재 암종	석기 형식
W80S10-36	9	7	1	0.2	흑요석	박편
W80S10-37	30	22	3.6	1.5	흑요석	톱니날
W80S10-38	6	3	1	0.1	흑요석	부스러기*
W80S10-39	13	10	1	0.4	흑요석	박편
W80S10-40	8	7	2	0.3	흑요석	박편
W80S10-41	7	3.6	1.6	0.5	흑요석	박편
W80S10-42	17	7	5	1	흑요석	박편
W80S10-43	11	6	1	1	흑요석	박편
W80S10-44	8.8	6	1.3	1	흑요석	돌날
W80S10-45	13	7	1	3	흑요석	박편
W80S10-46	24	15	2.5	5	흑요석	박편
W80S10-47	15.7	5.7	2.2	2	흑요석	긁개
W80S10-48	7	2	0.5	0.01	흑요석	박편
W80S10-49	10	5	1	0.1	흑요석	박편
W80S10-50	9	5	1.5	0.8	흑요석	박편
W80S10-51	6	5	2	0.3	흑요석	부스러기*
W80S10-52	6	5	1	0.1	흑요석	박편
W80S10-53	18	18	9	2.5	흑요석	긁개
W80S10-54	8	7	3	0.2	흑요석	박편
W80S10-55	8	6	1	0.1	흑요석	박편
W80S10-56	10	4	1	0.1	흑요석	박편
W80S10-57	103	98	35	367	사암	찌르개
W80S10-58	60	30	10	15.5	반암	긁개
W80S10-59	36	35	11	14.5	규암	긁개
W80S10-60	31	31	11	12.7	정질석영	긁개
W80S10-61	50	22	10	14.7	정질석영	긁개
W80S10-62	31	24	9	6.8	정질석영	째개*
W80S10-63	68	43	34	120	정질석영	덜 된 연모*
W80S10-64	35	26	15	17.5	정질석영	긁개
W80S10-65	44	37	31	59	정질석영	긁개
W80S10-66	42	34	27	29	정질석영	덜 된 연모*
W80S10-67	8	7	2	0.2	정질석영	박편
W80S10-68	30	20	12	9.7	정질석영	박편
W80S10-69	17	9	4	0.6	정질석영	박편
W80S10-70	12	12	3.3	0.5	정질석영	박편
W80S10-71	33	23	9	6.5	정질석영	박편

IV. 장흥리 발굴갱 W80S10 출토 석기군(계속)

유물 번호	길이 (mm)	너비 (mm)	두께 (mm)	무게 (g)	석재 암종	석기 형식
W80S10-72	23	15	5	7	반암	박편
W80S10-73	29	27	10	7	반암	박편
W80S10-74	13	12	6	1	정질석영	부스러기*
W80S10-75	15	4	3	0.2	정질석영	부스러기*
W80S10-76	14	10	5	0.8	정질석영	부스러기*
W80S10-77	21	12	11	5.4	정질석영	부스러기*
W80S10-78	26	15	8	3.3	정질석영	부스러기*
W80S10-79	11	7	7	0.7	정질석영	부스러기*
W80S10-80	14	9	5.5	0.8	정질석영	부스러기*
W80S10-81	15	8	3	0.5	정질석영	부스러기*
W80S10-82	28	18	8	4.5	정질석영	부스러기*
W80S10-83	30	26	15	10	정질석영	부스러기*
W80S10-84	39	20	14	15	정질석영	부스러기*
W80S10-85	14	7	5	0.7	정질석영	부스러기*
W80S10-86	25	13	10	3.2	정질석영	부스러기*
W80S10-87	10	10	3	0.5	정질석영	부스러기*
W80S10-88	12	11	5	0.8	정질석영	부스러기*
W80S10-89	18	13	8	2.3	정질석영	부스러기*
W80S10-90	18	10	6	0.9	정질석영	부스러기*
W80S10-91	22	15	8	3.8	정질석영	부스러기*
W80S10-92	25	17	7	3.2	정질석영	부스러기*
W80S10-93	11	13	3.5	0.5	정질석영	부스러기*
W80S10-94	18	17	5	2.1	정질석영	부스러기*
W80S10-95	12	11	3	0.3	정질석영	부스러기*

참고문헌

동양어 문헌

高柳昌弘, 1983,「玄武岩(岩石) 年代測定」,『全谷里: 遺蹟發掘調查報告書』, 586-588, 문화재관리국 문화재연구소.

고수길·이명희·고재용·홍성수·강민규·권수진, 2016,『포천 중리 늘거리유적』, 發掘調査報告 39, 기호문화재연구원.

권수진, 2018,「포천 중리 늘거리유적에서의 돌감 획득과 이용 양상」,『한국구석기학보』38: 69-90.

권학수, 1998,「구석기시대 동물뼈 해석의 방법론적 고찰」,『한국고고학보』38: 1-26.

권학수, 1999,「청원 두루봉 새굴·처녀굴 뼈화석의 계량적 분석」,『선사와 고대』12: 191-228.

권혁재, 1987,『韓國地理』, 법문사.

길영우·정우철, 2018,『지오트레일 차탄천 에움길 지질 기초 조사 용역 최종 보고서』, 연천군청·전남대학교.

김경진, 2010,「석기 사용흔 분석과 기능 연구」,『漢江考古』4: 75-111.

김경진, 2018,「한국 구석기시대 밀개의 사용과 기능에 대한 연구」,『한국구석기학보』37: 63-85.

김경진, 2019,「연천 임진강 삼거리 유적 석기 쓴자국분석」,『연천 임진강 삼거리 유적 II: 신석기~원삼국·조선시대』, 387-410, 연천군·(재)백두문화재연구원.

김경진, 2020,「석장리 구석기유적의 생활상 복원 연구」,『한국구석기학보』41: 85-117.

김경진·장희경, 2018,「연천 삼거리 구석기유적」,『2018년 한국구석기학회 학술대회 발표집』, 85-92.

김경택·유용욱, 2022,「초창기 북한 고고학의 성립과정 고찰: 도유호의 행적을 중심으로」,『인문학연구』129: 29-55.

김광호·송무영, 1995,「한반도 중서부 지각구조와 물성연구 전곡-연천 일대에 분포하는 백악기 화산암류의 고지자기」,『한국지구과학회지』16: 65-73.

김규한·이현주, 1994,「연천 고남산 지역에 분포하는 반려암질암의 암석화학과 관입시기」,『자원환경지질』27: 29-39.

김기룡, 2017a,「임진-한탄강 유역 구석기유적의 석기분포와 형성과정 연구」, 한양대학교 문화인류학과 박사학위논문.

김기룡, 2017b,「임진-한탄강유역 구석기유적의 형성과정과 시간성에 대한 고찰」,『한국구석기학보』36: 5-27.

김기룡·이철민·배기동, 2012,「임진-한탄강 유역 다각면원구 속성과 유형 분석을 통한 지역적 특성 연구」,『2012년 한국구석기학회 학술대회 발표집』, 9-14.

김명진, 2005,「연천 전곡리 구석기유적 퇴적층의 광여기 루미네선스를 이용한 연대측정」,『연천 전곡 농협 신축부지 일대 발굴조사 보고서』, 114-127, 서울대학교박물관·전곡농협협동조합.

김복철·황재하·이윤수·이규호·남욱현, 2004,「한탄강 인근 제4기 고토양층에 대한 토양화학 및 고지자기학적 연구」,『자원환경지질』37: 325-334.

김상태, 2012,『한국 구석기시대 석기군 연구』, 서경문화사.

김신규·김교경·백기하·장우진·서국태, 1985,『유적발굴보고⑭: 평양부근 동굴유적 발굴보고』, 과학백과사

전출판사.
김영준·서인선·김우락·이은미, 2016, 『파주 가월리 1236-1번지 구석기유적』, 겨레문화유산연구원.
김영준·서인선·이은미, 2013, 『포천 중리 용수재울유적 II』, 겨레문화유산연구원.
김원용·배기동, 1983, 「서울대학교 조사」, 『全谷里: 遺蹟發掘調査報告書』, 3-174, 문화재관리국 문화재연구소.
김원용·정영화, 1979, 「전곡리 아슐리안 양면핵석기문화 예보」, 『진단학보』 46·47: 5-55, 진단학회.
김원용·최무장·정영화, 1981, 『韓國舊石器文化研究』, 韓國精神文化研究院.
김정민·최정헌·전수인·박울재·남성수, 2014, 「전곡 지역 제4기 현무암질 암석의 $^{40}Ar-^{39}Ar$ 연대 측정」, 『암석학회지』 23(4): 385-391.
김주용·오근창, 2019, 「연천 임진강 삼거리 유적 자연과학분석」, 『연천 임진강 삼거리 유적II: 신석기~원삼국·조선시대』, 298-357, 연천군·(재)백두문화재연구원.
김주용·이동영·최성길, 1998, 「플라이스토신 층서 연구」, 『한국제4기학회지』 12: 77-87.
김주용·최덕근·이동영, 1990, 「礫의 형태에 의한 제4기 礫층준의 고환경적 고찰」, 『한국제4기학회지』 4: 41-57.
김주용·홍성학·박진우·오근창, 2018, 「강원지역 플라이스토세 퇴적층 분포 양상과 편년체계」, 『한국구석기학보』 37: 5-19.
김형준, 2022, 「임진-한탄강 유역 후기구석기 공작의 성격 연구」, 충남대학교 고고학과 석사학위논문.
김홍걸·한금식·주학성, 2009, 「청파대동굴유적」, 사회과학원 고고학연구소 편, 『조선고고학전서 57 고생물편3 조선의 짐승뼈 화석(3)』, 진인진.
檀原徹, 2003, 「Tephrochronology of Quaternary Sediments in the Korean Peninsula: Applications, Significance, and Future Possibilities」, 『全谷里遺蹟의 地質學的 形成過程과 東亞細亞舊石器』, 125-134, 연천군·한양대학교 문화재연구소·한국구석기학회.
檀原徹·裵基同·岡田俊則·松藤和人·黃昭姬, 2002, 「What's the real age of the Chongokni paleolithic site?: A new approach by FT, K-Ar dating & tephra analysis」, 『東北亞細亞舊石器研究』, 77-116, 연천군·한양대학교 문화재연구소.
同号文·吴秀杰·董哲·盛锦朝·金泽田·裴树文·刘武, 2018, 「安徽东至华龙洞古人类遗址哺乳动物化石的初步研究」, 『人类学学报』 37: 284-305.
리재남·김정호, 2016, 「황주군 청파대동굴유적 제7 퇴적층에서 나온 유적 유물들에 대한 분석」, 『김일성종합대학학보(력사, 법률)』 62(3): 49-51.
박경식·한창균, 1998, 『포천군의 역사와 문화유적』, 단국대학교 사학과·포천군.
박계헌·박병권·김윤중·이인성·최만식·박은주·이광식·정창식·한정희·이석훈·신형선·박찬수·김용준·한상준·우경식, 1995, 『지질 및 해양 시료의 미량조성 및 구조분석법 연구 I』, 과학기술처.
박동원, 1983, 「유적의 고환경 및 지형조사」, 『全谷里: 遺蹟發掘調査報告書』, 515-530, 문화재관리국 문화재연구소.
박선주·이은경, 2003, 「한반도의 고인류」, 『한국구석기학보』 7: 41-51.
박종현, 2011, 「임진-한탄강 유역 출토 대형박편 연구」, 한양대학교 문화인류학과 석사학위논문.
배기동, 1982, 「한국 구석기문화 연구의 현황과 문제점」, 『정신문화연구』 14: 126-134.
배기동, 1983, 「전곡리출토 주먹도끼류석기의 성격에 대하여」, 『古文化』 22: 1-23.
배기동, 1989a, 『全谷里: 1986年度 發掘調査報告』, 서울대학교박물관.
배기동, 1989b, 「한반도 홍적세 환경과 구석기문화」, 『한국상고사학보』 2: 1-14.
배기동, 1992, 「구석기시대」, 『韓國先史考古學史』, 9-75, 까치.
배기동, 1994, 「동아시아 구석기 문화전통-전곡리안」, 『東아시아의 舊石器文化』, 193-211, 문화재관리국 문화재연구소.
배기동, 1995a, 「전곡리구석기유적의 형성과정과 문화전통이해에 있어서의 문제점」, 『昌山金正基博士華甲記念論叢』, 400-418.

배기동, 1995b, 「한탄강·임진강유역의 주먹도끼석기공작에 대한 연구」, 『亞細亞 古文化: 石溪 黃龍渾敎授 停年紀念論叢』, 25-39, 학연문화사.
배기동, 1997, 「한국 선사시대 석기문화에 대한 연구: 석기문화의 진화」, 『한국 제4기학회지』 11: 1-24.
배기동, 2000a, 「구석기유적의 형성과정: 야외유적 유물출토 상황과 변형과정 복원시도」, 『한국구석기학보』 1: 1-11.
배기동, 2000b, 「동아프리카와 동아시아의 비교고고학적인 연구: 선사문화의 비교고고학」, 『한국고고학보』 43: 1-39.
배기동, 2002, 「전곡리 구석기유적 조사와 연구의 성과와 전망」, 『東北亞細亞 舊石器硏究』, 55-75, 연천군·한양대학교 문화재연구소.
배기동, 2004, 「구석기유적의 쐐기형 땅문양의 형성과정에 대한 고찰」, 『고고학』 3(2): 5-15.
배기동, 2009, 「한반도 후기구석기공작의 기원과 편년의 문제점」, 『아시아문화연구』 16: 117-157.
배기동, 2019, 「한반도 주먹도끼 공작의 패턴과 동아시아구석기문화 진화상의 의미」, 『2019년 한국구석기학회 학술대회 발표집』, 3-17.
배기동, 2021, 『아시아의 인류 진화와 구석기문화』, 한양대학교 출판부.
배기동·고재원, 1993, 『전곡리 구석기유적 발굴조사보고서: 1992년도』, 한양대 문화인류학과.
배기동·김기룡, 2018, 「한탄-임진강 유역 구석기유적의 초기 연대에 대한 논쟁의 실상: 한탄강 현무암 내 포획된 탄화목의 연대측정치 읽기의 문제점」, 『한국구석기학보』 38: 5-19.
배기동·심영섭·황소희·임영옥·김영연·강정화·강남주·홍주희·이미선·구준모, 1999, 『금파리 구석기유적』, 국립문화재연구소.
배기동·안신원·이한용·김대일, 2006a, 『파주 금파리 구석기유적』, 한양대학교 문화재연구소·(주)신일건업.
배기동·안신원·이한용·전범환·이철민, 2006b, 『연천 횡산리 구석기유적』, 한국농촌공사 연천·포천지사·한양대학교 문화재연구소.
배기동·이선복·유용욱·김대일·김기룡, 2005, 『파주 가월리·주월리 구석기유적』, 주)명신종합건설·한양대학교 문화재연구소·서울대학교 고고미술사학과.
배기동·이철민·김기룡·정세미·선경화, 2011, 『연천 장남교 구석기유적 발굴조사보고』, 경기도도로사업소·한양대학교 문화재연구소.
배기동·이한용·신영호·황소희·오연숙, 1996, 『전곡 구석기 유적 1994~95년도 발굴조사보고서: 동두천-연천간 국도확장구간내 발굴조사』, 연천군·한양대학교 문화인류학과.
배기동·이한용·황소희·이철민·김기룡·홍혜원, 2009, 『전곡리구석기 유적 제5-2지점 발굴조사보고』, 한양대학교 문화재연구소·대한주택공사 서울지역본부.
배기동·최재호, 1994, 「전곡리 5지구 구석기유적 발굴조사('91년)보고」, 『보성강·한탄강유역 구석기유적 발굴조사보고서』, 235-286, 문화재관리국 문화재연구소.
배기동·홍미영·이한용·김영연, 2001, 『全谷舊石器遺蹟: 2000-2001 전면시굴조사보고서』, 연천군·한양대학교 문화재연구소.
서대원·윤병일, 2013, 「연천 지역 후기 구석기시대 유적의 흑요석 석기」, 『2013년 한국구석기학회 학술대회 발표집』, 11-21.
서봉수·김판석·장희경·양석우·염다인·최민웅·김운환·노호·김민선, 2019, 『연천 임진강 삼거리 유적 I: 구석기시대』, 연천군·(재)백두문화재연구원.
서인선, 2015, 「석장리유적 돌날과 좀돌날 제작의 기술학적 재검토: 돌감, 제작방법과 떼기기술을 중심으로」, 『한국구석기학보』 31: 54-83.
서인선·김우락·이은미, 2016, 『파주 동패동 585-2번지 구석기유적』, 겨레문화유산연구원.
서인선·이은미·김영준·김기태, 2017, 「포천 중리 용수재울 유적」, 『2017년 한국구석기학회 학술대회 발표집』, 151-162.
소상영·이정철, 2015, 「14C연대 분석을 통해 본 후기 구석기시대 편년 시론: 경기도 지역을 중심으로」, 『백산학보』 103: 31-56.
손보기, 1967, 「층위를 이룬 석장리 구석기문화」, 『歷史學報』 35·36: 1-25.
손보기, 1972, 「석장리의 전기·중기 구석기 문화층」, 『韓國史研究』 7: 369-426.
손보기, 1973, 「석장리의 후기 구석기시대 집자리」, 『韓國史研究』 9: 15-57.
손보기, 1990, 『구석기 유적: 한국·만주』, 한국선사문화연구소.
松藤和人·裵基同·檀原徹·成瀬敏郎·林田明·兪剛民·井上直人·黃昭姬, 2005, 「韓国全谷里遺跡における年代研究の新進展: 日韓共同研究 2001-2004の成果と課題」, 『旧石器考古学』 66: 1-16.
신재봉·유강민·Toshiro Naruse·Akira Hayashida, 2004, 「전곡리 구석기 유적 발굴지인 E55S20-IV 지점의 미고결 퇴적층에 대한 뢰스-고토양 층서에 관한 고찰」, 『지질학회지』 40: 369-381.
안성민·조남빈, 2021, 「여러면석기 제작을 위한 실험고고학적 접근」, 『야외고고학』 41: 85-109.
吴汝康, 1988, 「辽宁营口金牛山人化石头骨的复原及其主要性状」, 『人类学学报』 7: 97-101.
우종윤·이승원·서대원·윤병일, 2015, 『연천 통현리 구석기유적』, 한국선사문화연구원·연천군.
원종관·김윤규·이문원, 1990, 「추가령 알카리 현무암에 대한 지구화학적 연구」, 『지질학회지』 26(1): 70-81.
위수민, 1996, 「추가령 열곡대에 분포하는 전곡현무암의 지화학적 특성」, 『자원환경지질』 29(2): 171-182.
유용욱, 1997, 「임진-한탄강 유역 주먹도끼의 특성에 대하여」, 『한국고고학보』 36: 147-180.
유용욱, 2003, 「석영계 석재의 재고찰: 평창리 유적의 예」, 『全谷里遺蹟의 地質學的 形成過程과 東亞細亞舊石器』, 38-47, 연천군·한양대학교 문화재연구소·한국구석기학회.
유용욱, 2009, 「전곡리 주먹도끼의 시간적 위치에 대한 시론: 전곡 중2-5호선 자료를 중심으로」, 『고고학』 8(1): 3-25.
유용욱, 2011, 「'구석기문화'라는 개념의 발생 과정과 그 효용성에 대하여」, 『한국구석기학보』 23: 31-71.
유용욱, 2012, 「한국 구석기시대 석영계 석재의 기계적 성질 비교 시론: 임진-한탄강 유역 석재를 중심으로」, 『한국구석기학보』 25: 3-37.
유용욱, 2013a, 「구석기 유물의 변이와 개인의 작업 관리 역량: 주먹도끼 모의 제작을 통한 試現」, 『한국상고사학보』 80: 5-34.
유용욱, 2013b, 「중국 百色분지의 구석기 유물군 성격에 대하여」, 『한국구석기학보』 28: 83-103.
유용욱, 2014a, 「서울 및 한강 본류역 구석기 유적의 입지와 성격」, 『서울과 역사』 88: 5-68.
유용욱, 2014b, 「임진-한탄강유역 구석기의 다양성」, 『중앙고고연구』 15: 1-40.
유용욱, 2015, 「금강 유역 구석기 유적의 형성 과정과 고인류 점거 과정 시론」, 『호서고고학』 33: 4-39.
유용욱, 2016, 「續 임진-한탄강 유역 주먹도끼의 특성에 대하여」, 『한국고고학보』 101: 4-43.
유용욱, 2019, 「임진-한탄강유역 주먹도끼 연구의 성찰과 전망: 전곡리 발굴 40주년을 기하여」, 『한국구석기학보』 40: 5-29.
유용욱, 2021, 「남한강-미호천 유역 구석기 공작의 성격 고찰」, 『호서고고학』 50: 4-45.
유용욱·김동완, 2010, 「대칭으로 살펴본 임진-한탄강 유역 주먹도끼의 성격」, 『한국고고학보』 75: 4-45.
유용욱·김동완·이정은·바즈라, 2009, 「층위를 이룬 전곡리 구석기 문화」, 『2009년 한국구석기학회 학술대회 발표집』, 39-52.
유용욱·김형준·김민수·김진울, 2022, 「충남대학교 박물관 소장 전곡리 석기들의 고찰: 초창기 전곡리 발굴 자료들의 재검토」, 『한국구석기학보 』 45: 5-37.
유혜정, 2006, 「포천 화대리 쉼터 후기구석기유적의 성격」, 『한국구석기학보』 13: 53-67.
윤순옥·김혜령·황상일·최정민, 2005, 「밀양 금천리의 홀로세 후기 환경변화와 농경활동」, 『한국고고학보』 56: 27-48.
이기화·권병두·장태우, 1987, 「한반도의 지진활동: 3. 경기육괴의 지진활동」, 『지질학회지』 23: 257-276.
이대성·유기주·김광호, 1983, 「추가령열곡의 지구조적 해석」, 『지질학회지』 19: 19-38.
이동영, 1987, 「Stratigraphical Research of the Quaternary Deposits in the Korean Peninsula」, 『한국제4기학회지』 1: 3-20.

이민부·김남신·양철수·한욱, 2001a, 「추가령 구조곡의 하계망의 방향성과 프랙탈 차원 해석」, 『지질학회지』 37: 597-609.

이민부·이광률, 2013, 「추가령 열곡 내 전곡 현무암층 하부 고하성층 노두 층서 분석」, 『한국지형학회지』 20(3): 55-63.

이민부·이광률, 2016, 「추가령 구조곡의 지역지형 연구」, 『대한지리학회지』 51(4): 473-490.

이민부·이광률·김남신, 2004, 「추가령 열곡의 철원-평강 용암대지 형성에 따른 하계망 혼란과 재편성」, 『대한지리학회지』 39(6): 833-844.

이민부·이광률·김남신, 2007, 「추가령 열곡 연천 고호소층의 퇴적물 기원지 분석」, 『대한지리학회지』 42(1): 15-26.

이민부·이광률·윤순옥·한주엽, 2001b, 「추가령 열곡 대광리 단층대의 구조 운동과 지형 발달」, 『지질학회지』 37: 257-268.

이민부·이광률·윤순옥·황상일·최한성, 2001c, 「추가령 구조곡 연천 단층대에 분포하는 합류선상지의 퇴적 환경 분석」, 『지질학회지』 37: 345-364.

이민부·이상영·김란순·차명희, 2016, 「연천 전곡 용암대지 물거미 서식지의 생태 및 지형환경 연구」, 『한국지형학회지』 23(4): 85-99.

이선복, 1983, 「유적의 지질고고학적 성격」, 『全谷里: 遺蹟發掘調查報告書』, 577-585, 문화재관리국 문화재연구소.

이선복, 1988, 「신발견 구석기유적 소개」, 『손보기박사 정년기념 고고인류학논총』, 97-115, 지식산업사.

이선복, 1989, 『동북아시아 구석기연구』, 서울대학교출판부.

이선복, 1996, 「임진강 유역 구석기유적의 연대에 대하여」, 『한국고고학보』 34: 135-159.

이선복, 2000, 「구석기 고고학의 편년과 시간층위의 확립을 위한 가설」, 『한국고고학보』 42: 1-22.

이선복, 2003, 「화석인골 연구와 한민족의 기원」, 『한국사 시민강좌』 32: 56-78.

이선복, 2004, 『파주 장산리 구석기유적 시굴조사 보고서』, 서울대학교박물관.

이선복, 2005, 「임진강 유역 용암대지의 형성에 대한 신자료」, 『한국지형학회지』 12(3): 29-48.

이선복, 2009, 「임진강 유역 출토 주먹도끼 연구의 두 세 과제」, 『한국구석기학보』 19: 3-18.

이선복, 2010, 「임진강 유역 용암대지의 방사성탄소연대와 구석기 연구의 문제」, 『한국구석기학보』 22: 3-20.

이선복, 2014, 「On the Late Pleistocene Handaxes of the Imjin Basin and Hominin Evolution in East Asia」, 『한국구석기학보』 30: 71-89.

이선복·유용욱·김동완, 2006, 『연천 전곡 농협 신축부지 일대 발굴조사 보고서』, 서울대학교박물관·전곡농협협동조합.

이선복·유용욱·양시은·김동완·이정은, 2011, 『전곡 중2-5호선 개설공사 구간 내 유적 발굴조사 보고서』, 서울대학교박물관·연천군.

이선복·이교동, 1993, 『파주 주월리·가월리 구석기 유적』, 서울대학교 고고미술사학과.

이선복·이용일·김종욱, 2004, 「장산리단구와 임진강 상류의 용암층」, 『한국지형학회지』 11: 77-90.

이선복·이용일·임현수, 2005a, 『임진강 유역 구석기 유적 형성의 지질학적 배경 이해를 위한 기초연구 I』, 서울대학교박물관.

이선복·이준정·이용일·유용욱·김동완·김성남, 2005b, 「호아빈 문화 석기 공작에 대하여: 베트남 항쪼 유적 자료를 중심으로」, 『한국고고학보』 57: 5-34.

이선복·早田勉·新井房夫, 1999, 「아이라Tn화산재(AT)의 신발견」, 『대한지리학회지』 33(3): 447-454.

이선복·좌용주, 2015, 「흑요석 산지 추정 연구의 재검토」, 『한국구석기학보』 31: 156-180.

이선복·좌용주·진미은·길영우, 2019, 「연천 삼거리 유적지 흑요석제 석기에 대한 산지 추정」, 『암석학회지』 28(4): 299-306.

이용일, 2004, 「장산리 구석기 유적지 퇴적물」, 『파주 장산리 구석기유적 시굴조사 보고서』, 93-115, 서울대학교박물관.

이용일·이선복, 2002, 「용인시 평창리 구석기유적발굴지 고토양 특성과 이의 고고지질학적 적용」, 『지질학회지』 38(4): 471-489.
이윤수·민경덕·황재하, 2001, 「고지자기학적 관점에서 본 추가령단층곡의 생성과 진화」, 『자원환경지질』 34(6): 555-571.
이융조, 1976, 「새로이 발견된 구석기 및 구석기 전통 유물의 몇 예」, 『백산학보』 20: 5-66.
이융조, 1978, 「한국선사예술의 한 유형: 「얼굴」 조각품을 중심으로」, 『古文化』 16: 2-11.
이융조, 1983, 「청원 두루봉 제2굴 구석기사회 복원에 관한 한 연구: 동물상의 화석수를 중심으로」, 『韓國史研究』 42: 1-36.
이융조, 1984, 「단양 수양개구석기 유적발굴조사 보고」, 『忠州댐 水沒地區 文化遺蹟發掘調查綜合報告書』, 충북대학교 박물관.
이융조, 1985, 「단양 수양개구석기 유적 발굴조사보고」, 『충주댐水沒地區 文化遺蹟延長發掘調查報告書』, 충북대학교 박물관.
이융조·김주용·우종윤·양동윤·조태섭·공수진·이승원, 2003, 『수양개 Ⅲ지구 구석기유적』, 충북대학교 박물관.
이재·최복규·박진우·박세원·장준원·원철재·이규민, 2015, 『포천 대회산리 구석기유적』, (재)국방문화재연구원·한국수자원공사.
이정우·심선미, 2014, 「포천 운산리 뒷골 유적」, 『2014년 한국구석기학회 학술대회 발표집』, 11-18.
이정은, 2011, 「임진·한탄강 유역 출토 주먹도끼의 박리 전략 연구」, 『한국구석기학보』 24: 45-75.
이정철, 2012a, 「남한강유역 구석기유적의 지질고고학적 편년 연구」, 『고고학』 11: 5-24.
이정철, 2012b, 「한강유역 구석기유적의 편년과 석기공작」, 『한국구석기학보』 25: 91-118.
이정철, 2016, 「한강본류 상류의 후기 구석기 편년과 석기공작의 전개」, 『선사와 고대』 49: 5-36.
이창진, 2010, 『기본 광물·암석 용어집』, 한국학술정보㈜.
임현수·남연정·이용일·김정빈·이선복·정철환·이헌종·윤호일, 2006, 「테프라연대학의 원리와 응용: 한국에서 발견되는 AT(Aira-Tanzawa) 광역테프라」, 『지질학회지』 42(4): 645-656.
임현수·이용일·이용우·이선복·장수범·김정빈, 2004, 「전곡 및 나주지역에서 관찰되는 대형 서관구조에 대한 예비연구」. 『지질학회지』 40(4): 559-566.
장남기, 1983, 「유물의 생물환경 조사」, 『全谷里: 遺蹟發掘調查報告書』, 563-576, 문화재관리국 문화재연구소.
전일권·김광남, 2009, 「랭정동굴유적」, 『북부조선지역의 구석기시대유적: 원시편 1』, 진인진.
정영화, 1994, 「전곡리 구석기문화」, 『東아시아 舊石器文化』, 17-34, 문화재관리국 문화재연구소.
정영화, 1996, 「북한의 구석기시대 동굴유적 연구」, 『東北亞 舊石器洞窟遺蹟과 文化』, 23-37, 충북대학교 박물관.
정영화, 2002, 「한국 구석기연구의 현황과 과제」, 『東北亞細亞舊石器研究』, 13-18, 연천군·한양대학교 문화재연구소.
조남철·최승엽, 2012, 「철원 상사리 구석기유적의 흑요석의 성분조성 및 산지 연구」, 『한국상고사학보』 78: 5-21.
조문섭·권성택·이진한·Eizo Nakamura, 1995, 「연천-전곡 지역에 분포하는 임진강대의 고압각섬암」, 『암석학회지』 4(1): 1-19.
조태섭, 2015, 「우리나라 후기 갱신세시기의 동물과 기후변화」, 『백산학보』 103: 5-30.
좌용주·이선복, 2019, 「연천 임진강 삼거리 유적 흑요석제 석기 산지분석연구」, 『연천 임진강 삼거리 유적 II: 신석기~원삼국·조선시대』, 382-386, 연천군·(재)백두문화재연구원.
차재동, 2014, 「포천 용정리 구석기유적의 성격과 연대」, 『2014년 한국구석기학회 학술대회 발표집』, 19-27.
차재동·최영석·임용훈·유병진·권혁용, 2013, 『포천 용정리 구석기유적』, 포천시·(재)국강고고학연구소.
최광희·김종욱·케네디 무니크와, 2005, 「탄성파 탐사를 이용한 전곡리 퇴적층 조사」, 『한국지형학회지』 12(2): 39-50.

최무장, 1991, 『漣川楠溪里舊石器遺蹟』, 국립문화재연구소.
최무장, 1994, 「남계리 구석기유적 제2차 발굴조사보고」, 『보성강·한탄강유역 구석기유적 발굴조사보고서』, 63-234, 문화재관리국 문화재연구소.
최무장, 1997, 『漣川 元當里 舊石器時代 遺蹟 發掘調査報告書』, 건국대학교 박물관.
최복규·유혜정, 2005, 『抱川 禾垈里 쉼터 舊石器遺蹟』, 강원고고학연구소.
최복규·최삼용·최승엽·이해용·차재동, 2001, 『長興里 舊石器遺蹟』, 강원고고학연구소.
최승엽, 2010, 「강원지역 구석기유적의 입지유형과 시기구분 연구」, 『선사와 고대』 33: 83-105.
최승엽·이경기·김연주, 2016, 『철원 산명리·유정리 구석기 유적』, 한국농어촌공사·강원문화재연구소.
최정헌·정창식·김정민·김종욱·장호완, 2004a, 「루미네선스 연대측정법을 이용한 전곡현무암 연대추정: 예비결과」, 『한국암석학회·한국광물학회 2004년 공동학술발표회 논문집』, 7-9.
최정헌·정창식·장호완, 2004b, 「석영을 이용한 OSL(Optically Stimulated Luminescence) 연대측정의 원리와 지질학적 적용」, 『지질학회지』 40(4): 567-583.
최종모·최승엽·김연주·손성진, 2013, 『鐵原 上絲里 舊石器遺蹟: 철원 포병훈련장 Y진지 이전부지내 문화재 발굴조사』, 강원문화재연구소·철원군.
페르낭 브로델(김홍식 옮김), 2012, 『물질문명과 자본주의 읽기』, 갈라파고스.
한창균, 1990a, 『북한의 선사고고학 1: 구석기시대와 문학』, 백산문화사.
한창균, 1990b, 「용곡 동굴유적을 다시 논함」, 『동방학지』 68: 1-32.
한창균, 1996, 「병산리 구석기 유적」, 『선사문화』 4: 31-54.
한창균, 2003, 「한국 구석기 유적의 연대 문제에 대한 고찰: 절대연대 측정결과와 퇴적층의 형성시기에 대한 검토를 중심으로」, 『한국구석기학보』 7: 1-39.
한창균, 2008, 「한국의 후기 구석기시대 자연환경」, 『한국고고학보』 66: 4-47.
한창균, 2011, 「황해도 지역의 구석기유적」, 『한국고고학보』 81: 217-244.
한창균, 2015, 「석장리 구석기유적 발굴의 학사적 의의」, 『한국구석기학보』 31: 2-29.
한창균·서인선·김경진, 2021, 「연천 삼거리에서 발견된 르발루아 몸돌의 연구 예보」, 『학림』 47: 85-121.
현남주·이동훈·박성권·이수미·김나윤, 2016a, 『연천 남계리 구석기유적(III): 파주 적성~연천 전곡 도로공사구간 내 문화유적 발굴조사 보고서』, 한국문화유산연구원.
현남주·임남진·송윤정·심선미·이정우·박성권, 2016b, 『포천 운산리 뒷골 구석기유적』, 한국문화유산연구원.
홍미영·김종헌, 2008, 『남양주 호평동 구석기유적』, 경기문화재단 기전문화재연구원·한국토지공사.
홍성수·정국연·강민규·권수진, 2014, 「포천 늘거리 유적 4지점 발굴조사 개보: 한탄강 홍수조절댐 수몰지구 내 포천C지역 문화재 발굴조사」, 『2014년 한국구석기학회 학술대회 발표집』, 1-10.
황소희, 2003, 「전곡리 구석기유적 E55S20-Ⅳ PIT의 화산재 분석」, 『全谷里遺蹟의 地質學的 形成過程과 東亞細亞舊石器』, 69-70, 연천군·한양대학교 문화재연구소·한국구석기학회.

서양어 문헌

Adams, W. Y. and E. W. Adams, 1991, *Archaeological Typology and Practical Reality: A Dialectical Approach to Artifact Classification and Sorting*. Cambridge University Press, Cambridge.
Aitken, M. J., 1997, Luminescence dating. In *Chronometric Dating in Archaeology*, edited by R. E. Taylor and M. J. Aitken, pp. 183-216. Plenum Press, New York.
Akoshima, K., H. Hong, J. Woo, and J. Ahn, 2020, Micro-traceology of the Suyanggae Tanged Points for East Asian Archaeological Studies, 『박물관 학보』 39: 221-236.
Ambiru, M., 1997, Upper Palaeolithic culture in Japan and East Asia, *The Quaternary Research (Daiyonki Kenkyu)* 36: 347-349.
Ambrose, S. H., 1998, Late Pleistocene human population bottlenecks, volcanic winter, and differentiation

of modern humans, *Journal of Human Evolution* 34: 623-651.

Amick, D. S. and R. P. Mauldin, 1997, Effects of raw material on flake breakage patterns, *Lithic Technology* 22: 19-32.

Andrefsky, W. Jr., 1994, Raw-material availability and the organization of technology, *American Antiquity* 59: 21-34.

Andrefsky, W. Jr., 1998, *Lithics: Macroscopic Approaches to Analysis*. Cambridge University Press, Cambridge.

Ashraf, Q. and O. Galor, 2013, The "Out of Africa" hypothesis, human genetic diversity, and comparative economics development, *American Economic Review* 103: 1-46.

Bae, C. J., H. Hong, and Z. Zhang, 2018, Cenozoic climate change in eastern Asia Part I, *Palaeogeography, Palaeoclimatology, Palaeoecology* 510: 1-5.

Bae, C. J. and K. Bae, 2012, The nature of the Early to Late Paleolithic transition in Korea: Current perspectives, *Quaternary International* 281: 26-35.

Bae, K., 1988, *The Significance of the Chongokni Stone Industry in the Tradition of the Palaeolithic Culture in East Asia*. Unpublished PhD Dissertation. University of California, Berkeley.

Bae, K., C. J. Bae, and K. Kim, 2012, The age of the Paleolithic handaxes from the Imjin-Hantan River Basins, South Korea, *Quaternary International* 281: 14-25.

Bailey, R. M., B. W. Smith, and E. J. Rhodes, 1997, Partial bleaching and the decay form characteristics of quartz OSL, *Radiation Measurements* 27: 12-36.

Balescu, S., M. Lamothe, M. Auclair, and W. W. Shilts, 2001, IRSL dating of Middle Pleistocene interglacial sediments from southern Quebec (Canada) using multiple and single grain aliquots, *Quaternary Science Reviews* 20: 821-824.

Bamforth, D. B., 1986, Technological efficiency and tool curation, *American Antiquity* 51: 38-50.

Bar-Yosef, O., 2002, The Upper Paleolithic revolution, *Annual Review of Anthropology* 31: 363-393.

Bar-Yosef, O., 2005, Between observations and models: An eclectic view of Middle Paleolithic Archaeology. In *Transitions before the Transition*, edited by E. Hovers and S. L. Kuhn, pp. 305-323. Springer Press, New York.

Bar-Yosef, O. and S. L. Kuhn, 1999, The big deal about blades: Laminar technologies and human evolution, *American Anthropologist* 101: 322-338.

Barham, L. S. and L. Smart, 1996, An early date for the Middle Stone Age of central Zambia, *Journal of Human Evolution* 30: 287-290.

Barker, S., G. Knorr, R. L. Edwards, F. Parrenin, A. Putnam, L. C. Skinner, E. Wolff, and M. Ziegler, 2011, 800,000 years of abrupt climate variability, *Science* 334: 347-351.

Barnes, G. L., 1993, *The Rise of Civilization in East Asia: The Archaeology of China, Korea and Japan*. Thames and Hudson, London.

Barsky, D., E. Carbonell, and R. S. Ramos, 2018, Diversity and multiplicity in the Asian Acheulian, *L'Anthropologie* 122: 59-73.

Barton, C. M., 1990, Beyond style and function: A view from the Middle Palaeolithic, *American Anthropologist* 92: 57-72.

Barton, C. M., 1991a, Retouched tools, fact or fiction? Paradigms for interpreting Palaeolithic chipped stone. In *Perspectives on the Past*, edited by G. A. Clark, pp. 143-163. University of Pennsylvania Press, Philadelphia.

Barton, C. M., 1991b, Technological organization and hunter-gatherer land use: A California example, *American Antiquity* 56: 216-234.

Barton, C. M., J. Bernabeu, J. E. Aura, O. Garcia, S. Schmich, and L. Molina, 2004, Long-term socioecology and contingent landscapes, *Journal of Archaeological Method and Theory* 11: 253-294.

Bartz, P. M., 1972, *South Korea*. Clarendon Press, Oxford.

Berger, G. W., 1990, Effectiveness of natural zeroing of the thermoluminescence in sediments, *Journal of Geophysical Research* 95: 375-397.

Binford, L. and J. O'Connell, 1984, An Alyawara day: The stone quarry, *Journal of Anthropological Research* 40: 406-432.

Binford, L. R., 1972, Contemporary model building: Paradigms and the current state of Palaeolithic research. In *Models in Archaeology*, edited by D. L. Clarke, pp. 109-166. Methuen, London.

Binford, L. R., 1973, Interassemblage variability: the Mousterian and the "functional' argument. In *The Explanation of Culture Change*, edited by C. Renfrew, pp. 227-254. Duckworth, London.

Binford, L. R., 1979, Organization and formation process: Looking at curated technologies, *Journal of Anthropological Research* 35: 255-273.

Binford, L. R., 1980, Willow smoke and dogs' tail: Hunter-gatherer settlement systems and archaeological site formation, *American Antiquity* 45: 4-20.

Binford, L. R., 1982, The archaeology of place, *Journal of Anthropological Archaeology* 1: 5-31.

Binford, L. R., 1983, *In Pursuit of the Past*. Thames and Hudson, London.

Binford, L. R., 1989, Styles of style, *Journal of Anthropological Archaeology* 8: 51-67.

Binford, L. R. and S. R. Binford, 1966, A preliminary analysis of functional variability in the Mousterian of Levallois facies, *American Anthropologist* 68: 238-295.

Bisson, M. S., 1990, Lithic reduction sequences as an aid to the analysis of Late Stone Age quartz assemblages from Luano Spring, Chingola, Zambia, *African Archaeological Review* 8: 103-138.

Bisson, M. S., 2000, Nineteenth century tools for twenty-first century archaeology? Why the Middle Palaeolithic typology of Francois Bordes must be replaced, *Journal of Archaeological Method and Theory* 7: 1-48.

Bisson, M. S., 2001, Interview with a Neanderthal: An experimental approach for reconstructing scraper production rules, and their implications for imposed form in Middle Palaeolithic tools, *Cambridge Archaeological Journal* 11: 165-184.

Bleed, P., 1986, The optimal design of hunting weapons: Maintainability or reliability, *American Antiquity* 51: 737-747.

Blinkhorn, J., V. C. Smith, H. Achyuthan, C. Shipton, S. C. Jones, P. D. Ditchfield, and M. D. Petraglia, 2014, Discovery of Youngest Toba Tuff localities in the Sagileru Valley, south India, in association with Palaeolithic industries, *Quaternary Science Reviews* 105: 239-243.

Boëda, E., 1995, Levallois: A volumetric construction, methods, a technique. In *The Definition and Interpretation of Levallois Technology*, edited by H. L. Dibble and O. Bar-Yosef, pp. 41-68. Prehistory Press, New York.

Boëda, E., J-M. Geneste, and L. Meignen, 1990, Identification de chaînes opératoires lithiques du Paléolithique ancient et moyen, *Paléo* 2: 43-80.

Bordes, F., 1961, *Typologie du Paléolithique ancien et moyen*. Delmars, Bordeaux.

Bordes, F., 1969, Reflections on typology and techniques in the Palaeolithic, *Arctic Anthropology* 6: 1-29.

Bordes, F. and D. de Sonneville-Bordes, 1970, The significance of variability in Palaeolithic assemblages, *World Archaeology* 2: 61-73.

Bosinski, G., 1967, *Die Mittelpaläolithischen Funde im westlichen Mitteleuropa*. Böhlau, Köln.

Bradbury, A. P. and P. J. Carr, 1991, Flake typologies and alternative approaches: An experimental assessment, *Lithic Technology* 20: 100-115.

Bradley, B. A., 1975, Lithic reduction sequences: A glossary and discussion. In *Lithic Technology*, edited by E. H. Swanson, pp. 5-14. Mouton, The Hague.

Bradley, B. A. and Y. Giria, 1992, Concepts of the technological analysis of flaked stone: A case study from the high arctic, *Lithic Technology* 21: 23-39.

Bradtmöller, M., A. Pastoors, B. Weninger, and G-C. Weniger, 2012, The repeated replacement model: Rapid climate change and population dynamics in Late Pleistocene Europe, *Quaternary International* 247: 38-49.

Brantingham, P. J., 1998a, Hominid-carnivore coevolution and invasion of the predatory guild, *Journal of Anthropological Archaeology* 17: 327-353.

Brantingham, P. J., 1998b, Mobility, competition, and Plio-Pleistocene hominid foraging groups, *Journal of Archaeological Method and Theory* 5: 57-98.

Brantingham, P. J., J. W. Olsen, J. A. Rech, and A. I. Krivoshapkin, 2000, Raw material quality and prepared core technology in Northeast Asia, *Journal of Archaeological Science* 27: 255-271.

Braudel, F., 1972, *The Mediterranean and the Mediterranean World in the Age of Philip II*(Vol. 1). Harper and Row, New York.

Braudel, F., 1980, History and the social sciences: The *longue durée*. In *On History*, pp. 25-54. University of Chicago Press, Chicago.

Brown, A. C., 1997, *Alluvial Geoarchaeology: Floodplain Archaeology and Environmental Change.* Cambridge University Press, Cambridge.

Burroughs, W. J., 2005, *Climate Change in Prehistory: The End of the Reign of Chaos*. Cambridge University Press, Cambridge.

Butzer, K. W., 1982, *Archaeology as Human Ecology: Method and Theory for a Contextual Approach.* Cambridge University Press, Cambridge.

Buvit, I., J. T. Rasic, and M. Izuho, 2022, Archaeological evidence shows widespread human depopulation of Last Glacial Maximum Northeast Asia, *Archaeological and Anthropological Sciences* 14: 125.

Byers, A. M., 1999, Communication and material culture: Pleistocene tools as action cues, *Cambridge Archaeological Journal* 9: 23-41.

Chappell, J. and N. J. Shackleton, 1986, Oxygen isotopes and sea level, *Nature* 324: 137-140.

Chase, P. G., 1991, Symbols and Paleolithic artifacts style, standardization, and the imposition of arbitrary form, *Journal of Anthropological Archaeology* 10: 193-214.

Chatters, J. C., 1987, Hunter-gatherer adaptations and assemblage structure, *Journal of Anthropological Archaeology* 6: 336-375.

Chazan, M., 1995, Conceptions of time and the development of Paleolithic chronology, *American Anthropologist* 97: 457-67.

Chen, F., F. Welker, C-C. Shen, S. E. Bailey, I. Bergmann, S. Davis, H. Xia, H. Wang, R. Fischer, S. E. Freidline, T-L. Yu, M. M. Skinner, S. Stelzer, G. Dong, Q. Fu, G. Dong, J. Wang, D. Zhang, and J-J. Hublin, 2019, A late Middle Pleistocene Denisovan mandible from the Tibetan Plateau, *Nature* 569: 409-412.

Choe, R. S., K. S. Han, S. C. Kim, C. U, C. U. Ho, and I. Kang, 2020, Late Pleistocene fauna from Chongphadae Cave, Hwangju County, Democratic People's Republic of Korea, *Quaternary Research* 97: 42-54.

Choe, R. S., K. S. Han, S. C. Kim, M. H. Ri, and J. N. Ri, 2021, Preliminary investigation of Late Pleistocene fauna from Ryonggok Cave No. 1, Sangwon County, North Hwanghae Province,

Democratic People's Republic of Korea, *Journal of Quaternary Science* 36(6): 1137-1142.

Choi, J., K. E. Lee, and H. J. Lee, 2012, Spatial and temporal changes in sea surface temperature, circulation and subpolar front of the East Sea (Japan Sea) during the last 130,000 years, *Palaeogeography, Palaeoclimatology, Palaeoecology* 313-314: 225-233.

Choi, J. H., A. S. Murray, C. S. Cheong, D. G. Hong, and H. W. Chang, 2003a, The resolution of stratigraphic inconsistency in the luminescence ages of marine terrace sediments from Korea, *Quaternary Science Reviews* 22: 1201-1206.

Choi, J. H., A. S. Murray, M. Jain, C. S. Cheong, and H. W. Chang, 2003b, Luminiscence dating of well-sorted marine terrace sediments on the southeastern coast of Korea, *Quaternary Science Reviews* 22: 407-421.

Chowdhury, M. E. K., T. Naruse, S. Yoshikawa, and S. Toyoda, 2001, Eolian dust deposition in the last glacial stage (43-12ka) in Tanigumi Moor, Gifu Prefecture, central Japan, *The Quaternary Research (Daiyonki Kenkyu)* 40: 211-218.

Christensen, A. L., 1982, Maximizing clarity in economic terminology, *American Antiquity* 47: 419-426.

Chun, J. H., K. Ikehara, and S. J. Han, 2004, Evidence in Ulleung Basin sediment cores for a termination II (Penultimate deglaciation) eruption of the Aso-3 tephra, *The Quaternary Research (Daiyonki Kenkyu)* 43: 99-112.

Cita, M. B., P. L. Gibbard, M. J. Head, and the ICS Subcommission on Quaternary Stratigraphy, 2012, Formal ratification of the GSSP for the base of the Calabrian Stage (second stage of the Pleistocene Series, Quaternary System), *Episodes* 35: 388-397.

Clark, G. A., 1982, Quantifying archaeological research. In *Advances in Archaeological Method and Theory* (Vol. 5), edited by M. B. Schiffer, pp. 217-273. Academic Press, New York.

Clark, G. A., 1989, Romancing the stones: Biases, style and lithics at La Riera. In *Alternative Approaches to Lithic Analysis*, edited by D. Henry and G. Odell, pp. 27-50. Archaeological Papers of the American Anthropological Association No. 1.

Clark, G. A., 1992, Continuity or replacement? Putting modern human origins in an evolutionary context. In *The Middle Palaeolithic: Adaptation, Behavior and Variability*, edited by H. L. Dibble and P. Mellars, pp. 183-206. The University Museum of University of Pennsylvania, Philadelphia.

Clark, G. A. and J. M. Lindly, 1989, The case for continuity: Observations on the biocultural transition in Europe and western Asia. In *The Human Revolution: Behavioral and Biological Perspectives on the Origins of Modern Humans*, edited by P. Mellars and C. Stringer, pp. 626-676. Edinburgh University Press, Edinburgh.

Clark, G. A. and J. M. Lindly, 1991, Paradigmatic biases and Palaeolithic research traditions, *Current Anthropology* 32: 577-587.

Clark, G. A. and J. Riel-Salvatore, 2005, Observations on systematics in Paleolithic archaeology. In *Transitions before the Transition*, edited by E. Hovers and S. L. Kuhn, pp. 29-56. Springer Press, New York.

Clark, J. D., 1982, Report on the visit to Palaeolithic site in Korea, *The Cultural Properties(Munhwajae)* 15: 134-140.

Clark, J. D., 1992, African and Asian perspectives on the origins of modern humans, *Philosophical Transactions of Royal Society B*. 337: 201-215.

Clark, J. D., 1998, The Early Palaeolithic of the eastern region of the Old World in comparison to the West. In *Early Human Behavior in Global Context: The Rise and Diversity of the Lower Palaeolithic Record*, edited by M. Petraglia and R. Korisettar, pp. 437-450. Routledge, London.

Clark, J. D. and M. Kleindienst, 1974, The Stone Age cultural sequence: Terminology, typology and raw material. In *Kalambo Falls* (Vol. II), edited by J. D. Clark et al., pp. 77-106. Cambridge University Press, Cambridge.

Clarkson, C., C. Harris, B. Li, C. M. Neudorf, R. G. Roberts, C. Lane, K. Norman, J. Pal, S. Jones, C. Shipton, J. Koshy, M. C. Gupta, D. P. Mishra, A. K. Dubey, N. Boivin, and M. Petraglia, 2020, Human occupation of northern India spans the Toba super-eruption ~74,000 years ago, *Nature Communications* 11(961): 1-10.

Close, A. E., 1979, The identification of style in lithic artifacts, *World Archaeology* 10: 223-237.

Close, A. E., 2000, Reconstructing movement in prehistory, *Journal of Archaeological Method and Theory* 7: 49-77.

Cohen, K. M., S. C. Finney, P. L. Gibbard, and J-X. Fan, 2013, The ICS international chronostratigraphic chart, *Episodes* 36: 199-204.

Collier, S., 1989, The influence of economic behavior and environment upon robusticity of the post-cranial skeleton: A comparison of Australian Aborigines and other populations, *Archaeology of Oceania* 24: 17-30.

Corbey, R., A. Jagich, K. Vaesen, and M. Collard, 2016, The Acheulean handaxe: More like a bird's song than a beatles' tune? *Evolutionary Anthropology* 25: 6-19.

Costa, A., V. C. Smith, G. Macedonio, and N. E. Matthews, 2014, The magnitude and impact of the Youngest Toba Tuff super-eruption, *Frontiers in Earth Science* 2: 1-8.

Cowans, F. L., 1999, Making sense of flake scatters: Lithic technological strategies and mobility, *American Antiquity* 64: 593-607.

Crompton R. H. and J. A. J. Gowlett, 1993, Allometry and multidimensional form in Acheulean bifaces from Kilombe, Kenya, *Journal of Human Evolution* 25(3): 175-199.

Cronin, T. M., 2010, *Paleoclimates: Understanding Climate Change Past and Present.* Columbia University Press, New York.

Dansgaard, W., S. J. Johnsen, H. B. Clausen, D. Dahl-Jensen, N. S. Gundestrup, C. U. Hammer, C. S. Hvidberg, J. P. Steffensen, A. E. Sveinbjörnsdottir, J. Jouzel, and G. Bond, 1993, Evidence for general instability of past climate from a 250-kyr ice-core record, *Nature* 364: 218-220.

Davidson, I. and W. Noble, 1993, Tools and language in human evolution. In *Tools, Language and Cognition.* edited by K. Gibson and T. Ingold, pp. 363-388. Cambridge University Press, New York.

Débenath, A. and H. Dibble, 1994, *Handbook of Palaeolithic Typology: The Lower and Middle Paleolithic of Europe.* University of Pennsylvania Museum Press. Philadelphia.

Delagnes, A. and L. Meignen, 2005, Diversity of lithic production systems during the Middle Paleolithic in France. In *Transitions before the Transition*, edited by E. Hovers and S. L. Kuhn, pp. 85-107. Springer Press, New York.

de Lumley, H., D. Cauche, V. Celiberti, S. Khatib, A-S. Lartigot-Campin, A-É. Lebatard, F. Lebègue, C. Menras, B. Mestour, A-M. Moigne, V. Moles, P-É. Moullé, O. Notter, C. Perrenoud, P. Rochette, E. Rossini, T. Saos, A. Vialet, L. Wengler, D. Bourlès, R. Braucher, Y-J. Lee, Y-C. Park, C-G. Han, K. Bae, S. Yi, M-Y. Hong, T-S. Cho, S. Kong, M-C. Choi, S-Y. Cho, and S-E. Jung, 2011, *Les industries du Paléolithique ancien de la Corée du Sud dans leur contexte stratigraphique et paléoécologiques: Leur place parmi les cultures du Paléolithique ancien en Eurasie et en Afrique*. CNRS Éditions, Paris.

Demeter, F. C. Zanolli, K. E. Westaway, R. Joannes-Boyau, P. Duringer, M. W. Morley, F. Welker, P. L. Rüther, M. M. Skinner, H. McColl, C. Gaunitz, L. Vinner, T. E. Dunn, J. V. Olsen, M. Sikora,

J-L. Ponche, E. Suzzoni, S. Frangeul, Q. Boesch, P-O. Antoine, L. Pan, S. Xing, J-X. Zhao, R. M. Bailey, S. Boualaphane, P. Sichanthongtip, D. Sihanam, E. Patole-Edoumba, F. Aubaile, F. Crozier, N. Bourgon, A. Zachwieja, T. Luangkhoth, V. Souksavatdy, T. Sayavongkhamdy, E. Cappellini, A-M. Bacon, J-J. Hublin, E. Willerslev, and L. Shackelford, 2022, A Middle Pleistocene Denisovan molar from the Annamite Chain of northern Laos, *Nature Communication* 12: 2557.

Dennell, R., 2009, *The Palaeolithic Settlement of Asia*. Cambridge University Press, Cambridge.

Dennell, R., 2015, Life without the Movius Line: The structure of the East and Southeast Asian Early Palaeolithic, *Quaternary International* 400: 14-22.

Dibble, H. L., 1984, Interpreting typological variation of Middle Palaeolithic scrapers: Function, style, or sequence of reduction? *Journal of Field Archaeology* 11: 431-436.

Dibble, H. L., 1987, The interpretation of Middle Palaeolithic scraper morphology, *American Antiquity* 52: 109-117.

Dibble, H. L., 1995, Middle Palaeolithic scraper reduction: Background, clarification, and review of the evidence to date, *Journal of Archaeological Method and Theory* 2: 299-368.

Ding, Z., 1991, Pedostratigraphy of Chinese loess and Quaternary climatic fluctuation. In *Quaternary Geology and Environment in China*, edited by T. S. Liu Tungsheng, pp. 168-172. Science Press, Beijing.

Dobres, M. A., 2000, *Technology and Social Agency*. Blackwell, Oxford.

Dobres, M. A. and C. R. Hoffman, 1994, Social agency and the dynamics of prehistoric technology, *Journal of Archaeological method and Theory* 1: 211-258.

Dong, W., 2016, Biochronological framework of Homo erectus horizons in China, *Quaternary International* 400: 47-57.

Doughty, A. M., M. R. Kaplan, C. Peltier, and S. Barker, 2021, A maximum in global glacier extent during MIS 4, *Quaternary Science Reviews* 261: 1-16.

Eden, D. E., P. C. Froggatt, H. Zheng, and H. Machida, 1996, Volcanic glass found in late quaternary Chinese loess: A pointer for future studies? *Quaternary International* 34-36: 107-111.

Evans, C., 1998, Historicism, chronology and straw men: Situating Hawkes' 'Ladder of inference', *Antiquity* 72(276): 398-404.

Falconer, S. E. and S. H. Savage, 1995, Heartlands and hinterlands: Alternative trajectories of early urbanization in Mesopotamia and the southern Levant, *American Antiquity* 60: 37-58.

Féblot-Augustins, J., 1993, Mobility strategies in the Late Middle Palaeolithic of Central Europe and Western Europe: Elements of stability and variability, *Journal of Anthropological Archaeology* 12: 211-265.

Fisher, L. E., 2006, Blades and microliths: Changing contexts of tool production from Magdalenian to Early Mesolithic in southern Germany, *Journal of Anthropological Archaeology* 25: 226-238.

Fitzhugh, B., 2001, Risk and invention in human technological evolution, *Journal of Anthropological Archaeology* 20: 125-167.

Fleischer, R. L., P. B. Price, and R. M. Walker, 1975, *Nuclear Tracks in Solids: Principles and Applications*. University of California Press, Berkeley.

Fletcher, R., 1992, Time perspectivism, *Annales*, and the potential of archaeology. In *Archaeology, Annales and Ethnohistory*, edited by A. Bernard Knapp, pp. 35-49. Cambridge University Press, Cambridge.

Forestier, H., Y. Zhou, P. Auetrakulvit, C. Khaokhiew, Y. Li, X. Ji, and V. Zeitoun, 2021, Hoabinhian variability in Mainland Southeast Asia revisited: The lithic assemblage of Moh Khiew Cave, Southwestern Thailand, *Archaeological Research in Asia* 25: 100236.

Gallagher, S. J., T. Sagawa, A. C. G. Henderson, M. Saavedra-Pellitero, D. de Vleeschouwer, H. Black, T. Itaki, S. Toucanne, M.-A. Bassetti, S. Clemens, W. Anderson, C. Alvarez-Zarikian, and R. Tada, 2018, East Asian Monsoon history and Paleoceanography of the Japan Sea over the last 460,000 years, *Paleoceanography and Paleoclimatology* 33: 683-702.

Gallard, C., M. Singh, and A. D. Malassé, 2011, Late Pleistocene to Early Holocene Lithic industries in the southern fringes of the Himalaya, *Quaternary International* 229: 112-122.

Gamble, C., 1986, *The Palaeolithic Settlement of Europe.* Cambridge University Press, Cambridge.

Gamble, C., 1993, *Timewalkers: The Prehistory of Global Colonization.* Harvard University Press, Cambridge.

Gamble, C., 1996, Making tracks: Hominid networks and the evolution of the social landscape. In *The Archaeology of Human Ancestry: Power, Sex, and Tradition*, edited by J. Steele and S. Shennan, pp. 253-277. Routledge, London.

Gamble, C., 1998, Palaeolithic society and the release from proximity: A network approach to intimate relations, *World Archaeology* 29: 426-449.

Gamble, C., 1999, *The Palaeolithic Societies of Europe.* Cambridge University Press, Cambridge.

Gamble, C., 2004, Social archaeology and the unfinished business of the Paleolithic. In *Explaining Social Change: Studies in Honour of Colin Renfrew*, edited by J. Cherry, C. Scarre, and S. Shennan, pp. 7-26. McDonald Institute for Archaeological Research, Cambridge.

Gamble, C. and G. Marshall, 2001, The shape of handaxes, the structure of the Acheulian world. In *A Very Remote Period Indeed: Papers on the Palaeolithic Presented to Derek Roe*, edited by S. Milliken and J. Cook, pp.19-27. Oxbow Books, Oxford.

Gamble, C. and M. Porr, 2005, From empty spaces to lived lives: Exploring the individual in the Palaeolithic. In *The Hominid Individual in Context: Archaeological Investigations of Lower and Middle Palaeolithic Landscapes, Locales and Artifacts*, edited by C. Gamble and M. Porr, pp. 1-12. Routledge, London.

Gao, X. and C. J. Norton, 2001, A critique of the Chinese 'Middle Palaeolithic' *Antiquity* 76: 397-412.

Gibbard, P. L., M. J. Head, M. J. C. Walker, and the Subcommission on Quaternary Stratigraphy, 2010, Formal ratification of the Quaternary System/Period and the Pleistocene Series/Epoch with a base at 2.58 Ma, *Journal of Quaternary Science* 25: 96-102.

Giddens, A., 1984, *The Constitution of Society: Outline of the Theory of Structuration.* Polity Press, Cambridge.

Gilman, A., 1984, Explaining the Upper Palaeolithic revolution. In *Marxist Perspectives in Archaeology*, edited by M. Spriggs, pp. 115-126. Cambridge University Press, Cambridge.

Gravina, B., 2004, Agency, technology, and the 'Muddle in the Middle': The case of the Middle Palaeolithic. In *Agency Uncovered: Archaeological Perspectives on Social Agency, Power, and being Human*, edited by A. Gardner, pp. 66-78. UCL Press, London.

Grayson, D. K., 2001, The archaeological record of human impacts on animal populations, *Journal of World Prehistory* 15: 1-66.

Guillou, H., M. O. Garcia, and L. Turpin, 1997, Unspiked K-Ar dating of young volcanic rocks from Loihi and Pitcairn hot spot sea mounts, *Journal of Volcanology and Geothermal Research* 78: 239-249.

Haslam, M., R. G. Roberts, C. Shipton, J. N. Pal, J. L. Fenwick, P. Ditchfield, N. Boivin, A. K. Dubey, M. C. Gupta, and M. Petraglia, 2011, Late Acheulean hominins at the Marine Isotope Stage 6/5e transition in north-central India, *Quaternary Research* 75: 670-682.

Hayden, B., N. Franco, and J. Spafford, 1996, Evaluating lithic strategies and design criteria. In *Stone Tools: Theoretical Insights into Human Prehistory*, edited by G. H. Odell, pp. 9-49. Plenum Press, New York.

Hayden, B. N., 1979, *Palaeolithic Reflections: Lithic Technology and Ethnographic Excavation among Australian Aborigines.* Humanities Press, Inc., New Jersey.

Hayden, B. N., 1989, From chopper to celt: The evolution of resharpening techniques. In *Time, Energy, and Stone Tools*, edited by R. Torrence, pp. 7-16. Cambridge University Press, Cambridge.

Hazarika, M., 2012, Lithic industries with Palaeolithic elements in Northeast India, *Quaternary International* 269: 48-58.

Hiscock, P. and A. Tabrett, 2010, Generalization, inference and the quantification of lithic reduction, *World Archaeology* 42: 545-561.

Hodder, I., 1987, The contribution of the long term. In *Archaeology as Long-Term History*, edited by I. Hodder, pp. 1-8. Cambridge University Press, Cambridge.

Hodder, I., 1991, Interpretative archaeology and its role, *American Antiquity* 56: 7-18.

Hodder, I., 1998, Creative thought: A long-term perspective. In *Creativity in Human Evolution and Prehistory* edited by S. Mithen, pp. 61-77. Routledge, London.

Hong, H., C. J. Bae, and Z. Zhang, 2018, Cenozoic climate change in eastern Asia Part II, *Palaeogeography, Palaeoclimatology, Palaeoecology* 512: 1-5.

Hopkinson, T. and M. J. White, 2005, The Acheulian and the handaxe: Structure and agency in the Palaeolithic. In *The Hominid Individual in Context: Archaeological Investigations of Lower and Middle Palaeolithic Landscapes, Locales and Artifacts,* edited by C. Gamble and M. Porr, pp. 13-28. Routledge, London.

Hosfield, R. T., 2005, Individuals among palimpsest data: Fluvial landscapes in Southern England. In *The Hominid Individual in Context: Archaeological Investigations of Lower and Middle Palaeolithic Landscapes, Locales and Artifacts.* edited by C. Gamble and M. Porr, pp. 220-243. Routledge, London.

Hosfield, R. T. and J. C. Chambers, 2005, Pleistocene geochronologies for fluvial sedimentary sequences: An archaeologist's perspective, *Journal of Quaternary Science* 20: 285-296.

Hovers, E. and A. Belfer-Cohen, 2005, "Now you see it, Now you don't": Modern human behavior in the Middle Palaeolithic. In *Transitions before the Transition*, edited by E. Hovers and S. L. Kuhn, pp. 295-304. Springer Press, New York.

Hovers, E. and S. L. Kuhn, 2005, *Transitions before the Transition.* Springer Press, New York.

Hyodo, M., 1999, Recent progress in paleomagnetic and rock-magnetic studies of the Quaternary in Japan, *The Quaternary Research (Daiyonki Kenkyu)* 38: 202-208.

Hyun, S., Y. J. Suh, K-H. Shin, S. I. Nam, S. W. Chang, K. Bae, 2015, Paleovegetation and paleoclimate changes based on terrestrial *n*-alkanes and their carbon isotopes in sediment from the Jeongok-ri Paleolithic Site, Korea, *Quaternary International* 384: 4-12.

Ikawa-Smith, F., 1978, Introduction: The Early Palaeolithic tradition of East Asia. In *Early Palaeolithic in South and East Asia*, edited by F. Ikawa-Smith, pp. 1-11. Mouton, The Hague.

Ikawa-Smith, F., 1999, Construction of national identity and origins in East Asia: A comparative perspective, *Antiquity* 73: 626-629.

Ikawa-Smith, F., 2004, Humans along the Pacific margin of northeast Asia before the Last Glacial Maximum. In *Entering America: Northeast Asia and Beringia before the Last Glacial Maximum*, edited by D. B. Madsen, pp. 285-309. The University of Utah Press, Salt Lake City.

Inizan, M. L., H. Roche, and J. Tixier, 1992, *Technology of Knapped Stone.* CREP, Meudon.

Iovita, R. and S. P. McPherron, 2011, The handaxes reloaded: A morphometric reassessment of Acheulian and Middle Palaeolithic handaxes, *Journal of Human Evolution* 61: 61-74.

Isaac, G. L., 1969, Studies of early culture in East Africa, *World Archaeology* 1: 1-28.

Isaac, G. L., 1977a, *Olorgesailie: Archeological Studies of a Middle Pleistocene Lake Basin in Kenya*. University of Chicago Press, Chicago.

Isaac, G. L., 1977b, Squeezing blood from stones. In *Stone Tools as Cultural Markers: Change, Evolution and Complexity*, edited by R. V. S. Wright, pp. 5-12. Australian Institute of Aboriginal Studies, Canberra.

Isaac, G. L., 1981, Towards the interpretation of occupation debris: Some experiments and observation. In *The Archaeology of Human Origins: Papers by Glynn Isaac*, edited by B. Isaac, pp. 191-205. Cambridge University Press, Cambridge.

Jelinek, A. J., 1994, Hominids, energy, environment, and behavior in the Late Pleistocene. In *Origins of Anatomically Modern Humans*, edited by M. H. Nitecki and D. V. Nitecki, Plenum Press, New York.

Jeske, R., 1989, Economics in raw material use by prehistoric hunter-gatherers. In *Time, Energy, and Stone Tools*, edited by R. Torrence, pp. 34-45. Cambridge University Press, Cambridge.

Jeske, R. J. and R. Lurie, 1993, The archaeological visibility of bipolar technology: An example from the Koster Site, *Midcontinental Journal of Archaeology* 18: 131-160.

Ji, Q., W. Wu, Y. Ji, Q. Li, and X. Ni, 2021, Late Middle Pleistocene Harbin cranium represents a new Homo species, *Innovation* 2: 100132.

Jia, L. and W. Huang, 1985, On the recognition of China's Palaeolithic cultural traditions. In *Paleoanthropology and Palaeolithic Archaeology in the People's Republic of China*, edited by R. Wu and J. W. Olsen, pp. 259-265. Academic Press, New York.

Jochim, M. A., 1998, *A Hunter-Gatherer Landscape: Southwest Germany in the Late Paleolithic and Mesolithic*. Plenum Press, New York.

Keats, S. G., 1997, Analyzing modern human origins in China. In *Conceptual Issues in Modern Human Origins Research*, edited by G. A. Clark and C. M. Willermet, pp. 283-294. Aldine de Gruyter, New York.

Kelly, R. L., 1988, The three side of a biface, *American Antiquity* 53: 717-734.

Kelly, R. L., 1992, Mobility/sedentism: Concepts, archaeological measures, and effects, *Annual Review of Anthropology* 21: 43-66.

Kelly, R. L., 1995, *The Foraging Spectrum: Diversity in Hunter-gatherer Lifeways*. Smithsonian Institution Press, Washington D. C.

Kendal, J., J. J. Tehrani, and J. Odling-Smee, 2011, Human niche construction in interdisciplinary focus, *Philosophical Transactions of the Royal Society B* 366: 785-792.

Key, A. J. M., I. Jarić, and D. L. Roberts, 2021, Modelling the end of the Acheulean at global and continental levels suggests widespread persistence into the Middle Palaeolithic, *Humanities and Social Sciences Communications* 8: 55.

Key, A. J. M. and S. J. Lycett, 2017, Reassessing the production of handaxes versus flakes from a functional perspective, *Archaeological and Anthropological Sciences* 9: 737-753.

Kim, J. C., G. A. T. Duller, H. M. Roberts, A. G. Wintle, Y. I. Lee, and S. Yi, 2010, Re-evaluation of the chronology of the palaeolithic site at Jeongokri, Korea, using OSL and TT-OSL signals from quartz, *Quaternary Geochronology* 5: 365-370.

Kim, J. C., Y. I. Lee, H. S. Lim, and S. Yi, 2012, Geochemistry of Quaternary sediments of the Jeongokri archaeological site, Korea: Implications for provenance and paleoenvironments during the Late Pleistocene, *Journal of Quaternary Science* 27: 260-268.

Klein, C. and C. S. Hurlbut Jr., 1985, *Manual of Mineralogy* (21st Edition). John Wiley & Sons, Inc., New York.

Klein, R., 2001, Fully modern humans. In *Archaeology at the Millennium*, edited by G. M. Feinman and T. D.

Price, pp. 109-135. Kluwer Academic/Plenum Publishers, New York.

Kleindienst, M. R., 2005, On naming things: Behavioral changes in the Later Middle to Earlier Late Pleistocene, viewed from the Eastern Sahara. In *Transitions before the Transition*, edited by E. Hovers and S. L. Kuhn, pp. 13-28. Springer Press, New York.

Knapp, A. B., 1992, Archaeology and annales: Time, space and change. In *Archaeology, Annales and Ethnohistory,* edited by A. Bernard Knapp, pp. 1-21. Cambridge University Press, Cambridge.

Knapp, A. B. and W. Ashmore, 1999, Archaeological landscapes: Constructed, conceptualized, ideational. In *Archaeologies of Landscape*, edited by W. Ashmore and A. B. Knapp, pp. 1-31. Blackwell, Malden.

Kobayashi, H., 1975, The experimental study of bipolar flakes. In *Lithic Technology: Making and Using Stone Tools*, edited by E. Swanson, pp. 115-127. Mouton, The Hague.

Kohn, M. and S. Mithen, 1999, Handaxes: Products of sexual selection? *Antiquity* 73: 518-526.

Kooyman, B., 2000, *Understanding Stone Tools and Archaeological Sites.* University of New Mexico Press, Albuquerque.

Koto, B., 1903, An orographic sketch of Korea, *Journal of College of Science in the Imperial University of Tokyo* 19: Article 1.

Kuhn, S. L., 1990, A geometric index of reduction for unifacial stone tools, *Journal of Archaeological Science* 17: 583-593.

Kuhn, S. L., 1991, Unpacking reduction: Lithic raw-material economy in the Mousterian of West-Central Italy, *Journal of Anthropological Archaeology* 10: 76-106.

Kuhn, S. L., 1992a, On planning and curated technologies in the Middle Paleolithic, *Journal of Anthropological Research* 48: 185-214.

Kuhn, S. L., 1992b, Blank form and reduction as determinants of Mousterian scraper morphology, *American Antiquity* 57: 115-128.

Kuhn, S. L., 1994, A formal approach to the design and assembly of mobile toolkits, *American Antiquity* 59: 426-442.

Kuhn, S. L., 1995, *Mousterian Lithic Technology: An Ecological Perspective.* Princeton University Press, Princeton.

Kuhn, S. L., 2005, Trajectories of change in the Middle Paleolithic of Italy. In *Transitions before the Transition*, edited by E. Hovers and S. L. Kuhn, pp. 109-547. Springer Press, New York.

Kuhn, S. L., 2020, *The Evolution of Paleolithic Technologies.* Routledge, New York.

Kuhn, T. S., 1962, *The Structure of Scientific Revolutions.* University of Chicago Press, Chicago.

Kukla, G. J., M. L. Bender, J-L. de Beaulieu, G. Bond, W. S. Broecker, P. Cleveringa, J. E. Gavin, T. D. Herbert, J. Imbrie, J. Jouzel, L. D. Keigwin, K-L. Knudsen, J. F. McManus, J. Merkt, D. R. Muhs, H. Müller, R. Z. Poore, S. C. Porter, G. Seret, N. J. Shackleton, C. Turner, P. C. Tzedakis, and I. J. Winograd, 2002, Last interglacial climates, *Quaternary Research* 59: 2-13.

Kuman K, C. Li, and H. Li, 2014, Large cutting tools in the Danjiangkou Reservoir Region, Central China, *Journal of Human Evolution* 76: 129-153.

Laland, K., B. Matthews, and M. W. Feldman, 2016, An introduction to niche construction theory, *Evolutionary Ecology* 30: 191-202.

Langbroek, M., 2012, Trees and ladders: A critique of the theory of human cognitive and behavioural evolution in Palaeolithic archaeology, *Quaternary International* 270: 4-14.

Leakey, M. D., 1971, *Olduvai Gorge: Excavations in Beds I and II, 1960-1963.* Cambridge University Press, Cambridge.

Lee, H. W., 2001, The Palaeolithic industries in Korea: Chronology and related new find-spots. In *A Very*

Remote Period Indeed: Papers on the Palaeolithi Presented to Derek Roe, edited by S. Miliken and J. Cook, pp. 133-137. Oxbow Books, Oxford.

Lee, H. W., 2013, The politics of archaeology in North Korea: Construction and deterioration of Toh's knowledge, *International Journal of Historical Archaeology* 17: 401-421.

Lee, H. W., 2016, Patterns of transitions in Paleolithic stages during MIS 3 and 2 in Korea, *Quaternary International* 392: 44-57.

Lee, J. and Y. Yoo, 2022, Geoarchaeological observation of earlier palaeolithic (EP) assemblages of the downstream South Han River Area (SHRA), *Korea, Geosciences Journal* 26: 469-485.

Lemonnier, P., 1986, The study of material culture today: Toward an anthropology of technical systems, *Journal of Anthropological Archaeology* 5: 147-186.

Li, H., C-r. Li, and K. Kuman, 2014, Rethinking the "Acheulean" in East Asia: Evidence from recent investigations in the Danjiangkou Reservoir Region, central China, *Quaternary International* 347: 163-175.

Li, H., K. Kuman, C. Li, 2018a, What is currently (un)known about the Chinese Acheulean, with implications for hypotheses on the earlier dispersal of hominids, *Comptes Rendus Palevol* 17(1-2): 120-130.

Li, Y., Y. Zhou, X. Sun, and H. Li, 2018b, New evidence of a lithic assemblage containing in situ Late Pleistocene bifaces from the Houfang site in the Hanshui River Valley, Central China, *Comptes Rendus Palevol* 17(1-2): 131-142.

Liu, L., 1996, Settlement patterns, chiefdom variability, and the development of early states in north China, *Journal of Anthropological Archaeology* 15: 237-288.

Luedtke, B., 1978, Chert sources and trace-element analysis, *American Antiquity* 43: 413-423.

Luedtke, B., 1979, The identification of sources of chert artifacts, *American Antiquity* 44: 744-756.

Luedtke, B., 1984, Lithic material demand and quarry production. In *Prehistoric Quarries and Lithic Production,* edited by J. E. Ericsson and B. A. Purdy, pp. 65-76, Cambridge University Press, Cambridge.

Luedtke, B., 1992, *An Archaeologist's Guide to Chert and Flint*. University of California Press, Los Angeles.

Lycett, S. J. and C. J. Bae, 2010, The Movius Line controversy: The state of the debate, *World Archaeology* 42: 521-544.

Lycett, S. J., K. Schillinger, M. I. Eren, N. von Cramon-Taubadel, and A. Mesoudi, 2016, Factors affecting Acheulean handaxe variation: Experimental insights, microevolutionary processes, and macroevolutionary outcomes, *Quaternary International* 411: 386-401.

Machida, H., 1999, Quaternary widespread tephra catalog in and around Japan. *The Quaternary Research (Daiyonki Kenkyu)* 38: 194-201.

Machida, H. and F. Arai, 2003, *A New Atlas of Tephras: The Japanese Archipelago and Its Vicinity*. University of Tokyo Press, Tokyo.

Machin, A. J., 2008, Why handaxes just aren't that sexy: A response to Kohn & Mithen (1999), *Antiquity* 82: 761-766.

Machin, A. J., 2009, The role of the individual agent in Acheulean biface variability: A multifactorial model, *Journal of Social Archaeology* 9: 35-58.

Mallol, C., 1999, The selection of lithic raw materials in the Lower and Middle Pleistocene levels TG6 and TD10A of Gran Dolina(Sierra de Atapuerca, Burgos, Spain), *Journal of Anthropological Research* 55: 384-405.

Marks, A., H. J. Hietala, and J. K. Williams, 2001, Tool standardization in the Middle and Upper

Palaeolithic: A closer look, *Cambridge Archaeological Journal* 11: 17–44.
Massilani, D., L. Skov, M. Hajdinjak, B. Gunchinsuren, D. Tseveendorjm, S. Yi, J. Lee, S. Nagel, B. Nickel, T. Devièse, T. Higham, M. Meyer, J. Kelso, B. M. Peter, and S. Pääbo, 2020, Denisovan ancestry and population history of early East Asians, *Science* 370: 579-583.
McBrearty, S., 1988, The Sangoan–Lupemban and Middle Stone Age sequence at the Muguruk site, western Kenya, *World Archaeology* 19: 288–420.
McBrearty, S. and A. S. Brooks, 2000, The revolution that wasn't: A new interpretation of the origin of modern human behavior, *Journal of Human Evolution* 39: 453–563.
McBrearty, S. and C. Tryon, 2005, From Acheulian to Middle Stone Age in the Kapthurin Formation, Kenya. In *Transitions before the Transition*, edited by E. Hovers and S. L. Kuhn, pp. 257–277. Springer Press, New York.
McNabb, J., F. Binyon, and L. Hazelwood, 2004, The large cutting tools from the South African Acheulian and the question of social traditions, *Current Anthropology* 45: 653–677.
McPherron, S. P., 1999, Ovate and pointed handaxe assemblages: Two points make a line, *Préhistoire Européenne* 14: 9–32.
McPherron, S. P., 2000, Handaxes as a measure of the mental capabilities of early hominids, *Journal of Archaeological Science* 27: 655–663.
McPherron, S. P., 2003, Technological and typological variability in the Bifaces from Tabun Cave, Israel. In *Multiple Approaches to the Study of Bifacial Technologies*, edited by M. Soressi and H. L. Dibble, pp. 55–76. University of Pennsylvania Museum of Archaeology and Anthropology, Philadelphia.
McPherron, S. P., 2006, What typology can tell us about Acheulian handaxe production. In *Axe Age: Acheulian Tool-making from Quarry to Discard*, edited by N. Goren–Inbar and G. Sharon, pp. 267–285. Equinox, London.
Meignen, L. and O. Bar–Yosef, 2020, Acheulo–Yabrudian and Early Middle Paleolithic at Hayonim Cave (Western Galilee, Israel): Continuity or break? *Journal of Human Evolution* 139: 102–133.
Meignen, L., O. Bar–Yosef, J. D. Speth, and M. C. Stiner, 2005, Middle Paleolithic settlement patterns in the Levant. In *Transitions before the Transition*, edited by E. Hovers and S. L. Kuhn, pp. 149–169. Springer Press, New York.
Mellars, P., 1989, Major issues in the emergence of modern humans, *Current Anthropology* 30: 349–385.
Mellars, P., 1996, *The Neanderthal Legacy.* Princeton University Press, Princeton.
Mithen, S., 1990, *Thoughtful Foragers.* Cambridge University Press, Cambridge.
Mithen, S., 1996, Social learning and cultural tradition. In *The Archaeology of Human Ancestry: Power, Sex, and Tradition*, edited by J. Steele and S. Shennan, pp. 207–229. Routledge, London.
Mithen, S., 1998, A creative explosion? Theory of mind, language and the disembodied mind of the Upper Palaeolithic. In *Creativity in Human Evolution and Prehistory*, edited by S. Mithen, pp. 165–191. Routledge, London.
Mithen, S., 2008, 'Whatever turns you on': A response to Anna Machin, 'Why handaxes just aren't that sexy', *Antiquity* 82: 766–769.
Monnier, G., 2005, Testing retouched flake tool standardization during the Middle Paleolithic. In *Transitions before the Transition*, edited by E. Hovers and S. L. Kuhn, pp. 57–81. Springer Press, New York.
Morris, J., 2004, 'Agency' theory applied: A study of later prehistoric lithic assemblages from Northwest Pakistan. In *Agency Uncovered: Archaeological Perspectives on Social Agency, Power, and being Human*, edited by A. Gardner, pp. 51–63. UCL Press, London.

Morrow, J. E., 1997, End scraper morphology and use-life: An approach for studying paleoindian lithic technology and mobility, *Lithic Technology* 22: 70-85.

Movius, H. L. Jr., 1944, *Early Man and Pleistocene Stratigraphy in Southern and Eastern Asia.* the Peabody Museum of American Archaeology and Ethnology, Cambridge.

Movius, H. L. Jr., 1949, The Lower Palaeolithic cultures of southern and eastern Asia, *Transactions of the American Philosophical Society* 38(4): 329-420.

Movius, H. L. Jr., 1978, Southern and East Asia: Conclusions. In *Early Palaeolithic in South and East Asia*, edited by F. Ikawa-Smith, pp. 351-356. Mouton, The Hague.

Murray, A. S. and A. G. Wintle, 2000, Luminiscence dating of quartz using an improved single-aliquot regenerative-dose protocol, *Radiation Measurements* 32: 57-73.

Murray, A. S., J. M. Olley, and G. C. Caitcheon, 1995, Measurement of equivalent doses in quartz from contemporary water-lain sediment using optically stimulated luminescence, *Quaternary Science Reviews* 14: 365-371.

Nagao, K., A. Ogata, Y. N. Miura, and K. Yamaguchi, 1996, Ar isotope analysis for K-Ar dating using two modified-VG5400 mass spectrometer-1: Isotope dilution method, *Journal of Mass Spectrometry Society of Japan* 44: 39-61.

Nagaoka, S., 2006, Stratigraphy and age of Quaternary basaltic lavas in the Chongok Basin, Korea, In *New Development in Age Dates and Geology of the Chongokni Paleolithic site, Korea*, pp. 5-6. Institute of Cultural Properties, Hanyang University, Ansan.

Nagatomo, T., N. Shidaoka, K. Onishi, and S. Yi, 2005, Luminiscence dating of the basalt plateau at the Imjin/Hantan River of Korea and the reconstruction of the formation process of Palaeolithic sites. In *Proceedings of 22nd Annual Conference*, pp. 42-45. The Japanese Society of Archaeological Science (Nippon Bunkazai Kagakugai), Tokyo.

Naruse, T., 1998, Eolian dust deposition and the monsoon changes during the Last Glacial age in Japan, *The Quaternary Research (Daiyonki Kenkyu)* 37: 189-197.

Naruse, T., K. Bae, K. Yu, K. Matsufuji, T. Danhara, A. Hayashida, S. Hwang, J. Yum, and J. Shin, 2003, Loess-paleosol sequence in the Chongokni paleolithic site, 『全谷里遺蹟의 地質學的 形成過程과 東亞細亞舊石器』, 연천군·한양대학교 문화재연구소: 143-159.

Nash, S., 1996, Is Curation a useful heuristic? In *Stone Tools: Theoretical Insights into Human Prehistory,* edited by G. H. Odell, pp. 81-100. Plenum Press, New York.

Nelson, M. C., 1991, The study of technological organization. In *Archaeological method and Theory* (vol. 3), edited by M. B. Schiffer, pp. 57-100. University of Arizona Press, Tucson.

Nowell, A., K. Park, D. Metaxas, and J. Park, 2003, Deformation modeling: A methodology for the analysis of handaxe morphology and variability. In *Multiple Approaches to the Study of Bifacial Technologies.* edited by M. Soressi and H. L. Dibble, pp. 193-208. University of Pennsylvania Museum of Archaeology and Anthropology, Philadelphia.

Ni, X., Q. Ji, W. Wu, Q. Shao, Y. Ji, C. Zhang, L. Liang, J. Ge, Z. Guo, J. Li, Q. Li, R. Grün, and C. Stringer, 2021, Massive cranium from Harbin in northeastern China establishes a new Middle Pleistocene human lineage, *The Innovation* 2: 100130.

Norton, C. J., 2000, The current state of Korean paleoanthropology, *Journal of Human Evolution* 38: 803-825.

Norton, C. J. and K. Bae, 2008, The Movius Line *sensu lato*: Further assessed and defined, *Journal of Human Evolution* 55: 1148-1150.

Norton, C. J. and K. Bae, 2009, Erratum to "The Movius Line *sensu lato* (Norton et al., 2006) further assessed and defined", *Journal of Human Evolution* 57: 1148-1150.

Norton, C. J., K. Bae, J. W. K. Harris, and H. Lee, 2006, Middle Pleistocene handaxes from the Korean Peninsula, *Journal of Human Evolution* 51: 527-536.

Odell, G. H., 1981, The morphological express at Function Junction: Search for meaning in lithic tool types, *Journal of Anthropological Research* 37: 319-342.

Odell, G. H., 1996, Economizing behavior and the concept of "curation." In *Stone Tools: Theoretical Insights into Human Prehistory*, edited by G. H. Odell, pp. 51-80. Plenum Press, New York.

Odling-Smee, F. J., K. N. Laland, and M. W. Feldman, 2003, *Niche Construction: The Neglected Process in Evolution*. Princeton University Press, Princeton University Press.

Olley, J. M., A. S. Murray, and R. G. Roberts, 1996, The effect of disequilibrium in the uranium and thorium decay chains on burial dose rates in fluvial sediments, *Quaternary Science Reviews* 15: 751-760.

Okuno, M., 2002, Chronology of tephra layers in southern Kyushu, SW Japan, for the last 30,000 years. *The Quaternary Research (Daiyonki Kenkyu)* 41: 225-236.

Otte, M., 2003, The pitfalls of using bifaces as cultural markers. In *Multiple Approaches to the Study of Bifacial Technologies*, edited by M. Soressi and H. L. Dibble, pp. 183-192. University of Pennsylvania Museum of Archaeology and Anthropology, Philadelphia.

Pai, H. I., 1994, The politics of Korea's past: The legacy of Japanese colonial archaeology in the Korean Peninsula, *East Asian History* 7: 25-48.

Parry, W. J. and R. Kelly, 1987, Expedient core technology and sedentism. In *The Organization of Core Technology*, edited by J. K. Johnson and C. A. Morrow, pp. 285-304. Westview Press, Boulder, Colorado.

Pei, S., X. Gao, X. Feng, F. Chen, and R. Dennell, 2010, Lithic assemblage from the Jingshuiwan paleolithic site of the early Late Pleistocene in the Three Gorges, China, *Quaternary International* 211: 66-74.

Petraglia, M. D. and C. Shipton, 2008, Large cutting tool variation west and east of the Movius Line, *Journal of Human Evolution* 55: 962-966.

Pettitt, P. and M. White, 2012, *The British Palaeolithic: Human Societies at the Edge of the Pleistocene World*. Routledge, Abingdon.

Phillipson, D. W., 1985, *African Archaeology* (2nd eds). University of Cambridge, Cambridge.

Pielou, E. C., 1966, The measurement of diversity in different types of biological collections, *Journal of Theoretical Ecology* 13: 131-144.

Pope, G. G., 1992, Replacement versus regional continuous models: The Palaeobehavioral and fossil evidence. In *The Evolution and Dispersal of Modern Humans in Asia*, edited by T. Akazawa, K. Aoki, and T. Kimura, pp. 3-14. Hokusen-sha, Tokyo.

Pope, G. G., 1997, Palaeoanthropological research traditions in the Far East. In *Conceptual Issues in Modern Human Origins Research,* edited by G. A. Clark and C. M. Willermet, pp. 269-283. Aldine de Gruyter, New York.

Prieto, A., I. Yusta, M. Garcia-Rojas, A. Arrizabalaga, and J. B. Preysler, 2021, Quartzite procurement not only in fluvial deposits: Raw material characterisation of the lithic assemblage from level XXII-R at El Esquilleu, Cantabrian Region, Spain, *Journal of Lithic Studies* 8: 1-34.

Pu, Q., 1991, Quaternary glaciers in China In *The Quaternary of China*, edited by Zonghu Zhang, pp. 240-274. China Ocean Press, Beijing.

Qi, G., 1991, Pleistocene human environment in North China, *The Quaternary Research (Daiyonki Kenkyu)*

28: 327-336.

Qiu, Z., 1985, The Middle Palaeolithic of China. In *Paleoanthropology and Palaeolithic Archaeology in the People's Republic of China*, edited by R. Wu and J. W. Olsen, pp. 187-210. Academic Press, New York.

Ramenofsky, A. F., 1998, The illusion of time. In *Unit issues in Archaeology: Measuring Time, Space, and Material,* edited by A. F. Ramenofsky and A. Steffen, pp. 74-84. The University of Utah Press, Salt Lake City.

Rampino, M. R. and S. Self, 1993, Climate-volcanism feedback and the Toba eruption of ~74,000 years ago, *Quaternary Research* 40: 269-280.

Rapp, G. Jr. and C. Hill, 1998, *Geoarchaeology: The Earth-Science Approach to Archaeological Interpretation.* Yale University Press, New Haven.

Read, D. W., 2007, *Artifact Classification: A Conceptual and Methodological Approach.* Left Coast Press, Walnut Creek.

Redman, C. L., 2005, Resilience theory in archaeology, *American Anthropologist* 107: 70-77.

Redman, C. L. and A. P. Kinzig, 2003, Resilience of past landscapes: Resilience theory, society, and the *Longue Dureé, Conservative Ecology* 7: 14-32.

Reich, D., R. E. Green, M. Kircher, J. Krause, N. Patterson, E. Y. Durand, B. Viola, A. W. Briggs, U. Stenzel, P. L. F. Johnson, T. Maricic, J. M. Good, T. Marques-Bonet, C. Alkan, Q. Fu, S. Mallick, H. Li, M. Meyer, E. E. Eichler, M. Stoneking, M. Richards, S. Talamo, M. V. Shunkov, A. P. Derevianko, J-J. Hublin, J. Kelso, M. Slatkin, and S. Pääbo, 2010, Genetic history of an archaic hominin group from Denisova Cave in Siberia, *Nature* 468: 1053-1060.

Rhodes, E. J. and L. Pownall, 1994, Zeroing of the OSL signal in quartz from young glaciofluvial sediments, *Radiation Measurements* 23: 581-585.

Rhodes, E. J. and R. M. Bailey, 1997, Thermal transfer effects observed in the luminescence of quartz from recent glaciofluvial sediments, *Quaternary Science Reviews* 16: 291-298.

Richter, D. and G. A. Wagner, 2015, Chronometric methods in paleoanthropology. In *Handbook of Paleoanthropology,* edited by W. Henke and I. Tattersall, pp. 317-350. Springer, Berlin, Heidelberg.

Ricklis, R. A. and K. A. Cox, 1993, Examining lithic technological organization as a dynamic cultural subsystem: The advantages of an explicitly spatial approach, *American Antiquity* 59: 426-442.

Riel-Salvatore, J., 2010, A niche construction perspective on the Middle-Upper Paleolithic transition in Italy, *Journal of Archaeological Method and Theory* 17: 323-355.

Rio, D., R. Sprovieri, D. Castradori, and E. D. Stefano, 1998, The Gelasian Stage (Upper Pliocene): A new unit of the global standard chronostratigraphic scale, *Episodes* 21: 82-87.

Roberts, H. M. and G. A. T. Duller, 2004, Standardized growth curve for optical dating of sediment using multiple-grain aliquots, *Radiation Measurements* 38: 241-252.

Robson, A. J. and H. S. Kaplan, 2006, Viewpoint: The economics of hunter-gatherer societies and the evolution of human characteristics, *Canadian Journal of Economics* 39: 375-399.

Rolland, N., 1990, Middle Palaeolithic socio-economic formations in western Eurasia: An exploratory survey. In *The Emergence of Modern Humans: An Archaeological Perspectives*, edited by P. Mellars, pp. 347-388. Edinburgh University Press, Edinburgh.

Rolland, N., 1999, The "Movius line": Myth or reality? In *Proceedings of Symposium to Commemorate the 80's Birthday Celebrations of Professor Chosuke Serizawa: World Views on the Early and Middle Paleolithic in Japan*, pp. 201-214. Sendai Fukushi University, Sendai.

Rolland, N., 2001, The initial peopling of Eurasia and the early occupation of Europe in its Afro-Asian context: Major issues and current perspectives. In *A Very Remote Period Indeed: Papers on the*

Palaeolithic Presented to Derek Roe, edited by S. Milliken and J. Cook, pp. 78–94. Oxbow Books, Oxford.

Rolland, N. and H. Dibble, 1990, A new synthesis of Middle Palaeolithic variability, *American Antiquity* 55: 480–499.

Ronen, A., 1992, The emergence of blade technology: Cultural affinities. In *The Evolution and Dispersal of Modern Humans in Asia*, edited by T. Akazawa, K. Aoki, and T. Kimura, pp. 401–413. Hokusen–sha, Tokyo.

Rosenberg, K. R., Z. Lu, and C. B. Ruff, 2006, Body size, body proportions, and encephalization in a Middle Pleistocene archaic human from northern China, *Proceedings of the National Academy of Sciences* 103: 3552–3556.

Rousseau, D–D., P. Antoine, N. Boers, F. Lagroix, M. Ghil, J. Lomax, M. Fuchs, M. Debret, C. Hatté, O. Moine, C. Gauthier, D. Jordanova, and N. Jordanova, 2020, Dansgaard–Oeschger–like events of the penultimate climate cycle: The loess point of view, *Climate of the Past* 16: 713–727.

Ruebens, K., 2006, A typological dilemma: Micoquian elements in continental Northwestern Europe during the Last Glacial Cycle (MIS 5d–3), *Lithics: The Journal of the Lithic Studies Society* 27: 58–73.

Rutter, N. W., D. Rokosh, M. E. Evans, E. C. Little, J. Chlachula, and A. Velichko, 2003, Correlation and interpretation of paleosols and loess across European Russia and Asia over the last interglacial–glacial cycle, *Quaternary Research* 60: 101–109.

Ryu, S., M. Oka, K. Yagi, T. Sakuyama, and T. Itaya, 2011, K–Ar ages of the Quaternary basalts in the Jeongok area, the central part of Korean Peninsula, *Geoscienes Journal* 15: 1–8.

Sackett, J. R., 1977, The Meaning of style in archaeology: A general model, *American Antiquity* 42: 369–380.

Sackett, J. R., 1981, From de Mortillet to Bordes: A century of French Paleolithic research. In *Towards a History of Archaeology*, edited by G. Daniel, pp. 85–99. Thames and Hudson, London.

Sackett, J. R., 1982, Approaches to style in lithic archaeology, *Journal of Anthropological Archaeology* 1: 59–112.

Sackett, J. R., 1991, Straight archaeology French Style: The Phylogenetic paradigm in historical perspective. In *Perspectives on the Past*, edited by G. A. Clark, pp. 109–140. University of Pennsylvania Press, Philadelphia.

Sakuyama, T., S. Nagaoka, T. Miyazaki, Q. Chang, T. Takahashi, Y. Hirahara, R. Senda, T. Itaya, J. Kimura, and K. Ozawa, 2014, Melting of the uppermost metasomatized asthenosphere triggered by fluid fluxing from ancient subducted sediment: Constraints from the Quaternary basalt lavas at Chugaryeong volcano, Korea, *Journal of Petrology* 55: 499–528.

Sato, H., 2016, Recent research on the Early and Middle Palaeolithic in Japan: An overview, *Bulletin of the Society for East Asian Archaeology* 3: 29–35.

Schick, K. D., 1987, Modeling the formation of Early Stone Age artifact concentrations. *Journal of Human Evolution* 16: 789–807.

Schick, K. D. and N. Toth, 1994, *Making Silent Stones Speak: Human Evolution and the Dawn of Technology.* Touchstones, New York.

Schick, K. D. and N. Toth, 2001, Paleoanthropology at the Millennium. In *Archaeology at the Millennium.* edited by G. M. Feinman, and T. D. Price, pp. 39–108. Kluwer Academic/Plenum Publishers, New York.

Shackleton, N. J., M. Chapman, M. F. Sánchez–Goñi, D. Pailler, and Y. Lancelot, 2002, The classic marine isotope substage 5e, *Quaternary Research* 58: 14–16.

Shea, J. J., 2005, The Middle paleolithic of the Levant. In *Transitions before the Transition*, edited by E. Hovers and S. L. Kuhn, pp. 189-211. Springer Press, New York.

Shea, J. J., 2013, Lithic modes A-I: A new framework for describing global-scale variation in stone tool technology illustrated with evidence from the East Mediterranean Levant, *Journal of Archaeological Method and Theory* 20: 151-186.

Shea, J. J., 2017, Occational, obligatory, and habitual stone tool use in hominin evolution, *Evolutionary Anthropology* 26: 200-217.

Shelly, P. H., 1990, Variation in lithic assemblages: An experiment, *Journal of Field Archaeology* 17: 187-193.

Shen, C. and S. Wang, 2000, A preliminary study of the anvil-chipping technique: Experiments and evaluation, *Lithic Technology* 25: 81-100.

Shennan, S., 1988, *Quantifying Archaeology*. Edinburgh University Press, Edinburgh.

Sheppard, P. J. and M. R. Kleindienst, 1996, Technological change in the Earlier and Middle Stone Age of Kalambo Falls, Zambia, *African Archaeological Review* 13: 171-196.

Shi, Y., 1991, Glaciers and glacial geomorphology in China. In *Quaternary Geology and Environment in China*, edited by T. Liu, pp. 16-27. Science Press, Beijing.

Shin, S., Y-H. Park, J. Lim, D. Cheong, S-Y. Choi, J-H. Choi, C-P. Jun, H-S. Lim, and J-Y. Lee, 2021, Possible linkage between Paleolithic site occurrence and past climate change in the central Korean Peninsula, *Geoarchaeology* 2022: 1-15.

Shipton, C. and M. Nielsen, 2018, The Acquisition of Biface Knapping Skill in the Acheulean. In *Evolution of Primate Social Cognition*, edited by L. D. Di Paolo, F. Di Vincenzo, and F. De Petrillo, pp. 283-297. Springer Press, New York.

Shott, M. J., 1986, Technological organization and settlement mobility: An ethnographic examination, *Journal of Anthropological Research* 42: 15-52.

Shott, M. J., 1989a, Bipolar industries: Ethnographic evidence and archaeological implications, *North American Archaeology* 10: 1-24.

Shott, M. J., 1989b, On Tool-class use lives and the formation of archaeological assemblages, *American Antiquity* 54: 9-30.

Shott, M. J., 1994, Size and form in the analysis of flake debris: Review and recent approaches, *Journal of Archaeological method and Theory* 1: 69-110.

Shott, M. J., 2000, The Quantification problem in stone-tool assemblages, *American Antiquity* 65: 725-738.

Smith, M. E., 1992, Braudel's temporal rhythms and chronology theory in archaeology. In *Archaeology, Annales and Ethnohistory,* edited by A. Bernard Knapp, pp. 23-49. Cambridge University Press, Cambridge.

Smith, V. L., 1992, Economic principles in the emergence of humankind, *Economic Inquiry* 30: 1-13.

Speth, J., 1972, The mechanical basis of percussion flaking, *American Antiquity* 37: 34-60.

Steffen, A., E. J. Skinner, and P. W. Ainsworth, 1998, A view to the core: Technological units and debitage analysis. In *Unit issues in Archaeology: Measuring Time, Space, and Material,* edited by A. F. Ramenofsky and A. Steffen, pp. 131-146. The University of Utah Press, Salt Lake City.

Stern, N., 1993, The structure of the Lower Pleistocene Archaeological Record: A case study from the Koobi Fora Formation, *Current Anthropology* 34: 201-225.

Stiner, M. C., 2001, Thirty years on the "Broad Spectrum Revolution" and Paleolithic demography, *Proceedings of the National Academy of Sciences* 98: 6993-6996.

Stiner, M. C., N. D. Munro, T. A. Surovell, 2000, The tortoise and the hare: Small-game use, the broad-spectrum revolution, and Paleolithic demography, *Current Anthropology* 41: 39-73.

Stiner, M. C., N. D. Munro, T. A. Surovell, E. Tchernov, and O. Bar-Yosef, 1999, Paleolithic population growth pulses evidenced by small animal exploitation, *Science* 283: 190-194.

Stiner, M. C. and S. L. Kuhn, 2006, Changes in the 'connectedness' and resilience of Paleolithic societies in mediterranean ecosystems, *Human Ecology* 34: 693-712.

Stokes, S., 1992, Optical dating of young(modern) sediments using quartz: Results from a selection of depositional environments, *Quaternary Science Reviews* 11: 153-159.

Stokes, S., H. E. Bray, and M. D. Blum, 2001, Optical resetting in large drainage basins: Tests of zeroingassumptions using single-aliquot procedures, *Quaternary Science Reviews* 20: 879-885.

Stout, D., E. Hecht, N. Khreisheh, B. Bradley, and T. Chaminade, 2015, Cognitive demands of lower Paleolithic toolmaking, *PLoS ONE* 10: e0128256.

Stringer, C. B., 1989, Documenting the origin of modern: Humans. In *The Emergence of Modern Humans*, edited by E. Trinkaus, pp. 67-96. Cambridge University Press, Cambridge.

Stringer, C. B. and C. Gamble, 1993, *In Search of the Neanderthals.* Thames and Hudson, London.

Sullivan, A. P. and K. C. Rozen, 1985, Debitage analysis and archaeological interpretation, *American Antiquity* 50: 755-779.

Sun, X., H. Lu, S. Wang, S. Yi, C. Shen, and W. Zhang, 2017, TT-OSL dating of Longyadong Middle Paleolithic site and paleoenvironmental implications for hominin occupation in Luonan Basin (central China), *Quaternary Research* 79: 169-174.

Tada, R., 1999, Late Quaternary paleoceanography of the Japan Sea: An update. *The Quaternary Research (Daiyonki Kenkyu)* 38: 216-222.

Takarada, S. and H. Hoshizumi, 2020, Distribution and eruptive volume of Aso-4 pyroclastic density current and tephra fall deposits, Japan: A M8 super-eruption, *Frontiers in Earth Science* 8(170): 1-16.

Thomas, P. J., A. S. Murray, and P. Sandgren, 2003, Age limit and age underestimation using different OSL signals from lacustrine quartz and polymineral fine grains, *Quaternary Science Review* 22: 1139-1143.

Tong, G. and S. Shao, 1991, Evolution of Quaternary climate. In *The Quaternary of China*, edited by Z. Zonghu, pp. 42-76. China Ocean Press, Beijing.

Torrence, R., 1989a, Tools as optimal solution. In *Time, Energy, and Stone Tools*, edited by R. Torrence, pp. 1-6. Cambridge University Press, Cambridge.

Torrence, R., 1989b, Re-tooling towards a behavioral theory of stone tools. In *Time, Energy, and Stone Tools*, edited by R. Torrence, pp. 57-66. Cambridge University Press, Cambridge.

Torrence, R., 2002, Thinking big about small tools. In *Thinking Small: Global perspectives on Microlithization,* edited by G. Elston and S. L. Kuhn, pp. 179-190. Archaeological papers of the American Anthropological Association. 12, Washington D. C.

Trigger, B. G., 1989, *A History of Archaeological Thought.* Cambridge University Press, New York.

Trigger, B. G., 1991, Constraint and Freedom: A new synthesis for archaeological explanation, *American Anthropologist* 93: 551-569.

Trigger, B. G., 1995, Romanticism, nationalism and archaeology. In *Nationalism, Politics and the Practice of Archaeology,* edited by P. H. Kohl and C. Fawcett, pp. 263-279. Cambridge University Press, Cambridge.

Trigger, B. G., 1998, Archaeology and epistemology: Dialogues across the Darwinian Chasm, *American Journal of Archaeology* 102: 1-34.

Tryon, C. A., 2006, "Early" Middle Stone Age lithic technology of the Kapthurin formation (Kenya),

Current Anthropology 47: 367-375.

Turq, A., W. Roebroeks, L. Bourguignon, and J-P. Faivre, 2013, The fragmented character of Middle Palaeolithic stone tool technology, *Journal of Human Evolution* 65: 641-655.

U, C., R. S. Choe, J. N. Ri, and M. G. Han, 2022, Paleoenvironment and human activity on the central Korean Peninsula during the late MIS 3 and MIS 2, *Quaternary Research*: 1-22.

Vandenberghe, J., 1995, Timescales, climate and river development, *Quaternary Science Reviews* 14: 631-638.

Vandenberghe, J., 2002, The relation between climate and river processes, landforms and deposits during the Quaternary, *Quaternary International* 91: 17-23.

Vandenberghe J., 2003, Climate forcing of fluvial system development: An evolution of ideas, *Quaternary Science Reviews* 22: 2053-2060.

Vidal, L. R., R. Schneider, O. Marchal, T. Bickert, T. F. Stocker, and G. Wefer, 1999. Link between the North and South Atlantic during the Heinrich events of the last glacial period, *Climate Dynamics* 15: 909-919.

Walker, M., M. J. Head, M. Berkelhammer, S. Björck, H. Cheng, L. Cwynar, D. Fisher, V. Gkinis, A. Long, J. Lowe, R. Newnham, S. O. Rasmussen, and H. Weiss, 2018, Formal ratification of the subdivision of the Holocene Series/Epoch (Quaternary System/Period): Two new Global Boundary Stratotype Sections and Points (GSSPs) and three new stages/subseries, *Episodes* 41: 213-223.

Walter, R. C., 1997, Potassium-Argon/Argon-Argon dating methods. In *Chronometric Dating in Archaeology*, edited by R. E. Taylor and M. J. Aitken, pp. 97-126. Plenum Press, New York.

Wang, W., S. J. Lycett, N. von Cramon-Taubadel, J. J. H. Jin, and C. J. Bae, 2012, Comparison of handaxes from Bose Basin (China) and the western Acheulean indicates convergence of form, not cognitive differences, *PLoS ONE* 7: e35804.

Watanabe, M. and K. Sakagami, 1999, Recent pedological approach to reconstruction of the Quaternary Environment in Japan and East Asia, *The Quaternary Research (Daiyonki Kenkyu)* 38: 244-252.

Westgate, J., A. Sandhu, and P. Shane, 1997, Fission-track dating. In *Chronometric Dating in Archaeology*, edited by R. E. Taylor and M. J. Aitken, pp. 127-157. Plenum Press, New York.

Westgate, J. A., W. I. Rose, R. Drake, and A. Deino, 1991, Eruptive history of earth's largest Quaternary caldera (Toba, Indonesia) clarified, *Geology* 19: 200-203.

White, M. J., 2022, *A Global History of The Earlier Palaeolithic*. Routledge, London.

White, T. D., B. Asfaw, D. DeGusta, H. Gilbert, G. D. Richards, G. Suwa, and F. C. Howell, 2003, Pleistocene Homo sapiens from Middle Awash, Ethiopia, *Nature* 423: 742-747.

Whittaker, J. C., 1994, *Flintknapping: Making and Understanding Stone Tools.* University of Texas Press, Austin.

Wiessner, P., 1983, Style and social information in Kalahari San projectile points, *American Antiquity* 48: 253-275.

Wobst, M., 1977, Stylistic behavior and information exchange. In *Papers for the Director: Research Essays in Honor of James B. Griffin*, edited by C. E. Cleland, pp. 317-342. Academic Press, New York.

Wu, X. and M. Wu, 1985, Early Homo sapiens in China. In *Paleoanthropology and Palaeolithic Archaeology in the People's Republic of China*, edited by R. Wu and J. W. Olsen, pp. 91-106. Academic Press, New York.

Wynn, T., 1995, Handaxe enigmas, *World Archaeology* 27: 10-24.

Wynn, T., 2002, Archaeology and cognitive evolution, *Behavioral and Brain Science* 25: 389-402.

Yang, S., W. Huang, Y. Hou, and B. Yuan, 2014, Is the Dingcun lithic assembly a "chopper-chopping tool industry", or "Late Acheulian"? *Quaternary International* 321: 3-11.

Yerkes, R. W. and P. N. Kardulias, 1993, Recent developments in the analysis of lithic artifacts, *Journal of Archaeological Research* 1: 89-119.

Yi, S., 1986, *Lower and Middle Palaeolithic of Northeast Asia: A Geoarchaeological Review*. Unpublished Ph.D. Dissertation. Arizona State University.

Yi, S.(eds), 2011, *Handaxes in the Imjin Basin: Diversity and Variability in the East Asian Paleolithic*. SNUPRESS, Seoul.

Yi, S. and G. A. Clark, 1983, Observation on the Lower Palaeolithic of Northeast Asia. *Current Anthropology* 24: 181-202.

Yi, S. and Y. Yoo, 2008, On the Acheulian-like industry in Korea, *Human Evolution* 23: 109-122.

Yoo, Y., 2008, *Beyond the Movius Line*. Hadrian Books, Oxford.

Yoo, Y., 2009, Techno-Chronological reassessment of Palaeolithic assemblages in the Imjin-Hantan River Area, Korea: New data and new considerations, *The Review of Korean Studies* 12: 11-27.

Yoo, Y., 2014, Narrating Palaeolithic human settlement history: The case of the Imjin-Hantan River Area, Korea, *International Journal of Korean History* 19: 67-100.

Yoo, Y., 2017, A story of their own: What happened and What is going on with North Korean archaeology? In *Archaeology of the Communist Era*, edited by L. Lozny, pp. 275-293. Springer, New York.

Yoo, Y., 2018, Examination of the chrono-technological features of the handaxes from the Imjin-Hantan River Area in Korea, *Quaternary International* 503: 97-104.

Yoo, Y., 2019, "Pleistocene modernity" and its emergence in the Korean peninsula: A critical review of its issues and evidence, *International Journal of Korean History* 24: 5-40.

Yoo, Y. and J. Lee, 2022, Late Pleistocene handaxes from the Korean Peninsula: New discoveries from the Unjeong District Site Complex (UDSC), *Archaeological Research in Asia* 30: 100354.

Yoshinaga, S., 1996, Fluctuation of fine quartz accumulation rate of the "Kanto loam" indicating Northwest Winter Monsoon intensity since the last glacial age, *The Quaternary Research (Daiyonki Kenkyu)* 35: 87-98.

Yu, G., B. Xue, and S. Wang, 2002, Reconstruction of Asian palaeomonsoon patterns in China over the Last 40kyrs: A Synthesis. *The Quaternary Research (Daiyonki Kenkyu)* 41: 23-33.

Zhang, J., L. Zhou, and S. Yue, 2003, Dating fluvial sediments by optically stimulated luminescence: Selection of equivalent doses for age calculation, *Quaternary Science Reviews* 22: 1123-1129.

Zhang, Z. and Y. Wang, 1991, Loess in China. In *The Quaternary of China*, edited by Z. Zhang, pp. 459-507. China Ocean Press, Beijing.

찾아보기

ㄱ

가공/다듬기 234

가네도리(金取) 41

가로날도끼 242

가시야마다테(柏山館) 41

각구박리(刻溝剝離, fluting) 기법 234

각편 228

감당 271

건열(乾裂, dry crack) 94, 379

겔라시언기(Gelasian) 34

격변 궤멸 68, 181, 372

격변적 전이 345

경계 353

경관 81, 364, 367, 381

계량분석 288

계절성 303

계절풍 36

계획 271

고인골 33

고인류 35

고토양 46

곡류사주 368, 375

공들인 기술 289

공시성(coevality) 28, 212

공이 238

공작(industry) 53, 256, 385

공진화 69

과도기술 235

관계맺기 364

광폭도 312

교결작용 86

구석기시대 20

구조 277

구조화 364

구체화 345

굴포리 56

극복 279

긁개 247

금파리 98, 187

기법 273

기술(記述, description) 29, 361, 396

기술적 고려 240

기술적 기준 268, 350

기술적 재량(裁量) 348

기술적 진일보(advance) 280

기술적 혁신(innovation) 280

기술조직 28, 149, 212, 216

기종(器種) 264

기카이 도주라하라(鬼界-葛原) 99

기타 대형도구 245

기타석기 222

기형(器形) 264

깎는 날 262

ㄴ

날 재가공 294
남계리 83, 183
내연적 표상(表象, representation) 361
네안데르탈인 34
늘거리 203
능수능란함 349

ㄷ

다각구 184, 238, 244
다목적성 230, 257
다양성 22
다중적 구조 297
단구 56
단면가공 264
단일방향타격 석핵(단방석핵) 225
대보조산운동(大寶造山運動) 54, 84
대상화 365
대체자료 39
대체재 266
대형긁개 245
대형도구 215
대형등칼 243
데니소바인 34
도곡리 266
도구석기 222
도구조합 257, 291
돌날 228
동결교란 379
동막리 174
동시성 28
동아시아 여름 계절풍 46
동위원소 희석법 115
동토쐐기 94
뒷골 205
등칼 154
뚫개 251

ㄹ

라테라이트(laterite) 37
뢰스(loess) 38
룽곡 1호 동굴 45
룽야둥(龙牙洞) 259
르발루아(Levalloisian) 찌르개 269

ㅁ

말단부 336
망상형(網狀型) 단계 367
망상형 하계망 373
먀오허우산(庙后山) 48
메타 도구 266
메타서사 28, 81
명료화 24
명목척도 302
모듈화 277
모루떼기 177, 228
모비우스 91
목적지향적 353
묘사 361
무스테리안의 폐색(閉塞, the Mousterian Stasis) 354
무스테리안(Mousterian) 찌르개 269
문지르는 날 262
문합형(吻合型) 단계 367
문화 33, 256
문화적 전승 360
물질성 223
미코키안(Micoquian) 239

밀개 248

ㅂ
바이스야 동굴(白石崖洞) 48
박리작업 223
박리흔 229
박편 228
박편조각 229
반암 202, 300
반입석재 222
반정 300
방만한 기술 289
방사성 탄소(C14) 연대 측정법 38
방식 364
방향성 351, 352
백의리 111
백의리층 85
법칙정립적 394
벽개면 256, 299
변동성 22, 352
변이 22, 287
변통 271
보완재 266, 386
보편성 25
본거지 이동 291, 303
부과된 형태 268
부러진 박편 229
부산물석기 222
부스러기 229
부정합 114
분별력 증가 345, 351
분석 29, 361
분포의 균등도 342
비무장지대(DMZ) 83
비아슐리안(Non-Acheulian) 360
비와(琵琶)호 92
비정형화 255
빙하 쐐기 42

ㅅ
사건 361
사다리꼴날 154, 253
사면붕적층 88
사면붕적토 55
사색적 354
사용편 254
사축첨두기 154
사층리(斜層理, crossbedding) 121
삭감과정 264
삭박 235, 261
살킷(Salkhit) 50
삼거리 191
삼곶리 174
상고안(Sangoan) 91, 239
상사리 201
상주지 69, 319
상호작용 385
생물교란 379
생물권 33
생물총량 38
생업적 이동 303
생필품 258, 303, 307, 381
샤텔페로니안(Châtelperronian) 154
서관 121
서사 29, 322, 361
서열배치곡선 29
서열배치도 314
서열배치법(RSM) 313
서열척도 302
석괴 228

석영계 255
석핵 223
석핵도끼 245
석핵의 생산성 267
선신세 34
선캄브리아기 85
선택역량 343, 350, 353
설치류 278
세류 87, 373
세장도 29, 312
세장박편 189, 232
세토우치(瀬戸内) 기법 334
소괴 86
소진된 석핵 227
손톱끝밀개 253, 336
수렴형 242
수세(手勢) 263
수식자(搜食者) 74
술령 348, 389
슴베찌르개 254
습관적 실천 296
습속 290
습속화된 관습 345
시초박편 175
식육류 278
신답리 111
신천 83
신체 외적 53, 291
실록(實錄)사건 362
실연(實演) 365
실제적 사실 315
실증 19, 369
실천 392
쐐기 203

ㅇ

아소산(阿蘇山) 41
아슐리안(Acheulian) 91
아이라-탄자와(始郎-丹沢) 화산재 96
암석 생성 342
압축파상문 230
양극타격 석핵(양극석핵) 149, 225
양극편 228
양립성향 349
양면가공 264
양면찍개 225, 235
양산품 257
양상 296
양식적 변이 277
어깨 달린 주먹도끼 275
에믹(emic) 222
에틱(etic) 222
연구성향 21
연양리 266
연질망치 260
열하분출 127
영평천 83
예비 가공 294
예비 조정 224
오리산(鴨山) 86
옥천지향사 54
온난·건조 60
외면찍개 235
외연적 형상 361
요코야마 쇼사부로(横山將三郎) 149
용도미상 222
용수재울 204
용암대지 82
용정리 206
원력(圓礫) 256

원반기 227, 245
원석 223, 291
유기물 탄소 총량(TOC) 46
유문암 300
유연함 349
유적 간 변이 297
융통성 257, 271, 349, 354
은골 205
은유 220
은정질 299
응회암 300
의사소통 276, 385
이동성 수렵채집인 256
이름 짓기 220
이방성 160
이삼지형(二三支型) 단계 368
이입 296
인구 대체 346
인회석 111
일반적 전이 345
임의타격 석핵(임의석핵) 227
임진분지 83
입방크기 310

ㅈ

자귀 251
자르개 250
자르개 타격 230
자르는 날 262
자아만족 354
자아반영적(reflexive) 354
자연면 175
자유타격법 228
작업연쇄 290
작주성 240, 277, 343, 364, 381, 394
잔돌날 233
잔돌날석핵 65
장기지속 97, 362
장산리 97
장산리단구 86, 140
장흥리 97
적대시 353
적소구축 51, 282
적응방산 40
전곡니안(Chongoknian) 30, 385
전곡현무암 86
전기갱신세 34
전통 256
전파론적 유입설 346
전형적 282
절약하는 전략 293
정격성 271, 350
정신적 범형 292
정질석영 160
정질석재 255
정형화 255
제작도구 222
제한 268
조달 271
조작적 정의 310
조질석재 255
종자산 203
주먹자귀 252
주인공 361
중간물 261
중간연속 362
중간품 257
중기갱신세 33
중기갱신세설 99
중기구석기 30

중기-후기 구석기 전이 28
중점 도구 267
즉흥적 257
지르콘($ZrSiO_4$) 111
지역활용 307
직유 220
진뉴산(金牛山) 36
진화론적 혁신설 346
집단대체 383
째개 199
쪼개기 기법 230
찌르개 248
찍개 235
찍는 날 262

ㅊ
차탄천 83
차탄현무암 126
참조의 틀 362
첨두형 주먹도끼 275
청파대 67, 278, 380
체화 355, 360
초단부 336
초벌성형 234
초평도(草坪島) 139
최빈치 비교법 115
최종 생산물 260
최후빙하극성기(LGM) 43
추가령구조곡 60, 83
측면타격 박편 334
치바니언기(Chibanian) 34

ㅋ
칼라브리언기(Calabrian) 34
코우(國府)식 나이프 334
쾨펜 60
크기 29
클라크-클라인디엔스트(C-K) 체계 29, 218

ㅌ
타격면 224
타격외각 262
타격혹 229
타란티언(Tarantian) 39
타원형 주먹도끼 275
탐색적 자료 분석법(EDA) 313
탐 응우 하오(Tam Ngu Hao) 48
토바(Toba) 화산 41
톱니날 250
통현리 209
특수성 26

ㅍ
파상문 229
파쇄역학 299
판상석핵 225
페르낭 브로델(Fernand Braudel) 97, 362
편마암 299
평면크기 310
평형상태 53
포타슘-아르곤(K-Ar) 38
표본 설정의 편중 297
표준 유물 332
표준화 295
프랑수아 보르드(François Bordes) 218
프리즘식 석핵 233
피션트랙(FT) 측정법 38
필적 325

ㅎ
하인리히 사건 46
하천 평형 367
한랭·건조 60
한정생산 258
해석 361
핵심재 266
행동주의 20
행위 양상(behavioral pattern) 19, 29
헤르토(Herto) 34
혁신 346
현무암 299
현생인류 34
현생화 352
현시성 272, 282, 355, 392
현실론적 접근 395
형식변이 216
형식분류 29
형질대체 50, 282
형태각 311
호굴성(好窟性) 68
호모 사피엔스 34
호모 에렉투스 34
호모 하이델베르겐시스 34
홍토(紅土) 37
화강암 299
화대리 쉼터 207
화석형성 64
확산형 243
확정적 자료 분석법(CDA) 313
활용도(availability) 321, 326
황금비 339, 350
황토(黃土) 38
횡산리 98
효율성 51, 52, 293, 345, 384
후기갱신세 33
후기구석기 28
흑요석 300

I
IRSL 측정법 98

K
K-Ar 연대치 91

O
OSL 연대 측정법 96

S
SAR 방법 98

α-석영 105
β-석영 105
^{10}Be-^{26}Al 연대 측정법 186
^{40}Ar-^{39}Ar 연대 측정법 127